대승기신론 소·별기

대승기신론 소·별기

大乘起信論疏記會本

::

원효 저, 최세창 역주

운주사

왜 『대승기신론』이고, 『대승기신론 소·별기』인가?

불교佛敎란 무엇인가?

1. 불교는 바른 견해(正見)를 갖게 하는 종교다

사람은 누구나 바르게 살기를 바란다. 바르게 살기 위해서는 바른 견해가 필요하며, 바른 견해(正見)를 갖기 위해서는 바르게(正) 보아야(見) 한다. 바르게 보는 것(正見)은 눈앞에 나타나는 현상現相만 보는 것이 아니라, 현상 너머에 감추어진 보이지 않는 실상實相까지 보는 것을 말한다. 주먹 쥔 손을 보고도 주먹 속에 감춰진 손바닥을 볼 수 있어야 바르게 보는 것이다. 주먹이 밖으로 드러난 현상이라면 주먹 속에 감춰진 손바닥은 실상인 것이다. 그러나 세상 경계는 보는 사람의 이해나 시각에 따라 또는 시간에 따라 각기 달리 보인다. 청원유신(靑原惟信, ?~1117) 선사는 말한다.

이 노승이 삼십 년 전 참선하기 전에는 산을 보면 산으로, 물을 보면 물로 보였다. 그러다가 선지식을 친견하여 깨침에 들어 산을 보니 산이 아니고, 물을 보니 물이 아니었다. 이제 다시 휴식처를 얻고 보니 예전처럼 산은 단지 산이요, 물도 단지 물로 보일 뿐이다. 대중들이여! 이 세 가지의 견해가 같은 것인가? 다른 것인가?

6

정치적, 사회적, 종교적, 이념적 갈등이나 다툼은 물론, 개개인의 실패와 좌절, 분노, 우울증, 범죄, 자살 등등은 모두 그릇된 분별이나 집착에서 기인하며, 그릇된 분별이나 집착은 바르게 보지 못한(不正見)데서 일어난다. 『반야심경』에서는 이를 전도몽상顚倒夢想이라 했다. 세상의 모든 고품는 전도몽상에서 초래되는 것이다.

2. 불교는 전도몽상의 병고(病苦: 불행)를 치유하는 종교다

인간의 병고病苦는 교통사고와 같은 육신의 병고 외에는 모두 마음으로 앓는 병고이다. 이는 바르게 보지 못함(不正見)으로서 겪게 되는 전도몽상의 병고(불행)인 것이다. 마음으로 앓는 병고는 약물로써 치유되는 것이 아니라, 오직 바로 보는 것(正見)으로만 치유된다. 불교에서 바르게 보는 것을 중도中道라 한다. 이 같이 불교는 전도몽상의 병고를 치유하는 중도의 종교다.

불교는 말한다. "① 바르게 보아야(正見), ② 바르게 사유하고(正思惟), ③ 바르게 말을 하고(正語), ④ 바르게 행동하고(正業), ⑤ 바르게 (건강하게) 생명(몸)을 유지하고(正命), ⑥ 바르게 힘껏 마음을 쓰며(正精進), ⑦ 항상 바른 마음을 내며(正念), ⑧ 항상 바른(행복한) 마음을 유지할 수 있는 것이다(正定)." 이를 팔정도八正道[1]라 하며(각주 144 참조), 그 출발이 정견正見이다. 세상사의 성패는 모두 바르게 보는가 바르게 보지 못하는가에 달려 있다. 정견이 맨 앞에 오는 이유이다.

---

[1] 팔정도에서의 정견正見은 바른 견해(이해)를 말하며, 이는 사성제四聖諦, 즉 ①고품에 대해서 아는 것, ②고의 발생에 대해서 아는 것, ③고의 소멸에 대해서 아는 것, ④고의 소멸에 이르는 길에 대해서 아는 것을 말한다.

3. 불교는 스스로 기쁨과 행복(해탈)을 추구하는 종교다

마음의 병고病苦를 치유하고 나면 기쁨과 행복(해탈)만 남는다. 불교는 스스로 불행을 치유하여 기쁨과 행복으로 인도하는 종교다.

항상 바른 마음(正定)이 행복이고 해탈이다. 항상 기쁘고 행복한 마음이 평상심이다. 옛 선사禪師들은 한결같이 "평상심이 도(平常心是道)"라고 했다. 평상심, 즉 행복을 찾아가는 과정이 수행이다. 행복한 마음으로 사는 것이 수행이고, 해탈이고, 도道이다. 그렇다면 도니 수행이니 행복이니 하는 것들은 찾을 것도 없다. 모든 것을 바르게만 보면(正見) 되기 때문이다.

임제의현(臨濟義玄, ?~867) 선사는 말한다.

사람은 본래가 완전무결하여 더 이상 닦고 말고 할 것이 없는, 더 이상 꾸미거나(化粧) 장엄할 것도 없는 이미 아름답고 완벽한 존재이다. 그러니 무엇을 닦아 증득하겠다거나 장엄하겠다고 하는 것은 조작造作으로 외도의 짓이며, 생사 업을 짓는 것이다. 부처를 구하고 법을 구하는 것은 바로 지옥 업을 짓는 것이고, 보살을 구하는 것 또한 업을 짓는 것이며, 경을 보거나 가르침을 듣는 것도 또한 업을 짓는 것이다.(본문 각주 380 참조)

불교공부는 왜 하는가?

1. 목숨 바쳐 한마음으로 돌아가기(歸命一心) 위해서다

마음에는 드러난(現) 마음(心)과 본래의 마음이 있다. 세상에는 사람의 수만큼 많은 드러난 마음이 있으나, 본래의 마음은 세상에 하나(一)이다. 그 하나인 마음이 나의 마음이고, 너의 마음이고, 우리의 마음이다. 그래서 하나(一)인 것이다.

드러난 마음은 분별과 집착과 갈등으로 점철된 마음이다(現相). 오늘날의 편리함만 추구하는 물질만능사회는 너무나 많은 마음(욕심)들이 드러나 있다. 이는 허망분별에 따른 가설假設 내지 가상假想의 마음(삶)이다.

그 많은 드러난 마음의 실상實相을 들여다보면(觀) 오직 '하나의 마음(一心)'만 존재한다. 그 일심이 머무는 곳이 심원心源이다. 현상 너머의 실상을 들여다보고 일심을 찾아갈 수 있는 힘이 바른 견해(正見)이다.

수행은 스스로 드러난 마음을 거두어 본래의 드러나지 않은 한마음(一心)으로 목숨 바쳐 돌아가는(歸命) 과정이다. 본래의 드러나지 않은 한마음이 실상의 세계인 심원으로 열반해탈이고 진여본각이다.

『대승기신론』에서는 일심一心을 "마음의 근원"이라는 뜻으로 '심원心源'이라 했고, 원효대사는 『대승기신론소』에서 "한 마음의 근원"이라는 뜻으로 '일심지원一心之原'이라 했다. 일심을 바다에 비유하여 일심지해一心之海라고도 했다.

넓고 깊은 바다가 모든 강물을 받아들여 바다(海)라는 한 이름으로 용해시키듯, 심원 또한 만 가지 경계(분별, 집착, 다툼)를 내려놓고 쉬게 한다. 그렇게 심원으로 돌아가 쉬는 그 마음이 일심이다. 강물이 바다에 이르면 한강이든 낙동강이든 그 이름을 잊고 오직 하나의 바다가 될 뿐이다.

우리의 마음도 심원心源으로 돌아가면, 만 가지 경계(번뇌, 다툼)는 사라지고 오직 고요한 일심만이 소소영영昭昭靈靈할 뿐이다. 해탈이나 불생불멸은 이를 두고 하는 말이다.

2. 한마음(一心)이 화쟁和諍이다

각자가 '한마음의 근원(一心之原)'으로 돌아갈 때 나다, 너다 하는 주객의 분별이나 다툼이 사라진 화쟁和諍이 되는 것이다. 한마음의 경지가 화쟁이고, 해탈이고, 극락이고, 천당이고, 불국토인 것이다. 사회 일각에서 논하는 화쟁이란 노사勞使나 계층 간의 다툼(욕심)을 조정하여 상대의 양보를 받아내는 것으로, 물질적 욕심의 분배가 편파적이지 않는 '공평함'을 화쟁으로 삼는다. 이는 물질적 욕심(이권이나 감투)의 재분배일 뿐 진정한 화쟁은 아니다. 21세기의 화쟁이란 인종, 이념, 사상, 종교, 계층, 지역, 역사, 문화, 경제적 갈등까지도 아우르는 '옳음(利他)의 화쟁'이 되어야 한다.(각주 60 참조)

3. 불교는 화쟁의 종교이다

일심의 화쟁은 인간 본래의 모습(부처)으로 돌아가는 인간성의 회복이자 확인인 것이다. 모두가 일심으로 돌아갈 수만 있다면 굳이 불교가 아니어도 좋다.

따라서 불교는 여러 종교 중의 하나가 아니라, 모든 종교를 초탈超脫한 메타(meta)종교이다. 불교는 불교만을 주장하지 않는다. 불교는 불교 너머의 종교이자 종교 너머의 종교이기 때문이다. 인간의 존엄과 평등과 보편적 가치를 말하는 종교라는 뜻이다. 그렇기에 모두가 일심으로 돌아갈 수만 있다면 굳이 불교가 아니어도 좋다고 말할 수 있는 것이다. 그곳은 이미 만 가지 경계(분별, 다툼, 번뇌)가 사라져(永息) 말이 필요 없는, 이언離言의 세계이기 때문이다.(소疏-00-02 참조)

왜 『대승기신론』이고, 『대승기신론 소·별기』인가?

위에서 밝힌 주제들이 『대승기신론』과 『대승기신론 소·별기』의 집약이자 일심 화쟁사상의 바탕이라 할 수 있다.

인간은 생명이 붙어 있는 한, 시간(삶) 속에서 쉼 없이 앞으로 나아가고 변화하고 성장하고 발전하는 것이며, 기왕 발전하고 성장할 바에는 올바른 방향으로 발전하고 성장해야 한다. 독일의 철학자 칸트도 "사람은 누구나 착한 일을 향해서 자신을 높이고 발전시켜야 한다. 신은 우리에게 충분한 선善을 준 것이 아니다. 다만 올바르게 살 수 있는 가능성을 주었을 뿐이다. 그러므로 누구나 자신을 더 좋은 방향(善)으로 이끌도록 노력해야 한다."고 했다.

이러한 삶의 주체를 이성理性이라 하든 마음(心)이라 하든 인간은 이해하고, 판단하고, 행동하는 사유능력을 가지고 있다. 문제는 그와 같은 사유능력이 바르게 작동하지 못한다는 데 있다. 마음의 부조화 때문이다.

『대승기신론』과 『대승기신론 소·별기』에서는 드러나지 않은 마음이든 드러난 마음이든 모든 마음을 아우르는(統攝) 원천을 '하나된 마음 또는 한마음(一心)'이라 했다. 그 일심은 일체의 분리分離나 분별分

別의 이원적 사유가 해체되고 사라진 경지인 것이다.

원효대사는 인간 존재의 궁극적 희망으로 일심에 주목하였다. 모든 존재의 참 모습(一切法, 대승의 진리)은 본래 적정寂靜하여 생生함도 멸滅함도 없는 무생무멸無生無滅로서, 오직 하나된 마음만 있을 뿐 그 외에 다른 모습(진리)은 없다는 것이다. 그럼에도 중생의 삶에 고통이 따르는 것은, 바르게 보지 못함으로 인해 분리, 분별, 집착하는 자리自利의 마음을 내게 되기 때문이다. 이를 무명無明이라 한다.

본문에서는 '바르게 보는 법(正見)'과 '한마음(一心)으로 돌아가는 길道'을 도식적圖式的으로 분석하여 설하고 있다. 이는 종교를 떠나 통일논리나 국민윤리로도 손색이 없다. 필자가 천착穿鑿한 이유이다.

대중성이 없는 책들을 꾸준히 출판하시는 운주사 사장님, 지난해 대중강의의 기회를 주신 미붓아카데미 이학종 대표님, 강의에 참여하여 원고 수정에 도움을 주신 임병일 도반님에게 감사드리며, 독자들의 재독再讀 삼독三讀을 권한다. 부처님의 혜명慧命에 감사하며, 다 같이 한마음(一心)으로 돌아가는 정견正見을 빌어본다.

원공중생성불도
마하반야바라밀

한마음(一心)의 우거寓居에서
원선圓禪 합장

프롤로그

1. 『대승기신론大乘起信論』이란 「대승에 대한 올바른 믿음(信)을 일으키는(起) 논論」이라는 뜻입니다. 『대승기신론 소疏』라 하면 『대승기신론』에 대한 주석서註釋書를 말하며, 소疏는 경서(經書)나 고전 등의 원문에 후세 사람들이 낱말이나 문장의 뜻을 자세하게 풀이한 것을 말합니다. 여기서는 원효대사의 주석서인 『대승기신론 소疏와 별기別記』를 공부할 것입니다. 이를 중국에서는 『해동소海東疏』라고도 합니다.

대승大乘은 중생의 마음인 중생심衆生心을 말하며,[2] 그 중생은 각자의 '자기 자신'을 뜻합니다. 따라서 「대승기신大乘起信」을 '큰 믿음을 일으키는'으로 옮기는 것은 틀린 것입니다. 이는 '대승(자기 자신)에 대한 올바른 믿음을 일으키는'의 뜻으로, 각자에게는 '나는 누구인가?' 이어서 '무엇을 공부해야 할 것인가?' 그리고 '어떻게 살아야 할 것인가?'를 뜻하는 말입니다. 그래야 자기 자신에 대한 올바른 믿음(大乘)을 일으킬 수 있기 때문입니다.

따라서 『대승기신론(이하 '기신론'이라 함)』이란 「자기 자신에 대한 올바른 믿음을 일으키는 논論」이라는 뜻입니다. 우리들은 자기 자신에

---

2 대승大乘은 '위대한 가르침'이라는 뜻이다. 그 '위대한 가르침'의 당체當體가 바로 중생(심)이라는 것이다. 각주 74와 【논論-08】 참조.

대한 믿음은 고사하고 자기 자신이 누구인지도 모르고, 무엇을 공부해야 하는지도 모르고, 어떻게 살아야 하는지도 모르는 채 한평생 불난 집(火宅)³에서 살다가 생식작용으로 생긴 부산물(자식)만 남기고 이승을 떠나갑니다. 우리가 이 세상에 온 것이 꼭 자식을 남기려고 온 것만은 아닐 것입니다.

『기신론』은 '사람이 부처'라는 인간 존엄의 가치와 희망을 이야기하고 있습니다. 대한민국 헌법 제10조 본문에는 "모든 국민은 인간으로서의 존엄과 가치를 가지며, 행복을 추구할 권리를 가진다. 국가는 개인이 가지는 불가침의 기본적 인권을 확인하고 이를 보장할 의무를 진다"라고 명시돼 있습니다. 그러나 아닙니다. 이는 누가 보장을 해 준다거나 또는 인간이 추구할 사항이 아니라, 헌법 이전에 이미 모든 인간에게 평등하게 부여되어 있는 것입니다. 이와 같은 사실이 대승大乘이며, 『기신론』은 이에 대한 올바른 믿음을 일으키기 위한(起信) 두 가지, 즉 체體와 용用에 대해 이야기합니다.

첫째, 중생인 우리 자신이 어떤 존재인가(體)에 대해 이야기합니다.

우리 자신(인간, 중생)은 모두 자성청정한 진여법신眞如法身의 당체로서 본래本來가 해탈한 완벽한 존재이며, 번뇌(苦)에 신음하는 유약한

---

3 "옛날 어느 마을의 대부호인 장자長子의 대저택에 불이 났다. 그럼에도 아이들은 불이 난 것도 모르고, 불이 무엇인지, 죽는 것이 무엇인지도 모르고 알려고 하지도 않은 채 불에 대한 두려움도 없이, 그저 놀이에만 정신이 팔려 있었다." 여기서 화택火宅이란 번뇌의 고통을 불(火)에, 삼계三界의 속세를 집(宅)에 비유한 말로, 우리 중생들의 삼독三毒과 오욕五欲에 찌들어 살고 있는 모습이 이렇게 불난 집의 어린아이들 같다는 것이다.(참조: 『법화경, 비유품』의 '화택火宅의 비유')

범부로서 기도처를 찾아 재(제)를 올리며 복福이나 구걸하는 나약한 존재가 결코 아니라는 사실입니다. 어째서 그런가? 우리 자신(인간, 중생)은 모두 여래장如來藏[4]의 존재로 성공덕性功德을 구족하고 있기 때문입니다.

성공덕이란 무슨 일이든 노력만 하면 이루고 성공할 수 있는 뛰어난 능력과 어떤 상황에서든 옳게 판단하고 대처하고 행할 수 있는 지혜로, 이 같은 능력과 지혜는 중생 모두에게 하나도 부족함이 없이 본래부터 갖춰져 있다는 사실입니다. 이로써 수행을 하면 스스로 부처도 될 수 있고, 무슨 일이든 이루지 못하고 성공하지 못할 것이 없다는 것입니다. 이를 믿고 수행하고 깨닫는 것이 기신起信입니다.

따라서 세상에는 인간의 운명을 가르거나 심판할 절대적인 존재나 신神도 없습니다. 인간은 누구나 자기가 자신의 피난처(의지처: refuge, prop)일 뿐, 자신을 낳아준 부모도 자신의 피난처나 의지처가 될 수 없습니다.

그러기에 부처님은 『대반열반경』에서 "너희들 비구는 자신을 의지처로 하여 자신에게 귀의歸依할 것이며, 타인을 귀의처로 하지 말라(自燈明 自歸依)!"는 말씀을 남기셨습니다. 이는 인간 존재(중생)에 대한

---

4 인간 본성의 자성청정自性清淨함을 믿고, 이를 깨닫기 위한 능동적이고 적극적인 노력(수행)이 따를 때 여래장如來藏이 되는 것이다. 여래의 창고라는 의미의 여래장은, '여래의 씨앗이나 불성佛性'에 수행이 없다면 여래장이 아니다. 창고는 안에 무엇을 채울 때 비로소 창고가 되는 것이며, 창고가 비어 있으면 창고가 아니라 헛간일 뿐이다. '여래의 씨앗이나 불성'이 인因이라면 수행(실천)은 연緣인 것이다.

18

무한한 긍정적 신뢰와 절대평등을 강조하시는 말씀입니다. 이것이 불교의 근본 바탕(體)입니다.

둘째, 『기신론』은 진리의 당체로 진여법신眞如法身인 자신에게 어떻게 귀의할 것이며, 어떻게 귀의처로 삼을 것인가(用)에 대해 이야기합니다.

자신을 의지처로 하여 자신에게 귀의하기 위해서는, 먼저 진여법성을 계발하여 자기 속박(苦, 無明)과 질곡(桎梏: 三毒)으로부터 벗어나야 할 것입니다. 그 방법으로 부처님은 『대반열반경』에서 "법(法: 진리)⁵을 의지처로 하고, 진리에 귀의할 것이며, 다른 것(外道)에 의지하지 말라(法燈明法歸依)"고 당부하셨던 것입니다. 이를 달리 말하면, 자신을 의지처로 하되 그 방법으로 진리(法)에 의지하라는 것입니다.

이는 각각의 인간 자신(중생)이 어떻게 인류 공동체를 이루며, 공동체 속에서 어떻게 살아가야 하는가에 대한 기준(윤리, 도덕)을 제시하는 말씀입니다. 그 기준이 진리인 것입니다. 그 진리는 평등입니다. 인류 모두가 평등하다는 진리를 깨달아 실천한다면 세상에는 다툼이 없을 것이며, 굳이 화쟁和諍을 이야기하지 않아도 될 것입니다.⁶

---

5 법法은 다양한 의미를 가지나 여기서는 진리, 즉 부처님 말씀, 더 정확히는 부처님의 깨달음을 말한다.

6 사실은 부처님 말씀 전부가 화쟁사상이다. 불교의 공空, 중도中道, 12연기緣起, 무상無常, 무아無我 모두 화쟁의 가르침 아닌 것이 없다. 부처님 재세 시에 설립된, 불교 교단을 뜻하는 상가(sangha, 僧伽) 역시 화합중和合衆, 화쟁을 뜻한다. 다른 종교와의 마찰 없이 2,500년의 역사를 가질 수 있었던 것도 불교 본연의 화쟁사상 덕분인 것이다. 불교는 기독교나 이슬람처럼 침략전쟁이나 정복전쟁을 일으킨 역사가 없다.

그러기에 부처님은 2,500년 전 고대인도의 엄격한 계급사회 속에서
도 남녀평등과 인간평등을 부르짖었습니다. 이를 대승불교에서 공空사
상으로 체계화하였으며, 대표적인 경전이 『팔천송반야경』을 비롯한
『금강반야경』, 『반야심경』 등의 반야부경전[7]입니다. 이를 올바로 이해
한다면, 삼귀의三歸依의 승보僧寶가 승려를 뜻하느냐, 아니면 승단을
뜻하느냐 하는, 승려의 계급이나 권위를 따지는 듯한 소모적 논쟁(다툼)
도 실로 가소로울 것입니다. 이러한 논쟁 자체가 무아無我, 무상無常,
중도中道, 연기緣起 등의 공사상에 반하는 것이기 때문입니다.

　『기신론』은 위의 두 가지의 존재론(體)과 방법론(用)을 논설하는
논장論藏입니다. 논(論: abhi-dharma)이라 하면 부처의 가르침에 대한
정리, 요약, 연구, 주석 등을 일컫는 말로, '법(法: dharma)에 대하여
(abhi)'라는 의미를 갖습니다.

　세존 입멸 후 100여 년이 지나자 교단 내에서는 교리와 계율의
해석 문제를 놓고 논쟁이 일어, 세존께서 수범제정隨犯制定[8]하신 전통적

---

7 대승불교가 태동하기 이전 부파불교의 탑파신앙塔婆信仰에서 대승불교의 경권신
　앙經卷信仰으로 옮겨가는 과정에서 반야부경전이 등장했다. 최초의 반야경으로
　인정되는 『팔천송반야경』에는 대승大乘이라는 용어는 물론 보살菩薩, 바라밀波羅
　蜜, 불모佛母, 법사法師, 불이不二 등의 용어와 개념이 최초로 등장한다.
8 불교의 계율은 일시에 제정공포된 것이 아닌 수범제정隨犯制定, 즉 어떤 잘못된
　행위(犯)가 발견될 때마다 세존께서 그에 맞는 규칙(율)을 제정한 것이었다.
　이렇듯 계율은 세존의 어느 말씀보다도 더 많은 체취가 묻은 것이었다. 그럼에도
　불멸 100년 후, 엄격한 계율을 주장하는 장로부와 융통성 있는 계율을 주장하는
　대중부로 교단이 분열되는 충돌이 있었다(2차 결집). 2차 결집은 1차 결집과는
　달리, 특히 금이나 은 같은 보시물의 접수(接收, 接受)에 관한 해석을 둘러싼
　금전적 다툼이었으니, 혜명(慧命: 깨달음)을 얻고자 세속을 버리고 출가한 수행자

계율을 엄격히 따라야 한다는 보수적 성향의 상좌부上座部와 시대의
흐름에 따라 융통성이 있어야 한다는 진보적 성향의 대중부大衆部로
나뉘면서 근본분열을 하게 되었습니다. 이후 두 파로부터 다시 분파가
생겨나 대승불교가 발흥할 때에는 20여 개의 부파로 갈라져 방대한
논서를 작성하면서 끊임없는 논쟁을 이어갔습니다. 부파불교를 아비
달마阿毗達磨 불교라 하는 것도 여기에 연유합니다.

이처럼 번쇄한 논論이나 일삼는 부파불교를 '아비달마 불교'라 하여
대승불교에서는 소승小乘으로 폄하합니다. 그럼에도 대승불교 역시
여러 종파로 갈리면서 수많은 경론을 송출誦出했으며, 종파별로 수많은
용어와 패러다임paradigm 내지 프레임frame을 생산해냈습니다.[9]

『기신론』역시 논서로서 "중생들로 하여금(令) 의혹을 제거하고,
삿된 집착을 버리게 하겠다(爲欲令衆生 除疑捨邪執)"라고 하며, 의혹과
사집을 대치對治하는 논서임을 분명히 하고 있습니다. 따라서 『대승기
신론』이라 하면 「대승(중생들 각자의 자기 자신)에 대한 올바른 이해와

들 스스로 뉘우쳐 부끄러워하는 마음이 없었던 것이다. 스스로 뉘우쳐 부끄러워하
는 참회의 마음(慚愧)이 바로 계戒를 지키는 마음이다. 어떤 처벌이 따를 것을
염려하여 행위를 안 하는 것은 강제적인 금단禁斷의 율律의 마음이다. 이는
속세의 형법의 소관이다.(참조: 원효대사의 『발심수행장』및 『대승육정참회』)
9 수많은 밀교 다라니들, 수많은 불보살들, 수많은 신중神衆들, 수많은 위경僞經들,
수많은 민속신앙들에 풍수, 사주팔자(命理)까지 뒤섞이어 불교를 더욱 혼란스럽
게 한다. 어느 것이 부처님 친설親說이며, 어느 것이 외도外道인지 구분이 난감하
기 때문이다. 이제 부처님 친설과 거리가 먼 비불교적인 것들은 과감히 정리하여,
불교인들은 물론 일반인들도 쉽게 부처님의 정법正法이나 정법淨法에 다가설
수 있게 하여야 할 때이다.(참조: 한용운 선생의 『조선불교유신론』)

믿음을 일으키는 주장(論)」이라는 의미를 갖습니다. 이렇듯 『기신론』 또한 논論에서 자유롭지 못합니다. 그럼에도 여타의 논서와 다른 점은 어느 종파에도 속하지 않는 논리로 중관中觀과 유식唯識을 회통하고 있을 뿐만 아니라, 이의 실천적 수행방법을 체계화하고 있다는 점입니다.

불교에는 수많은 경전과 논서에서 수행법을 밝히고 있으나, 『기신론』에서 밝히는 수행방법은 주관과 객관을 해체하는 것입니다. 주관과 객관이 연기하여 인연생멸因緣生滅의 상相을 지어, 조업(造業: 죄를 짓고), 수보(受報: 죄의 대가를 치르는 일)를 반복하기 때문입니다.

주관과 객관 중에서도 특히 주관을 해체하는 것입니다. 이를 일러 일체 대상(경계)에 끄달리지 않는 것이라 합니다. 끄달리지 않는 것은 주관(我)이고, 일체 대상은 객관입니다. 아무리 많은 대상(경계)이 객관으로 나타날지라도 마음에서 분별을 내지 않으면(주관) 대상은 단지 경계일 뿐, 더 이상 번뇌 망상(苦)으로 발전하지 못할 것입니다. 이것이 바로 일체 대상에 끄달리지 않는 것입니다. 이를 삼세三細, 육추六麤의 구상九相으로 설명하고 있습니다. 이것이 『기신론』 공부의 핵심입니다. 「해석분」이 수행 원리原理에 대한 설명이었다면, 「수행신심분」은 원리에 대한 실천 매뉴얼입니다.

따라서 『기신론』의 논설論說이 바로 부처님 말씀의 연장인 것입니다. 『기신론』을 다른 대승경전과 마찬가지로 대화체 시나리오(story-telling)로 찬술했다면 어느 경전보다 위대한 경전일 것입니다.

2. 『대승기신론』의 저자는 마명보살(馬鳴菩薩, Aśvaghoṣa)입니다. 말

이 울었다는 뜻의 마명馬鳴이라는 이름에는 여러 설이 있습니다. 그 중의 하나가 '마명의 설법을 들은 말이 얼마나 감동했던지 7일 동안이나 먹이를 먹지 않고 울었다' 해서 마명이라는 것입니다.

또한 세존께서도 "여래 멸후 6백 년이 지날 때쯤 96종의 외도들이 다투어 일어나 불법을 훼멸할 것이다. 이 때 마명이라고 하는 비구가 나타나 정법을 선설善說하여 일체 외도들의 항복받을 것이다"라고 하셨다는 것입니다. 모두 『기신론』의 가치를 높이려는 후대의 입담들일 것입니다.

그러나 진실로 믿어도 아깝지 않을 만큼의 대단한 분임에 틀림없습니다. 대승불교에서 받아들이는 『기신론』의 무게가 이를 증명하고 있기 때문입니다. 그의 또 다른 저술로는 세존의 행적을 기술한 『불소행찬佛所行讚』과 『대장엄경론』도 있으나 『기신론』의 저자로 더 잘 알려져 있습니다.

한편 마명보살은 용수보살의 스승인 가비마라迦毘摩羅 존자의 스승이기도 합니다. 용수보살이 손孫제자인 셈입니다. 용수보살은 중관사상의 이론서인 『중론中論』의 저자로, 불멸 600년 후 용궁龍宮에 감춰져 있던 『화엄경』을 가져왔다는 전설의 주인공이기도 합니다.

마명보살은 인도 마가다국 출신으로 불법을 비방하는 바라문교도였습니다. 언변이 뛰어난 재사才士로 토론을 좋아해서 항상 불교도들을 굴복시켰다 합니다(世智辯才 善通言論).

불조佛祖 11대 조사인 부나야사富那夜奢 존자[10]가 중생교화를 위해

---

10 마명보살의 스승에 대해서는 ①『시공불교사전』에는 협존자脇尊者의 가르침을 받은 '부나야사富那夜奢 존자'가 마명에게 불법을 전했다고 하고, ②민중서관에

순행을 하며 중천축국中天竺國 석가성釋迦城에 있는 큰 절에 들렀을 때의 일입니다. 웬일인지 절에는 목탁소리나 독경소리도 없이 쥐죽은 듯 조용했습니다. 이상하게 여긴 존자가 그 이유를 물었는데, "이웃에 있는 외도들과 토론을 해서 지는 쪽은 종풍宗風을 펴지 못하기로 하고, 임금 앞에서 교리토론을 벌였는데 그만 지고 말았다"는 것이었습니다.

그 말을 들은 존자는, 모든 책임은 내가 질 테니 아무 걱정 말고 예불을 올리라고 지시한 후, 외도 대표를 만나 색다른 제안을 합니다. 자기 종교의 우월성을 드러내는 토론을 해서 지는 쪽은 혀를 자르기로 하자는 것입니다. 다시 임금 앞에서 토론을 시작했습니다. 나이가 많은 존자는 나이순으로 순서를 정하고는 먼저 질문을 했습니다.

"오늘 우리가 이 자리에 모인 것은 대왕의 어진 정치로 온 천하가 태평하여 대왕께서 장수하시고, 대왕의 은혜로 백성들이 풍요롭고 즐거우며, 모든 재앙과 근심이 없기를 기원하기 위함이요(當今天下 泰平 大王長壽 國土豊樂 無諸災患). 그렇지 않은가?"

반대나 토론할 명분도 없는 질문이 나오리라고는 상상도 못한 외도대표는 말문이 막혀 그만 토론에 지고 말았습니다. 약속대로 혀를 자르려하자, 존자는 "나의 법엔 인자함이 있어 네가 혀를 끊는 것은 원치

서 간행한 『인명사전』에는 부나야사 존자의 스승인 '협존자'라고도 하며, ③민족사에서 간행한 『소승불교와 대승불교』에는 카니슈카 왕의 스승인 유부파 '세우(世友, Vasumitra) 장로'라고 하고, ④조심(祖心, 1025~1100) 선사의 『명추회요冥樞會要』에는 '협존자'라고 한다.

않으니, 대신 머리를 깎고 나의 제자가 되라(伏爲弟子 剃除鬚髮)"고
하여, 혀를 잘리는 대신에 구족계를 받고 제자가 되고 말았으니(度爲沙
彌 受具足戒), 그가 바로 12대 법손이 되는 마명이라고 합니다.[11] 훌륭한
인물은 스승을 만나도 이런 스승을 만납니다.

그 후 카니슈카 왕(2세기 중엽)이 중인도를 정복했을 때, 전쟁 배상금
대신 마명보살을 데리고 갔는데, 간다라(지금의 파키스탄 페샤와르 지방)
에서 불법을 크게 선양하였다고 합니다. 카니슈카 왕 역시 아쇼카
왕처럼 불교에 귀의하여 불교를 보호하며 불교교단에 재정적인 지원을
아끼지 않았다고 합니다.

마명보살(馬鳴菩薩, AD 50~150)이 활동하던 시기는 대승불교가
막 태동하던 시기이자 부파불교가 대중으로부터 괴리되어 변혁이 요구
되던 시기였습니다. 얼마나 인재가 없었으면 외도들에게 토론에 져서
종풍도 못 펼 정도가 되었겠습니까? 전해지는 이야기 속에서도 당시
교단의 상태를 짐작하고도 남음이 있습니다.

당시 부파불교 수행자들은 아쇼카 왕[12] 이래 축적된 경제적 자립기반

---

11 『명추회요』의 내용을 필자가 각색했다. 『명추회요』는 영명연수(永明延壽,
   904~975)선사의 『종경록宗鏡錄』을 요약한 것이다. 도서출판 들녘에서 출간한
   『한 권으로 읽는 팔만대장경, 마명보살전』에는 혀를 자르겠다는 말은 없고,
   마명보살이 먼저 협존자를 찾아가 논쟁을 해서 지는 사람이 제자가 되기로
   했다고 한다.

12 마우리아 왕조의 3대 왕인 아쇼카 왕은 기원전 3세기경 인도 대륙을 최초로
   통일한 왕으로, 중국의 진시황 같은 왕이다. 부왕인 빈두사라 왕으로부터 미움을
   받아 신변에 불안하자 변두리로 피해 있던 중, 부왕이 위독하다는 전갈을 받는다.
   궁궐로 돌아온 그는 맏형인 태자를 비롯한 100여 명에 달하는 이복형제들을

을 배경으로 재가자의 출입이 금지된 승원에 머물며, 수행(좌선)과는 거리가 먼, 자신들의 논지와 다른 부파의 견해를 비교·비판하며, 자파의 우수성이나 알릴 지엽적이고 번쇄한 교학에만 몰두함으로써 수행승이 아닌 안이한 불교학자(학승)가 되었던 것입니다. 이들은 수행한다 해도 자신의 해탈에만 급급할 뿐, 중생의 해탈이나 전법에는 관심조차 없었습니다.[13] 이들은 스스로 소승[14]이 되었던 것입니다.

모조리 죽이고 등극한다. 통일전쟁과 등극 과정에서 수많은 인명을 살상한 아쇼카 왕은 참회라도 하듯 불교에 귀의했다. 세존 장례 후 8개국에 세워졌던 불사리탑을 모두 개봉하여 사리를 세분한 후, 전국 각지에 8만 4천 개의 불탑을 세우고 토지나 장원을 기증하는 재정적 지원을 했다. 아쇼카 왕의 불교교단과 불탑에 대한 지나친 재정지원으로 이후 국력이 급격히 쇠약해져 왕조의 멸망으로 이어졌다고 한다. 이는 아쇼카 왕 당시에 이미 불교교단이 경제적 자립을 이루었다는 것을 의미한다. 아쇼카 왕은 불교사상佛敎史上 최대의 은인이지만, 지나친 재정지원으로 교단을 망친 사람이기도 하다. 경제적 자립으로 승원이 만들어지자 탁발이 필요 없게 되었으며, 숲속이 아닌 승원에 정주하게 된 출가자들은 수행보다는 번쇄한 교학에만 몰두하며, 느슨한 계율을 요구하면서 엄격한 계율을 고수하는 노장(데라와다)들과 맞서면서 파벌이 형성되고, 급기야는 교단이 분열되는 결과를 초래하고 말았기 때문이다. 그때나 지금이나 '포난사음욕飽煖思淫慾, 기한발도심飢寒發道心'이라, 등 따시고 배부르면 음욕이 생겨 수행이 안 된다는 말이 딱 들어맞는다. 이는 『명심보감』에 나오는 말이다.

13 기원전후 무렵의 출가자 교단(僧伽)은 세존께서 명명命名하신 화합중和合衆이라는 의미가 무색하게 이미 20개 부파로 분열되었으며, 대중들과는 괴리된 채 그들만의 리그league가 되고 말았다. 출가자들은 유행걸식을 원칙으로 하지만, 아쇼카 왕의 경제적 지원에 힘입어 교단은 이미 재가자들의 공양 없이도 안정된 생활(수행)을 할 수 있었다. 이는 출가자에 대한 공양이 교단에 참여하는 유일한 수단이었던 재가자들이 교단으로부터 소외되었음을 의미한다. 이에 염증을 느낀 뜻있는 수행자들은 그러한 교단을 떠나 일소무주一所無住 유행 걸식하는

마명보살은 이와 같은 당시의 상황을 부처님의 가르침이 끊어질지도
모른다는 위기로 보았던 것입니다. 이를『기신론, 귀경서歸敬序』에서
"중생들로 하여금 의혹을 제거하고, 삿된 집착(믿음)을 버리게 하여,

전통적인 수행방식을 고수하며 숲속으로 돌아가 좌선(명상)에 몰두했으며,
좌선 체험 속에서 부처님을 친견하고 청문聽聞했던 것이다. 대승경전은 이들이
좌선 체험 속에서 청문했던 기록이라고 할 수 있다.

14 부처님의 말씀에는 대승, 소승이 없다. 업業에 따라, 속된 말로 '하는 짓거리(行)'에
따라 스스로 대승도 되고, 소승도 되는 것이다. 부처님은 "나는 바라문의 어머니
(家門)에서 태어났다 해서 그를 바라문이 부르지 않는다. 소유물에 걸려 있지
않고, 모든 속박을 끊고 두려움이 없으며, 집착을 초월하여 어디에도 구속되지
않은 사람을 바라문이라 부른다. 태생(가문)에 의해 바라문이 되는 것도 아니지
만, 태생에 의해 바라문이 안 되는 것도 아니다. 행위로 인해 바라문이 되기도
하고, 행위로 인해 바라문이 안 되기도 하는 것이다. 인간 중에 소를 치는
사람이 있다면 그를 농부라 부르고, 훔친 것으로 생활하는 사람이 있다면 그를
도둑이라 부르고, 사고 파는 것으로 생활하는 사람이 있다면 그를 상인으로
부르고, 무술로 생활하는 사람이 있다면 그를 무사로 부르지 바라문이라 부르지
않는다. 따라서 행위에 의해 농부가 되고, 도둑, 상인, 무사 등이 되기도 한다.
현자賢者는 이와 같이 행위를 있는 그대로 본다. 그들은 연기緣起를 보는 자로서,
행위와 그 결과를 잘 알고 있다. 세상은 행위에 의해 존재하며, 사람들도 행위에
의해 존재한다. 살아있는 모든 것은 행위에 매여 있다'라고 하셨다.(참조: 법정
옮김, 『수타니파타』, 이레, 1999, 213~227쪽)

『열반경』에는 누구에게나 불성佛性이 있다고 한다. 누구나 부처라는 뜻이다.
더 나아가 『기신론』에서는 우리 중생들의 마음, 즉 중생심이 바로 부처라는
것이다. 실제로 석가모니 부처님이나 우리 중생은 똑같은 부처이다. 그러나
우리는 부처가 되기 위해 수행을 한다. 차이가 뭘까? 부처와 중생은 마음
씀씀이(用)나 하는 짓거리(行)가 다른 것이다. 우리 중생은 하루에도 수십,
수백, 수천 번씩 자기 이익이나 기호에 따라 변덕이 죽 끓듯 한다. 부처는
중생을 향해 늘 부사의업상不思議業相을 보일 뿐이다.

대승의 바른 믿음(正信)을 일으켜, 부처의 종자(佛種)가 끊어지지 않게 하고자 하기 위함이다"라고 밝혀, 중생의 입장(因地 또는 因位)[15]에서 저술되었음을 분명히 하고 있습니다.

이어서 『기신론, 인연분因緣分』에서는 저술하게 된 인연을 여덟 가지로 밝힙니다. 그 중의 첫째가 바로 "이른바(所謂) 중생으로 하여금 일체의 고(苦: 괴로움)에서 벗어나(離) 구경究竟[16]의 즐거움(樂)[17]을 얻게 하기 위함이지, 결코 세간의 명리(名利: 명예와 이익)나 공경을 구하는 것이 아니다"라는 것입니다. 이와 같은 「귀경서」와 「인연분」만 으로도 머리가 숙연해집니다. 그 뜻만 올바로 이해해도 불교공부는 이미 다 한 것이며, 실천까지 한다면 바로 불보살인 것입니다. 그래서 필자는 깍듯이 '마명보살'이라고 존칭하는 것입니다.

3. 이와 같이 대자대비한 마명보살의 숭고한 저술 동기와 목적에도 불구하고, 『기신론』은 글(文)이 간결하여 읽기는 좋으나 그 뜻이 심오 하여 이해하기는 무척 어렵습니다. 짧은 글(論) 속에 대승법체(佛法)의 정수를 모두 담았기 때문입니다. 실제로 『기신론』은 백 가지 경을 근본으로 하였기에, 대승법체의 일체 요의了義[18]를 담고 있다 하여

---

15 인지因地는 포고怖苦 발심하는 중생의 입장을 말하며, 과지果地는 해행解行 발심하는 보살의 입장을 말한다. 『화엄경』이나 『금강경』, 『원각경』 등은 보살의 입장인 과지에서 쓴 경들이다.

16 마지막 최고의 지극한 깨달음, 또는 깨달음의 경지, 구경각究竟覺.

17 낙樂은 즐거움이다. 고통(苦)을 싫어하고 즐거움을 좋아하는 것은 모든 사람이 추구하는 바이다. 그 모든 사람이 좋아하는 낙이 바로 극락이고 구경각이다. 『기신론』은 모든 중생들로 하여금 고에서 낙으로 안내하는 글이다.

『백본요의경百本了義經』이라고도 합니다. 쉽게 말해 백 가지 경전에서 불법의 엑기스(extract)만 가려 뽑아 대승법체의 논論을 논리화, 체계화하여 회통會通시켰다는 뜻입니다.[19] 그러기에 경전이 아닌 논서임에도 대승불교[20]를 이해하는 필수 교재로 존숭 받아온 것입니다.

---

18 요의了義의 사전적 의미는 '불법의 도리를 명백하고도 완전하게 드러낸 것'이라는 뜻이다.

19 경전이나 논서는 종류도 다양하며, 지향하는 내용(論旨) 또한 다양하다. 후대에는 천도재나 49재로 절 살림을 책임지는 『천지팔양경』이나 『우란분경盂蘭盆經』 같은 위경僞經까지 등장한다. 이렇듯 수많은 경론의 논지를 꿰뚫어 하나로 회통시켰다는 뜻이다. 즉 부파불교처럼 특정 부파나 종파의 교리를 정리한 것이 아니라, 대승불교 교리 전반을 아울렀다(統攝)는 뜻이다.

20 불멸 후 재가자들은 세존의 유체를 다비하고 남은 유골(불사리)을 8개의 불탑에 봉안했다. 그 후 세존을 그리워하는 재가자들은 불탑에 참배하면서 불탑 안에 모신 세존(불사리)에게 기도했다. 기원전 3세기경 아쇼카 왕이 8개의 불탑에 있던 사리를 나누어 전국에 8만4천 개의 불탑을 세우자, 인도 전역의 재가자들은 인류의 스승인 위대한 세존을 그리워하며 불탑에 참배를 하게 되었다. 그러나 그들은 위대한 스승, 위대한 종교가에 대한 막연한 존경심에서 참배할 뿐 세존의 위대한 가르침이나 생애에 관해서는 전혀 모르고 있었다. 참배객들에게 세존의 위대한 생애와 가르침에 대한 설명이 필요했던 것이다. 그렇게 하는 것이 참배객들의 발길을 끊이지 않게 하는 길이며, 불탑을 존속시키는 방법이기도 했기 때문이다. 아마도 처음에는 전문가들인 출가자들의 몫이었을지도 모른다. 그러나 그들의 설명은 지나치게 전문적이고 어려웠으며 재가자들의 현실과는 거리가 먼 추상적인 설명으로 대중들의 외면을 받았다. 그래도 불탑에 대해 가장 애착을 가지고, 참배객들이 많이 오길 바라는 사람은 불탑관리자들이었다. 이들은 불탑에 거주하며 불탑의 유지관리는 물론 참배객들에 대한 안내도 맡았으며, 이들 중에서 세존의 가르침이나 위대한 생애에 대해 능숙하게 설명하는 전문 안내인도 나왔다. 세존은 위대한 가르침을 남긴 인류의 스승임은 분명하지만 출가자들이 설하는 세존은 역사적인 인물이지 결코 전설상의 인물

그럼에도 산스크리트 원전(梵本)은 존재하지 않습니다. 마명보살의
이름에 가탁한 중국 찬술이라는 주장이 제기되는 이유이기도 합니다.
그렇다고 중국 찬술로 보는 것도 쉽지는 않습니다. 다음과 같은 주장이
있기 때문입니다.

①진제 삼장이 『기신론』을 번역할 당시, 중국의 불교학 수준이
『기신론』을 찬술할 정도는 아니었다.
②『기신론』에서 논해지는 교학敎學이 중국적이 아니라 인도적이다.

은 아니었다. 그러나 대중들에게는 그러한 세존은 별로 매력적이지 못했다.
따라서 출가자들은 애초부터 안내인으로 부적합했다. 참배객들에게 감명을
주기 위해서는 초인적이고 신비화된 전설상의 '세존'이 필요했다. 서민들이
초인적이고, 신격화한 '슈퍼맨 세존'을 원했기 때문이었다. 대중들과는 차원이
다른 세존을 설함으로써 더 많은 참배객들을 불탑으로 불러 모으고, 더 많은
참배객들을 모으기 위해 세존에 대한 더 많은 상상력을 동원하였는데, 세존과
그의 가르침을 설하던 불탑 안내자들이 법사法師의 기원이라 할 수 있다. 그리고
기원후 100년경 대승 태동기에 자칭 법사(dharma-bhanaka)라는 사람들이
나타났다. 그들은 '반야바라밀'이라는 새로운 법(法: dharma)을 주창하며, 이
법이야말로 '모든 부처님의 어머니(佛母)'이며, '부처님이 세상에 오신 뜻(佛出世
本懷)'라 하였다. 또한 이 법의 수행이야말로 참된 보살도를 실천하는 것이며,
모든 존재의 실상을 있는 그대로 열어(開) 보여(示) 중생들에게 크나큰 이익을
주는 것이라며 법의 결집인 경권經卷의 중요성을 강조하고, 『금강경』이나 『법화
경』에서 보는 바와 같이 "경전의 한 게송만 억념憶念하거나 송誦해도 백천만억
부처님에게 공양하는 것이 된다"라거나, "경권(法)이 있는 곳에 세존이 계신다"
라고 주장하였다. 이윽고 종래의 불탑을 참배하는 신앙을 넘어 논리적인 법과
이를 설하는 법사와 이를 지지하는 열렬한 재가자들이 중심이 된 대승교단으로
발전하게 되었다.(참조: 『팔천송반야경』)

③『기신론』의 문장이 범어梵語 문법에 의지하고 있다.

설사 중국 찬술이라 할지라도『기신론』의 사상적 가치나 무게는 결코 가볍지 않습니다. 경전이 아닌 논서임에도 이론과 실천면에서 대승불교의 핵심을 담은 최고의 필수 교과서로 인정받는 저술이기 때문입니다. 실제로 산사山寺의 법문에는『기신론』의 구절들이 자주 인용되고 있기도 합니다. 여기서는 전통적인 견해에 따라 저자를 마명 보살로 인정하고자 합니다.

4.『기신론』의 번역본으로는 중국 양나라 때의 진제 삼장(眞諦三藏, Paramārtha. 499~569)과 당나라 때의 실차난타(實叉難陀, Śikṣānanda. 652~710)의 한역漢譯본이 있습니다. 진제 삼장의 번역본을 구역舊譯, 실차난타의 번역본을 신역新譯이라고 합니다.[21]

진제 삼장이 중국에 오게 된 과정은 좀 특이합니다. 인도가 아닌 부남(扶南, 지금의 캄보디아)으로부터 왔기 때문입니다. 양梁나라 무제 (武帝, 464~549)는 대승불교의 논서와 대덕삼장을 보내달라는 요청을 부남에 하게 되고, 부남에서는 마침 그곳에 머물던 진제를 보냅니다.

---

21 실차난타는 불교를 신봉한 당나라 측천무후의 요청으로 서역 우전국(于闐國: 지금의 타림분지)에서『화엄경』범본梵本을 가지고 와 불수기사佛授記寺에서 『80화엄경』의 번역본을 완성하였으며(699년), 이어『입능가경入楞伽經』과『문 수수기경文殊授記經』등 19부를 번역했다. 진제 삼장과 실차난타는 150년의 시차가 있음에도, 뉴 버전new-version인 실차난타의 신역보다 구역舊譯이 더 많이 읽히며, 우리가 읽는 번역본 역시 진제 삼장의 구역(old-version)이다.

그가 어떤 연유로 부남에 갔는지 알 수는 없으나 전법을 위해 갔을 것으로 추측합니다.

548년(당시 50세), 진제는 양무제를 만나 환대 속에 역경譯經 준비에 박차를 가하지만, 곧 후경侯景의 난이 일어나, 양무제는 유폐(549년)되고 굶주림과 울분 속에서 병사합니다. 정국은 혼란 속으로 빠져들고, 이때부터 진제는 정처 없는 유랑생활을 하게 됩니다. 그리고 광동성 시흥현에 흘러듭니다.

554년 9월, 양梁의 곡강후曲江侯 소발素勃이 시흥현에 왔다. 마침 그때 진제 삼장이라는 한 인도 승려가 유랑을 하던 중 시흥현에 체류하고 있었다. 전하는 바에 의하면, 그는 비록 분량은 적지만 대승불교의 가르침을 체계적으로 서술한 진귀한 범본의 논서를 가지고 있었다고 한다. 곡강후 소발은 뛸 듯이 좋아했다. 소발은 겉보기에는 초라한 모습을 하고 있었지만 남다른 인품이 눈에 띄었던 이 낯선 외국승을 초대해서 그가 가지고 있던 논서의 번역을 부탁하였다. 이리하여 시흥현의 건흥사에서 554년(承聖 3년) 9월 10일에 번역된 것이 『대승기신론』이다. 현재 『기신론』의 서두에 실려 있는 지개 법사의 서문은 후대에 만들어진 위서僞書가 분명하지만, 거짓투성이의 이 위서에서 오직 한 가지 진실한 것은 소발이 시흥현의 건흥사에서 진제 삼장을 초청해서 『기신론』을 번역시켰다고 하는 사실이다. 『기신론』이 번역된 554년 9월 10일에 소발은 시흥현에 있었고, 지개도 역시 시흥현 광화사에 머물러 있었던 것이다.

한편 『기신론』의 번역 연대에 대해 이설異說도 있다. 수隨의 비장방費
長房이 편찬한 『역대삼보기歷代三寶記』에는 양나라 태청太淸 4년
(550)에 진제 삼장이 부춘富春의 육원철陸元哲의 집에서 번역했다고
기록하고 있으므로 번역의 시점에 관해서는 좀 더 상세히 검토할
필요가 있다고 생각된다.[22]

진제 삼장은 서인도 사람으로 마명보살과 마찬가지로 바라문 출신입
니다. 제자들의 도움을 받아가며 좋은 환경에서 마음껏 역경譯經의
뜻을 펼 수 있었던 구마라집(鳩摩羅什, 344~413)과는 달리 진제 삼장의
말년은 끝까지 불우하였습니다. 568년에는 곡기를 끊고 자살까지 시도
했다 하니 가히 짐작이 갑니다. 설상가상으로 믿고 의지하던 제자
혜개慧愷가 죽자, 그가 하던 『구사론』 강설을 이어받았으나 그마저도
병으로 중단해야 했습니다. 그리고 569년 정월 세수 71세로 입적했습
니다.

진제 삼장은 불우하게 세상을 떠났지만 그에게도 전설적인 이야기가
전해집니다. 그가 머물던 광동지방은 무척 더운 지역으로, 그가 경전을
번역할 때도 무척 더웠습니다. 그는 늘 물 위에 종이를 띄워놓고 그
종이를 깔고 앉아 번역을 했는데 종이가 가라앉지 않았다고 합니다.
더욱이 몸에는 땀이 나는데도 글을 쓰는 손목에는 땀이 나지 않았다고
합니다. 그렇게 번역한 『기신론』은 급속하게 중국의 불교인들에게
전해졌습니다.

---

22 카마다 시게오(鎌田茂雄), 장휘옥 역, 『대승기신론 이야기』, 장승, 1991, 22쪽.

5. 그 원인을 찾자면 다음과 같이 정리할 수 있습니다.

첫째, 『기신론』의 문장이 간단명료하면서도 중국인들에게 익숙한 노장老莊이나 주역周易의 사유방식과 공통되는 점이 있다는 것입니다. 실제로 육조六曹 이래의 고승들은 주역이나 노장사상에 밝았으며, 출가 전에 노장이나 주역을 공부한 전력을 갖고 있습니다.

한 예로 수나라 때의 담천(曇遷, 542~607)을 들 수 있습니다. 어릴 때 외숙外叔을 따라 육경六經을 배웠는데, 특히 노장사상과 『주역』에 밝았습니다. 21세에 출가한 담천은 처음에는 『승만경勝鬘經』을 배웠으나, 하남성의 임려산林慮山 정국사淨國寺에 은거하면서 『기신론』을 접했습니다. 『기신론』에 "일심법一心法으로 말미암아(依) 두 가지 문門이 있으니, 무엇이 둘인가? 첫째는 심진여문心眞如門이요, 둘째는 심생멸문心生滅門이니, 이 두 가지 문이 다(皆) 각각 일체법一切法을 총섭總攝하니, 이 뜻이 무슨 말인가? 이 진여문과 생멸문, 두 문이 서로 떨어지지(離) 않는 까닭이다"[23]라는 구절을 읽으면서 놀라움에 휩싸였습니다. 『주역』에서 설하는 "역易에 태극이 있으니, 태극에서 음과 양이 생생生한다",[24] "한 번 음陰하고, 한 번 양陽하는 것을 도道라고 한다"[25]라는 내용과 너무 비슷했기 때문입니다. 그 후 『기신론』을 깊이 연구하여 주석서를 저술했으나 전해지지는 않습니다.[26]

---

23 마명, 『기신론』, "依一心法有二種門. 云何爲二. 一者心眞如門. 二者心生滅門. 是二種門皆各總攝一切法. 此義云何. 以是二門不相離故."

24 『주역, 계사상 11장』, "易有太極 是生兩儀, 四象生八卦 八卦定吉凶."

25 『주역, 계사상 5장』, "一陰一陽之謂道."

26 한보광, 임종욱, 『중국역대불교인명사전』, 이회문화사, 2011; 카마다 시게오(鎌

역대 선사禪師들 중에는 주역이나 노장사상에 밝은 분들이 많습니다. 한참 후대의 일이지만 『대승기신론열망소大乘起信論裂網疏』의 저자이기도 한 명明대의 지욱 선사는 주역周易을 선禪적으로 풀이한 『주역선해周易禪解』라는 명저를 남겼습니다.

근래의 우리나라에는 유儒·불佛·선仙을 회통했다는 탄허 선사(吞虛禪師, 1913~1983)라는 대인大人이 있었습니다. 그는 1956년 오대산 월정사에 5년 코스의 수도원을 설치하고, 『화엄경』, 『능엄경』, 『영가집』, 『기신론』, 『장자』, 『노자』, 지욱 선사의 『주역선해』 등의 무료 강의를 전담하였습니다. 더욱 놀라운 것은 승속을 불문하고[27] 수도원을 개방했다는 사실입니다. 종단이나 사찰의 각종 교육프로그램에 비싼 수강료를 요구하고, 승속을 구별하는 요즘의 풍속과 비교할 때, 불교와 사회 전반에 걸친 인재양성의 실천에 승속을 따지지 않는 열린 이상理想은 귀감이 되고도 남음이 있습니다. 이미 60년 전에 말입니다.

둘째, 『열반경』[28]의 "일체중생 실유불성一切衆生 悉有佛性" 사상입니다. 이는 일체중생, 즉 모든 생명에는 부처의 본성이 갖추어져 있으며, 극악무도한 천제闡提[29]라 할지라도 성불할 수 있다는 사상입니다. 『열

田茂雄), 장휘옥 역, 『대승기신론이야기』, 장승, 1991.

27 강원의 대교과 졸업자나 대졸자 또는 유가儒家의 사서四書를 마친 자에 한한다는 자격요건이 있지만, 이는 수강 능력자를 가리기 위한 것일 뿐, 요즘과 같은 출가자, 재가자를 가리는 차별은 아니다.

28 『열반경涅槃經』에는 소승불교 『열반경』과 대승불교 『열반경』이 있다. 여기서는 대승불교의 『열반경』으로, 법현法顯 번역의 『대반니원경大般泥洹經』과 담무참(曇無讖, 385~433) 번역의 『대반열반경大般涅槃經』, 혜엄(慧嚴, 363~443)의 『남본열반경』을 말한다.

반경』은 법현(法顯, 337~422), 담무참(曇無讖, 385~433), 혜엄(慧嚴, 363~443) 등에 의해 중국에 전해졌습니다. 『기신론』이 전해지기 전에 이미 중국인들은 『열반경』 학습을 통해 "일체중생은 누구라도 성인이 되고 부처가 될 수 있다"는 불교의 가르침을 학습하고 있었습니다. 그러기에 '일체중생 실유불성'의 사상을, 아주 구체적이면서 실천적 매뉴얼로 설한 『기신론』의 가르침을 쉽게 받아들일 수 있었습니다. 누구나 자신의 의지와 노력(수행) 여하에 따라 범부도 될 수 있고, 성인도 될 수 있다는 『기신론』의 가르침에 주목했습니다. 많은 사람들 이 『기신론』을 탐독했으며, 강설하고 주석하였습니다. 현존하는 주석 서 중에 가장 오래된 것은 수나라 승려 담연(曇延, 516~588)의 『기신론 소』라고 합니다.[30]

6. 554년 중국 광동성 시흥현 건흥사에서 번역된 『기신론』은 널리 중국 전역으로 퍼졌으며, 이윽고 해동海東 신라의 원효대사(618~686) 에게까지 전해졌습니다. 원효대사는 일찍이 『기신론』의 중요성을 인 정하여, 모든 중생들이 쉽게 접하도록 어려운 곳을 알기 쉽게 풀이하여 세 번에 걸쳐 주석서를 냈습니다. 처음에는 메모 형식의 별기別記를 두 번 내고, 다음은 온 정성을 기울여 주석서(疏)를 냈으니 이를 합쳐

---

29 불과佛果에 대한 믿음이 갖추어지지 않아 선근善根이 끊긴 육도중생을 말한다. 이를 천제성불설闡提成佛說이라 한다. 후진後秦의 도생(道生, ?~434)은 『대반니 원경大般泥洹經』을 정독하여, 극악무도極惡無道한 일천제一闡提도 성불이 가능 하다는 천제성불설을 주장하여, 열반종의 선구자가 되었다.

30 카마다 시게오(鎌田茂雄), 장휘옥 역, 『대승기신론이야기』, 장승, 1991, 24쪽.

『대승기신론 소·별기』[31]라 합니다. 원효대사 역시 마명보살 못지않은 대자대비한 마음을 낸 것입니다. 원효대사는 『별기別記』에서 『기신론』을 다음과 같이 평합니다.

> 이 『기신론』은 지혜롭고, 어질며, 깊고도 넓어서, 세우지 못하는 바가 없으면서도 스스로 버리고, 깨뜨리지 못하는 바가 없으면서 도리어(還) 깨뜨리지 못하는 바를 인정하고(許) 있다. 도리어 인정한다는 것은, 저 깨뜨림이 다하면(極) 두루 세움이 드러나는(顯) 것이며, 스스로 버린다는 것은, 합하는 것이 다하면(極) 버려지는 것을(奪) 밝힌(明) 것이니, 이는 모든 논론의 조종祖宗이며 모든 쟁론을 평정시키는 종주宗主인 것이다.[32]

『금강삼매경론金剛三昧經論』의 서문에서도 "깨뜨릴(破) 것도 없고 깨뜨리지 못할 것도 없으며, 세울 것도 없고 세우지 못할 것도 없으니, 가히 이치가 없는 지극한 이치요(無理之至理), 그러하지 않으면서 크게 그러함(不然之大然)"이라는 설명으로, 이 같은 회통會通의 중도적 논리를 펴고 있습니다. 이는 대승불교 사상의 두 갈래인 ① 실상實相을 말하는 법성종法性宗과 ② 현상現相을 말하는 법상종法相宗과의 회통을 시도하고 있는 것으로, 성성과 상相의 회통을 통해 화쟁사상和諍思想을 드러내고 있는 것입니다. 조종이나 종주는 최고의 우두머리(首)라는

---

31 이하 『해동소海東疏』와 『대승기신론 소·별기』를 혼용하기로 한다.
32 "今此論者 旣智旣仁 亦玄亦博 無不立而還遣 無不破而還許 而還許者 顯彼往者 往極而徧立 而自遣者 明此與者窮與而奪 是謂 諸論之祖宗 群諍之評主也."

뜻으로, 어떤 논이라도『기신론』에 근거하여 설하지 못할 것이 없으며,
어떤 논쟁에서도『기신론』에 근거하면 압도하지 못할 쟁론이 없다는
뜻입니다. 그러기에 역대로 많은 주석서가 나왔습니다. 특히 신라
원효대사의『해동소』를 비롯하여, 중국 수나라 혜원(慧遠, 523~592)의
『정영소淨影疏』, 당나라 현수법장(賢首法藏, 642~712)의『현수소賢首
疏: 의기義記』, 명나라 감산덕청(憨散德清, 1546~1623)의『대승기신론
직해大乘起信論直解』등의 주석서가 유명합니다. 이는 모두 진제 삼장의
번역본(舊譯)에 대한 주석서입니다.

  실차난타의 신역본에 대한 주석서는 명나라 우익지욱(蕅益智旭,
1599~1655)[33]의『대승기신론열망소大乘起信論裂網疏』가 유일합니다.

  열망소의 특징은 유가파瑜伽派의 입장에서 내세우는 유식설唯識說
이나 중관파中觀派에서 내세우는 공관의 이치가 서로 다르다고 주장
하는 견해를 타파하는 입장에서 쓴 주소라는 점이다. 열망裂網이란
'그물을 찢어버린다'는 뜻으로 유식의 입상立相에만 치우친 견해와
중관의 파상破相에만 치우친 두 견해는 모두 어리석음의 미혹이므
로, 이 어리석음의 미혹을 찢어버린다는 뜻에서 '열망소'라고 이름을
붙인 것이다. 결국 이 소에서는「기신론」은 유식과 중관이 모두
동일한 것임을 나타내는 논서라고 그 성격을 밝히고「기신론」의
대의가 유식과 다르지 않다는 것을 밝히고자 하였다.[34]

---

33 감산대사의 손孫제자로서, 부모가 백의관음보살의 대비주를 10년간 지송한
  공덕으로 관음보살께서 아들을 보내주는 꿈을 꾸고 지욱 선사를 낳았다고
  한다. 유학儒學에도 정통해『주역선해』라는 유명한 저술도 남겼다.

7. 역대로 혜원, 현수법장, 원효대사의 주석서를 '기신론 삼대소三大疏'라 합니다. 그러나 현수법장의 주석서는 『해동소』에 대한 표절입니다. 실제로 "원효의 말을 그대로 베끼고 있는 곳이 허다하며, 그대로 옮겨 적지 않은 경우라도 원효의 견해를 깔끔하게 정리하거나 표현을 약간 바꾼 것이 대부분이라는 것입니다."[35] 일본의 세계적인 불교학자 카마다 시게오(鎌田茂雄) 역시 다음과 같이 평합니다.

> 원효가 쓴 『기신론소起信論疏』는 『해동소海東疏』라고도 부르며, 신라뿐만 아니라 중국에서도 높은 평가를 받았다. 화엄종의 대성자 법장은 원효의 『기신론소』에서 강한 영향을 받아 『기신론의기起信論義記』를 완성시켰는데, 어떤 부분은 거의 그대로 인용하고 있다. 예로부터 『기신론』은 법장의 『의기』와 함께 읽지 않으면 안 된다고 할 정도로 법장의 『의기』는 권위가 있다. 그런데 이 『의기』가 근거로 한 것이 바로 원효의 『해동소』인 것이다.[36]

이는 원효대사의 『해동소』 덕분에 법장의 『의기』가 세상에 나올 수 있었다는 것을 의미합니다.

한편 송宋나라 찬녕(贊寧, 918~999)의 『송고승전宋高僧傳』에는 징관(澄觀, 738~839)이 법장(法藏, 643~712)으로부터 『해동기신소의海東

---

34 지안스님, 불교신문 2905호, 2013년 4월 17일자.

35 박태원, 『대승기신론 사상 연구』, 민족사, 1994, 136쪽. 현수법장의 표절 부분을 본문에서 일찰―察할 것이다.

36 카마다 시게오(鎌田茂雄), 장휘옥 역, 『대승기신론이야기』, 장승, 1991, 29쪽.

起信疏義』를 배웠다고 전합니다.[37] 물론 이는 시대적으로 맞지 않습니다. 그러나 법장이 그만큼 『해동소』를 중요시 여겼다는 사실이 전승傳承된 것으로 이해됩니다.

또한 14세기 전반에 쓰인 라이호(賴寶)의 『석마하연론감주釋摩訶衍論勘注』[38]에는 『해동소』와 『현수소』의 내용을 비교하여, 그 구성이 같거나 그 뜻이 같은 부분에 대하여 여러 차례 밝혀 놓고 있습니다. 이 또한 법장이 원효대사의 『기신론』 해석을 거의 그대로 답습함이 많았던 사실을 일찍부터 입증해준 예라고 하겠습니다.[39]

또한 과科를 나누는 분과分科 역시 원효대사의 주석서 내용을 그대로 베껴 쓰고 있습니다. 내용 또한 번잡하여 감산대사는 그의 주석서 서문에서 "현수의 주석서(疏)는 단락의 나눔(科)이 매우 자세하나 덧붙여진 글이 장황(文瀚)하여, 배우는 사람에게는 망망대해처럼 아득(杳)하여 궁구하기가 쉽지 않다(莫可). 이에 내가 법장 주석서의 번잡한 내용을 줄이고 간추려서(少刪) 소략疏略을 펴냈다"[40]라고 밝히고 있습니다.

---

37 찬녕贊寧, 『宋高僧傳, 唐代州五台山淸涼寺澄觀傳』, "又於淮南法藏受海東起信疏義."
38 『석마하연론釋摩訶衍論』은 『기신론』을 송頌과 논論으로 자세히 해석·설명한 책으로, 이 책의 저자에 대해서는 인도의 용수龍樹가 지었다는 설과 신라의 월충月忠이 지었다는 설이 양립되어 있다. 일본 라이호(賴寶)의 『석마하연론감주釋摩訶衍論勘注』는 『석마하연론』의 주석서이다.〔참조: 네이버 지식백과, 『한국민족문화대백과』(한국학중앙연구원)〕
39 김상현, 『역사로 읽는 원효』, 고려원, 1994, 240쪽.
40 감산대사, 『大乘起信論直解, 序文』, "賢首舊疏科最爲精詳, 加以記文瀚, 學者望洋杳莫可究. 予嘗就本疏少刪其繁, 目爲疏略."

이처럼 원효대사의 주석서는 한국은 물론 중국에서도『기신론』연구
의 기본 문헌으로 삼았으며, 중국과 일본에서는『해동소』라는 별칭으
로 통하는 유명한 저술입니다.

「대승기신론 사상 연구」로 학위를 받은 울산대 박태원 교수는 "원효
대사는 '유식사상의 연장선상에서 유식설과 기신론 사상을 동류同類의
사상체계'로 회통시키고자 하였으며, 법장은 '기신론이 여래장에 의한
생멸연기를 설하고 있다는 점에서 그 사상적 입장을 여래장연기종如來
藏緣起宗이라 칭함으로써 여래장을『기신론』의 전면에 부각'시키고자
하였다고 평가하면서, 논자論者로서는 원효대사의 태도가 더욱 정당하
며『기신론』사상의 본의本意에도 부합된다"[41]라고 평하고 있습니다.

실제로 법장은 화엄종의 종파적 입장을 분명히 하고 있습니다. 실례
로『기신론, 수행신심분』의 주석(義記)에서 천태지자의『수습지관좌
선법요修習止觀坐禪法要』,『유가사지론』등을 인용하고 있는『해동
소』를 그대로 끌어다 쓰면서도『유가사지론』의 구종심주九種心住와
사종작의四種作意 부분은 쏙 빼고 있는가 하면,[42] 자신의 교판敎判인
사종설四種說[43]에서는『기신론』을『능가경』등과 함께 여래장연기종如

---

41 박태원,『대승기신론 사상 연구』, 민족사, 1994, 153~154쪽.

42 『해동소』에는『유가사지론, 성문지聲聞地』의 구종심주九種心住를 인용하며 지관
문止觀門을 설명하고 있으나, 현수법장은 이를 의도적으로 빠뜨리고 있다. 본문
【소疏-76】참조.

43 ①수상법집종隨相法執宗: 소승부의 교설. ②진공무상종眞空無相宗: 공종空宗으
로『반야경』,『중론』. ③유식법상종唯識法相宗: 유종有宗으로『해심밀경』,『유가
사지론』. ④여래장연기종如來藏緣起宗: 공종과 유종을 회통하는『능가경』,『밀
엄경』,『대승기신론』,『보성론』.

來藏緣起宗에, 『화엄경』을 축으로 한 오교설五教說에서는 세 번째 대승종교大乘終教와 네 번째 돈교頓教에 올려놓고 있습니다.[44] 그러면서도 『화엄경』은 다섯 번째 원교圓教에 올려놓고 화엄교학의 우월성을 내보이고 있습니다. 이는 법상종의 유식사상에 대한 화엄교학의 우월성을 확보하고자 했던 법장의 종파적 편견을 드러낸 것이라 할 수 있는 것입니다.

이처럼 사실史實과 다르게 종파의 우월성을 선양하려는 교상판석은 법장 이전에도 여럿 있었습니다. 그 중에서도 대표적인 것이 오늘날의 한국불교에서 그대로 답습하고 있는 천태지자의 교상판석입니다.[45] 교상판석은 실로 분별分別이자 집착이며, 부처님께 아주 불경스러운 것입니다. 부처님의 말씀(教)에 우열을 따지고 순번을 매기는 일이기

1	소승교小乘教	『아함경』, 『구사론』, 『대비바사론』
2	대승시교大乘始教	상시교相始教: 『해심밀경』, 『유가사지론』, 『성유식론』 ⇒ 진공무상종
		공시교空始教: 『반야경』, 중론, 십이문론 ⇒ 유식법상종
3	대승종교大乘終教	여래장如來藏 계통의 『능가경』, 『승만경』, 『열반경』, 『보성론』, 『대승기신론』
4	돈교頓教	초언절상超言絶相의 『유마경』 유마일묵維摩一默, 『기신론』 이언진여離言眞如
5	원교圓教	『화엄경』이 근간이고, 나중에 『법화경』을 포함했다.

44 현수법장의 『화엄경』을 축으로 한 오교설五教說.

45 ① 화엄시華嚴時: 성도成道 후 최초 21일 동안 『화엄경』을, ② 아함시阿含時: 녹야원에서 12년 동안 『아함경』을, ③ 방등시方等時: 그 뒤 8년 동안 『유마경』, 『금광명경』, 『능가경』, 『승만경』, 『무량수경』 등 방등부의 여러 경을, ④ 반야시般若時: 다음 22년 동안 『반야부경』을, ⑤ 법화·열반시法華涅槃時: 최후의 8년 동안 『법화경』을, 열반 전에 『열반경』을 설했다는 오시五時로 구분된다.

때문입니다. 일반인들도 제대로 된 집안에서는 할아버지 말씀에 토를 달고 경중을 따지지 않는 법입니다. 하물며 부처님의 말씀(경전)을 종파를 따져 해석하고 우열을 다투고 상대의 소의경론을 폄하하는 행위는 결코 답습하지 말아야 할 유산입니다.

그러나 원효대사의 사교판설四敎判說[46]은 논쟁이나 종파 형성의 목적이 아니라, 여러 법문法門의 화쟁和諍을 강조하는 데 목적이 있었으며, 성性이니 상相이니 하는 종파를 초월하여 일심의 원천(一心之原)으로 융회融會하게 하는 데에 목적이 있었던 것입니다.[47] 또한 모든 사람들이 일승一乘의 길로 들어서게 되기를 바라는 중생제도의 방편으로써 교상을 판석하였기에, 선행한 중국의 불교사상가들의 오류나 결함을 시정

---

[46] 원효대사의 사교판설四敎判說

일승一乘	일승분교一乘分敎	보살영락본업경菩薩瓔珞本業經, 범망경梵網經
	일승만교一乘滿敎	화엄경華嚴經, 보현교普賢敎
삼승三乘	삼승별교三乘別敎	사제교四諦敎, 연기경緣起經
	삼승통교三乘通敎	반야교般若敎, 해심밀경解深密經

[47] 화쟁和諍이라는 말은 『십문화쟁론』의 제목에서 유래한 것으로 보이는데, 원효대사는 당시 종파들의 다양한 이론異論들을 인정하면서도 7세기 중국 불교의 중요한 쟁점이었던 중관론中觀論과 유식론唯識論의 교조적 대립을 독창적으로 통합 회통하려 하였는데, 이것을 '화쟁사상和諍思想' 또는 '원융회통사상圓融會通思想'이라고 한다. 『기신론 소·별기』에서 "도를 구하는 것은 만 가지 경계(번뇌, 이론, 주장, 다툼, 차별, 망상)를 길이 쉬어(永息) 드디어(遂) 일심(一心: 한마음)의 근원(心源)으로 돌아가는 것(還)이다(還一心之原)"라고 밝힘으로써 화쟁사상의 근저에 일심一心이 있음을 분명히 하였다. 한마음의 근원으로 돌아간다는 것은 일체의 차별을 떠나, 만물이 평등함(一味平等)을 깨우치고, 인연을 따지지 않는 자비의 마음(無緣慈悲)을 얻는 것을 말한다.

하는 데 도움이 되었으며, 특히 중국 화엄사상가들에게는 중요한 계도 적 의의를 가지는 것이 되었던 것입니다. 특히 원효대사의 『화엄경소華 嚴經疏』는 법장이 그의 『화엄경탐현기』에서 즐겨 인용할 만큼 정평이 있던 명저였을 뿐 아니라 원효대사의 뛰어난 사상성을 드러내고 있습니 다. 법장이 세운 오교십종의 교판도 원효대사의 사교판설에 영향을 받아 세운 교판입니다.[48] 당에 유학을 한 것도 아닌 토종土種의 학설로 중국불교는 물론 일본불교에까지 영향을 준 사례는 원효대사 이후에는 찾아보기 힘듭니다.

8. 그럼에도 "법장의 『의기』가 출현한 이후 『기신론』 연구의 주도적 역할을 담당한 것은 『의기』였고, 특히 일본학계에서 차지하는 『의 기』의 위치는 가히 절대적이라는 점을 보아도, 법장의 입장을 높게 평가하는 쪽이 다수일 것 같다"[49]고 합니다.

통일 신라에서도 법장의 견해를 정설로 소개한 태현(太賢, 742~765) 의 『대승기신론내의약탐기大乘起信論內義略探記』가 있습니다. 다음은 이를 한글로 옮긴 박인석의 멘트입니다.

주석의 태도를 보면 태현은 자신의 견해를 밝히는 경우는 극히 적고, 대부분 법장의 『대승기신론의기』의 내용을 먼저 정설로 소개 한 뒤, 이와 다른 견해가 있을 경우 원효의 『대승기신론소』 등의 내용을 따로 언급하고 있다. 그런데 태현이 인용한 법장과 원효의

---

48 네이버 지식백과, 한국민족문화대백과(한국학중앙연구원).
49 박태원, 『대승기신론 사상 연구』, 민족사, 1994, 154쪽.

글을 자세히 비교해 보면 많은 경우 법장의 『대승기신론의기』의 내용이 원효의 『대승기신론소』의 내용을 요약한 것임을 발견할 수 있다. 그러므로 태현이 비슷한 내용의 주석을 인용할 경우 어째서 법장이 의거했던 원효의 글을 먼저 인용하지 않았는가 하는 의문을 가질 수 있다. 실제로 법장의 『대승기신론의기』는 원효의 『대승기신론소』의 문장을 요약, 정리한 부분이 상당히 많기 때문이다. 이 점에 대해서는 태현 당시 『대승기신론』을 이해하는 데 있어 법장의 『대승기신론의기』가 교과서처럼 사용된 것은 아닌가 하는 하나의 가설을 제시해 볼 수 있다.

법장의 『대승기신론의기』는 그가 승전(勝詮, 생몰미상) 법사를 통해 의상에게 자신의 저서들을 보낸 692년에 신라에 들어왔는데, 이후 신라 사회에서 법장의 저서가 『대승기신론』을 이해하는 데 매우 중요한 역할을 담당한 것이 아닌가 여겨지는 것이다. 이 점에 대해서는 앞으로 보다 많은 연구와 조사가 필요한 것으로 생각된다.[50]

오늘날 우리나라에도 "지금까지 우리나라 학계에서 법장의 『의기義記』는 원효의 것을 대부분 답습한 것으로 평가 절하하고 있으나, 이는 그릇된 견해로서 본고는 그 사실을 여실히 증명해 줄 것이다. 이러한 오해는 그만큼 『대승기신론』에 대한 깊은 연구 없이 피상적으로 말하는 일부 견해가 여과 없이 유포되었기 때문이다"[51]라고 밝히는 그야말로

---

50 태현, 박인석 옮김, 『대승기신론내의약탐기』, 동국대학교출판부, 2011, 12~13쪽.

51 전종식, 『원효, 법장의 주석비교』, 예학, 2007, 7쪽.

피상적인 일부 견해도 있습니다. 더 나아가 "원효 등 고대 주석가들의 주석을 살펴보면, 『기신론』을 주석함에 있어 많은 부분에서 그 핵심에서 벗어난 여러 경전을 인용함으로써 오히려 이해하기 어려운 논서로 만들어, 『기신론』의 논주가 의도하여 저술한 목적, 즉 간단하고 내용이 풍부한 논문을 기대하는 사람들에게 실망을 안겨준 것이 사실이었다"[52]라고 하면서 『해동서』를 폄하하기까지 합니다.

그러나 이는 그분의 안목일 뿐입니다. 여러 경전에서 인용하는 것은 그만큼 주석의 내용에 깊이를 더하는 것으로, 불교 이외의 유가儒家와 노장老莊까지 넘나드는 폭넓은 독서의 뒷받침 없이는 불가한 것입니다. 최근까지 확인된 80여 부 200여 권의 저술목록[53]만 봐도 원효대사의 사상편력은 상상초월입니다. 당시 동아시아에서 유통되던 불교사상 중 밀교 계통을 제외한 계율, 반야, 중관, 유식, 화엄, 열반, 여래장, 천태, 법화, 정토, 인명 등 대승불교 경론(經, 論) 전반에 걸쳐 주석을 하고 있기 때문입니다. 이는 동아시아 어느 고승도 해내지 못한 일입니다.

그러기에 원효대사의 삶은 다양한 사상의 스펙트럼만큼이나 자유롭고도 적극적이었으며, 앎(覺)에는 모자람이 없었고, 행行에는 거침이 없었습니다. 그 앎(覺)을 딛고 아는 바대로 실천했기 때문입니다. 그러기에 사문沙門이면서 속인(小性居士)이었고, 속인이면서 사상가이고 대중의 스승이었습니다. 이를 이해하지 않고는 원효라는 태산泰山에 오르기가 쉽지 않습니다.

---

52 전종식, 앞의 책, 6쪽.

53 김상현, 『역사로 읽는 원효』, 고려원, 1994, 186~189쪽.

9.『대승기신론 소·별기』에서 맨 앞에 등장하는 「서序」가『대승기신론
소·별기』전체를 압축한 대의大意입니다. 그 대의 안에 원효대사의
『대승기신론』에 대한 관점과『대승기신론 소·별기』전체 내용이 압축
되어 있습니다. 이 안에는 유가와 노장의 사상이 혼재되어, 실로 유불선
儒佛仙을 두루 회통하고 있는 명문입니다. 어느 한 부분만 떼어 읽으면
『노자老子』나『노자지략老子指略』[54]의 글로 착각할 정도 노자스러운
글이기도 합니다.

　유감스럽게도 다른 분들의 책에서는 이를 자세하게 다루지 못하고
있습니다. 아마도 경전 해석의 기본 틀인 오중현의五重玄義[55]는 물론,
주역이나 노장老莊에 대한 이해가 부족해서 그런 것으로 생각됩니다.
심지어 이 부분을 생략하면서 "생략 부분은 원효가 분류한 첫째(종체표
시) 부분과 둘째(제목해석) 부분으로, 이를 장황하게 설명하고 있으나
기신론 본문과 직접 관계되는 것이 아니어서 생략한다"[56]라고 하면서
무시하는 분도 있습니다. 이는 위험한 발상이라기보다는 무지無知에서
오는 독단으로 독자들을 호도하는 것입니다.

　학위논문을 포함한 모든 논문에도 「서序」가 있어서 논문의 취지나
방향을 제시합니다. 그러나『대승기신론 소·별기』의 「서」는 여타 논문

---

54 『노자지략』은 왕필(王弼, 226~249)이 자신의 관점에서 『노자』를 요약한 것으로,
　　1948년 왕필의 글로 확인되기 전까지는 무명씨無名氏의 『노자미지예략老子微旨
　　例略』이라는 제목으로 도장道藏에 감추어져 있던 글이다. 무명씨란 작자미상이
　　라는 뜻이다.
55 본문의 각주 73 참조.
56 전종식, 『원효, 법장의 주석비교』, 예학, 2007, 23쪽.

의 「서」와 비슷하면서도 그 성격을 달리합니다. 『대승기신론 소·별기』 전체를 압축하고 있으면서도, 다양한 경론을 인용함으로써 일심(一心: 한마음)으로의 회통會通을 시도하기 때문입니다. 진종식의 주장처럼 "여러 경론을 인용하는 것은 핵심을 벗어난 것"이 아니라, 특정 종파의 입장을 벗어난 화쟁의 일환인 것입니다.

원효대사의 글은 대부분 오중현의의 틀에 따르면서, 『법화경종요 서序』, 『금강삼매경론 서序』, 『열반경종요 서序』, 『화엄경소 서序』, 『해심밀경소 서序』 등과 같은 「서」를 두고 있습니다. 원효대사뿐만이 아닙니다. 불교 최고의 명문으로 꼽히는 청량국사 징관澄觀의 『왕복서 往復序』도 『화엄경소』의 「서」로서, 『왕복서』 안에는 『화엄경』 전체의 뜻이 다 포함되어 있습니다. 또 하나의 명문으로 꼽히는 함허(涵虛, 1376~1433) 선사의 『일물서一物序』도 『금강경오가해설의金剛經五家 解說誼』의 「서」로서 선기(禪氣, 禪機)를 가득 담고 있는 글입니다.

이렇듯 소疏의 「서」는 「서」 자체만으로도 소疏 전체를 가름하는 하나의 작은 논(小論)인 것입니다. 하물며 이를 무시하고 본문만 읽겠다 는 진종식의 주장은 어불성설입니다.

10. 사회적 갈등과 이념적 대립이 심화되고 있는 오늘날, 많은 사람들이 사회통합의 안案으로 원효대사의 화쟁사상을 말합니다. 이는 곧 일심 사상을 바탕으로 합니다.

7세기 당시 한반도를 둘러싼 국제정세는 100년이나 지속된 당나라와 신라, 백제, 고구려가 어우러진 정복전쟁의 소용돌이 속에 빠져 있었으 며, 신라의 국내정세는 소수의 귀족들만 독점적 특권을 누리는 배타와

48

독점의 분열시대였습니다. 배타는 전쟁으로 적을 물리쳐야 하는 상황을 말하며, 독점은 골품제라는 신분제로 소수의 귀족들이 향유하는 독점적 특권을 말합니다.

세 차례나 고구려를 침공하던 수隋나라는 원정의 실패로 민심의 이반과 전국적으로 속출한 반란으로 제풀에 망했습니다(618년). 수나라의 멸망을 딛고 일어선 당唐나라 역시 고구려를 침공하면서 패권을 노골화했습니다. 고구려와 수·당과의 전쟁은 무려 70년간이나 지속되었습니다.

당나라와 연합한 신라는 백제를 멸망시키고(660년), 고구려마저 멸망시켰으나(668년) 이것으로 전쟁의 끝이 아니었습니다. 한반도를 지배하려는 당나라의 야욕에 맞서 싸워야 했으니, 당나라 군대를 몰아내고 삼국을 통일함으로써 전쟁은 끝이 났습니다(676년). 통일 전쟁으로 형성된 분열과 대립적 적대감의 해소에서부터 고구려, 백제의 유민이나 난민의 처리는 물론, 전쟁에 동원되고 희생된 군인가족을 포함한 피폐해진 민심과 지역적·계층적 갈등을 수습해야 했기에 어느 때보다 사회통합이 필요한 시점이었습니다.

통치이념으로 삼은 불교 또한 반야, 중관, 유식, 열반, 화엄, 법화 등등 다양한 대승불교의 이론들이 수입되어 불교신도들은 물론 사상계의 혼란을 야기하고 있었습니다. 그 이전 이미 중국에서도 반야, 중관, 유식, 열반, 화엄, 법화 등등 다양한 대승불교 이론들이 한역漢譯되어 소개되면서 그 분량과 종류가 상당수에 이르게 되자, 다양하고도 때로는 모순되는 것 같은 내용을 접하게 되었습니다. 교상教相을 판석하고, 화의(化義: 그르고 옳고)나 교리의 심천深淺에 따른 질서와 체계를 잡아야 한다는 긍정적 의미의 교판敎判의 필요성이 강하게 대두되었습니다.[57] 그러나 시간이 지나면서 자파의 소의경전을 천양(闡揚 : 드러내 밝혀서 널리 퍼지게)하려는 목적으로 변질되기 시작했습니다. 600년 전 인도불교의 부파불교 시대가 옮겨온 것입니다.

지금도 마찬가지지만 같은 내용일지라도 경론經論마다 용어의 선택에서부터 사상적, 이론적 배경이나 수준이 달랐기에 대하는 사람들의 이해 수준이나 취향에 따라 다양한 이해가 등장했으며, 같은 불교 이론을 놓고도 저마다 자기가 이해한 것이 옳다고 주장하며, 자기가 선호하는 불교 이론이 최고라고 다투는 사람들이 넘쳐나 사회적 분열과 혼란의 시대가 지속되고 있었습니다.

통일신라는 중국식 정치제도를 수용하여 강력한 중앙집권적 전제국가로 체제를 재정비하였으나, 권력의 핵심은 모두 중앙 귀족이 독점함

---

57 그 대표적인 것이 "삼칠사유 화엄시, 아함십이 방등팔, 이십일재 담반야, 법화열반 팔년설"이라는 오시교설五時敎說이다. 부처님 45년 설법 중 열반 전 8년 동안 『법화경』과 『열반경』을 설했다는 것이다. 이 방법은 바로 『법화경, 신해품信解品』의 '궁자유窮子喩'에 따른 것으로, 법화사상을 선양하려는 천태종의 개조開祖 천태지자가 만든 설이다. 법화사상은 훌륭할지라도 오시교설은 사실이 아니다.

요즘 같은 인터넷시대에는 어불성설이겠으나, 당시에만 통한 것이 아니라 요즘도 통하고 있다. 천태종에서는 그렇다 치더라도, 『금강경』을 소의경전으로 하는 조계종 승려들도 금과옥조처럼 설한다는 점이다. 아마도 『화엄경』을 최고의 경전으로 두는 입장에선, 부처님 최초의 깨달음의 노래라는 "삼칠사유화엄시三七思惟華嚴時 또는 궁자경악화엄시窮子驚愕華嚴時", 즉 부처님 성도 후 21(三七)일 동안 『화엄경』을 설했으나 알아듣는 사람이 없어, 수준이 낮은 아함 방등경을 설하게 되었다는 오시교설이 결코 나쁘지는 않을 것이다.

으로써 사회 통합과는 거리가 먼 배타와 독점의 분열시대였습니다. 불교 또한 서민들과는 거리가 먼 왕실을 중심으로 하는 귀족 내지는 엘리트 불교였습니다. 의지할 곳 없는 민초들의 고달픈 삶은 짐작이 가고도 남음이 있습니다.

이러한 시대적 배경으로 원효대사의 화쟁사상이 등장합니다. 원효대사가 일관되게 주장한 화쟁사상과 소성거사小性居士로서 촌락을 돌며 가난하고 무지한 하층민을 깨우쳐 누구라도 쉽게 따라 할 수 있는 "나무아미타불"을 부르게 하고, 의지할 곳 없는 그들과 어울려 노래하고 춤추며 무애행無礙行을 펼친 것은[58] 그 시대가 그만큼 분열과 갈등의 시대였음을 말해주는 것이자 시대적 요청이기도 한 것이었습니다.

앞에서 살펴 본 바와 같이 원효대사의 사상이나 교판은 논쟁이나 종파 형성을 목적으로 한 것이 아니라, 여러 법문法門의 화쟁和諍을 강조하는 데 목적이 있었으며, 성性이니 상相이니 하는 종파를 초월하여 일심一心의 원천으로 융회融會하여 사회 통합을 이루는 데에 목적이 있었던 것입니다.[59] 이것이 원효대사의 화쟁사상이고,[60] 그 바탕이 일심

---

58 일연, 『삼국유사』권4 「義解第五」, '원효불기元曉不羈'조 참조.

59 고려 숙종肅宗은 1101년(숙종 5년) 원효대사에게 '대성화쟁국사大聖和諍國師'라는 시호를 추증하고, 그가 주석하며 『화엄경소華嚴經疏』, 『금광명경소金光明經疏』 등을 저술하던 분황사에 추모비를 세우라 명했다. 그러나 막상 비석이 건립된 것은 명종(1170~1197) 때였다.

60 요즘 불교종단이나 세간에서 너무 쉽게 화쟁을 이야기한다. 그들이 말하는 화쟁이란 기껏해야 재물(이익)이나 권력(보직이나 감투)의 분배가 편파적이지 않는 '공평함'을 화쟁으로 삼는다. 그러나 재물이나 권력(감투)의 분배는 화쟁이

사상입니다. 그 일심사상을 『대승기신론』의 "일심一心 이문(二門: 진여
문과 생멸문)"에서 찾습니다. 진여문을 떠난 생멸이나, 생멸문을 떠난
진여는 존재할 수 없는 것입니다. 서로 다름(異)을 인정하면서도 의지
하고, 의지하면서도 초월하는 원리를 체體·상相·용用 삼대三大로 설명
합니다. 그 설명이 『대승기신론 소·별기』 안에 들어 있습니다. 한국불
교 1,700년의 역사에서 이보다 위대한 사상은 없었습니다. 자세한
것은 본문에서 살피겠습니다.

　1,300년 전과 오늘날의 한반도를 둘러싼 국내외 정세가 어찌도 그렇
게 똑같은지 소름이 돋을 지경입니다. 그러기에 원효대사의 화쟁사상
이 더욱 돋보이는지도 모릅니다. 혹자는 말합니다. "원효 이전에 원효
없고, 원효 이후에 원효 없다"라고 말입니다.

　그러나 원효대사나 그의 화쟁사상을 말하는 사람은 많아도 이를
제대로 아는 사람을 드뭅니다. 고려시대에도 그러했나 봅니다. 고려
숙종(肅宗, 1095년~1105)의 아우인 대각국사(의천, 1055~1101)는 다

아니라, 물질적 욕심의 분배에 지나지 않는다. 부처님이나 원효대사는 그런
화쟁을 말씀하지 않았다. 중생의 행위는 이익(自利)을 바탕으로 한다. 그러나
'사람이 부처'라는 가르침에는 '중생은 본래 바르고 옳은 존재(부처)'라는 것을
전제로 한다. 『기신론』에서도 '중생심이 일심이고 대승'이라고 밝히지 않는가?
그렇다면 중생의 행위는 바르고 옳은 것(大乘)이어야 한다. 따라서 중생이
추구하는 이익(自利) 또한 옳은 것(利他)이어야 한다. '옳음(利他)'과 옳음을
바탕으로 하는 '이익(自利)'이 둘(二)이 아닐 때, 진정한 화쟁이 되는 것이다.
어느 한쪽의 양보나 희생을 통한 타협은 화쟁이 아닌 갈등의 잠복일 뿐이다.
21세기 화쟁이란 인종, 이념, 사상, 종교, 사회계층, 지역, 역사, 문화, 경제적
갈등까지도 아우르는 '옳음(利他)의 화쟁'이 되어야 한다. 그러기 위해서는
모두가 일심의 근원(一心之原)으로 돌아가야(歸) 하는 것이다.

음과 같이 게으른 학인들을 꾸짖고 있습니다.

(원효대사가) 논論을 지어 경經을 높여 큰 도(道: 大猷)를 밝혔으니(闡)
마명보살이나 용수보살쯤은 되어야 공업功業을 견주리라(儔).
요즘처럼 공부에 게을러(惰) 아는 것 없어 무식無識하다면
"동쪽 집에 공구孔丘라는 사람이 산다"라고 하는 것과 같으리(似).[61]

학인들이 공부에 게을러 『해동소』는 물론이고, 원효대사가 누군지
도 모르니 얼마나 답답했겠습니까? "옆집에 공자孔子라는 성인이 살고
있는데도, 공자가 성인인지도 모르니, 그저 동쪽의 이웃집(東家)에
공자(孔丘)라는 사람이 산다"라고 하는 고사故事를 들어 탄식하는 대각
국사의 술회입니다.

11. 원효대사가 중국이나 일본 땅에서 태어났었다면 우리는 이미 「원효
보살」로 부를 것입니다. 그들이 이미 「원효보살」로 부르고 있을 테니까
말입니다. 중국 문서인 『송고승전』에 전하는 대사의 법력法力이 이를
증명하고 있습니다.[62] 물론 대각국사(의천)도 『분황사 원효성사 제문

---

61 대각국사의 「해동교적을 읽고(讀海東敎迹)」이다. 원문은 아래와 같다.
　저론종경천대유著論宗經闡大猷 마룡공업시기주馬龍功業是其儔
　여금타학도무식如今惰學都無識 환사동가유공구還似東家有孔丘
　논論이란, 제목이 『해동소를 읽고(讀海東敎迹)』이니 『해동소』를 말한다.
　교적敎迹은, '가르침의 자취'이니 바로 『해동소』, 즉 『기신론 소·별기』를 말한다.
　큰 도(大猷)란, 대승大乘을 말한다.
　공구孔丘는 공자의 본명이다.

(祭芬皇寺曉聖文)」[63]에서 이미 「해동교주 원효보살」로 부르고 있으며, 일연(一然, 1206~1289)선사도 『삼국유사』에서 「원효보살」로 명기하고 있지만 말입니다.[64]

---

62 ①왕과 대신들이 모인 황룡사에서 『금강삼매경』을 강설하는 이야기, ②소반을 던져 중국의 태화사 대중을 구하고(擲板求衆) 소반에 물을 묻혀 불을 끄는 이야기, ③여러 곳에 몸을 나타내고, ④여섯 곳에서 입적한 이야기, ⑤나무접시로 물을 건너는 이야기 등등 주로 도력道力이나 법력法力에 관한 이야기가 주를 이루는데 반해, 『삼국유사』에서는 요석공주와의 사랑 이야기 같은 신변 이야기와 함께 도력이나 법력에 관한 이야기도 다룬다.

63 『제분황사효성문祭芬皇寺曉聖文』: "법을 구하는 사문 의천(某)은 삼가(謹) 다과와 시식(時食)을 올려(尊) 해동교주海東教主 「원효보살元曉菩薩」 님께 지극히 공양합니다(求法沙門某 謹以茶果時食之尊 致供于海東教主元曉菩薩)."(참조: 『대각국사문집 권제16』)

64 『삼국유사』에는 "일찍이 송사訟事로 인해서, 몸(軀)을 백 개의 소나무에 몸을 나투니(分), 모두 그의 위계位階가 초지(初地: 초지보살)라 하였다(嘗因訟 分軀於百松 故皆謂位階初地矣)"라고 기록하고 있다.
그러나 『화엄경』의 53수행 계위階位에 따르면, 몸을 백 그루의 소나무에 나투기 위해서는 적어도 색자재色自在내지 심자재心自在의 위位에 들어야 한다.
①색자재色自在가 되면 천백억 화신이 생기고 보신이 생기므로 몸을 나투고 싶은 데로 나툰다. 우리가 미迷했을 때에는 내외의 일체 상대세계(현상계)의 모든 것이 자기 마음의 투영임을 몰랐으나, 아我가 공空하고 법法이 공한 것을 깨달았기 때문에, 색에 무애無碍하여 어떤 대상에도 구애됨이 없이 원융 자재할 수 있는 것이다.
②심자재心自在가 되면 마음 밖에 일물도 볼 수 없고, 천차만별의 유위계有爲界가 오직 마음일 뿐이므로, 형상에 걸림이 없는 자유 자재한 단계로 상대의 마음도 읽는다. 십지十地 가운데 제8 부동지不動地에 해당한다.
③증아공證我空 ⇒ 증법공證法空 ⇒ 색자재色自在 ⇒ 심자재한 단계에 이르면 부사의업상不思議業相을 나툰다.

54

중국에서뿐만 아닙니다. 일본불교에 끼친 원효대사의 영향은 8세기 초로부터 오늘날에 이르기까지 계속되고 있습니다. 8세기 일본에서 서사된 원효대사의 저서는 47종이나 되고, 심상(審詳, ?~742)의 『경소록』에는 원효대사의 저술 32종이 보입니다. 원효대사의 저서를 읽고 그 설을 인증한 경우는 18세기에 이르기까지 50여 명이나 확인됩니다. 12~13세기경 일본에는 원효대사의 전기류인 『원효화상연기元曉和上緣起』와 『원효사초元曉事抄』가 유통되고 있었습니다. 특히 『원효사초』는 장편의 전기였고, 「원효보살」이라는 존칭을 사용해 주목됩니다.[65]

또한 원효대사를 진나보살[66]의 후신으로 여기면서 「원효보살」로 칭합니다. 장준(藏俊, 1104~1180)이 지은 『인명대소초因明大疏抄』에 인용된 『원효화상연기元曉和上緣起』에 따르면, "현장(玄奘, 602~664)이 서역(인도)에 있을 때 입론한 유식비량唯識比量에 대해, '진나가 아니고는 능히 이 양량을 해석할 수 없다'라고 했듯이, 당나라에서도 현장의 인명학 이해에는 문제가 있다고 비판되던 차에, 「원효보살」이

따라서 『삼국유사』에서 위계가 초지初地라고 한 것은 오기誤記인 것 같다.
65 김상현, 「동아시아에서의 위상」, 『21세기 왜 다시 원효인가?』, 법보신문, 2005, 9, 3; 김상현, 『역사로 읽는 원효』, 고려원, 1994, 205쪽.
66 진나(陳那, Dignaga. 480~540경)는 인명론因明論의 집대성자이자 유식불교의 대가이다. 중국에서 대역룡大城龍으로 존칭되었다. 그의 저작은 대부분 불교 인명因明에 관한 것으로, 대표적인 저서로 『집량론』, 『인명정리문론』이 있다. 불교에서 "인명(因明, Hetuvidyā)"이란 이유(因)를 밝히는(明) 학문으로 논리학에 가까운 개념이다. 진나는 이전까지 체계화되어 있지 않았던 불교의 인명론을 처음 집대성하여 정립시켰던 것이다.〔참조: 네이버 지식백과, 문화원형백과(한국콘텐츠진흥원)〕

'이 비량比量에는 유법차별상위有法差別相違의 잘못이 있다'라고 비판
을 제기하였는데, 이에 당唐의 학자들이 원효보살의 높은 견식에 감탄
하여, 모두 해동海東을 향해 세 번 절을 하면서 찬탄을 했다"는 것입
니다.[67]

13세기에 순고順高가 지은 『기신론본소총집기起信論本疏總集記』 권2
에서는 "원효사초元曉事抄"를 인용하여 "원효가 화쟁론을 지었는데,
진나의 문도들이 당나라 땅에 왔다가 원효가 죽은 후에 화쟁론을 가지고
천축국(인도)으로 돌아갔다. 이에 진나의 후신임이 분명하지 않겠는가
(元曉和諍論制作 陳那門徒唐土來 有滅後取彼論 歸天竺國 了是陳那末弟
歟)"라고 합니다.[68]

이렇듯 원효대사의 글과 명성은 중국, 일본은 물론 서역에도 퍼졌습
니다. 그럼에도 산사山寺의 법문에는 원효대사를 비롯한 한국 선사들을
언급하는 일은 별로 없고, 중국 선사들의 어록으로 일관하는 경우가
많습니다. 원효대사를 비롯하여 중국 선사들 못지않은 고승대덕을
배출한 한국불교임에도 말입니다. 이를 두고 고은 시인은 중국 선사들
의 앵무새라고 조롱합니다.

뿐만 아닙니다. 원효대사가 중국 땅에서 태어났었다면 중국 조사들
의 어느 어록보다 더 많이 회자膾炙될 것입니다. 저술에서도 중국의
어느 고승도 따라오지 못할 대단한 업적을 남겼기 때문입니다. 앞에서

67 김상현, 『역사로 읽는 원효』, 고려원, 1994, 205~206쪽; 네이버 지식백과, 문화원
형백과(한국콘텐츠진흥원).

68 김상현, 앞의 책, 1994, 205쪽; 김상현, 1988, 「元曉行蹟에 관한 몇 가지 新資料의
檢討」 『新羅文化』 5; 네이버 지식백과, 문화원형백과(한국콘텐츠진흥원).

밝혔듯이 최근까지 확인된 것만 80여 부 200여 권이며, 현재 전해지는 것은 본 『기신론 소·별기』를 포함해서 22종입니다.

중국은 불교 도입 600년 만에 선禪불교를 꽃피웠습니다. 그들은 불교의 발상지가 중국이라고 합니다. 일본은 서방에 선禪을 전파하며, 중국식 발음의 'Chán(禪)'이 아닌 일본식 발음의 'Zen(禪)'으로 공용화했습니다. 1,700년 한국불교의 모습은 무엇입니까?

위와 같은 사전 지식을 배경으로 『대승기신론 소·별기』 원문의 행간行間에서 밝혀주는 대승에 대한 믿음을 일으켜서, 화쟁사상의 기저基底이자 중생들의 귀명처歸命處인 일심一心을 찾아 떠나야 할 차례입니다.

일러두기

이 책의 궁극적 목표는, 누구나 번역문에 의지하지 않고 직접 『대승
기신론』과 『대승기신론 소·별기』 원문原文을 읽고 해석하여, 스스
로 마명보살과 원효대사의 깨달음에 들게 하는 것입니다. 이를
위해 다음과 같은 점에 유의했습니다.

1. 동양고전이나 문사철文史哲을 깊이 있게 이해를 하려면, 한자(한
문)에 대한 기본적인 이해가 필수입니다. 그러니 한자(한문)가 어렵
다고 외면만 할 수도 없습니다. 그러나 한자(한문)는 결코 어려운
것이 아닙니다. 5~6개월이면 충분합니다. 한자(한문)가 어려운
것이 아니라, 5~6개월을 참아내는 것이 어렵습니다.
다행인 것은 『대승기신론 소·별기』의 한문문장이 오늘날의 한글문
장과 어순의 배치와 큰 차이가 없다는 것입니다. 한문이 아닌 구어체
한글로 『기신론』의 소疏를 쓴 것 같아, 다른 한문보다 읽기가 쉽다는
뜻입니다. 한문에 대한 두려운 선입관을 버려도 좋습니다.
번역문에는 한글(한자)의 형식을 취해 한자(한문)에 익숙해지도록
하였습니다. 어느 경론經論이든 사경하는 마음으로 한자를 쓰면서
읽는다면, 한자(한문)는 금방 친숙해질 뿐더러 그에 대한 이해가
새롭고 흥미로울 것입니다.

2. 본문은 직역直譯을 원칙으로 하여 독자들 스스로 한문구조에

익숙할 뿐만 아니라, 이를 바탕으로 스스로 의역意譯을 하여 자기 견해를 갖도록 하였습니다. 역자譯者의 의역에 파묻히면 역자의 아바타일 뿐 독자 자신의 견해는 아니기 때문입니다.

3.『기신론』에 대해서는 필자의 수행경험과 독서를 바탕으로 가급적 많은 주석註釋을 달았습니다. 하지만『소·별기』에 대해서는 가급적 주석을 자제하였으며, 꼭 필요한 경우에만 주석을 달았습니다. 이는 『기신론』에 대한 충분한 이해를 바탕으로 독자들 스스로『소·별기』를 소화하도록 하려는 의도였습니다. 필자의 주석을 바탕으로 『기신론』을 충분히 소화한 다음,『소·별기』를 대하면 한층 이해가 빠를 것이라 믿습니다.

4. 한문본을 보지 않고서도 전체 내용이 숙지되도록 한글 번역본을 바탕으로 주석을 달았습니다. 어려운 용어나 내용의 설명에 있어서도 1,100개가 넘는 주석을 달아, 불교 전공자는 물론 원효사상에 입문하는 독자들도「전문용어사전」이나 다른 참고서를 찾는 불편 없이 쉽게 읽어 나가도록 하였습니다. 따라서 각주를 먼저 숙지한 다음 본문을 보면 한결 쉽게 이해될 것입니다.

5. 한글 번역본의 ( ) 표시 안의 문장이나 ①, ②, ③ 같은 원숫자는 독자의 이해를 돕기 위해 필자가 임의적으로 삽입한 것입니다.

예) 云何熏習 起染法不斷

(무명이) 어떻게 (진여를) 훈습하여, 염법染法을 일으켜 (망념이) 끊어지지지(斷) 않게 하는가?

6. 용어의 뜻풀이에 있어서는, 많은 부분 wikipedia, naver, daum 등의 온라인 백과사전 등을 참조하였으나, 그대로 인용하기에는 그 내용이 불충분하거나 산만한 부분은 필자의 알음알이와 관련서적 들을 참고하여 가필加筆하였기에 일일이 전거를 밝힐 수 없었습니다. 그러나 필자의 알음알이가 미치지 못하는 전문적인 부분은 그대로 인용하고 전거典據를 밝혔습니다.

7. 번역은 1977년 해인승가학원에서 출간한 『대승기신론소기회본 大乘起信論疏記會本』을 저본底本으로 하였으며, 기타 참고한 원문은 다음과 같습니다.

① 원효대사, 대승기신론해동소大乘起信論海東疏, 대만 중화전자불 전협회(CBETA)

② 감산대사, 대승기신론직해大乘起信論直解, 대만 중화전자불전협 회(CBETA)

③ 감산대사, 노자도덕경감산주老子道德經憨山註, 대만 중화전자불 전협회(CBETA)

④ 법장현수, 대승기신론의기大乘起信論義記, 대만 중화전자불전 협회(CBETA)

⑤ 우익지욱, 대승기신론열망소大乘起信論裂網疏, 대만 중화전자불 전협회(CBETA)

⑥ 육조혜능, 육조단경六祖壇經, 대만 중화전자불전협회(CBETA)

⑦ 천태지자, 수습지관좌선법요修習止觀坐禪法要, 대만 중화전자불전협회(CBETA)

⑧ 천태지자, 법계차제초문法界次第初門, 대만 중화전자불전협회(CBETA)

⑨ 정영사혜원, 대승기신론의소大乘起信論義疏, 대만 중화전자불전협회(CBETA)

⑩ 주희, 논어집주論語集註

원효대사의 서序

1. 『대승기신론』의 종宗과 체體를 드러내다

【소疏[69]00-01】

將釋此論略有三門, 初標宗體, 次釋題名, 其第三者依文顯義.

이제(將)[70] 차론(此論, 이하 『기신론』이라 함), 즉 『기신론』을 풀이(釋)[71]

---

69 소疏는 주소注疏를 말하며, 주소注疏란 주注와 소疏를 합친 말로 경서經書나 고전古典 등의 원문에 후세 사람들이 낱말이나 문장의 뜻을 자세하게 풀이하는 일을 말한다. 『대승기신론소』라고 하면, 『대승기신론』에 대한 '자세한 풀이'가 된다.

70 장將은 '장차, 이제 막 ~하려 하다'의 뜻이다.

71 대만 中華電子佛典協會(CBETA)의 『大乘起信論海東疏』, 동화출판공사의 『韓國의 思想大全集, 大乘起信論疏』 등에는 '설說'로 되어 있다.

함에 있어 대략(略) 세 가지 문(門)이 있으니, 첫째(初)는『기신론』의
종지와 진리의 바탕(宗, 體)을 드러내고(標), 둘째(此)는 제목(題名)을
풀이하며, 셋째는 본문, 즉『기신론』의 본문에 따라(依) 그 뜻(義)을
드러내는(顯)⁷² 것이다.⁷³

---

72 '드러내겠다(顯)는 것'은, 문(文: 글) 속에 깊은 뜻이 숨겨져 있어 이를 드러내어
중생(독자)들이 쉽게 알도록 해설하겠다는 뜻이다. 달리 말하면 진리(불성,
진여)는 중생들의 무명 속에 가려져 있으므로 아무 때나 나타나는(능동적)
것이 아니라, 수행에 의해 무명無明이 벗겨지면 본래 있던 그 자리에서 그대로
드러내는(수동적) 것이다. 진리는 중생들이 수행을 하든지 안 하든지 상관없
이 항상 그 자리에 그대로 있는 것이다. 마치 구름이 태양을 가리어 어둡다고
태양이 없는 것이 아니듯 말이다. 그래서 여여如如한 것이며, 그렇게 드러난
진리가 무명을 환하게 밝힐 때, 그것이 현顯이다. 그렇게 드러난 것이 현현顯現인
것이다.

73 원효대사는『대승기신론』의 종지(宗), 바탕(體), 제명題名), 뜻(敎) 등을 풀이하면
서 '오중현의五重玄義'라는 경전 해석법을 따르고 있다. 다른 주석자들은 모두
「종체宗體」를 한 단어로 보아 "경전의 주된 내용, 근본정신, 근본바탕, 종체宗體"
등으로 풀이하고 있으나, 이는 잘못이다. 「종체」의 ① 종宗은 경의 종지宗旨를
밝힌다는(明) 명종明宗, ② 체體는 경의 법체法體를 가린다는(辨) 변체辨體를
말하는 것이다.
원효대사는『법화경종요』에서도 오중현의의 틀을 따르고 있다. "이제 이 경(법
화경)을 풀이함에 있어, 대략 여섯 가지 부문(六門)으로 나눠(分別) 뜻을 열어(開)
보이겠다(將欲解釋此經. 略開六門分別). ①먼저 경의 대의大意를 술述하고, ②경
의 종지(經宗)를 변별辨別하고, ③그 용용을 밝히고(詮明), ④경의 제목題目을
풀이하고(釋), ⑤교판敎判상의 아우르는 범위를 드러내고(顯), ⑥글의 뜻(文義)
을 풀이(消)하였다(初述大意, 次辨經宗, 三明詮用, 四釋題名, 五顯敎攝, 六消文義)"
라고 하였다. 그러나『법화경종요』에는 ⑥'六消文義'에 대한 풀이는 없다.
'오중현의五重玄義'란 천태종의 개조 천태지자(538~597)가『법화현의法華玄義』
에서 세운 경전 해석법으로, 경전의 풀이에 앞서 밝히는 ①석명釋名: 경전의

第一標宗體者. 然夫大乘之爲體也. 簫焉空寂, 湛爾沖玄. 玄之又玄
之, 豈出萬像之表, 寂之又寂之. 猶在百家之談. 非像表也. 五眼不能
見其軀. 在言裏也, 四辯不能談其狀. 欲言大矣, 入無內而莫遺. 欲言
微 苞無外而有餘. 引之於有, 一如用之而空. 獲之於無, 萬物乘之而

제목을 풀이함, ②변체辨體: 경의 법체法體를 가림(辨), ③명종明宗: 경의 종지宗
旨를 밝힘(明), ④논용論用: 경설經說의 효용效用을 논함, ⑤판교判敎: 경의 교판
상의 위位 등의 다섯 가지(五) 현묘한 이치(玄義)가 겹쳐졌다(重)는 뜻이다.
현玄은 『노자老子, 1장』에 나오는 "현지우현玄之又玄"의 현玄과 같은 의미로,
현의玄義란 깊고 그윽하고도(幽玄) 또한 깊고 묘한(深妙) 이치라는 뜻이니, 바로
불법佛法을 뜻한다. 이 같은 다섯 가지 현묘한 이치로 경전의 제목을 한 자
한 자 풀이함으로써 학인學人이 제목만으로도 경전의 대의를 미리 알아, 본문에
서 지혜와 행(智行)을 이루도록 한 것이다.
부처님께서 『법화경, 여래신력품 제21』에서 대중에게 이르시길 "①여래가 깨달
은 일체의 법(所有之法: 名)과 ②여래가 가진 일체의 중생제도 신통력(自在神力:
用)과 ③여래가 깨달은 일체의 비요한 가르침(秘要之藏: 體)과 ④여래가 행한
일체의 중생제도의 깊고 깊은 일들(甚深之事: 宗)을 모두 ⑤『법화경』에서 펼쳐
(宣) 보이며(示) 드러내어(顯) 설했느니라(宣示顯說: 敎)"라고 하셨다.
천태지자는 위의 다섯 가지를 바탕으로, 『법화현의』에서 오중현의를 세워 『묘법
연화경』의 ①묘妙는 석명釋名, ②법法은 변체辨體, ③연蓮은 명종明宗, ④화華는
논용論用, ⑤경經은 판교判敎에 배대配對하여 『묘법연화경』의 제목을 풀이하였
으니, 『법화현의』는 곧 『묘법연화경』의 현의(妙法蓮華經玄義)인 것이다.
이후 『대방광불화엄경』, 『대승기신론』 등의 여타 대승 경론의 풀이에서도 '오중
현의'라는 틀을 따르고 있다. 그럼에도 천태지자나 오중현의에 대한 언급이
없는 것은 무지無知라기보다는 혹여 천태사상이 우월하게 보일까 염려하는
종파불교의 속 좁은 자존심은 아닌지 모르겠다.
실제로 화엄의 현수법장(643~712) 또한 그의 『기신론』 주석서인 『의기義記』에
서 종파성을 드러내는 주석으로 속 좁은 편협함을 보이고 있다. 이 부분은
본문의 풀이에서 실례를 들 것이다.

生. 不知何以言之, 强號之謂大乘.

먼저 종지와 진리의 바탕(宗, 體)을 드러내는(標) 것으로, 저(夫) 대승大
乘[74]을 바탕(體)으로 삼는다(爲). (그 대승은) 텅 빈(廓)[75] 듯(焉)[76] 공적

---

74 ①대승(大乘: mahā-yāna)이란 '커다란 또는 위대한(mahā: great, 大) 탈것(yāna:
vehicle, 乘)'이라는 뜻으로, 고대 인도인들은 윤회하는 이승의 사바세계는 차안
此岸이고, 해탈의 세계는 피안彼岸에 있다고 믿었다. 그 사이에는 누구도 쉽게
건널 수 없는 넓고 깊은 강이 있는데, 그 강을 건네주는 '최상의 탈것(乘)'에
대한 열망이 다양한 종교와 철학으로 승화되었다. 따라서 대승이란 바로 그
강을 건네주는 '위대한 탈것'이라는 뜻으로, 해탈로 인도하는 '위대한(great)
가르침(乘: teachings)'을 말한다.
대승大乘이라는 말을 처음 사용한 사람들은 『소품반야경』의 작자作者들로, 그들
은 스스로 법사法師라 자처하며 '반야바라밀'이라는 새로운 법을 주창하였다.
'반야바라밀'이야말로 모든 부처님의 어머니(佛母)이며, 반야바라밀을 습득하지
않고는 육바라밀의 완성은 없다고 하며, 반야공지般若空智로써 무생법인無生法
忍을 얻는 것이 불퇴전의 대승보살의 모습이라고 하였다. 무자성無自性 ○공空의
입장에 서면 세간은 그대로 열반이므로, 성문이나 연각 같은 이승은 없다고
하였다. 그들은 경권經卷의 공양이 불탑의 공양보다도 뛰어나다고 주장하며,
반야의 신수信受와 서사書寫를 권하고, 법사에게 헌신해야 한다고 주장하였다.
『법화경』에 별도의 「법사품」이 있는 것도 이런 주장의 연속이다. (참조: 사즈타
니 마사오·스구로 신죠, 문을식 옮김, 『대승불교』, 여래, 1995)
②원효대사가 설하는 대승이란 앞에 ①의 의미를 아우르는(攝) 종체(宗, 體)로서
의 진여일심眞如一心을 말한다. 일심의 일一은 분별이나 차별을 허락하지 않은
전체로서의 일一이며, 주객의 분별을 본질로 하는 지식으로는 포착할 수 없는
통합된 하나(一)의 의미인 것이다. 여기서 일심으로서의 화쟁사상이 나왔다.
전체를 아우르고(攝) 통합하는 의미로서의 하나(一)는, 도가道家의 도(道: 一,
無), 천부경天符經의 일一, 주역周易의 태극太極, 선진先秦의 상제上帝 등과 같은
개념으로도 볼 수 있으나, 도가와 유가의 글들을 끌어다 쓰는 것으로 보아

하며, 깊고도(湛爾) 아주 오묘하다(沖玄). 오묘하고도 오묘하나 어찌(豈) 만물(萬像)의 모습(表)에서 벗어나겠는가(出)?[77] 고요하고도 고요하나 오히려(猶) 백가百家[78]의 말 속에 들어 있다. 그러나 모양(像)으

유불선儒佛仙을 통합하고 회통하는 의미로 볼 수 있다.

[75] 소籬에는 두 가지 뜻이 있다. ①속이 텅 비었다, ②속이 텅 빈 식물. 대승은 바탕이 텅 비어 있으므로 행복을 담을 수도, 불행을 담을 수도, 뭐든지 담을 수 있는 것이다.

[76] 언焉은 '~와 같다.'

[77] 이는 『노자, 제1장』의 원용援用이다. "도道를 도라고 말하면, (그렇게 고정해서 말할 수 없기 때문에) 진정한 도(常道)가 아니고, 이름(名)을 이름(名) 지으면, (그렇게 고정해서 이름 지을 수 없기 때문에) 진정한 이름(常名)이 아니다. 무無는 천지의 처음(始)을 일컫고, 유有는 만물의 어미를 일컫는다. 고故로 항상恒常한 무無로서 그 묘(妙: 실상, 본체)함을 보고자 하고, 항상한 유(有: 현상세계)로서 그 경계를 보고자 하니, 이 두 가지는 같으나, 나와서 이름이 다를 뿐이다. (이렇게 다르면서도) 같음을 현묘하다고 이르니(謂), 현묘하고 (그 현묘함마저도) 현묘해서 모든 묘용妙用의 문門이다(道可道, 非常道. 名可名, 非常名. 無, 名天地之始. 有, 名萬物之母. 故常無, 欲以觀其妙. 常有, 欲以觀其徼. 此兩者同, 出而異名. 同謂之玄, 玄之又玄, 衆妙之門)." 이는 불교의 실상實相과 현상現相, 진여(문)과 생멸(문), 무루無漏와 무명無明, 정淨과 염染, 무위無爲와 유위有爲 등등의 말(依言)과 말을 떠난(離言) 것을 아우르는 내용과 다를 바 없다(似). 그렇다고 같다는 것은 아니다.

[78] 고요함(寂)의 반대는 여러 사람(百家)이 떠드는 것이다. 도(道: 진리)는 고요함(靜) 속에만 있는 것이 아니라, 떠들썩한 어지러움(動) 속에도 있다는 말이다. 시장바닥에서도 고요할 수 있어야 진정 고요한 것이다. 도道는 일상생활 속에 있다는 뜻이다. 그러므로 만물(萬像)의 모습(表: 現相)에서 벗어나지 않는 것이다. 그렇다고 도를 정(靜: 고요함)이라거나 동(動: 시끄러움)이라고도 할 수 없으며, 도는 동정의 사이(動靜之間)에 있다고 할 수 있다. 동動이나 정靜은 도의 작용일 뿐 도는 아니며, 도는 동과 정의 작용을 통해 드러나는(顯: 現相)

로 드러나지(表) 않으니, 부처님의 오안五眼[79]으로도 그 몸(軀)을 볼
수 없고, 말 속(裏)에 있으나 어떤 화술(四辯)[80]로도 그 모양(狀)을
어떻다고 말(談)할 수 없다. '크다(大)[81]'고 말하고 싶으나, (티끌처럼
너무 작아) 안이 없는(無內) 것에 들어가도 남음이 없고(莫遺), 작다고
(微) 말하고 싶으나 (우주처럼 너무 커서) 밖이 없는(無外) 것을 감싸고
도(苞) 남음이 있다(有餘).[82] 유(有: 있다)에 끌어(引) 대려 하나 일여一

것이다. 동·정을 벗어나지도 않으니, 동하면서 정하고, 정하면서 동한 것이
도라 할 수 있다. 그러나 모양(像)으로 드러나지(表) 않으니, 부처님의 오안五眼으
로도 그 몸(軀)을 볼 수 없고, 볼 수 없으니 어떤 화술로도 말할 수 없는 것이다.
굳이 말을 해야 한다면, 삼라만상에 드러난 모습(現相: 動)과 그 모습이 드러나게
하는 보이지 않는 작용(實相: 靜), 즉 제법실상諸法實相의 이치가 도道인 것이다.
징관법사(澄觀, 738~839)는 『화엄경』「왕복서往復序」에서 "가고(往) 옴(往復)은
끝이 없으나, 움직임과 고요함은 한 근원이라(往復無際 動靜一源)"라고 했다.
왕복往復이 한없이 이어지는 것이 용대(用大: 작용)라면, 동정動靜의 한 근원은
체대(體大: 바탕)인 것이다. 체대, 용대는 『기신론』 본문에서 나오는 내용이다.
『기신론』과 『기신론 소·별기』만 확실히 알면 최고로 어렵다는 『화엄경』, 『원각
경』 등 어떤 불서도 쉽게 이해할 수 있다.

79 육안肉眼, 천안天眼, 혜안慧眼, 법안法眼, 불안佛眼을 말한다.

80 사변四辯은 사무애四無碍로 ① 법무애法無碍 ② 의무애義無碍 ③ 사무애辭無碍
④ 요설무애樂說無碍를 말한다. 여기서는 사무애지四無碍智를 얻어 중생들의
근기와 욕망과 마음을 잘 살펴 누구에게나 불법을 전할 수 있는 화술話術을
말한다.

81 불교에서 크다(大) 또는 높다(上)는 것은 무엇과 비교해서 크다(大) 또는 높다(上)
는 것이 아니고, 어느 것과도 비교할 수 없는 절대적인 큼(大)과 높음(上)을
의미한다. 그래서 무상無上을 '위(上)없는'의 의미로 이해하는 것이다.

82 묘법妙法은 마음이요 곧 불법佛法이다. 불법은 깊고도 묘하고, 맑고도 평화로워
그 모양을 말할 수 없는 까닭에 그 몸은 부처님의 5안으로도 능히 볼 수 없고,

如[83]가 다 써버려(用) 공空하고, 무(無: 없다)에 잡아(獲) 두려 하나 만물이 이(대승의 체)를 타고 생생生하니, 이를 어떻게 말할지 모르기에 억지로(强) 이름(號) 붙여 대승(大乘: 큰 수레)이라 한 것이다.[84]

【별기別記】

其體也. 曠兮. 其若太虛而無其私焉. 蕩兮, 其若巨海而有至公焉. 有至公故, 動靜隨成. 無其私故, 染淨斯融. 染淨融故, 眞俗平等. 動靜成故, 昇降參差. 昇降差故, 感應路通. 眞俗等故, 思議路絶. 思議絶故, 體之者, 乘影響而無方. 感應通故, 祈之者, 超名相而有歸. 所乘影響,

---

사변四辯으로도 능히 말할 수 없다. 크다고 하자니 어느 구석진 곳에라도 못 들어감이 없고, 작다고 하자니 어느 큰 것이라도 감싸지 못함이 없다. 있다고 하자니 그 모습은 텅 비어 있고, 없다고 하자니 만물이 모두 다 이로부터 나온다. 그래서 옛사람들은 이를 일러 금강, 반야, 원각정심, 심주心珠, 주인옹 등의 갖가지 이름을 붙여 보았으나, 그 실상은 무엇으로도 이름 붙일 수 없는 까닭에 그저 묘한 진리라 하여 묘법이라 이름한 것이다.(참조: 『법화경』 묘법연화의 비유)

83 둘이 아닌 하나라는 뜻으로, 차별을 떠난 절대 평등이라는 진여의 이치를 말한다.

84 원문 '引之於有'에서부터 '强號之謂大乘'까지의 문장 속에 있는 지시대명사 지之는 모두 '오묘한 것', 즉 대승을 일컫는다. 이 또한 『노자, 제25장』의 원용이다. "한 물건이 있으니, 혼돈(混沌: 하늘과 땅이 아직 나누어지지 않은 상태) 속에서 이루어진 것이니, 천지보다 먼저 생겼다. 고요하고 조용함이여! 홀로 서서 변하지 않고, 두루 행하지만 위태롭지 않으니, 가히 천하의 어미가 될 수 있다. 나는 그 이름을 알지 못한다. 글자로 하자면 일러(曰) 도道라 하고, 억지로 이름을 붙인다면 일러(曰) 크다(大)고 이름하겠다(有物, 混成, 先天地生. 寂兮寥兮. 獨立不改, 周行而不殆, 可以爲天下母. 吾不知其名, 字之曰道. 强爲之名曰大)."

非形非說. 旣超名相, 何超何歸. 是謂無理之至理. 不然之大然也.

대승(其)의 바탕(體)이라, 텅 빔(曠)이여! 태허太虛와 같아(若) 사사로움(私)이 없으며, (그 체의) 넓음(蕩)은 큰 바다와 같이 (차별이 없어) 지극히 공평하다. 지극히 공평한 까닭에 동(動: 산란한 마음)과 정(靜: 고요한 마음)이 인연 따라 이루어지며, 사사로움이 없는 까닭에 염(染: 더러운 마음)과 정(淨: 깨끗한 마음)이 서로(斯: 모두) 융합한다. 염과 정이 융합하는 까닭에 진(眞: 부처의 세계)[85]과 속(俗:중생의 세계)[86]이 평등하며, 동(動: 산란한 마음)과 정(靜: 고요한 마음)이 인연 따라 이루어지는 까닭에 (천당에) 오르기도(昇) 하고, (지옥에) 떨어지기도(降) 하는 차별이 있는 것이다(參差).[87] 승과 강의 차별이 있는 까닭에 감응感應[88]의 길이 통하며, 진과 속이 평등한 까닭에 생각하는 길이

---

85 진眞은 진제眞諦로 정靜, 정淨, 무위無爲 등의 '심진여문'을 말한다.

86 속俗은 속제俗諦로 동動, 염染, 유위有爲 등의 '심생멸문'을 말한다.

87 염染과 정淨이 평등하고, 동動과 정靜이 평등하나 업業의 인과응보因果應報마저 평등한 것은 아니다. 따라서 승강昇降의 차별이 있는 것이다.
『금강경, 무득무설분無得無說分 제7』에서 부처님은 "일체의 현성들 모두 무위법無爲法으로 말미암아 (중생들과 달리) 차별을 보이는 것이다(一切賢聖 皆以無爲法 而有差別)"라고 말씀하신다. 즉 불법은 비록 일미一味이나, 각자의 마음에는 차별이 있어 스스로 천차만별의 망상을 짓는 것이니, 이에 따라 스스로 천당을 지어 하늘에 오르기도 하고, 지옥을 지어 땅속으로 떨어지기 하는 것이다.

88 감응感應이란 부처와 중생의 교감交感이라 할 수 있다. 부처님이 중생에게 보여주는 모습이 감感이라면, 부처님이 보여주는 모습을 중생이 보게 되는 것이 응應이다. 중생의 근기에 따라 응을 이해하고 받아들이는 것이 달라지는 것이다. 『주역周易』에서도 감이라 하면 감응의 의미로, 사람이 시초蓍草로 점을 쳐서 역易에게 일의 성패와 길흉화복을 물을 때 사람이 역에게 묻는 것은

끊어진다(思議路絕).[89] 생각하는 길이 끊어지는 까닭에 대승(之)을 체득體得한 자는 (어떤 경계에도) 영향을 받지 않으며(乘影響),[90] 거리낌이 없다(無方).[91] 감응이 통하는 까닭에 이 대승을 구하는(祈) 자는 명(名: 이름)과 상(相: 모습)[92]을 초월하여 (어떤 경계에도 영향을 받지

감이고, 역이 사람의 물음에 반응하는 것을 응이라 한다. 역은 항상 감하고 응하나, 응을 이해하고 받아들이는 것은 점을 치는 사람의 몫이다.

『80화엄경, 여래현상품』에는 "부처님의 몸은 법계에 충만하여(佛身充滿於法界) 모든 중생 앞에 나타나시니(普現一切衆生前) 인연 따라 감응이 두루하지 않음이 없어(隨緣赴感靡不周) 항상 있는 이곳이 깨달음의 장이다(而恒處此菩提座)"라고 하였다.

그럼에도 부처님을 보는 사람과 보지 못하는 사람이 있는 것은 연緣에 따라 달리 감응하기 때문이다. 중생의 연에 따라 감응한다 하여 연기緣起라 하나, 화엄에서는 여래의 성품이 그대로 드러났다 하여 성기性起라 하였다. 여기서 연기는 현상現相을, 성기는 본성本性을 가리키는 것이다.

89 사의思議는 사전적 의미는 '생각하여 헤아린다(計)'는 뜻이나, 여기서는 차별이나 분별로 인한 사변思辨과 번뇌 망상을 일컫는다. 생각의 길이 끊어진다는 것은 진속眞俗이 평등함을 깨달아 번뇌 망상, 즉 고苦로부터 벗어남을 의미한다. 고로부터 벗어나기에 감응이 있는 것이다. 차별이란 진속이 평등하지만 스스로 짓는 인연(업)에 따라 승강(升降: 천당과 지옥을 오르내림)의 차별은 있다는 것이며, 승강의 차별이 있으므로 스스로 짓는 인연(업)에 따라 감응이 있기도 하고 없기도 하는 것이다. 사변과 번뇌 망상 속에서 무조건 기도만 한다고 감응이 있는 것은 아니다. 감응은 공부를 통해서 나타나는 것이며, 공부란 진리의 실천을 말한다.

90 승乘에는 '가볍게 여기다, 이기다, 업신여기다' 등의 의미가 있다. 영향影響은 경계를 나타내므로, 어떤 경계를 무시하고 그 영향을 안 받는다는 의미이다.

91 어떤 경계에도 구애됨이 없다. 또는 무방無妨으로 이해하여 '방해받음이 없다'로 이해해도 된다.

92 이름과 모습은 경계를 말한다.

않는 곳으로, 즉 대승의 체로) 돌아가는 것이다. (어떤 경계에도) 영향을 받지 않는 (그 경계는) 형상으로 나타낼 수도 없고 말로 설명할 수도 없으며, 이미(旣) 명名과 상相을 초월하였는데 (또다시) 무엇을 초월하고 무엇에 돌아가겠는가? 이를 일러(是謂) '이치가 없는 지극한 이치(無理之至理)'라 하며, '그러하지 않으면서(不然) 크게 그러함(大然)'이라 한다.[93][94]

【소疏-00-02】

自非杜口大士, 目擊丈夫, 誰能論大乘於離言, 起深信於絶慮者哉. 所以馬鳴菩薩, 無綠大悲, 傷彼無明妄風, 動心海而易漂, 愍此本覺眞性, 睡長夢而難悟, 於是同體智力堪造此論, 撰述如來深經奧義, 欲使爲學者開一軸, 遍探三藏之旨, 爲道者永息萬境, 遂還一心之原.

스스로 두구대사杜口大士[95]와 목격장부目擊丈夫[96]가 아닐진대, 누가(誰)

---

93 사전지식 없이 이 부분만 읽으면, 『노자老子』나 『노자지략老子指略』의 글로 착각할 정도로 노자스럽다. 각주 54 참조.

94 "이치가 없는 지극한 이치라 하며, 그러하지 않으면서(不然) 크게 그러함(大然)이라 한다(無理之至理, 不然之大然矣)"라는 말은 『금강삼매경론金剛三昧經論』의 서문에도 등장한다. 이 같은 사상의 기저에는 일심, 화쟁의 사상이 있는 것이다.

95 두구杜口란 '입을 닫았다', '함구하다'의 뜻으로, 『유마경維摩經』에서 문수보살의 불이不二법문에 대한 질문에 유마거사가 침묵으로 답한 것에서 유래하며, 불법의 현묘함은 언설로 전하거나 말로 표현할 수 없기에 입을 다물어 버린 것을 말한다. 즉 이심전심以心傳心으로 알아야 한다는 뜻이다. 비야두구毗耶杜口라고도 한다.

96 『장자莊子, 외편外篇』에 나오는 고사다. 공자孔子는 오래 전부터 온백설자溫伯雪

말을 여읜(離言) 대승을 논할 수 있으며[97] 생각이 끊어진(絶慮) 깊은
믿음을 일으킬 것인가? 이에 마명보살馬鳴菩薩이 무연대비無緣大悲[98]로

子를 만나보려 했음에도, 막상 만나고는 아무 말도 하지 않았다. 자로가 이유를
묻자, 공자가 "저런 사람은 눈으로 보기만 해도, 도道를 지니고 있음을 알
수 있으니 또한 말을 할 필요도 없다(若夫人者, 目擊而道存矣. 亦不可以容聲矣)"라
고 답을 했다. 범부들은 미주알고주알 중언부언重言復言해도 못 알아듣는다.
그러나 도인들은 말이 필요 없다. 삼처전심三處傳心의 선지禪旨는 이를 두고
하는 말이다.

97 말을 여읜(離言) 사람과 통하는 것은 언어로 말을 하는 것이 아니다. 언외言外의
말을 읽고, 글 속의 행간行間을 읽을 수 있을 때, 비로소 말을 여읜(離言) 대승大乘
을 논할 수 있을 것이다. 말(言)은 도道를 드러내는 방편(수단)일 뿐 도는 아니다.
말(방편)은 그 목적을 달성했을 때는 즉시 버려야 한다. 수단(방편)이 목적을
가리기 때문이다. 달(月)을 가리키는 손가락은 달이 아니다. 달을 보았는데도
계속 달을 가리키고 있으면, 손가락에 가려 달을 제대로 볼 수 없는 것과
같다.
『장자, 외편』은 말한다. "통발(筌)은 고기를 잡을 때나 필요하지, 고기를 잡고나
면 통발은 잊어야 한다. 올가미(蹄)는 토끼를 잡을 때나 필요하지, 토끼를
잡고나면 올가미는 잊어야 한다. (마찬가지로) 말(言)도 뜻(意)을 얻기 위해
있는 것이지, 뜻을 얻었으면 더 이상 말에 대해 생각할 필요가 없다. 어떻게
하면 말을 잊은 사람을 만나, 말을 잊은 그와 함께 대화를 나눠볼꼬?(筌者所以在
魚, 得魚而忘筌. 蹄者所以在兎, 得兎而忘蹄. 言者所以在意, 得意而忘言. 吾安得夫忘
言之人而與之言哉!)."
부처님도 『금강경, 정신희유분 제6』에서 "너희 비구들은 알라, 나의 설법(방편)
은 뗏목과 같다. 오히려(尙) 법法도 버려야 하거늘(법공), 하물며(何況) 비법非法
이랴(汝等比丘 知我說法 如筏喩者 法尙應捨 何況非法)!"라고 말씀하신다.

98 유연대비의 반대로, 인연 없는 중생에게도 자비를 베푼다는 뜻이다. 중생들은
자기와 이해관계가 있는 가족이나 친지 등에게만 자비를 베푼다. 이를 유연대비
라 한다.

써 무명無明[99]의 망령된 바람(妄風)이 마음 바다(心海)[100]에 몰아쳐(動) 중생들의 마음이 이리저리(易) 휩쓸리는(漂) 것을 불쌍히 여기고(傷), 이 본각(本覺: 진여)의 참된 성품(眞性)이 긴 꿈에 잠들어 깨어나기 어려움을 가엾게 여기어(愍), 이에 동체지同體智[101]에 힘입어 이 『기신

99 무명無明은 모든 번뇌의 근원으로, 한 생각에 망념妄念이 일어 공空한 이치, 즉 연기(緣起: 實相)를 모르고 개별적인 존재(자아와 물질: 現相)에 집착하는 것이 무명이다. 부처님은 『잡아함, 299 연기법경』에서 "연기법은 세존께서 만드신 것입니까?"라고 묻는 어느 비구의 질문에, "연기법은 내가 만든 것도 아니고, 다른 사람이 만든 것도 아니다. 여래가 세상에 출현하든 안 하든 법계法界 는 상주常住하며, 여래는 이 법을 자각하여 등정각을 이루어 중생들을 위해 분별하여 연설하고, 개발하여 현시現示하나니, 소위 이것이 있어 저것이 있고, 이것이 일어나기 때문에 저것이 일어나는 것이다. 즉 무명無明을 연緣하여 행行이 있고, 큰 괴로움 덩어리가 모여 나타나며, 무명이 멸하기 때문에 행이 멸하고, 나아가 큰 괴로움 덩어리가 멸한다"라고 말씀하신다.

100 불교에서 우리 마음에 비유되는 바다(海)는 항상 두 가지 뜻을 갖는다. ①거칠고 성난 모습의 파도와 ②망망대해의 고요한 모습으로의 바다이다. 때론 풍랑風浪 이 일어 거친 파도가 온 바다를 뒤덮지만 풍랑이 가라앉으면 망망대해는 고요함만 남는다. 이 망망대해의 고요함이 우리 본연의 마음이며, 자성청정심自 性清淨心이다. 자성청정심이라는 마음바다(心海)에 이리저리 파도가 치는 것은, 무명의 망풍(妄風: 육진)에 따라 마음이 휩쓸리기 때문이다. 육진六塵은 육식六 識의 대상계對象界로서 색色, 성聲, 향香, 미味, 촉觸, 법法의 육경六境을 말한다.

101 불보살佛菩薩은 중생과 자신이 한 몸이라고 관찰하여 대자비심을 발하므로 이를 동체대비同體大悲라 한다. 마명보살은 동체대비의 지혜(同體智)에 힘입어 『기신론』을 쓴다는 취지를 밝히는 것이다. 중생과 자신이 한 몸이라는 것은 바탕이 같다는 뜻으로, 중생이 아프면 불보살 또한 아픈 것이다. 그러므로 중생을 아프지 않게 해야 자신이 안 아픈 것이다. 이것이 동체대비의 중생구제 이자, 대단한 발상의 전환으로 대승의 핵심이다. 이를 통해 인류는 평화로울 수 있으며, 공존할 수 있는 것이다.

론』을 짓고, 여래如來의 깊은 (뜻을 담은) 경의 오묘한 뜻(奧義)을 찬술하여, 배우는 자로 하여금 한 두루마리(軸)의 책을 열어 두루 경經, 율律, 론論 삼장三藏의 뜻을 탐구하게 하고, 도를 구하는 자로 하여금 만 가지 경계(번뇌)를 길이 쉬어(永息)[102] 드디어(遂) 일심(一心: 한마음)[103]의 근원(一心心源)으로 돌아가게(還) 하고자 함이다.[104]

---

102 만 가지 경계(번뇌)를 길이 쉬는 것(永息)은 유有의 동動에서 돌아온 무無의 고요함(靜)이다.

태고보우(太古普愚, 1301~1382) 선사는 무無의 세계를 이렇게 노래했다.

정타천반현靜他千般現　고요하면 천 가지가 드러나고
동타일물무動他一物無　움직이면 한 물건도 없으니
무무시십마無無是什麼　무無, 무無 이것이 무엇인가?
상후국화조霜後菊花稠　서리 내리니 국화가 만발하네!

103 한마음(一心)이 바로 중생심衆生心으로 도道이며, 진여, 불성, 여래장, 자성청정심 등등인 것이다. 개별적인 뉘앙스의 차이는 본론에서 살펴보기로 한다.

104 일심지원一心之原은 중생심의 근원根源 또는 본원本原으로의 심원心源을 말한다. 심원은 본래 텅 비어 있어서 고요한 무無인 것이다. 그러나 태어나 살면서 온갖 지식과 욕심, 욕망으로 가득 채워(有) 텅 비어 있지(空) 못하게 한다. 심원에서 벗어나는 것이다. 그러나 이 세상 모든 것은 본래의 텅 빈 무無로 돌아간다. 무는 결국 모든 것이 돌아가는 궁극의 본원인 것이다. 그래서 돌아간다고 한다. 그리고 돌아간다. 이렇게 무無의 일심지원一心之原으로 돌아간 모습이 화쟁和諍의 상태이다.

노자는 『노자, 16장』에서 "만물은 분주히 움직이지만, 그 움직임은 결국 근원根源으로 돌아가는 것이다. 근원으로 돌아가는 것을 고요함(靜, 道)이라 하고, 명命으로 돌아간다고 한다(萬物竝作, 吾以觀復. 夫物云云, 各復歸其根. 歸根曰靜, 是謂復命)"라고 하였다.

『법화경, 신해품』에서는 재산이 많은 장자의 아들이 어려서 집을 잃고(心源에서 벗어나) 50년간이나 떠돌이 거지 품팔이 생활을 하면서 살다가, 우여곡절

【별기別記】

其爲論也. 無所不立, 無所不破. 如中觀論, 十二門論等 徧破諸執 亦
破於破 而不還許 能破所破 是謂往而 不徧論也 其瑜伽論 攝大乘等
通立深淺 判於法門 而不融遣 自所立法 是謂與而 不奪論也. 今此論者
旣智旣仁 亦玄亦博 無不立而自遣 無不破而還許 而還許者 顯彼往者
往極而徧立 而自遣者 明此與者窮與而奪 是謂 諸論之祖宗 群諍之評
主也.

앞서 말한 내용들(其)을 『기신론』의 논論으로 삼는다. (그러면) 세우지
못할 논이 없으며, (어떤 사도邪道라도) 깨뜨리지 못할 것이 없다.
『중관론中觀論』이나 『십이문론十二門論』[105] 등은 두루(徧) 모든 집착을

끝에 자기 집(心源)으로 돌아가는 장면으로 묘사하고 있다.

불교에서의 수행은 일심의 근원(一心之原)인 심원心源으로 돌아가고자 하는
노력이다. 그러나 심원으로 돌아가고자 노력하면 어긋난다. 어째서 그런가?
조주선사의 말씀(趙州錄)을 빌려보자. "조주선사에게 묻는다(問). '근원으로
돌아간다는 것(歸根)이 어떤 것입니까(如何是歸根)?' 선사 답한다(師云). '돌아
가려고 하면, 곧 어긋나버린다(擬卽差).' 다른 곳에서도 '선사는 말한다(師示衆
云). 이러저리 마음을 쓰면 어긋나 버린다(擬心卽差).'" 왜냐? 근원으로 돌아가
려는 마음을 낸다는 것은, 돌아가려는 주主와 근원이라는 객客을 전제하고
있기 때문이다.

승찬대사의 『신심명』에도 "근원으로 돌아가면 뜻을 얻는다(歸根得旨). (그러
나) 비춤(照)을 따르면 종宗을 잃는다(隨照失宗)"라고 한다. 이 또한 무슨 뜻
인가?

105 대부분 공空을 이야기하면 반야부般若部 계통의 대승불교사상이나 용수(龍樹,
Nāgārjuna)를 떠올리지만, 공사상은 부처님이 보리수 아래에서 깨달은 진리인
연기緣起에 연원을 두고 있다. 현상계의 모든 존재는 인연의 화합으로 생멸하는

깨뜨리며, 또한(亦) 깨뜨린 것도 깨뜨리되, 깨뜨리는 것(能破)과 깨뜨
림을 당한 것(所破)을 다시(還) 인정하지 않으니, 이를 일러(是謂)
보내기만 하고 두루 살피지 않는 논이라고 말한다. 또『유가론瑜伽論』[106]

존재이며, 고정 불변하는 자성自性은 없는 것이다. 단지 원인과 결과로 얽힌
상호의존적 관계에 있을 뿐이다. 따라서 무아無我이며, 무아이기 때문에 공空인
것이다. 이때의 공은 고락(苦, 樂)과 유무(有, 無)의 양극단을 떠난 중도中道인
것이며, 이것이 부처님이 깨달은 연기이다. 그럼에도 부파불교에서 법체法體는
항유恒有한다는 실유론實有論을 주창하자 대승불교에서는 이를 부정하면서
아공我空과 법공法空의 이공설二空說을 주장하였다. 아공은 자아가 실재實在한
다고 믿는 미혹한 집착을 부정하는 것이고, 법공은 나와 세계를 구성하는
요소가 있다는 그릇된 집착을 부정하는 것이다.〔참조: 네이버 지식백과, 한국민
족문화대백과(한국학중앙연구원)〕

이와 같은『반야경』의 공사상은 부처님의 깨달음에 바탕을 두고 있지만 이를
철학적으로 체계화한 사람은 용수(龍樹, Nāgārjuna. 150~250년경)이다. 용수
가『중론中論』을 통해『반야경』의 공사상과 연기설을 이론적으로 회통시키자
중관학파中觀學派가 일어났으며, 뒤이어 유가행파瑜伽行派가 일어나 인도 대승
불교의 2대 사조를 형성하게 되었다.

중국에서는 용수의『중론』과『십이문론十二門論』, 그의 제자 아랴데바(提婆,
3세기경)의『백론百論』을 합한 삼론三論을 바탕으로 삼론종이 성립되었다.
삼론학을 집대성한 길장(吉藏, 549~623)은 고구려 승려 승랑僧朗의 손제자이
다. 승랑은 중국, 한국, 일본 삼론종의 초석을 놓은 사람(開祖: 종파를 일으킨
사람)으로, 512년 양梁 무제武帝의 초청을 받아 삼론학을 강의하였으며, 그의
학통을 이어 받아 삼론학을 집대성한 길장은 그의 저서에서 자신의 삼론학이
모두 고구려 승려 승랑으로부터 유래한 것이라고 밝혔다. 승랑은 중국과 한국,
일본에 널리 퍼진 삼론종의 실질적인 개조開祖로 추앙받고 있음에도, 길장은
알아도 승랑을 아는 사람은 드물다.(참조: 불교신문사,『한국불교인물사상사』,
민족사, 1990)

106 『광석제경론廣釋諸經論』 또는 『십칠지론十七地論』이라고도 하며, 300~350년간

이나『섭대승攝大乘』[107] 등은 이것저것(通) 깊고 얕은 이치들을 세워서
법문을 판별했으나, (이런 이치들을) 융합하고 스스로 법을 세워 (버릴
것은 버려야 함에도) 버리지 아니하였으니, 이것을 합하기만(與) 하고
버리지는(奪) 못한 논이라고 말한다.

그러나 이『기신론』은 지혜롭고, 어질며, 깊고도 넓어서, 세우지
못하는 바가 없으면서도 스스로 버리고, 깨뜨리지 못하는 바가 없으면
서 도리어(還) 깨뜨리지 못하는 바를 인정하고(許) 있다. 도리어 인정한
다는 것은 저 깨뜨림이 다하면(極) 두루 세움이 드러나는(顯) 것이며,
스스로 버린다는 것은 합하는 것이 다하면(極) 버려지는 것을(奪)
밝힌(明) 것이니, 이는 모든 논論의 조종祖宗이며 모든 쟁론을 평정시키
는 종주宗主인 것이다.[108]

에 형성된 것으로 추정된다. 미륵보살彌勒菩薩이 구술하고, 아상가(無着, 310~
390)가 찬술했다고 하며, 648년 당나라 현장玄奘이 번역한 것이다.

107 『섭대승론攝大乘論』은 인도의 논사 무착無着(Asaṅga, 310~390)의 저술로 유식
唯識의 입장에서 대승불교를 통일(攝)하기 위하여 저술한 책으로, "대승大乘을
아우르는(攝) 논論"이라는 뜻을 담고 있다. 『반야경』이나 용수龍樹의 공관空觀
사상을 바탕으로 대승불교 전체를 정연하게 논설함으로써 당시 불교계의
큰 논쟁거리였던 대승비불설大乘非佛說을 논파하고, 소승의 교학에 비하여
대승의 뛰어남을 열 가지로 체계화한 대승불교의 개론서라고 할 수 있다.
한역漢譯에는 진제眞諦 역譯, 현장 역 등 4종이 있으며, 중국불교에서는 진제에
의한 『섭대승론』의 번역(563년)으로 섭론종이 성립되는 계기가 되었다. 이
논은 『기신론』에서도 밝히는 바와 같이 삼계三界는 유심唯心이라, 유식唯識을
떠나서는 그 밖에 어떠한 존재도 없다는 유식의 입장에서 대승 교리의 특징과
우월한 점을 밝히고 있다. 『섭대승론攝大乘論』의 섭攝은 '다른 논論들은 다
평정하겠다'의 뜻이다. 일심이나 화쟁과는 거리가 먼 것이다.

108 이는 대승불교 사상의 두 갈래인 ①실상實相을 말하는 법성종法性宗과 ②현상現

【소疏-00-03】

所述雖廣, 可略而言. 開二門於一心, 總括摩羅 百八之廣誥. 示性淨於相染, 普宗踰闔十五之幽致. 至如鵠林一味之宗, 鷲山無二之趣, 金鼓同性三身之極果, 華嚴瓔珞四階之深因, 大品大集曠蕩之至道, 日藏月藏微密之玄門. 凡此等輩中衆典之肝心, 一以貫之者, 其唯此論乎. 故下文言, 爲欲總攝如來廣大深無邊義故, 應設此論.

『기신론』에서 서술하는 바는 넓지만 간략하게 말하자면, 일심一心에서 이문二門[109]을 열어 부처님께서 마라(摩羅: 능가산)에서 설하신 108가지

相을 말하는 법상종法相宗과의 회통을 시도하고 있는 것으로, 성성과 상相의 회통을 통해 화쟁사상和諍思想을 드러내고 있는 것이다. 『금강삼매경론金剛三昧經論』의 서문에서도 "가히 깨뜨릴(破) 것도 없고, 깨뜨리지 못할 것도 없으며, 세울 것도 없고 세우지 못할 것도 없으니, 가히 이치가 없는 지극한 이치요(無理之至理), 그러하지 않으면서 크게 그러한(不然之大然) 이치가 『금강삼매경』의 대의大意"라고 설하면서, 이 같은 회통의 중도적 화쟁 논리를 펴고 있다.

109 불교에서는 모든 존재의 본질을 마음(心)이라 한다. 팔만대장경의 법문法門도 한마디로 말한다면 '마음'이라 할 수 있다. 그 마음이 바로 한마음(一心)이다. 여기서 일一이란 절대무이絶對無二의 일一로 절대무비絶對無比의 큼(大)의 뜻이다. 이 일심이 우주만유의 근본원리로, 만유의 실체인 진여眞如 혹은 여래장심如來藏心인 것이다.

일심에서 두 개의 문(二門), 즉 창조된 적도 없고 파괴된 적 없는, 불변의, 불생불멸의, 본연의 마음인 '진여문眞如門'과 생겼다 사라졌다 하는, 생사生死가 있는 '생멸문生滅門'이 나온다. 일심이 이처럼 심오한 의미의 용어가 된 것은, 보리유지(菩提流支, Bodhiruci)가 『십지경十地經』의 "삼계유심(三界唯心: 삼계는 오직 마음이다)"라는 부분에서 '심心'을 '일심'으로 번역하면서부터라 한다. 그러나 일심一心은 『기신론』의 등장으로 널리 알려지게 되었다.

『기신론』에서는 본연의 마음인 일심으로 돌아가는 과정(門)을 진여문과 생멸

의 넓은 가르침(誥)[110]을 총괄하였으며, 오염된 모습에서 깨끗한 성품을 보여[111] 유사십오踰闍十五[112]의 깊은 뜻(幽致)을 널리 종합하고, 곡림일

문으로 나누어 설하고 있다. 『법화경, 신해품』에서는 부잣집(長子) 아들이 일찍이 집을 잃고 궁자(窮子: 가난뱅이)가 되어 객지에서 고생고생하며 방황하다가, 마침내 장자(부모) 곁으로 돌아와 가업을 잇는 것으로 표현했다. 여기서 장자는 부처님을 말한다.

110 부처님께서 스리랑카의 마라야산(능가산)에서 보살들과 문답하셨다는 백팔의 百八義의 『능가경』은 반야, 법화, 화엄사상이 종합 정리되어 있다. 이 같이 불교의 여러 교설을 풍부하게 채택하여, 여러 교설들이 어떻게 종교적인 경험과 결부되는가를 보여주는 중요한 경전이다. 특히 이 경전은 중생 속에 여래의 종자(佛種)가 감추어져 있다는 여래장사상과 아뢰야식阿賴耶識과의 관계를 밝히고 있어, 『기신론』의 이론적 토대가 되는 경이기도 하다. 한역본으로는 역자譯者에 따라 권수나 경명經名을 다음과 같이 약간씩 달리하고 있다. ①4권으로 된 구나발타라求那跋陀羅 번역의 『능가아발다라보경楞伽阿跋多羅寶經』, ②7권으로 된 실차난타實叉難陀 번역의 『대승입능가경大乘入楞伽經』, ③10권으로 된 보리류지菩提流支 번역의 『입능가경入楞伽經』.

111 이어서 『승만경』을 거론하는 것으로 보아, 속俗을 오염된 것으로, 성聖을 깨끗한 것으로 표현한 것으로 보인다. 『기신론』의 핵심은 성과 속이 하나(一心)라는 것이다.
지눌(知訥, 1158~1210)국사는 『권수정혜결사문勸修定慧結社文』에서 "일심을 미혹하여 끝없는 번뇌를 일으키면 중생이요, 일심을 깨달아 끝없는(無邊) 묘한 작용을 일으키면 모두 부처다. 미혹함과 깨달음은 다르지만, 요要는 모두 일심으로 말미암은 것이니, 마음을 떠나 부처가 되려는 것은 옳지 않다(迷一心而起無邊煩惱者, 衆生也. 悟一心而起, 無邊妙用者, 諸佛也. 迷悟雖殊而要由一心. 則離心求佛者, 亦無有是處也)"라고 하였다.

112 15장으로 되어 있는 『승만경』을 일컫는다. 여래장사상如來藏思想과 일승사상一乘思想을 중심 사상으로 하고 있는 이 경은 대승불교 중기의 작품으로 3~4세기경에 제작된 것으로 추정되며, 산스크리트 원전은 전해지지 않지만 티베트

미鵠林一味의 종지(열반경),[113] 취산무이鷲山無二의 취지(법화경),[114]

번역본이 현존하고 있으며, 담무참(曇無讖, 385~433)의 한역본은 제목만 전해
지고, 구나발다라(求那跋陀羅, Gunabhadra. 394~468)가 436년에 번역한『승
만사자후일승대방편방광경勝鬘獅子吼一乘大方便方廣經』이 일반적으로 많이 읽
히고 있다.

　『승만경』의 여래장사상을『기신론』에서 종합했다고 하면, 시대적 모순이 따른
다. 전통적인 견해에 따라『기신론』의 저자를 마명보살로 인정할 경우, 1~2세기
경에 활동한 저자(마명)가 3~4세기경에 완성된『승만경』을 참조했다면 시대
적 모순에 직면하게 되기 때문이다.

113　곡림鵠林은 부처님이 입멸한 곳으로 쿠시나가라(kuśinagara)의 쌍림雙林 또는
　　사라쌍수沙羅雙樹라고도 하며, 곡탑에는 부처님의 사리舍利가 간직되어 있다.
　　부처님이 세상을 떠날 때, 그 숲이 학鶴과 같이 희게 변했다 하여 학림鶴林이라고
　　도 한다. 곡림일미는『대반열반경』의 가르침을 말한다.

114　왕사성 동북쪽에 있는 산 이름. 독수리(鷲) 머리(頭)를 닮았다 하여 취두산鷲頭山
　　이라고 한다. 실제로 세존께서 설법을 하셨던 곳이므로, 신령한 곳이라 하여
　　영靈자를 붙여 영취두산靈鷲頭山이라 할 것을 줄여서 영취산靈鷲山이라 하였다.
　　세존께서는 만년에 죽음을 예감하고 그동안 머물던 영취산을 뒤로한 채, 80노구
　　를 이끌고 고향인 카필라파스투를 향해 마지막 여정에 올랐다. 영취산을 떠나
　　사라쌍수 아래서 열반에 들 때까지 여정에서 만나는 제자나 신자들 또는
　　이교도들에게 설한 가르침의 기록이『대반열반경』이다. 이 경에서 "한때 세존
　　께서 영취산에 머물고 계셨다"로 시작하는 것은 타당하다.
　　하지만『법화경』을 비롯한 많은 대승경들이 서북인도(지금의 파키스탄 페샤와
　　르) 지방에서 만들어졌음에도 부처님의 설법장소로 영취산을 들고 있는 것은
　　좀 어색하다. 이는 세존께서 입멸 직전 머물던 곳이 영취산이었기에 경전
　　작자作者들의 심정心情 속에는 또는 선정禪定 속에서 친견한 부처님은 분명
　　영취산에 계셨을 것이다.
　　특히 무이無二의 일불승一佛乘 진리를 설하는『법화경, 제16 여래수량품』에
　　"중생들이 바른 신심을 가지고 일념으로 부처를 만나고자 한다면, 그때 중승衆僧

『금광명경金光明經』[115]과『대승동성경大乘同性經』[116]의 법신, 보신, 화
신 삼신三身의 극과(極果: 지극한 결과), 『화엄경華嚴經』[117]과『보살영락

과 함께 영취산에 출현하리라'라는 세존의 약속은 물론,『무량수경』과『관무량
수경』도 영취산을 무대(處成就)로 설정하고 있으며, 심지어 중국 宋나라
선승禪僧 무문혜개(無門慧開, 1183~1260) 또한『무문관無門關, 제6칙 세존염화
世尊拈花』에서 "옛날 석가세존께서 영산회상에서 설법하실 때, 대중들에게
꽃을 들어 보이셨다"라며 영산회상을 거론하는가 하면, "나무 영산불멸 학수쌍
존 시아본사 석가모니불"이라 하면서 영취산의 석가모니불을 찾는 '석가모니불
정근', 그리고 '영축총림靈鷲叢林'이라는 양산 통도사 등등도 모두 영취산을
무대로 설정하고 있다. 이렇듯 대승에서의 영취산은 부처님의 설법장소로서
상징적인 권위를 부여하고 있는 곳이기도 하다.

115 부처님의 법신상주와 부처님 수명의 영원함을 강조하고 있으면서도, 사천왕에
의한 정법수호와 국가를 수호하는 호국護國신앙 및 재앙을 쫓고 복을 다스리는
기복신앙을 담고 있는 경으로,『인왕경』과 함께 신라와 고려에서 유행한 호국경
전의 하나다. 신라 때 당나라의 침략소식을 듣고 사천왕사를 건립한 것이나,
사찰 입구에서 사천왕을 모신 천왕문을 세운 것도 이 경의「사천왕품」에
기인한 것이다.
예불의식의 정형인 찬탄, 참회, 권청勸請, 수희隨喜, 회향廻向의 오회五悔도
「참회품」을 근거로 한 것이며, 송宋나라 때 천태 승려 지반志磐의 저술인
『불조통기佛祖統紀』에 따르면, 오늘날의 방생의식도 천태지자天台智者가 "전생
의 부처님인 유수장자流水長子가 죽어가는 물고기 만 마리를 구제하였고, 도솔
천에 왕생往生한 물고기들이 천자天子가 되어 유수장자의 은혜를 갚았다"는
「유수장자자품流水長者子品」의 전생담에 근거해 고기 잡는 기구를 모두 없애고,
강가에서의 고기잡이를 금함으로써 정립된 것이라 한다.

116 사람을 잡아먹는 악마도 불성佛性은 같다고 설하는 경으로, 악마의 왕이 불도佛
道를 닦아 성불成佛하는 과정을 보여주는 경이다.

117『화엄경』은 부처님의 깨달음의 경지를 그대로 드러낸 경전으로, 비로자나불毘
盧遮那佛을 교주로 한다. 원 이름은『대방광불화엄경大方廣佛華嚴經』으로, 크고

경菩薩瓔珞經』[118]의 네 단계[119]의 깊은 인연(深因), 『대품반야경大品般若經』[120]과 『대방등대집경大方等大集經』[121]의 넓고 호탕하고도 지극한 도

(大) 방정하고(方) 넓은(廣) 이치를 깨달은 부처님(佛)을 꽃같이 장엄한(華嚴) 경經이라는 뜻을 담고 있다. 『화엄경』에는 "자아를 초월한 자기, 자기 본성을 아는 것뿐만 아니라, 세계 속의 세계를 아는 것이다. 또한 아는 것에 그치지 않고 실천을 통해 세계의 실상을 실현하는 것"에 본뜻이 있고, 한없이 웅대한 세계를 담고 있는 것으로 평가되고 있다. 범어 완본完本은 없으며, 원전이 남아 있는 것은 1~2세기경의 것으로 추측되는 「십지품」과 「입법계품」뿐이다. 한역본은 불타발타라佛陀跋陀羅의 60권본(418~420), 실차난타實叉難陀의 80권본(695~699)이 있으나, 그 내용에는 큰 차이가 없으며, 반야般若의 40권본(795~798)은 이들 두 본의 마지막 입법계품入法界品에 해당한다. 이와 같이 각 장이 독립된 경전으로 유통되다가 나중에 집대성되어 현재와 같은 형태의 『화엄경』으로 성립되었으리라고 추측된다.

118 4세기 말 축불념竺佛念이 번역한 대승경전으로, 원이름은 『보살영락본업경菩薩瓔珞本業經』으로 줄여서 『보살영락경』·『본업경』·『영락경』·『영락본업경』이라고 한다. 보살의 본업인 10주住·10행行·10회향廻向·10지地·등각等覺·묘각妙覺의 42현성賢聖의 행업行業과 인과因果를 설한 경전이다.(참조: 위키백과)

119 십신十信 ⇒ 십주十住 ⇒ 십행十行 ⇒ 십회향十廻向 ⇒ 십지十地의 수행계위에서 십신을 뺀 계위를 말한다.

120 반야공관般若空觀을 설명하는 반야부 경전으로 원제는 『마하반야바라밀경摩訶般若波羅蜜經』이며, 『이만오천송반야二萬五千頌般若』라고도 한다. 축법호竺法護, 구마라집鳩摩羅什, 현장玄奘 등의 번역본이 있으며, 이들과 구별되는 『팔천송반야八千頌般若』로 불리는 『소품반야바라밀경小品般若波羅蜜經』도 있다.

121 부처님이 시방十方의 불보살들에게 대승의 법을 설명한 경전으로 줄여서 『대집경大集經』이라고 한다. 공사상空思想과 밀교적인 요소가 강한 경전이다. 분량이 많아 『무진의보살경無盡意菩薩經』, 『대승대방등대집일장경大乘大方等大集日藏經』, 『대승대방등대집월장경大乘大方等大集月藏經』, 『대승수미장경大乘須彌藏經』, 『불설명도오십교계경佛說明度五十校計經』 등으로 분철되어 별도의 경전이

리, 『대승대방등일장경大乘大方等日藏經』과 『대방등대집월장경大方等
大集月藏經』의 미세하고 은밀한 현문玄門에 이르기까지, 무릇(凡) 이러
한 것들 중中에 여러(衆) 경전의 핵심(肝心)을 하나[122]로 꿰뚫은(一以貫
之)[123] 것은 오직 이 『기신론』뿐이다. 그런 까닭에(故) 『기신론』의 본문
에서 말하기를 "여래의 광대하고 깊고 끝없는(無邊) 이치(義)를 두루
아우르고자(總攝) 하는 까닭에 마땅히 『기신론』을 설한다"[124]라고 하는

되기도 하였다.

[122] 하나는 일심一心을 말하며, 일심으로 회통會通시켰다는 뜻이다. 이렇듯 수많은
경전에서 핵심만 뽑아 저술하였다 하여 『백본요의경百本了義經』이라고도 한다.

[123] 이 말은 '사상과 언행이 하나의 원리로 일관되어 있다, 꿰뚫어 있다, 관통되어
있다'는 뜻으로, 공자께서 "삼(參: 증자)아! 나의 도道는 하나로 통해 있다(參乎,
吾道, 一以貫之)"고 말한 『논어, 이인편里仁篇』과 "나는 하나로써 모든 것을
꿰뚫어 왔다(予一以貫之)"고 말한 『논어, 위령공편衛靈公篇』에서 인용한 말이
다. 증자曾子는 스승의 "일이관지一以貫之"에 대해 충서忠恕라고 풀이하고 있다
(夫子之道 忠恕而已矣).

이를 불교적으로 풀이해보자. 충忠이란 마음(心)이 가운데(中)로 집중된 상태를
말한다. 일상에서 "사상과 언행이 하나의 원리로 일관되어 있다, 꿰뚫어 있다,
관통되어 있다"는 것은 곧 '마음이 한 곳에 집중된 상태', 즉 삼매三昧의 상태다.
유가儒家에서의 충忠이란 곧 불가佛家의 삼매인 것이다. 다음으로 서恕란 나의
마음心을 남의 마음과 같이(如) 하는 것을 말한다. 이는 불교에서의 이타利他의
마음과 같다. 충忠이 선정(止)이었다면, 서恕는 지혜의 개발인 관觀과 같다고
할 것이다.

충忠이라 해서 나라에 대한 충성만 떠올리는 것은 옹색한 사고다. 올바른
사유(正思惟)는 불가佛家의 논리를 유가儒家의 논리로, 유가의 논리를 불가의
논리로 역지사지易地思之해 볼 줄 아는 것이다. 오직 불가나 유가의 논리에만
매몰된다면 위험하고도 편협한 지성知性에 만족해야 할 것이다.

[124] 【논論-7】에서 『기신론』을 조술祖述해야 하는 이유를 "네 부류의 중생을 위함"이

것이다.

此論之意, 旣其如是, 開則無量無邊之義爲宗, 合則二門一心之法爲
要. 二門之內, 容萬義而不亂. 無邊之義, 同一心而混融, 是以開合自
在. 立破無碍. 開而不繁. 合而不狹. 立而無得. 破而無失. 是爲馬鳴之
妙術. 起信之宗體也.

『기신론』의 뜻이 이미 이와 같아, 그 뜻을 펼치면(開) 무량무변無量無邊
한 이치로 으뜸(宗)이 되고, 합合치면 진여문眞如門과 생멸문生滅門
이문二門이 일심(한마음)법(一心之法)의 요체가 된다. 이문二門 안에
만 가지 이치를 포용하지만 어지럽지 않고, 끝없는(無邊) 이치가 일심과
같아(同) 혼융混融되어 있으니, 이러한 까닭에(是以) 개합(開合: 펼침과
합함)이 자재하며, 입파(立破: 세움과 깨뜨림)가 자재하여 펼쳐도 번잡
하지 않고, 합하여도 편협하지 않으며, 세워도 얻을 것이 없고 깨뜨려
도 잃을 것이 없으니, 이것이 마명馬鳴의 묘술이며 기신론의 종宗과
체體이다.

然以此論意趣深邃. 從來釋者尠具其宗. 良由各守所習而牽文, 不能
虛懷而尋旨. 所以不近論主之意, 或望源而迷流, 或把葉而亡幹, 或割
領而補袖, 或折枝而帶根. 今直依此論文, 屬當所述經本. 庶同趣者消
息之耳. 標宗體竟.

그러나(然) 이 논의 뜻하는 바(意趣)가 깊고 깊어(深邃) 종래에 주석자

라고 설하고 있다.

들 중에 그 종지를 제대로 알은(具) 사람이 드물었다(尠). 이는 진실로
(良) 자기가(各) 익힌 것만 고수하고 문자에만 이끌려(牽文), 마음을
비위(虛懷) 종지를 찾을 수 없었던 까닭이다. 이는 논주(論主: 마명)의
뜻에 가깝지 아니하니, 어떤 이는 멀리서 근원을 쳐다보고 미혹하여
떠돌며, 어떤 이는 잎사귀를 잡고서(把葉) 줄기를 잃으며(亡幹), 어떤
이는 옷깃을 잘라 소매에 붙이며, 어떤 이는 가지를 잘라서 뿌리에
두르기도 하는 것이다. 이제(今) 바로(直) 『기신론』의 글에 따라(依)
마땅히(當) 경본經本에서 술述한 바를 배속시켰으니, 바라건대(庶)
뜻을 같이 하는(同趣) 이는 한 소식 들을(耳) 지이다. 여기서 종宗과
체體를 드러냄을 마친다.

2. 『기신론』의 제명題名을 풀이하다

【소疏-00-04】

次釋題名. 言'大乘'者. '大'是當法之名, 廣苞爲義. 乘是寄喩之稱, 運
載爲功. 總說雖然, 於中分別者則有二門. 先依經說, 後依論明.

다음으로 제명題名을 풀이한다.[125] '대승'이라고 말하는 '대大'[126]는 마땅
히 법法의 이름으로 널리 감싼다는(廣苞) 뜻이며, 승乘은 비유해서
붙인 이름이니 운반하는 것으로 공(功: 목적)을 삼는다.[127] 전체적으로

---

125 오중현의로 보면, 제목을 풀이함, 즉 석명釋名에 해당한다.
126 불교에서 대大는 '크다, 위대하다'는 뜻이나, 무엇과 비교하여 상대적인 '크다,
   위대하다'는 뜻이 아니라, 세상에서 최고로 '크고, 위대해서', 무엇과도 비교할
   수 없을 만큼 절대적으로 '크고, 위대하다'는 뜻이다.

설하자면 비록 그러하나, 이를 나누면 두 가지 문門이 있으니,[128] 먼저 경에 의거하여 설하고, 뒤에는 논서論書에 의거하여 밝힌다.

依經說者. 如虛空藏經言, "大乘者, 謂無量無邊無崖故, 普遍一切. 喩如虛空. 廣大容受一切衆生故. 不與聲聞辟支佛共故, 名爲大乘. 復次乘者. 以正住四攝法爲輪. 以善淨十善業爲輻. 以淨功德資糧爲轂. 以堅固淳至專意爲輞轄釘鑷. 以善成就諸禪解脫爲轅. 以四無量爲善調. 以善知識爲御者. 以知時非時爲發動. 以無常苦空無我之音爲驅策. 以七覺寶繩爲斬靷. 以淨五眼爲索帶. 以弘普端直大悲爲旒幢. 以四正動爲軔(軔也枝木輪也). 以四念處爲平直. 以四神足爲速進. 以勝五力爲鑒陣, 以八聖道爲直進. 於一切衆生無障礙慧明爲軒. 以無住六波羅密廻向薩般若. 以無礙四諦度到彼岸. 是爲大乘." 解云. 上來以二十句 擧喩況法以顯乘義.

경에 의거하여 설한다는 것은, 『허공장경』[129]에서 "대승이란 무량無量,

---

127 승乘은 일체중생이 여래지如來智의 세계(깨달음)로 가기 위해 타야 할 수레인 것이다. 따라서 대승大乘이라 하면 중생이 여래지의 세계(깨달음)로 가기 위해 타야 할 큰 수레인 것이다. 【論論-8】에서 대승은 중생심衆生心임을 밝히고 있으니, 결국 중생심에 의지하여乘 여래지의 세계(깨달음)로 나아가야 하는 것이며, 이는 곧 '중생심이 대승'임을 뜻하는 것이다. 구체적인 내용은 본문에서 살피기로 한다.

128 심진여문心眞如門과 심생멸문心生滅門을 말한다. 이 두 문을 아우르는(攝) 것이 일심一心이다.

129 『허공장경虛空藏經』은 5세기 초 계빈국 출신 불타야사佛陀耶舍가 번역한 단권으로 된 경전으로, 원명은 『허공장보살경虛空藏菩薩經』이다. 이역異譯으로는 담마

무변無邊, 무애無崖한 까닭에 널리 일체에 두루 미치는 것을 말한다.
비유하자면 허공이 광대하여 일체중생을 받아들이는 것과 같아, 성문聲
聞,[130] 벽지불辟支佛[131]과는 성질을 달리하는 까닭에 대승이라 이름하는
것이다. 다시 승(乘: 수레)이란 ① 바르게(正) 사섭법四攝法[132]을 행하는
것으로 바퀴(輪)를 삼고, ② 바르고 깨끗하게(善淨) 십선업十善業[133]을

밀다의 『허공장보살신주경』과 사나굴다의 『허공잉보살경虛空孕菩薩經』이 있
다. 이 경은 중생들이 허공장보살의 이름을 부르면서 게송을 외운다면 임종
때 정토에 태어날 것이며, 다라니를 외운다면 어떠한 소원도 다 이루게 된다고
하며, 소원 성취를 위해 축원하는 방법과 그 이익에 대해 말하고 있다.

130 대승불교 발흥 후, 자신들은 부처를 목표로 하는 대승大乘으로 일승一乘의
불보살승佛菩薩乘이며, 기존의 부파불교는 소승小乘으로 아라한은 될지언정
부처는 될 수 없는 이승二乘, 즉 성문승聲聞乘, 연각승緣覺乘으로 규정하였다.
성문은 사성제나 연기緣起의 이치에 관한 설법을 듣고(聲) 공부하는 수행자를
말한다.

131 벽지불은 어떠한 설법이나 스승도 없이 혼자 사성제나 연기의 이치를 깨쳤다
하여 독각獨覺 또는 연각緣覺이라 한다. 원래는 부처님이 스승에 의지하지 아니하
고 혼자서 깨달음을 얻는 것(無師獨悟)을 나타낸 말인데, 대승에서 소승을
폄하하는 말로 사용되고 있다.

132 보살이 중생을 제도하기 위한 네 가지 방편으로 ① 보시布施: 부처의 가르침(法
施)이나 재물을 베풀어 주는 일(財施), ② 애어愛語: 말을 부드럽고 온화하게
하는 일, ③ 이행利行: 신·구·의 삼업으로 남을 이롭게 하는 일, ④ 동사同事:
동체대비심同體大悲心으로 일심동체가 되어 서로 협력하고 고락을 함께하는
일을 말한다.

133 ① 몸으로 짓는(身業) 불살생不殺生, 불투도不偸盜, 불사음不邪淫, ② 입으로 짓는
(口業) 불망어不妄語, 불양설不兩舌, 불악구不惡口, 불기어不綺語, ③ 생각으로
짓는(意業) 불탐욕不貪欲, 불진에不瞋恚, 불사견不邪見. 십선十善의 반대는 십악
十惡이다.

행하는 것으로 바퀴살(輻)을 삼으며, ③깨끗한 공덕功德을 쌓는 자량資糧[134]으로 바퀴 축(轂)을 삼으며, ④견고하고 순수하고 한결같은 뜻으로 관할정섭管轄釘鑷[135]을 삼으며, ⑤모든 선禪의 해탈을 바르게 성취하는 것으로 원轅[136]을 삼으며, ⑥사무량심四無量心[137]으로 마음을 잘(善)

『천수경』에서는 십악을 중죄重罪로 보고, '살생중죄금일참회, 투도중죄금일참회……' 하면서 십악을 참회한다. 여기서 중죄는 '무거운 죄'라는 의미도 있지만, '거듭해서 반복하여(重) 짓는 죄'의 의미라고 보아야 한다. 그러나 참회만 한다면 수행도 아니고 불교도 아니다. 그것은 좌절일 뿐이다. 십악의 참회는 물론 십선을 적극적으로 행할 때 비로소 수행이며 불교인 것이다. 불교는 수행의 종교이기 때문이다.

134 자량資糧이란 자신의 몸을 도와주는(資) 양식(糧)이라는 뜻이다. 정신을 도와주는 자량은 지혜이다. 불법을 공부하고 수행을 하는 것도 지혜의 자량을 갖추기 위한 것이다. 지혜가 부족하면 도道는 물론 참다운 삶을 영위하기가 힘들기 때문이다. 지혜는 삶의 원천인 것이다.

135 승乘을 수레라 하였으니, 그 수레의 바퀴에 비유하여 수행하는 마음가짐과 자세를 설명하고 있다. 관할정섭管轄釘鑷은 바퀴와 바퀴살이 바퀴 축에서 빠지지 않게 하는 빗장으로 이해하면 된다. 따라서 앞에서 나열한 사섭법, 십선업, 공덕자량 등의 견고하고 순수하고 한결같은 뜻(堅固淳至專意)이 바퀴와 바퀴살이라면, 관할정섭은 '견고하고 순수하고 한결같은 뜻'을 지탱해주는 빗장인 셈이다. 이 같은 바퀴와 바퀴살과 바퀴축이 모여 수레乘가 되는 것이다. 『노자 11장』에도 이와 비슷한 바퀴살에 대한 이야기가 나온다. "삼십 개의 바퀴살이 한 곳(개)의 바퀴머리로 모이는데, 그 바퀴머리의 속이 비어(無) 있어야 수레로 쓸모가 있다(三十輻共一轂. 當其無, 有車之用)."

136 원轅: 수레의 양쪽에 대는 긴 채, 멍에를 메는 부분.

137 ①자무량심慈無量心: 중생에게 즐거움을 주려는 마음, ②비무량심悲無量心: 중생의 괴로움을 덜어 주려는 마음, ③희무량심喜無量心: 중생들의 즐거움을 기뻐하는 마음, ④사무량심捨無量心: 중생을 평등하게 대하려는 마음.

다스리며(調), ⑦선지식善知識을 수레를 모는 사람으로 삼고, ⑧움직일 때와 움직이지 않을 때를 알아 움직이며(發動), ⑨무상無常, 고苦, 공空, 무아無我의 소리를 (자신을 채근하는) 채찍으로 삼으며, ⑩칠각지七覺支[138]의 보배로운 끈(繩)을 가슴걸이(靳靷)로 삼으며, ⑪오안五眼을 맑게 함을 말을 모는 고삐(索帶)로 삼으며, ⑫널리 두루 미치는 단정하고 정직한 대비심大悲心을 깃발(旒)과 휘장(幢)으로 삼으며, ⑬사정근四正勤[139]을 바퀴굄목(軔)[140]으로 삼으며, ⑭사념처四念處[141]를 평탄하고 곧은 길(平直)로 삼으며, ⑮사신족四神足[142]에 속히 나아가며,

---

138 ①염각지念覺支: 깨어 있는 마음(sati)으로 바른 견해를 가짐. ②택법각지擇法覺支: 불법이 제시하는 종교, 철학, 윤리 등 모든 문제에 대한 궁구, ③정진각지精進覺支: 택법각지에 의해 선택된 법에 대한 정진, ④희각지喜覺支: 정진으로 얻는 기쁜 마음, ⑤제각지(除覺支, 輕安覺支라고도 함): 선정력禪定力이 깊어져 몸과 마음이 경쾌하고 편안한 상태가 됨, ⑥정각지定覺支: 선정력이 심화되어 마음이 한 곳으로 모이는 집중력(samadhi), ⑦사각지捨覺支: 세속잡사를 있는 그대로 받아들이고 일체의 생각을 모두 놓아버려 순역順逆과 고락苦樂에 따라 마음이 흔들리지 않는 평정한 상태.(참조: 『밀란다팡하』)

139 ①단단斷斷: 이미 생긴 악을 없애려 하고, ②율의단律儀斷: 아직 생기지 않은 악은 차단하고, ③수호단隨護斷: 아직 생기지 않은 선은 생기도록 하고, ④수단修斷: 이미 생긴 선은 더욱 커지도록 노력하는 것을 말한다.

140 인軔: 수레가 미끄러지지 않게 바퀴를 고정시키는 뒤턱나무.

141 깨달음을 얻고 지혜를 얻기 위한 37조도품三十七助道品 가운데 첫 번째 수행 방법이다. 사념주四念住, 사의지四意止, 사념四念이라고도 하며, 자신의 몸(身)과 감각覺과 마음(心)과 법法에서 일어나는 여러 가지 변화를 관찰함으로써 제행무상諸行無常, 제법무아諸法無我, 일체개고一切皆苦의 세 가지 진리를 깨닫고자 하는 것이다. 여기에는 신념처身念處, 수념처受念處, 심념처心念處, 법념처法念處의 네 가지 방법이 있다.

⑯ 수승한 오력五力[143]으로써 무리(陳)를 살피며, ⑰ 팔성도[144]로 곧바로 나아가며, ⑱ 일체중생에 대한 장애障碍 없는 혜명慧明으로 마음의 창(軒)을 삼으며, ⑲ 무주無住의 육바라밀六波羅密로 살반야薩般若[145]에 회향하며, ⑳ 걸림이 없는(無礙) 사성제四聖諦[146]로써 고해를 건너 피안彼岸에 이르니, 이것이 곧 대승인 것이다"[147]라고 말한 것과 같다.

---

142 신통神通을 얻기 위한 선정禪定에 드는 네 가지. ①욕신족欲神足: 신통을 얻기 위해 선정에 들기를 원함, ②정진신족精進神足: 선정에 들려는 노력, ③심신족心神足: 선정에 들려는 마음가짐, ④사유신족思惟神足: 선정에 들려는 사유.

143 삼십칠도품三七道品의 하나로서 ①신력信力: 신근信根을 증장케 하여 모든 삿된 믿음을 깨뜨리는 것, ②정진력精進力: 정진근精進根을 증장케 하여 신체의 게으름을 물리치는 것, ③염력念力: 염근念根을 증장케 하여 모든 사념을 깨뜨리는 것, ④정력定力: 정근定根을 증장케 하여 모든 어지러운 생각을 끊어 버리는 것, ⑤혜력慧力: 혜근慧根을 증장케 하여 삼계의 모든 미혹을 끊는 것.

144 팔성도는 팔정도라고도 한다. 성聖스럽다는 것은 바로 바른 것(正)을 말한다. ①정견正見: 사물을 바르게 보는 것, ②정사유正思惟: 바르게 생각하는 것, ③정어正語: 바르게 말하는 것, ④정업正業: 바르게 행동하는 것, ⑤정명正命: 바르게 생활하는 것, ⑥정정진正精進: 바르게 수행 정진하는 것, ⑦정념正念: 바르게 마음을 모으는 것, ⑧정정正定: 바르게 선정을 닦는 것. 이 팔정도는 쾌락주의와 고행주의를 피한 중도의 수행법으로 부처님이 녹야원에서 오비구五比丘에 설한 최초 설법이다.(참조: 『초전법륜경』)

145 모든 것의 안팎을 깨닫는 부처님의 지혜로 일체지一切智라 한다.

146 ①인간의 존재는 모두가 고苦라는 것을 깨달아, 그로부터 도망쳐 숨지 말고 직시하는 것(苦諦), ②고苦가 일어나는 원인이 바로 십이연기의 무지에 의한 것임을 깨닫는 것(集諦), ③연기의 법칙에 따라 일어나는 고苦의 근원적 원인인 무지와 번뇌를 멸하면 고는 멸할 수 있다고 깨닫는 것(滅諦), ④고苦의 근원적 원인에 이르는 팔정도와 육바라밀을 행하는 것, 즉 생활 속에 실천하는 것이다.

147 대정장大正藏 제13권, 『대방등대집경大方等大集經』, pp.114하 28행~115상 12행.

이를 풀이하면, 위에서 언급한 수레의 20가지 비유를 들어, 법에 견주어(況) 대승의 가르침(義)을 나타낸 것이다.[148]

又下文云. "此乘諸佛所受. 聲聞辟支佛所觀. 一切菩薩所乘. 釋梵護世所應敬禮. 一切衆生所應供養. 一切智者所應讚歎. 一切世間所應歸趣. 一切諸魔不能破壞. 一切外道不能測量. 一切世間不能與競.." 解云. 上來以十句對人顯大乘也.

또 (허공장경의) 다음 글에서 말하기를 "이 승乘은 ① 모든 부처님이 받아들이며, ② 성문과 벽지불이 관觀하며, ③ 모든 보살이 의지乘하며, ④ 제석帝釋, 범천梵天, 호세護世[149]들도 마땅히 경례敬禮하며, ⑤ 모든 중생들도 마땅히 공양하며, ⑥ 모든 지혜로운 자들도 마땅히 찬탄하며, ⑦ 모든 세상 사람들도 마땅히 귀취歸趣하며, ⑧ 일체의 모든 마라魔羅[150]들이 깨뜨릴 수 없으며, ⑨ 일체의 외도外道들이 측량할 수 없으며, ⑩ 일체의 세상 사람들이 더불어 다툴 수 없다"[151]라고 하였다.

---

148 여기서 언급하는 20가지의 비유는 부처님의 가르침, 즉 불교수행의 전부 또는 대승불교의 요체라 할 수 있다. 그러기에 앞서 「별기」에서 『기신론』으로 세우지 못할 논論이 없으며, 깨뜨리지 못할 것이 없다'고 말한 것이다. 승乘이란 한마디로 가르침(敎)을 말한다. 그 가르침이 비교할 수 없을 만큼 크다(大)는 뜻으로 대승大乘이라 한 것이다. 그 대승은 바로 중생심이라는 것이다(「논論-8」). 구체적인 설명은 뒤에서 본문에 따라 설할 것이다.

149 제석(帝釋: Indra), 범천(梵天: Brahmā), 호세(護世: Lokapāla) 등은 불법을 수호하는 신神들로 이해하면 된다.

150 마라(魔羅: mara)는 수행을 방해하는 마귀로 「수행신심분」에서 자세히 다룰 것이다.

이를 풀이하면 위에서 언급한 10가지 특성을 사람에 대對하여 대승의 뜻을 드러낸 것이다.

依論明者有七有三. 三種大義, 下文當說. 言七種者, 有二種七. 一者
如對法論云, "由與七種大性相應, 故名大乘. 何等爲七. 一境大性.
以菩薩道緣百千等無量諸經廣大教法爲境界故. 二行大性. 正行一切
自利利他廣大行故. 三智大性. 了知廣大補特伽羅法無我故. 四精進
大性. 於三大劫阿僧祇耶方便勤修無量難行行故, 五方便善巧大性.
不住生死及涅槃故. 六證得大性. 得如來諸力無畏不共佛法等無量無
數大功德故. 七業大性. 窮生死除, 示現一切成菩提等建立廣大諸佛
事故" (此中前五是因. 後二是果也)

『기신론』에 의하여 밝히는 것에는 일곱 가지와 세 가지가 있으니, 세 가지(體, 相, 用) 대의大義는 아래 글에서 설명할 것이며, 일곱 가지라 말하는 것에는 두 종류의 일곱 가지가 있다.

첫 번째는 『대법론對法論』에서 "일곱 가지의 큰 성품(大性)과 상응하는 까닭에 대승이라 이름하는 것이니, 그 일곱 가지 성품이란 무엇인가? 첫째는 경계대성(境大性: 경계)이니, 보살도菩薩道는 백천 등의 무량한 모든 경(諸經)의 광대한 교법에 연緣하여 경계를 삼는 까닭이요, 둘째는 행대성(行大性: 실천)이니, 일체의 자리이타自利利他의 광대한 행行을 바르게 행하는 까닭이요, 셋째는 지대성(智大性: 지혜)이니, 광대한 보특가라(補特伽羅: pudgala)[152]법이 무아無我임을 깨달아 아는(了知)

까닭이요, 넷째는 정진대성(精進大性: 정진)이니, 삼대겁아승기야三大
劫阿僧祇耶 동안 방편으로 무량한 힘든 수행(難行)을 부지런히 닦고
행하는 까닭이요, 다섯째는 방편선교대성(方便善巧大性: 방편선교)이
니, 생사와 열반[153]에 머무르지 않는 까닭이요, 여섯째는 증득대성(證得
大性: 증득)이니, 여래의 모든 힘과 두려움 없는(無畏) 불공불법不共佛
法[154] 등 무량 무수한 큰 공덕을 증득證得하는 까닭이요, 일곱 번째는
업대성(業大性: 업)이니, 생사가 다하도록 그간 성취한 일체의 진리(菩
提) 등을 드러내 보여주고(示現), 광대한 모든 불사佛事[155]를 다 이루는
(建立) 까닭이다"[156]라고 말한 것과 같다. (이 중에서 앞의 다섯 가지는
원인이고, 뒤의 두 가지는 결과이다.)

二者顯揚論. "大乘性者, 謂菩薩乘與七大性共相應故, 說名大乘. 云
何爲七. 一法大性. 謂十二分教中菩薩藏所攝方便廣大之教. 二發心
大性. 謂已發無上正等覺心. 三勝解大性. 謂於前所說法大性境起勝

---

152 태어나고 죽는 것을 반복하는 윤회의 주체로서 사람, 중생, 영혼, 자아, 영혼
   등의 뜻이다.
153 무지와 욕망과 업業의 고苦로부터 벗어난 깨달음의 세계가 무위이고 열반이다.
154 중생은 갖추지 못한, 부처님만 갖추고 있는 뛰어난 능력이나 특성.
155 원래는 부처님과 같이 중생들의 근기에 따라 가르침을 펴서 중생을 교화하고
   구제하는 일을 불사佛事라 하였으나, 요즘의 불사는 사찰의 건축이나 확충,
   불상의 조성 같은 외연外緣의 확장에만 치중하는 것으로 변질되었다. 오늘날의
   올바른 불사는 선지식을 찾아 올바른 수행과 올바른 공부를 하는 것이 불사며,
   그 공부를 다른 사람에게 전포傳布하는 것이 불사며, 선지식을 소개하여 공부에
   동참하게 하는 것이 불사다.
156 대정장 제31권, 『대승아비달마잡집론』, pp.743하 25행~744하 7행.

信解. 四意樂大性. 謂已超過勝解行地, 入淨勝意樂地. 五資糧大性. 成就福智二種大資糧故, 能證無上正等菩提. 六時大性. 謂三大劫阿僧企耶時能證無上正等菩提. 七成滿大性. 謂卽無上正等菩提自體所成滿菩提自體, 比餘成滿自體, 尙無與等, 何況超勝" 瑜伽地持, 皆同此說.

두 번째는 『현양론顯揚論』[157]에서 "대승의 특성은 보살승菩薩乘과 일곱 가지의 큰 성품(大性)과 함께 상응하는 까닭에 대승이라 이름한다고 설하였으니, 그 일곱 가지란 무엇인가? 첫째는 법대성(法大性: 법)이니, 십이분교十二分敎[158] 중에 『보살장菩薩藏』[159]에 들어 있는 방편을

---

157 당唐나라 때 현장玄奘이 홍복사弘福寺에서 645년 10월(또는 11월)에 번역을 시작하여 646년 2월에 완성하였다. 줄여서 『성교론』·『현양성교론』이라고도 하며, 별칭으로 『총포중의론總苞衆義論』이라고도 한다. 무착無着이 미륵보살에 게서 『유가사지론瑜伽師地論』을 듣고 그 성스러운 가르침을 현양하고자 『유가사지론』의 요점을 간추려서 이 논서를 지었다고 한다. 유식의 법상法相·아뢰야식설·삼성설三性說 등을 해설한 유식불교의 개요서이며, 모두 11품으로 구성되어 있다. 이 논서는 법상종法相宗에서 소의所依로 하는 11논 가운데 하나이기도 하다. 주석서로는 규기窺基의 『현양소顯揚疏』 2권·신태神泰의 『현양소』·경흥璟興의 『현양론소』 8권 등이 있다.(참조: 인터넷 동국역경원, 『불교사전』)

158 부처님의 교설 형식 또는 내용을 열두 가지로 분류한 것으로 십이분경十二分經이라고도 한다. 이는 경전의 양을 말하는 것이 아니라, 경전의 형태를 형식과 내용에 따라 분류한 것이다. 부처님이 자신의 교설을 필사筆寫하였다는 기록은 전하지 않기 때문에 현재 남아 있는 교설은 모두 그 제자들에 의해 전해진 것이며, 그것은 모두 개략적인 줄거리의 형태로서 정리된 것이다. 이러한 개관의 형태는 시구詩句라든가 짧은 산문과 같은 여러 가지 형식으로 전승되었으며, 그 가운데 가장 조직적인 형식으로 나타난 것이 '구분교九分敎' 혹은 '십이분교十二分敎'라고 하는 분류이다. ① 숫타sutta('契經': 석존의 가르침을

아우르는(攝受) 광대한 가르침을 말하며, 둘째는 발심대성(發心大性: 발심)이니, 이미 발한 무상정등각심無上正等覺心[160]을 말하며, 셋째는

간결하게 정리한 산문), ② 겟야geyya('應頌' 또는 '重頌': 숫타의 내용을 詩로 반복하는 형식), ③ 벳야카라나veyyakarana('記說', '授記': 간결한 문답 형식), ④ 가타gatha('偈頌': 詩句의 형식), ⑤ 우다나udana('自說' 또는 '感興語': 석존이 감흥적으로 설한 詩), ⑥ 이티붓타카itivuttaka('如是語': 켓야의 특수한 형식), ⑦ 자타카jataka('本生': 석존의 전생 이야기), ⑧ 베달라vedalla('毘陀羅', '方廣': 중층적인 교리문답), ⑨ 앗부타 담마abbhuta-dhamma('未曾有法': 희유한 공덕·기적에 관한 교설). 이상의 아홉 가지가 구분교九分敎이며, 북전北傳의 문헌(산스크리트어 및 한역의 經論)에만 나오는 십이분교는 구분교에 다음의 세 가지를 더한 것이다. ⑩ 니다나nidana('因緣': 계율 조문의 성립 사정에 관한 이야기), ⑪ 아바다나avadana('譬喩': 불제자에 대한 과거세 이야기), ⑫ 우파데샤upadesa('論議': 교리에 대한 설명이나 해석). 보통 구분교가 더 오래된 분류라고 보며, 구분교 중에서도 처음 다섯 가지가 뒤의 네 가지보다도 오래된 것이라고 본다.(참조: 후지타 코타츠 외, 권오민 옮김, 『초기부파불교의 역사』, 민족사, 1992)

159 보살도 수행을 위한 부처님 가르침, 즉 대승경전을 말한다.

160 범어 '아누다라삼막삼보리(阿耨多羅三藐三菩提: Anuttara-samyak-sambodhi)'의 음사로, 무상정등정각無上正等正覺, 무상정진도無上正眞道, 무상정변지無上正徧知, 줄여서 정등각正等覺이라고도 한다. '아누타라Anuttar'의 아A는 무無, 누타라nuttar는 상上의 뜻으로 '더 이상의 것이 없이 높은(無上)', 삼약samyak은 '바른(正), 평등한, 보편적인', 삼sam은 '완전한', 보디bodhi는 '깨달음(覺)'의 뜻이므로, '위없이 높고 바르며 평등한 깨달음' 또는 '가장 수승하고 올바른 깨달음'이라는 뜻이다. 이는 부처님의 깨달음으로, 더 이상의 수승한 경지가 없는 '최고의 바르고 완전한 깨달음'을 뜻한다. 그 깨달음이 사성제四聖諦이고, 중도中道이고, 12연기緣起이다.

한편 중국의 인터넷 백과전서에서는, 이 '아뇩다라삼막삼보리阿耨多羅三藐三菩提'에 대해, "아阿는 없음(無), 누다라耨多羅는 위(上), 삼막三藐은 정正, 삼보리三

승해대성(勝解大性: 승해)이니, 앞에서 설한 법대성의 경계에 대하여 수승한 신해信解를 일으킴을 말하며, 넷째는 의락대성(意樂大性: 의락)이니, 이미 수승한 해행解行의 경지를 초과하여 깨끗하고 수승한 의락意樂의 경지에 들어감을 말하며, 다섯째는 자량대성(資糧大性: 자량)이니, 복과 지혜 두 가지의 큰 자량資糧을 성취하였기에 능히 무상정등보리無上正等菩提를 증득함을 말하며, 여섯째는 시대성(時大性: 시)이니, 삼대겁아승기야 동안에 능히 무상정등보리를 증득함을 말하며, 일곱째는 성만대성(成滿大性: 성만)이니, 즉 무상정등보리 자체에서 깨달음(보리) 자체가 성만함을 말한다. 여타의 성만 자체와 비교하여도 오히려(尙) 더불어(與) 같음(等)이 없는데(더 뛰어나다는 뜻), 하물며 무엇이 이보다 더 뛰어나겠는가?"[161]라고 하였으니, 『유가사지론瑜伽師地論』[162]과 『보살지지론菩薩地持論』[163]도 모두 이 설과 같다.

菩提는 보편적 지혜와 깨달음(普遍的智慧和覺悟), 따라서 '아누다라삼막삼보리'의 뜻을 '무상정등정각無上正等正覺', 곧 최고의 지혜와 깨달음(最高的智慧覺悟) 또는 부처님 경계의 지혜(佛境界的智慧)" 등으로 설명하고 있다.

161 대정장 제31권, 『현양성교론』, p.520하 12~24행.

162 줄여서 『유가론』이라고도 한다. 그 뜻은 유가사의 경지에 대한 논이라는 의미인데, 유가사瑜伽師는 유가행(요가)을 주된 수행방법으로 삼고 있는 수행자를 말한다. 『유가사지론』은 모든 것을 아뢰야식의 산물로 보는 유심론적 관점에서 윤회의 세계와 그로부터 벗어나기 위한 수행, 그리고 그러한 수행에 의해 도달하게 되는 이상적인 경지인 열반에 대해 설하고 있다.

163 대승보살의 수행방법과 방편을 서술하고 있는 무착無着의 저술로『보살지지론』, 『지지론』, 『보살계경』이라고도 한다. 경經이라는 이름이 붙어 있으나 본래는 논論으로, 원명은 『보디사트바부미Bodhisattva-bhumi』이다.

瑜伽論云, "此中若法大性, 乃至若時代性, 如是六種, 皆是圓證大性
之因. 圓證大性, 是前六種大性之果" 解云. 如是二種七種大性. 其數
雖同. 建立意別. 建立之意. 尋之可知. 釋大乘竟.

『유가론』에서는 "이 중에서 법대성에서 시대성까지의 여섯 가지는
모두 원만하게 증득한 대성(圓證大性)의 원인이고, 원증대성은 앞의
여섯 가지 대성의 결과이다"[164]라고 하였다. 이를 풀이하면, 이 같은
두 종류의 일곱 가지 대성은 비록 그 수는 같지만 그것을 세운 뜻은
다르니, 세운 뜻은 그 내용을 찾아보면(尋之) 알 것이니, 대승의 풀이는
여기서 마친다.[165]

言'起信'者. 依此論文, 起衆生信故 言'起信'. 信以決定謂爾之辭. 所謂
信理實有. 信修可得. 信修得時有無窮德. 此中信實有者, 是信體大.
信一切法不可得故. 卽信實有平等法界. 信可得者, 是信相大. 具性功
德熏衆生故. 卽信相熏必得歸原. 信有無窮功德用者, 是信用大. 無所
不爲故.

'기신起信'이라 말한 것은, 이『기신론』의 글로 말미암아(依) 중생들이
믿음을 일으키는 까닭에(故) '기신'이라 말한 것이다. 신信은 '중생이

---

164 대정장 제30권, 『유가사지론瑜伽師地論』, p.548하 24~27행.
165 대승이란 큰(大) 가르침乘이란 뜻으로, 대승을 의미하는 말로는 자성청정심,
불성, 진여, 여래 등등이 있지만, 『기신론』에서의 대승이란【論論-08】에서
우리 중생들의 마음인 '중생심衆生心'임을 밝히고 있다. 따라서 대승에 대한
찬탄은 중생심에 대한 찬탄인 것이다. 결국은 인간 존재의 존엄과 위대성에
대한 찬탄인 것이다.

부처'라는 사실에 분명한 태도나 마음을 정하는 것(決定)을 일컫는(謂)
그런(爾) 말(辭)이니, 소위 그러한 이치(理)가 실제로 있다고(實有)
믿으며, (그러한 이치에 따라) 닦으면(修) 부처가 될 수 있다(得)고
믿는 것을 말한다. (그러한 이치에 따라) 닦으면 부처가 될 수 있다고
(得) 믿을 때(時) (비로소) 무궁한 덕이 있는 것이다.[166] 이 중에서
이러한 진리가 실제로 있음을 믿는 것(信理實有)은 ①체대體大를 믿는
것이니, 일체의 법은 공空하므로 얻을 것도 없음을 믿는 까닭에 이는
곧 평등법계平等法界가 실제로 있음을 믿는 것이다. 닦아서 얻을 수
있음을 믿는 것은 ②상대相大를 믿는 것이니, 본성의 공덕을 갖추어(具)
중생을 훈습薰習[167]하는 까닭에 곧 서로 훈습하면 반드시(必) 마음의
근원으로 돌아감(歸)을 믿는 것이다. 무궁한 공덕의 작용이 있음을
믿는 것은 곧 ③용대用大를 믿는 것이니, 용대는 못하는 바가 없는
까닭이다.[168]

若人能起此三信者, 能入佛法生諸功德, 出諸魔境, 至無上道. 如經偈

---

[166] 이와 같은 믿음은 나무의 뿌리와 같다. 뿌리가 깊은 나무는 가지가 부러져도
다시 살아나오나, 뿌리가 뽑히면 다시 살아나지 못한다.
[167] 훈습薰習이란 생선을 묶은 새끼줄에는 비린내가 배고, 향香을 싼 종이에는
향내가 배듯, 외부의 자극에 의해 본래의 성질이 다른 것으로 변하는 것을
말한다. 새끼나 종이에 남아 있는 비린내나 향내를 습기라 한다. 습習은 '반복하
다, 익히다'의 의미로, 새끼 새가 날개(羽: 깃 우)짓을 반복하여 날아오르는
것을 익히는 것을 말한다.
[168] 여기는 체대, 상대, 용대의 삼대三大에 대한 개론으로 본론에서 일심一心,
이문二門에 이어 삼대三大에 대한 자세한 설명이 이어진다.

云, "信爲道元功德母. 增長一切諸善根. 除滅一切諸疑惑. 示現開發
無上道. 信能超出衆魔境. 示現無上解脫道. 一切功德不壞種. 出生無
上菩提樹"信有如是無量功德. 依論得發心. 故言起信.

만약 어떤 이가 능히 이 세 가지 믿음을 일으킨다면 능히 불법에 들어가
서 모든 공덕을 드러내고(生), 모든 마의 경계(魔境)에서 벗어나(出)
무상도無上道에 이를(至) 것이다. 이는 『화엄경華嚴經, 현수보살품』의
게송偈頌에서 "믿음은 도의 으뜸이요, 공덕의 어미(母)이다. 일체의
모든 선근善根을 증장하며, 일체의 모든 의혹을 없애서 무상도無上道를
찾아 드높이(開發) 나타내어 보여준다(示現). 믿음은 능히 모든(衆)
마경魔境을 벗어나 무상해탈도를 나타내어 보여준다(示現). 일체의
공덕은 무너지지(壞) 않은 씨앗(種)으로 무상보리수(최고의 깨달음)를
낳는다(出生)"[169]라고 말한 것과 같다. 믿음에는 이와 같은 무량한 공덕
이 있다. 이『기신론』에 의지해 발심하는 까닭에 기신이라고 말하는
것이다.

所言論者, 建立決了可軌文言. 判說甚深法相道理. 依決判義. 名之爲
論. 總而言之. 大乘是論之宗體, 起信是論之勝能, 體用合擧, 以題目
故 言大乘起信論.

『기신론』의 논論[170]이라 말하는 것은, 논주(論主: 마명보살) 스스로

---

169 대정장 제9권, 60권 『화엄경華嚴經』, p.433중 6~7행.
170 논(論: abhi-dharma)은 부처의 가르침에 대한 정리, 요약, 연구, 주석 등을
    일컫는 말로, '법(法: dharma)에 대하여(abhi)'라는 의미이다. 부파불교 당시의

확실하게 깨달아(決了) 궤범이 될 만한 글과 말(文言)들을 모아(建立) 깊고 깊은 법상(法相: 諸法)의 도리(道理: 이치)로 판단하여 설하는 것이니, (이렇게 해서) 결론 내리고 판단(決判)한 뜻(義)에 따라(依) 이름을 『기신론』이라 하는 것이다. 총괄하여 말하자면, 대승은 『기신론』의 종宗과 체體이며, 믿음을 일으키는 것(起信)은 『기신론』의 수승한 작용(勝能)이니, 근본 바탕과 작용(體. 用)을 함께 들어(合擧) 제목을 나타내는(標) 까닭에 『대승기신론』이라 말하는 것이다.[171]

각 교단은 자파의 우월성을 과시하는 교리와 계율을 연구, 정리한 방대한 논서論書를 작성하며 끊임없는 논쟁을 이어갔다. 부파불교를 아비달마불교라 하는 것도 여기에 연유한다. 이렇듯 논은 주장이나 논쟁의 의미를 갖는다. 『기신론』 역시 "중생들로 하여금(令) 의혹을 제거하고, 삿된 집착을 버리게 하겠다(爲欲令衆生 除疑捨邪執)"고 하여 의혹과 사집에 대한 논서임을 분명히 하고 있다.

따라서 『대승기신론』이라 하면 '대승(중생들 각자의 자기 자신)에 대한 올바른 이해와 믿음을 일으키는 논(論: 주장)'이라는 의미를 갖는다. 이하 『기신론』이라 표기한다.

171 『대승기신론大乘起信論』은 '대승(자기 자신)에 대한 올바른 믿음을 일으키는 논論'의 뜻으로 이해해야 할 것이다. 이를 위해서는 자신이 누구인지부터 알아야 할 것이다. '자신이 누구인가?', '어떻게 살아야 할 것인가?' 이를 고민하고, 깨닫고(覺), 그 깨달음을 몸소 보여준 분이 세존이시다. 세상에서 자기 자신을 깨닫는(自覺) 일보다 더 큰일은 없다. 우리들은 자기 자신이 누구인지, 무엇을 공부해야 하는지, 어떻게 살아야 하는지도 모른 채(不覺), 한평생 번뇌 속에서 망상妄想만 부리다가, 자신과 같은 유전자(자식)만 남기고 이 세상을 떠나간다. 이는 다른 생물들도 하는 행위이다. 공부를 하는 것은 다른 생물들과 달리 인간으로서의 사유와 자각을 위한 것이다.

『기신론』은 인간 자신에 대한 해체와 분석을 통한 자각을 채근하는 논서이다. 자신을 깨닫게 될 때, 이 세상에 자신보다 더 위대한 존재는 없다는 사실을

3. 『기신론』의 본문에 따라 뜻을 드러내다(顯義)

【소疏-00-05】

第三消文 文有三分. 初三行偈 歸敬述意. "論曰"以下 正立論體 最後一
頌 總結迴向. 初三偈中 卽有二意. 前之二頌 正歸三寶. 其後一偈 述造
論意.

세 번째[172] 본문(消文)[173]에는 세 부분의 글이 있다. 처음 세 줄의 게송은
삼보三寶에 대한 귀경歸敬과 논을 지은 뜻(意)을 서술하는 것이고,
"논왈論曰" 이하는 논의 골격(體)을 바로(正) 세우는 것이고, 맨 나중의

알게 될 것이다. 스스로 부처이기 때문이다. 자신의 위대함을 모르기 때문에
악행을 일삼으며 스스로 천박한 삶을 사는 것이다. 세상사람 모두가 자신의
위대함을 깨닫게 될 때, 이 세상은 위대함으로 가득 찰 것이다. 바로 불국토인
것이다.

『기신론』에서 반복되는 대승에 대한 설명이나 찬탄을, 자신에 대한 설명이나
찬탄으로 이해하면서 끝까지 읽다보면 분명 변화된 자신을 발견하게 될 것이다.
이렇게 변화하게 하는 것이 대승의 수승한 작용(勝能)이다. 원효대사는 이를
설하고 있다. "『논어論語』를 읽고 나서도 읽기 전과 다를 바가 없다면 『논어』를
읽지 않은 것(讀《論語》, 未讀時是此等人, 讀了後又只是此等人, 便是不曾讀)"이라
한다. 주자朱子의 『논어집주, 서설』에 나오는 정자程子의 말씀이다. 마찬가지로
『기신론』을 읽고 나서도 아무런 변화가 없다면 『기신론』을 잘못 읽은 것이다.

172 소疏에는 제일, 제이, 제삼 등의 번호가 많이 등장하는데, 이에 대한 주의를
요한다. 여기서 제삼이라 한 것은 【소疏00-01】에서 "첫째는 종체(宗, 體)를
밝히고, 둘째는 제명을 풀이하고, 셋째는 『기신론』의 본문을 풀이한다"고 한
세 부분 중의 세 번째(第三)에 해당한다.

173 한문에서 주석註釋에 대하여 본문을 일컫는 말은 소문素文이다. 신라시대에는
소문消文으로 통용된 것 같다. 본문은 『기신론』을 말한다.

게송은 총결하여 회향廻向하는 것이다.

처음 세 줄의 게송 가운데에는 두 가지의 뜻이 있으니, 앞의 두 게송은 바로 삼보三寶에 귀경하는 것이요, 그 뒤 한 게송은 『기신론』을 지은 뜻을 서술하는 것이다.

I

서분
—
序分

1. 귀경서歸敬序[174]

【논論-01】 삼보에 귀의함

歸命盡十方 最勝業偏知 色無礙自在 救世大悲者

及彼身體相 法性眞如海 無量功德藏 如實修行等

시방삼세[175]에 가장 뛰어난 일을 하시고(最勝業),[176] 두루 아시며(偏知),[177] 색신이 걸림이 없어 자재하시며,[178] 세간을 구제하시는 대비大悲[179]하신

---

174 신앙의 종지, 논술적 목적, 기신론을 저술한 목적을 설한 것.

175 논論에는 공간적인 시방(十方: 4방, 4간방, 상, 하)만 언급했으나, 대승에서의 부처님은 시공(時, 空)을 초월한 존재이므로 시간(과거·현재·미래)을 포함한 시방삼세十方三世로 이해함이 옳다.

176 중생의 행행行이나 불보살의 행행行 모두가 다 업業이다. 중생은 이기적인 자리自利 행을 하지만, 불보살은 중생구제의 이타利他행을 한다. 부처님은 삼륜三輪을 성취하신 분이므로 부처님의 업이 최고로 수승한 것이다. 그래서 '색무애자재' 하실 수 있는 것이다. 삼륜이란, 신업(身業: 천안통), 구업(口業: 천이통), 의업(意業: 타심통)을 말한다.

177 변지(偏知, 遍知) 또는 정변지正偏知는 두루 아는 부처님의 지혜(samyak-saṃ-buddha)를 뜻한다. 감산대사(憨山德淸, 1546~1622)는 『대승기신론직해大乘起信論直解』에서 "부처님은 법계중생들의 하고자 하는 바를 두루(遍) 알지 못함이 없기에 이를 변지遍知라 한다(法界衆生念樂欲無不盡知, 云遍也!)"고 하였다.
*편(偏, 遍): 두루, 널리, 두루 미칠 편. 우리말 표기로는 '편'이나 불경에서는 대부분 중국식 발음인 '변biàn'으로 읽는다.

분(佛寶), 그리고 그 몸(彼身)의 체상[180]인 법성[181]의 진여해[182]와 무량한

---

178 색色은 물질을 말하나 여기서의 색은 부처님의 육신을 말한다. 부처님도 우리와
　같은 육신(색신)을 가지고 있다. 우리가 살고 있는 세계는 색(물질)으로 구성되
　어 있으며, 중생들은 색에 막혀 꼼짝달싹도 못한다. 그러나 부처님의 육신은
　어디에도 걸림이 없어 자재하다. 그렇다면 어떻게 무애자재할 수 있는가?
　무엇에도 걸림(집착)이 없는 마음을 내는 까닭이다. 그러나 중생의 마음은
　보고, 듣고, 맛보는 등의 육진六塵의 지배를 받고 있기 때문에 탐·진·치 삼업三業
　을 짓는 것이다. 자재自在하지 못한 것이다.
　이를 대치對治하는 법으로『금강경, 장엄불토분 제십』에서는 '응무소주 이생기
　심應無所住而生其心'이라 했다. 그런 마음을『채근담』에서는 "대나무 그림자는
　섬돌을 쓸어도 먼지가 일지 않고, 달빛은 연못을 뚫어도 물에는 흔적이 없다(죽
　영소계진부동竹影掃階塵不動, 월륜천소수무흔月輪穿沼水無痕)"라고 했다.

179 자慈는 '어떻게 하면 중생을 기쁘게 할 수 있을까?' 하는 마음이며, 비悲는
　'어떻게 하면 중생을 고난에서 구제할 수 있을까?' 하는 마음이다.

180 피신체상彼身體相의 피신은 불신佛身을 말한다. 불신의 본체를 법신法身이라고
　하며, 법신으로부터 나오는 보신과 응신을 상相이라 한다. 부처란 진리를
　깨달은 존재를 말한다. 따라서 진리를 떠나서는 부처일 수 없으며, 그 진리가
　법法이며, 진리 그 자체가 바로 법신인 것이다. 법신을 체득한 것을 보신報身이라
　하며, 체득한 진리가 중생교화를 위해 세상에 출현한 것을 응신應身이라 한다.
　이를 의술에 비유하자면 ① 의학이나 의술 자체는 법신, ② 의학이나 의술을
　체득하여 면허를 얻은 의사는 보신, ③ 의사가 의학이나 의술을 응용하여
　환자를 치료하는 것은 응신으로 비유할 수 있다.(참조: 吳杲山,『大乘起信論講
　義』, 寶蓮閣, 1977)

181 법성法性은 우주 삼라만상의 모든 현상이 지니고 있는 진실 불변한 본성本性
　또는 실체, 당체當體, 본체本體를 말한다.
　감산대사는『대승기신론직해』에서 "진여법성은 일체만유의 변하지 않는 진체
　(眞體, 當體)이다. 이 법신이 유정有情의 존재에 머물면 불성佛性이 되고, 무정의
　사물에 머물면 법성이 된다(法性眞如 正指法體, 謂眞如法性卽法身眞體, 以此法身

공덕장[183](法寶), 여실히 수행하는[184] 분들께(僧寶)[185] 귀명歸命[186]합니다.

在有情爲佛性, 在無情爲法性)"라고 하였다.

182 법성法性을 표현함에, '바탕이 거짓이 없어 진실하고 참된(無虛妄)' 것을 진眞이라고 하며, 변하지 않고(不變) 한결같음(如常)을 여如라 하여 진여眞如이며, 그 무량무변함을 바다(海)에 비유하여 '진여해'라 한다. 거짓 없이 진실하고 참되다는 것은 그렇지 못한 것에 대한 상대적인 또는 초월적인 개념이 아니라 산하대지가 모두 '산은 산, 물은 물'로 드러나는 차별상 그대로의 모습이 진실하고 참되다는 것이며, 그것이 진리의 드러남이요, 진여의 만발滿發이요, 제법실상이다.

183 법신이 갖추고 있는 무량한 공덕을 무량공덕장無量功德藏이라 하였으며, 여기서 장藏이란 법의 창고라는 뜻으로 법장法藏, 즉 법보法寶와 같은 의미이다. 공덕은 중생을 구제하여 이롭게 하는 것을 말한다. 중생을 이롭게 함이 없다면 결코 공덕이 될 수 없는 것이다. 중생을 구제하고 베푸는 것은 모두 공덕이다. 공덕은 보시의 공능으로 쌓여진다. 공능은 지혜를 말한다. 자비는 지혜에서 나온다. 불교는 지혜의 종교이다. 자비는 지혜가 있음으로 있는 것이다. 원효대사는 '無量功德藏'을 승보僧寶로, 현수법장의 『대승기신론의기大乘起信論義記』와 감산대사의 『대승기신론직해大乘起信論直解』에서는 법보法寶로 해석하였다. 필자는 현수법장과 감산대사의 견해에 따랐다.

184 여법하고 알차게 수행한다는 뜻으로, 이는 정각을 이루겠다는 확고부동한 정신과 자세로 선정禪定을 닦으며, 안으로는 반야바라밀을 만족케 하는 보시, 지계, 인욕바라밀에 정진하는 것을 말한다. 즉 육바라밀을 올바르게(如實) 닦고(修) 실천(行)하는 것이 여실수행이다. 육바라밀 수행을 게을리 하지 않는 것을 '불방일不放逸'이라 하고, 이를 여실하게 실천하는 것을 '보살행菩薩行'이라 하며, 이를 여실하게 실천하는 사람을 '보살'이라 한다.

185 승보僧寶는 상가(saṅgha, 僧伽)를 기원으로 한다. 상가는 세존 당시의 육사외도를 포함한 사문(沙門: 출가자) 집단을 일컫는 말로 가나(gana)라고도 한다. 상가(saṅgha)는 본래 같은 목적을 위하여 조직된 단체나 집단을 일컫는 말로 승가僧伽, 의역하면 여러 사람의 무리를 뜻하는 중衆, 화합중和合衆의 의미를

갖는다. 불교의 출가자 집단 역시 상가로 불렸기 때문에 불교에서는 교단을 가리키는 말로 사용되었다. 불교에서의 교단(가나)은 대부분의 경우 중衆으로, 즉 상가 중衆의 여러 사람의 무리로 이해되었다.

불교 최초의 승가는 녹야원鹿野苑에서 교화한 다섯 비구와 세존을 포함한 6인의 아라한 집단으로 출발했다. 이어서 야사와 그의 친구 54명이 입단함으로써 61명으로 늘어났다.

『율장 대품』에 따르면, 오비구 중 제일 먼저 깨달은 교진여憍陳如가 세존에게 "저는 출가하여 구족계를 얻고자 합니다"라고 아뢰자, 세존은 "오라 비구여, 법은 잘 설해졌다. 바르게 고苦를 멸하기 위해서 범행梵行을 행하라"라고 대답했는데, 이것이 교진여에게는 구족계였다고 한다. 나머지 네 비구도 교진여와 같이 "오라 비구여……"의 구족계를 받고 비구가 되었으며, 교진여의 경우는 최초로 깨달았다는 의미의 아야阿若를 붙여 아야교진여阿若憍陳如라고 부르게 되었다. 이렇게 세존으로부터 "오라 비구여……"의 구족계를 받고 비구가 되는 것을 『오분율五分律』에서는 선래비구수구善來比丘受具 또는 선래수구라고 한다.

불교 최초기의 승가에서 제자들은 이 같은 선래수구, 즉 세존으로부터 직접 수구를 받았다. 수구의 방식으로는 지원자가 삭발하고 의발 등 비구에게 필요한 것을 갖춘 다음, 비구를 향하여 편단우견偏袒右肩으로 꿇어앉아 예의를 갖춰 삼귀의三歸依를 세 번 하도록 하였다. 삼귀의는 "①부처님께 귀의합니다, ②법에 귀의합니다, ③승가(스님이 아님)에 귀의합니다"라고 삼귀三歸 삼창三唱하는 것이다. 반면에 야사 비구의 아버지가 최초의 우바새(재가신도)로서 삼귀의를 할 때는 "저는 이제 세존과 법法과 승가(스님이 아님)에 귀의합니다. 세존이시여, 저를 우바새로 받아주십시오. 저의 목숨이 다하도록 귀의하겠습니다"라고 하여 삼귀三歸 일창一唱이었다.(참조: 사토우 미츠오, 김호성 옮김, 『초기불교 교단과 계율』, 민족사, 1991)

186 귀명歸命은 ① 귀의歸依, 계수稽首의 뜻으로, 범어로는 namas 또는 namo이며, 음역하면 나무南無, 남모南謨가 된다. 계수는 '공경하여 예를 올린다. 예경한다. 머리 숙여 절한다'의 뜻으로, 몸을 굽혀 이마가 땅(발등)에 닿도록 절을 하는

인도식 예법이며, 귀명이나 귀의는 몸과 마음을 바쳐 돌아가 의지하는 것을
말한다. 불佛은 생명 또는 생명의 자리를 말한다. 따라서 부처님께 귀명한다
함은 본래의 생명 자리로, 즉 본래의 자성청정한 자기 자신(本來面目)으로
돌아간다는 주체적 자각을 의미한다. 그 본래면목이『기신론』에서 말하는
심원心源이며,『원각경, 보현보살장』에서 말하는 원각圓覺인 것이다. 몸(身)과
마음(心)과 세계世界는 모두 원각에서 나왔다는 것이다. 그래서 나온 그곳(원각)
으로 돌아가려는 것이다. 그런데 힘들게 돌아가고 보니, 나(我)는 그 자리에서
떠나온 적도 없고, 망상 속에서 어디로 돌아간다고 분주했을 뿐이지, 본래부터
나(佛)는 그 자리에 있었던 것이다. 이를 의상대사는「법성게」에서 "제법부동본
래적諸法不動本來寂, 구래부동명위불舊來不動名爲佛"이라 했다. 이는 대승불교
에서의 현학적顯學的 설명이다.

②『대반열반경』에서의 부처님 유훈遺訓을 들어보자. "아난다야! 너희들 비구
는 자신을 의지처로 하고, 자신에게 귀의할 것이며, 타인을 귀의처로 하지
마라(自燈明自歸依)!"고 하였다. 인간은 누구나, 자기가 자신의 피난처(의지처:
refuge)일 뿐, 자신을 낳아준 부모도 자신의 피난처나 의지처가 될 수 없다.
또한 인간은 스스로 위대한 존재다. 세상에 인간의 운명을 가르거나 심판할
절대적인 존재나 신은 없다. 그러기에 세존은 "스스로 노력하고 심성心性을
계발하여, 자기 속박(苦)으로부터 벗어날 것"을 설했던 것이다. 그렇다면 어떻
게 자기 속박으로부터 벗어날 것인가의 문제가 남는다. 그래서 "진리(法)를
의지처로 하고, 진리에 귀의할 것이며, 다른 것에 의지하지 마라(法燈明法歸依)"
고 당부하셨던 것이다.

우리가 돌아가 의지할(歸依) 곳은 '자기 속박(苦)으로부터 벗어난 곳'이며,
그곳이 바로 영원한 피난처이자 의지처인 열반이며, 해탈이며, 심원心源인
것이다. 세존의 위대함이란, 심원에 이르는 길을 몸소 발견하여 열어(開),
보여주고(示), 중생들로 하여금 깨달아(悟), 심원에 들게(入) 한 것이다. 개시開
示가 "자귀의자등명"이라면, 오입悟入은 "법등명법귀의"인 것이다.

삼보三寶에 귀의歸依한다는 것 또한 수행의 차원에서 보면, 스스로(佛寶), 진리
(法)에 의지해(法寶), 도반들(僧寶)과 함께 피난처(의지처)인 심원心源으로 돌아

【소疏-01】

初歸敬中有二. "歸命"二字. 是能歸相. "盡十方"下, 顯所歸德. 能歸相
者. 敬順義是"歸"義. 趣向義是"歸"義. "命"謂命根, 總御諸根. 一身之
要, 唯命爲主. 萬生所重. 莫是爲先. 擧此無二之命. 以奉無上之尊.
表信心極. 故言"歸命." 又復"歸命"者還源義. 所以者, 衆生六根, 從一
心起, 而背自原, 馳散六塵. 今擧命總攝六情, 還歸其本一心之原, 故
曰"歸命", 所歸一心, 卽是三寶故也.

먼저 귀경歸敬에는 두 가지가 있으니, "귀명歸命" 두 자는 능히 돌아가는
(能歸) 모습(相)이요, "진시방盡十方" 이하는 돌아가는 곳(所歸), 즉
삼보의 덕을 나타내는 것이다. 능귀能歸의 모습(相)이란, 공경하여
따른다는 뜻이 "귀歸"의 뜻이며, 향하여 나아가는(趣向) 뜻이 "귀歸"의
뜻이다. 목숨(命)은 생명의 근본(命根)을 말하니, (이 목숨이) 몸의
모든 기관을 다스린다(總御). 한 몸의 요체로 오직 목숨만이 주主가
되며, 모든 살아 있는 것들이 목숨보다 더 중하게 여기는 것은 없다.
이 둘도 없는 목숨(命)을 바쳐(擧) 무상無上의 존귀함을 받드는(奉)
신심의 지극함을 나타내는(表) 까닭에 "귀명"이라 하는 것이다. 또한
"귀명"이란 생명의 근원으로 돌아간다는 뜻이다. 왜냐하면 중생의 육근
六根[187]은 일심一心에서 나왔음에도(起) 자기 근원인 일심을 등지고(背)

가는 것을 말한다. 심원이 바로 불법승 삼보를 아우르는(攝) 일심一心인 것이다.
승보의 해석을 두고 스님이 맞다느니 승가(僧伽)가 맞다느니 하는 논란은
참으로 무의미한 소승적, 소모적 발상인 것이다.

187 육근六根은 육식六識을 낳는 여섯 가지 근根으로, 안眼, 이耳, 비鼻, 설舌, 신身,
의意의 총칭이다.

밖으로 내달려(馳) 육진六塵[188]으로 흩어지는데, 이제 목숨을 바쳐 육정
六情[189]을 총섭總攝[190]하여 그 본래의 근원인 일심으로 다시(還) 돌아가는
까닭에 "귀명"이라 하는 것이며, 돌아가는 곳(所歸)인 일심이란 곧
삼보三寶이기 때문이다.

"盡十方"下, 顯所歸德. 此中應說三寶之義. 義如別說. 今且消文. 文中
有三. 謂佛法僧. 寶之內亦有三意. 先歎心德. 次歎色德. 第三句者,
舉人結歎, 歎心德中, 歎用及體.

"진시방盡十方" 이하는 돌아갈 곳(所歸)의 덕德을 나타냈으니, 이 중에
서 마땅히 삼보의 뜻을 설해야 하나, 그 뜻은 아래에서 따로(別) 설하기
로 하고, 이제 다시 본문(消文)으로 돌아가, 글 중에 세 가지가 있다
함은 불佛, 법法, 승僧을 말한다. 불보佛寶에도 또한 세 가지 뜻이
있으니, ①먼저 부처님의 심덕心德을 찬탄하고,[191] ②다음은 부처님의
색덕色德을 찬탄하며,[192] ③마지막은 인간적의 모습[193]을 들어 찬탄을

---

188 육진六塵은 중생들의 마음을 오염시키는 색色, 성聲, 향香, 미味, 촉觸, 법法의
여섯 가지 경계(六境)를 말하며, 진塵은 경계, 누루와 같은 뜻이다.

189 안眼, 이耳, 비鼻, 설舌, 신身, 의意의 육근六根과 색色, 성聲, 향香, 미味, 촉觸,
법法의 육진六塵이 총섭의 대상이다. 육진이 경계가 되어 중생의 마음을 어지럽
히기 때문이다.

190 총섭總攝은 '전체를 모아 아우르고 추슬러서 하나로 되게 하다'의 뜻이다.

191 첫 번째 찬탄인 부처님의 심덕心德이란, 깨달으신 분(붓다, 覺者)으로 모든
일에 두루 알며, '중생구제'라는 가장 수승한 업(최승업)을 행하는 마음씨를
말한다.

192 두 번째 찬탄인 부처님의 색덕色德이란, 부처님의 육신은 어디에도 걸림이

끝맺었다. 심덕을 찬탄하는 중에 용用과 체體를 찬탄하였다.

初言"盡十方最勝業"者, 是歎業用. 謂現八相等化衆生業. 盡十方界.
徧三世際. 隨諸可化, 作諸佛事. 故言"盡十方最勝業." 如對法論云,
"業大性者, 窮生死際, 示現一切成菩提等, 建立廣大諸佛事故"彼擧
三世. 此顯十方也.

처음에 "시방삼세(盡十方)에 가장 수승한 업"이라고 말한 것은 업의
작용을 찬탄하는 것이니, 여덟 가지 모습(八相)[194]들을 나타내어(現)
중생을 교화하는 업을 이르는(謂) 것이다. 시방세계(十方界)에 다하고
(盡), 삼세三世에 두루하여, 온갖 교화를 위한 방편[195]으로(隨) 중생을

───────────

없어 자재自在한 것을 말한다.

193 세 번째 찬탄인 부처님의 인간적인 모습을 들어 찬탄하자면, 모든 일을 두루
알며, 가장 수승한 업, 즉 '중생구제'를 행하는 대자비한 분인 것이다.

194 세존의 생애를 여덟 기간으로 나눈 것을 팔상시현(八相示現: 여덟 가지 모습으로
나타내 보여줌) 또는 팔상성도八相成道라고도 한다. 사찰에 가면 주로 대웅전
외벽에 그려놓은 것을 볼 수 있다. ①도솔래의상兜率來儀相: 도솔천兜率天에서
세상으로 내려오는 모습, ②비람강생상毘藍降生相: 룸비니 동산에서 탄생하는
모습, ③사문유관상四門遊觀相: 동서남북 4문으로 나가 세상을 관찰하는 모습,
④유성출가상踰城出家相: 성을 넘어 출가하는 모습, ⑤설산수도상雪山修道相:
설산에서 수도하는 모습, ⑥수하항마상樹下降魔相: 보리수 아래에서 악마의
항복을 받는 모습, ⑦녹원전법상鹿苑轉法相: 녹야원에서 최초로 설법하는 모습,
⑧쌍림열반상雙林涅槃相: 사라쌍수沙羅雙樹 아래에서 열반에 드는 모습.

195 세존께서 설법하실 때는 다양한 비유를 들어 설하시며, 상대에 따라 시의적절하
고, 듣는 사람의 이해 수준과 성격에 맞춰 각기 다른 방식을 취했는데 이를
대기설법對機說法 또는 수기설법隨機說法이라고 한다. 대기설법은 『유마경』에

구제하시니(佛事) "시방삼세에 가장 수승한 업"이라고 말한 것이다.
이는 『대법론對法論』에서 "업이 크다는 특성(業大性)이란 생사가 다하
도록 그간 성취한 일체의 진리(菩提) 등을 드러내 보여주고(示現),
광대한 모든 불사佛事를 다 이루는(建立) 까닭이다"[196]라고 말한 것과
같으니, 대법론(彼)에서는 삼세三世라 하여 시時를, 기신론(此)에서는
시방十方이라 하여 공空을 드러내었다.

言"徧智"者, 是歎智體. 所以業用周於十方者, 由其智體無所不徧故
也. 智體周徧, 故言徧智. 如攝論云, "猶如虛空, 徧一切色際, 無生住
滅變異. 如來智亦爾. 徧一切所知. 無倒無變異故"歎心德竟.

"두루 안다(徧智)"라 함은 지체智體를 찬탄하는 것이다. 부처님의 업용
業用이 시방삼세에 두루하는 까닭은(所以), 그 지체가 두루하지 않은

나오는 말로 부처님의 설법은 모두 대기설법이라고 할 수 있다. 실제로 부처님
은 대승경전의 내용과는 달리 어떤 주제를 정해놓고 수백, 수천 명을 대상으로
하는 대중 교설은 하지 않으셨다.
『법화경, 약초유품』에는 "여래는 중생들의 근기가 영리한가 우둔한가, 정진하
는가 게으른가를 관觀하여, 그들이 감당할 만한 수준에 맞춰 법을 설하심이
종종무량(種種無量: 설하는 종류와 방법이 헤아릴 수 없이 많아)하여 모두가
환희하여 기꺼이(快) 좋은 이익을 얻게 하셨느니라"라는 부처님 스스로의
설명이 있다.
이렇듯 중생들의 근기(수준)에 맞게 가르침을 펴시는 부처님 말씀이 방편이다.
유감스럽게도 중생들은 방편만 붙잡고 알음알이를 낼 뿐 부처님 가르침의
정수는 듣지 못했다. 그 정수를 듣고자 수행을 하며, 그 방법을 찾고자 『기신론』
을 공부하는 것이다.
196 대정장 제31권, 『대승아비달마잡집론』, p.744상 6~7행.

(不偏) 곳이 없는 때문이며,[197] 지체智體가 널리周 두루偏하는 까닭에 변지偏智라 말한 것이다. 이는『섭대승론攝大乘論』에서 "마치 허공이 일체의 물질세계(色際)에 두루(偏)하여 생生, 주住, 멸滅의 변이가 없는 것처럼, 여래如來의 지혜도 또한 그러하여(爾), 일체의 알아야 할 곳에 두루하여, 거슬리는(倒) 것도 없고, 잘못되는(變異) 것도 없는 까닭이다"[198]라고 말한 것과 같다. 심덕에 대해 찬탄함을 마친다.

次歎色德, 於中亦二. "色無礙"者, 歎色體妙. 言"自在"者, 歎色用勝. 初言"色體"者. 如來色身, 萬行所成, 及不思議薰習所成. 雖有妙色, 而無障碍. 一相一好無際無限. 故言導"色無碍." 如華嚴經言, "求空邊際猶可得. 佛一毛孔無崖限. 佛德如是不議. 是名如來淨知見故." 雖無質碍, 而有方所示現之義. 故得名色而無碍也.

다음에는 색덕色德을 찬탄함이니, 여기에도 두 가지가 있다. "색이 걸림이 없다"라는 것은 색체의 신묘함을 찬탄하는 것이요, "자재하다"는 것은 색의 작용이 수승함을 찬탄하는 것이다. 먼저 "색체色體"라 말한 것은, 여래의 색신色身이 만 가지 덕행(萬行)으로 이루어진 것이며, 또한 불가사의不可思議[199]한 훈습으로 이루어진 것이어서, 비록

---

197 널리 두루 모르는 바가 없이 아는 지혜.

198 대정장 제31권,『섭대승론』, p.196하 23~25행.

199 경전에 나타나는 수數의 이해.

  ①조兆: 영어로는 Trillion, 인간이 사용하는 최고의 수로 1×0이 12개나 붙는다.

  ②극極: 1×0이 39개이다.

  ③항하사恒河沙: 1×0이 42개. 인도 갠지스 강의 모래알 수.

신묘한 색이 있다 할지라도 장애될 것이 없어, 32상相 80종호種好[200]가

---

④ 아승기阿僧祇: 1×0이 45개.

⑤ 나유타那由他: 1×0이 48개.

⑥ 불가사의不可思議: 1×0이 51개.

⑦ 무량수無量數: 1×0이 54개로 무량無量은 너무 많아 셀 수 없다는 뜻.

[200] 부처님의 모습(佛像)을 보면 우리 중생들의 모습과는 다름을 알 수 있다. 대부분의 책자나 법문에서는 그 다른 모습을 32상 80종호로 설하고 있다. 대승의 가르침엔 "중생이 부처"라는데 어째서 우리의 몸은 불상과 다른가? 부처님의 모습(몸)은 원래부터 중생들과 다른 32상 80종호가 아니었다. 부처님도 처음에는 우리와 같은 불성佛性을 가진 중생(인간)의 몸이었다. 그 불성이 출가하여 고행(수행)을 하면서 인류 최초의 보살이 되었고, 보리수 아래에서 성도成道함으로써 32상, 80종호를 갖춘 인류 최초의 불신佛身이 되었던 것이다. 이는 불성의 만발滿發이자,『대반열반경, 사자후보살품』에서 설하는 "일체중생 실유불성一切衆生悉有佛性"의 시현示現이었던 것이다.

32상, 80종호의 불신佛身은 수행의 결과로 나타난 몸의 변화일 뿐, 부처님에게만 나타나는 기적이 아니다. 부처님에게만 나타나는 기적이라면 "중생이 부처"라는 말은 거짓이 되며, 그런 부처님은 필요 없는 것이다.

그것이 기적이라면 우리에게도 일어날 것이며, 나타나야 하는 것이다. 이러한 신념이 기신起信이다. 이를『능가경』이나『능엄경』에서 "여래장이 32상으로 전轉하여 중생의 몸속으로 들어간다(如來藏 轉三十二相 入一切衆生身中)"라고 하였다. 그래서 우리는 우리와 다른 모습의 불상 앞에서 예경禮敬을 한다. 그런 모습의 부처님을 닮고(보살), 구경究竟에는 그런 모습의 부처가 되기 위해서다. 이를『법화경, 방편품』에서는 개시오입開示悟入이자, 일대사인연一大事因緣이라 했다. 이것 말고 무엇으로 "우리 중생도 수행을 하면 누구나 32상, 80종호의 부처가 된다"는 이치를 설명하겠는가?

그러나 한편으로는 부처님의 지신智身이나 법신法身에는 이러한 형체가 없음을 알아야 한다.『금강경, 법신비상분 26』에서 "만약 색신色身으로써 나를 보거나 (見) 음성으로써 나를 구한다면, 이 사람은 사도邪道를 행함이니, 능히 여래를

시공에 제한이 없을 만큼(無際) 무한한 까닭에 "색이 걸림이 없다"라고 말한(言導) 것이다. 이는 『화엄경』에서 "허공 끝(邊際)을 찾는 것은 오히려(猶) 가능할 수 있으나, 부처님의 한 터럭 구멍의 끝은 한계가 없어 찾을 수 없다. 부처님의 덕은 이와 같이 불가사의하며, 이것이 여래의 깨끗한 지견知見이라 이름한 까닭이다"[201]라고 말한 것과 같다. 비록 바탕(質)에 걸림(碍)이 없을 지라도, 어떤 방향이나 장소(方所)[202] 에도 나타내 보이는 뜻이 있는 까닭에 색色에 걸림이 없다고 이름한 것이다.

言"自在"者, 歎其色用. 謂五根互用, 十身相作等, 故言"色自在." 五根 互用者, 如涅槃經八自在中說. 十身相作者, 如華嚴經十地品說. 歎色 德竟.

자재自在"라 함은 그 색의 작용을 찬탄하는 것으로, 오근五根이 서로 작용하고, 십신十身[203]이 서로 작용하는 것 등을 말하는 까닭에 "색이 자재하다(色自在)"라고 말한 것이다. 오근이 서로 작용한다는 것은 『열반경』의 팔자재八自在[204] 중에서 설한 것과 같고,[205] 십신이 서로

보지 못하리라(若以色見我 以音聲求我 是人行邪道 不能見如來)"라고 하였으니, 진여법신에는 모양과 소리가 없음(空)을 밝힌 것이다.

201 대정장 제9권, 60권 『화엄경』, p.400상 17~18행.

202 "진시방盡十方"과 같은 의미이다.

203 불보살의 몸을 그 공덕에 의해 찬탄하는 10가지로 중생신, 국토신, 업보신, 성문신, 독각신, 보살신, 여래신, 지신, 법신, 허공신 등이 있다.

204 자재自在란 마음에 속박이나 무엇에 얽매이지 않아 자유로운 것이다. 대자재大 自在란 무슨 일이든 마음대로 할 수 있는 자재함(功德)을 말하나, 부처님의

작용한다는 것은 『화엄경, 십지품十地品』[206]에서 설한 것과 같다. 색덕에 대해 찬탄함을 마친다.

"救世大悲者"者, 是第三句擧人結歎. 佛猶大長者. 以衆生爲子. 入三界火宅. 救諸焚燒苦. 故言"救世." 救世之德, 正是大悲. 無綠之悲, 諸悲中勝. 故言"大悲." 佛地所有萬德之中, 如來唯用大悲爲力. 故偏擧之, 以顯佛人. 如增一阿含云, "凡聖之力有其六種, 何等爲六, 小兒以啼爲力. 欲有所說, 要當先啼. 女人以瞋恚爲力, 依瞋恚已, 然後所說. 沙門婆羅門, 以忍爲力. 常念下於人, 然後自陣. 國王憍慢爲力. 以此豪勢而自陣說. 阿羅漢以專精爲力, 而自陣說. 諸佛世尊以大悲爲力. 弘益衆生故"是知諸佛偏以大悲爲力. 故將表人名"大悲者." 以來三句歎佛寶竟.

"중생을 구제하시는 대비자"란 세 번째 구절의 인간적인 모습을 들어(擧

대자재는 모두 중생제도를 위한 것이다. 이와 같은 부처님의 자재한 공능을 『열반경』에서는 8가지(八大自在我)로 설하고 있다. ① 한 몸으로 수많은 몸을 시현示現한다(能示一身爲多身). ② 한 티끌의 몸을 시현하여 삼천대천세계에 가득 채운다(示一塵身滿大千界). ③ 큰 몸을 가볍게 들어 멀리까지 이른다(大身輕擧遠到). ④ 한 국토에 무량한 종류의 몸을 나타내어 항상 머무른다(現無量類常居一土). ⑤ 눈, 귀, 코, 혀, 몸 모든 감관이 자재하다(諸根互用). ⑥ 일체의 법을 얻었으나 상相이 없다(得一切無得想). ⑦ 한 게송의 뜻을 설하여도 무량한 겁이 지나도록 그 뜻이 다하지 않는다(說一偈義經無量劫). ⑧ 몸이 모든 곳에 두루하여 허공과 같다(身遍諸處猶如虛空).

205 대정장 제12권, 『대반열반경』, p.503상 4~5행.
206 대정장 제9권, 60권 『화엄경』, p.565상 17~27행.

人)[207] 찬탄을 끝맺은 것이다. 부처님은 대장자大長者와 같아 중생을 자식으로 여기는지라, 삼계三界의 화택火宅에 들어(入) 불에 태워지는 고통을 겪는 중생들을 구제하는 까닭에 "구세救世"[208]라 하였으니, 이 구세의 덕이 바로(正) 대비大悲인 것이다. 무연자비無緣慈悲[209]는 모든 자비 중에 가장 수승한 까닭에 "대비"라 하였으며, 부처님의 마음(佛地) 에 지닌 만 가지 덕德 중에 여래는 오직 대비의 힘(力)만 사용하는 까닭에 두루(偏)한 대비를 들어 부처님의 인간적인 모습을 드러내었다. 이는 『증일아함경增一阿含經』에서 "범인과 성인의 힘에 여섯 가지가 있으니, 무엇이 여섯인가? ①어린 아이는 우는(啼) 것으로 힘을 삼기 (爲力) 때문에 말하고자 하는 것이 있으면 반드시 먼저 울 것이고, ②여인은 화내는 것으로 힘을 삼기 때문에 화를 낸 후에 말하고, ③사문과 바라문은 참는(忍) 것으로 힘을 삼기 때문에, 항상 다른 사람보다(於人) 아래에(下) 있다고 생각한 뒤에 스스로 말하고(陣), ④국왕은 교만으로 힘을 삼기 때문에, 이런 위세를 부리며 스스로 말하고, ⑤아라한은 오로지(專) 정진으로 힘을 삼아 스스로 말하며, ⑥제불세존은 대비로써 힘을 삼아 널리 중생에게 이익을 주는 까닭이 다"[210]라고 한 것과 같다. 모든 부처님은 오직 대비로써 힘을 삼는 까닭에 부처님이 어떤 사람인가(人)를 드러내려(表) 함에 "대비한 분 (大悲者)"이라고 이름(名)한 것임을 알아야 한다. 위에서의 세 구절로

---

207 세 번째 찬탄인 '중생을 구제하는 대비자'를 말한다.
208 『법화경, 제삼 비유품』의 '삼거화택(三車火宅: 三界火宅)'에 나오는 이야기다.
209 나와 아무런 인연도 없는 사람에게도 베푸는 자타自他를 떠난 자비를 말한다.
210 대정장 제2권, 『증일아함경』, p.717중 14~21행.

불보佛寶를 찬탄하여 마친다.

此下二句, 次顯法寶. "及彼身體相"者. 爲前所說如來之身. 卽是報佛.
正用法界以爲自體. 故言"彼身之體相"也. 此是擧佛而取其法.

이 아래 두 구절은 그 다음 법보法寶를 드러낸 것이다. "급피신체상及彼
身體相"이란 앞에서 말한 여래의 몸이 바로 보신불報身佛임을 설하는
것이니, 바로 법계法界를 자기 몸으로 삼는 까닭에 "저 몸의 체상"이라고
말한 것이다. 이는 부처를 들어(擧) 그 법을 취한 것이다.

下句正出法寶體相. 言"法性"者, 所謂涅槃. 法之本性, 故名法性. 如智
度論云, "法名涅槃. 無戲論法. 性名本分種. 如黃石金性, 白石銀性.
如是一切法中有涅槃性, 故言法性"

아래 구절(法性眞如海)은 바로(正) 법보法寶의 체상體相을 드러낸(出)
것이다. "법성法性"이라 함은 소위 열반을 이르는 것이니, (열반은)
법의 본성인 까닭에 법성이라 이름하는 것이다. 『지도론智度論』에서
"법은 열반을 이름하니, 희론戱論[211]이 없는 법法이며, 성성은 사물(種)
마다 가지고 있는 성질(本分)을 말하는데, 누런 돌에는 금의 성질이
있고, 흰 돌에는 은의 성질이 있는 것과 같다. 이와 같이 일체의 부처님

---

211 정법에 어긋나게 농담 삼아 제멋대로 논하는 것. 희론(戱論, prapañca)은
『법화경』에도 등장하고, 용수龍樹의 『중론中論』에도 등장하는 개념으로, 대상
을 분별해서 언어로 표현하거나 의미를 부여하는 지적知的 작용을 말하나,
보통 어떤 것에 대해 본래의 취지나 요점을 벗어난, 아무 쓸모없는 논쟁을
하는 것을 낮추어 부르는 말이다.

법에는 열반의 성질이 있는 까닭에 법성이라고 말한 것"[212]과 같다.

言"眞如"者. 無遺曰"眞." 無立曰"如." 如下文云, "此眞如體無有可遺. 以一切法悉皆眞故. 亦無可立. 以一切法皆同如故. 當知一切法不可 說不可念, 故名爲眞如"

"진여眞如"라 함은 버릴(遺) 것이 없음을 진眞이라고 하고, 세울 것이 없음을 여如라 한다. 아래 글에서 "이 진여의 체는 버릴(遺) 것이 없으니 일체법이 다(悉皆) 참된 까닭이며, 또한 (달리) 세울 것이 없으니, 일체법이 다(皆) 같이(同) 같기(如) 때문이다. (따라서) 마땅히 일체법 은 설할 수 없고, 생각할 수도 없는 까닭에 이름을 진여라 하는 것을 알아야 한다"[213]라고 말한 것과 같다.

所言"海"者, 寄喩顯法. 略而說之, 海有四義. 一者甚深, 二者廣大, 三者百寶無窮, 四者萬像影現. 眞如大海當知亦爾. 永絶百非故, 苞容 萬物故, 無德不備故, 無像不現故. 故言"法性眞如海"也. 如華嚴經言, "譬如深大海, 珍寶不可盡. 於中悉顯現, 衆生形類相. 甚深因綠海, 功德寶無盡. 清淨法身中. 無像而不現故. 歎法寶竟.

"바다(海)"라 함은 비유하여 법을 드러낸 것이다. 이(之)를 간략히 설하자면, 바다에는 네 가지 뜻이 있으니, 첫째는 매우 깊음이요, 둘째는 광대함이요, 셋째는 온갖 보배가 다함이 없음이요(無窮), 넷째

212 대정장 제25권, 『대지도론』, p.298중 19~21행.
213 【논論-12】 참조.

는 온갖 형상이 비치어(影: 그림자) 나타남(現)이다. 진여의 대해大海 또한 그러함을 알아야 한다(當知). 왜냐하면 모든 잘잘못(百非)이 영원히 끊어지는 까닭이며, 만물을 포용하는 까닭이며, 온갖 덕을 갖추지 않음이 없는 까닭이며, 나타내지 않는 상(모습)이 없는 까닭에 "법성진여해法性眞如海"라 말하는 것이다. 『화엄경』에서 "비유하면 깊고(深) 큰 바다(大海)에 진귀한 보배가 다함이 없는데, 그 중에 중생들의 갖가지 모습(形類相)을 모두 나타내고, 깊고 깊은(甚深) 인연의 바다에는 공덕의 보배가 다함이 없고, 청정한 법신 중에는 어떤 형상이든 나타내지 않음이 없는 것과 같은 까닭이다"[214]라고 말한 것과 같다. 법보法寶의 찬탄을 마친다.

此下二句歎其僧寶. 言無量功德藏者, 擧德取人. 謂地上菩薩, 隨修一行, 萬行集成. 其一一行皆等法界, 無有限量. 積功所得, 以之故. 言無量功德. 如是功德 總屬菩薩. 人能攝得, 故名爲"藏."

아래 두 구절은 승보僧寶를 찬탄한 것이다. "무량공덕장無量功德藏"이란 말은 덕을 들어(擧) 사람을 취하는 것이니, 지상보살[215]이 한 가지 행行을 닦음에 따라(隨) 만 가지 행이 모여 덕德을 이루는 것을 말한다. 그 하나하나의 행 모두가 법계와 같아(等) 무량한[216] 공이 쌓이고 쌓여

---

214 대정장 제9권, 60권 『화엄경』, p.788상 4~7행.

215 『화엄경』 52수행계위(십신, 십주, 십행, 십회향, 십지, 등각, 묘각) 중 십지十地의 위位에 이른 보살. 즉 초지初地보살부터 지상보살地上菩薩이라 한다. 초지는 환희지로서 등지登地보살이라고도 한다. 십주, 십행, 십회향의 위를 삼현三賢이라 하며, 지전보살地前菩薩로 칭한다.

(積) 덕을 이루는 까닭에 "무량공덕"이라 말하는 것이다. 이와 같은
공덕은 모두(總) 보살[217]들에 속하며, 보살들(人)은 능히 무량공덕을

216 흔히 "무량無量"을 "한량없는"으로 한역韓譯하는데, 이는 분명 잘못이다. 무량을
풀이하자면 '이루 다 헤아릴 수 없을 정도로 많다'는 뜻으로, 그냥 '무량'으로
사용하는 것이 좋다. 왜 무량수전無量壽殿이나 무량의경無量義經을 '무한량수전
(한량없는 수전)'이나 '무한량의경(한량없는 의경)'으로 부르지 않는가? '한정
된 분량'이라는 뜻을 가진 '한량限量'이라는 단어가 있고, '한량(이)없는'의 뜻을
가진 '무한량無限量' 또는 '무유한량無有限量'이라는 단어가 따로 있기 때문이다.
'무량'과 '무한량'은 분명 의미나 뉘앙스가 다르다. 따라서 무량無量은 '무량한'으
로 옮기는 것이 맞다. '한량없는'으로 옮기는 것은 분명 잘못된 것이다.
217 범어 Bhodhisattva-Mahāsattva의 음사. ① 보살(Bhodhisattva)과 마하살
(Mahāsattva)이 결합된 말이다. 보살은 대승불교의 이상적인 인간상으로
보디(Bhodhi: 菩提, 깨달음)와 삿트바(Sattva: 유정, 중생)의 합성어로 깨달음
과 중생의 두 가지 의미를 갖는다. 그래서 각유정(覺有情: 깨달은 중생) 또는
도중생(道衆生: 도과를 구하는 중생)이라 번역하며, 마하는 크다(大)의 뜻이므
로 마하살은 대보살大菩薩의 뜻으로 대중생大衆生 혹은 대유정大有情을 말한
다. 또한 보살의 많은 계위階位 중 10지地 이상의 보살을 구분하기 위해서
마하살(대보살)이라 한다. 그러나 이름(名)과 모양(相)을 떠난 공空, 무아無我
가 부처님의 근본 가르침임을 상기하면 이렇게 이름을 짓고 분별하는 것이
무의미하나, 사찰에서 노장 스님을 큰스님 또는 대덕大德이라 하여 예우하는
것과 같은 것으로 이해하면 되겠다.
② 중생교화(이타행)를 표방하는 대승에는 수많은 불보살이 등장한다. 진리를
깨달은 사람, 즉 깨달음을 얻은 성자를 붓다(Buddha, 佛陀)라 하며, 스스로
'깨달음을 추구하며(구도자), 중생들을 깨달음으로 이끄는 사람을 보살이라
한다. 따라서 보살이란 '위로는 깨달음을 구하고, 아래로는 중생을 깨닫게
하는 '상구보리 하화중생上求菩提 下化衆生'의 이념에 사는 사람이다. 하지만
아무리 깨달음을 얻고자 발심을 하였다 할지라도 이타행의 실천이 없다면
소승의 아라한일 뿐 대승의 보살은 아닌 것이다. 용수龍樹는 『십주비바사론』에

서 '무상도無上道를 향해 발심하는 것을 보살'이라고 정의했다. 무상도란 '상구보리 하화중생'의 수행과 실천을 말하며, 이를 실천하는 비구는 비구보살, 비구니는 비구니보살, 우바이는 우바이보살, 우바새는 우바새보살, 사미는 사미보살, 사미니는 사미니보살이며, 이처럼 대승에서의 보살은 남녀노소 승속僧俗의 구분이 없으며, 무상도를 향해 발심 수행하는 한 누구나 보살인 것이다. 최초의 보살인 세존께서도 부다가야의 보리수 아래에서 깨달음을 얻기 전에는 보살이었으며, 불멸 후 56억 7천만 년 후에 출현한다는 미래불(미륵불) 역시 아직 도솔천에서 수행 중에 있으므로 미륵불이 아닌 미륵보살인 것이다. 이렇듯 성도 전의 세존뿐만 아니라, 미륵보살을 포함해 깨달음을 얻기 전에는 모두가 보살인 것이다. 그러나 대승경전에 등장하는 보살들은 수 겁에 걸쳐 이타행利他行의 수행, 공덕을 쌓아 이미 성불의 경지에 이른 보살로서 우리와 같은 범부보살들에게 그들과 같은 수행, 공덕을 쌓아 성불의 길로 나아가길 채근採根하고 인도하는 보살들이다. 최초의 보살인 세존은 물론 아미타불 역시 중생구제의 48원願을 세우고 수행한 법장보살(비구)이었다.

③『법화경』에는 다양한 비유로써 보살이 행할 바(菩薩道)를 설하고 있으며, 그 보살도의 실천(수행)을 통한 성불의 길(과정)을 설하고 있다. 이 점에서 『법화경』은 성불보다는 오히려 성불의 과정인 보살도를 설하는 경이라 할 수 있다. 성불은 스스로 보살임을 자각하여 성불을 향해 끊임없이 보살도를 실천(行)하는 '성불의 과정'일 뿐 결코 성불로 모든 것이 끝나는 완성이 아니기 때문이다. 끊임없이 완성(성불)을 추구하는 미완의 완성을 향한 끊임없는 길인 것이다. 보살도는 무상도無上道를 향해 발심하여 육바라밀을 행하며 갖가지 공덕을 쌓고, 그것에 회향하여 성불을 기약하는 수행을 말한다. 누구나 발심 수행하면 보살이고, 그 보살의 길(菩薩道)을 가기만(行) 하면 누구나 성불한다는 대승불교는 재가자들을 위한 보살불교라 할 수 있다. 종전의 부파불교에서는 출가자에게만 열려 있던 성불의 문호가 누구에게나 활짝 열렸기 때문이다. 이처럼 대승에서의 보살은 '깨달음을 추구하는 사람(구도자)'이라는 의미에서 '이타행의 서원을 발하고 깨달음의 추구하는 사람'으로 의미가 확장되

쌓고 쌓기에 이름하여 "쌓아 담아둔다(藏)"라고 하는 것이다.

次言"如實修行等"者, 正歎行德. 依寶性論, "約正體智名如實行, 其後
得智. 名爲遍行" 今此中言"如實修行", 擧正體智. 次言"等"者, 取後得
者. 若依法集經說, 總括萬行始終, 通爲二句所攝. 謂如實修行, 及不
放逸. 如彼經言, "如實修行者, 謂發菩薩願. 不放逸者, 謂滿足菩提願"
復次"如實修行"者, 謂修行布施. "不放逸"者. 謂不求報. 如是特淨戒,
成就不退. 或修忍辱行, 得無生忍. 求一切善根而不疲倦. 捨一切所作
事. 修禪定不住禪定. 滿足智慧 不戲論諸法. 如其次第, 如實修行及不
放逸. 乃至廣說.

다음의 "여실수행등如實修行等"이라 함은 바로 행덕行德을 찬탄한 것이
다. 『보성론寶性論』에서 "정체지正體智를 갖추는 것을 여실행如實行이
라 이름하고, 후득지後得智를 이름하여 변행遍行"[218]이라 하였으니,
이제 『기신론』에서 "여실수행"이란 말은 정체지를 말함이요, 다음에
"등等"이란 말은 후득지를 말한다. 만약 『법집경法集經』의 설에 따라
만 가지 행의 시종始終을 총괄하면 이구二句로 요약할 수 있으니, 여실수
행과 불방일不放逸을 말한다. 『법집경』에서 "여실수행이란 깨달음에
대한 원(菩提願)[219]을 발하는 것을 말하며, 불방일이란 열심히 정진하여

었다.

218 대정장 제31권, 『구경일승보성론』, p.825상 2~3행. 또는 18~20행.
219 보리원은 상구보리 하화중생上求菩提下化衆生의 원願을 말한다. 즉 위로는 깨달
음(菩提)을 구하고, 아래로는 중생을 교화하고자 하는 자리이타의 대승 보살도
(행)를 말한다.

깨달음을 이루는 것(滿足)"²²⁰을 말한다. 다시 "여실수행"이란 보시布施
를 수행하는 것을 말하며, "불방일"이란 보답을 구하지 않음을 말하니,
이와 같이 깨끗한 계율을 지켜 불퇴不退를 성취하며, 혹은 인욕행忍辱行
을 닦아서 무생인無生忍을 얻으며, 일체의 선근善根을 구하되 피로하여
싫증을 내지 아니하고, 일체의 꾸밈이 있는 일(作事)²²¹을 하지 않으며,
선정禪定을 닦되 선정에 집착(住)²²²하지 않으며, 지혜가 만족하나 모든
법을 희론戲論하지 아니한다. 그와 같이 차례로, 여실수행 및 불방일,
내지 그 밖의 것을 널리 설하고 있다.

今言"如實修行"者, 卽攝發菩提願, 乃至滿足智慧. 次言"等"者, 取不
放逸, 卽是滿足菩提願, 乃至不戲論諸法也. 歸敬三寶竟在前.

지금 『기신론』에서 "여실수행"이라 함은 곧 발보리원發菩提願 내지
만족지혜滿足智慧까지이며, 다음에 "등等"이란 말은 불방일을 취하는
것이니, 곧 보리원菩提願을 만족시키고, 나아가 모든 법을 희론戲論하지
않는 것이다. 삼보三寶에 귀경함을 앞에서 마친다.

---

²²⁰ 대정장 제17권, 『법집경』, p.635하 3~11행.
²²¹ 좋지 못한 목적을 가지고 억지로 행하는 위선적인 일로, 자연스럽지 못한
유위有爲의 일을 말한다.
²²² '주住'는 『금강경』에 제일 많이 등장하는 글자로 『금강경, 제10 장엄정토분』의
"응무소주 이생기심應無所住 而生其心"에서 보는 바와 같이, '벗어나지 못하고
~에 머무르다', '~에 집착하다'의 의미로 새기는 것이 좋다.

【論論-02】『기신론』을 저술하는 목적

爲欲令衆生 除疑捨邪執. 起大乘正信 佛種不斷故.

중생[223]들로 하여금(令) 의혹[224]을 제거하고, 삿된 집착(邪執)을 버리게
하여, ①대승에 대한 바른 믿음(正信)[225]을 일으켜, ②부처(깨달음)의

---

223 번뇌 망상으로 의혹과 삿된 집착을 버리지 못하고, 그로 인한 고통 속에
   살아가는 모든 생명들을 말한다. 이 같은 고통이 반복되는 삶을 윤회라 한다.
224 중생들의 의혹에는, 보시를 하면 복덕이 생길까? 수행을 하면 지혜가 생길까?
   기도를 하면 업장이 소멸될까? 등등의 다양한 의혹이 있을 수 있다. 그러나
   『기신론』에서는 스스로 ①중생이 과연 부처가 맞는가? ②중생의 마음 바탕이
   과연 진여법체가 맞는가? ③이들을 증득할 수 있는 수행방법은 있는가?
   등등의 보다 본질적인 의혹을 제기하고, 이에 답하는 자문자답自問自答의 형식
   을 취하고 있다. 「입의분」에서는 "중생이 부처임"을 천명하고, 「해석분」에서는
   "중생이 부처"인 이치를 설명하고, 「수행신심분」에서는 부처이기 위한 수행방
   법을 설명하고, 「권수이익분」에서는 수행의 이익에 대해 설하고 있다.
   따라서 『기신론』에서의 업장業障이란 이와 같은 믿음(正信)에 대한 긍정적이고
   적극적인 사고나 삶을 방해하는 영적靈的 부작용을 말한다.
   유가儒家의 경전인 『역경易經, 중풍손괘巽卦: ䷸』에서는 '의혹(疑)'을 나아가야
   할지(進) 물러서야 할지(退) 그 뜻(志)을 정하지 못하고 우유부단하거나,
   나아가기도 하고 물러서기도 하며 갈팡질팡하는 것을 말한다. 이를 다스리는
   방법으로 치治를 말한다. '치治'란 마음과 힘을 오로지(專一)하여 진퇴에 어떠한
   의심도 없는 것을 말한다. 정이천은 『이천역전』에서 진퇴 후의 편안함을 알지
   못하기 때문에 의심하고 두려워하는 것으로 풀이한다(進退不知所安者 其志疑懼
   也). 불가佛家의 수행과 다름이 없다.
225 『기신론』에서의 올바른 믿음(正信)이란 '중생이 바로 부처'임을 자각自覺하는
   것이다. 이와 같은 올바른 믿음(正信)은 바로 신해信解를 바탕으로 한다. 신해信
   解의 신(信: 믿음)은 감성의 작용이며, 해(解: 앎)는 이성의 작용으로 구분할
   수 있으나, 신해는 두 개의 작용이면서 결국은 하나의 연속된 작용으로, 믿음에

종자(佛種)가 끊어지지 않게 하고자 하는 까닭이다.

【소疏-02】

次述造論大意. 造論大意不出二種. 上半明爲下化衆生, 下半顯爲上
弘佛道. 所以衆生長 生死之海不趣涅槃之岸者, 只由疑惑邪執故也.
故今下化衆生之要, 令除疑惑而捨邪執.

다음은 이 『기신론』을 지은 대의를 기술한 것이다. 논을 지은 대의는
두 가지를 벗어나지 않으니, 상반上半은 아래로는 중생들을 교화하기
위한 하화중생下化衆生임을 밝혔고, 하반下半은 위로는 불도를 널리
펴기(弘) 위함임을 드러냈다. 중생들이 길고 긴 생사의 고해에 빠져

는 해解가 전제되어 있는 것이다. 이성적이고 논리적인 해가 깊어지면 감성적인
믿음(信)은 저절로 증진되기 때문이다. 따라서 모든 종교의 믿음은 바로 신해가
되어야 하는 것이다. 아무리 훌륭한 가르침이라 해도, 그 의미나 뜻도 모르면서
무조건 믿는 것은 맹신이며, 올바른 믿음(正信)도 아니며, 정신淨信도 아니다.
그런 믿음은 결코 오래 갈 수 없는 것이다. 따라서 올바른 믿음은 계시나
교조적인 신앙이 아닌 바른 이치에 대한 확신(確信, 바른 앎), 즉 논리적,
분석적, 이성적, 경험적 사고와 이해(앎)를 바탕으로 하는 믿음이어야 하며,
앎(解)을 위한 노력, 즉 정진精進이 필요한 것이다. 모든 경전에 '정진'이나
'근수勤修'라는 용어가 수없이 반복되는 이유가 여기에 있는 것이다. 불교에서의
믿음은 '세존께서 성도 후 45년 동안 설하셨던 중생제도의 가르침(佛法)을
확실히 알고서(解) 믿는(信) 것(信解)이어야 한다. 그러한 믿음이 될 때 믿음은
비로소 도道의 근원이자 공덕의 어머니로, 일체의 모든 선근을 증장하며,
일체의 모든 의혹을 여의게 하고, 무상도로 나아가게 나타내 보일 수 있는
것이다. －"신위도원공덕모信爲道元功德母 증장일체제선근增長一切諸善根 제멸
일체제의혹除滅一切諸疑惑 시현개발무상도示現開發無上道."(『화엄경, 현수품』)

열반의 언덕으로 나아가지 못하는 까닭은, 단지(只) 의혹으로 말미암은 (由) 삿된 집착(邪執) 때문이다. 고故로 이제 아래로 중생들을 교화하는 (下化衆生) 요체는 의혹을 제거하여 삿된 집착을 버리게 하는 것이다.

汎論疑惑, 乃有多途. 求大乘者所疑有二, 一者疑法, 障於發心, 二者 疑門, 障於修行.

두루(汎) 의혹을 논하자면 무척 많겠으나, 대승을 구하는 자의 의혹에 는 두 가지가 있으니, 첫째는 법을 의심하는 것으로 이는 발심에 장애가 되며, 둘째는 가르침(敎門)을 의심하는 것으로 이는 수행에 장애가 되는 것이다.

言"疑法"者, 謂作此疑, 大乘法體謂一爲多. 如是其一, 則無異法. 無異 法故, 無諸衆生. 菩薩爲誰發弘誓願. 若是多法, 則非一體. 非一體故, 物我各別. 如何得起同體大悲. 由是疑惑, 不能發心.

"법을 의심한다"라 함은 다음과 같이 의심하는 것을 말한다. 즉 대승의 법체가 하나인가 여럿인가? 만약 하나라면 다른 법이 없는 것이요, 다른 법이 없는 까닭에 모든 중생이 없는 것이다. (그렇다면) 보살은 누구를 위해 크고 넓은(弘) 서원誓願²²⁶을 발한다는 말인가? 만약 법이 여럿이라면 이는 일체一切가 아닌 것이요, 일체가 아닌 까닭에 상대(物)

---

226 불교에서의 서원誓願은 "일체중생을 구하겠다는 염원"을 말한다. 부처님이 『금강경, 제삼 대승정종분』에서 "내가 모든 중생들을 남김없이 열반에 들게 하여 제도하겠다(我皆令入無餘涅槃 而滅度之)"라고 하신 염원이 바로 서원이다.

와 내가 각기 다를 것인데, 어떻게 동체대비同體大悲의 마음을 일으킬
수 있겠는가? 이러한 의혹으로 말미암아 발심을 못하는 것이다.

言"疑門"者, 如來所立敎門衆多, 爲依何門初發修行, 若共可依, 不可
頓入. 若依一二, 何遣何就. 由是疑故, 不能起修行. 故今爲遣此二種
疑, 立一心法. 開二種門.

"가르침(敎門)을 의심한다"라 함은, 여래가 세운 가르침이 많이 있으니
어느 가르침(何門)에 의지하여 처음 수행을 시작할 것인가? 만약 그
많은 가르침들을 다(共) 의지해야 한다면 한꺼번에(頓) 그 가르침에
입문할 수 없고, 만약 한두 가르침에만 의지해야 한다면 어느 것을
버리고 어느 것을 취해야 하는가? 이 같은 의심으로 말미암아 수행을
할 수 없는 까닭에 이제 『기신론』에서는 이 같은 두 가지 의심을 버릴
수 있도록 일심법一心法을 세워서 진여문과 생멸문의 두 가지 가르침
(門)[227]을 펼치는 것이다.

---

227 대부분 문門을 설명하면서, 진여眞如의 문이라 하면, '생멸의 영역에서 진여의
영역에 이르는 통로(Gate), 길(Way)'이라고 설한다. 이는 대승大乘의 설명으로
는 부족하다. 생멸의 영역에서 진여의 영역으로 이르는 통로(門)가 따로 있어,
이 통로를 따라가야 진여의 영역에 들어가는 것으로 오해가 있을 수 있기
때문이다. 문은 통로라기보다는 성聖과 속俗, 공公과 사私, 진眞과 가假, 보리菩提
와 번뇌煩惱 등의 경계를 말한다.
따라서 생멸의 영역과 진여의 영역을 가르는 경계가 문인 것이다. 이때의
문은 영어로 Path(way)나 Gate가 아니라 'Borderline(경계선)과 Territory(지
역)'의 의미를 포함한 'Boundary(영역)'의 의미다. 그 경계(Borderline)가 생生
할 때 생멸의 'Boundary(영역)'가 되며, 비록 생멸의 'Boundary'일지라도

立一心法者, 遣彼初疑. 明大乘法 唯有一心, 一心之外 更無別法. 但
有無明迷自一心, 起諸波浪流轉六道. 雖起六道之浪, 不出一心之海.
良由一心動作六道. 故得發弘濟之願. 六道不出一心, 故能起同體大
悲. 如是遣疑, 得發大心也.

일심법을 세운다는 것은 저 처음의 법法에 대한 의심(疑法)을 없애는
것으로, 대승의 법엔 오직 일심一心만이 있으며, 일심 외에는 달리
다른 법이 없음을 밝힌(明) 것이다. 단지 무명無明[228]이 있어 자기의

그 경계(Borderline)가 멸滅할 때는 생멸의 'Boundary(영역)'가 진여의
'Boundary(영역)'로 변하는 것이다. 반대로 진여의 'Boundary'일지라도 그
경계(Borderline)가 생할 때는 진여의 'Boundary'가 생멸의 'Boundary'로 변하
는 것이다. 생멸의 영역과 진여의 영역이 따로 있어 생멸의 영역에서 진여의
영역으로, 또는 진여의 영역에서 생멸의 영역으로 어떤 길을 따라가는 것이
아니다. 땅은 그대로인데, 땅 주인만 바뀌는 것과 같다. 그 변하지 않는 땅을
우리 마음에 비유하자면 바로 한마음(一心)이며, 수시로 변덕스레 바뀌는 땅
주인은 경계인 것이다. 이같이 그 경계(Borderline)가 중생의 마음속에서 끊임
없이 생멸하며, 거듭하여 승속僧俗을 넘나드는 것이다. 이를 윤회라 한다.
중생의 마음에서 경계가 사라지고 윤회가 멈출 때 '번뇌즉보리煩惱卽菩提',
즉 승속이 일여(僧俗一如)한 한마음(一心)이 되는 것이다. 『기신론』은 바로
이 한마음을 심체心體로 삼아 마음의 변화와 작용을 기술하고 있다.

228 무명無明은 빨리어(avijja)로 '밝음(vijja)이 없다(a-)'라는 의미다. 이처럼 밝음
(明)의 반대인 무명은 우주가 발생하기 이전의 원시적인 혼돈이나 무질서
(Chaos), 또는 문명 이전의 동물적 습성에서 벗어나지 못한 원시적 상태,
또는 구약 창세기(Genesis) 1장의 "태초에 하나님이 천지를 창조하고, 빛(明)이
있기 이전의 흑암黑暗의 상태"라 할 수 있다. 이 흑암으로 인해 사물(이치)을
분간할 수 없는 것(無知)이 불교에서의 무명이다. 초기경전에서의 무명은
지혜가 없는 것(無智), 어리석음(癡暗), 진리인 사성제(四聖諦: 고집멸도)에

일심을 어지럽혀(迷) 모든 크고 작은 물결(波浪: 번뇌)을 일으키므로 육도六道[229]에 유전流轉하게 되는 것이다. 비록 육도의 물결은 일으키지만 일심의 바다(一心之海)를 벗어나지 아니하니, 진실로(良) 일심의 움직임으로 말미암아 육도를 윤회하는 까닭에 널리 크게(弘) 중생을 구제하는 서원을 발하게 되는 것이요, 육도가 일심을 벗어나지 않기 때문에 능히 동체대비同體大悲를 일으킬(起) 수 있는 것이다. 이와 같이 의심을 없애야 큰 마음을 낼 수 있는 것이다.

開二種門者, 遣第二疑, 明諸教門雖有衆多, 初入修行不出二門, 依眞如門修止行, 依生滅門而起觀行, 止觀雙運 萬行斯備. 入此二門, 諸門皆達. 如是遣疑, 能起修行也.

대한 무지無知를 말한다. 이를 달리 말하면 무명에 의해서 또는 무명 때문에 '지혜가 없고, 어리석고, 사성제나 연기를 모르는 것(無知)'이 아니라, 무명의 상태(흑암: 밝음이 없는)에 있기 때문에 '지혜가 없고, 어리석고, 사성제나 연기를 모르는 것'이다. 연기의 도리를 모르는 것이 무명이 아니라, 무명의 상태에 있기 때문에 연기의 도리를 모르는 것이다. 따라서 무명을 밝힌다(明)면 무지는 저절로 사라질 것이다. 그렇다면 무지를 타파하려고 할 것이 아니라 무명을 밝혀야(明) 할 것이다. 『기신론』을 포함한 부처님 공부는 무지를 타파하는 지식智識의 공부가 아니라 무명을 밝히는 지혜智慧의 공부인 것이다. 지금까지 부처님 말씀을 잘못 알아들었던 것이다.

229 중생들이 지은 업業에 따라 윤회하는 지옥地獄, 아귀餓鬼, 축생畜生, 아수라阿修羅, 인간人間, 천상天上의 육도六道를 말한다. 원래는 오도五道였으나 대승에 와서 '아수라'가 추가되어 육도가 되었다. 난장판의 의미로 '아수라판 또는 아수라장'이라는 말은 불교에서 유래된 용어이다. 다람쥐(축생)가 쳇바퀴를 돌 듯 우리 인간중생들도 육도의 바퀴를 도는 것이 윤회이다. 지장보살이 짚고 있는 육환장의 여섯 고리는 바로 육도윤회를 의미한다.

두 가지의 가르침(진여문과 생멸문)을 연다는 것은 두 번째의 가르침에 대한 의심(疑門)을 없애는(遣) 것으로, 모든 가르침(敎門)을 밝히는 것엔 비록 여러 가지로 많겠으나, 처음 수행에 입문하는 데는 두 문을 벗어나지(出) 아니하니, 진여문眞如門에 의지하여 지행止行을 닦고, 생멸문生滅門에 의지하여 관행觀行을 닦는 것을 말한다.[230] 지행과 관행을 같이(雙) 닦으면(運) 만행萬行이 갖추어지므로, 이 두 문에 들어서면 모든 문(가르침)을 다 통달하게 된다. 이와 같이 의심을 없애면 능히 수행을 잘할 수 있는 것이다.

"捨邪執"者, 有二邪執. 所謂人執及與法執. 捨此二種. 下文當說. 下化衆生竟在於前也.

"사집邪執을 버리는 것"에는 두 가지 사집이 있으니, 소위 말하는 인집人執과 법집法執이다. 이 두 가지 사집을 버리는 것을 아래 글(下文)[231]에서 말할 것이다. 앞에서 말한 하화중생에 대한 설을 마친다.

此下二句. 上弘佛道. 除彼二邊之疑, 得起決定之信. 信解大乘唯是一心, 故言起大乘正信也. 捨前二執分別, 而得無分別智. 生如來家, 能紹佛位. 故言佛種不斷故也. 如論說云, "佛法大海信爲能入, 智慧能度" 故擧信智, 明弘佛道. 偈首言"爲", 下結云"故"者, 爲明二意故, 造此

---

230 현실적으로는, 집착으로 인한 분별망상이 준동하므로, 미십중迷十重의 생멸문에서 지행止行을 하고, 오십중悟十重의 환멸문에서 관행觀行을 하는 것으로 이해하는 것이 옳을 듯하다.

231 【논論-57】 이하의 대치사집對治邪執 부분을 말한다.

論也. 歸敬述意竟.

아래 두 구절[232]은 위로는 불도佛道를 널리 펴는 것에 대한 설이다. 저 이변二邊의 의심[233]을 없애(除) 끝내는(決定) 굳은 믿음을 일으켜, '대승은 오직 일심뿐'이라는 것을 믿고 이해하는 까닭에 대승의 바른 믿음을 일으킨다고 말하며, 앞의 두 가지 집착으로 인한 분별을 버리고, 무분별지無分別智를 얻어, 여래의 가문家門에 태어나 능히 부처의 지위를 잇는(紹) 까닭에 불종佛種이 끊어지지 않는 까닭이라고 말한 것이다. 이는 『대지도론』에서 "불법의 대해(大海: 큰 바다)는 믿음(信)으로만 능히 들어갈(入) 수 있으며, 지혜로만 능히 건널(度) 수 있다"[234]라고 말한 것과 같다. 그러므로 믿음과 지혜를 들어 널리 불도를 펴는 것을 밝힌 것이다. 게송의 첫머리에서 "위爲"라고 말하고, 맨 아래에서 "고故"라고 끝맺은 것은 이 같은 하화중생下化衆生과 상홍불도上弘佛道 두 가지를 밝히기 위해 이 『기신론』을 지었다는 뜻이다. 이상으로 삼보에 귀경歸敬하며 논을 쓰게 된 뜻(述意)을 밝혔다.

此下第二正立論體, 在文有三. 一者總標許說. 二者擧數開章. 三者依章別解. 文處可見

아래는 2번째인 「정종분」으로 『기신론』의 체體를 바로 세우는(正立論

---

232 대승의 바른 믿음(正信)을 일으켜, 부처(깨달음)의 종자(佛種)가 끊어지지 않게 하고자 하는 까닭(起大乘正信. 佛種不斷故)을 말한다.

233 법에 대한 의심(疑法)과 가르침에 대한 의심(疑門)을 말한다.

234 대정장 제25권, 『대지도론』, p.63상 1~2행.

體) 부분이다. 글에 3부분이 있으니, 첫째는 전체(總)를 드러내어(標) 설하고, 둘째는 숫자를 들어 장章을 열고(開章), 셋째는 장에 따라 따로 풀이한 것이다(別解). 글을 보면 알 수 있다.

2. 발기서發起序

【논論-03】대승을 드러내어 설함

論曰, 有法能起摩訶衍信根 是故應說

논에서 이르기를, 어떤(有) 법法[235]이 있어 능히 대승(摩訶衍)에 대한 신근信根[236]을 일으키는 까닭에(是故) 마땅히 설하는 것이다.

【소疏-03】

初中言"有法"者, 謂一心法. 若人能解此法 必起廣大信根. 故言"能起

---

[235] 어떤(有) 법法이란 『기신론』의 중심사상인 일심(一心: 오직 한마음)이다. 그 일심에는 진여眞如와 생멸生滅을 아우르는 이문二門이 있다고 했다. 따라서 일심은 불도를 이룬 다음의 깨달은 마음이 아니라, 깨달음을 향해 가고 있는 현재의 마음이며, 그 현재의 마음이 우리가 가지고 있는 중생심衆生心이다. 중생심이 비록 분별(변덕) 망상(욕심)으로 가득한 마음이라 할지라도 중생심을 떠나서는 할 수 있는 것이 아무것도 없으며, 중생심으로 수행을 하고, 성불成佛을 해야 하는 것이다. 그러므로 그 중생심이 일심이며 대승大乘인 것이다. 이 같은 믿음을 갖는 중생심이 인因이라면 『기신론』은 이를 일깨워주는 연緣이다. 『기신론』은 중생심(대승)에 대한 분석과 중생심으로 수행하여 성불成佛에 이르는 매뉴얼을 담고 있는 논서이다.

[236] 신근信根은 믿음의 뿌리로, 나무는 뿌리가 튼튼해야 가지(枝)와 잎(葉)이 무성할 수 있듯이, 대승도 신근이 튼튼해야 신信을 바탕으로 해解, 행行, 증證이 생生할 수 있는 것이다.

大乘信根." 信根之相 如題名說 信根旣立 卽入佛道 入佛道已 得無窮
寶 如是大利 依論而得 "是故應說" 總標許說 竟在於前

처음에 말한 "어떤 법(有法)"이라 함은 일심법一心法을 말한다. 만약
사람들이 이 법을 능히 이해한다면 반드시(必) 광대한 신근信根을
일으킬 것이다. 그래서 "능히 대승의 신근을 일으킨다"라고 말한 것이
다. 신근의 모습은 제명題名에서 설한 바와 같다.

　신근이 세워지고 나면 바로(卽) 불도에 들게 되며, 불도에 들게
되면 무궁한 보배를 얻게 된다. 이와 같은 큰 이로움(大利)을 『기신
론』으로 말미암아(依) 얻을 수 있기에(是故) "마땅히 설한다"라고 한
것이다. 전체(總)를 드러내어(標) 설하는 것을 마친다.

【논論-04】 대승을 설하는 다섯 가지

說有五分 云何爲五 一者因緣分[237] 二者立義分[238] 三者解釋分[239]
四者修行信心分[240] 五者勸修利益分[241]

『기신론』을 설함에 다섯 가지가 있으니, 무엇이 다섯 가지인가? 첫째는

---

[237] 『기신론』을 저술하게 된 인연因緣으로 여덟 가지를 들어 설하고 있다.

[238] 『기신론』의 중요한 핵심을 드러내는 부분이다.

[239] 입의분에서 『기신론』의 핵심사항을 드러냈다면, 해석분에서는 이에 자세한
　　 설명을 하는 부분으로 『기신론』의 3분의 2 이상을 차지한다.

[240] 해석분에서의 이해를 바탕으로 교의를 실천(行)하는 방법과 믿음에 관한 것을
　　 설하는 부분이다.

[241] 수행했을 때의 이익에 관한 부분을 설명하는 부분이다. 중생은 이익이 있다
　　 해야 움직이지, 이익이 없으면 움직이지 않기 때문이다.

인연분因緣分이요, 둘째는 입의분立義分이요, 셋째는 해석분解釋分이요, 넷째는 수행신심분修行信心分이요, 다섯째는 권수이익분勸修利益分이다.[242]

【소疏-04】

第二擧數開章. "有五分"者, 是擧章數. "云何"以下, 列其章名. "因緣

---

[242] 일반 논문에서의 서론, 본론, 결론을 불교용어로는 서분(序分: 인연분), 정종분 (正宗分: 입의분, 해석분, 수행신심분), 유통분(流通分: 권수이익분)이라 한다. 특히 유통분에서는 그 경론(經, 論)의 뛰어남을 밝히며 널리 유통시키기를 권하고 있다. 이 같은 방법은 동진東晉 시대의 도안(道安, 312~385)이 창안한 이래 준례準例가 되었다.

도안은 당시 유행하던 전통사상을 매개로 불교를 해석하는 격의불교格義佛教를 비판하며 자주적인 중국불교를 주장한 학승으로, 경전을 서분序分, 정종분正宗分, 유통분流通分의 3절로 나누는 전통을 세웠는데, 이를 삼분과경三分科經이라 한다. 또한 승려들의 의식이나 행규行規를 정하고, 승려들의 성姓은 모두 석釋으로 할 것을 제창, 스스로 석도안釋道安이라 하였다. 모든 강물이 바다에 이르면 이름을 잃듯이 사문沙門이 되면 석가釋家가 된다는 것이다. 그 후 사가私家의 성을 버리고 법명이나 이름 앞에 석釋을 붙이던 것이 오늘날까지 한국불교에도 행해지고 있다.

이는 원래, 성도 후 고향을 찾은 부처님이 부왕의 궁전으로 들어가지 않고 탁발을 계속하자, 부왕은 사신을 보내 "명예로운 우리 집안에 구걸하는 사람은 없었다"라고 꾸짖게 되고, 이에 부처님은 "이것은 우리 가계에 예전부터 내려오는 관습입니다"라고 대답한 데서 기인한다. 즉 부왕은 가족과 가정을 말했으나 부처님은 종교적인 영적 계보를 말한 것이었다. 그 후 불교도들은 자신을 가리켜 '샤카푸트라', 즉 석가족의 한 사람 또는 불자라 부르면서 정신적으로 또는 영적으로 부처님에게 연결되어 있음을 나타내었다.(참조: 와타나베 쇼코, 법정 옮김, 『불타석가모니』, 문학의 숲, 2010)

分"者, 非無所以而造論端. 智者所爲, 先應須知故. "立義分"者, 因緣
旣陳, 宣立定義. 若不略立, 不知宗要故. "解釋分"者, 立宗旣略, 次應
廣辯. 若不開釋, 義理難解故. "修行信心分"者, 依釋起信, 必應進修.
有解無行, 不合論意故. "勸修利益分"者, 雖示修行信心法門, 薄善根
者不肯造修. 故擧利益, 勸必應修. 故言"勸修利益分"也.

두 번째는 수數를 들어 장章을 여는 것이다. 다섯 가지로 나눈다는(五分)
것은 바로 장수章數를 든 것이요, "무엇이(云何)" 이하는 그 장의 이름(章
名)을 열거한 것이다. ①인연분이란 까닭(所以) 없이 논단論端을 지은
것이 아니니, 지혜로운 자(智者: 마명을 말함)가 논을 지은 뜻(所爲)을
먼저(先) 마땅히 알아야 한다. ②입의분이란 논을 지은 인연이 이미
진술되었으니, 마땅히(宣) 바른 뜻(定義)을 세워야 한다. 만약 간략하
게라도 바른 뜻을 세우지 아니하면 이 논의 중요한 핵심(宗要)을 알지
못하는 까닭이다. ③해석분이란 이미 핵심(宗)을 간략하게 세웠으면,
다음에는 마땅히(應) 널리 설명해야 할 것이니, 만약 펼쳐서 풀이하지
않으면 바른 이치(義理)를 알기 어려운 까닭이다. ④수행신심분이란
풀이(釋: 해석분)로 말미암아 믿음을 일으켰으면 반드시 나아가 닦아야
할 것이니, 알음알이(解)만 있고 수행이 없으면 논의 뜻(意)에 맞지
않는 까닭이다. ⑤권수이익분이란 신심을 닦는 법문法門을 보여주더라
도 선근善根이 박약한 사람은 수행을 즐겨하지 않는(不肯) 까닭에
수행의 이익 됨을 들어서 반드시 수행할 것을 권하는 것이니, 고故로
"권수이익분"이라 말한 것이다.

此下第三依章別解, 卽爲五分. 初中有二. 先牒章名 次顯因緣.

다음 세 번째는, 장章에 따라 따로 풀이하는 것이니, 곧 다섯으로 나누어진다. 처음에는 두 가지가 있으니, 먼저는 장의 이름을 풀이(牒) 하였고, 다음에는 인연을 드러내었다.

II

정종분 ─ 正宗分

1. 인연분因緣分

【논論-05】『기신론』을 짓는 인연

初說因緣分.

먼저 『기신론』을 짓게 된 인연(因緣分)을 설한다.

【소疏-05】

顯因緣中, 有二問答. 一者直顯. 二者遣疑.

『기신론』을 짓게 된 인연을 드러내는 중에 두 개의 문답(問答: 묻고 답하기)이 있으니, 첫째는 곧바로(直) 인연을 드러내었고, 둘째는 의심을 없앤(遣) 것이다.

【논論-06】『기신론』을 짓는 여덟 가지 인연

1	所謂爲令衆生離一切苦, 得究竟樂, 非求世間名利恭敬故.	인연분 ①이고득락離苦得樂 ②비구세간명리공경 非求世間名利恭敬	총상 總相
2	爲欲解釋如來根本之義,	입의분 해석분의 현시정의	별상 別相
	令諸衆生正解不謬故.	해석분의 대치사집	
3	爲令善根成熟衆生, 於摩訶衍法堪任不退信故.	해석분의 분별발취도상	

4	爲令善根微少衆生修習信心故.	수행신심분의 ①사신(진여, 불, 법, 승) ②사행(보시, 지계, 인욕, 정진)
5	爲示方便消惡業障, 善護其心, 遠離癡慢, 出邪網故.	수행신심분의 ①예불-아미타불 ②참회방편
6	爲示修習止觀, 對治凡夫二乘心過故.	수행신심분의 지관쌍수
7	爲示專念方便, 生於佛前, 必定不退信心故.	수행신심분의 염불
8	爲示利益勸修行故.	권수이익분

問曰, 有何因緣而造此論. 答曰, 是因緣有八種. 云何爲八. 一者因緣總相. 所謂爲令衆生離一切苦, 得究竟樂, 非求世間名利恭敬故. 二者爲欲解釋如來根本之義, 令諸衆生正解不謬故. 三者爲令善根成熟衆生, 於摩訶衍法堪任不退信故. 四者爲令善根微少衆生修習信心故. 五者爲示方便消惡業障, 善護其心, 遠離癡慢, 出邪網故. 六者爲示修習止觀, 對治凡夫二乘心過故. 七者爲示專念方便, 生於佛前, 必定不退信心故. 八者爲示利益勸修行故. 有如是等因緣, 所以造論.

묻기를, 어떤 인연[243]으로 이 『기신론』을 지었는가? 답하길, 이 인연에는

---

243 인연因緣의 인因은 종자(鍾子: 씨앗)로 직접원인이고, 연緣은 반연攀緣으로 간접원인, 환경, 조건 등이다. 반연이란 의지해서 잡고 올라갈 밧줄을 말한다. 씨앗만으로는 나지 못하고, 씨앗을 싹 틔울 수 있는 조건(환경)이 조성되어야 비로소 싹이 나올 수 있는 것이다. 이를 인연이라 한다. 아무리 좋은 종자(씨앗)라도 자루에 담아 놓거나 나뭇가지에 매달아 놓는다면 결코 싹을 틔울 수 없기 때문이다. 세상에 인연 아닌 것이 없다. 세상은 인연으로 구성되어 있고,

여덟 가지가 있으니, 무엇이 여덟 가지인가?

첫째는 인연 총상總相[244]으로, 이른바(所謂) 중생들로 하여금 일체의 고(苦: 괴로움)에서 벗어나(離)[245] 구경究竟[246]의 즐거움(樂)[247]을 얻게 하기

인연 따라 굴러간다. 즉 삼라만상 우주만유는 천차만별이지만 독자적으로 존재하는 것은 없고, 모두가 피차(彼, 此)의 인연으로 얽히어 있다는 것이다. 이를 법계연기法界緣起, 법계무진無盡연기, 법계무애無碍연기라고도 한다. 여기서는 마명보살의 "중생들로 하여금 고苦를 여의게 하려는 마음"이 인因이 며, 마명보살의 눈에 비친 "중생들이 고苦에서 허덕이는 모습"이 연緣이다. 이와 같은 인연으로 『기신론』을 짓는다는 것이다.

244 총상總相이란 하나하나 개별적인 것이 아니라 전체를 아우르고 하나로 묶어서 말하는 부분을 말한다. 따라서 총상에 모든 뜻이 다 포함되어 있다. 인연총상, 즉 총상인總相因이란 바로 "중생으로 하여금 일체의 고(苦: 괴로움)에서 벗어나 구경究竟의 즐거움(樂)을 얻게 하기 위함"을 말한다. 서원誓願에 비유하자면 총원總願에 해당한다. 서원에는 총원과 별원別願이 있다.

245 고苦에는 ①고고苦苦: 자기 의사에 반하는 경계(苦受)에 의해 심신이 받는 괴로움, ②괴고壞苦: 마음에 맞는 경계(樂受)가 사라질 때의 괴로움, ③행고行 苦: 고苦도 낙樂도 아닌 무기無記의 경계(捨受)가 인연에 의해 생멸하고 변괴變壞 하는 것을 겪는 괴로움 등이 있으며, 불교에서는 이 같은 고苦를 ①생生 ②노老 ③병病 ④사死 ⑤애별리고愛別離苦 ⑥원증회고怨憎會苦 ⑦구부득고求不得苦 ⑧오음성고五陰盛苦 등으로 나눠 팔고八苦라 한다.

246 구경究竟의 사전적 의미로는 '지극至極, 궁극窮極, 마침내' 등의 뜻이 있다. 구경각(究竟覺: ultimate, final, supreme enlightenment)이라 하면 『반야심경』 의 구경열반究竟涅槃과 같은 의미로, '마지막 최고의 지극한 깨달음 또는 깨달음 의 경지'를 말한다. 수행(始覺)이 지극하고 궁극하여 마침내 이르는 곳(경지)이 구경각이고, 구경열반이고, 해탈이다. 이때의 낙樂은 상대적인 세속적 낙이 아닌 절대적인 구경의 낙(究竟樂)인 것이다.

247 낙樂은 즐거움이다. 고苦를 싫어하고 낙(樂: 즐거움)을 좋아하는 것은 모든 사람이 추구하는 바다. 그 모든 사람이 좋아하는 낙樂이 바로 극락이고 구경각이

위함이지, 세간의 명리(名利: 명예와 이익)나 공경을 구하는 것이 아닌
까닭이다.

둘째는 여래 근본의 뜻(義)[248]을 해석하여 모든 중생으로 하여금(令)
바르게 알아(正解) 그릇됨(謬)이 없게 하려는 까닭이다.

셋째는 선근善根이 성숙한[249] 중생으로 하여금 마하연(대승)[250]법을

다. 『기신론』은 중생들을 고苦에서 낙樂으로 안내하는 논서로, 저술 목적
또한 중생들로 하여금 일체의 고를 여의고(離一切苦), 구경의 즐거움(求竟樂)을
얻게 하는 것(得究竟樂)임을 밝히고 있다. 이는 이고득락離苦得樂으로 불교의
목적이기도 하다.

248 『기신론』에서 설하고자 하는 핵심내용이 바로 '여래 근본의 뜻(如來根本之義)'이
다. 즉 「입의분」 내용이 '여래의 근본 뜻'이다. 「해석분」에서는 일심, 이문,
중생심, 본각, 진여, 심원, 여래장, 아리야식 등등의 용어를 들어 "일심一心이
여래 근본의 뜻"임을 설명하고 있다.
불교를 공부하는 목적은 여래 근본의 뜻을 알기 위함이며, 그 뜻을 나의 삶으로
만들기 위함이다. 기복祈福의 대상으로 여래를 믿기(信) 위함이 아니다. 그래서
「개경게」 끝에 '원해여래진실의願解如來眞實義'라고 하는 것이다. 선가禪家에서
는 '조사서래의祖師西來意'라 하여 달마가 서쪽에서 온 뜻을 묻기도 한다.

249 이는 보살의 52단계 수행 계위階位 중 처음의 십신위十信位로, 불법佛法을
믿어 의심치 않는 계위를 말한다. 선근이 성숙한 중생이라 함은 믿음이 완전히
뿌리를 내려, 어떤 바람에도 넘어지지 않는 나무와 같이, 믿음에서 물러나지
않는 계위에 오른 중생을 말한다.

250 대승大乘이라 함은 모든 사람이 타는 큰 수레로 상징적인 의미다. 대승법이라
하면 모든 사람이 타고 함께 사바세계를 벗어나 열반의 세계로 가는 법(法:
진리)을 말한다. 대승불교는 모든 사람이 열반의 세계로 나아가는 것을 목표로
한다. 이는 쉬운 일이 아니다. 쉬운 일이 아니기 때문에 선근이 성숙한 중생으로
하여금 이 어려운 일, 즉 중생제도의 중임重任을 감임堪任하게 하려는 것이다.
이런 중임을 감임해야 하는 성숙한 중생을 대승보살이라 한다. 사바세계란

감임堪任[251]하여, (마하연에 대한) 믿음에서 물러나지(退) 않게 하려는 까닭이다.

넷째는 선근이 미소(微少: 아주 적은)한 중생으로 하여금 신심을 닦고 익히게(修習) 하려는 까닭이다.

다섯째는 방편方便[252]을 보여(示) 악업장惡業障[253]을 없애서(消) 그 마

중생들이 사는 세계로, 어떠한 고통도 참고 견디면서 살아가야 하는 감인堪忍의 세계를 말한다.

251 감임堪任이란 스스로 참고 견디어서 포용하고 감당하는 것을 말한다.

252 방편이란 실상實相을 드러내기 위한 언어적 표현일 뿐, 부처님이 하신 말씀이라 하더라도 그 자체가 진리는 아니다. 부처님이 하신 팔만사천법문 모두가 방편인 것이다. 부처님 재세시의 설법은 대기설법對機說法으로, 이는 수의隨意설법과 같은 의미로, 듣는 사람의 성격이나 이해 능력, 수준에 맞춘 설법으로 응병여약(應病與藥: 같은 병이라 할지라도 환자의 상태에 따라 각기 다른 약을 쓰는 것)의 설법이었다.

세존께서는 수행을 열심히 했는데도 깨달음에 이르지 못한 소나 비구에게는 "거문고의 줄은 지나치게 팽팽해도 안 되고, 지나치게 느슨해서도 안 되듯이 수행도 고행이 지나치면 마음이 격해져 고요해질 수 없으며, 지나치게 풀어지면 게으름에 빠진다"면서 중도를 취해야 한다고 하셨다. 그러나 아나율(존자)에게는 부지런히 정진할 것을 채근한 결과 아나율은 불면不眠의 수행으로 육신의 눈은 잃었지만 천안天眼을 얻었다. 이는 부처님 자신의 깨달음과 수행의 경험을 전했기 때문에 가능한 것이었다.

반면 예수님의 경우는 듣는 사람의 수준이나 성격에 따라 달리 설하지 않았다. 이는 신神의 말씀을 전했기 때문이다. 그가 전하는 신의 말씀은 상대의 성격이나 사회적 지위와 상관없이 절대적이며, 듣는 사람의 성격에 따라 달리 할 수 없는 독선적인 것이었다. 그 결과 그는 적들의 미움을 받아 십자가의 형벌을 받아야 했다. 기독교의 독선적인 태도는 여기에서 기인한다고 할 수 있다.

253 악업장이란 고苦를 수반하는 근본번뇌(根本煩惱: mūla-kleśa)로, 탐貪, 진瞋,

음을 잘 보호하고, 치만(癡慢: 어리석음과 교만함)을 멀리 여의어(遠離)
사악한 악업의 그물(業繫苦)에서 벗어(出)나게 하려는 까닭이다.

여섯째는 지행止行과 관행觀行을 닦고 익혀, 범부凡夫와 성문, 연각
이승二乘²⁵⁴의 마음의 허물(心過)²⁵⁵을 어떻게 대치對治²⁵⁶하는가를 보여

치癡, 만慢, 악견惡見, 의疑의 6가지 부정적인 마음작용들을 말한다. 이 중
치癡는 무명無明이라고도 하며, 악견惡見은 부정견不正見으로, 유신견, 변집견,
사견, 견취, 계금취의 5견五見을 말한다. 악업장으로 인해 악업을 짓는 것이다.
업은 행위의 선악善惡에 따라 다음과 같이 구분한다.

＊선업善業: 불자들의 자비행慈悲行, 보시행布施行, 보리심菩提心 등 십악十惡의
반대 행위를 말한다.

＊악업惡業: 선업의 반대로『천수경』의 십악참회十惡懺悔에서 열거하는 죄들을
말한다.

＊무기업無記業: 선업도 악업도 아닌, 자고 일어나고 먹고 마시는 일 등등을
말한다.

254 승乘은 중생을 깨달음으로 인도하는 부처님의 가르침을 뜻하나, 대부분 수레(車,
vehicle)로 이해하여, 소승小乘이라 하면 혼자만 탈 수 있는 작은 수레, 대승大乘
은 여러 사람이 탈 수 있는 큰 수레로 설명하고 있다. 곽철환의『시공불교사전』
에는 "이승二乘이라 하면, 중생을 깨달음으로 인도하는 부처님의 두 가지 가르
침"이라 하여, 기존의 설들을 모아 소승과 대승, 성문승과 연각승, 일승一乘과
삼승三乘 등으로 구분하고 있으나, 부처님은 이와 같이 구분하여 설한 바가
없으며, 이는 대승의 논사들이 부파불교를 폄하하기 위해 만들어 낸 주장일
뿐이다. 당시는 깨달은 사람을 '아라한'이라 했으며, 부처님도 '아라한'이었다.
그러나 자리이타의 보살승菩薩乘을 주장하는 대승의 일승 또는 일불승一佛乘
사상은 대승불교의 핵심으로 마땅히 존중되어야 할 부처님의 가르침이다.

255 이승(성문, 연각)의 계위는 생사를 여읜 아라한 과위果位를 말한다. 대승에서
아라한과를 소승이라 하는 이유는, 계속 정진하며 중생제도를 하여야 하나
아라한 과위에서 안주하고 집착하여 중생제도를 게을리 하기 때문이다. 이를
심과心過라 한다. 심과는 소승을 폄하하는 언어라 할 수 있다.

주려는 까닭이다.

일곱째는 염불念佛에 몸과 마음을 오로지(專一)[257]하는 방편으로, (염불을 하면) 부처님 앞에 왕생往生[258]하는 것이 틀림없다(必定)는 물러서

---

256 대치對治는 어떤 병적인 상황에 대응하여 치료한다는 의미로, 외도外道들의 주장이나 부처님 말씀을 잘못 알고 있을 경우에 대응하여 어떻게 지적하고 고칠 것인가 하는 것을 말한다. 일종의 매뉴얼이나 교범의 의미로 이해하면 된다.

257 전념專念은 '오로지(專) 부처님만을 생각한다(念)'는 뜻이다. 정토사상 태동기의 사람들은 미래의 부처님(현재는 미륵보살)이 계시는 도솔천을 진짜 부처님이 계시는 정토로 믿기 시작했으며, 죽어서 그 정토에 태어나고자 발원했다(생천사상 참조). 이것이 왕생(往生: 죽어 정토로 가서 다시 태어나는 것)이며 정토사상의 시작이었다. 따라서 그곳에 계시는 부처님(佛)을 늘 생각하게(念) 되었는데 이것이 염불念佛이다. 이와 같이 염불이라는 것은 정토에 계시는 부처님을 생각하고(念), 부처님이 계시는 정토를 생각하는 것이었다. 정토는 미륵보살의 도솔천 정토, 아촉불의 동방 묘희국妙喜國 정토, 서방 아미타불의 극락세계 정토가 있는데, 이 중에서 미륵보살의 도솔천 정토가 제일 먼저 시작되었지만, 법장비구(보살) 당시 세운 중생구제의 48대원大願을 중심으로 한 경전의 정비와 더불어, 아미타불의 서방정토사상이 가장 널리 보급되었다. 깨달음이란 바로 아미타불이 계시는 서방정토에 왕생하는 것으로, 염불을 함으로써 서방정토에 왕생할 수 있다는 것이다. 이 같이 간단명료한 성불 방법으로 인해 민중들 사이에서 아미타불 신앙이 많은 호응을 얻었다.

258 염불念佛의 기원起源을 알기 위해서는 먼저 인도인들의 윤회와 생천生天사상을 알아야 한다. 고대 인도인들은 선행을 하고 공덕을 쌓아 천상계에 태어나고자 하였다. 그러나 천상계 역시 윤회輪廻의 한 축으로 죽음이 있는 곳이다. 윤회란 업에 따라 태어나고 죽기를 반복해야 한다는 뜻이다. 그러한 죽음이 있는 곳은 괴로움의 세계이다. 당시 인도인들은 한 번 죽으면 다시 태어나지 않는 영원한 죽음, 즉 윤회의 바퀴에서 벗어나는 그런 죽음을 원했다. 이것이 바로 열반이고 해탈이다. 해탈은 재가자와 출가자를 막론하고 궁극(최선)의 목표였

다. 그럼에도 해탈이 아닌, 죽어 다시 천상계에 태어나고자 하는 이유는 무엇인가? 그것은 궁극적으로 해탈의 수단이 막혀 있었기 때문이다. 해탈의 필수조건이 출가수행이었다. 출가를 하지 않으면 해탈은 불가했으므로 재가자에게는 근본적으로 해탈의 수단이 막혀 있던 셈이다. 출가수행을 한다고 모두가 해탈하는 것은 아니지만, 차선책으로 윤회는 하되 그 중에서 최선인(인간계보다는 나은) 천상계에 태어나길 원顧했던 것이다. 이것이 생천生天사상이다.

천상계 역시 인간적 욕망으로 가득 찬 세계로서 수명은 ①하천인下天人이 960만 년, ②도리천인 3천6백만 년, ③야마천인 1억4천 4백만 년, ④도솔천인 56억 7천만 년으로, 이 같은 수명이 다하면 다시 죽어야 하는 곳이지만 그래도 죽으면 천상계 중에서도 수명이 긴 도솔천으로 가서(往), 다시 태어나길(生) 바랐던 것이다. 이것이 바로 도솔천 왕생往生인 것이다. 그렇다면 왜 도솔천인가?

도솔천은 석가모니부처님이 이 세상에 오시기 전에 머물던 곳으로, 떠나기 전에 "미륵보살아! 나는 불타가 되어 인간세계로 교화하러 간다. 인간세계로 가는 이상 인간의 모습을 갖추어야만 하고 인간의 수명만큼 살 수밖에 없다. 다음세계는 너에게 부탁한다. 너도 불타가 되어 인간세계로 오거라"라고 수기를 했기 때문이다. 따라서 미륵보살도 도솔천에서의 56억 7천만 년의 수명이 다하면 이 세계로 오기로 되어 있는 것이다. 56억 7천만 년의 시간도 불생불멸의 영원한 시간의 축에서 보면 한 순간(찰나)인 것이다. 그렇다면 미륵보살이 바로 미륵부처인 것이다. 부처가 사는 세상은 불국토佛國土이자 청정한 정토淨土인 것이다.

사람들은 죽어서 그 정토에 태어나고자 발원했으며, 그곳에 계시는 부처님(佛)을 늘 생각하게(念) 되었는데 이것이 염불念佛이다. 이와 같이 염불이라는 것은 정토에 계시는 부처님을 생각하고(念), 부처님이 계시는 정토를 생각하는 것이었다. 이것이 왕생(往生: 죽어 정토에 가서 다시 태어나는 것)이며 정토사상의 시작이었다. 이 같은 힌두(hindu)나 소승에서의 도솔천 생천(왕생)사상에서 발전하여 정토淨土에 왕생하겠다는 대승사상으로 발전하였던 것이다.(참조: 히로사치야, 강기희 옮김, 『소승불교대승불교』, 민족사, 1991)

지 않는 신심을 보여주려는 까닭이다.

여덟째는 수행의 이익을 보여 수행을 권하려는 까닭이다.

이와 같은 인연들이 있는 까닭으로(所以)『기신론』을 지은 것이다.

【소疏-06】

初問可見 答中有三. 總標, 別釋, 後還總結. 第二別解, 八因緣中, 初一是總相因, 後七是別相因.

첫 번째 물음[259]은 (글을 보면) 알 수 있는데(可見), 답에는 세 가지가 있으니, 총상을 드러내고(總標), (나머지 일곱 가지에 대해서) 건건이 개별적으로 풀이하고(別釋), 뒤에 가서 다시(還) 통틀어서 결론짓는(總結) 것이다. 두 번째는 별해別解인데, 여덟 가지 인연 중에 맨 처음의 것은 총상인總相因이며, 나머지 일곱은 별상인別相因이다.[260]

初言"總相", 有其二義. 一者凡諸菩薩有所爲作, 每爲衆生離苦得樂,

---

259 첫 번째 물음은 "어떤 인연으로 이『기신론』을 지었는가?"를 말한다.

260 이 같은 총상인總相因, 별상인別相因의 개념도『법화현의』의 '오중현의五重玄義'에 바탕을 둔 설명이다. 천태지자는『법화현의』에서 '오중현의'로『법화경』을 해석하면서, 통석通釋과 별석別釋으로 나누어, ①통석은 '오중五重'을 모두 합하여 총괄적으로, ②별석別釋은 '오중'을 각각 설명하는 방식을 취하고 있다.『법화현의』10권 중 1권에서는 통석과 별석을, 2권부터 10권까지는 별석을 기술하고 있다.

『기신론』의 여덟 가지 인연을 총상과 별상으로 나누는 것이나,『법화현의』에서 통석과 별석으로 나누는 것은 같은 개념인 것이다. 이는 천태지자가『기신론』의 영향을 받은 것으로 추측이 가능케 하는 대목이다.

非獨在此造論因緣, 故曰"總相." 二者此因雖望立義分文作緣, 然彼立
義分, 總爲解釋分等作本, 此因亦通爲彼作緣. 依是義故, 亦解"總相."
言"離一切苦"者, 分段變易一切苦也. "究竟樂"者, 無上菩提大涅槃樂
也. "非求世間"者, 不望後世人天富樂也. "名利恭敬"者, 不求現在虛
僞之事也.

첫 번째의 "총상"이라 말하는 것에는 두 가지 뜻이 있다. 첫째로 무릇
(마명과 같은) 모든 보살들은 하고자 바(所爲作)가 있는데, 언제나(每)
중생들이 고통을 여의고 즐거움을 얻게 하는 것이다(離苦得樂). 단지
이 논論을 지은 인연에만 있는 것이 아니다. 그래서(故) 총상이라
말한 것이다. 둘째는 이 인因이 비록 '입의분'의 글을 짓는 연緣을
세우려는(望立) 것이나, 저 입의분 전체(總)가 해석분 등을 짓는 근본이
되므로(爲) 이 인因 역시 저 해석분을 짓는 연緣과 통하는 것이다.
이러한 뜻에 따라 "총상"이라고 풀이한 것이다. "일체의 고를 여읜다(離
一切苦)"라고 말한 것은 분단생사分段生死[261]와 변역생사變易生死[262]에서

---

261 번뇌의 유루업인有漏業因의 번뇌장煩惱障으로 말미암아 삼계에서 윤회하는
    범부 중생들의 생사로, 과거의 업業에 따라 신체의 크고 작음(形段)과 목숨의
    길고 짧음(分限)이 정해진다 해서 분단分段생사라 한다.
262 무루업인無漏業因의 소지장所知障으로 말미암아 태어나는 성자들의 생사로,
    업인에 의해 신체의 크고 작음, 목숨의 길고 짧음이 정해지는 중생들과 달리,
    성자들은 신체와 수명을 자유자재로 변화시킨다고 하여 변역變易이라 한다.
    그러나 아직 미세한 번뇌가 남아 있으므로 성불할 때까지 약간의 고苦가
    있는 것이다. 또한 지장보살과 같이 모든 번뇌를 멸해 삼계의 윤회를 면했음에
    도 부처가 되어 열반에 드는 대신에 중생구제라는 자비원력으로 다시 중생의
    몸으로 태어나는 보살의 생사이기도 하다. 변역생사는 일반범부는 알기가

의 일체의 고를 뜻한다. "구경락究竟樂"이란 무상보리 대열반락無上菩提
大涅槃樂을 말한다. "세간의 명리나 공경을 구하는 것이 아니다"라는
것은 후세에 인간과 천상의 부귀와 즐거움을 바라지 않는다는 것이요,
"명리와 공경"이란 현재의 헛되고(虛) 거짓된(僞) 일들을 구하지 않는
것이다.

此下七種是其別因, 唯爲此論而作因故, 望下七處作別緣故. 第二因
者, 解釋分內有三段中, 爲二段而作因緣, 謂顯示正義, 對治邪執. 顯
示正義之中說云, "依一心法有二種門, 是二種門皆名總攝一切諸法.
當知卽是如來所說一切法門之根本義. 以是一心二門之內, 無一法義
而所不攝故. 故言爲欲解釋如來根本之義也. 彼第二段對治邪執者,
卽令衆生捨離人法二種謬執. 故言爲令衆生正解不謬故"也.

다음 아래의 일곱 가지는 별인別因으로, 오직 이 『기신론』을 위하여
짓는 인因이 되는 까닭이며, 아래 일곱 군데에 대하여 짓는 별연別緣인
까닭이다. 두 번째의 인因은 해석분에 있는 세 문단 중에 두 문단을
짓는 인연이 되는 것이니, 현시정의(顯示正義: 바른 뜻을 드러냄)와
대치사집(對治邪執: 잘못된 집착을 다스림)을 말한다.

　현시정의 중에 설하기를 "일심법一心法에 의하면 두 가지 문門[263]이
있는데, 이 두 가지 문이 다(皆) 각기 일체의 모든 법을 총섭總攝한다고
하였으니, 마땅히(當) 이것이 여래가 설한 일체 법문의 근본 뜻임을

어려워 부사의생사不思議生死라고도 한다.

263 심진여문心眞如門과 심생멸문心生滅門을 말한다.

알아야 할 것이다. 이(是) 일심이문—心二門 안에는 어떠한 법法이나
뜻(義)이라도 아우르지(攝) 못하는 것이 없는 까닭에 여래의 근본
뜻을 해석하기 위함이라고 말한 것이다. 저 두 번째 문단의 대치사집이
란 곧(卽) 중생들로 하여금(令) 아집(人)과 법집(法) 두 가지 그릇된
집착을 여의게(捨離) 하는 까닭에, 중생들로 하여금 바르게 이해하여
그릇됨이 없도록 하기 위함이라고 말한 것이다.

第三因者, 爲解釋分內第三段文而作因緣. 彼文"分別發趣道相", 令利
根者決定發心進趣大道, 堪任住於不退位故. 故言"爲令善根乃至不
退信"故.

세 번째의 인因은 해석분의 세 번째 문단이 짓는 인연이 된다. 저
"분별발취도상(分別發趣道相: 도에 발심하여, 나아가는 상)"은 이근자利根
者[264]로 하여금 기어코 발심케 하여 대도大道에 나아가 대도를 감당하여
(堪任) 불퇴위不退位에 머물게 하려는 까닭이니, 고故로 "선근자善根者
로 하여금 나아가(乃至) 믿음에서 물러나지 않게 하려는 까닭이다"라고
말한 것이다.

---

264 이근자利根者나 선근자善根者는 모두 근기根機를 나타내는 말로, 불도를 닦는
데 있어, 예리하고 영리한 자질을 말한다. 근기의 사전적 의미는 "중생이
교법敎法을 듣고 이를 깨달을 만한 능력(能力)"이나, 신심(信心: 열정)과 이해력
(교육수준)을 합친 의미로 이해하면 좋겠다. 종교에서 신심이 없는 이해력(교육
수준)은 무의미하기 때문이다. 이와 같은 중생의 근기가 인因이라면, 선지식이
나 도반, 경론(교재) 등은 연緣인 것이다.

第四因者, 爲下修行信心分 初四種信心及四修行之文而作因緣. 故言"爲令修習信心故"也.

네 번째의 인因은 아래²⁶⁵의 '수행신심분'의 처음 네 가지 신심과 네 가지 수행의 글을 짓는 인연이 되는 것이니, 그러므로 "신심을 닦고 익히게 하려는 까닭이다"라고 말한 것이다.

第五因者, 爲下第四修行末云, "復次若人雖修信心, 以從先世來多有重惡業障"以下, 說除障法五行許文而作因緣. 故言"爲示方便消惡業障乃至出邪網故"

다섯 번째의 인因은 아래의 글²⁶⁶ 네 번째의 수행(신심분)의 끝부분에 "다시(復次) 만약 어떤 사람이 비록 신심을 닦았으나 선세先世로부터 무거운 악업의 장애가 많은 까닭에"라고 한 아래(以下)에, 장애를 제거하는 법인 다섯줄(五行) 가량(許)의 글을 짓는 인연이 되는 것이다. 고故로 "방편을 보여 악업장惡業障을 없애고, 나아가 사악한 그물에서 벗어나게 하기 위한 까닭이다"라고 말한 것이다.

第六因者, 爲彼"云何修行止觀"以下, 乃至"止觀不具則無能人菩提之道", 三紙許文而作因緣. 故言"修習止觀乃至心過故."

여섯 번째의 인因은 저곳²⁶⁷에서 "어떻게 지관止觀을 수행하는가" 이하에

---

265 【논論-71】 참조.

266 【논論-75】 참조.

267 【논論-76~83】 참조.

서 나아가 "지·관을 함께 닦지 않는다면 누구도 능히 보리菩提의 도에
들어갈 수 없다"라고 한 데까지가 세 장 가량(許)의 글을 짓는 인연이
되는 것이니, 고故로 "지관止觀 내지 심과(心過: 마음의 허물)를 닦고
익히는 까닭이다"라고 말한 것이다.

第七因者, 爲彼修行信心分末云, "復次衆生初學是法"以下, 勸生淨土
八行許文而作因緣. 故言"爲示專念方便 生於佛前等也.

일곱 번째의 인因은 저 수행신심분 말미[268]에 "다시 중생이 처음 이
법을 배워……" 이하에서 정토淨土에 태어나기를 권하는 여덟 줄(八行)
가량(許)의 글을 짓는 인연이 되는 것이다. 고故로 "염불에 전일專一한
방편을 보여 부처님 앞에 태어나서……" 등이라고 말한 것이다.

第八因者, 爲彼第五勸修利益分文而作因緣. 故言"爲示利益勸修行故."
次言"有如是等因緣所以造論"者, 第三總結也. 直顯因緣竟在於前.

여덟 번째 인因은 저 다섯 번째 권수이익분의 글을 짓는 인연이 되는
것이니, 고故로 "이익을 보여 수행을 권하는 까닭이다"라고 말한 것이
다. 이어서 "이와 같은 여러 가지(等)의 인연이 있는 까닭에 『기신론』을
지은 것"이라 말한 것이 세 번째 총결부분이다. 곧바로 인연을 나타냄을
여기서 마친다.

---

268 【논論-85】 참조.

【論論-07】『기신론』을 설설해야 하는 이유

問曰. 脩多羅中具有此法, 何須重說. 答曰, 脩多羅中雖有此法. 以衆生根行不等, 受解緣別. 所謂如來在世, 衆生利根. 能說之人 色心業勝. 圓音一演, 異類等解, 則不須論. 若如來滅後, 或有衆生 能以自力廣聞 而取解者, 或有衆生 亦以自力少聞 而多解者. 或有 衆生無自心力, 因於廣論 而得解者, 亦有衆生 復以廣論文多爲 煩, 心樂總持少文 而攝多義能取解者. 如是此論, 爲欲總攝如來 廣大深法無邊義故 應說此論.

문기를, 수다라(經: Sūtra) 중에 이 법을 다 갖추고 있는데, 어찌하여 또다시(重)[269] 설하는가?

답하길, 수다라 중에 비록 이 법이 있다 하더라도 중생의 근기와 행동(因)이 같지 않으며, 받아서 이해하는 연緣이 다르기 때문이다. 소위 여래께서 세상에 계실 때에는 중생의 근기가 영리하고, 설하는 사람(如來)도 색色,[270] 심업(心業: 지혜, 정신)이 수승하여 원음圓音[271]으로

---

[269] 중重은 '무거운'의 뜻이 아니라 거듭, 반복의 의미이다. 『천수경, 십악참회』의 중죄重罪는 '무거운 죄'의 의미도 있겠지만 '반복하여 계속 짓는 죄'의 의미로 이해해야 한다. 우리는 무거운 죄를 짓기도 하지만, 크고 작은 같은 죄를 계속해서 반복하여 짓기 때문이다.

[270] 부처님의 색신, 즉 '32상과 80종호'를 갖춘 부처님의 모습으로 색色에 자재한 것을 말하고 있다.

[271] 원음圓音은 부처님의 육성을 말한다. 중생을 제도하고 선업의 길로 인도하는 진리의 말씀으로, 부족하거나 막힌 데가 없어 어느 때 어느 곳에나(시방삼세) 통하는(圓) 말씀(音)이란 뜻으로 원음圓音이며 일음一音이다.

한 번 연설하면 일체중생들이(異類)[272] 똑같이(等)[273] 이해하므로 (따로) 논을 필요로 하지 않았다. 그러나 여래가 돌아가신 후에는 혹 ①어떤 중생은 자력으로 널리 듣고서 이해하는 사람이 있고, 혹 ②어떤 중생은 자력으로 조금 듣고도 많이 아는 사람이 있으며, 혹 ③어떤 중생은 스스로 심력(心力: 자력)이 없어서 광론廣論에 의지(因)하여 이해하는 사람도 있으며, 또한 ④어떤 중생은 오히려(復) 광론의 글이 많음을 번거롭게 여겨, 마음속으로 총지摠持[274]와 같은 소문(少文: 짧은 글)이지만(而) 많은 뜻을 가지고 있는 것을 좋아하여 능히 잘 이해하는 사람도 있다.

이와 같이 이 논은 여래의 광대하고 깊은 법의 끝없는(無邊) 뜻을 총섭總攝[275]하고자 하는 까닭에 마땅히 이 『기신론』을 설하는 것이다.

---

272 천상, 인간, 축생 등의 서로 다른 부류(異類)의 많은 중생들을 말한다.

273 인간과 축생의 이해도가 같았다는 뜻이 아니라 축생은 축생의 입장에서, 인간은 인간의 입장에서 이해했다는 뜻이다.

274 총지摠持는 모든 뜻을 하나로 모아 가진다는 의미로 능지能持, 능차能遮라고도 한다. 쉽게 말해 많은 뜻을 가진 짧은 글이라고 이해하면 된다. 또한 '다라니'라고 하는 진언眞言의 뜻으로, '신묘장구대다라니'와 같은 부처님 가르침의 정수精髓를 담아 신비로운 힘을 가진 주문이라는 뜻도 있다.

그러나 부처님 재세 시는 세속의 주술이나 밀법密法을 금하였으나, 대승불교에 와서는 성행하여 4세기부터 독립된 경이 만들어져 다라니를 중심으로 대일여래大日如來의 설법이라고 칭하는 밀교密教가 성행하게 되었다. 이런 비非불교적인 것들로 인해 인도에서 불교가 힌두(hindu)화되거나 사라지는 원인 중의 하나가 되기도 하였다고도 한다.

275 전체(總)를 아우르다(攝).

【소疏-07】

第二遣疑, 有問有答. 問中言"經中具有此法"者, 謂依前八因所說之
法, 如立義分所立法義, 乃至勸修分中所示利益. 如是等諸法, 經中具
說, 皆爲衆生離苦得樂. 而今更造此論重說彼法者, 豈非爲求名利等
耶. 以之故言"何須重說." 是擧疑情而作問也.

두 번째 의심을 없애는 것에 대한 문답이 있다. 물음 중에 "경 속(中)에
이 법이 갖추어져 있다" 함은 앞의 여덟 가지 인연에 의거하여 설한
법을 말하는 것이니, 이는 「입의분」에서 세운 법法과 의義와 나아가
「권수분勸修分」에서 보인 이익과 같은 것이다. 이와 같은 모든 법을
경經 중에서 갖추어 설하였으니, 이는 모두(皆) 중생들이 고통을 여의고
즐거움을 얻게 하기 위한 것이다. 그럼에도(而) 이제(今) 다시(更)
이 『기신론』을 지어 거듭(重) 저 같은 법을 설하는 것이 어찌(豈)
명예나 이익 등을 구하는 것이 아니겠는가? 이러한 까닭에 "어찌하여
거듭 설하는가(重說)?"라고 말한 것이다. 이는 (다른 사람의 입장에서)
의심하는 마음을 내어 질문을 한 것이다.[276]

---

[276] 저자인 마명보살이 중생들의 입장에서 의심하여 질문하고 스스로 답하는
형식이다. 뒤에 나오는 대치사집도 역시 이와 같은 문답이다. 어느 분야든
이렇게 스스로 묻고 답한다는 것은 이미 그 분야에 통달했음을 의미한다.
아무것도 모르면 질문을 할 수 없는 것이다. 『금경경』에는 수보리 존자의
질문이 수없이 등장한다. 이는 수보리 존자가 중생들의 마음을 꿰뚫고 있는
보살의 경지에서 중생들을 대신해서 질문을 하는 것일 뿐 몰라서 하는 질문이
아니다. 둘 다 마명보살과 수보리 존자의 대비심大悲心의 발로인 것이다.

答中有三, 略答, 廣釋, 第三略結答. 答中言"脩多羅中雖有此法"者,
與彼問辭也. "根行不等受解緣別"者, 奪其疑情也. 經論所說雖無別
法, 而受解者根行不同. 惑有依經不須論者, 惑有依論不須經者. 故爲
彼人必須造論. 答意如是.

답에는 세 부분이 있으니, ① 간략하게 답한 것, ② 자세하게 풀이한
것, ③ 간략하게 결론 지어 답한 것이다. 답 중에 "수다라 중에 비록
이 법이 있다 하더라도"라고 말한 것은 저 묻는 말에 대한(與) 것이고,
"중생의 근기와 행동(因)이 같지 않으며, 받아서 이해하는 연緣이 다르
다"는 것은 그 의심하는 마음을 없애는 것이다. 경經과 논論에서 설한
법이 서로 다르지는 않으나, 받아 이해하는 사람의 근기와 행동이
같지 않은 것이다. 혹자는 경에 의지하고 논은 필요로 하지 않는 사람이
있고, 혹은 논에 의지하여 경은 필요로 하지 않는 사람도 있는 까닭에,
저 논에 의지하여 경은 필요로 하지 않는 사람을 위하여 반드시 논을
지어야 하는 것이다. 답의 뜻은 이와 같다.

次則廣顯, 於中有二. 先明佛在世時說聽俱勝. 後顯如來滅後根緣參差.

다음은 자세히 드러냄이니, 여기에는 두 가지가 있다. 먼저 부처님
재세 시에는 설하는 부처님과 듣는(聽) 중생들이 모두(俱) 수승했음을
밝혔고, 다음에는 여래 멸후에는 중생의 근기와 인연이 서로 같지
않음(參差)[277]을 밝힌 것이다.

---

277 원래는 참치부제參差不齊로 머리빗의 길이가 길고 짧고 들쭉날쭉하여 가지런하
지 아니함을 말한다. 差는 '들쭉날쭉할 치, 가지런하지 않을 치'로 읽는다.

初中言"如來在世衆生利根"者, 明聽人勝. "能說之人色心業勝"者, 顯
說者勝. "圓音一演"者, 成說者勝. "異類等解"者, 成聽人勝. "則不須
論"者, 結俱勝義.

처음에 "여래께서 세상에 계실 때에는 중생의 근기가 영리하다"고
말한 것은 듣는 사람이 수승함을 밝힌 것이고, "능히 설하는 사람(如來)
도 색색, 심업(心業: 지혜, 정신)이 수승하다"고 말한 것은 설하는 사람
(부처님)의 수승함을 드러낸 것이다. "원음으로 한 번 연설한다"라는
것은 설하는 사람의 수승함을 말한 것이고, "일체중생들이(異類) 똑같
이(等) 이해했다"는 것은 법을 듣는 사람의 수승함을 말한 것이며,
"따로 논을 필요로 하지 않았다"는 것은 부처님 재세 시에는 설하시는
부처님과 듣는 중생들 모두가(俱) 수승했다는 뜻으로 마무리한(結)
것이다.

此言"圓音"則是一音. 一音圓音, 其義云何. 昔來諸師說者不同. 有師
說云, "諸佛唯是第一義身, 永絶萬像, 無形無聲. 直隨機現無量色聲.
猶如空谷無聲, 隨呼發響. 然則就佛言之, 無音是一. 約機論之, 衆音
非一. 何意說言一音圓音者. 良由一時一會異類等解. 隨其根性各得
一音, 不聞餘聲, 不亂不錯, 顯是音奇特, 故名一音. 音徧十方隨機熟
處無所不聞, 故名圓音. 非謂如空遍滿無別韻曲. 如經言'隨機類音普
告衆生' 斯之謂也"

여기서 말하는 "원음圓音"이란 곧 일음一音이니, 일음과 원음은 그 뜻이
어떠한가? 예로부터 여러 논사들의 설이 같지 아니하니, 어떤 논사는

설하기를 "모든 부처님은 제일의第一義[278] 몸(身)이니, 영원히 만상(萬
像: 모든 형상)을 여의어 형체도 없고 소리도 없으나, 다만(直) 중생의
근기를 따라 무량(無量: 셀 수 없이 많은)한 형체와 소리를 나타내신다
(現). 이는 마치 빈 골짜기에는 본래 소리(聲)가 없지만 누가 소리(呼)를
지르면 그 소리에 따라 메아리(響)가 울려 퍼지는 것과 같다.[279] 그런즉
부처님의 입장에서 말한다면 소리가 없는 것이니 곧 하나이지만, 중생
의 근기에 따라(約) 논한다면 여러 가지(衆) 소리이니 곧 하나가 아닌
것이다. 무슨 뜻으로 일음이니 원음이니 말하는가? 실로(良) 같은
때, 같은 곳에 모인 일체중생들이 똑같이(等) 이해함으로 말미암아(由)
그 근기와 성품에 따라 각각 일음은 듣고 다른 소리는 듣지 아니하여
착란錯亂되지 아니하니, 이것은 음의 기특함을 드러내는 까닭에 일음이
라고 이름(名)한 것이며, 음이 시방十方에 두루하여 근기의 성숙 정도에
따라 들리지 않는 곳이 없는 까닭에 원음이라 이름(名)하는 것이지,
허공이 두루 가득 차 별다른 운곡(韻曲: 소리의 가락이나 높낮이)이
없는 것을 말하는 것은 아니다. 마치 경에 이르기를 '근기에 따라
그에 맞는 음(類音)을 널리(普) 중생에게 알려준다'라고 한 것과 같으
니, 바로 이것을 말한 것이다"라고 하였다.

---

278 범어 'paramārtha'의 한역으로 근본, 가장 뛰어난 이치, 궁극적인 이치, 있는
그대로의 모습 등의 뜻이다. 따라서 제일의신第一義身은 근본적인 몸, 즉 '진리의
몸'이라는 뜻을 갖는다. 한편 제일의제第一義諦는 모든 것이 공空이라는 일체개
공一切皆空이라는 원리를 뜻한다.

279 달은 하나이지만 그 달은 이슬에도, 도랑에도, 강에도, 바다에도, 물이 있는
곳이면 다 비치는 것과 같다(千江有水千江月).

惑有說者. 就佛言之, 實有色聲. 其音圓滿, 無所不遍, 都無宮商之異,
何有平上之殊. 無異曲故 名爲一音, 無不遍故說爲圓音. 但由是圓音
作增上緣, 隨根差別現衆多聲. 猶如滿月唯一圓形, 隨器差別而現多
影. 當知此中道理亦爾. 如經言, "佛以一音演說法, 衆生隨類各得解故"

혹 어떤 이는 설하기를, 부처님 입장에서 말한다면 실로 부처님도
색(色: 형상)과 성(聲: 소리)이 있으며, 그 음(音: 소리)이 원만하여
두루하지 않는 바가 없어서, 궁음宮音이나 상음商音의 차이도 없거늘
어찌 평성平聲과 상성上聲의 다름이(殊) 있겠는가? 이처럼 서로 다른
높낮이(曲)가 없는 까닭에 일음一音이라 이름하며, 두루하지 않는 곳이
없는 까닭에 원음圓音이라 설하는 것이니, 단지 이 원음이 증상연增上
緣[280]을 짓는 까닭에(由) (중생들의) 근기의 차별에 따라 여러 가지
많은 소리로 나타나는(現) 것이다. 이는 마치 보름달(滿月)이 오직
하나의 원형圓形이지만 물그릇의 차별(생긴 것의 차이)에 따라 다양한
그림자를 나타내는 것과 같다. 여기서 (부처님의) 도리도 또한 역시
그러함(亦爾)을 알아야 할 것이다. 『유마경』에서 "부처님은 일음으로
법을 연설하시나, 중생들은 자기들의 수준에 따라 저마다 달리(各)
이해한다"[281]라고 말한 것과 같다.[282]

---

280 육근六根과 육경六境에 의해 인식 주관에 들어온 대상을 분석하고 판별하여
다른 것이 생겨나는 데 힘을 주어 돕는 것을 말한다.

281 대정장·제14권, 『유마경, 불국품』, p.538상 2행.

282 이처럼 중생들의 근기에 따라 설하시는 것을 대기설법對機說法이라 한다.
여기서 원음이니 일음이니 하는 음音은 바로 부처님의 가르침(진리)을 말한다.

惑有說者. 如來實有衆多音聲, 一切衆生所有言音, 莫非如來法輪聲
攝. 但此佛音無障無碍. 一卽一切, 一切卽一, 故名一音. 一卽一切,
故名圓音. 如華嚴經言, "一切衆生言法, 一言演說盡無餘, 悉欲解了
淨密音, 菩薩因是初發心故. 又此佛音不可思議. 不但一音言卽一切
音. 亦於諸法無不等遍."

혹 어떤 이가 설하기를, 여래는 실로 많고도 다양한 음성[283]이 있기에
일체중생들이 가진 언음(言音: 말과 소리)이 여래의 법륜法輪의 소리
(聲: 가르침)에 포함되지 않는 것이 없다. 단지 이 부처님의 음성에는
장애가 없어 하나가 곧 일체이며, 일체가 곧 하나이니(故) 일음이라
이름하는 것이며, 하나가 곧 일체이므로 원음이라 이름하는 것이다.
이는 『화엄경』에서 "부처님은 일체중생들의 말하는 법(言法)을 한마디
로 남김없이(無餘) 다(盡) 연설하셔서, 중생들 모두(悉)가 다 정밀淨密
한 음까지 알아듣게 하시니, 보살들이 이로 인하여 처음 발심하게
되는 까닭이다. 또한 이 불음(佛音: 부처님의 가르침)은 불가사의하니,
단지 한마디(一音)의 말씀(言)이 곧 일체음一切音이며, 또한 제법에도
똑같이(等) 두루하지 않음이 없다"[284]라고 말한 것과 같다.

今且略擧六雙, 顯其等遍之相. 一者等於一切衆生及一切法. 二者等
於十方諸刹及三世諸劫. 三者等於一切應身如來及一切化身諸佛. 四

---

283 다양한 음성은 다양한 방편을 말한다. 중생들에게는 부처님의 8만4천 법문이
   모두 방편인 것이다.
284 대정장 제9권, 60권 『화엄경』, p.447중 6~7행.

者等於一切法界及虛空界. 五者等於無礙相入界及無量出生界. 六者
等於一切行界及寂靜涅槃界.

이제 대략 여섯 쌍을 들어 그 똑같이(等) 두루(遍)한 모습(相)을 드러내
겠다. 첫째는 일체중생과 일체법에 똑같이 두루하며, 둘째는 시방의
모든 공간과 삼세三世의 모든 시간[285]에 똑같이 두루하며, 셋째는 일체의
응신여래應身如來와 일체의 화신제불化身諸佛에 똑같이 두루하며, 넷
째는 일체법계一切法界와 허공계에 똑같이 두루하며, 다섯째는 무애상
입계無礙相入界와 무량출생계無量出生界에 똑같이 두루하며, 여섯째는
일체행계一切行界와 적정열반계寂靜涅槃界에 똑같이 두루하다.

此義如華嚴經三種無礙中說. 隨一一聲等此六雙, 而其音韻恒不雜
亂. 若音於此六雙有所不遍, 則音非圓. 若由等遍失其音曲, 則圓非
音. 然今不壞曲而等遍, 不動遍而差韻. 由是道理, 方成圓音. 此非心
識思量所測. 以是法身自在義故. 一音之義略說如是. 且止餘論還釋
本文.

이 뜻은 『화엄경』의 삼종무애[286] 중의 설과 같다. 하나하나의 소리를

285 「법성게」의 '구세십세호상즉九世十世互相卽'과 상통한다. 삼세三世의 하나하나
를 다시 삼세로 나누어 구세九世, 그 구세를 초월한 십세十世는 서로 상즉相卽하
며, 일념一念에 내재하는 것이라고 하였다.

286 무애無礙는 어떤 장애에 막히거나 걸림이 없다는 뜻으로, 『화엄경』에서는
보살의 ① 총지무애(大總持) ② 변재무애(大辯才) ③ 도법무애(大智慧) 등 삼무
애三無礙, 『화엄경소疏』에서는 비로자나불의 십무애十無礙, 『원각경』에서는
① 법무애해法無礙解 ② 의무애해義無礙解 ③ 사무애해詞無礙解 ④ 변무애해辯無

따라 이 여섯 쌍에 똑같이 두루하면서도 그 음운音韻이 항상 번잡하거나 요란스럽지 아니하니, 만약 음이 이 여섯 쌍에 똑같이 두루하지 않는다면, 그 음音은 시방삼세에 두루한 것(圓)이 아니다. 만약 똑같이 두루함 (等遍)으로 말미암아 그 음이 곡조를 잃는다면, 시방삼세에 두루하지만 음이 아닌 것이다. 그러나 이제 제 곡조를 파괴하지 않으면서 똑같이 두루 미치며, 두루 미침(遍)에는 영향을 주지 않으면서(不動) 운(韻: 소리의 높낮이)에는 차별이 있으니, 이런 도리로 말미암아(由) 비로소 (方) 원음이 성립되는 것이다. 이는 심식心識[287]과 사량思量[288]으로 알 (測) 수 있는 것이 아니니, 이는 법신法身의 자유자재한 이치(義)인 까닭이다. 일음의 뜻은 대략 이 정도로 설하고, 이제(且) 나머지 논(餘 論)은 접고, 다시(還) 본문을 풀이하겠다.

此下第二明佛滅後根行參差. 於中別出四種根性. 初二依經而得解 者. 後二依論方取解者.

이 아래 두 번째로, 여래 멸후에 중생의 근기와 인연이 서로 같지 않음(參差)을 밝힌다(明). 이 중에 별도로 네 가지 근성根性으로 나누었 는데(出), 처음 둘은 경經에 의지하여 알게 되는 사람이고, 뒤의 둘은

礙解 등의 사무애四無礙, 『대품반야경』에서는 오온五蘊에 자재한 무애無礙 등이
대표적이며, 이 밖에도 심무애心無礙, 색무애色無礙, 해무애解無礙, 변무애辯無
礙, 이무애理無礙, 사무애事無礙, 이사무애理事無礙 등등의 수많은 무애가 경과
논에 등장하나 이를 공부 삼아 다 외울 필요는 없다.

287 인식하고 식별하는 마음의 작용.

288 생각하고 헤아림.

논論에 의지해야 비로소(方) 알게 되는 사람이다.

初中言"能以自力廣聞而取解者"者, 依廣經聞得解佛意, 而不須論. 故
言"自力"也. 第二中言"亦以自力少聞而多解者"者, 未必廣聞諸經文
言, 而能深解諸經意致, 亦不須論. 故言"自力." 第三中言"無自心力"
者, 直依佛經則不能解, 故言無力. 因於智度瑜伽等論, 方解佛經所說
意趣, 故言"因於廣論得解"者. 第四中言"復以廣論文多爲煩"者, 雖是
利根而不忍緊. 此人唯依文約義豊之論, 深解佛經所說之旨. 故言"心
樂總持少文而攝多義能取解者." 此四中, 前三非今所爲. 今所爲者在
第四人也.

첫 번째, 글 중에 "능히 자력自力[289]으로 널리 듣고 이해하는 사람(取解
者)"이라 함은 널리 경經을 들음으로써 부처님의 뜻(佛意: 가르침)을
이해하게 되니, 따로 논론을 필요로 하지 않은 까닭에 "자력"이라고
말한 것이다.

　두 번째, 글 중에 "또한 자력으로 조금만 듣고도(而) 많이 이해하는
사람(多解者)"이라 함은 반드시 널리(廣) 모든 경문들을 두루 듣지는
않았지만 능히 모든 경들의 뜻을 깊이 이해할 수 있는 경지에 도달(致)하
여, 역시 논을 필요로 하지 않는 까닭에 "자력"이라 말하였다.

　세 번째, 글 중에 "스스로 심력이 없다"라 함은 다만(直) 불경佛經에만

---

[289] 경을 해설하는 사람의 도움이나 또는 경을 이해하기 위해 논론을 뒤적이지
않더라도 경을 읽으면 스스로 이해하기 때문에 자력自力이라고 한 것이며,
그러한 능력을 자심력自心力이라 한 것이다.

의지해서는 능히 이해할 수 없는 까닭에 "무력無力"하다고 말한 것이다. 『지도론智度論』이나 『유가론瑜伽論』 등의 논에 의지(因)해서야 비로소(方) 부처님이 경에서 설한 의취(意趣: 근본 뜻)를 이해하는 까닭에 널리 논으로 인因하여 이해하는 사람(得解者)이라고 말한 것이다.

네 번째, 글 중에 "다시 광론의 많은 글을 번거롭게 여긴다"라고 함은 비록 이근利根이긴 하지만 번거로움을 참지 못하는 것이니, 이런 사람은 오직(唯) 글이 간략하면서도 이치(義)가 풍부한 논론에 의해서만 불경에서 설하는 뜻(旨)을 깊이(深) 이해하는 까닭에 "마음속으로 총지와 같이 소문少文이지만 많은 뜻을 총섭하고 있는 것을 좋아하여 능히 잘 이해하는 사람"이라 말한 것이다. 지금 이 『기신론』은 네 부류의 사람 중 앞의 세 부류를 위한(所爲) 것이 아니고, 네 번째 부류의 사람을 위한 것이다.

"如是"以下第三結答. 言"如是"者, 通擧前四種人. "此論"以下, 別對第四之人, 結明必應須造論意. 今此論者, 文唯一卷, 其普攝一切經意. 故言"總攝如來廣大深法無邊義故." 彼第四品樂總持類, 要依此論乃得悟道. 以之故言"應說此論"也.

"이와 같이(如是)" 이하는 세 번째로 답을 맺음이니, "이와 같이"라 함은 앞의 네 부류의 사람들을 통틀어 말하는 것이다. "이 논(此論)" 이하는 별도로 네 번째 부류의 사람에 대한 것이니, 결론적으로 마땅히 『기신론』을 지어야 하는 뜻을 밝힌 것이다.

지금 이 『기신론』의 글은 비록(唯) 한 권의 (작은 분량이지만) 널리

(普) 모든 경의 뜻을 아우르는(攝) 까닭에 "여래의 광대하고 깊은 법의 무변無邊[290]한 이치(義)를 총섭總攝한다"라고 말한 것이다. 저(彼) 네 번째 부류(品)인 총지總持 류類의 짧은 글(少文)을 좋아하는 사람들은, 요컨대(要) 이 『기신론』에 의지해야만 도를 깨칠 수 있다. 이런 까닭에 (以之故) "마땅히 이 『기신론』을 설한다"라고 말한 것이다.

---

290 변邊은 끝, 가장자리, 모퉁이 등의 뜻으로, 무변無邊은 끝이 없이 멀고 먼, 무한한 등의 의미이다.

2. 입의분立義分

법法	설일체유부 說一切有部 ⇒ 5위 75법[291]	유위법(세간법): 연기緣起하여 생멸生滅 ① 색법(11) ② 심법(1) ③ 심소법(마음작용 46) ④ 불상응행법(마음과 관련 없는 것 14) 등의 72 가지	⑤ 무위법(3 가지): 자체 항존恒存하여 상주불변常住不變
		자성自性, 삼세실유三世實有, 법	
	대승기신론 大乘起信論 ⇒ 중생심	세간법世間法	출세간법出世間法
		무자성無自性, 진여법성(眞如法性), 자성청정론自性淸淨論	

【논論-08】 대승의 두 가지-법法과 의義

마하연(대승) ⇒ 중생심	법法	중생심 (세간법+출세간법)	진여상	마하연의 체	체대
			생멸인연상	마하연 자체 상 용	체대 상대 용대
	의義	1)체대體大: 一切法眞如平等不增減 2)상대相大: 如來藏具足無量性功德 3)용대用大: 生一切世間出世間善因果 　　　　一切諸佛本所乘 　　　　一切菩薩皆乘此法到如來地			

已說因緣分, 次說立義分. 摩訶衍者總說有二種, 云何爲二. 一者
法, 二者義. 所言法者, 謂衆生心. 是心則攝一切世間法出世間法
依於此心顯示摩訶衍義. 何以故. 是心眞如相, 卽示摩訶衍體故.

---

291 梶川乾堂, 金明星 譯, 『俱舍論大綱』, 불광출판부, 1991.

是心生滅因緣相, 能示摩訶衍自體相用故.

이미 인연분因緣分을 설하였으니, 다음으로 입의분을 설하겠다. 마하연(대승)을 총체적으로 설(總說)하자면 (크게 나누어) 두 가지가 있으니, 무엇이 두 가지인가? 첫째는 대승의 법法[292]이며, 둘째는 대승의 뜻(義)[293]이다.

대승의 법法이라 함은 중생심衆生心[294]을 말함이니, 이 마음(중생심)이

---

[292] 법(法: dharma)이란 다르(dhar)에서 파생된 '~을 유지하는 자, 질서 지우는 자'의 의미로 인도의 고전인 『베다』에서는 자연계의 법칙, 인간계의 질서 등의 의미로 사용되었다. 온갖 것들을 총칭하는 말로서 진眞과 망妄, 시(是: 옳은 것)와 비(非: 그른 것)의 이치가 다 이 법에 들어 있다.

불교에서의 법法은 첫째, '부처님의 교설敎說'로서 불법佛法의 뜻을 갖는다. 둘째, 부처님의 깨달음의 바탕인 법체法體로서 연기법緣起法이다. 연기법은 공空, 무아無我, 무상無常의 근본 개념으로 『잡아함, 299 연기법경』에서는 "연기법은 여래가 만든 것도 아니고, 다른 사람이 만든 것도 아니다. 여래가 세상에 출현하든 안 하든 법계法界는 상주常住한다"라고 설했다. 셋째, 법의 성품(法性) 등의 의미로 사용된다. 세상 만물은 각기 그 자체로 다른 것과 차별되는 본성本性 또는 존재의 본질을 가지며, 그 본성에는 변하지 않는 불변의 부분, 즉 자성自性이 있다. 예를 들어 불은 뜨겁고, 물은 습하고 차다는 자성을 갖는다. 넷째, 일체법一切法, 만법萬法 또는 제법諸法 등의 '일체一切의 존재(法)', '모든 존재(法)'의 의미를 갖는다.

[293] 법法의 정확한 이해를 갖게 하는 것이 의義이다. 예를 들어 불은 뜨거운 것으로, 물은 습濕한 것으로 자성을 삼기에, 성냥을 보더라도 뜨겁다는 개념을 가지며, 얼음을 보더라도 물(濕)이라는 개념을 갖게 되는 것이다. 이와 같이 모든 법은 자체의 불변인 법法과 타他로 하여금 그것의 정확한 이해를 돕는 의(義: 이치, 뜻)를 갖고 있다.

[294] 중생심은 사용하는 의도나 종파에 따라 여러 가지의 의미를 갖는다. ①'중생이니 그렇다'는 자괴의 뜻을 가지며, 미혹과 이기심으로 가득 찬 존재, ②염染·정淨

곧(則) 일체의 세간법世間法[295]과 출세간법[296]을 아우르며(攝), 이 마음(중

이 함께 있는 우리 마음(아리야식), ③일체중생이 본래부터 갖추어 있는 마음으로 진여청정심 또는 자성청정심, ④세간과 출세간을 아우르는 마음, ⑤화엄종에서는 대법승의 본체인 여래심, ⑥천태종에서는 나날의 망심妄心으로 대승법의 본체라고 본다.

이 중생심은 진眞·망妄의 두 가지 마음이 혼합한 아리야식의 마음이므로, 여래장에 의지해 청정한 인연을 따르면 선과善果인 출세간의 인과를, 오염된 인연을 따르면 악과惡果인 세간의 인과를 이루는 것이다.

295 세간世間의 세世는 시간, 간間은 공간을 말한다. 우주宇宙와 같은 말이다. 우宇는 시간, 주宙는 공간을 뜻한다. 따라서 세간법이라 하면 시간과 공간의 제약을 받는 눈에 보이는 현상現相세계로서, 업력業力의 인연으로 일어난 삼계三界의 번뇌로 무상하여 찰나찰나(순간순간) 생生하고 멸滅하는 세상의 모든 현상을 말한다. 육도 중생의 마음이 그렇다는 것이다. 업력이라는 거부할 수 없는 힘에 이끌려 자신의 의지와 다르게 행하거나 초래되는 것을 말한다. 지혜, 좋은 인연, 나쁜 인연, 복덕 등도 모두 업력의 작용이다.

중생들은 ①자신의 이익(利), ②정신을 쇠약케 하는 쇠衰, ③타인으로부터 훼방, 비난, 욕설을 듣는 훼毁, ④명예(譽), ⑤타인으로부터의 칭찬(稱), ⑥타인으로부터 속임(譏), ⑦고苦, ⑧낙樂 등의 팔풍八風에 휘둘려 업력으로 빨려드는 것이다. 팔풍은 팔법八法이라고도 하며, 이에 휘둘리지 않으면 선지식이라 한다.

그러나 업력은 자신의 의지에 따라 바꿀 수 있다고 하며, 그 방법으로『기신론, 수행신심분』을 포함한 대부분의 대승경전에서는 육바라밀 수행을 권하고 있으며,『화엄경』에서는 십바라밀을 권하고 있다.

＊당송팔대가의 한 사람인 소동파(1037~1101)는 어느 날 참선을 하던 중, 도道를 통한 듯한 환희심에 다음과 같은 시를 지어 요원了元 불인선사(1032~1098)에게 보냈다.

계수천중천稽首天中天 하늘 중의 하늘이신 부처님께 머리 숙여 절하오니
호광조대천毫光照大千 백호광으로 삼천대천을 비추는 부처님

생심)에 의지하여 마하연(대승)의 뜻(義)을 드러내 보였으니(顯示),[297] 어째서 그러한가(何以故)? 이 마음의 진여상眞如相이 곧바로(卽) 마하연의 체體를 보이는 까닭이고,[298] 이 마음의 생멸인연상[299]이 능히 마하연(대승) 자체自體와 공덕(相)과 공용(用)을 보이는(示) 까닭이다.

所言義者, 則有三種. 云何爲三. 一者體大, 謂一切法眞如平等不

팔풍취부동八風吹不動　팔풍이 불어와도 흔들리지 않으시고
단좌자금련端坐紫金蓮　자금색 연화대에 단좌하고 계시네.

이 시를 받아 본 불인선사는 "방비(放屁: 방귀 뀌었군, 즉 무슨 강아지 풀 뜯어먹는 소리냐!)"라는 두 글자를 적어 보냈다. 칭찬을 기대하고 있던 소동파는 이 글자를 보자, 당장 강을 건너 불인선사에게 따지러 갔다. 불인선사 방 입구에 이르자, 다음과 같은 글이 붙어 있었다.

팔풍취부동八風吹不動　팔풍이 불어와도 흔들리지 않는다더니,
일비탄과강一屁彈過江　방귀 한 방에 열 받아 강을 건너왔구먼!

296 출세간出世間이란 시간과 공간의 제약을 받지 않아 눈에 보이지 않는 불멸의 실상實相, 현상 너머의 세계(열반)를 말한다. 업력의 인연을 초월하는 무루無漏의 해탈법, 열반법을 말한다. 성문, 연각, 보살, 부처의 세계로 사성四聖을 일컫는다.

297 우리는 보통 마음(중생심)이라 하면, 세간법世間法에서의 마음만 생각하지만, 『기신론』에서는 세간법을 초월하는 출세간법까지 포함하고 있으니, 일체의 제법諸法을 모두 마음(중생심) 안에 아울러서(攝), 지금까지 알지 못했던 마음의 광대무변함을 일깨워 주고 있다. 즉 인간 존재의 위대함을 설하고 있는 것이다.

298 진여상이 체體만 보이는 까닭은, 진여眞如는 모든 형상을 떠났기에 언어와 문자로 설할 수 없기 때문이다.

299 생멸인연상 역시 자체는 진여이나, 인연 따라 보이는 번뇌의 모습(相)이나 작용이 달라지기 때문에 대승의 자체와 공덕과 작용을 능히 보인다(示)라고 하는 것이다. 【논論-31】 참조.

增減故. 二者相大, 謂如來藏具足無量性功德故. 三者用大, 能生
一切世間出世間善因果故. 一切諸佛本所乘故, 一切菩薩皆乘此
法到如來地故.

대승법의 뜻(義)이라 함은 여기에 세 종류가 있으니, 무엇이 세 종류인
가? 첫째는 체대體大니, 일체의 법이 진여로서 평등하여 증增하지도
감減하지도 않는 까닭이고, 둘째는 상대相大니, 여래장如來藏[300]이 무량
한 성공덕性功德[301]을 구족한 까닭이고, 셋째는 용대用大니, 능히 일체의

---

300 유식파唯識派에 의해 계승 발전된 사상이 여래장설이다. 범어 'Tathāgata
-garbha'의 여래(如來: Tathāgata)와 태(胎: garbha)의 복합어로서 인간은 본래
'여래의 태 또는 종자'를 함장하고 있다는 뜻이다.
이 같은 여래장사상은 『화엄경』이나 『승만경』 등에서 염染·정淨의 근거로
설하고 있으나, 『기신론』에서는 여래장과 무명無明을 결합한 아리야식을
세워, 무명 속에서 미혹한 존재로 살아가는 중생들의 심식心識 측면에서 전개되
는 경계(번뇌)와 그 속에서 무명(번뇌)을 멸하고 여의는(離) 수행의 과정을
연기의 법칙을 바탕으로 체계적으로 제시하고 있다.

301 성공덕性功德은 무슨 일이든 노력만 하면 이루고 성공할 수 있는 뛰어난 능력과
어떤 상황에서든 옳게 판단하고 대처하고 행할 수 있는 지혜로, 이 같은 능력과
분별력은 모든 중생에 본래부터 하나도 부족함이 없이 갖추어져(具足) 있다는
것이다. 어째서 그런가? 중생은 모두 자성청정한 진여眞如로서 본래가 해탈한
완벽한 존재이기 때문이다. 결코 유약한 범부로서 기도처나 찾아 재(제)를
올리며 복福이나 구걸하는 나약한 존재가 아니라는 사실이다. 이로써 수행을
하면 스스로 부처도 될 수 있고, 무슨 일이든 이루지 못하고 성공하지 못할
것은 없으나, 성공하지 못하는 것은 끈기가(久) 부족한 탓이다.
공자는 『중용中庸』에서 무슨 일이든 지속적으로(久) 행할 것을 권하고 있다.
또한 "남이 한 번에 능하거든 나는 백 번을 하고, 남이 열 번에 능하거든
나는 천 번을 하라(人一能之己百之, 人十能之己千之)!"고 하였다.

세간과 출세간의 선善한 인과因果를 내는(生) 까닭이다. 일체제불도 본래 (마하연을) 타는(乘) 까닭이며, 일체의 보살이 모두(皆) 이 법에 의지하여(乘) 여래지(如來地: 여래의 경지 또는 지위)에 이르는(到) 까닭이다.[302]

불교에서의 수행(공부)은 이(久)를 깨달아 실천하는 것이다.

[302] 체體, 상相, 용用의 삼대三大는, 산하대지에 만물이 싹을 틔워 갖가지 모습을 드러내는 것에 비유할 수 있다. 이때 산하대지는 갖가지 모습을 드러낸 만물을 담는 바탕으로 하나(一)뿐인 체體이며, 갖가지 모습을 드러낸 만물은 상相이며, 땅속에서 싹을 틔워 갖가지 모습(萬象)을 드러내기까지의 과정과 변화를 용用이라 한다. 또 다른 예로, 흙으로 빚은 화분이나 도자기는 토기土器라는 점에서 일미 평등하여 어떠한 차별이나 피아彼我도 없다. 중생심의 본체本體도 이와 같다는 것이다(體). 그러나 토기들이 형상을 드러내면 꽃병이니 다기茶器니 식기食器니 하는 갖가지 종류의 차별이 있는 것이다. 중생심도 이와 같아 부처 같은 마음이 때론 도척의 마음으로 변하여 갖은 애증과 선악의 마음을 내는 차별이 있는 것이다(相). 토기들이 꽃병이니 다기니 식기니 하는 형상에 따라 쓰임새(用)가 있듯, 중생심에도 쓰임새(用)가 있으니, 인연 따라 갖가지 업을 지어 업보를 받는다(用). 용用이 있음으로 수행을 하여 성인도 되고 부처도 되는 것이다. 일미 평등하여 어떠한 차별이나 피아도 없는 진여의 덕성을 드러내면 깨달음(悟, 覺)이며, 감추고 있으면 미혹(迷惑, 不覺)인 것이다. 이와 같은 체·상·용이 위대하다 해서 체대, 상대, 용대라 하는 것이다. 보통 각각의 상相을 바탕인 체體에 포함시켜 체·용으로 설명하기도 한다. 이는 가람의 배치에도 적용되어, 주불主佛을 모신 대웅전을 중심으로, 스스로의 화化, 용用이 없는 당체當體인 비로자나불과 미륵불의 전각을 왼쪽에, 응화작용應化作用이 있는 관음전, 명부전, 나한전 등을 오른쪽에 배치한다. 스스로의 화化, 용用이 없다는 것은 중생의 연緣이 있어야만 동動한다는 뜻이다. 가람의 배치에도 이와 같은 좌체左體, 우용右用이라는 대원칙이 있는 것이다. 이는 좌左를 생명의 자리로 귀하게 여기고, 우右를 죽음의 자리로 천하게 여긴 노자老子의 사상과도 같다. 중국에서는 좌를 남성적인 것으로 하늘, 동쪽,

【소疏-08】

第二說立義分, 文中有二. 一者結前起後. "摩訶"以下, 第二正說. 立二
章門, 謂法與義. 法者是大乘之法體, 義者是大乘之名義. 初'立法'者,
起下釋中初釋法體之文. 次'立義'者, 起下"復次眞如自體相者"以下釋
義文也.

두 번째 설은 입의분이니, 글 중에는 두 부분이 있다. 첫째는 '입의분'에
서 결結을 먼저(前) 짓고, 추가설명은 뒤(後)의 '해석분'에서 한 것이
다.[303] "마하摩訶" 이하는 둘째로 바로(正) 결結에 대한 설명이다.[304]

생명의 자리로, 우를 여성적인 것으로 땅, 서쪽, 죽음의 자리로 생각했다.
『노자, 31장』에는 "군자는 평소에 좌측을 귀하게 여기고, 용병(用兵: 殺傷)의
경우는 우측을 귀하게 여긴다. 병기兵器는 상서롭지 못한 물건이므로 군자가
쓸 물건이 못 된다. 부득이하게 쓸 경우는 담담한 마음으로 써야 하며, 싸움에
이기더라도 뽐내지(美) 않는다. 만약 뽐낸다면 살인殺人을 즐거워하는 것이다
(君子居則貴左, 用兵則貴右. 兵者不祥之器, 非君子之器, 不得已而用之, 恬淡爲上.
勝而不美, 而美之者, 是樂殺人)"라는 말이 있는데, 이는 불살생으로 생명을 존중
하라는 불교사상과도 너무나 같다.

체상용體相用 삼대三大에 대한 구체적인 설명은 【논論-53, 54】에서 이어진다.

303 결전기후結前起後는 먼저(前) 핵심내용을 말하고(結), 다음으로(後) 그 결結한
내용을 설명한다(起)는 뜻이다. 즉 결結은 "인연분의 설을 마쳤으니(已), 다음으
로(次) 입의분을 설(起)하겠다"고 하면서, 설하고자 하는 핵심내용(結)을 먼저
결론지은 것을 말하며, 기(起: 설명)는 뒤에 이어지는 '해석분'에서 '입의분'에서
정한 '핵심내용(結)'에 대해 추가로 설명한 것을 말한다. 이렇게 이해해야
다음에 나오는 '기하起下'의 뜻도 이해가 되는 것이다. 따라서 이와 같이 결結과
기起를 이해하지 못하고, '기起'를 도식적으로 무조건 '일으킨다'라고 옮기면
앞뒤의 의미가 맞지 않는 이상한 글이 되고 만다.

원순은 『큰 믿음을 일으키는 글』(법공양)에서 "하나는 앞을 마무리 짓고 뒤의

이장二章의 문을 세우니(立) 법장문(法)과 의장문(義)을 말한다. 법法
이란 대승의 법체法體이고, 의義란 대승의 명의名義이다.[305] 먼저(初)
'법을 세운(立法) 것은' 아래의(起下)[306] 해석분 중에서 먼저(初) 법체에
관한 글(法體之文)[307]의 풀이로 이어지며, 다음으로(次) '의義를 세운(立
義) 것은' 아래의 (해석분 중에서) "다시 진여자체상이란(復次眞如自體
相者)"[308] 이하에서 의義에 대한 글(義文)의 풀이로 이어진다.

初立法中亦有二立. 一者就體總立, 起下釋中初總釋文. 二者依門別
立, 起下"言眞如者"以下別釋文也.

처음 법을 세우는(立法) 것에도 또한 두 가지의 세움이 있으니, 첫째는
취체총립就體總立[309]으로 아래의(起下) 해석분 중에 먼저 총괄하여 풀이
하는 글[310]로 이어지고, 둘째는 의문별립依門別立[311]으로 아래의 (해석분

내용을 시작하는 실마리이고, 다른 하나는 '대승' 아래에서 바로 본론의 내용을
말하며"라고 옮기고, 은정희는 『원효의 대승기신론 소·별기』(일지사)에서 "첫
째는 앞의 것을 결론짓고 뒤의 것을 일으킨 것이고, '마하(摩訶)' 이하는 두
번째 바로 설명한 것이다."라고 옮기고 있다. 무슨 뜻인지 이해가 잘 안 된다.
304 '마하연자摩訶衍者'부터가 바로 기起, 즉 설명인 것이다.
305 법法이란 대승이라는 법의 근본 바탕(體)이고, 의義란 법의 의의意義 또는
의리義理이다.
306 기하起下는 承上起下, 즉 앞의 글(結)에 이어서 그 다음의 뒷글(起)로 이어진다는
뜻이다.
307 【論論-11】 "心眞如者, 卽是一法界 大總相法門體" 참조.
308 【論論-53】 "復次眞如自體相者" 이하 참조.
309 바로 체體에 대해(就體) "법이란 바로 중생심이다"라고 총괄하는 정의定義를
한 것을 말한다.

중에) "진여라 함은(言眞如者)" 이하에서 (진여에 대해) 추가로(別)
풀이하는 글[312]로 이어진다.

初中"所言法者 謂衆生心"者, 自體名法. 今大乘中一切諸法皆無別體,
唯用一心爲其自體. 故"言法者謂衆生心"也. 言"是心卽攝一切"者, 顯
大乘法異小乘法. 良由是心通攝諸法, 諸法自體唯是一心. 不同小乘
一切諸法各有自體. 故說一心爲大乘法也.

처음에 "법이라 함은 바로 중생심을 말한다(所言法者 謂衆生心)"라는
것은 (마하연) 그 자체를 법法이라 이름한 것이다. 이제 대승에는
일체의 모든 법이 다 따로 실체가 있는 것이 아니고, 오직 일심一心의
작용을 그 자체로 삼는 까닭에 "법이라 함은 바로 중생심이다"라고
말한 것이다. "이 마음이 바로 일체의 세간법과 출세간법을 아우른다
(攝)"고 말한 것은 대승법이 소승법과 다름을 드러낸 것이니, 실로(良)
이 마음으로 말미암아 모든 법을 두루 아우르며(通攝), 모든 법 자체가
오직 일심一心이니, 일체의 모든 법이 각기 스스로 실체가 있다는
소승법[313]과는 같지 않은(不同) 까닭에 '일심을 대승의 법으로 삼는다
(爲)'라고 설하는 것이다.

---

310 【논論-11】 "心眞如者, 卽是一法界 大總相法門體" 참조.

311 문門에 따라(依) 진여문과 생멸문으로 구별하여 풀이하는 것을 말한다.

312 【논論-12】 "言眞如者 亦無有相" 참조.

313 설일체유부說一切有部, 즉 모든 현상의 실체 또는 본체는 과거·현재·미래에
    걸쳐 영원히 변하지 않고, 소멸하지도 않고 존재한다고 주장하는 부파.

"何以故"下, 依門別立. 此一文內含其二義, 望上釋總義, 望下立別門. 然心法是一, 大乘義廣, 以何義故, 直依是心顯大乘義. 故言"何以故." 下釋意云, 心法雖一, 而有二門. 眞如門中有大乘體, 生滅門中有體相用. 大乘之義莫過是三. 故依一心顯大乘義也.

"어째서 그러한가(何以故)" 이하에서는 문門에 따라 (진여문과 생멸문으로) 구별하였는데, 이 하나의 글 안에 두 가지 뜻을 담고(含) 있으니, 위로는 전체적인 뜻(總義: 一心)을 풀이하고자 하였으며, 아래로는 (진여문과 생멸문으로) 구별하는 방편(門)을 세우고자 했다. 그러나 마음의 법(心法)은 하나이고, 대승의 뜻은 넓은데, 무슨 이치로 곧바로(直) 이 마음에 의지하여 대승의 넓은 뜻을 드러내었는가? 그래서 "어째서 그러한가(何以故)"라고 말한 것이다. 아래에서 그러한 이치(意)를 풀이하기를, 심법心法은 하나이나 두 가지 문門이 있으니, 진여문 속(中)에 대승의 체(體: 바탕)가 있고, 생멸문 속에 체體와 상相과 용用이 있다고 한 것이다. 대승의 이치(義)는 이(是) 체·상·용 세 가지를 벗어날 수 없는(莫過) 까닭에 일심一心에 의지하여 대승의 이치(義)를 드러낸 것이다.

言"是心眞如"者, 總擧眞如門, 起下"卽是一法界"以下文也. 次言"相"者, 是眞如相. 起下"復次眞如者 依言說分別有二種"以下文也.

"이 마음의 진여(是心眞如)"라 함은 진여문을 총체적으로 거론한 것이니, 아래 (해석분의) "곧 하나의 법계이다(卽是一法界)"[314] 이하의 글(下

---

314 【논論-11】 "心眞如者, 卽是一法界" 이하의 글 참조.

文)로 이어진다. 다음(次) "상相"이라 함은 진여의 모습(相)이니, 아래
에 "다시 진여란 언설로(依) 분별하자면 두 가지가 있으니"[315] 이하
글로 이어진다.

言"是心生滅"者, 總擧生滅門, 起下"依如來藏故有生滅心"以下文也.
言"因緣"者, 是生滅因緣, 起下"復次生滅因緣"以下文也. 次言"相"者,
是生滅相, 起下"復次生滅者"以下文也.

"이 마음의 생멸(是心生滅)"이라 함은 생멸문을 총체적으로 거론한
것이니, 아래 (해석분의) "여래장에 의하는 까닭에 생멸심이 있다"[316]
이하의 글로 이어진다. "인연因緣"이라 함은 바로 생멸인연이니, 아래
(해석분의) "다시 생멸인연(復次生滅因緣)"[317] 이하의 글로 이어진다.
다음(次) "상相"이라 함은 생멸의 모습(相)이니, 아래 (해석분의) "다시
생멸이란(復次生滅者)"[318] 이하의 글로 이어진다.

言"能示摩訶衍自體"者, 卽是生滅門內之本覺心, 生滅之體, 生滅之
因. 是故在於生滅門內. 然眞如門中直言"大乘體", 生滅門中及云"自
體"者, 有深所以. 至下釋中, 其義自顯也.

"능히 마하연의 자체를 드러냈다(能示摩訶衍自體)"라고 함은 곧 생멸문

---

315 【논論-14】 "復次眞如者, 依言說分別, 有二種義" 이하의 글 참조.

316 【논論-17】 "心生滅者, 依如來藏故有生滅心" 이하의 글 참조.

317 【논論-31】 "復次 生滅因緣者" 이하의 글 참조.

318 【논論-42】 "復次 分別生滅相者" 이하의 글 참조.

내內의 본각심本覺心이니, 생멸의 체體와 생멸의 인因이다. 그러므로 생멸문 내에 있는 것이다. 그러나(然) 진여문에서는 바로 "대승의 체"라고 말하고, 생멸문에서는 "자체自體"라고 말한 것에는 깊은 까닭(所以)이 있으니, 아래 풀이에 이르면(至) 그 뜻이 저절로 드러날(自顯) 것이다.

言"相用"者含有二義. 一者能示如來藏中無量性功德相. 卽是相大義. 又示如來藏不思議業用, 卽是用大義也. 二者眞如所作染相名相, 眞如所起淨用名用. 如下文言"眞如淨法實無於染, 但以無明而薰習故則有染相. 無明染法本無淨業, 但以眞如而薰習故則有淨用也"立法章門竟在於前.

"상相과 용用"이라 함에는 두 가지 뜻을 담고 있다. 첫째는 여래장에는 능히 무량한 성공덕性功德의 모습(相)을 보일 수 있으니 곧 상대相大의 뜻이며, 또 여래장의 불가사의한 업용業用[319]을 나타내니 곧 용대用大의 뜻이다. 둘째는 진여가 짓는(作) 염상染相[320]을 상相이라 이름하고, 진여가 일으킨(起) 정용淨用[321]을 용用이라 이름하는 것이니, 아래 해석분의 글[322]에서 "진여의 정법淨法에는 실實로 염染이 없으나, 단지 무명無明으로 훈습薰習되는 까닭에 곧 염상染相이 있는 것이다. 무명의 염법染

---

319 업용業用이란 진여의 작용을 말한다.
320 염상染相은 더러움에 물들거나 오염된 모습(相)으로, 상相이라 하면 주로 부정적인 모습을 말한다.
321 정용淨用은 깨끗한 진여의 작용, 즉 불가사의한 업용業用을 말한다.
322 【논論-45】 "薰習義者" 이하의 글 참조.

法에는 본래 정업淨業이 없으나, 단지 진여로 훈습되는 까닭에 곧
정용淨用이 있는 것이다"라고 말한 것과 같다. 입법장문立法章門의 (설
을) 앞에서(前) 마친다.

此下第二立義章門, 於中亦二. 初明"大"義, 次顯"乘"義. 此亦起下釋
中之文. 至彼文獻. 更相屬當. "大"義中, "體大"者在眞如門. "相用"二
大在生滅門. 生滅門內亦有自體. 但以體從相, 故不別說也.

이 아래는 두 번째로 입의장문立義章門[323]이니, 여기에도 두 가지가
있다. 먼저 "대大"의 뜻을 밝히고, 다음으로 "승乘"의 뜻을 드러냈다.
이 역시 (이미 '입의문'이라고 논제를 밝혔으니) 아래의(起下) (해석분
중에서) 이를 풀이하는 글로 이어진다.[324] 그(彼) (입의문에 관한)
대목(文獻)에 가서(至) 다시(更) (입의문과 해석문을) 서로 짝 지워(相
屬) 설할 것이다. "대大"의 뜻 중에 "체대體大"의 뜻은 진여문에 있고,
"상대相大, 용대用大"의 뜻은 생멸문에 있다. 생멸문 안에도 또한(亦)
자체自體가 있으나 단지 체體로써 상相을 따르는 까닭에 따로 떼어내
체體를 설하지 않았다.

言"如來藏具足無量性功德"者. 二種藏內, 不空如來藏. 三種藏中, 能
攝如來藏. 性功德義及用大義, 至下釋中當廣分別.

---

323 입의장문立義章門은 '입의문' 장(章: Chapter)이라는 뜻이다.
324 기하起下는 앞서의 결전기후結前起後, 즉 결結을 먼저(前) 짓고, 기起를 뒤에(後)
  둔 것을 말한다. 즉 '입의장문'이라 논제를 밝히고, 이어서 「해석분」에서 이에
  대한 구체적인 설명이 이어진다.

"여래장이 무량한 성공덕을 구족하고 있다(如來藏具足無量性功德)"고 말한 것은, 두 가지 여래장[325] 내內에 불공여래장不空如來藏과 세 가지 여래장 중中에 능섭여래장能攝如來藏이다. 성공덕性功德의 뜻과 용대用大의 뜻은 아래에서 (이를) 해석하는 곳(해석분)에 가서 자세하게(廣) 분별하여 설하겠다.

"乘"義中有二句. "一切諸佛本所乘故"者, 立果望因以釋乘義也. "一切菩薩皆乘此法到如來知故"者, 據因望果以釋乘義也.

"승乘"의 뜻에 두 구절이 있으니, "일체제불이 본래 (이 법을) 의지한(乘) 까닭이다(一切諸佛本所乘故)"라고 함은 결과結果를 세워 원인原因을 바라보는 것으로써 승乘의 뜻을 풀이한 것이며, "일체의 보살들이 다(皆) 이 법을 타고(乘: 의지하여) 여래지에 이른 까닭이다(一切菩薩皆乘此法到如來知故)"라 함은 원인에 근거해 결과를 바라보는 것으로써 승乘의 뜻을 풀이한 것이다.

---

325 공여래장空如來藏과 불공여래장不空如來藏이다. 「해석분」에서 자세하게 설할 것이다.

3. 해석분解釋分

第三解釋分中, 在文亦二. 一者結前起後, 二者正釋. 正釋中有三, 一者擧數總標, 二者依數開章, 三者依章別解.

제삼 해석분 중의 글에 또한 두 가지가 있으니, 첫째는 먼저 논제論題의 결론을 말하고, 뒤에 논제를 설한 것이고, 둘째는 바로 풀이한(正釋) 것이다. 바로 풀이한(正釋) 것에는 세 가지가 있으니, 첫째는 수數로 총체를 표시하였고, 둘째는 수에 의지하여 장章을 나누었으며, 셋째는 나눈 장에 의하여 따로 따로(別) 해석한 것이다.

【논論-09】 해석분 총설

已說立義分. 次說解釋分. 解釋分有三種. 云何爲三. 一者顯示正義. 二者對治邪執. 三者分別發趣道相.

이미 입의분立義分의 설을 마쳤으니, 다음으로 해석분을 설하겠다. 해석분에 세 가지가 있으니 무엇이 세 가지인가? 첫째는 현시정의顯示正義[326]요, 둘째는 대치사집對治邪執[327]이며, 셋째는 분별발취도상分別發

---

326 「입의분」에서 대승大乘의 법法과 의義를 세웠으니(立義), 「해석분, 현시정의」에서 이에 대한 바른 뜻(正義)을 드러내 보이는(顯示) 것이다.

327 '대치사집對治邪執'이란 삿된 집착(邪執)에 대응하여 바르게 다스린다(對治)는

趣道相³²⁸이다.

【소疏-09】

開章中, 言"顯示正義"者, 正釋立義分中所立也. "對治邪執", "發趣道相"者, 是明離邪就正門也.

장章을 열면서 "현시정의顯示正義"라고 말한 것은 바로(正) 입의분 중에서 세운 '법法'과 '의義'를 풀이한(釋) 것이다. "대치사집對治邪執"과 "분별발취도상(發趣道相)"이란 삿된(邪) 것을 떠나(離) 바른 길(正門)로 나아가는(就) 것을 밝힌(明) 것이다.

別解之中, 卽有三章. 初釋顯示正義分中, 大分有二. 初正釋義, 後示入門. 正釋之中, 依上有二. 初釋法章門, 後釋義章門. 初中亦二. 一者總釋, 釋上總立. 二者別解, 解上別立.

각각 해석하는 중에 세 장이 있다. 처음 '현시정의분'을 해석하는 중에 크게 나눠 두 가지가 있으니, 처음은 바로 뜻을 풀이한 것이고, 나중은 문에 들어감(入門)을 나타내었다. 바로 풀이하는 중에 위(입의분을

<hr/>

뜻으로, 이미 올바른 뜻을 드러내 보였으니(顯示正義), 올바른 뜻(正義)에 대對하여, 즉 반反하는 삿된 집착을 다스린다(治)는 뜻이다. 【論論-57】 이하 참조.

328 이미 올바른 뜻을 드러내 보였고(顯示正義), 이에 반하는 삿된 집착을 다스렸다(對治邪執). 이제는 무엇이 옳고 그른가를 확실히 알았으니(分別), 발심發心하여 도道의 길로 달려 나아가는(趣) 모습(相)을 보여야 한다. 즉 수행의 길로 나아가야 하는 것이다. 이러한 모습이 「분별발취도상分別發趣道相」이며, 이는 승乘의 뜻을 밝힌 것이다. 【論論-62】 이하 참조.

말함)에 의하여 두 가지가 있으니, 처음은 '법장문法章門'을 풀이한 것이고, 나중엔 '의장문義章門'을 풀이한 것이다. 처음(법장문) 중에도 두 가지가 있으니, 첫째는 총체적으로 풀이함이니, 위에서 총체적으로 세운 것을 풀이한 것이고, 둘째는 각각 나누어 풀이함이니, 위의 각각 나누어 세운 것을 풀이한 것이다.

1) 현시정의顯示正義

【논論-10】일심이문 - 심진여문과 심생멸문

顯示正義者. 依一心法有二種門. 云何爲二. 一者心眞如門. 二者 心生滅門. 是二種門皆各總攝一切法. 此義云何. 以是二門不相 離故.

현시정의(顯示正義: 바른 뜻을 드러내 보임)에는, 일심법一心法으로 말미 암아(依) 두 가지 문門이 있으니, 무엇이 둘인가? 첫째는 심진여문心眞如 門이요, 둘째는 심생멸문心生滅門이다. 이 두 가지 문이 다(皆) 각각 일체법一切法[329]을 총섭總攝[330]하니, 이 뜻이 무슨 말인가? 이 진여문과 생멸문, 두 문이 서로 여의지(離) 않는(二門不離) 까닭이다.[331]

---

329 세간법과 출세간법 또는 정신세계와 물질세계 모두를 말한다.

330 모두(總) 아우르다, 거느리다, 다스리다(攝).

331 생멸문의 다른 이름이 진여문이다. 진여문이 분별망상으로 덮여 있으면 생멸문 이고, 생멸문에서 분별망상을 벗겨내면 진여문인 것이다. 심진여문의 심心이나 심생멸문의 심心이나 다 같은 하나의 중생심으로, 중생심의 두 모습인 것이다. 일체 현상에 드러나지 않은 근본 실상實相은 불생불멸이나, 드러난 현상은

| 일심법一心法 | 심진여문 ⇒ 환멸문 ⇒ 본각 | 일체법을 총섭(總攝一切法) |
| | 심생멸문 ⇒ 생멸문 ⇒ 불각 | 이문불상리二門不相離 |

【소疏-10】

初中言"依一心法有二種門"者, 如經本言, "寂滅者名爲一心, 一心者
名如來藏" 此言"心眞如門"者, 卽釋彼經"寂滅者名爲一心"也. "心生滅
門"者, 是釋經中"一心者名如來藏"也. 所以然者. 以一切法無生無滅,
本來寂靜, 唯是一心, 如是名爲'心眞如門'. 故言"寂滅者名爲一心." 又
此一心體是本覺, 而隨無明動作生滅. 故於此門如來之性隱而不顯,
名如來藏.

처음에 "일심법으로 말미암아(依) 두 가지 문이 있다(依一心法有二種
門)"라 함은 『능가경楞伽經』에서 "적멸寂滅[332]이란 이름하여 한마음(一
心)이며, 일심이란 여래장如來藏이라 이름한다"[333]라고 말한 것과 같다.
『기신론』에서 "심진여문心眞如門"이란 곧 저 『능가경』에서 "적멸이란
이름하여 한마음(一心)이다"라고 한 것을 풀이한 것이며, "심생멸문心

분별망상으로 온갖 생멸상을 드러낸 차별된 모습인 것이다.

온갖 성난 모습의 파도가 생멸상이라면, 파도가 가라앉은 바다는 여여如如한
진여의 모습인 것이다. 진여와 생멸, 두 문이 서로 여의지(離) 않는다는 것은
파도와 바다의 관계와 같이, 파도 역시 바다인 것이며 바다를 떠난 파도는
존재할 수 없는 것과 같다.

332 적멸寂滅이란 생멸生滅도 인과因果도 없는, 고요하여(寂) 온갖 번뇌(경계)가
사라진 상태를 말한다.

333 대정장 제16권, 『입능가경』, p.519상 1~2행.

生滅門'이란『능가경』에서 "일심이란 여래장을 이름한다"라고 한 것을 풀이한 것이다. 왜냐하면 일체법은 생生함도 없고 멸滅함도 없으며, 본래 적정寂靜하여 오직 일심一心일 뿐이며, 이러한 것을 이름하여 '심진여문'이라 하는 까닭에 "적멸이란 이름하여 일심이다"라고 말한 것이다. 또 이 일심의 바탕(體)은 본각本覺이지만(而) (일심이) 무명無明을 따라서 움직여 생멸을 일으키는(作) 까닭에 이 생멸문에 여래의 성품(如來之性)이 숨겨져 드러나지 않는 것을 여래장如來藏이라 이름한다.

	능가경楞伽經		기신론起信論	
일심 一心	寂滅者名爲一心	不生不滅 本來寂靜	心眞如門	일심자체一心自體--- 체體
여래장 如來藏	一心者名如來藏	一心體是本覺, 隨無明動作生滅	心生滅門	생멸자체生滅自體--- 체體 생멸상生滅相-----상相 성자신해性自神解-- 용用

如經言"如來藏者是善不善因, 能遍興造一切趣生, 譬如伎兒變現諸趣" 如是等義在生滅門. 故言"一心者名如來藏", 是顯一心之生滅門. 如下文言, "心生滅者, 依如來藏故有生滅心" 乃至"此識有二種義, 一者覺義, 二者不覺義" 當知非但取生滅心爲生滅門. 通取生滅自體及生滅相, 皆在生滅門內義也. 二門如是, 何爲一心. 謂染淨諸法其性無二, 眞妄二門不得有異. 故名爲一. 此無二處諸法中實, 不同虛空, 性自神解, 故名爲心.

이는『능가경』에서 "여래장이란 선善과 불선不善의 원인으로 능히 두루 일체의 업業을 지어(造) 취생趣生[334]을 일으키니(興), 비유컨대 마술사

334 취생趣生은 육취사생을 말한다. 육취六趣란 중생이 사집邪執, 번뇌煩惱, 선업善業, 악업惡業 등의 인과因果로 죽어서 가게 된다는 윤회하는 육도六道를 말한다. 사생四生이란 생물이 태어나는 4가지 유형으로 태생胎生, 난생卵生, 습생濕生, 화생化生 등이다.

지금은 육도 윤회라 하지만, 인도 고대인들이 믿는 윤회사상에는 '아수라'가 빠진 '지옥⇨아귀⇨축생⇨사람⇨하늘'이라는 오도五道 윤회였다. 윤회사상은 원래가 불교 고유의 사상은 아니다. 대승불교의 흥기와 더불어 인도의 서북변방 간다라(지금의 파키스탄 페샤와르)에서 부처님 전생담(자타카)을 창작하기 시작했다. 전생담은 부처님 전생의 수행담(이야기)으로, 석가모니 부처님 역시 수많은 생사윤회를 거듭하면서 쌓은 수행의 공덕으로 드디어 깨달음을 얻어 붓다(覺者)가 되었다는 것이다. 간다라는 아쇼카 왕 때 불교가 전해진 곳으로, 간다라 사람들은 간다라의 많은 지역을 '석가모니 부처님과 인연 있는 성지'로 만들기 위해 수많은 전생담(자타카)을 창작해 내었다. 육도 윤회로 바뀐 것은 대승불교에서의 일이다.

이 같은 종교적 또는 교훈적 신념체계를 '현상적 차원의 사실체계'와 혼돈하는 것은 기독교인이 '창세기'를 '현상적 차원의 사실체계'로 신봉하는 것과 다를 바가 없다 하겠다. 공자孔子께서도 "삶도 제대로 모르는데 어찌 죽음을 알겠는가(未知生, 焉知死)?"라고 하셨다. 부처님 역시 "세계는 유한한가, 무한한가? 그리고 사후세계는 존재하는가, 아닌가?"를 묻는 '마룽키야풋타'라는 젊은 비구의 질문에, 직접적인 답은 피하면서 "독화살을 맞은 사람이 독화살은 뽑지 않고 독화살을 쏜 사람이 누구인가, 화살의 종류는 무엇인가 등을 따지는 것으로 시간을 보낸다면 그는 죽고 말 것이다"라고 말씀하시면서, 사후세계에 대해서는 No Comment하셨다. 그와 같은 의문은 법도에도 맞지 않고, 청정한 수행도 아니며, 깨달음으로 나아가는 길도 아니며, 열반의 길도 아니기 때문이라는 것이다. 그리고 법도에 맞는 청정한 수행법으로 괴로움(苦)과 괴로움의 원인(集)과 괴로움의 소멸(滅)과 괴로움을 소멸하는 길(道), 즉 사성제(四聖諦: Āryasatya)를 설하셨던 것이다.

이 같은 친설親說이 있음에도 지나치게 지옥이나 윤회를 강조한다면 대중들을

(伎兒)가 현재의 모습(現)을 여러 가지(諸) 다른 모습(趣)[335]으로 변화시키는 것과 같다"[336]고 말한 것과 같다. 이와 같은 뜻이 생멸문에 있는 까닭에 "일심이란 여래장이라 이름한다"고 말한 것이다. 이는 일심의 생멸문을 나타낸 것으로, 아래 글에서 "심생멸이란 여래장에 의지하는 까닭에 생멸심이 있다." 나아가(乃至) "이 식識에 두 가지 뜻이 있으니, 첫째는 각覺의 뜻이고, 둘째는 불각不覺의 뜻이다"라고 말한 것과 같다. 단지 생멸심을 취해서 생멸문을 삼는(爲) 것이 아니라, 생멸生滅 그 자체와 생멸의 모습(生滅相)을 통틀어 취해서 모두(皆) 생멸문 안에 있다는 뜻임을 알아야 할 것이다. 두 문이 이와 같은데 어떻게 일심이 되는가? 염染과 정淨의 모든 법은 그 성품이 둘이 아니며, 진眞과 망妄의 이문二門이 다르지(異) 않는 까닭에 이름하여 일一이라 하며, 이 둘이 없는 곳(無二處)이 제법실상諸法實相으로 허공과 같지 아니하여, 성품(性)이 스스로(自) 신통하게(神) 아는(解) 까닭에 이름하여

불안케 하는 변설辯舌로 올바른 법문이라 할 수 없다. 법문은 중생의 마음을 편안케 하는 부처님의 가르침이기 때문이다. 그렇다고 아예 무시할 바는 아니다. 거기에는 과학적, 현상적 차원으로는 이해 못할 종교적, 교훈적 신념체계가 있기 때문이다. 『기신론』 정도의 독자라면 이쯤은 구분할 것이다. 육도六道가 되었든 오도五道가 되었든 간에, 이는 우리의 분별 망심의 나열(現相)일 뿐 실상實相은 아니다. 원불교에서는 이를 심상육도心上六道라 부른다. 마음 상上에 육도가 있다는 것이다.

335 취趣는 나아간다는 뜻으로, 현재의 모습에서 육도의 윤회하는 곳으로 나아간다, 또는 떨어진다는 뜻이다. 그러나 그 육도윤회의 모습은 마술사가 요술을 부려 나타나는 모습(幻)일 뿐 실체가 없다는 것이다. 즉 현재 또는 현재의 모습만 있을 뿐이다.

336 대정장 제16권, 4권 『능가경』, p.510중 4~5행.

심心이라 하는 것이다.

然旣無有二, 何得有一. 一無所有, 就誰曰心. 如是道理, 離言絶慮.
不知何以目之. 强號爲一心也. 言"是二種門皆各總攝一切法者"釋上
立中"是心卽攝一切世間出世間法"上直明心攝一切法. 今此釋中顯
其二門皆各總攝. 言以"是二門不相離故"者, 是釋二門各總攝義. 欲明
眞如門者染淨通相, 通相之外無別染淨. 故得總攝染淨諸法. 生滅門
者別顯染淨, 染淨之法無所不該. 故亦總攝一切諸法. 通別雖殊, 齊無
所遣. 故言"二門不相離"也. 總釋義竟.

그러나(然) 이미 둘이 없는데[337] 어떻게 일一이 있을 수 있는가? 일一도
있을 것이 없는데(無) 나아가(就) 무엇을(誰) 일컬어(曰) 심心이라
하는가? 이와 같은 도리는 말을 여의고(離言) 생각을 끊었기(絶慮)에
그것을(之) 무엇이라고 지칭(目)할지 몰라 억지로(强) 이름 붙여 일심
一心이라 한 것이다.[338] "이 두 가지 문이 다 각각 일체법을 통틀어
아우른다(總攝)"라고 말한 것은, 위의 「입의분」 중에서 "이 마음이

---

337 염·정染淨이나 진·망眞妄 또는 깨닫는 주체나 깨닫는 대상, 보는 것과 보이는
    것, 중생이나 부처 등의 이원적 분별이나 대립이 없음을 말한다.
338 『도덕경, 25장』에서도 말한다. "한 물건이 있으니, 혼돈(混沌: 하늘과 땅이
    아직 나누어지지 않은 상태) 속에서 이루어진 것이니, 천지보다 먼저 생겼다.
    고요하고 조용함이여! 홀로 서서 변하지 않고, 두루 행하지만 위태롭지 않으니,
    가히 천하의 어미가 될 수 있다. 나는 그 이름을 알지 못한다. 글자로 하자면
    일러(曰) 도道라 하고, 억지로 이름을 붙인다면 일러(曰) 크다(大)고 이름하겠다
    (有物, 混成, 先天地生. 寂兮寥兮. 獨立不改, 周行而不殆, 可以爲天下母. 吾不知其名,
    字之曰道. 强爲之名曰大)."

곧 일체의 세간법과 출세간법을 아우른다(攝)"라고 말한 것을 풀이한
것이다.

위 「입의분」에서 바로(直) 마음이 일체법을 아우르는(攝) 것을 밝혔
으니, 지금(今) 이 「해석분」에서는 두 문이 다 각각 전체를 아우르는(總
攝) 것을 밝혔다(顯). "이 이문二門이 서로 여의지 않는 까닭이다"라고
함은 이문二門이 각각 통틀어 아우르는(總攝) 뜻을 풀이한(釋) 것이다.
진여문이란 염染과 정淨이 서로 통하는 모습(通相)이며, 통상通相 외에
따로 또 다른(別) 염과 정이 없는 까닭에 염과 정이 모든 법을 통틀어
아우르는(總攝) 것이며, 생멸문이란 염과 정을 따로(別) 드러내어,
염·정의 법이 아우르지(該) 못하는 곳이 없는 까닭에 또한 염과 정이
일체의 모든 법을 통틀어 아우른다는 것을 밝히려 한 것이다. 서로
통하는 모습(通相)과 따로 떨어진 모습(別相)이 비록 다를지라도(雖殊)
섞여 있어서 서로 버릴 수 없는 까닭에 "두 문이 서로 여의지 않았다"라고
말한 것이다. 통틀어 뜻을 풀이함을 마친다.

【소疏-10-1-별기-(1)】

眞如門是諸法通相, 通相外無別諸法, 諸法皆爲通相所攝. 如微塵是
瓦器通相, 通相外無別瓦器, 瓦器皆爲微塵所攝. 眞如門亦如是. 生滅
門者, 卽此眞如是善不善因, 與緣和合變作諸法. 雖實變作諸法, 而恒
不壞眞性. 故於此門亦攝眞如.

진여문은 모든 법(諸法)이 서로 통하는 모습(通相)이며, 통상 외에
따로 또 다른(別) 제법諸法이 없어서 통상이 제법을 다 아우른다(攝).[339]

마치(如) 미진(微塵: 미세한 티끌)이 와기瓦器와 서로 통하는 모습(通相)
이며, 통상 외에 따로 또 다른 와기가 없어서 미진이 와기를 다 아우르는
것처럼, 진여문 또한 이와 같은 것이다. 생멸문이란 바로 이 진여가
선善과 불선의 인因이 되어 연緣과 화합하여 모든 법을 변작變作[340]하는
것이니, 실로 제법을 변작하지만 (제법이) 항상 진여의 성품(眞性)을
파괴하지 않는 까닭에 이 생멸문에서도 또한 진여를 아우르는(攝)
것이다.

如微塵性聚成瓦器, 而常不失微塵性相. 故瓦器門卽攝微塵. 生滅門
亦如是. 設使二門雖無別體, 二門相乖不相通者, 則應眞如門中攝理
而不攝事, 生滅門中攝事而不攝理. 而今二門互相融通, 際限無分. 是
故皆各通攝一切理事諸法. 故言"二門不相離故."

이는 마치 미진의 성질이 모여(聚) 와기를 만들지만(成), 항상 미진의
성상(性相: 성질과 모습)을 잃지 않는 까닭에 와기의 문門이 바로 미진을
아우르듯, 생멸문 또한 이와 같은 것이다. 설사 진여문과 생멸문 이문二
門이 비록 서로 다른(別) 실체體가 없다(無)[341] 하더라도(雖), 이문二門

---

339 제법개위통상소섭諸法皆爲通相所攝을 직역하자면 '제법이 다 통상이 아우르는
바가 된다'로 해야 되지만 문장이 매끄럽지 못해서 '통상이 제법을 다 아우른다
(攝)'로 하였다.

340 변작變作이란 'A'라는 물체나 모양을 변화시켜(變) 'B'라는 물체나 모양으로
만드는(作) 것을 말한다.

341 무無에는 존재를 나타내는 '없다'의 뜻 외에도, '아니다(非), 아니하다(不), 하지
않다' 등의 뜻이 있다. 무無는 단순히 존재存在를 나타내는 유有를 부정하는
뜻 외에도 철학적으로 매우 중요한 의미를 갖는다. 무無는 어떠한 일반의

이 서로 어긋나(乖) 서로 통하지 않는다면, 마땅히(應) 진여문에서는 이(理: 이치)는 아우르되 사(事: 현상)는 아우르지 않고, 생멸문에선 사事는 아우르되 이理는 아우르지 않아야 할 것이다. 이제 이문二門이 서로 융통하여 한계(際限)를 나눌 수 없는 까닭에 다 각각 일체의 이理와 사事의 모든 법을 두루 아우르므로(攝) "진여·생멸 두 문이 서로 여의지 않는다"라고 말한 것이다.

問. 若此二門各攝理事. 何故眞如門中但示摩訶衍體, 生滅門中通示自體相用.

묻기를, 만약 이 진여·생멸 두 문이 각각 이理와 사事를 아우른다면, 무슨 까닭으로 진여문에서는 단지 마하연(대승)의 체體만 보이고, 생멸문에서는 통틀어 자체自體와 상相과 용用을 보이는가?

答. 攝義示義異, 何者. 眞如門是泯相以顯理. 泯相不除, 故得攝相.

유(有: 있는 것)도 아닌 것, 일체의 유에 대한 부정으로서 유무의 상대적 의미에서의 무가 아닌 것, 유무의 대립을 초월한 유有 그 자체를 있게 하는 근원적, 절대, 창조적인 것 등의 의미를 갖는다.

도가道家에서는 존재론적 시원始原인 동시에 규범적 근원으로 도道를 뜻하며, 인간의 감각을 초월한 실재를 말한다. 이와 같은 무無의 도를 체득한 자가 성인이며, 성인은 무지無智이며 무위無爲이나, 이를 필설로 설할 수 없다. 불가佛家에서도 비슷한(似: 같다는 뜻이 아님) 의미를 갖는다. 무아無我라 할 때, '내가 없다'라는 단순한 존재론적 또는 유무의 상대적 의미를 떠난 나(我), 즉 무아는 수행으로 체득해야 할 화두로서의 무아이며, 필설로 설할 무아는 아니다.

泯相不在, 故非示相. 生滅門者攬理以成事. 攬理不壞. 得攝理. 攬理不泯, 故亦示體. 依此義故, 且說不同. 通而論之, 二義亦齊. 是故眞如門中亦應示於事相. 略故不說耳.

답하길, 아우르는 뜻(攝義)과 보이는 뜻(示義)이 다르니, 어째서인가? 진여문은 상相을 없앰(泯)으로써 이理를 드러냈으니(顯), 상을 없앴으나 아주 제거한 것은 아니기에 상을 아우를 수 있고, 상을 없애 존재하지 않기에 상을 보이는 것은 아니다. 생멸문이란 이理를 가지고(攬) 사事를 이루나, 이理를 가지고 (사를 이룬다 해서 이를) 파괴하지 않으므로 이理를 아우를 수 있는 것이요, 이理를 가지고 (이를) 없애지는 않았기에 또한 체體를 보이는 것이다. 이런 뜻이 있기 때문에 앞서 설명한 것이 같지는 않지만, 통틀어 논하자면 두 뜻(아우르는 뜻과 보이는 뜻)이 또한 같은(齊) 것이다. 이런 까닭으로(是故) 진여문에서도 또한 마땅히 사상事相을 보여야 할 것이나 생략하였기에 설하지 않았을 뿐이다.

問. 二門不同, 其義已見. 未知二門所攝理事, 亦有隨門差別義不.

묻기를, 두 문이 같지 아니한 그 뜻은 이미 나타냈지만(見), 두 문이 이理와 사事를 아우르고, 또한 진여문이나 생멸문에 따라(隨) 차별의 뜻이 없는지?

答. 隨門分別, 亦有不同. 何者. 眞如門中所攝事法, 是分別性. 以說諸法不生不滅本來寂靜, 但依妄念而有差別故. 心生滅門所說事法, 是依他性. 以說諸法因緣和合有生滅故. 緣此二性雖復非一, 而亦不異.
何以故. 因緣所生生滅諸法, 不離妄念而有差別. 故分別性不異依他,
亦在生滅門也. 又因緣之生, 自他及共皆不可得. 故依他性不異分別,
亦在眞如門也.

답하길, 진여·생멸 두 문을 따라 분별함에도 또한 같지 않으니, 어째서
인가? 진여문에서 아우르는 사법事法[342]은 분별성分別性[343]이니, 이는
제법이 불생불멸로 본래 적정寂靜하나, 단지 망념으로 말미암아 차별이
있다고 설하는 까닭이며, 심생멸문에서 설하는 사법事法은 의타성依他
性[344]이니, 이는 제법이 인연으로 화합하여 생멸이 있음을 설하는 까닭
이다. 그러나 이 두 분별성과 의타성이 비록 같지는(一) 않더라도
또한 다르지도 아니하니(不異), 무슨 까닭인가? 인연으로 생겨나(生)
생멸하는 제법은 망념을 여의지 못하여 차별이 있는 까닭에 분별성과
의타성이 다르지 않으므로(不異) 또한 생멸문에 있는(在) 것이다. 또
(又) 인연으로 생겨나는 것은 나(自)다 너(他)다 우리(共)다 하는 것들
을 다 얻을 수 없는 까닭에, 의타성과 분별성은 다르지 않은 것이니
또한 진여문에 있는(在) 것이다.

---

342 범부의 미혹한 눈으로 보는 차별적인 현상으로 사事, 사상事相이라고도 한다.
343 모든 사물과 존재 내면의 본성은 보지 못하고 겉모습에 매달려 자기 주관적으로
판단하고, 사유하고, 추론하는 의식 작용으로 변계소집성遍計所執性이라고도
한다.
344 삼성三性의 하나로, 세상에 존재하는 모든 것들은 자기 혼자의 원인만으로는
나지(生) 못하고, 서로 원인과 조건의 인연因緣 관계로 이어져 있는 것을 말한다.
그래서 모든 존재와 현상은 허공의 무지개처럼 실체가 없는 환상일 뿐, 인연이
합해지면 나타났다가, 인연이 다하면 사라지는 것이다.

如是二性雖復不異, 而亦非一. 何以故. 分別性法本來非有亦非不無,
依他性法雖復非有而亦不無. 是故二性亦不雜亂. 如攝論說, 三性相
望, "不異非不異, 應如是說" 若能解此三性不一不異義者, 百家之諍
無所不和也.

이와 같이 분별, 의타의 두 성性은 비록 다르지는 않지만 또한 같은
것도 아니니, 무슨 까닭인가? 분별성법이 본래 있는(有) 것이 아니며
또한 없지 않은(不無) 것도 아니요, 의타성법은 비록 다시(雖復) 있는
것은 아니지만(而) 또한 없는 것도 아니다(不無). 이런 까닭으로(是故)
분별, 의타 두 성이 또한 뒤섞여도 어지럽지(雜亂) 않은 것이다. 이는
『섭론攝論』에서 삼성三性[345]이 서로 기대하는 것을 설하여 "다르지도

---

345 길을 가다가 뱀을 발견하고 깜짝 놀라 자세히 살펴보니 새끼줄이었다. 새끼줄을
뱀으로 착각을 한 것이다. 더 자세히 살펴보니 새끼줄은 마(麻: 삼)로 만든
것이었다. 이처럼 어떤 경계(대상)에 처하여, 그것을 어떻게 인식하는가에
따라 그 존재의 상태가 뱀도, 새끼줄도, 마도 될 수 있다. 이렇게 모든 존재의
본성과 상태가 세 가지로 나누어진다는 학설을 삼성설三性說이라 한다. ①변계
소집성遍計所執性: 변계遍計는 이리저리 억측한다는 뜻으로 망상을 말하며,
망상에 미혹하여 집착하는 것을 소집성所執性이라 한다. 따라서 실체가 없는
무아無我의 존재를 실제 있는 것으로 허망하게 마음속으로 지어내어 (새끼줄을
뱀으로 본 것 같은) 차별상이 생기는 것이다. 영원불변의 자아自我는 존재하지
도 않음에도 분별, 착각, 망념으로 자아가 있다고 생각하여 허구적인 차별상(뱀)
을 그려내게 된다. ②의타기성依他起性: 변계소집성에 의해 나타난 새끼줄(他)
로 말미암아(依) 뱀으로 보이게 하는 인식작용으로, 인연으로 말미암아 생겨나
는 일체만법을 말한다. ③원성실성圓成實性: 분별과 망상이 소멸된 상태에서
드러나는 있는 그대로의 본래 모습, 즉 새끼줄을 뱀으로 착각하고 다시 살펴보니
새끼줄로, 더 자세히 살펴보니 그것을 마麻로 이루어졌다는 것을 깨닫는 인식을

않으며 다르지 않지도 아니하니, 마땅히 이처럼 설해야 한다"[346]라고
설한 것과 같다. 만약 이 삼성三性이 같지도 않고(不一) 다르지도 않은
(不異) 이치를 능히 이해한다면 백가百家의 쟁론을 화합하지 못할
것이 없을 것이다.

二門所攝理不同者. 眞如門中所說理者, 雖曰眞如, 亦不可得, 而亦非
無. 有佛無佛, 性相常住, 無有變異, 不可破壞. 於此門中, 假立眞如實
際等名. 如大品等諸般若經所說. 生滅門內所攝理者, 雖復理體離生
滅相, 而亦不守常住之性. 隨無明緣流轉生死. 雖實爲所染, 而自性淸
淨. 於此門中, 假立佛性本覺等名. 如涅槃華嚴經等所說.

진여·생멸 두 문이 아우르는 이리가 같지 않다는 것은, 진여문에서
설하는 이리는 비록 진여眞如라고 말하나 또한 얻을 수 있는 것이
아니며, 그렇다고 얻을 수 없는 것도 아니다. 부처님이 세상에 있든
없든 간에 성품과 모습(性相)은 상주常住[347]하며, 변이變異함이 없어서
파괴할 수도 없는 것이다.[348] 진여문에서 임시로(假) 진여니 실제實際니

말한다. 이러한 존재들은 단순한 인연이 화합한 존재로 끝나는 것이 아니라
실상實相 그대로인 진여眞如가 드러난 것이며, 나아가 이 세계의 모든 것들과
모든 모습은 실상 그대로가 불생불멸이며 진실한 진여의 자기표현이라는
것이다.

346 대정장 31권, 『섭대승론석』(진본陳本), p.187하 18~19행; 『섭대승론석』(당본唐
本), p.341하 2~10행.

347 생멸의 변화 없이 늘 그대로 머무름.

348 진여문의 불변不變함을 말하는 것이다. 바탕인 체體는 불변인 것이다. 그러나
진여는 인연 따라 변하는 성질이 있으니 이를 수연隨緣이라 한다. 즉 진여문은

하는 등의 이름을 붙인(立) 것이니, 이는 대품大品 등의 모든 반야경에서
설하는 바와 같다. 생멸문에서 아우르는 이리理는 비록(雖) 이리理의 체體가
생멸상을 여의었다 하더라도 또한 상주하는 성품과 모습(性相)을 지키
지 못하고(不守), 무명의 연緣을 따라 생사에 유전流轉하는 것이다.[349]
비록 실로 오염되었다 할지라도, 자성自性은 청정하므로 이 생멸문에서
임시로 불성佛性이니 본각本覺이니 하는 등의 이름을 붙인 것이니,
이는 『열반경』이나 『화엄경』 등에서 설한 바와 같다.

今論所述楞伽經等, 通以二門爲其宗體. 然此二義亦無有異. 以雖離
生滅, 而常住性亦不可得. 雖曰隨緣. 而恆不動, 離生滅性故. 以是義
故. 眞如門中, 但說不壞假名而說實相, 不動實際建立諸法, 生滅門
中, 乃說自性淸淨心因無明風動, 不染而染, 染而不染.

지금 『기신론』에서 술述한 바, 『능가경』 등은 이 진여·생멸 두 문을

불변의 성질과 인연 따라 변하는 수연의 성질을 가지고 있는 것이다. 그러나
인연 따라 변할 수 있는 것은 생멸문의 체體가 공空 성질 때문에 가능한 것이다.
또한 꽃이 피고 지고 열매를 맺듯이 인연 따라 성품과 모습(性相)이 변하여
열매를 맺는 것도 생멸문의 성사成事의 성질 때문에 가능한 것이다. 이러한
즉, 진여문과 생멸문은 서로 여의지 못한다고(不相離) 하는 것이다.

349 생멸문의 체공體空을 말하는 것이다. 바탕인 체體가 공空하므로 상주하는
성품과 모습(性相)을 지키지 못하고(不守) 인연 따라 생멸을 하는 것이다.
생멸한다는 것은 변變한다는 것이다. 꽃이 피고 지고 열매를 맺는 것에 비유하자
면, 꽃이 피고 지는 것은 성품과 모습(性相)을 지키지 못하고(不守) 변하는
것이고, 열매를 맺는 것은 일을 이루는 성사成事인 것이다. 즉 생멸문에는
체공體空의 성질과 인연 따라 변하여 이루는 성사成事의 성질을 가지고 있는
것이다. 이를 화엄의 「법성게」에서 불수자성수연성不守自性隨緣成이라 했다.

통틀어 그 종宗과 체體로 삼고 있다. 그러나(然) 이 진여·생멸 두
뜻에 다름이 없으니, 비록 생멸을 여의었으나 상주성常住性 또한 얻을
수 없으며, 비록 연緣350을 따른다 말할지라도 항상(恆) 부동不動하여
생멸하는 성품을 여읜 까닭이다. 이러한 뜻이 있기에 진여문에서 단지
진여니 실제니 하는 임시로 붙인 이름(假名)을 파괴하지 않는다고
설하면서 실상實相을 설하며, 실제를 움직이지 않으면서 모든 법을
건립한다고 설하고, 생멸문에서는 자성청정심自性淸淨心351이 무명無明
이라는 바람(風動)으로 인因하여 오염되지 않으면서 오염되고, 오염되
면서 오염되지 않았다고 설하는 것이다.

---

350 연緣은 어떤 결과를 가져오는 간접 원인이나 외적 원인 또는 조건을 말한다.
   이에 반해 인因은 어떤 결과를 일으키는 직접 원인이나 내적 원인 또는 조건을
   말한다. 그러나 여기서는 인과 연을 합한 의미로 쓰였다.
351 불교적 전통에서 사용된 자성自性의 기본적인 의미는 만유제법萬有諸法의 체성
   體性, 또는 체상體相을 말한다. 만유제법의 각 사물에는 불변하는 성질이 있는
   바 이를 자성이라 한다. 이를테면 무탐無貪, 무진無瞋, 무치無癡의 삼선근三善根
   이나 참慚과 괴愧의 심작용心作用 같은 것은 그 자성이 선하므로 자성선自性善이
   라 하고, 자기의 본성은 청정한 진여眞如이므로 자성청정심自性淸淨心이라
   하는 것이다.
   선불교의 육조혜능은 특유의 자성청정론을 통해 본래 청정한 자성을 깨달아
   성불한다는 종지를 세워 자성의 자각을 통한 자신제도에 역점을 두었다. 불법의
   공부는 깨달음에 달려 있으므로 청정한 자성을 깨달으면 부처이고 미혹되면
   중생(自性覺則是佛 自性迷則是衆生)이라는 것이다. 자성이 만법의 근원이며,
   만법은 모두 자성에서 나온 것이라는 보고, 망념만 제거하면 바로 청정한
   본성이 발현된다는 관점에서 전통적 방법을 통한 수행보다는 청정한 자성(自性
   淸淨心)을 깨달아 해탈과 자유에 직입하는 길을 제시했다.(참조: 네이버 지식백
   과, 『원불교대사전』)

問. 眞如門中說唯空義. 生滅門內說不空義. 爲不如是耶.

묻기를, 진여문에서는 오직(唯) 공空의 이치만 설하고, 생멸문에서는 불공不空의 이치만 설한 것은 이와 같은 뜻이 아니겠는가?

答. 一往相配, 不無是義. 故上立義分眞如相中但說能示摩訶衍體. 生滅門中亦說顯示大乘相用. 就實而言, 則不如是. 故下論文二門皆說不空義.

답하길, 한번 배대配對해 보면 이러한 뜻이 없지는 않다. 고로 위의 「입의분」의 진여상眞如相에서는 단지 능히 마하연(대승)의 체를 보인다고 설하고, 생멸문에서는 또한 대승의 상相과 용用을 드러내 보인다고 설한 것이다. 그러나 실상을 말하자면 이와 같지 않은 까닭에 아래의 논의 글에서는 진여·생멸 두 문이 다 불공不空의 뜻을 설하고 있는 것이다.

問. 若生滅門內二義俱有者, 其不空義 可有隨緣作生滅義, 空義是無, 何有隨緣而作有義.

묻기를, 만약 생멸문 안에 공空과 불공不空의 두 가지 뜻을 갖추고 있다면, 그 불공의 뜻에는 연緣을 따라 짓는 생멸을 뜻이 있을 수 있겠으나, 공空의 뜻(義)은 무無인데, 어떻게 연緣을 따라 유有의 뜻을 지을 수 있겠는가?

答. 二義是一, 不可說異. 而約空義亦得作有. 何者. 若空定是空, 應不

能作有. 而是空亦空, 故得作有. 然此空空亦有二義. 一者有法性空,
是空亦空. 有之與空, 皆不可得. 如是空空, 有眞如門. 如大品經云,
"一切法空, 此空亦空, 是名空空" 二者, 猶如有無有性, 故得爲空, 是
名曰空. 如是空無空性, 故得作有, 是名空空. 如是空空, 在生滅門.
如涅槃經云, "是有是無, 是名空空. 是是是非, 是名空空. 如是空空.
十住菩薩尙得少分如毫釐許, 何況餘人." 二門差別, 應如是知. 上來
釋上總立法竟.

답하길, 공空과 불공不空 두 가지 이치가 같아서(一) 다르다고 설할
수 없으니, 공空의 이치에 따라서도(約) 또한 있다는 유有를 지을 수
있는 것이다. 어째서인가? 만일 공이 고정된 공이라면 마땅히 있다는
유有를 지을 수 없지만, 이 공도 또한 공空인 까닭에 있다는 유有를
지을 수 있는 것이다. 그러나(然) 이 공空이 공空하다는 것에도 또한
두 가지 뜻이 있다. 첫째는 법성法性의 공이 있으니(有), 이 공도 또한
공하여 유有와 공空 모두 (그 실체를) 얻을 수 없다. 이와 같이 공이
공한 것은 진여문에 있으니, 『대품경』[352]에서 "일체법이 공하고, 이
공 또한 공하므로 이를 일러 공공空空이라 한다"라고 말한 것과 같다.
둘째는 마치 유有에는 유성有性[353]이 없는 까닭에 공空이 될 수 있는

---

352 『대품경』은 『대품반야경』으로 『대반야바라밀경』의 약칭이다. 당시 알려지고
   있던 여러 「반야경」을 집대성하여 한역한 것으로, 이른바 반야경전서般若經全書
   라 할 수 있다. 공空사상을 표방하면서도 실유實有를 주장하는 부파불교의
   불확실한 공사상을 비판하고, 새로운 반야사상을 중심으로 불교를 통일하려는
   대승불교 발흥기의 종파적 입장을 반영하고 있는 경전이다.
353 있다는(有) 성품, 성질, 자성自性.

것과 같으니, 이를 이름하여 공空이라 한다. 이러한 공은 공성空性이 없는 까닭에 유有를 지을 수 있으니 이를 일러 공공이라 하는 것이요, 이와 같은 공공은 생멸문에 있다. 이는 『열반경』에서 "이 유有와 이 무無를 일러 공공이라 하고, 이것이 옳든(是) 이것이 그르든(非) 이를 일러 공공이라 하니, 이와 같은 공공은 십주보살도 하물며(尙) 털끝 정도(許)의 소분小分밖에 못 얻는데, 하물며 (십주보살을 제외한) 나머지 사람들이야"[354]라고 말한 것과 같다. 진여·생멸 두 문의 차별에 대해 마땅히 이와 같이 알아야 할 것이다. 위로부터 풀이하여 총괄적으로 세운 법의 풀이를 마친다. (大乘起信論疏記會本 卷一 終)

---

[354] 대정장 제12권, 『열반경』, p.461하 16~19행.

대승기신론소기회본 권이大乘起信論疏記會本 卷二

以下釋上別立. 別釋二門, 即爲二分. 眞如門中, 亦有二意. 初釋眞如,
後釋如相. 又復初是總釋, 後是別解. 又初文明不可說, 顯理絶言. 後
文明可得說, 顯不絶言.

아래는 위에서 세운 진여·생멸의 문을 풀이한 것이다. 진여·생멸
두 문을 구별하여 풀이함에 둘로 나누었다. 진여문에도 또한 두 가지
뜻이 있으니 먼저 진여를 풀이하고, 이어 진여眞如의 모습(相)을 풀이했
다. 또다시 먼저 총괄하여 풀이했고, 이어 각각 구분하여(別) 풀이했으
며, 또 처음 글은 (말로) 설할 수 없음을 밝혔으니, 이理가 말이 끊겼음
(絶言)을 드러냈고, 뒤의 글은 (말로) 설할 수 있음을 밝혔으니, 말이
끊이지 않았음을 드러냈다.

【소疏-10-1-별기-(2)】

初文中言"離言說相離名字相", 乃至言"眞如者因言遣言." 後文中言
"依言說分別有二種義, 謂如實空如實不空." 然後文亦說一切分別皆
不相應, 當知一切言說亦不相應. 此卽顯理離言絶慮.

처음의 글에서 "언설상言說相을 여의고, 명자상名字相을 여의었다"고
말하며, 나아가 "진여眞如란 말에 의지하여(因) 말을 버린 것이다"라고
하고, 뒤의 글에서는 "언설言說로 말미암아 분별함에 두 가지 뜻이
있으니, 여실공如實空과 여실불공如實不空[355]을 말한다"라고 하였다.

---

355 온갖 망상과 분별이 사라진 자리에 나타나는 진여眞如 그 자체는 텅 비어

그러나(然) 뒤의 글에서 또한 일체의 분별이 다(皆) 상응하지 않는다고 설하였으니, 일체의 언설도 또한 상응하지 않음을 알아야 할 것이다. 이것이 곧 이理가 말을 여의고 생각이 끊겼음(離言絶慮)을 드러낸 것이다.[356]

又初文中要依"因言遣言"之言, 乃得顯其理之絶言, 此亦顯理不離言說相. 若言得說理實絶言者, 則墮自宗相違過, 先以絶言之言不絶 而理實絶言故. 若使絶言之言亦言絶者, 則墮自語相違過, 先以絶言之言亦絶而言得說言故.

또 처음 글의 요체는 "말에 의지하여(因) 말을 버린다(遣)"라는 말로 그 (진여의) 이치(理)가 말이 끊어진(絶言)[357] 것을 드러내었으나, 이 또한 진여의 이치(理)가 언설의 모습(言說相)을 여의지 않음을 드러낸 것이다.[358] 만약 진여의 이치(理)가 실로 말로 설할 수 없는(絶言) 것을 설할 수 있다고 말한다면[359] 곧 자기가 주장하는 바(宗相)를 어기는(違)

있으면서도, 모든 공덕을 다 갖추고 있는 까닭에 단순히 텅 비어 있는 것만은 아니라는 뜻에서 여실불공如實不空이라 한다. 진공묘유眞空妙有도 같은 의미이다. 진공眞空은 잡雜은 없으면서(空) 순(純: 眞)이 있다는 뜻이고(如實), 묘유妙有는 묘하게 있다는 뜻이 아니라, 진공 속에는 묘(妙: 진리)함이 있다(不空)는 뜻이다. 화단에 비유하자면, 잡초가 없는 것이 진공이라면, 아름다운 꽃들로 가득한 것은 묘유이다. 따라서 화단은 진공이면서 묘유인 것이다. 진공묘유는 한 단어가 아니라 진공과 묘유가 상즉상입相卽相入하는 관계인 것이다.

356 【논論-16】 "所言不空者" 이하의 글 참조.
357 말로 설명할 수 없어 말이 끊어진 언어도단言語道斷의 자리.
358 【논論-12】 "言眞如者" 이하의 글 참조.

허물(自宗相違過)에 떨어질 것이다. 앞서는 '말이 끊겼다(絶言之言)'라는 말이, 끊어지지 않았으나(不絶) 이理는 실제로 말이 끊어진(絶言) 자리인 까닭이요, 만약 '말이 끊겼다'라는 말이 또한 끊겼음을 말하게 한다면 이는 스스로 자기가 한 말에 위배되는 허물(自語相違過)에 떨어지는 것이니, 먼저는 말을 끊었다는 말도 끊어졌다고 하면서 말로써 그 말을 설하고 있는 까닭이다.[360]

【소疏-10-2】

問. 理實而言, 爲絶爲不絶. 若不絶言者, 正體離言, 卽違於理. 若實絶言, 後智帶言, 卽倒於理. 又若不絶, 卽初段論文斯爲漫語. 若實絶言, 則後段論文徒爲虛說. 如說虛空爲金銀等.

---

359 진여의 이치는 말을 여읜(離言) 것이라고 설하면서, 말을 여읜(離言) 이치를 설할 수 있다고 하는 것은 모순이다. 그래서 이는 "스스로 주장하는 바(宗相)를 위반하는 허물에 떨어질 것이다"라고 하는 것이다.

360 이는 인명논리因明論理의 종법구과宗法九過를 인용한 설명이다. 인도의 논리학은 니아야(Nyāya)학파와 불교에 의해 체계화되었다고 볼 수 있으며, 중국 등지에서 불교논리학을 인명因明이라 부른다. 그 전에는 바수반두(Vasubandhu, 世親. 320~400?) 등이 체계적인 논리사상을 가지고 있었으나, 그것을 집대성한 사람은 디그나가(Dignāga, 陳那. 400~480?)이다. 그러므로 디그나가 이전의 불교논리학을 고古인명, 그 이후를 신新인명이라 한다. 이러한 인명에는 유가행유식학瑜伽行唯識學의 인식론이 기반이 되었으며, 디그나가 이후 그의 손제자인 다르마키르티(Dharmakīrti, 法稱. 7세기경)에 의해 불교논리학은 정점에 달했다. 당시 인도에 유학한 『서유기』의 주인공 현장법사(602~664)에 의해 당唐에 소개된 뒤, 해동 신라에까지 전파되었으나 후대에까지 계속되지는 못하였다.

묻기를, 이理를 실제로 말한다면 말을 끊은 것인가, 끊지 않은 것인가? 만약 말을 끊지 않은 것이라면 정체지正體智는 말을 끊은 것이므로 곧 이理에 어긋나며, 만약 실로 말을 끊은 것이라면 후득지後得智는 말을 지니므로 곧 이理에 거슬리는(倒) 것이다. 또 만약 말을 끊지 않은 것이라면 『기신론』 초단初段의 글이 바로 부질없는 말(漫語)이 되며, 만약 실로 말을 끊은 것이라면 『기신론』 후단後段의 글들이 다(徒) 한갓 빈말(虛說)이 될 것이다. 이는 마치 허공을 금金, 은銀 등이라고 말하는 것과 같은 것이다.

解云. 是故當知, 理非絶言, 非不絶言. 以是義故. 理亦絶言, 亦不言絶, 是則彼難無所不當.

풀이하길, 이런 고로 이理는 말이 끊어진 자리도 아니며, 끊어지지 않은 자리도 아님을 알아야 할 것이며, 이 같은 이치로 이理는 또한 말이 끊어진 자리이자 또한 끊어지지 않은 자리이기도 한 것이다. 이런즉 저 어려운 질문에 부당한 바가 없을 것이다.

【소疏-10-2-별기別記】

如是等言, 無所不當, 故無所當. 由無所當, 故無所不當也. 眞如門中絶不絶義旣如是說. 生滅門中亦同此說. 且止傍論還釋本文.

이와 같은 말들이 부당한 바가 없는 까닭에 합당한 바가 없으며, 합당한 바가 없는 연유로 부당한 바가 없는 것이다. 진여문에서 끊음과 끊지 않음의 뜻을 이미 이 같이 설하였고, 생멸문에서도 또한 이 설과 같다.

이제 방론傍論은 그치고 본문으로 돌아가 풀이하겠다.

(1) 심진여문

【논論-11】심진여문心眞如門-대총상법문체大總相法門體

心眞如者, 卽是一法界 大總相法門體. 所謂心性不生不滅. 一切
諸法唯依妄念而有差別. 若離妄念, 則無一切境界之相. 是故一
切法 從本已來. 離言說相, 離名字相, 離心緣相, 畢竟平等. 無有變
異. 不可破壞. 唯是一心. 故名眞如. 以一切言說, 假名無實, 但隨
妄念, 不可得故.

심진여心眞如란 바로 일법계一法界[361]의 대총상법문체大總相法門體[362]이

---

[361] 일법계一法界는 곧 일심법계一心法界로 ①일一은 하나, 둘 셋은 숫자의 일이
아니라 일심一心의 일이며, 진여의 체성體性이 평등무이平等無二하여 일인 것이
며, ②법法은 우주 삼라만상의 만유萬有의 규범이며, ③계界는 만물이 말미암는
근본이라는 뜻의 인본因本을 뜻한다. 따라서 일법계는 한마음(一心)으로 세간
법과 출세간법을 아우르는(攝), 우주 삼라만상의 만물이 의지하는 근원을
뜻한다.

[362] 대총상법문체大總相法門體의 ①대大는 무엇과 비교해서 크다는 뜻이 아니라,
어느 것과도 비교할 수 없는 절대적 의미의 크다는(大) 뜻으로, 진여가 광대무변
하여 삼천대천세계를 싸고도 남을 만큼 크다는 뜻이며, ②총상總相은 일미평등
一味平等하여 차별상을 떠난 모습(相)으로, 우리 마음의 근원인 여여부동如如不
動한 진여를 말한다. ③법法은 중생심이 아우르는(攝) 세간과 출세간의 만유(萬
有: 모든 존재)를 아우르는(攝) 규범이며, ④문門은 관지(觀智: 관하는 지혜,
말을 여읜 경계)가 아우르는(攝) 영역(門)으로, 그 자체가 총상인 것이다. 여기서
문이란 'Gate'가 아닌 'Boundary'의 의미다.(각주 227 참조) ⑤체體란 근본

다. 소위 심성心性³⁶³은 불생불멸이라, 일체의 제법이 오직(唯) 망념으로
말미암아(依) 차별이 있으니, 만약 망념을 여의면(離)³⁶⁴ 곧 일체경계의
모습(境界相)도 없는 것이다.³⁶⁵ 이런 까닭으로 일체법이 본래부터 언설
의 차별상(言說相)을 여의고,³⁶⁶ 명자名字의 차별상도 여의고, 심연(心緣:

바탕으로 ①②③④의 내용이 하나로 합쳐진 것을 말한다. 따라서 대총상법문
체란 모든 것을 생멸하게 하는 근원으로서의 불생불멸하는 여여부동한 진여를
형용한 말이다.

363 심성心性은 마음의 본래 성품으로 심원心源과 같은 의미이다.

364 언설로도, 문자로도, 생각으로도 분별할 수 없으므로 '떠났다, 여의었다(離)'라
고 하는 것이다.

365 고려 말의 백운경한(1229~1374) 선사는 이 같은 경지를 시상詩想에 담았다.

무심가無心歌

만물은 본래가 한적하여(萬物本閑)

스스로 푸르다 누렇다 말이 없건만(不言我靑我黃)

세상 사람들만 시끄럽게(惟人自鬧)

이건 좋고 저건 추하다 떠들어대네(强生是好是醜).

경계에 임해서도 사람 마음 구름 같고 물 같다면야(觸境心如雲水意)

세상살이 종횡으로 걸림 없으리(在世縱橫有何事)……

어리석은 이는 경계는 버리면서 마음은 붙잡지만(愚人忘境不忘心)

지혜로운 이는 마음은 버리면서 경계는 버리지 않네(智者忘心不忘境).

마음을 버리면 경계는 저절로 고요해지고(忘心境自寂)

경계가 고요해지면 마음은 저절로 고요하리니(境寂心自如)

모름지기 이를 일러 무심의 참된 경지라 한다네(夫是之謂無心眞宗).

366 『화엄경, 광명각품』에서 문수사리는 송頌으로 "차별된 현상을 분명히 알아
언설言說에 집착하지 않고, 일一과 다多가 따로 있는 것이 아님을 아는 것이
불교를 따르는 것이다. 중생과 국토가 같지도(一), 다르지도(異) 않으니, 이와
같이 바르게 관찰하는 것이 불법의 의미를 아는 것이다(了知差別法 不著於言說
無有一與多 是名隨佛敎 衆生及國土 一異不可得 如是善觀察 名知佛法義)"라고 설하

생각에 의한 분별)의 차별상도 여의어서 필경에는 평등하여[367] 변하거나 달라질 것도 없으며[368] 파괴할 수도 없어[369] 오직 한마음(一心)인 까닭에 진여眞如라 부르는 것이다. 일체의 언설言說은 임시적인 이름(假名)일 뿐 실체가 없는 것이요, 단지 망념을 따르므로 그 실체(깨달음)를 얻을 수 없는 까닭이다.[370]

【소疏-11】

初文有三. 一者略標, 二者廣釋, 其三者往復除疑. 略標中言"卽是一法界"者, 是擧眞如門所依之體. 一心卽是一法界故. 此一法界通攝二門而今不取別相之門, 於中但取總相法門. 然於總相有四品中, 說三無性所顯眞如, 故言大總相. 軌生眞解, 故名爲法 通入涅槃, 故名爲門. 如一法界擧體作生滅門. 如是擧體爲眞如門. 爲顯是義, 故言體也.

처음 글에 세 가지가 있으니, 첫째는 간략히 나타내는 것이고, 둘째는

고 있다.

367 염染·정淨이 서로 다르지 않기에 평등하다고 하는 것이다.

368 생주이멸生住異滅하지 않으므로 변이變異가 없다고 한 것이다.

369 사람의 힘으로 어쩔 수 없으므로 파괴할 수 없다고 한 것이다.

370 언설을 여의고 나면 무념無念이다. 무념이 바로 적멸인 것이다. 무념은 아무런 생각이 없다는 뜻이 아니라, 망념妄念이 없다는 뜻이다. 망념은 분별을 말한다. 언설에 속아 끄달림으로써 분별망념이 있게 된다.

육조혜능(六祖慧能, 638~713)은 『육조단경』에서 "법에는 단박 깨치고 점차로 깨치고 하는 것이 없다……. 나의 이 법문은 예로부터 무념無念을 종宗으로, 무상無相을 체體로, 무주無住를 근본으로 삼는다(善知識. 法無頓漸……. 我自法門. 從上已來. 頓漸皆立無念爲宗 無相爲體 無住爲本)"라고 하였다.

자세히 풀이하는 것이며, 셋째는 반복하여[371] 의심을 제거하는 것이다. 간략히 나타내는 내용 중에 "즉시일법계卽是一法界"라 함은 진여문이 의지하는 바탕(體)을 말한(擧) 것인데, 일심一心이 바로 일법계인 까닭이다. 이 일법계가 진여·생멸 두 문 전체를 아우르지만, 지금은 진여·생멸로 나눈 개별적인 상(別相)은 취하지 않고, 이 중에서 단지 총상법문總相法門만을 취했다. 그러나(然) 총상에 있는 사품四品[372] 중에서 삼무성三無性[373]이 드러내는 진여를 설하는 까닭에 대총상大總相이라고 말한 것이다. (대총상이) 규범(軌)으로서 참된 이해를 내는 까닭에 이름하여

---

371 원문에 '왕복往復'이라 되어 있으나, 원효대사 당시에는 요즘말의 '반복反復'이 '왕복往復'으로 통용된 것 같다.

372 【논論-25】의 여실공경如實空鏡, 인훈습경因熏習鏡, 법출리경法出離鏡, 연훈습경緣熏習鏡 등을 말한다.

373 공空의 관점에서 분별과 망상이 소멸된 세 가지 마음 상태로, 유有의 관점으로 보는 변계遍計, 의타依他, 원성圓成에 대對하는 개념이다. ①상무성相無性: 온갖 분별이 사라져 허구적인 차별상이 없는 상태 ⇔ 변계소집성遍計所執性: 미정迷情의 상태에서 새끼줄을 잘못 보아(分別) 뱀으로 여기지만 새끼줄에는 뱀의 자성이 없다. ②생무성生無性: 더 이상 분별이나 집착이 일어나지 않는 상태 ⇔ 의타기성依他起性: 새끼줄은 볏짚이 일시적으로 타의他意에 의해 꼬여져 일시적으로 나타난 모습(假現)일 뿐 새끼줄은 실성實性이 없다. ③승의무성勝義無性: 분별과 망상이 소멸된 상태에서 드러나는 있는 그대로의 청정한 모습 ⇔ 원성실성圓成實性: 볏짚에서 새끼줄과 뱀의 모습을 찾을 수 없으며, 새끼줄이지만 알고 보면 볏짚일 뿐이다. 그렇다고 이러한 새끼줄, 뱀, 볏짚 등이 단순한 인연의 존재로만 끝나는 것이 아니라, 새끼줄은 새끼줄대로, 뱀은 뱀대로, 볏짚은 볏짚대로, 그 자체로서 참다운 진여의 자기표현으로 불생불멸인 것이다. 이 세상 어느 것도 불생불멸이 아닌 것이 없고, 진여의 자기표현이 아닌 것이 없는 것이다. 그래서 세상은 참으로 아름다운 것이다.

법法이라 하며, 이를 통通해 열반에 들어가는 까닭에 이름하여 문門이라 한 것이다. 일법계 전체(擧體)³⁷⁴가 생멸문이 되는 것과 같다. 이와 같이 일법계 전체(擧體)가 진여문이 되는 것이다. 이런 뜻을 드러내는 까닭에 바탕(體)이라고 하는 것이다.

此下廣釋, 於中有二, 一者顯眞如體, 二者釋眞如名. 初中有三. 一者當眞實性以顯眞如, 二者對分別性而明眞如絶相, 三者就依他性以顯眞如離言.

다음은 자세히 풀이(廣釋)하는 것이니 이 중에 두 가지가 있다. 첫째는 진여의 바탕(體)을 드러낸 것이며, 둘째는 진여의 이름을 풀이한 것이다. 처음 중에 세 가지가 있으니, 첫째는 마땅히 진실성으로 진여를 드러내며, 둘째는 분별성에 대하여 진여의 절상(絶相: 모습이 끊어짐)을 밝히며, 셋째는 더 나아가(就) 의타성으로써 진여의 이언(離言: 말을 떠남)을 드러내는 것이다.

初中言"心性"者, 約眞如門論其心性. 心性平等, 遠離三際, 故言"心性不生不滅"也. 第二中有二句. 初言"一切諸法唯依妄念而有差別"者, 是擧遍計所執之相, 次言"若離心念卽無一切境界相"者, 對所執相顯無相性. 猶如空華, 唯依眼病而有華相. 若離眼病, 卽無華相, 唯有空性, 當知此中道理亦爾. 第三中有三句. 先約依他性法以明離言絶慮. 次依離絶之義以顯平等眞如. 後釋平等離絶所以.

---

374 거擧에는 '온통, 전부, 다'의 뜻이 있어 거체擧體를 전체全體로 옮겼다.

먼저(初中) "심성心性"이라 함은 진여문을 바탕으로(約) 그 마음의 성품(心性)을 논한 것이다. 심성은 평등하여 삼제(三際: 과거·현재·미래)를 멀리 여읜 까닭에 "심성은 불생불멸"이라고 말한 것이다. 두 번째에 두 구절이 있으니, 처음에 "일체의 제법이 오직 망념으로 말미암아(依) 차별이 있다"라고 한 것은 변계소집상遍計所執相을 말한(擧) 것이다. 다음으로 "만약 마음에 망념을 여의면 곧 일체의 경계상이 없다"라고 한 것은 변계소집상에 대對하여 무상성無相性을 드러낸 것으로, 이는 마치 공화空華[375]가 오직 눈병으로 말미암아(依) 꽃의 모습(華相)이 있을 뿐, 만약 눈병이 사라지면 곧 꽃의 모습도 없어지고 오직 공성(空性: 공한 성품)만 있는 것과 같으니, 이 진여문에서의 도리道理 또한 그와 같음을 알아야 할 것이다. 세 번째에 세 구절이 있으니, 먼저는

---

[375] 실제로는 없는데 눈병으로 인하여 허상虛像으로 보인 꽃, 허화虛華라고도 한다. 따라서 눈병이 나으면 당연히 공화空華는 사라지고 나타나지 않는다. 법장은 『의기』에서 공화空華를 예로 들어 설명하면서, "모두(皆) 망념으로 말미암아 차별이 있는 것이다. (본래는 없는 것이다) 그렇다면, 이를 어떻게 알 수 있는가? 풀이하길, 성인은 망념을 여읜 까닭에 경계가 없는 것이며, 이는 경계가 망념으로 말미암아(從) 생긴다는 증거(驗)인 것이다. 만약 경계가 망념으로 만들어진 것이 아니라 진짜 있는 것(實有)이라면, 성인이 경계를 보지 못하는 것이 마땅히 미혹에 빠진 것이며, 범부가 경계를 보는 것은 마땅히 깨달음일 것이다. 그렇다면 공화空華를 보지 못하는 것이 오히려 눈병이라는 상반된 결론을 내려야 할 것이다(皆依妄念而有差別. 疑者又云. 以何得知依妄念生. 釋云. 以諸聖人離妄念故. 旣無此境. 卽驗此境定從妄生. 又若此境非妄所作定實有者. 聖人不見. 應是迷倒. 凡夫旣見. 應是覺悟. 如不見空華. 應是病眼. 返結準之)"라고 하였다.
이는 『기신론』에 대한 주석이 아니라, 『해동소海東疏』에 대한 주석인 셈이다. 법장이 『해동소』를 표절했다는 증좌라 할 수 있다.

의타성법에 의하여 말을 여의고 생각을 끊은(離言絶慮) 것을 밝혔고, 다음은 말을 여의고 생각을 끊은(離絶) 이치에 의하여 평등진여를 드러냈으며, 뒤에는 평등진여가 말을 여의고 생각(分別)을 끊은(離絶) 까닭(所以)을 풀이하였다.

初中言"是故一切法"者, 謂從緣生依他起法. "離言說相"者. 非如音聲之所說故. "離名字相"者, 非如名句之所詮故. "離心緣相"者, 名言分別所不能緣故. 如虛空中鳥迹差別, 謂隨鳥形空相顯現, 顯現之相實有差別, 而離可見之相差別. 依他起法當知亦爾. 隨諸薰習差別顯現, 而離可言之性差別. 旣離可言可緣差別, 卽是平等眞如道理. 故言畢竟平等, 乃至故名眞如. 此是第二顯眞如平等.

처음에 "이런 까닭으로 일체법"이라 함은 연緣을 따라 생生하는 의타기법依他起法을 말하며, "언설상을 여읜다(離言說相)"란 음성으로 설하는 바와 같지 않은 까닭이며, "명자상을 여읜다(離名字相)"란 명구名句로 설명하는(詮) 바와 같지 않은 까닭이며, "심연상을 여읜다(離心緣相)"란 명언名言[376]으로 분별하여 반연할 수 없는 까닭이다. 이는 허공에 날아가는 새의 자취가 남기는 차별처럼, 새가 날아가는 모습(形)에 따라 허공의 모습이 나타나며(顯現), 허공에 나타나는 모습(相)에는 실로 차별이 있지만, (허공 자체는) 눈으로 볼 수 있는 모습의 차별을

---

[376] 어떤 것을 설명하기 위해 일시적으로 붙인 이름으로, 그 이름이 그것의 전부를 나타내는 것이 아니다. 예를 들면 회사를 경영하는 가장이 회사에 나가면 사장으로 불리나, 집에 돌아가면 남편, 아버지로 불리는 것과 같다.

떠난(離) 것을 말하는 것이다. 의타기법 또한 그와 같음을 알아야 할 것이다. (진여는) 갖가지(諸) 훈습薰習에 따라 차별이 나타나지만 (顯現), (우리가) 말로 할 수 있는 성질의 그런 차별을 떠나 있다. 이미 말할 수 있거나 반연할 수 있는 차별을 떠났다면, 이는 바로(卽) 평등한 진여의 도리인 까닭에 마침내(畢竟) 평등이라 말하며, 나아가 (乃至) 이름하여 진여眞如인 까닭이다. 이것이 두 번째 진여의 평등을 드러낸 것이다.

"以一切"下, 釋其所以. 所以眞如平等離言者, 以諸言說唯是假名, 故 於實性不得不絶. 又彼言說但隨妄念故 於眞智不可不離. 由是道理 故說離絶. 故言"乃至不可得故." 顯體文竟.

"이일체以一切" 아래는 그 까닭(所以)을 풀이한 것이다. 진여가 평등하여 말을 여읜 까닭은, 모든 언설이 오직(唯) 거짓 이름(假名)에 불과한 까닭에 실제 성품(實性)에 있어서는 끊지 않을 수가 없다. 또(又) 저 언설은 단지 망념을 따르는 까닭에 참된 지혜(眞智)에 있어서는 (언설을) 여의지 않을 수 없다. 이러한 도리로 말미암아 말을 여의고 생각이 끊겼다(離絶)고 설하는 것이니, "내지 그 실체를 얻을 수 없는 까닭이다"라고 말한 것이다. 체를 드러내는 글을 마친다.

【論論-12】 이언진여離言眞如

言眞如者 亦無有相, 謂言說之極, 因言遣言. 此眞如體無有可遣, 以一切法悉皆眞故. 亦無可立, 以一切法皆同如故. 當知一切法不可說不可念, 故名爲眞如.

진여라 함은 또한 진여라는 모습(相)이 따로 있는 것이 아니니, 이는 언설의 극치로, 말에 의지하여(因) 말을 버린(遣) 것을 말한다.[377] 이 진여의 바탕(體)은 가히 버릴 것도 없으니, 일체의 법이 모두 다 진실한 까닭이며, 또한 새롭게 세울 것도 없으니, 일체의 법이 다(皆) 똑같이(同) 여여如如한 까닭이다. 그러니 마땅히 일체의 법은 (말을 하려고 해도) 말할 수 없고, (생각을 하려고 해도) 생각할 수 없는 까닭에 이름하여 진여라 하는 것을 알아야 한다.

【소疏-12】

釋名中亦三. 初標立名之意. 所謂"因言遣言", 猶如以聲止聲也. 次正釋名. "此眞如體無有可遣"者, 非以眞體遣俗法故. "以一切法悉皆眞故"者, 依他性一切諸法, 離假言說, 故悉是眞. "悉是眞"者, 不壞差別卽是平等. 是平等故, 無別可立. 故言"一切皆同如故." "當知"以下, 第三結名. 直顯眞如竟在於前

진여라는 이름을 풀이하는 데는 또한 세 가지가 있으니, 첫째는 이름을 세운 뜻을 나타내는 것으로, 소위 "말에 의지하여 말을 버린다"는 것은, 마치 소리로써 소리를 멎게 하는 것과 같다. 다음에는 바로(正) 진여의

---

377 진여는 진여라는 명칭 외에 따로 덧붙일 것이 없으므로 진여라 하여 언어에 대한 집착을 깰 뿐이지, 진여라는 형상이 따로 있어서 진여라 한 것이 아니다. 언어의 극치란 이를 말하는 것이다. 【논論-11】에서 "진여의 바탕(體)은 언설, 명자, 심연(心緣)의 차별상을 떠났다"라고 설한 것은 이 뜻이다.

이름을 풀이하는 것이니, "이 진여의 바탕(體)은 가히 버릴 것도 없다"라는 것은, 진여의 바탕(體)이 세속법(俗法)을 버리는 것이 아닌 까닭이다. "일체의 법이 다(皆) 똑같이(同) 여여如如한 까닭이다"라는 것은 의타기성依他起性의 일체의 모든 법이 허망한 언설을 여읜 까닭에 다(悉) 참된(眞) 것이다. "다 참되다(悉是眞)"라는 것은 굳이 차별을 깨뜨리지(壞) 않고도 바로(卽) 평등하며, 이처럼 평등한 까닭에 따로 세울 것이 없는 것이다. 고故로 "일체의 법이 다(皆) 똑같이(同) 여여如如한 까닭"이라고 말한 것이다. "마땅히 알라(當知)"의 아래는 세 번째 부분으로 진여眞如라는 이름을 지어 끝을 맺은 것이다. 바로 진여를 드러낸 설을 여기서 마친다.

【논論-13】 어떻게 진여에 수순할 것인가?

問曰. 若如是義者, 諸衆生等, 云何隨順而能得入. 答曰. 若知一切法 雖說無有能說可說. 雖念亦無能念可念, 是名隨順. 若離於念, 名爲得入

물기를, 만약 이와 같은 뜻이라면 모든 중생들이 어떻게 수순隨順[378]하여

---

[378] 수순隨順은 거스르지 않고 순리順理에 따르는 것을 말한다. 달리 말하면 어떤 인위도 없이 때가 되면 저절로 이루어지는 것, 즉 봄이 오면 꽃이 피고, 여름이 오면 산천이 푸른 것이 수순이다. 『선가귀감』에 "춘래초자청(春來草自靑: 봄이 오면 풀잎은 저절로 푸르다)"이란 말이 있다. 인과因果가 수순이며, 연기緣起가 수순이다. 수행이 깊어지면 깨달음이 오는 것도 수순이다. 그러니 깨닫지 못하는 것은 게으르기 때문이다. 이러한 이치(實相)를 알면(行) 바로 부처다. 『기신론』이나 『소·별기』에는 '수순'이라는 용어가 자주 등장한다. 여기서 정확

야 (진여에)³⁷⁹ 능히 들어갈(入)³⁸⁰ 수 있겠는가?

답하길, 만약 일체의 법을 설한다 할지라도 (누가) 설할 수도(能說),
설할 만한 것도 없으며(可說), 비록 생각한다 할지라도 (무엇을) 생각할
수(能念)도, 생각할 만한 것(可念)도 없는 것을 안다면 이를 일러 수순隨

한 의미를 알아두는 것이 좋다.

379 원효대사는 『소疏』에서 '정관正觀'에 든다고 하였다.

380 입入은 단순하게 '~에 들다'라는 의미가 아니라, '본래의 상태, 열반해탈, 진여본
각으로 되돌아간다(歸)'는 환본還本의 의미를 갖는다.

생멸문에서의 삶이란 본래의 상태, 열반해탈, 진여본각에서 벗어난, 허망분별
에 따른 가설假設 내지 가상假想의 삶인 것이다. 따라서 수행이란 가설 내지
가상의 삶에서 벗어나, 본래의 상태, 열반해탈, 진여본각으로 되돌아가는(還本)
노력이고 과정인 것이다.

그러나 임제의현(臨濟義玄, ?~867) 선사는 "그대들은 제방에서 도道를 말하면
서, 무엇을 닦고 수행할 것이 있다고들 하는데 착각하지 마라. 수행은 무엇을
닦고 증득하는 것이 아니라, 무엇을 닦고 증득하겠다는 그 마음을 내려놓는
것이다. 사람은 본래가 완전무결하여 더 이상 닦고 말고 할 것이 없는, 더
이상 꾸미거나(化粧) 장엄할 것도 없는, 이미 아름답고 완벽한 존재이다. 그러니
무엇을 닦아 증득하겠다거나 장엄하겠다고 하는 것은 조작造作으로 외도의
짓이며, 생사 업을 짓는 것이다. 부처를 구하고 법을 구하는 것은 바로 지옥
업을 짓는 것이고, 보살을 구하는 것 또한 업을 짓는 것이며, 경을 보거나
가르침을 듣는 것도 또한 업을 짓는 것이다. 부처와 조사는 바로 일 없는
사람(無事人)이라, 억지가 있고 조작이 있는 유루유위有漏有爲나 억지가 없고
조작이 없는 무루무위無漏無爲가 다 불조佛祖에게는 청정한 업인 까닭이다(儞諸
方言道 有修有證. 莫錯 設有修得者 皆是生死業. 求佛求法 卽是造地獄業. 求菩薩亦是
造業 看經看敎 亦是造業. 佛與祖師是無事人. 所以有漏有爲 無漏無爲 爲淸淨業)"라
고 하였다. 무엇을 구하겠다거나 닦아 증득하겠다고 하는 그런 마음이 집착이고
망상이고 망념이고 번뇌인 것이기 때문이다. 이는 진여의 관점에서 본 인간의
참 모습인 것이다.(참조: 『임제록, 시중示衆』)

順이라고 하며, 만약 생각(망념)을 여읜다면 이름하여 (진여에) 득입得入
이라 하는 것이다.

【소疏-13】

往復疑問中, 言"云何隨順"者, 是問方便. "而能得入"者, 是問正觀. 答
中次第答此二問. 初中言"雖說""雖念"者, 明法非無, 以離惡取空見
故, "無有能說可說等"者, 顯法非有, 離執著有見故. 能如是知, 順中道
觀, 故名隨順. 第二中言"離於念"者. 離分別念. "名得入"者, 顯入觀智也.

반복하여 의심하고 묻는 중에 "어떻게 수순하느냐?"라고 말한 것은
방편을 물은 것이며, "(진여에) 능히 들어갈 수 있겠는가?"라고 물은
것은 올바른 관(正觀)을 물은 것이다.

답 중에서 차례(次第)로 이 두 가지 물음에 답하겠다. 처음에 "설한다
할지라도(雖說)"와 "생각한다 할지라도(雖念)"라고 말한 것은 법이 없
는 것이 아님(非無)을 밝힌 것이니, 이는 그릇되게(惡) 집착하는 공견空
見을 여읜 까닭이며, "설할 수도, 설할 만한 것도 없다"라는 것은 법이
있는 것이 아님(非有)을 드러낸 것이니, 이는 집착하는 유견有見을
여읜 까닭이다. 능히 이와 같이 알 수 있다면 중도관中道觀[381]을 따르는

---

[381] 중도中道란 유有나 공空 양 극단에 치우치지 않는 진실한 도리를 말한다.
원효대사께서 공견空見과 유견有見을 여읜 것을 중도관으로 설하고 있으나,
원래는 세존께서 고행주의와 쾌락주의의 어느 것에도 치우치지 않은 올바른
수행법을 중도라 하였다. 고苦, 락樂의 양단에 치우치지 않을 뿐 아니라 지혜와
정력定力과 자재自在와 깨달음(覺)과 열반을 얻는 가장 수승한 방법으로 팔정도
八正道를 제시한 것이다.

까닭에 수순이라고 이름하는 것이다. 두 번째에 "생각(망념)을 여읜다
(離於念)"라고 말한 것은 분별하는 생각을 여의는 것이며, "명득입名得
入"이라고 한 것은 관지觀智[382]에 들어감을 드러낸 것이다.

【論論-14】 의언진여依言眞如

復次眞如者, 依言說分別, 有二種義. 云何爲二. 一者如實空, 以能
究竟顯實故. 二者如實不空, 以有自體具足無漏性功德故.

다시 진여란 언설로 분별하자면[383] 두 가지 뜻(義)이 있으니, 무엇이

───────────

『잡아함, 이십억이경(254)』과 『중아함, 사문이십억경(123)』에 동일한 내용이
있다. 과도한 정진을 했음에도 불구하고 심해탈心解脫을 얻지 못한 것을 비관한
한 '이십억(귀)' 비구가 "세존의 제자로서 정근精勤하는 성문聲聞 가운데 나도
그 수數에 들어간다. 그런데 나는 오늘까지 아직 모든 번뇌를 다하지 못하였다.
나는 유명한 족성族姓의 아들로서 재물과 보배가 넉넉히 있다. 차라리 집에
돌아가 오욕락五欲樂을 누리면서 널리 보시를 행하여 복을 짓자"라고 생각할
때, 세존께서 이를 아시고 거문고의 줄은 너무 팽팽해도, 너무 느슨해도 부드럽
고 맑은 소리를 낼 수 없다는 비유를 들어 훈계했다. 이는 능히 시時를 분별하고
상相을 관찰하여 중中을 잡으라는 가르침으로 그 형편을 따라 대의를 세우라는
말이다. 이는 『주역周易』에서도 한결같이 강조하는 내용이다.

382 원명은 '묘관찰지妙觀察智'로 모든 현상을 있는 그대로 관찰하여 가르침을
설하고 중생들의 의심을 끊어주는 데에도 자유자재한 지혜를 말한다. 유식唯識
에서 사지(四智)라 하면, 인간의 8가지 의식意識이 수행을 통해 질적으로 변화,
변혁하여 얻게 되는 네 가지 지혜로, ① 전오식前五識: 성소작지成所作智, ② 제6
의식意識: 묘관찰지妙觀察智, ③ 제7말나식末那識: 평등성지平等性智, ④ 제8아
리야식阿梨耶識: 대원경지大圓鏡智 등을 말한다.

383 【論論-11】에서 "진여의 바탕(體)은 언설言說, 명자名字, 심연心緣의 차별상을
떠난 것"이라 하여 이언진여離言眞如를 설했다. 그러나 중생들로 하여금 신심信

두 가지인가? 첫째는 여실공如實空이니 능히 구경究竟에는 진실됨(實相)을 드러낼 수 있는 까닭이요, 둘째는 여실불공如實不空이니 그 자체로 무루無漏[384]의 성공덕을 구족한 까닭이다.

【소疏-14】

第二明眞如相, 在文有三. 一者擧數總標, 二者依數開章, 三者依章別解中卽有二

두 번째는 진여의 모습(相)을 밝혔으니 여기에도 세 가지가 있다. 첫째는 수數를 들어 전체를 나타내었고(有二種義), 둘째는 수에 의하여 (一者, 二者) 장章을 나누었으며(開), 셋째는 장에 의하여 장별로 풀이하는 중에 두 가지(如實空, 如實不空)가 있다.

【논論-15】 여실공如實空의 진여

所言空者, 從本已來一切染法不相應故. 謂離一切法差別之相. 以無虛妄心念故. 當知眞如自性, 非有相, 非無相, 非非有相, 非非無相, 非有無俱相, 非一相, 非異相, 非非一相, 非非異相, 非一異俱相. 乃至總說, 依一切衆生以有妄心, 念念分別, 皆不相應, 故說

心을 불러일으켜 수행의 길로 인도하기 위해서는 부득이 언설을 빌려 설하지 않을 수 없다. 이렇게 언설에 의지하여 설하는 진여가 의언진여依言眞如이다.

384 루(漏: asraval)는 '누설漏泄'의 뜻으로 여섯 감각기관을 통해 쉼 없이 흘러나오는 번뇌(漏)를 뜻한다. 따라서 유루有漏라 하면 무지와 욕망 등의 번뇌가 수반되는 세계를 말한다. 무루無漏는 더 이상의 번뇌가 수반되는 않는 정신세계를 말한다.

爲空. 若離妄心, 實無可空故.

공空이라 함은 (진여는) 본래부터 일체의 염법染法[385]과 상응하지 않는 까닭에 이는 일체법의 차별상을 여의었음을 말한다. 이는 허망한 망념(心念: 분별심)이 없는 까닭이다. 그러므로 마땅히 알라, ①진여의 자성은 모습이 있는 것도 아니요(非有相), ②모습이 없는 것도 아니며(非無相), ③모습이 있는 것(有相)이 아닌 것도 아니요(非非有相), ④모습이 없는 것(無相)이 아닌 것도 아니며(非非無相), ⑤유有, 무無를 함께 갖춘 모습도 아니며(非有無俱相), ⑥같은 모습(一相)도 아니요(非一相), ⑦다른 모습(異相)도 아니며(非異相), ⑧같은 모습이 아닌 것도 아니요(非非一相), ⑨다른 모습이 아닌 것도 아니며(非非異相), ⑩같고 다른(一異) 모습을 함께 갖춘 것도 아닌(非一異俱相) 것을 알아야 한다.[386]

---

385 염법이란 정법淨法의 반대로 모든 분별, 번뇌, 망상을 말한다. 염법과 상응하므로 허망심념虛妄心念이 생기고, 허망심념으로 말미암아 차별상이 생긴다. 공空은 일체 염법과 상응하지 않아, 허망심념도 차별상도 여의어(離) 공이다. 공이란 없었던 것이 갑자기 생긴 것이 아니라 원래의 공한 모습이 드러난(顯) 것일 뿐이다.

386 이와 같은 10가지 모습(相)들은 모두 진여 본성의 평등함을 자각하지 못하고, 망심妄心으로 분별하여 생각생각에 따라 나타난 차별상일 뿐 진여의 모습은 아니다. 분별심으로 말미암아 생긴 차별상은 허화虛華, 공화空華일 뿐이다. 분별심으로 생긴 차별상은 실재實在하는 것이 아니라는 것이다.

허망심념虛妄心念으로 말미암은 차별상을 여의면 객체(所, 보이는 대상, 경계)가 사라지고, 허망심념을 여의면 주체(能, 대상을 보는 나)가 사라진다. 주主와 객客을 따지는 것이 분별심이며, 주와 객이 사라지면 맑은 거울에 밝은 빛이 드러나는 것과 같이 바로 공空이 드러난다. 그렇다고 진여의 모습이나 공空이 실유實有하는 것도 아니다. 진여가 있다고 믿는 것도 망심이자 차별상인 것이다.

이를(乃至) 총설(總說: 전체를 통틀어 하는 설)하자면, 일체의 중생이 망심이 있음으로 말미암아(依) 생각생각마다 분별하여, 다 서로 상응하지 않는 까닭에 공空이라 한다. 만약 망심을 여읜다면 실로 공이라 할 만한 것도 없는 까닭이다.

【소疏-15】

先明空中, 卽有三句. 略明, 廣釋, 第三總結. 初中言"一切染法不相應"者, 能所分別不相應故. "離一切法差別相"者, 離所取相故. "以無虛妄心念故"者, 離能取見故. 卽以離義而釋空也.

먼저 공을 밝힌 것에 바로 세 구절이 있으니, 간략하게 밝히는 것과, 자세히 풀이하는 것, 세 번째는 총결하는 것이다. 처음에 "일체의 염법染法과 상응하지 않는다"라고 함은 능能과 소所[387]가 분별하여 상응하지 않는 까닭이다.[388] "일체법의 차별상을 여의었다"라고 말하는 것은 무엇을 취하는 대상(所取相)을 여읜 까닭이며, "이는 허망한 망념이 없는 까닭이다"라고 함은 무엇을 취하겠다는 생각(能取見)을 여읜 까닭이다. 이는 곧 여읜다(離)는 뜻(義)으로 공을 풀이한 것이다.

廣釋之中, 明絕四句. 四句雖多, 其要有二, 謂有無等及一異等. 以此二四句攝諸妄執. 故對此二以顯眞空. 如廣百論云,

---

387 능能은 주관 또는 자自, 소所는 객관 또는 타他를 말한다.

388 진여의 자리는 능소能所와 자타自他를 떠난 자리를 말한다. 망심이나 망념은 능소와 자타를 차별하고 분별함으로서 생기는 것이다.

자세히 풀이하는 것에 사구四句로 나누어(絶) 밝혔다. 비록 사구는 많으나 그 요점은 두 가지이니, '있다, 없다'의 유무有無 같은 것(等及)과 '같다, 다르다'의 일이一異 등이다. 이 두 가지 사구로 모든 망령된 집착을 아우르는(攝) 까닭에 이 두 가지를 견주어(對) 진공眞空을 드러내었으니, 이는 『광백론廣百論』에서 다음과 같이 말하였다(云).

復次爲顯世間所執諸法皆非眞實, 及顯外道所執不同. 故說頌曰, 有非有俱非. 一非一雙泯. 隨次應配屬. 智者達非眞.

다시 세간에서 집착하는 모든 법(諸法)이 다 진실이 아님을 드러내며, 외도들이 집착한 것과도 같지 않음을 드러내기 위한 까닭에(故), 게송으로 다음과 같이 말하였다.

　모든 법은 있다(有), 모든 법은 있지 않다(非有),
　모든 법은 있기도 하고(有), 있지 않기도(非有) 하다(俱),
　모든 법은 있기도 하고(有), 있지 않기도(非有) 하지 않다(俱非).
　모든 법은 같다(一), 모든 법은 같지 않다(非一),
　모든 법은 같기도 하고(一), 같지 않기도(非一) 하다(雙),
　모든 법은 같기도 하고(一), 같지 않기도(非一) 하지 않다(泯).
　이를 차례대로 배속시켜 보면, 지혜 있는 사람은 이 같은 사구의 분별이 참되지 않음을 훤하게 알(達) 것이다.

釋曰. 一切世間色等句義, 言說所表, 心慧所知. 情執不同, 若有四種, 謂有, 非有, 俱許, 俱非. 隨次如應配四邪執, 謂一, 非一, 雙許, 雙非.

이를 풀이하자면, 일체세간世間[389]에서 말하는 색色 등의 글귀의 뜻(句義)은 언설로 드러낼(表) 수 있고, 마음의 지혜(心慧)로도 알 수 있으나, (세간에서) 마음의 작용으로 일으키는 집착(情執)은 같지가 않다. 여기에는 대략 네 가지가 있으니, ① 있다는 것(有), ② 있지 않다고 하는 것(非有), ③ 있다는 것(有)과 있지 않다는 것(非有)을 모두 인정하는 것(俱許), ④ 모두 인정하지 않는 것(俱非)이다. 이를 차례대로 네 가지 사집(四邪執)에 배속시키면 ① 같다는 것(一), ② 같지 않다는 것(非一), ③ 같다는 것과 같지 않다는 것을 모두 인정하는 것(雙許), ④ 같다는 것과 같지 않다는 것을 모두 인정하지 않는 것(雙非)이 이에 해당된다.

數論外道執有等性與諸法一, 即當有句. 此執非眞, 所以者下. 若靑等色與色性一, 應如色性其體皆同. 五樂等聲與聲性一, 應如聲性其體皆同. 眼等諸根與根性一. 應如根性其體皆同. 應一一根取一切境, 應一一境對一切根. 又一切法與有性一. 應如有性其體皆同也.

수론외도數論外道[390]들은 있다(有)는 등의 성품과 제법은 같은(一) 것이

---

389 세간世間이란 세속世俗과 같은 말로, 영원하지 않는 것들이 서로 모여 사는 공간을 의미한다. 즉 중생들이 서로 의지하며 살아가는 세계를 말한다. 세상 만물 모두가 세간에서 생겨나 일정시간 동안 공간을 점유하며 살다가 공간에서 사라지는 것이다. 생멸生滅인 것이다. 이것이 연기緣起이고 무상無常이다. 세世는 시간을, 간間은 공간을 의미한다. 우주宇宙와 같은 말이다. 우宇는 사방상하四方上下를, 주宙는 고왕금래古往今來를 뜻한다. 그런데 불교에서는 우주라는 말은 잘 안 쓴다.

390 불교에서 외도外道란 부처님의 가르침(불교)이 아니면 다 외도가 되며, 삿된

라고 집착하는데, 이는 (있다고 하는) '있다(有)'의 구句에 해당한다. 이러한 집착은 진리가 아니니, 그 까닭이 무엇인가? 만약 푸른색(靑) 같은(等) 색色들과 색의 성품(色性)이 같다(一)면, 마땅히 색성과 그 색성의 바탕(體)이 다 같아야 할 것이다.[391] 오악五樂[392] 등의 소리(聲)와 소리의 성품(聲性)이 같은 것이라면, 마땅히 소리의 성품(聲性)과 그 오악의 바탕(體)이 다 같아야 할 것이다. 눈(眼)과 같은(等) 모든 감각기관(根)[393]들이 감각기관들의 성품(根性)과 같은 것이라면, 마땅히 근성根性과 그 바탕(體)이 다 같아야 할 것이니, 마땅히 하나하나의 감각기관은 모든 경계를 다 취해야 하며, 하나하나의 경계는 일체의 감각기관을 상대해야 할 것이다. 또한 일체의 법과 모든 존재하는(有) 것들의

가르침이란 뜻의 사도邪道가 된다. 여기 『광백론廣百論』에서 열거하는 수론학파, 승론학파, 무참학파, 사명학파 등은 기원전 인도에서 발생한 바라문교 계통의 육파(六派: 여섯 학파) 철학의 부류들이다.

원효대사는 여기 소疏에서 『광백론』의 논거論據로 소취견(所取相: 객관)과 능취견(能取見: 주관)을 설파說破하고 있는 것이다.

391 불교에서 색色이라 하면, 뚜렷이 드러나 보이는 현색顯色으로, 청, 황, 적, 백의 네 가지 본색本色과 이것이 변하여 된 구름, 연기, 티끌, 안개, 그림자, 햇빛, 밝음, 어두움의 여덟 가지를 말한다. 따라서 이들 12색들의 색상과 체體는 하나(一)이거나 같을(一) 수 없다. 있다는(有) 것은 현상계에 수많은 물체가 존재하는 것을 말하는데, 수많은 물체의 본성과 모든 법(諸法)이 같다(一)면, 마찬가지로 12색상들도 체가 같아야 한다는 것이다. 그러나 사실은 그렇지 않다는 것을 색상을 예로 들어 외도들의 집착을 반박하고 있는 것이다.

392 다섯 가지의 악기를 말한다. 따라서 소리가 다양하므로 소리의 체가 같을 수 없다는 것을 말한다.

393 안眼, 이耳, 비鼻, 설舌, 신身, 의意 육근六根을 말한다.

성품이 같은(一) 것이라면, 마땅히 모든 존재하는(有) 것들의 성품과 그 바탕(體)은 다 같아야 할 것이다.(사실은 그렇지 않다는 것이다.)

勝論外道說有等性與諸法非一, 當非有句. 此亦非眞, 所以者何. 若靑等色與色性異. 應如聲等非根所行. 聲等亦爾. 又一切法異有性者, 應如兎角其體本無. 乃至廣破.

승론외도勝論外道들은 있다(有)는 등의 성품과 제법은 '같지 않다(非一)'고 설하는데, 이는 (있지 않다고 하는) '비유非有'의 구句에 해당하니 이 또한 진리가 아니다. 그 까닭이 무엇인가? 만약 푸른색(靑) 같은(等) 색色들과 색의 성품(色性)이 다르다면(異), 마땅히 소리들(等)처럼(如) 감각기관(根)이 하는(行) 것이 아닐 것이니, 소리들도 역시 그러할 것이다. 또한 일체법이 유의 성품(有性)과 다르다는 것은, 마땅히 토끼의 뿔처럼 그 바탕(體)이 본래 없어야 할 것이다. 이어서(乃至) 자세히(廣) 논파한다.

無慙外道執有等性與彼諸法亦一亦異, 當於亦有亦非有句. 此亦非眞, 所以者何. 若有性等與色等一, 同數論過. 與色等異, 同勝論失. 一異二種性相相違, 而言體同, 理不成立. 一應非一, 以卽異故如異. 異應非異, 以卽一故如一. 乃至廣破.

무참외도無慙外道들이 있다(有)는 등의 성품과 저 제법이 같기도 하고 다르기도 하다고(亦一亦異) 집착하는 것은 역유역비유亦有亦非有 구句에 해당하니, 이것도 진리가 아니다. 그 까닭이 무엇인가? 만약 유有의 성품 등이 색色 등과 같다고 하면(一) 수론외도들의 잘못과 같은 것이고, 색 등과 다르다고 하면 승론외도들의 잘못(失)과 같은 것이니, 같다는 것(一)과 다르다는 것(異)의 두 가지는 성품과 모습(性相)이 서로 다르다(相違). 그럼에도(而) (무참외도는) 그 바탕(體)이 같다고 말하니, 이치가 성립되지 않는다. 같은 것(一)이 같은 것이 아닌 것(非一)에 응應한다면, 이는 곧 다른(異) 것이므로 다른 것과 같으며, 다른 것(異)이 다른 것이 아닌 것(非異)에 응한다면, 이는 곧 같은(一) 것이므로 같은 것(一)과 같은 것이다. 이어서 자세히 논파한다.

邪命外道執有性等與彼諸法非一非異, 當於非有非非有句. 此亦非眞. 所以者何. 汝此所說非一異者, 爲俱是遮, 爲偏有表. 若偏有表. 應不雙非. 若俱是遮, 應無所執. 有遮有表. 理互相違. 無遮無表, 言成戲論. 乃至廣破.

사명외도邪命外道들이 있다(有)는 성품 등과 저 제법이 같지도 않고(非一) 다르지도 않다고(非異) 집착하는 것은 비유비비유非有非非有의 구절에 해당하니, 이 또한 진리가 아니다. 그 까닭이 무엇인가? 사명외도(汝)가 여기서 설하는 같은 것(一)도 다른 것(異)도 아니라는 것(非一異)이 양쪽을(俱) 가리기(遮) 위한 것인가, 아니면 한쪽만(偏) 나타내기(表) 위한 것인가? 만약 한쪽만(偏) 나타내는 것이라면, 마땅히 쌍비雙非가 아닐 것이며, 만약 양쪽을(俱) 가리기(遮) 위한 것이라면, 마땅히 집착하는 바가 없어야 할 것이다. 가리기도(遮) 하고 나타내기도(表) 한다면 이치가 서로 어긋나며, 가리는 것도 없고 나타내는

것도 없다는 것은 그 말이 희론戱論이 되고 만다. 이어서 자세히 논파
한다.

如是世間起四種謗, 謂有, 非有, 雙許, 雙非. 如次增益, 損減, 相違,
戱論. 是故世間所執非實.

이와 같이 세간에 네 가지 비방의 말을 일으켰으니, 유有와 비유非有와
쌍허雙許와 쌍비雙非를 말하며, 이는 차례대로 증익增益, 손감損減,
상위相違, 희론戱論이다. 이런 까닭으로(是故) 세간에서 집착하는 것들
은 (모두) 진실이 아닌 것이다.[394]

今此文中, "非有相", 是遣初句. "非無相"者, 遣第二句. "非非有相 非非
無相"者, 遣第四句. "非有無俱"者, 遣第三句. 二句前後, 隨論者意
皆有道理, 不相傷也. 一異士句, 準釋可知. 乃至以下, 第三總結. 於中
二句. 從此以下, 乃至"說爲空", 是順結也. "若離"以下, 是反結也.

이제 이 글들 중에 "모습이 있는 것도 아닌 것(非有相)"은 처음 구절(수론
외도, 有)을 버리는 것이고, "모습이 없는 것도 아닌 것(非無相)"은
두 번째 구절(승론외도, 非有)을 버리는 것이고, "모습이 있는 것(有相)
이 아닌 것도 아닌 것(非非有相)"과 "모습이 없는 것(無相)이 아닌 것도
아닌 것(非非無相)"은 네 번째 구절(사명외도, 非)을 버린 것이고, "모습
이 있는 것(有)과 없는 것(無)을 함께 갖춘 것(非有無俱相)"은 세 번째

---

[394] 대정장 제30권,『대승광백론석론大乘廣百論釋論』제8, pp.234하 8행~235중
2행.

구절(무참외도, 俱)을 버린 것이다. 둘(세 번째와 네 번째)의 순서가
바뀐 것은 마명보살(論者)의 의도에 따른 것이며, 모두 도리가 있어
서로 방해되지 않는다. 같고(一) 다름(異)의 사구四句는 이('있다'와
'없다')에 준하여 풀이하면 알 수 있다. "내지" 이하는 세 번째로 총결하는
것으로, 이 중에 두 구절이 있다. 여기서부터 이하, 내지 "공空이라고
한다(說爲空)"395까지는 순결順結396이고, "만약 망심을 여읜다면(若離)"
이하는 반결反結397이다.

【논論-16】 여실불공如實不空의 진여

所言不空者, 已顯法體空無妄故. 卽是眞心, 常恒不變, 淨法滿足,
則名不空. 亦無有相可取, 以離念境界, 唯證相應故.

불공不空이라 함은 이미 진여 법체法體가 공空하여 망령됨이 없음을
드러낸(顯) 까닭에 곧 이 (망령됨이 없는) 진심眞心은 항상하여 변하지
아니하고, 청정한 법(淨法)으로 가득함(滿足)에 불공(不空: 공이 아니다)
이라 이름한다.398 그러면서도(亦) 따로 취할 만한 모습(相)이 없으니,

─────────────

395 『소疏』에는 왈曰로 되어 있으나, 『기신론』에는 설說로 되어 있으니 당연히
   논論을 따라야 할 것이다.
396 일체중생들이 망심으로 말미암아 생각생각마다 분별해서 진여와 상응하지
   못하므로 공空을 이야기하는 것이다.
397 만약 망심을 여읜다면 실로 공空이라 할 만한 것도 없는 까닭이다.
398 망념妄念을 여읜 불변의 진심은 정법淨法으로 가득 차 있어, 취할 모습(相)이
   없는 것이 불공不空이라 설하고 있으나, 공空과 불공을 구분지어 설하는 것은
   불가하다. 망념을 떠나 텅 빈 공적空寂한 모습을 공이라 한다면, 공에는 이미
   취할 모습(相)이 없으며(無), 있다면 그것은 망념으로 일어난 것이니, 그 망념이

망념399을 여읜 (진여의) 경계는 오직 증득해야만 상응하는 까닭이다.400

【소疏-16】

釋不空中, 亦有三句. 初牒空門, 謂言"已顯法體空無妄故." 次顯不空, 卽是眞心乃至則名不空故. "亦無有相"以下, 第三明空不空無二差別. 雖曰不空, 而無有相. 是故不空不異於空. 以離分別所緣境界, 唯無分別所證相應故也.

없다면 마땅히 취할 모습(相)도 없으니(無) 진공眞空인 것이다. 이렇게 망념을 떠난 공의 경계에서 오롯이 드러나는, 있는 그대로의 모습이 실상實相이며 불공不空이다. 불공은 그냥 허虛하여 텅 빈(空) 것이 아니라, 청정한 있는 그대로의 모습이 있으므로(有) 공이 아니며, 청정한 있는 그대로의 모습이 묘妙함이며, 묘妙함이 있으므로(有) 묘유妙有인 것이다. 밭에 잡초를 다 뽑아 낸 것이 진공이라면, 잡초가 없는 밭에 곡식만 가득한 것은 묘유인 것이다. 이렇듯 공이 소극적인 개념이라면, 불공은 공에 대한 적극적인 개념이다. 그러나 이런 것들은 단지 의식이나 인식 속에서만 존재하는 것일 뿐 실재하는 것은 아니다. 이런 것들을 실재하는 것으로 믿거나 집착하는 것도 망상이고 분별인 것이다. 집착이란 존재하지 않는 것을 얻으려는 목적의식을 말한다.

399 '염念'은 망령된 생각, 즉 망념妄念의 뜻이다. 불서에서 심心이나 염念을 망심이나 망념으로 옮겨야 할 때가 많다.

400 【논論-11~13】에서 심진여心眞如를 일법계대총상법문의 바탕(體)이라 하여 말을 떠난(離言) 절대적인 개념을 설했다면,【논論-14~16】에서는 언설에 의한(依言) 진여를 설하고 있다.

진여眞如	이언진여 離言眞如	진망眞妄 불이不二	심진여	일법계 대총상법문의 체體
	의언진여 依言眞如	진망眞妄 불일不一	여실공	소극적 개념
			여실불공	적극적 개념

불공不空을 풀이함에 또한 세 구절이 있다. 처음은 공문空門에 관한 것이니 "이미 법체法體가 공空하여 망령됨이 없음을 드러낸 까닭이다"라고 말하고, 다음은 불공을 드러낸 것이니 "바로 이는 진심眞心이며, 내지 곧 불공이라 이름한다"고 한 까닭이다. "또한 상相이 없다(亦無有相)" 이하의 세 번째 공과 불공의 둘 사이에 차별이 없음을 밝혔다. 비록 불공이라 할지라도 어떤 모습이 없는(無有相) 까닭에(是故) 불공이 공과 다르지 않으며(不異), 분별로 반연하는 바를 여읜 경계는 오직 분별이 없는 지혜(無分別智)나 마음(無分別心)이라야 증득할 수 있고 상응하는 까닭이다.

此下第二釋生滅門, 於中有二. 初正廣釋. "復次有四種薰習"以下, 因言重顯. 初中有三. 一者釋上立義分中是心生滅. 二者"復次生滅因緣"以下, 釋上"生滅因緣." 三者"復次生滅相"以下, 釋上"生滅相." 初中有二, 一者就體總明, 二者依義別解.

아래부터는 두 번째로 생멸문을 풀이한 것이니, 이 중에 두 가지가 있다. 처음은 바로 자세히(廣) 풀이한 것이며, "다시 네 가지 훈습이 있다(復次有四種薰習)" 이하는 앞서 한 말을 바탕으로(因) 거듭(重) 드러내는 것이다. 처음 중에 세 가지가 있으니, 첫째는 위의 입의분 중의 '심생멸心生滅'을 풀이한 것이며, 둘째 "부차생멸인연復次生滅因緣" 이하는 위의 '생멸인연'을 풀이한 것이며, 셋째 "부차생멸상復次生滅相" 이하는 위의 '생멸상'을 풀이한 것이다. 처음 중에 두 가지가 있으니, 첫째는 바탕(體)에 따라(就) 총체적으로(總) 밝힌 것이고, 둘째는 뜻

(義)에 따라 나누어(別) 풀이한(別解) 것이다.

(2) 심생멸문

①심생멸

【논論-17】아리야식

心生滅者, 依如來藏故有生滅心. 所謂不生不滅, 與生滅和合, 非一非異. 名爲阿梨耶識.

심생멸[401]이란 여래장[402]에 바탕을 둔(依) 까닭에(故) 생멸심이 있는 것이

---

[401] 마음의 본체인 진여眞如는 본래 불생불멸로 불변하나, 무명無明의 인연 따라 변하기도 한다. 변한다는 것은 생멸한다는 뜻으로 이를 심생멸心生滅이라 한다.

[402] 여래장如來藏은 성인과 중생의 차별 없이 모든 사람들이 본래부터 갖추고(藏) 있는 자성청정自性淸淨하고도 상주常住 불변不變하는 여래(진여)의 성품(佛性) 또는 여래의 법신을 말한다. 중생의 입장에서 보면 미계(迷界: 번뇌 망상)에 가려진 진여眞如가 자성청정심自性淸淨心이고 여래장如來藏인 것이다.

이와 같이 여래(진여)의 성품을 가진 중생衆生이 미계迷界에 가려지면 사견邪見을 가지며, 생사윤회의 바다에 유랑流浪하게 되는 것이다. 이를 무명無明이라 한다. 수행이란 이러한 사실(如來藏)을 자각自覺하여 무명(無明: 번뇌 망상) 속에 가려진 여래(진여)의 성품을 드러내는 것을 말한다. 따라서 ①심진여心眞如에서의 심心은 이러한 사실을 자각自覺하여 여래(진여)의 성품이 드러난 심心이며, ②심생멸心生滅에서의 심心은 이러한 사실을 자각하지 못하여(不覺) 여래(진여)의 성품이 드러나지 못한 심心인 것이다.

그러나 여래(진여)의 성품이 드러나든(心眞如), 무명 속에 가려지든(心生滅) 심心은 하나의 마음(一心)으로 언제나 무량한 성공덕을 구족한 중생심衆生心인 것이다.

니, 소위 불생불멸이 생멸과 화합하여, 같은 것도 아니고(非一) 다른 것도 아닌 것(非異)을 일러 (진여라 하지 못하고) 아리야식阿梨耶識[403]이라 하는 것이다.

【소疏-17-1】

初中三句. 一者標體, 二者辯相, 三者立名. 初中言"依如來藏故有生滅沁"者. 自性淸淨心, 名爲"如來藏." 因無明風動作生滅, 故說生滅"依如來藏."

처음 중에 세 구절이 있으니, 첫째는 바탕(體)을 드러냈고, 둘째는 모습(相)을 변별하였으며, 셋째는 이름을 세웠다. 처음에 "여래장에 바탕을 둔(依) 까닭에 생멸심이 있다"고 말한 것은 자성청정심自性淸淨心을 "여래장如來藏"이라고 이름하는 것을 말한다. (여래장에) 무명으로 인因한 바람이 불어(動) 생멸이 이는(作) 까닭에 생멸이 "여래장에 바탕을 둔다"라고 설한 것이다.

---

403 중생심의 바탕인 심체心體는 자성청정한 여래장如來藏으로 불생불멸이나, 무명無明의 망념妄念으로 생멸상生滅相을 보인다. 이와 같이 불생불멸하는 심체와 생멸하는 마음의 현상이 서로 화합和合하여, 같은 것도 아니고(非一), 그렇다고 다른 것도 아닌(非異) 것을 아리야식阿梨耶識이라 한다. 바닷물에 생멸의 파도가 일지라도, 불생불멸인 바닷물을 떠날 수 없는 것과 같이, 생멸 또한 불생불멸과 별개가 아니다. 이처럼 아리야식이 불생불멸(眞)인 진여와 생멸(妄)을 혼합했다 하여 진망眞妄화합식이라 한다.

【소疏-17-1-별기別記】

然不生滅心與生滅心, 心體無二. 但將二義取心爲二以說"依"耳. 如不動水, 爲風所吹而作動水. 動靜水異, 水體是一. 而得說言依靜水故有其動水. 當知此中道理亦爾.

그러나(然) 생멸하지 않는 마음(不生滅心)과 (與) 생멸하는 마음(生滅心)은 그 바탕(心體)이 둘이 아니다. 단지 두 가지 뜻의 마음을 취하여 둘(불생멸심과 생멸심)이 되는 것이므로, 이를 "(여래장에) 바탕을 둔 (依)" 것이라 설하는 것이다. 이는 움직이지 않는 바닷물이 바람이 불면 물결을 일으키는 것이니, 동(動: 파도)하고 정(靜: 바다)하는 물은 다르나 바닷물의 바탕(水體)은 하나이므로, 정수(靜水: 바다)에 바탕을 둔(依) 까닭에 동수(動水: 파도)가 있다고 설하는 것과 같다. 마땅히 이 글 중의 도리道理도 또한 그러함을 알아야 할 것이다.

【소疏-17-2】

如四券經言, "如來藏爲無始惡習所熏, 名爲識藏." 又言"刹那名爲識藏故."

이는 『사권(능가)경』에서 "여래장은 시작도 없는(無始) 때부터 스며든 (熏) 악습이라, 식장識藏이라 이름한다"[404]라고 하며, 또 "찰나刹那를 식장識藏이라 이름하는 까닭이다"[405]라고 한 것과 같다.

---

404 대정장 제16권, 4권 『능가경』, p.510중 7~8행.
405 대정장 제16권, 4권 『능가경』, p.512중 12행.

【소疏-17-2-별기別記】

當知此云"有生滅心", 正謂識藏. 今通取所依如來藏與能依生滅心. 合
爲心生滅心. 故言"心生滅者依如來藏故有生滅心." 非棄如來藏而取生
滅心爲生滅門也. 如下文云"此識有二種義." 故知二義皆在生滅門也

이 『기신론』에서 "생멸심이 있다"라고 말한 것은 바로 식장識藏을 말하
는 것임을 알아야 한다. 이제 소의所依인 여래장과 능의能依인 생멸심을
통틀어 취하고 합하여 심생멸문을 삼는 것이다. 그러므로 "심생멸이란
여래장에 바탕을 둔 까닭에 생멸심이 있다"고 말하였으니, 이는 여래장
을 버리고 생멸심을 취하여 생멸문을 삼은 것이 아니다. 이것은 아래
글에서 "이 아리야식에 두 가지 뜻이 있다"[406]라고 한 것과 같다. 고故로
두 가지 뜻이 다 생멸문에 있음을 알 것이다.

아리야식＝진망眞妄혼합식	심체心體	여래장如來藏	불생불멸不生不滅	각覺
	심상心相	생멸상生滅相	생멸生滅	불각不覺

【소疏-17-3】

所謂以下, 第二辯相. "不生不滅"者, 是上如來藏. 不生滅心動作生滅,
不相捨離, 名與和合. 如下文言, "如大海水因風波動, 水相風相不相
捨離." 乃至廣說. 此中水之動是風相, 動之溼是水相. 水舉體動, 故水
不離風相. 無動非溼, 不離水相. 心亦如是. 不生滅心舉體動, 故心不
離生滅相. 生滅之相莫非神解, 故生滅不離心相. 如是不相離, 故名

"與和合."

"소위所謂" 이하는 두 번째로 모습(相)을 변별하는 것으로, "불생불멸"이란 위에서의 여래장이며, 생멸하지 않는 마음(不生滅心)이 움직여 생멸을 일으켜 서로 버리거나 여의지 않음을 "~와 화합한다"라고 이름한다. 이는 아래의 글에서 "마치 큰 바닷물이 바람으로 인因하여 파도가 일지만, 물의 모습과 바람의 모습이 서로 버리거나 여의지 아니함과 같다"[407]라고 말한 것과 같다. 이어서 자세히 설한다. 여기서 바닷물의 움직임은 바람의 모습(風相)이요, 움직임 속의 축축하게 젖은(溼) 것은 물의 모습(水相)이다. 바닷물이 제 몸을 일으켜(擧) 움직이는 까닭에 바닷물은 바람의 모습(風相)을 여의지 않고, 움직임이 없으면 축축하게 젖는(溼) 것도 없기에 (움직임은) 물의 모습(水相)도 여의지 않는다. 마음 또한 이와 같아서 생멸하지 않는 마음(不生滅心)도 제 몸을 일으켜 움직이는 까닭에 마음이 생멸하는 모습(生滅相)을 여의지 않고, 생멸하는 모습이 신묘한 알음알이(神解)가 아닌 것이 없는 까닭에 생멸하는 마음이 (생멸하지 않는) 마음의 모습(心相)을 여의지 않는 것이다. 이와 같이 서로 여의지 않는 까닭에 "화합한다(與和合)"라고 이름하는 것이다.

【소疏-17-3-별기別記】

心之生滅, 依無明成, 生滅之心, 從本覺成. 而無二體, 不相捨離. 故爲和合.

---

407 【논論-24】 참조.

마음(心)의 생멸은 무명으로 말미암아(依) 이루어지고, 생멸하는 마음은 본각本覺을 따라(從) 이루어져, (생·멸은) 두 몸(體)이 아니어서 서로 버리거나(捨) 여의지(離) 않는 까닭에 화합이 되는 것이다.

【소疏-17-4】

此是不生滅心與生滅和合, 非謂生滅與不生滅和合也. "非一非異"者, 不生滅心擧體而動, 故心與生滅非異. 而恒不失不生滅性, 故生滅與心非一. 又若是一者, 生滅識相滅盡之時, 心神之體亦應隨滅, 墮於斷邊. 若是異者, 依無明風熏動之時, 靜心之體不應隨緣, 卽墮相邊, 離此二邊, 故"非一非異."

이는 생멸하지 않는 마음(不生滅心)이 생멸하는 마음과 화합하는 것이지, 생멸生滅하는 마음이 생멸하지 않는(不生滅) 마음과 화합하는 것을 말하는 것은 아니다. "같은 것도 아니고 다른 것도 아닌 것(非一非異)"이란 생멸하지 않는 마음(不生滅心)이 제 몸(體)을 일으켜 움직이는 까닭에 생멸하지 않는 마음이 생멸하는 마음과 다르지 않은 것이요, 항상 생멸하지 않는 성품을 잃지 않는(不失) 까닭에 생멸심이 그 불생멸심과 같지 않은 것이다. 또 만약 같은 것이라면, 생멸하는 식識의 모습(生滅識相)이 다 없어질 때, 마음의 신령스런(神) 바탕(體, 不生滅心)도 또한 마땅히 따라서 없어지게 되니, 이는 단변(斷邊: 단견斷見)에 떨어지고, 만약 다른 것이라면, 무명無明의 바람으로 말미암아(依) 훈습되어 움직일 때, 고요한 마음(靜心)의 바탕(體)은 마땅히 연緣을 따르지 않게 되니, 곧 상변(常邊: 상견常見)에 떨어질 것이다. 이 두 변邊을 여읜 까닭에 "같은 것도 아니고 다른 것도 아닌 것이다."

【소疏-17-4-별기別記】

雖有二義, 心體無二. 此合二義不二之心, 名爲黎耶識也.

비록 두 가지 뜻이 있지만 마음의 바탕(心體)은 둘이 없으니, 이 두
가지 뜻이 합해져 둘이 아닌 마음을 이름하여 아리야식이라 한다.

【소疏-17-5】

如四券經云, "譬如泥團微塵, 非異非不異. 金莊嚴具亦如是. 若泥團
微塵異者, 非彼所成, 而實彼成, 是故非異. 若不異者, 泥團微塵應無
差別. 如是轉識藏識眞相若異者, 藏識非因. 若不異者, 轉識滅, 藏識
亦應滅, 而自眞相實不滅. 是故非自眞相識滅, 但業相滅." 今此論主
正釋彼文, 故言"非一非異" 此中業識者, 因無明亦不覺心動, 故名業
識. 又依動心轉成能見, 故名轉識. 此二皆在黎耶識位.

이는 『4권(능가)경』에서 "비유컨대(譬如) 진흙덩이(泥團)와 작은 티끌
(微塵)이 다른 것도 아니요(非異), 다르지 않은 것도 아닌 것(非不異)과
같으니, 금과 (금으로 된) 장엄구의 관계도 이와 같다. 만약 진흙덩이와
티끌이 다른 것이라면, 진흙덩이는 만들어질 수 없으나, 실제로 진흙덩
이는 만들어져 있으므로 다른 것이 아니다. 만약 다르지 않은 것이라면
진흙덩이와 티끌에 차별이 없어야 할 것이다. 이와 같이 전식轉識과
장식藏識의 참된 모습(眞相)이 만약 다르다면 장식은 인因이 아닐 것이
고, 만약 다르지 않다면 전식이 사라질(滅) 때 장식 또한 사라져야

할 것이나, 자체의 참 모습(自眞相)은 실로 사라지지(滅) 않는다. 이런
까닭으로(是故) 자진상식自眞相識이 사라지는 것이 아니며, 단지 업상
業相만 사라지는 것이다"[408]라고 한 것과 같다. 지금 이 논주論主[409]가
바로 저 글(능가경)을 풀이한 까닭에 "같은 것도 아니고 다른 것도
아니다"라고 말한 것이다. 이 중에서 업식業識이란 무명으로 인因하여
불각심不覺心이 움직이는 까닭에 업식이라 이름하며, 또 움직이는
마음(動心)으로 말미암아(依) 업식이 변해(轉) 능견能見을 이루는 까닭
에 전식轉識이라고 이름하는 것이다. 이 두 가지는 다 아리야식의
위(位: 자리)에 있다.

【소疏-17-5-별기別記】

黎耶識內生滅見相, 名爲轉識. 於中體, 名爲藏識.

아리야식 내에 생멸하는 견상見相을 이름하여 전식轉識이라 하고, 이
중에 그 바탕(體)을 이름하여 장식藏識이라 한다.

【소疏-17-6】

如十券經言, "如來藏卽阿黎耶識. 共七識生, 名轉滅相" 故知轉相在
黎耶識. 自眞相者, 十券經云, "中眞名自相" 本覺之心, 不籍妄緣, 性
自神解, 名自眞相. 是約不一義門說也. 又隨無明風作生滅時, 神解之
性與本不異, 故亦得名爲自眞相. 是依不異義門說也.

---

408 대정장 제16권, 4권 『능가경』, p.483상 26행~중 3행.
409 『기신론』의 저자인 마명보살을 말한다.

『10권(능가)경』에서 "여래장이 곧(卽) 아리야식이니, 칠식(七識: 말나식)과 함께 생겨나는 것을 전멸상轉滅相이라 한다"[410]라고 한 말과 같다. 따라서 전상轉相은 아리야식에 있음을 알 수 있다. 자체의 참 모습(自眞相)이란 『10권(능가)경』에서 "진리에 부합하는 것(中眞)을 자체의 모습(自相)이라 이름한다"[411]라고 하였으니, 본각本覺의 마음이 허망한 연緣에 기대지(籍) 않고 성품이 스스로 신묘하게 아는(神解) 것을 자체의 참 모습(自眞相)이라 이름하며, 이는 같은 것이 아니라는 뜻(不一義門)에 따라(約) 설한 것이다. 또 무명의 바람을 따라(隨) 생멸을 일으킬 때, 신묘하게 아는(神解) 성품이 본심과 다르지 않은 까닭에 또한 이름하여 자진상自眞相이라 하는 것이다. 이는 다르지 않다는 뜻(不異義門)에 따라 설한 것이다.

【소疏-17-6-별기別記】

當知自眞名, 不偏在不生滅

자체의 참모습(自眞)이란 이름은 생멸하지 않는 마음(불생멸)에 치우쳐 있는(偏在) 것이 아님을 알아야 한다.

【소疏-17-7】

於中委悉, 如別記說也

이 중에 아주 자세하게 알 수 있는 것(委悉)은 별기別記에서 설한 것과

같다.

【소疏-17-7-별기別記】

問-1. 如瑜伽論等, 說阿黎耶識, 是異熟識, 一向生滅. 何故此論乃說此識具含二義.

答. 各有所述, 不相違背. 何者. 此微細心略有二義. 若其爲業煩惱所感義邊, 辨無令有, 一向生滅. 若論根本無明所動義邊, 熏靜令動, 動靜一體. 彼所論等, 依深密經, 爲除是一是常之見, 約業煩惱所感義門, 故說此識一向生滅, 心心數法差別而轉. 今此論者, 依楞伽經, 爲治眞俗別體之執, 就其無明所動義門, 故說不生滅與生滅和合不異. 然此無明所動之相, 亦卽爲彼業惑所感. 故二意雖異, 識體無二也.

첫 번째 문기를, 『유가론』 등에서 아리야식이 이숙식異熟識[412]으로 한결같이 (一向) 생멸한다고 설하는데, 무슨 까닭으로 이 『기신론』에서는 이 아리야식이 불생멸과 생멸의 두 가지 뜻을 갖추어 함유하고 있다고 말하는가?

답하기를, 각기 술述하는 바가 있으나 서로 위배되지 않는다. 어째서 인가? 이 미세한 마음에 대략 두 가지 뜻이 있으니, ① 만약 그것이

---

412 이숙식異熟識은 아리야식의 한 측면으로, 이숙異熟이란 '이전의 원인이 변해서 결과가 다르게 익는다(變而異熟)'라는 뜻이다. 즉 과거의 원인은 선善이나 악惡이지만, 과보는 선이나 악도 아닌 무기無記를 받는 것이다. 인간이 본래부터 선악善惡의 성질을 가졌다면 선악만 반복되어 수행으로 향상하고 증오證悟할 수 없게 된다. 따라서 이숙식異熟識은 과거의 행위(업의 원인)는 선이나 악이지만 과보는 선악 양쪽의 가능성을 가진 무기성인 것이다.

업번뇌業煩惱에 의해 감응(미혹)하는 뜻의 측면에서(邊) 본다면, 없는 것(無)을 있는 것(有)으로 변별하게 하여 끊임없이(一向) 생멸하는 것이다. ②만약 그것이 근본무명으로 말미암아 움직이는(動) 뜻의 측면에서(邊) 논한다면, 정靜을 훈습하여 동動하게 하므로 동動·정靜이 일체一體가 되는 것이다. 저『유가론』 등에서 논하는 것들은『해심밀경』[413]을 따라(依) '같다(一)거나 영원하다(常)'라는 (잘못된) 견해들을 없애기(除) 위하여 업번뇌에 의해 감응하는 뜻을 따른다. 그래서 이 아리야식이 끊임없이 생멸하여 심심수법心心數法[414]이 차별되어 전변轉變한다고 말하는 것이다. (그러나) 이『기신론』에서는『능가경』을 따라 진(眞: 불보살의 세계)과 속(俗: 중생들의 세계)을 서로 다른 세상(別體)으로 보는 그릇된 집착을 다스리기(治) 위해 그것이 무명을 쫓아(就) 움직이는(動) 뜻을 따랐다. 그래서 불생멸이 생멸과 화합하여 다르지 않다고 설한 것이다. 그러나 이 무명을 따라 움직이는 모습(相) 또한 저 업혹業惑을 따라 감응하는 까닭에 두 뜻(①과 ②)이 비록 다르다 할지라도 아리야식의 바탕(體)은 둘이 아닌 것이다.

問-2. 爲當心體常住, 心相生滅, 體相不離合爲一識. 爲當心體常住, 亦卽心體生滅耶.

---

413 『해심밀경』의 해심밀解深密은 깊고 긴밀한 것을 푼다(解)는 의미로, 이 경은 유식사상의 근본경전이다.

414 심심心心은 마음의 인식작용을 말한다. 앞에 있는 심심은 심왕心王으로 대상이나 경계를 인식하는 본체로서 주관主觀을 말하며, 뒤의 심심은 심소心所로서 심왕이 인식하는 대상이나 경계로서의 객관客觀을 의미한다.

答. 若得意者, 二義俱許. 何者. 若論其常住, 不隨他成, 曰體. 論其無常, 隨他生滅, 曰相. 得言體常, 相是無常. 然言生滅者, 非生之生非滅之滅, 故名生滅. 是心之生心之滅, 故乃名生滅. 故得言心體生滅. 如以水之動名爲波. 終不可說是動非水之動. 當知此中道理亦爾. 說使心體不動但無明相動者, 則無轉凡成聖之理. 以無明相一向滅故, 心體本來不作凡故.

두 번째 묻기를, 마음의 바탕(心體)은 상주常住하고 마음의 모습(心相)은 생멸하지만, 바탕(體)과 상相은 떨어지지 않고 합해져서 하나의 식(一識)이 되는가? 아니면, 마음의 바탕(心體)은 상주하면서 또한 마음의 바탕(心體)은 생멸하기도 하는가?

　답하기를, 만약 그러한 이치(意)을 체득한 사람이라면 두 가지 뜻을 함께 인정할 것이다. 어째서인가? 만약 그 상주常住를 논한다면 다른 것을 따라 이루어지지 않는 것을 바탕(體)이라 하고, 그 무상無常을 논한다면 다른 것을 따라 생멸하는 것을 모습(相)이라 하는 것이니, 바탕(體)은 항상(常)하는 것이요, 모습(相)은 무상한 것이라 말할 수 있다. 그러나 생멸이란 '생이 아닌 생'이요 '멸이 아닌 멸'인 까닭에 생멸이라 이름하며, 이는 마음(心)의 생이며, 마음(心)의 멸인 까닭에 생멸이라 이름하는 것이니, 마음의 바탕(心體)이 생멸한다고 말할 수 있는 것이다. 이는 마치 바닷물의 움직임을 물결(波)이라 이름하지만, 끝내 이 물결의 움직임을 바닷물의 움직임이 아니라고 말할 수 없음과 같은 것이다. 마음의 바탕(心體)과 마음의 모습(心相)의 도리도 또한 그러함을 알아야 할 것이다. 설사 마음의 바탕(心體)은 움직이지

않고, 단지 무명의 모습(無明相)만 움직인다면, 범부가 수행하여 성인
이 되는(轉) 이치가 없을 것이니, 그것은 무명의 모습(無明相)은 한결같
이(一向) 멸하는 까닭이며, 마음의 바탕(心體)은 본래 범부를 만들지
않는 까닭이다.⁴¹⁵

難曰. 若使心體生滅, 則眞心有盡, 以生滅時無常住故. 又若心體本靜
而隨緣動, 則生死有始. 是爲大過, 以本靜時無生死故. 又若心隨緣變
作生滅, 亦可一心隨緣變作多心. 是三難不能得離, 故知此義不可立也.

힐난하기를, ① 만약 심체心體가 생멸한다면 참다운 마음(眞心)은 없어
질 것이다(眞心有盡). 왜냐하면 생멸할 때는 '항상 변하지 않고 머무르
는 것(常住)'이 없는 까닭이다. 또 ② 만약 심체는 본래 고요한 것이나,
연緣을 따라 움직인다면 생사生死의 시작이 있는 것이니(生死有始),
이는 큰 허물이 되는 것이다. 왜냐하면 본래 고요한 때에는 생사가
없는 까닭이다. 또 ③ 만약 마음이 연을 따라 변하여 생멸을 일으킨다면,
또한 한마음(一心)이 연緣을 따라 변하여 많은 마음(多心)을 만들 수
있을 것이다(變作多心). 이상의 세 가지 비난批難을 벗어날 수 없는
까닭에 이 세 가지 뜻이 성립될 수 없음을 알 것이다.

解云. 此義無妨. 今從後而答. 如說常心隨無明緣變作無常之心, 而其
常性恒自不變. 如是一心隨無明緣變作多衆生心, 而其一心常自無

---

415 이를 달리 말하면 심체心體는 본래 자성청정심인 여래장이므로 범부는 없다는
뜻이다. 즉 모두 다 부처라는 뜻이다.

二. 如涅槃經云, 一味之藥, 隨其流處有種種異, 是藥眞味停留在山,
正謂此也. 又雖曰本靜隨緣而動, 而無生死有始之過. 以如是展轉動
靜皆無始故. 如論說云, 先是果報. 後反成因. 而恆展轉因果, 皆無始
故. 當知此中道理亦爾. 又雖心體生滅, 而恆心體常住, 以不一不異
故. 所謂心體不二而無一性. 動靜非一而無異性. 故如水依相續門則
有流動, 依生滅門而?不動. 以不常不斷故. 所謂不度亦不滅故. 當知
此中道理亦爾. 是故所設三難無不消也.

풀어 답하기를, 이 뜻은 괜찮다(無妨). 이제 뒤에서부터 답하겠다.
마치 변하지 않는 마음(常心)이 무명의 연緣을 따라 변하여 변하는
마음(無常心)을 일으키지만, 그 변하지 않는 성품(常性)은 항상 스스로
불변이라고 말함과 같으니, 이와 같이 한마음(一心)이 무명의 연緣을
따라 변하여 많은 중생심을 일으키지만, 그 일심一心은 항상恆常해서
스스로 둘이 없는 것이다.

이는 『열반경』에서 이르기를 "한 가지 맛의 약이 여러 곳을 옮겨감에
따라 갖가지 다른 맛을 내지만, 이 약의 진짜 맛(眞味)은 그 약이
나는 산山에 그대로 있다"[416]고 한 것과 같으니, 바로 이를 두고 한
말이다.

또 본래 고요한(靜) 것이 연緣을 따라 움직인다 할지라도, '생사에
시작이 있다고 하는 허물'은 없으니, 이와 같이 돌고 도는(展轉) 동動과
정靜이 다(皆) 시작이 없는 까닭이다. 이는 논論에서 "전에는 과보(果報:
열매)였던 것이 나중에는 도리어 원인(씨앗)이 되어, 항상 인·과가

---

416 대정장 제12권, 『대반열반경』, p.408상 13행.

돌고 도는(展轉) 것은 다 시작이 없는(無始)⁴¹⁷ 까닭이다"⁴¹⁸라고 한
것과 같으니, 여기서의 도리道理도 또한 그러함을 알아야 한다.

또 심체心體가 생멸한다 할지라도 항상 심체는 상주하는 것이니,
이는 같지도 않고 다르지도 아니한 까닭이다. 소위 심체가 (생멸하는
마음과) 둘이 아니면서 하나도 아닌 성질이며, 동動·정靜이 같지도
않으면서(非一) 다른 것도 아닌 성질인 것이다. 고故로 마치 바닷물이
상속문相續門에 의하여 곧 유동함이 있고, 생멸문에 의하지만 항상
움직임이 없는 것과 같으니, 이는 항상恒常하지도 않으면서 단절되지도
않는 까닭이다. 소위 건너지도(度) 않고 또한 멸하지도 않는 까닭이다.
여기서의 도리도 또한 그러함을 알아야 할 것이다. 시고是故로 앞에서
설정한 세 가지 비난이 해소되지 않은 것이 없을 것이다.

【소疏-17-8】

第三立名. "名爲阿黎耶識"者. 不生滅與生滅和合, 非一非異, 故總名
爲阿黎耶識. 翻名釋義, 是如楞伽宗要中說. 就體總明竟在於前,

세 번째는 이름을 세운 것이니, "이름하여 아리야식이라 한다"라는
것은 불생멸이 생멸과 화합하여 '같은 것도 아니요, 다른 것도 아닌(非一
非異)' 까닭에 이를 총체적으로 이름하여 아리야식이라 하였으니, 이름
을 번역하고 뜻을 풀이한 것은 『능가경종요楞伽經宗要』⁴¹⁹에서 설한

---

⁴¹⁷ 씨와 열매는 어느 것이 먼저인지 그 시작을 알 수 없다. 흔히 하는 말로
'닭과 달걀은 어느 것이 먼저인지 시작도 없고 선후先後도 없는 무시無始인
것이다.

⁴¹⁸ 『기신론』에는 이런 구절이 없다.

것과 같다. 바탕(體)에 대해서 두루 밝히는 것을 앞에서 마친다.

此下第二依義別解, 此中有三, 一開義總標, 略明功能, 二依義別釋,
廣顯體相, 三明同異.

이 아래는 두 번째 뜻에 따라 나누어 풀이한 것으로 이 중에는 세
가지가 있으니, 첫째는 뜻을 열어 전체를 드러낸 것으로 간략히 공능功
能을 밝혔다. 둘째는 뜻에 의해 따로 풀이한 것으로 바탕과 모습(體相)을
자세히 드러낸 것이다. 셋째는 같고 다름(同異)을 밝힌 것이다.

【논論-18】 아리야식의 두 가지(能攝一切法, 生一切法) 뜻

此識有二種義. 能攝一切法, 生一切法.

이 아리야식識에 두 가지 뜻이 있으니, 능히 ①일체의 모든 법(一切法)을
아우르며(攝), ②일체의 모든 법을 낼(生) 수 있는 것이다.[420]

---

419 원효대사의 저술이나 현존하지 않는다.

420 중생심의 불생불멸不生不滅하는 각覺의 마음과 생멸生滅하는 불각不覺의 마음이
결합하여 작용하는 것을 아리야식識이라 한다.
①"일체의 모든 법(一切法)을 아우른다(攝)"라는 것은 일미一味 평등한 일심一心
의, 불생불멸의, 청정무구한 진여본각의 측면에서 말한 것이고, ②"일체의
모든 법을 낼(生) 수 있다"라는 것은 차별의, 생멸의, 무명불각의 측면에서
말한 것이다. 이와 같이 ①②의 두 가지 특성을 가지고 있는 것이 아리야식이다.
①에서나 ②에서나 '일체一切'의 의미는 항상 차별상을 떠난 일미 평등한
진여 일심을 뜻한다. 그러므로 일체의 모든 법을 아우르고, 생生할 수 있는
것이다. 그 '일체' 자체가 불생불멸의 진여법신으로 일체의 모든 법(一切法)을
두루 아우르고 생하는 아리야식이다. 또한 일체의 모든 법(一切法)은 좋은

【소疏-18】

初中言"此識有二種義能攝一切法生一切法"者, 能攝之義如前廣說.
然上說二門各攝一切. 今此明一識含有二義. 故此一識能攝一切. 不
言二義各攝一切. 以此二義唯在生滅門內說故. 如是二義不能各攝一
切法故. 又上二門但說攝義. 以眞如門無能生義故. 今於此識亦說生
義. 生滅門中有能生義故. 此義云何. 由不覺義熏本覺故 生諸染法.
又由本覺熏不覺故生諸淨法. 依此二義通生一切. 故言"識有二義生
一切法." 此文卽起下"有四種熏習"以下文也. 當知一心義寬, 總攝二
門. 此識義狹, 在生滅門. 此識二義旣在一門. 故知門寬而義狹也. 引
經釋義如別記也.

처음에 "이 식識에 두 가지 뜻이 있으니, 능히 일체의 모든 법(一切法)을
아우르며, 모든 법을 낼(生) 수 있다"라 말한 것에서 '능히 아우를
수 있다는 뜻'[421]은 앞에서 자세히 설한 것과 같다. 그러나 위에서는
진여·생멸 두 문이 각각 모든 법을 아우른다고 설했다. 이제 여기서는
하나의 식識이 두 뜻을 함유하는 까닭에 이 하나의 식이 능히 일체법을
아우른다고 밝히고, 두 뜻이 각각 일체법을 아우른다고는 말하지 않았
다. 이는 이 두 뜻은 오직(唯) 생멸문 내에서만 설하였기 때문에 이와
같은 두 뜻이 각각 일체법을 아우를 수 없는 것이다. 또 위의 두 문門에서

의미, 나쁜 의미의 모든 법(諸法)을 뜻하므로 각覺과 불각不覺의 두 가지 의미를
포함하고 있는 것이다.

따라서 아리야식이 "차별상을 떠난 본래의 일미 평등한 진여 일심"을 자각自覺
할 경우는 각覺이라 하고, 자각하지 못할 경우는 불각不覺이라 하는 것이다.

421 **【논論-44】** 참조.

는 단지 아우르는(攝) 뜻만을 설했으니, 이는 진여문에는 능히 '생하는 뜻(義)'이 없는 까닭이다. 이제 이 식에서 또한 '생하는 뜻'을 설하였으니, 생멸문에는 능히 '생하는 뜻'이 있는 까닭이다.

이 뜻이 무엇인가? 불각不覺의 이치(義)로 말미암아 본각本覺을 훈습하는 까닭에 모든 염법染法을 생하며, 또 본각으로 말미암아 불각을 훈습하는 까닭에 모든 정법淨法을 생하는 것이다. 이 두 이치로 말미암아 일체의 모든 법을 다(通) 생하는 까닭에 "식識에 두 가지[422] 이치가 있어 일체의 모든 법을 생한다"라고 말한 것이다. 이 문장은 곧 아래에 "네 가지 훈습이 있다"[423] 이하의 글로 이어진다. 그러나 일심一心의 이치는 넓어서(寬) 진여와 생멸 이문二門을 두루(總) 아우르나(攝), 이 아리야식識의 이치는 좁아서(狹) 생멸문에만 있음을 알아야 한다. 이 식의 두 가지 이치[424]는 이미(旣) 한쪽, 즉 생멸문에 있는 까닭에 진여와 생멸의 문은 넓고, 식의 이치(義)는 좁음을 알아야 할 것이다. 『능가경』을 인용하여 뜻을 풀이한 것은 별기別記와 같다.

【소疏-18-별기別記】

問. 上言一心有二種門, 今云此識有二種義. 彼心此識, 有何差別. 解云. 上就理體, 名爲一心. 體含 絶相隨緣二義門. 故言一心有二種門. 如經本言. 寂滅者名爲一心. 一心者名如來藏. 義如上說.

---

422 각의覺義와 불각의不覺義이다.

423 【논論-44】 "復次有四種法熏習義故" 이하의 글 참조.

424 각의覺義와 불각의不覺義이다.

문기를, 위에서는 한마음(一心)에 진여와 생멸의 두 문門이 있다고
말하고, 여기서는 이 식識에 두 가지 뜻이 있다고 하니, 저 심心과
이 식識에는 어떤 차별이 있는가?"

답하길, 위에서 이에 진여의 바탕(理體)을 일러 일심一心이라 이름하
였다. 일심의 체(體: 바탕)가 절상(絕相: 상을 여읜 진여문)과 수연(隨緣:
연을 따르는 생멸문)[425]의 두 가지 이치의 문을 담고 있는 까닭에 일심에
두 가지의 문이 있다고 말하는 것이다. 이는『10권능가경』에서 "적멸寂
滅을 일러 일심이라 하고, 일심이란 여래장如來藏이라 한다"[426]라고
한 것과 같으니, 이 뜻은 위에서 설한 것과 같다.

今此中"識"者, 但就一心隨緣門內, 理事無二, 唯一神慮, 名爲一識.
體含覺與不覺二義. 故言"此識有二種義" 是故心寬識狹. 以心含二門
識故. 又門寬義狹. 以生滅門含二義故.

---

425 수연隨緣이란 연緣을 따른다는 뜻으로, 어떠한 환경이나 물질적 자극, 촉觸,
   계기, 교섭 등을 연緣이라 하며, 이 연에 따라 순간순간 일어나는 어떤 변화나
   작용을, 인연을 따른다 하여 수연이라 한다.
   『기신론』에서 주로 쓰이는 동動한다는 말은, 바로 인연을 따른다는 수연의
   뜻이다. 어떤 계기로 움직인다(動)는 뜻이다.
   그러나 천변만화千變萬化의 조화造化가 있다손 치더라도, 그 본바탕(當體, 體性,
   心體)은 변치 않고 늘 그대로인 것을 불변不變이라 한다. 이러한 원리가 진여眞如
   이며, 적멸寂滅, 원적圓寂이라고도 한다. 불변의 체성體性을 일미평등一味平等
   이라 하며, 인연 따라 변하는 모습(相)을 차별상 또는 생멸상이라 한다. 진여에
   는 이와 같은 불변不變의 체성과 인연 따라 변하는 수연隨緣의 성질이 있으니,
   이를 수연진여隨緣眞如라 한다.
426 대정장 제16권, 『입능가경』, p.519상 1~2행.

이제 여기서 "식識"이란 단지 일심의 수연문隨緣門 내에 이리理와 사사事가 둘이 아니고, 오직 하나의 신려神慮로 이름하여 하나의 식(一識)이라 한 것이니, 이 아리야식의 바탕(體)이 각覺과 불각不覺의 두 뜻을 담고 (含) 있는 까닭에 "이 식에 두 가지 뜻이 있다"라고 말한 것이다. 시고是故 로 심心은 범위가 넓고 식識은 범위가 좁은 것이니, 일심心이 이문二門의 식을 담고 있는 까닭이며, 또 문門은 넓고 뜻은 좁으니, 생멸문이 두 뜻(覺義와 不覺義)을 담고 있는 까닭이다.

如四卷經云. "不離不轉 名如來藏識藏. 七識流轉不滅. 所以者何. 彼 因攀緣諸識生故. 非聲聞緣覺修行境界. 十券經云. 如來藏識不在阿 黎耶識中. 是故七種識有生有滅. 如來藏識不生不滅. 何以故. 彼七種 識依諸境界念觀而生. 此七識境界, 一切聲聞辟支佛外道修行者 不 能覺知."

『4권능가경』에서 "생멸을 여의지 않고, 체體가 변하지 않음을 일러 여래장 식장識藏이라 하나, 칠식七識은 유전하며 멸하지 아니하니, 그 까닭이 무엇인가? 저 칠식七識이 경계境界를 반연攀緣[427]함으로 인因 하여 모든 식(七種識)이 생기는 까닭에 이는 성문이나 연각의 수행경계

---

[427] 반연(攀緣, ālambana)의 반攀은 ~에 의지하다, 연緣은 대상對象이라는 뜻으로, 대상에 의지하는 것을 뜻한다. 대부분 부정적인 뜻으로 쓰여, 마음이 특정한 대상에 집착하여 갖가지 번뇌 망상을 일으키는 번뇌의 근원을 뜻한다. 반연에는 ①마음이 대상(경계)으로 말미암아 움직이는 것, ②대상(경계)을 따라 마음이 혼란해지는 것, ③인식대상(경계)이나 인연에 끌리는 것 또는 끌려 집착하는 것, ④인식대상(경계)을 취하는 것 등등이 있다.

가 아닌 것이다"[428]라고 하고, 『10권능가경』에서 "여래장식如來藏識은 아리야식 중에 있는 것이 아니다. 시고是故로 칠종식에는 생生과 멸滅이 있지만 여래장식은 불생불멸이니, 어째서인가? 저 칠종식은 모든 경계로 말미암아 생각하고 봄으로써 생기는 까닭이며, 이 같은 칠식의 경계는 모든 성문, 벽지불 및 외도 수행자들은 알 수가 없다"[429]라고 말한 것과 같다.

此之二文, 同明此識不生滅義. 何者. 欲明境界風所動故, 藏海中七識
浪轉. 是故七識有生有滅. 如來藏者, 卽是藏識. 雖不離轉, 而體不轉.
故如來藏不生不滅. 故言"不離不轉名如來藏識等."

이 두 인용문이 똑같이 이 아리야식의 '생멸하지 않는 이치'를 밝혔는데, 어째서인가? 경계라는 바람에 의하여 바탕이 움직이는 것을 밝히고자 한 까닭이다. 장식藏識의 바다에 칠식이라는 파도(浪)가 이는(轉) 까닭(是故)에 칠식에 생이 있고 멸이 있는 것이다. "여래장"이란 바로 장식이니, 장식이 비록 칠식의 파도가 이는(轉) 것을 여의지는(離) 않았지만(不), 그 바탕(體)이 칠식의 파도로 변하지(轉) 않기에(不) 여래장은 불생불멸인 것이다. 고故로 "생멸을 여의지는 않으면서 바탕은 변하지 않은 것을 여래장식이라 이름한다"고 말한 것이다.

十券意者, 欲明七識是浪非海, 相在梨耶識海中. 故有生滅. 如來藏者是

---

428 대정장 제16권, 『4권 능가경』, p.510중 16~18행.
429 대정장 제16권, 『입능가경』, p.556상 11~15행.

海非浪, 不在阿梨耶識海中, 故無生滅. 故言"如來藏不在阿梨耶識中."

『10권능가경』의 의도는, 칠식七識은 파도(浪)일 뿐 바다가 아닌지라 그 모습(相)이 아리야식 바다에 있기에 생멸이 있고, 여래장이란 바다이지 파도가 아니므로 (생멸하는) 아리야식 바다에 있지 않은 까닭에 생멸이 없는 것이다. 고故로 "여래장은 아리야식 중에 있지 않다"고 말한 것이다.

是故七識有生有滅等. 以如來藏卽是阿黎耶識, 故言"不在." 若使如來藏不在生滅黎耶識中者, 卽應下云"是故八種識有生有滅." 何故 但言 "是故七識有生有滅耶." 當知此二經文其本是一. 但飜譯者異, 故致使語有不同耳.

시고是故로 칠식七識은 생·멸이 있지만 여래장은 바로 (불생멸의) 아리야식인 까닭에 "(여래장은 생멸하는 아리야식에) 있지 않다(不在)"고 말한 것이다. 만약 여래장이 생멸하는 아리야식 중에 있지 않다면, 바로 아래에서 "시고로 팔종식八種識은 생·멸이 있다"라고 말해야 하는데, 어째서(何故) 단지 "시고로 칠종식은 생·멸이 있다"라고만 말했는가? 이것은 이 『4권능가경』과 『10권능가경』의 글이 본래 원본은 같지만, 단지 번역자가 다른 까닭에 말이 같지 않게 된 것임을 마땅히 알아야 한다.

又四券經云. "阿黎耶識名如來藏. 而與無明七識共俱. 離無常過. 自性清淨. 餘七識者, 念念不在, 是生滅法." 如是等文, 同明梨耶本覺不

生滅義. 又四券經云. "利那者名爲識藏." 十券云. "如來藏阿黎耶識,
共七種識生, 名轉滅相." 如是等文, 是顯黎耶生滅不覺之義. 此今論
主總括彼經始終之意, 故言導此識有二種義也.

또 『4권능가경』에서 "아리야식을 여래장이라고 이름하고, 무명과 칠식
이 함께 갖추어져(共俱) 있으나, 무상無常의 허물을 여의어 자성自性이
청정한 것이다. 나머지(餘) 칠식이란 생각생각마다 머물지 않아(不在)
생멸법이다"430라고 하였으니, 이와 같은 글들은 다 같이(同) 아리야식
의 본각本覺이 생멸하지 않는 뜻을 밝힌 것이다. 또 『4권능가경』에서
"찰나刹那란 이름하여 식장이다"431라고 하고, 『10권능가경』에서 "여래
장과 아리야식이 함께(共) 칠종식을 생하니 이를 전멸상轉滅相이라
한다"432라고 하는데, 이와 같은 글들은 아리야의 생멸과 불각不覺의
뜻을 드러낸 것이다. 여기에서 이제 논주(論主: 마명보살)는 저 『능가
경』 전체433의 뜻을 총괄한 까닭에 이 아리야식에 두 가지의 뜻이 있다고
말한 것이다.

【논論-19】 각覺과 불각不覺

云何爲二. 一者覺義. 二者不覺義.

무엇이 두 가지인가? 첫째는 각覺의 뜻이고, 둘째는 불각不覺의 뜻

---

430 대정장 제16권, 『4권 능가경』, p.510중 4~10행.
431 대정장 제16권, 『4권 능가경』, p.512중 12행.
432 대정장 제16권, 『입능가경』, p.556중 말행~하 1행.
433 시종始終은 '처음부터 끝까지'의 뜻이므로 '전체'라고 옮겼다.

이다.434

---

434 미혹하지 않은 진여 성품의 측면에서 깨달음을 각覺 또는 본각本覺이라 하고,
미혹하여 깨닫지 못한 무명번뇌의 상태로 있는 것을 불각不覺이라 하며, 불각의
상태에서 수행의 공덕에 힘입어 본각의 상태로 돌아가는 것을 시각始覺이라
한다. 시각은 불각에서 포고怖苦 발심하여 수행을 시작하는 것에서부터, 본각의
상태로 돌아가 본각과 하나가 되는 것까지를 말한다.

그러나 시각은 외부에서 오는 것이 아니라, 본각 안에서의 훈습薰習에 힘입어
생기는 것이며, 본각 또한 따로 존재하거나 없던 것이 새로 생기는 것이 아니라,
중생들의 마음자리에 본래부터 있었던 분별을 넘어선 본래적 깨달음(本覺)으
로, 단지 무명無明으로 덮여 있어 깨닫지 못하고(不覺) 있었던 것을 말한다.
본각은 이렇게 무명으로 덮여 있던 본래적 깨달음의 모습(本覺)이 시각(수행)에
의해 드러난 것이므로, 불각이 시각에 의해 본각으로 돌아간다고 하는 것이다.
본각과 불각과 시각은 서로 대對해 있는 관계로, 고정된 자성自性도 없는
무자성無自性이다. 따라서 고정된 각覺이 있는 것은 아니다. 본래부터 가지고
있던 본각의 마음이 모습(相)만 달리하여, 본각에서 불각 ⇒ 시각 ⇒ 본각
⇒ 불각으로 변하는 순환적 구조로, 결국은 심체心體로서 하나의 마음(一心)만
있는 것이다. 미생전未生前이나 본래면목本來面目이라는 것도 본각의 다른
이름인 것이다.

그러나 본각, 시각, 불각, 미생전, 본래면목 등등은 실재實在하는 것들도 아니며,
본래면목으로 되돌아간다고 해서 무엇을 새롭게 얻는 것도 아니며, 단지 관념적
인지상의 자각自覺일 뿐이다. 이런 것들에 실유實有인 양 집착하는 것도 분별망
상인 것이다. 이를 임제 선사는 『임제록, 시중示衆』에서 업業 짓는 것이라
했다.

【소疏-19】

第二廣中有三. 初言"云何爲二"者, 問數發起. 次言"覺義" "不覺義"者, 依數列名. "所言"以下, 第三別解. 先釋覺義. 後解不覺. 覺中有二. 先略. 後廣.

두 번째 자세히 풀이하는 데는 세 가지가 있으니, 처음에 "어떤 것이 두 가지인가"라는 것은 수數를 물어 문제를 제기하는 것이고, 다음에 "각覺의 뜻"과 "불각不覺의 뜻"이라고 말한 것은 수에 의지하여 이름을 열거한 것이다. "~라고 말한 것(所言)" 이하는 세 번째로 하나씩 따로 따로 나누어 풀이한 것이니, 먼저 각의 뜻(覺義)을 풀이하고, 뒤에서는 불각不覺의 뜻을 풀이하였다. 각覺 중에 두 가지가 있으니, 먼저는 간략히(略), 뒤에는 자세히(廣) 풀이하였다.

【논論-20】 각覺의 의미

所言覺義者, 謂心體離念 離念相者 等虛空界 無所不遍 法界一相 即是如來平等法身 依此法身 說名本覺 何以故 本覺義者 對始覺 義說 以始覺者 即同本覺 始覺義者 依本覺故 而有不覺 依不覺故 說有始覺.

각覺의 뜻(義)이라 함은 심체心體가 망념(念)을 여윈(離) 것을 말한다.[435]

---

435 각覺은 진여의 측면에서 보는 것이므로, 진여의 모습은 번뇌, 망상相을 여윈(離) 모습이다. 중생이 깨달음에 이르는 과정을 열 단계로 나눈 오십중오悟十重의 9번째가 이념離念이다. 이념은 일체의 망심망념을 여의어, 아我도 법法도 공空해서 최초의 무명인 근본불각不覺까지 사라져, 거칠고(麤), 미세한(細) 망심망

망념을 여원 모습(離念相)[436]은 허공계虛空界[437]와 같아(等) 두루(遍)하지 않은 곳이 없어 법계와 똑같은 한 모습(一相)이니,[438] 곧 여래의 평등한 법신이다. 이 법신으로 말미암아(依) 이름을 본각本覺이라고 설한다. 왜냐하면(何以故) 본각本覺의 뜻은 시각始覺의 뜻에 대對하여 설하니, 시각이란 곧 본각과 같기 때문이다. 시각의 뜻은 본각으로 말미암은 까닭에 불각不覺이 있고, 불각으로 말미암은 까닭에 시각이 있다고 설하는 것이다.

【소疏-20】

略中亦二, 先本, 後始. 明本覺中, 亦有二句, 先明本覺體, 後釋本覺義.

간략히 설하는 데도 둘이 있으니, 먼저 본각本覺을 설하고, 뒤에 시각을 설한다. 본각을 밝히는 부분에도 역시 두 구절이 있으니, 먼저 본각의

넘을 아주 떠내 보낸 성불成佛에 이른 자리를 말한다. 열 번째 성불의 자리는 일체의 무명이 사라져 따로 깨달았다는 관념조차 없는, 본래 평등하여 시각始覺과 본각本覺이 일심一心에 계합契合하고, 진여법성을 체득하여 일체지를 증득한 불과佛果를 말한다.

436 원문의 '이념상자離念相者'를 '망념(念)과 모양(相)을 여원(離) 것(者)'으로 이해할 수 있다.

437 심체心體의 크기를 말하자면 허공만큼 크다는 것이다. 허공보다 더 큰 것은 없으니, 허공은 삼라만상을 감싸고도 남을 만큼 크기 때문이다.

438 법계일상法界一相이라 함은 고개를 숙여 땅을 보면 수많은 천차만별(차별상)의 삼라만상이 펼쳐지나, 고개를 들어 하늘을 보면 오직 하나의 모습(一相)으로 커다란 허공만 보일 뿐이니, 이렇듯 각覺의 본상本相에서 보면 법계는 단지 평등한 하나의 모습(一相), 즉 일법계一法界일 뿐임을 말하는 것이다.

체체體를 밝히고, 뒤에서는 본각의 뜻을 풀이하였다.

初中言"心體離念"者, 謂離妄念, 顯無不覺也. "等虛空界"者, 非唯無
闇, 有慧光明遍照法界平等無二. 如下文云, "有大智慧光明義故, 遍
照法界義故." "何以故"下, 第二釋義, 是對始覺釋本覺義, 明本覺竟.

처음에 "심체가 망념을 여읜 것"이라고 말한 것은 '망념을 여의었음'을
말하며, 이는 불각不覺이 없음을 드러낸 것이다. "허공계와 같아"라는
말은 '오직 어두움(闇)이 없다'라는 뜻이 아니라, 지혜의 광명이 법계에
두루 비춤에 평등하여 둘(어둠과 밝음)이 없음을 의미한다. 이는 뒤에
이어지는 아래의 글(下文)에서 "대지혜 광명의 뜻이 있는 까닭이며,
법계를 두루 비추는 뜻이 있는 까닭이다"[439]라는 말과 같다. "어째서인
가?" 이하는 두 번째 뜻풀이로(釋義), 시각始覺에 견주어(對) 본각의
이치를 풀이한 것이다.

　본각에 대한 풀이(明)를 마친다(竟).

次釋始覺, 於中有二, 先顯亦對本覺不覺起義, 後對不覺釋始覺義, 此
中大意, 欲明始覺待於不覺, 不覺待於本覺, 本覺待於始覺, 旣互相
待, 則無自性, 無自性者, 則非有覺. 非有覺者. 由互相待, 相待而成,
則非無覺. 非無覺故說名爲覺, 非有自性名爲覺也. 略明二覺竟在於前,

다음은 시각始覺에 대한 풀이로, 여기에도 둘이 있으니, 먼저 본각에
견주어(對) 불각이 일어나는(起) 이치를 풀이하였고, 뒤에는 불각에

---

439 【論-53】 "復次 眞如自體相者" 이하의 글 참조.

견주어 시각이 일어나는 이치를 풀이하였다. 이 부분의 대의大意는 시각始覺은 불각不覺을 의지하고(待), 불각은 본각本覺을 의지하며 (待), 본각은 시각을 의지하는(待) 것을 밝히고자 한 것이다. 이미 서로 의지한다면 (각기) 자성이 없고, 자성이 없다면 각覺이 있는 것이 아니다. 각覺이 있는 것이 아니라는 것은 서로 의지함으로 말미암 아(由) 서로 의지하여 이루는(成) 것으로, 즉 각覺이 없는 것이 아니다. 각覺이 없는 것이 아닌 까닭에 이름하여 각覺이라 설하는 것이지, 자성이 있어서 이름하여 '각覺'이라고 하는 것은 아니다.

이상으로 두 각(二覺)에 대한 간략한 풀이를 마친다.

【소疏-20-별기別記】

言覺義者, 卽有二種, 謂本覺, 始覺. 言本覺者, 謂此心性離不覺相, 是覺照性, 名爲本覺. 如下文云"所謂自體有大智慧光明義故." 言始覺 者, 卽此心體隨無明緣, 動作妄念, 而以本覺熏習力故, 稍有覺用, 乃 至究竟, 還同本覺, 是名始覺.

각覺의 뜻이라 말하는 것에는 곧 두 가지가 있으니, 본각本覺과 시각始覺 을 말한다. '본각'이란 이 심성心性이 불각不覺의 모습(相)을 여읜 것을 말하니, 이 깨달아 비추는(覺照)[440] 성품을 이름하여 본각이라 한다. 예컨대 아래 글에서 "소위 자체에 대지혜 광명의 뜻이 있는 까닭이다"[441]

---

[440] 각조覺照는 깨달아 비춘다(照)는 뜻으로, 여기서는 불각不覺을 비추는 것을 말한다.

[441] 【논論-53】 "復次 眞如自體相者" 이하의 글 참조.

라고 한 것과 같다. 시각이라 함은 바로 이 심체心體가 무명의 연緣을 따라 움직여 망념妄念을 일으키지만, 본각의 훈습력熏習力에 의하여 점차(稍) 각覺의 작용이 생기며, 결국에는(究竟) 다시(還) 본각과 같아지니, 이를 시각이라 이름하는 것이다.

言不覺義, 亦有二種, 一者根本不覺, 二者枝末不覺. 根本不覺者, 謂梨耶識內根本無明, 名爲不覺. 如下文"云依阿梨耶識說有無明"不覺而起故", 言枝末不覺者, 謂無明所起一切染法, 皆名不覺, 如下文云"一切染法皆是不覺相故"

불각不覺의 이치에도 역시 둘이 있으니, 첫째는 근본불각根本不覺이요, 둘째는 지말불각枝末不覺이다. '근본불각'이란 아리야식 내의 근본무명根本無明을 말하며, 이름하여 불각不覺이다. 이는 아래 글에서 "아리야식으로 말미암아(依) 무명無明이 있다고 말하는 것"[442]과 같으니, 불각이 일어나는 까닭이다. 지말불각이란 무명이 일체의 모든 염법染法을 일으키니, 다(皆) 불각不覺이라 이름하는 것을 말한다. 이는 아래 글에서 "일체의 염법은 다(皆) 불각不覺의 모습(相)인 까닭이다"[443]라고 말한 것과 같다.

若依識相差別簡本異末義門, 則梨耶識中唯有本覺及本不覺. 若就識體無二攝末歸本義門, 則彼始覺及末不覺亦是梨耶識內之義, 故上云

"此識有二義"者, 通含如是二種之意, 故下釋中通擧本始二覺及二不覺義也,

만약 식상識相의 차별에 의依하여 근본根本불각과 지말枝末불각의 뜻(義)이 다른 것을 가린다면(簡), 아리야식에는 오직 본각本覺과 근본불각根本不覺만 있을 뿐이다. 만약 식識의 바탕(體)에는 둘이 없어 지말枝末을 잡아(攝) 근본으로 돌아가게 하는 뜻(義門)이라면, 저 시각과 지말불각 또한 아리야식 내에서의 뜻이다. 고故로 위에서 "이 아리야식에 두 가지 이치가 있다"라고 한 것은 이와 같은 두 종류의 뜻을 통틀어 담고(含) 있는 까닭으로, 아래에서 풀이하면서 본각과 시각의 두 각覺과 근본불각과 지말불각의 두 불각不覺의 이치를 통틀어 거론한 것이다.

門. 爲當心體只無不覺, 故名本覺, 爲當心體有覺照用, 名爲本覺. 若言只無不覺名本覺者, 可亦無覺照故是不覺, 若言有覺照故名本覺者, 未知此覺爲斷惑不. 若不斷惑, 則無照用, 如其有斷, 則無凡夫.

묻기를, 심체心體에 단지 불각不覺이 없는 까닭에 본각本覺이라 이름하는가? 아니면 심체에 각조覺照[444]의 작용이 있기에 이름하여 본각이라 하는가? 만약 단지(只) 불각이 없는 것을 이름하여 본각이라 말한다면 또한 각조의 작용이 없는 까닭에 불각인 것이다. 만약 각조의 작용이

---

444 각조覺照란 자기 마음에서 일어나는 탐진치貪瞋癡나 희로애락喜怒哀樂 등의 변화를 깨달아 스스로 비춰보는 것을 말한다. "내가 탐욕스런 마음을 내고 있구나, 내가 화를 내고 있구나, 내가 어리석은 짓을 하고 있구나 등등." 이런 식으로 각조를 습관화하면 스스로 바른 견해(正見)를 가질 수 있어, 악업惡業을 면할 수 있게 된다.

있는 까닭에 본각이라 이름한다면 이 각覺이 미혹을 끊은 것인지 아닌지
(不) 알 수가 없다(未知). 만약 이 각覺이 미혹을 끊지 않았다면 각조의
작용이 없는 것이며, 만약 미혹을 끊었다면 범부는 없는 것이다.

答. 非但無闇, 亦有明照, 以有照故, 亦有斷惑, 此義云何, 若就先眠後
覺名爲覺者, 始覺有覺, 本覺中無, 若論本來不眠名爲覺者, 本覺是
覺, 始覺則非覺. 斷義亦爾.
先有後無名爲斷者, 始覺有斷, 本覺無斷. 本來離惑名爲斷者, 本覺是
斷, 始覺非斷, 若依是義, 本來斷故, 本來無凡. 如下文云, "一切衆生
本來常住入於涅槃菩提之法"

답하길, 불각不覺에는 단지 어두움(闇)만 없는 것이 아니라(非), 또한
밝게 비추는(明照) 작용도 있는 것이며, 이렇게 밝게 비추는 작용이
있는 까닭에 또한 미혹을 끊을 수 있는 것이다. 이러한 이치는 무슨
뜻인가? 만약 먼저 잠들어 있다가 나중에 깨어나는 것을 각覺이라
이름한다면 시각始覺에만 각覺이 있는 것이지 본각本覺에는 각이 없는
것이다. 만약 본래 잠들지 않는 것(不眠)을 이름하여 각覺으로 논한다면
본각만이 각이고 시각은 각이 아니다. 미혹을 끊는다는 뜻도 또한
그러하다.

먼저 미혹이 있다가 나중에 없어지는 것을 일러 '끊는 것(斷)'이라
한다면 시각에는 끊을 것(斷)이 있고, 본각에는 끊을 게 없다. 본래부터
미혹을 여읜 것을 일러 '끊는 것(斷)'이라 한다면 본각에만 '끊을 것(斷)'
이 있고, 시각始覺에는 '끊을 것(斷)'이 없게 된다. 만약 이러한 뜻에

의한다면 본래부터 끊은 까닭에 본래부터 범부는 없다. 이는 이어지는 글에서 "일체중생은 본래 상주常住하여 열반과 보리의 법에 들어 있다 (入)"[445]고 한 말과 같다.

然雖曰有本覺故本來無凡, 而未有始覺故本來有凡, 是故無過, 若汝言由有本覺本來無凡, 則終無始覺望何有凡者, 他亦終無始覺則無本覺, 依何本覺以說無凡, 當知由有本覺故本無不覺. 無不覺故終無始覺, 無始覺故本無本覺, 至於無本覺者源由有本覺, 有本覺者由有始覺, 有始覺者由有不覺, 有不覺者由依本覺.

그러나 비록 본각이 있는 까닭에 본래 범부는 없다고 말할지라도, 아직 시각始覺이 없는(未有) 까닭에 본래 범부가 있는 것이니, 그런고로 허물이 없다. 만약 그대가(汝) 본각이 있음으로 말미암아 본래부터 범부는 없다고 말한다면, 결국(終) 시각始覺은 없는 것인데 무엇을 보고 범부가 있다고 하겠는가? 범부에게 결국(終) 시각이 없다면 본각도 없는 것인데, 어떻게 본각에 의지하여(依) 범부는 없다고 말하겠는가? 본각本覺이 있음으로 말미암아 본래 불각不覺이란 없는 것이며, 불각이 없는 까닭에 결국 시각始覺이 없는 것이며, 시각이 없는 까닭에 본래 본각이 없음을 마땅히 알아야 한다. 본각이 없음(無本覺)에 다다른(至) 것이란 그 근원에 본각이 있기 때문이며(由), 본각이 있다는 것은 시각이 있기 때문이며, 시각이 있는 것은 불각이 있기 때문이며, 불각이 있다는 것은 본각에 의지하기 때문이다.

---

445 【논論-30】 "一切衆生本來常住 入於涅槃菩提之法" 이하의 글 참조.

如上文云, "本覺義者對始覺義說, 以始覺者卽同本覺, 始覺義者依本
覺故 而有不覺, 依不覺故說有始覺." 當知如是展轉相依, 卽顯諸法非
無而非有, 非有而非無也.

예컨대 위의 글[446]에서 "본각의 이치란 시각의 이치에 견주어(對) 설하는
것이니, 시각이란 곧 본각과 같기 때문이다. 시각의 이치는, 본각에
의지하는 까닭에 불각이 있으며, 불각에 의지하는 까닭에 시각이 있다
고 설한다"라고 말한다. (본각과 시각과 불각의 관계는) 이와 같이
돌고 돌면서(展轉) 서로 의지하는 것을, 즉 모든 법(諸法)은 없는 것도
아니고(非無) 그렇다고(而) 있는 것도 아니며, 있는 것도 아니면서(非
有) 없는 것도 아닌 것(非無)을 드러내고(顯) 있음을 마땅히 알아야
한다.

問. 此本覺性, 爲當通爲染淨因性, 爲當但是諸淨法性. 若言但是淨法
因者, 何故經云, "如來之藏是善不善因", 乃至廣說. 若通作染淨者,
何故唯說具足性功德, 不說具足性染患耶.
答. 此理通與染淨作性, 是故唯說具性功德, 是義云何, 以理離淨性,
故能隨緣作諸染法, 又離染性, 故能隨緣作諸淨法, 以能作染淨法, 故
通爲染淨性, 由離染淨性, 故唯是性功德, 何以得離染淨性乃成諸功
德, 取著染淨性皆是妄想故.

묻기를, 이 본각本覺의 성품이 마땅히 염染과 정淨에 공통되는 인성因性

이어야 하는가, 아니면 단지 모든 정법淨法의 성품이어야 하는가? 만약 단지 정법淨法의 인因이라고 말한다면 무슨 까닭(何故)으로 『능가경』에서 "여래장은 선善과 불선不善의 인因이다"⁴⁴⁷라고 말하고, 이어서 (乃至) 자세히 설했는가? 만약 (본각이) 염染과 정淨에 공통으로 작용한다면 무슨 까닭(何故)으로 오직 성공덕性功德을 구족한다고만 말하고, 성염환性染患⁴⁴⁸도 구족한다고는 말하지 않았는가?"

답하길, 이 이치(理)는 염과 정에 다 통하여 성품(性)이 된다(作). 시고是故로 오직 성공덕을 구족한다고만 설한 것이다. 이는 무슨 이치인가? 이치가 깨끗한 성품(淨性)을 여읜 까닭에 능히 연緣을 따라 모든 염법染法을 일으킬(作) 수 있으며, 또한 염성染性을 여읜 까닭에 능히 연緣을 따라 모든 정법淨法을 일으킬(作) 수 있는 것이다. 능히 염법과 정법을 일으킬 수 있는 까닭에 공통적으로 염과 정의 성품(性)이 되는 것이다. 염染과 정淨의 성품을 여의는 까닭에 오직 성공덕性功德일 뿐이다. 어째서(何以) 염성染性과 정성淨性을 여의어야 모든 공덕을 이루게 되는가? 염성과 정성에 집착하는 것 자체가 모두 망상인 까닭이다.

此下第二廣釋二覺, 於中先釋始覺, 後廣本覺. 初中有三, 一者總標滿不滿義, 二者別解始覺差別, 三者總明不異本覺.

이어서 두 번째로 본각本覺, 시각始覺의 두 각에 대하여 자세히 풀이한

---

447 대정장 제16권, 4권 『능가경』, p.510중 4행.
448 성염환性染患은 근본 바탕을 오염시키는 근심거리.

다. 그 중에 먼저 시각에 대하여 풀이하고, 뒤에 본각에 대하여 자세히 풀이한다. 먼저 세 부분으로 나누어, 첫째는 '만滿'과 '불만不滿'의 이치에 대하여 통틀어 드러내고, 둘째는 시각의 차별에 대하여 나누어 (別) 풀이하며, 셋째는 시각이 본각과 다르지 않음(不異)을 통틀어 밝힌다(明).

【論論-21】심원心源

又以覺心源故, 名究竟覺, 不覺心源故, 非究竟覺,

심원心源[449]을 깨달은 까닭에 이름이 구경각이요, 심원을 깨닫지 못한 까닭에 구경각이 아니다.

---

[449] 마음의 바탕, 마음자리, 마음의 근원 등으로 풀이되는 심원心源은 아직 밖으로 나타나지 아니한 관념적 인식의 대상으로, 선과 악(善惡), 아름다움과 추악함(美醜), 깨끗함과 더러움(染淨)도 떠나 있어 잡을 수도, 볼 수도, 들을 수도 없는 적연부동寂然不動하고 본원청정한 자리이다. 심원은 본각의 다른 이름이다. 이를 『기신론』에서 한마음(一心)이라 했다.

그러나 이 적연부동하고 본원청정한 자리에 외부의 감응(경계)이 있게 되면 오염汚染되어 더러운 물결(動搖)을 일으키게 된다. 불각不覺인 것이다. 불각의 동요動搖가 가라앉으면 다시 본연의 청정한 자리로 돌아간다. 본각本覺인 것이다. 마치 바람결에 파도가 치다가도 바람이 자면 다시 고요한 상태로 돌아가는 바다와도 같다. 파도가 치는 바다와 파도가 가라앉은 바다는 동일한 바다인 것이다.

원효대사는 이러한 마음을 '일심의 바다(一心之海)'라 표현했다. 수행이란 바로 심원心源, 즉 일심一心을 자각하는 것이며, 외부의 경계로 동요된 마음에서 적연부동하고 본원청정한 자리인 심원心源으로 되돌아가는 것을 말한다. 【疏疏-02】 참조.

【소疏-21】

總標中言"覺心源故名究竟覺"者, 在於佛地, "不覺心源故非究竟覺"
者, 金剛已還也,

통틀어 드러내는 내용 중에 "마음의 근원을 깨달은 까닭에 구경각이라
한다"라고 함은 불지佛地[450]에 해당하고, "마음의 근원을 깨닫지 못한
까닭에 구경각이 아니다"라는 것은 금강金剛[451] 이전의 경지를 말한다.

【논論-22】 시각始覺의 생주이멸生住異滅

시각始覺의 사위四位

범부각	십신범부	멸상滅相: 악을 일으키는 망념이 없다 *覺知前念起惡, 能止後念	조업상, 수보 ⇒ 악업의 중지 포고발심	제6식
상사각	삼현위보살 초발의 보살	이상異相: 아공我空 *분별망념으로 인한 차별상이 없다 *覺於念異, 念無異相	집취상, 계명자상	
수분각	법신보살 1~7지보살	주상住相: 아공我空, 법공法空 *覺於念住, 念無住相, 無分別智	지상, 상속상, 전상, 현상	제7식
구경각	보살지진 8~10지보살	법공法空: 근본무명이 없다 *覺於念生, 念無生相, 一念相應, 無念	업상業相 시각始覺과 본각本覺의 합일	제8식

此義云何, 如凡夫人 覺知前念起惡故, 能止後念令其不起, 雖復
名覺, 即是不覺故. 如二乘觀智, 初發意菩薩等, 覺於念異, 念無異

---

450 천태종天台宗의 통교通教 10지地 중 제10지로, 수행하여 모든 번뇌를 완전히
 끊어 최후에 도달하게 되는 부처의 경지를 말한다.

451 금강유정金剛喩定으로 쇠(金)도 자를 수 있는 금강(金剛: 다이아몬드)에 비유하
 여, 온갖 분별과 번뇌 망상을 깨뜨리는 경지의 선정禪定을 말한다. 금강金剛이란
 『금강경』에서 말하는 금강과 같은 뜻이다.

相, 以捨麤分別執著相故, 名相似覺. 如法身菩薩等, 覺於念住, 念無住相, 以離分別麤念相故, 名隨分覺, 如菩薩地盡, 滿足方便, 一念相應 覺心初起, 心無初相, 以遠離微細念故, 得見心性, 心卽 常住, 名究竟覺, 是故脩多羅說, 若有衆生能觀無念者, 則爲向佛 智故.

이 뜻은 무엇인가? ①범부들은 전념前念이 악惡을 일으키는 것을 깨달아 아는(覺知) 까닭에 능히 후념後念을 그쳐(止)[452] 그로 하여금 생각(망념)이 일어나지 않게 할 수 있으니,[453] 비록 다시 각覺이라 이름할지라도

---

[452] 모든 행위에는 행위가 있기 전前에 반드시 그와 같은 생각(念)이 있기 마련이다. 이를 전념前念이라고 하며, 전념을 행할 것인가 말 것인가를 생각하는 것을 후념後念이라 한다. 이처럼 중생의 마음은 한순간도 쉬지 않고 끊임없이 생각(念)을 일으키기 때문에 생각에 이끌려 업業을 짓는 것이며, 한 생각이 사라지면 또 다른 생각이 일어나 새로운 업을 짓게 된다.

① 악업을 짓는 것은, 전념前念에서 악념惡念을 일으켜서(作意), 후념後念에서 멈추지止 못하면 악업을 지어(造業) 과보를 받는 것이다(受報).

② 악업을 짓지 않는 것은, 전념에서 멈추거나(止), 후념에서 전념이 잘못된 생각임을 깨달으면(覺) 나쁜 행위가 일어나지 않게 된다. 이때가 자신의 불각不覺을 깨닫는 시각始覺으로, 완전한 깨달음은 아닌 불각不覺인 것이다. 따라서 시각은 불각의 상태로 본각을 향해 나아가는 과정인 것이다.

[453] 이렇게 생각이 일어났다(生) 사라지는(滅) 모습을 네 가지로 구분지어 설한 것을 사상四相이라 한다.

세간의 일체만물은 생生·주住·이異·멸滅하지 않는 것이 없다. 곡식의 예를 들더라도 씨를 뿌리면 싹이 트고(生), 줄기와 잎이 나와 열매를 맺고(住), 잎이 지고 줄기가 꺾여(異), 나중에는 사라지고(滅) 마는 것이다.

이와 같이 생각(念, 心)에도 법공法空, 주상住相, 이상異相, 멸상滅相의 네 가지

(그것은) 곧 각이 아닌(不覺) 까닭이다(凡夫覺).[454] ②사리事理를 관하는 지혜(觀智)를 가진 성문, 연각의 이승二乘과 처음으로 발심한 보살(初發意菩薩) 등은 생각(念)[455]의 이상異相을 깨달아 생각(念)에 이상異相이

모습(四相)이 있다는 것이다. ①법공法空: 무명으로 인하여 마음에 한 생각(번뇌 망상)이 일어나(生) ⇒ 삼세三細의 무명업상, ②주상住相: 그 생각에 꽂혀 집착하여 머물고(住) ⇒ 전상, 현상, 지상, 상속상, ③이상異相: 자타自他와 피아彼我를 차별함으로써 모든 것이 나(我)와 다르다는(異) 생각을 하게 되고 ⇒ 집취상, 계명자상, ④멸상滅相: 이상異相으로 인한 탐·진·치 삼독三毒의 마음이 일어 갖가지 악업을 짓게 되나(起業, 造業), 궁극에는 처음의 번뇌를 일으킨 마음이나 집착하는 마음도, 악행도 다 사라지고(滅) 마는 것이다. 그렇다고 과보마저 사라지는 것이 아니다. ⇒ 기업상(造業), 업계고상(受報).

이렇게 멸하고 나면 궁극에는 본래의 전념前念이 생生하기 전의 모습, 즉 진여본각本覺, 심원心源으로 되돌아가는 것이다. 진여본각, 심원에서 이탈했던 마음이 본래의 자리로 되돌아온 것이다.

『법화경』에서는 이를 풀어, 집나간 장자長子의 아들이 거지(窮子)가 되어 떠돌다가, 다시 집을 찾아 돌아와 가업家業을 잇는 것으로 묘사했다.

『기신론』에서는 이를 바탕으로 수행의 차원에서 깨달음(覺)의 변화하는 모습을 범부각, 상사각, 수분각, 구경각의 네 가지로 구분하여, 삼세육추의 구상九相과 『화엄경』의 수행계위에 배대配對하였다.

그러나 이 같은 사상四相이나 사각四覺은 무명의 훈습력薰習力으로 말미암은 것일 뿐, 마음의 성품(心性)에는 본래 생·주·이·멸이 없는 것이다. 단지 수행 차원의 관념적·인지적 구분일 뿐이다. 그래서 「법성게」에서는 제법부동본래적諸法不動本來寂이라 했다. 제법은 본래가 고요해서 움직임이 없다는 것이다.

454 이 정도만 깨달아도(覺) 악업은 짓지 않게 된다. 그러나 전, 후념은 멸滅했다 할지라도 악업의 원인인 혹惑에 대해서는 깨닫지 못했으므로 아직은 완전한 깨달음이 아닌 불각不覺이며, 이는 범부의 깨달음(凡夫覺)인 것이다. 육추六麤 중의 기업상起業相과 사상四相 중의 멸상滅相을 멸한 단계이다.

455 불서佛書에서 심心이나 염念이라 하면 대개가 망심妄心, 망념妄念을 의미한다.

없으니, 이는 거친(麤) 분별로 집착하는 모습(麤分別執著相)[456]을 여읜 까닭에 상사각相似覺[457]이라 부른다. ③법신法身보살들은[458] 생각(念)이 머무르는 것을 깨달아 생각(念)에 머무르는 모습(住相)[459]이 없으니, 분별상[460]과 거친 염상(念相)[461]을 여읜 까닭에 수분각隨分覺[462]이라 부른다. ④보살이 수행단계(十地)를 다 마치고(盡), 수행방편[463]을 만족하여

---

456 이상異相이란 본래의 생각에서 근본번뇌인 탐貪, 진瞋, 치癡, 만慢, 의疑, 사견邪見에 찌들어 시시각각 달라지는 모습을 말한다. 근본번뇌로 말미암아, 분별하여 경계에 집착하며, 할까 말까, 버릴까 말까 머리를 굴리니(計) 육추六麤 중의 집취, 계명자상과 사상四相 중 이상異相의 단계이다. 좋은 것에 집착하는 것만 집취가 아니라, 싫은 것을 버리려는 마음도 집취에 해당한다.

457 아직 구경각은 아니고 각覺에 유사(似)하다는 의미로 상사각相似覺이다.

458 초지初地인 환희지歡喜地 이상의 십지十地의 위위位에 든 보살을 말한다. '지상地上 보살'이라고도 한다.

459 염주念住는 분별의 망념이 머물러 있는 것을 말한다. 생각은 찰나刹那생멸하나 염념念念상속하므로 머무른다(住相)고 하는 것이다. 염념상속하는 주상住相은 전상, 현상, 지상, 상속상을 말한다.

460 삼세三細의 전상(능견상: 主)과 현상(경계상: 客)을 말한다. 주객主客으로 나뉘는 마음이 분별分別이며, 이분법적 사고인 것이다.

461 육추六麤 중의 지상智相, 상속상相續相을 말한다.

462 수분각隨分覺이란 사상四相의 주상住相과 구상九相의 현상, 전상, 지상, 상속상을 멸한 단계로, 법신보살이 분分, 즉 인과나 위위位에 따라 깨닫는 것을 말한다. ①초지에서 7지까지의 보살은 법이 공空함을 깨달아(證法空) 지상智相, 상속相續을 멸한 위위位, ②8지 보살은 색에 자재(色自在)하여 현상現相을 멸한 위위位, ③9지, 10지 보살은 마음에 자재(心自在)하여 전상轉相이 없어진 위위位를 말한다.

463 방편은 바라밀 수행으로, 불지佛智를 증득하여, 중생을 구제하는 지혜와 방법을 말한다. 대승은 중생구제를 목표로 하는 까닭에 방편을 구족하지 않고서는 결코 부처의 경지에 오를 수 없다.

일념一念이 (진여본각과) 상응하므로, 망심妄心이 처음 일어나는 것(初起)을 알아차려(覺)[464] 마음에는 처음 일어난다는 상(初相)[465]이 없다. 이는 미세한 생각(微細念)[466]마저 멀리 여읜 까닭에 심성心性[467]을 얻어 보아 그 마음이 곧 상주常住하니,[468] 이를 구경각究竟覺이라고 이름한다. 시고是故로 수다라(經)에서 설하길 "만약 어떤 중생이 무념無念[469]을 관觀[470]하는 자는 곧 불지佛智를 향하는 것이 되는 까닭"[471]이라 하였다.

---

464 각覺은 문맥에 따라 '깨닫다' 또는 '알아차리다' 등으로 새길 줄 알아야 한다. 각覺을 무조건 '깨닫다'라고만 새기면 올바른 이해를 할 수 없다.

465 무념에서 최초의 동념動念이 일어 초상初相을 짓게 된다. 그러나 업상業相을 여의어 초상初相이 없으니, 사상四相 중의 법공法空이 없는 것이다.

466 삼세三細의 업상業相, 전상轉相, 현상現相을 말한다.

467 심성心性은 심원心源과 같은 뜻으로 보면 된다.

468 이때 비로소 망념이 심원心源으로 돌아가 본래의 평등 일여一如한 심성心性을 깨달음으로서, 시각始覺은 환본還本하여 본각本覺과 합일이 되는 것이다. 즉 시각이 곧 본각으로 여여如如하니, 상주常住라 하였다. 변함이 없다는 뜻이다. 생멸하는 상相을 여의면 불생불멸의 진여자성만 남는다.

469 무념無念은 아무런 생각이 없다는 뜻이 아니라, 마음에 분별(차별), 망상, 망념, 생멸, 집착 등이 없을 때 무념無念이라 한다. 무념이 본래의 마음인 심원心源이자 진여본각인 것이다. 바다에 비유하면, 수면(水面)을 경계로 ① 수면 위의 크고 작은 파도는 생·주·이·멸을 반복하는 차별상으로, 망념이자 망상인 것이며, ② 수면 아래는 수면 위의 생·주·이·멸을 반복하는 크고 작은 파도와 상관없이 여여如如한 바닷물로, 일미평등하여 생·주·이·멸이 없는 심원이자 진여본각인 것이다. ①의 파도(浪)와 ②의 바닷물(水)이 하나의 바다(海)이듯이, 우리의 마음도 ①의 망념과 ②의 심원이 하나의 마음으로, 일심一心인 것이다.

【소疏-22-1】

次別解中, 約四相說, 此中先明四相, 然後消文. 問, 此中四相, 爲當同時, 爲是前後, 此何所疑. 若同時那, 論說四相覺時差別. 若前後那, 下言四相俱時而有.

或有說者, 此依薩婆多宗四相, 四體同時, 四用前後, 用前後故, 覺時差別, 體同時故, 名俱時而有.

或有說者, 是依成實前後四相, 而言俱時而有者. 以本覺望四相, 則無四相前後差別, 故言俱時而有, 皆無自立.

다음으로 따로 풀이함(別解)에, 4상相⁴⁷²을 바탕으로(約) 설하였다.

생주이멸			마음(心)
생멸			
망상	차별상 / 번뇌		
분별		파도(浪)	
망념			생주이멸
심원			일미평등
무념		바다(海)	
본각			
진여			

470 觀觀은 마음의 눈(心眼)으로 보는 것으로 한계가 없다. 심안으로는 시야視野를 초월하며, 『능엄경』의 이근원통 수행에서 소리까지 觀觀할 수 있는 것이다. 견見은 육신의 눈(肉眼)으로 보는 것으로 시야라는 한계가 있다. 간看은 손이 먼저 행동하고 눈으로 보는 것을 말한다.

471 전거가 분명치 않다.

472 불교에서 사상四相이란 쓰이는 곳에 따라 각기 다른 의미를 가지고 있다. ①『금강경』에서는 아상我相, 인상人相, 중생상衆生相, 수자상壽者相을, ②인과 因果에서는 생生, 노老, 병病, 사死를, ③만물의 변화를 나타내는 것으로 성成,

여기서 먼저 4상을 밝히고, 그 다음에 본문(消文)[473]을 풀이하겠다.

문기를, 여기서 4상이 동시에 있다고 해야 하는가? (아니면) 전후의 순서가 있다고 해야 하는가? 이렇게 의심하는 것은 어째서인가? 만약 동시에 있다면 어째서 『기신론』에서 4상의 깨달음에 시차를 두어(別) 설했는가? 만약 전후의 순서가 있다면, 아래에서는[474] 어째서 4상이 함께 동시에 있다고 말하였는가?

혹 어떤 이는 살바다종薩婆多宗[475]의 4상(相: 모습)에 의거하여 4상의 체(體: 바탕)는 비록 동시에 있으나, 4상의 용(用: 쓰임)에는 전후가 있으니, 용用에 전후가 있는 까닭에 깨달음에는 전후의 시차가 있으며, 바탕(體)은 동시에 있는 까닭에 함께 동시에 존재한다고 설한 것이다.

또 어떤 이는 성실종成實宗[476]의 전후4상前後四相에 의거하여 함께 동시에 존재한다고 말하는데, 본각本覺에서 4상을 바라보면 4상에 전후 차별이 없는 까닭에 함께 동시에 존재하여 다 개별적으로 자립自立함이 없다고 말한 것이다.

주住, 괴壞, 공空을, ④『기신론』에서는 마음(念)의 변화하는 모습을 법공法空, 주상住相, 이상異相, 멸상滅相으로 나눈 것을 가리킨다.

[473] 오늘날에는, 주석에 대對한 '본문本文'을 소문素文이라고 하나, 원효대사 당시에는 본문을 소문消文이라 했던 것 같다.

[474] 【論-23】 참조.

[475] 살바다종은 아공법유我空法有, 삼세실유三世實有, 법체항유法體恒有를 주장하는 설일체유부說一切有部를 말한다.

[476] 인도의 불교학자 하리발마(250~350)의 저술로 구마라습鳩摩羅什에 의해 411~412년에 번역되었으며, 산스크리트 원전은 전해지지 않고 한역본漢譯本만 전해진다. 내용은 발취發聚, 고제취苦諦聚, 집제취集諦聚, 멸제취滅諦聚, 도제취道諦聚의 5취 202품으로 분류된다.(참조: 네이버 지식백과, 두산백과)

或有說者, 此是大乘秘密四相, 覺四相時, 前後淺深, 所覺四相, 俱時
而有, 是義云何. 夫心性本來離生滅相, 而有無明迷自心性, 由違心性
離於寂靜, 故能生起動念四相, 四相無明和合力故, 能令心體生住異
滅, 如似少乘論議之中, 心在未來未邇生滅, 而由業力引於四相, 能令
心法生住異滅.

또 어떤 이는 이것은 대승의 비밀4상秘密四相[477]이니, 4상을 깨달을
때에는 앞뒤(前後)와 깊고 얕음(深淺)의 차별이 있으나, 깨달은 내용
(所覺)으로서의 4상은 함께 동시에 존재한다고 설한다. 이 이치는
무엇을 말하는가? 무릇(夫) 심성心性[478]은 본래 생멸상生滅相을 여의었
지만 무명無明이 있어 자기의 참된 마음(心性)을 알지 못하고(迷),
심성에 어긋남(違)으로 말미암아 적정寂靜을 여의는 까닭에 능히 동요
하는 망념(動念)의 4상을 일으키게 되며, 4상과 무명이 화합하는 힘에
의해 능히 심체心體로 하여금 생生·주住·이異·멸滅하게 한다는 것이
다. 이는 마치 소승小乘의 논의論議 중에 마음이 미래에 있을 때는
아직(未) 생멸하지 못하고 생멸에 가까이(邇) 있다가, 업력業力이 4상
을 끌어당김으로 말미암아(由) 능히 심법心法으로 하여금(令) 생·주·
이·멸하게 한다고 하는 것과 같다(似).

大乘四相當知亦爾. 如經言, "卽此法身, 爲諸煩惱之所漂動, 往來生

---

477 비밀스러운 네 가지 모습(四相)이란 생生·주住·이異·멸滅의 모습을 말한다.
478 심성心性도 앞에서 주해註解한 자성청정한 심원心源과 같은 의미로 이해하면
   되겠다.

死, 名爲衆生" 此論下文云"自性淸淨心因無明風動", 正謂此也. 總說
雖然, 於中分別者, 四相之內各有差別, 謂生三, 住四, 異六, 滅七.

대승의 4상도 또한 그러함을 마땅히 알아야 할 것이다. 『부증불감경不增
不減經』에서 "곧 이 법신에서 모든 번뇌가 표동(漂動: 떠돌아다님)하여
생사生死에 왕래함을 이름하여 중생이라 한다"[479]라고 말한 것과 같다.
이 『기신론』 아래 글에서 "자성청정심自性淸淨心은 무명의 바람(無明
風)으로 인因하여 움직인다"[480]라고 말한 것은 바로(正) 이를 말하는
것이다.

　총설하자면 비록 그렇다 할지라도, 이를 분별하면 4상 안에 각각
차별이 있으니, ① 생生의 측면에서 세 가지, ② 주住의 측면에서 네
가지, ③ 이異의 측면에서 여섯 가지, ④ 멸滅의 측면에서 일곱 가지
모습을 말한다.

일념사상 一念四相	법공法空	① 업상業相 ② 전상轉相 ③ 현상現相		
	주상住相	① 아치我癡 ② 아견我見 ③ 아애我愛 ④ 아만我慢		
	이상異相	① 탐貪 ② 진瞋 ③ 치癡 ④ 만慢 ⑤ 의疑 ⑥ 견見의 근본번뇌		
	멸상滅相	신업身業	① 살생殺生 ② 투도偸盜 ③ 사음邪淫	
		구업口業	① 망어妄語 ② 기어綺語 ③ 양설兩舌 ④ 악구惡口	

生相三者, 一名業相, 謂由無明不覺念動, 雖有起滅, 見相未分, 猶如
未來生相將至正用之時. 二者轉相, 謂依動念轉成能見, 如未來生至
正用時. 三者現相, 謂依能見現於境相, 如未來生至現在時. 無明與此

---

479 대정장 제16권, 『부증불감경』, p.467중 6~8행.
480 【논론-24】"如是衆生自性淸淨心 因無明風動" 이하의 글 참조.

三相和合, 動一心體隨轉至現, 猶如小乘未來藏心, 隨其生相轉至現在. 今大乘中如來藏心隨生至現, 義亦如是. 此三皆是阿梨耶識位所有差別, 於中委悉, 下文當說, 是名甚深三種生相.

법공法空[481]에서 세 가지란, 첫째는 업상業相이다. 이는 무명으로 말미암아 불각不覺이 망념을 일으키는 것으로, 비록 일어남과 사라짐(起滅)이 있다 하나 아직 견분(見分: 主)과 상분(相分: 客)으로 나누어지지 않은 (未分) 단계로서, 마치 곧(未來) 상相이 생겨 머지않아(將) 곧바로(正) 작용하려는 순간(時)에 다다른(至) 것과 같다. 둘째는 전상轉相이다. 이는 움직이는 망념(動念)으로 말미암아 업상이 변하여(轉) 능견能見을 이루는 것으로, 곧 상相이 생겨 작용하는 순간에 다다른(至) 것과 같다. 셋째는 현상現相이다. 이는 능견能見으로 말미암아(依) 경계의 모습(境相)이 나타나는 것을 말하는데, 마치 미래의 상이 생生하여 현재에 이르러(至) 있는(時) 것과 같다.

　무명無明이 이 3상相과 화합하여, 일심一心의 체體를 움직여 전상轉相을 따라 현상現相에 이르는 것이, 마치(猶) 소승의 미래장심未來藏心이 그 법공法空을 따라 변하여(轉) 현재에 이르러(至) 있는(時) 것과 같다. 이제 대승의 여래장심如來藏心이 법공法空을 따라 현상現相으로 나타나는(至) 이치 또한 이와 같다. 업상, 전상, 현상現相 이 셋은 모두 아리야식 위位에 있는 차별이며, 이 가운데 자세한 내용은 아래 글에서 다(當)

---

481 우리의 마음은 본래가 성품이 청정하다. 『기신론』에서는 이를 자성청정심自性淸淨心이라 한다. 이 자성청정한 마음(本覺)에서 무명으로 말미암아 업業이 생기는 모습이 법공法空이다. 생상에는 업상業相, 전상轉相, 현상現相이 있다.

설하겠다. 이것들을 매우 깊은 세 가지 법공法空이라 이름한다.

住相四者, 由此無明與生和合, 迷所生心無我我所, 故能生起四種住相, 所謂我癡我見我愛我慢. 如是四種依生相起能相心體, 令至住位內緣而住, 故名住相. 此四皆在第七識位.

주상住相[482]의 네 가지 모습이란, 이 무명이 세 가지 법공法空[483]과 화합함으로 말미암아 생겨난 마음(生心)에 아我와 아소我所가 없음을 모르는(迷) 까닭에 능히 네 가지의 주상을 일으키니, 바로 아치我癡, 아견我見, 아애我愛, 아만我慢을 말한다. 이와 같은 네 가지가 법공法空에 의지하여 능히 상(能相)[484]을 일으켜서 심체心體로 하여금 주상住相의 자리(位)에 이르게 하여, 안으로 반연하여[485] 머물게 하는 까닭에 주상住相이라 이름한다. 이 네 가지는 다 제7식의 위위에 있다.

異相六者, 無明與彼住相和合, 不覺所計我我所空, 由是能起六種異相, 所謂貪瞋癡慢疑見. 新論云, "煩惱自性唯有六種" 此之謂也. 無明與此六種和合, 能相住心令至異位外向攀緣, 故名異相, 此六在於生起識位.

---

482 업으로 생겨난 상(生相)이 ①아치我癡, ②아견我見, ③아애我愛, ④아만我慢의 네 가지 모습으로 머무는(住) 것을 말한다.

483 삼세三細의 ①업상業相, ②전상轉相, ③현상現相을 말한다.

484 무명으로 말미암아 능히 스스로 상相을 짓는 것을 말한다. 업상에서 주관이 드러나는 아만我慢으로 이해해도 좋다.

485 심체 안에 반연하는 것이란 아치我癡·아견我見·아애我愛·아만我慢을 말한다.

이상異相[486]의 여섯 가지란, 무명이 저 주상住相과 화합하여 계탁計度[487] 하는 대상인 나(我)와 내 것이라는 것(我所)이 공空한 것임을 깨닫지 못함(不覺)으로 말미암아(由) 능히 여섯 가지의 이상異相을 일으키니, 이른바(所謂) 탐貪·진瞋·치癡·만慢·의疑·견見의 근본번뇌이다. 『신론新論』[488]에서 "번뇌의 자성自性은 오직 여섯 가지가 있을 뿐이다"[489]라 고 한 말은 바로 이를 이름이다. 무명이 이 여섯 가지와 화합하여 스스로 머무는 마음(住心)을 지어 이상異相의 자리(位)에 이르게 하여 밖으로 인연을 짓게 하는 까닭에 이상異相이라 이름하니, 이 여섯 가지는 생기식(生起識: 제6의식)의 자리에 있다.

滅相七者, 無明與此異相和合, 不覺外塵違順性離, 由此發起七種滅 相, 所謂身口七支惡業. 如是惡業, 能滅異心令墮惡趣, 故名滅相, 猶 如小乘滅相, 滅現在心, 令入過去, 大乘滅相當知亦爾.

멸상滅相[490]의 일곱 가지란, 무명이 여섯 가지 이상異相과 화합하여 바깥 경계(外塵)는 거스르거나 따르거나(違順) 할 성질이 아님(離)을 깨닫지 못하고(不覺), 이로 말미암아(由) 일곱 가지의 멸상滅相을 일으

---

486 주상住相에서 근본번뇌인 ①탐貪·②진瞋·③치癡·④만慢·⑤의疑·⑥견見의 모습으로 변해 달라진(異) 모습을 말한다.
487 헤아려 판단한다는 뜻으로 여기서는 무명으로 인한 갖가지 번뇌 망상을 짓는 것을 말한다.
488 신론新論은 『유가사지론瑜伽師地論』을 말한다.
489 대정장 제30권, 『유가사지론』, p.603상 11행.
490 멸상滅相에서 비로소 악업을 지어 육도에 떨어져 윤회하게 되는 것이다.

키니, 이른바(所謂) 몸(身)과 입(口)으로 짓는 일곱 가지의 악업이다.[491]
이와 같은 악업이 능히 멸滅해야 할 이심異心[492]으로 하여금 나쁜 길(惡
趣)[493]로 떨어지게 하는 까닭에 멸상滅相이라 이름한다. 이는 마치 소승
의 멸상이 현재심現在心을 멸해 과거에 들게 하는 것과 같으니, 대승의
멸상도 그와 마찬가지임을 마땅히 알아야 한다.

由是義故 四相生起 一心流轉 一切皆因根本無明. 如經言, "無明住地
其力最大" 此論云 "當知無明力能生一切染法"也. 又所相之心, 一心而
來, 能相之相, 無明所起. 所起之相, 隨其所至, 其用有差別, 取塵別
相, 名爲數法. 良由其根本無明違平等性故也. 其所相心 隨所至處
每作總主 了塵通相 說名心王. 由其本一心是諸法之總源故也.

이러한 이치로 말미암은 까닭에 4상相이 일어나 일심一心이 유전하는
것이니, 이 모든 것이 다 근본무명根本無明으로 말미암은(因) 것이다.
이는 『승만경勝鬘經』에서 "무명이 머무르는 자리(無明住地)가 그 힘이
가장 크다"[494]고 말한 것과 같고, 이 『기신론』에서 "무명의 힘이 능히
모든 염법染法을 생생生할 수 있음을 마땅히 알아야 한다"[495]고 한 말과

---

491 일곱 가지 악업惡業이란, 몸으로 짓는(身業) 세 가지 악업인 ①살생殺生, ②투도
偸盜, ③사음邪淫과 입으로 짓는(口業) 네 가지 악업인 ①망어妄語, ②기어綺語,
③양설兩舌, ④악구惡口를 말한다.

492 이상異相으로 변한 탐貪·진瞋·치癡·만慢·의疑·견見의 마음

493 삼악도三惡道, 즉 ①지옥, ②아귀, ③축생.

494 대정장 제12권, 『승만사자후일승대방편방광경』, p.220상 10행.

495 【논論-29】 "當知 無明能生一切染法" 이하의 글 참조.

같다. 또 상을 짓는(所相) 마음(心)은 일심—心에서 오는 것이며, 스스로 짓는 상(能相)의 모습(相)은 무명에 의해 일어나는 것이다. 일어난 상은 이르는 곳마다 차별적으로 작용하여, 경계(塵)에 따라 각기 다른 모습(別相)을 취하기 때문에 이름하여 수법數法[496]이라 하니, 이는 진실로(良) 근본무명으로 말미암아 일심의 평등성을 거스르는(違) 까닭이다. 그 상을 짓는 마음(一心)은 이르는 곳마다(隨) 항상(每) 총괄하는 주인이 되어 경계(塵)가 통하는 모습을 훤히 알기에(了) 이름하여 심왕心王이라 설하는 것이다. 기본이 일심인 까닭에(由) 일심이 모든 법(諸法)을 총괄하는 근원根源이 되기 때문이다.

如中邊論云, "唯塵智名心 差別名心法." 長行釋云, "若了塵通相名心 取塵別相名爲心法." 瑜伽論中亦同是說. 以是義故, 諸外道等多於心王計爲宰主作者受者 由不能知其無自性隨緣流轉故也

예컨대 『중변론中邊論』에서 "오직 경계(塵)를 아는 지혜를 마음(心)이라 하고, (경계를) 차별하는 것을 심법心法이라 한다"[497]라고 말했고, 장행長行에서 풀이하여 "경계(塵)가 소통하는 모습을 훤히 아는 것(了)을 심心이라고 하고, 경계(塵)에 따라 갖가지 상(別相)을 짓는(取) 것을 심법心法이라 한다"[498]고 했다. 『유가론瑜伽論』에서도 역시 이와 똑같이 설했다. 이런 이치로 보자면, 모든 외도外道들이 심왕心王에

---

496 심수법心數法이나 심소유법心所有法과 같은 말이다.
497 대정장 제31권, 『중변분별론』, p.451하 25행.
498 대정장 제31권, 『중변분별론』, p.451하 26~27행.

대하여 재주宰主[499]니 작자(作者: 조물주)니 수자(受者: 피조물)니 하면
서 아는 척(計爲)하지만, 심왕은 (고정된) 자성自性이 없어 연緣을
따라 (생사에) 유전하는 것임을 잘 모르는 까닭이다.

總此四相名爲一念, 約此一念四相, 以明四位階降. 欲明本依無明不
覺之力, 起生相等種種夢念, 動其心源, 轉至滅相, 長眠三界, 流轉六
趣, 今因本覺不思議熏, 起厭樂心, 漸向本源, 始息滅相乃至生相, 朗
然大悟, 覺了自心本無所動, 今無所靜, 本來平等, 住一如狀. 如經所
說, "夢度河喩", 此中應廣說大意如是.

이 같은 생生·주住·이異·멸滅의 사상四相을 통틀어 한 생각(一念)이라
이름한다. 이 '일념4상'을 바탕으로(依) 4가지 위치(四位)의 단계를
차례로 밝혔다. 본래 무명에 의해 불각不覺의 힘이 법공法空과 같은(等)
갖가지 꿈같은 생각(夢念)을 일으키고(起), 그 마음의 근본(心源)을
움직여 멸상滅相에까지 굴러가서(轉至) 과거·현재·미래의 삼계三界에
오랫동안 잠자기도 하고, 육도에 유전하지만,[500] 이제 본각本覺의 불가
사의한 훈습薰習으로 말미암아(因) (생사를) 싫어하고 열반을 좋아하
는 마음(厭樂之心)을 일으켜 점차 본원本源으로 향하여 비로소(始)
멸상에서 생상까지도(乃至) 쉬어서는(息) 환하게(朗然)[501] 대오(大悟:

---

499 모든 것을 다스리는 주인, 주재자主宰者 또는 절대자.

500 육취六趣는 천, 인간, 수라, 축생, 아귀, 지옥의 육도六道를 말하며, 유전은
    윤회한다는 뜻이다.

501 낭연朗然은 '밝다'는 뜻으로 선가禪家에서 자주 회자되는 활연豁然과 같은 뜻이
    다. 그러나 '어느 날 갑자기'라는 뜻을 가진 홀연忽然과는 의미상의 차이가

크게 깨닫다)하면, 자기 마음은 본래 움직인 바도 없었음을 깨달아 알게 되는(覺了) 것을 밝히려 한 것이다.[502] 이제(今) 고요할 것도 없으며 본래부터 평등하고 한결같은(一如) 모습(狀)으로 머무르니, 마치『금광명경』에서 설한 "꿈에 큰 강을 건넌 비유"[503]와 같다. 이『기신론』에서

있다.

[502] 본래의 마음(심원)은 움직인 바가 없으나, 망념妄念이 생멸하며 분주하게 부산을 떨었던 것이다. 의상대사는 「법성게」에서 "제법부동본래적諸法不動本來寂 …… 구래부동명위불舊來不動名爲佛"이라 했다.

[503] 대정장 제16권,『금광명최승왕경』, p.410상 29-중 3행.

비유컨대 어떤 사람이 꿈속에서 큰 강물에 자기 몸이 떠다니는 것(漂泛)을 보고, 손을 놀리고 발을 움직여 강을 건너 저편 강가(彼岸)에 도달했다. 강을 건너느라 열심히 손발을 놀리던 몸으로 말미암아 아직 (그 마음이) 해태해지거나 퇴보하지도 않았지만, 이미 꿈에서 깨어나고 보니, 흐르는 강물이나 이쪽저쪽의 어느 강둑(彼此岸)도 볼 수 없었다(譬如有人於睡夢中. 見大河水漂泛其身. 運手動足截流而渡得至彼岸. 由彼身心不懈退故. 從夢覺已 不見流水彼此岸別). 즉 꿈속에서 손발을 움직여 힘들게 강을 건넜으나, 꿈이었다. 꿈에서 보던 강물이나 강둑은 없었다. 꿈속에서 강을 건너느라 힘들게 고생했다는 이야기다. 우리가 아직 심원心源을 깨닫지 못하고, 꿈속에서 강을 건너는 모습처럼 살고 있다는 이야기다.

다음은 은정희와 원순의 해설이다. ①은정희 해설: 꿈에서 깨고 나선, 피안차안의 구별을 느끼지 못하였으나 마음이 없어진 것이 아닌 것처럼, 생사의 망상이 다 멸해버리면 각覺이 청정해지거나 깨달음(覺)의 체가 없어진 것은 아니라는 내용. (은정희,『대승기신론 소·별기』, 일지사, 1992, 157쪽) ②원순 해설: 꿈에서 깨고 보니 모든 것이 사라졌다. 그러나 그것을 경험한 마음은 없어지지 않듯, 삶과 죽음이라는 헛된 생각이 다 사라져 깨달음이 맑고 깨끗하지만, 삶과 죽음의 바탕은 없어진 것이 아니라는 내용. (원순,『큰 믿음을 일으키는 글』, 법공양, 2004, 170쪽)

자세히 풀이하는 대의도 응당 이와 같은 것이다.

次消其文, 約於四相以別四位, 四位之中各有四義. 一能覺人, 二所覺相, 三覺利益, 四覺分齊. 初位中言"如凡夫人"者, 是能覺人, 位在十信也. "覺知前念起惡"者, 顯所覺相, 未入十信之前, 具起七支惡業, 今入信位, 能知七支實爲不善, 故言"覺知前念起惡", 此明覺於滅相義也. "能止後念令不起"者, 是覺利益, 前由不覺, 起七支惡念, 今旣覺故, 能止滅相也. 言"雖復名覺卽是不覺"者, 明覺分齊. 雖知滅相實是不善而猶未覺滅相是夢也.

다음으로 그 글을 풀이한다. 4상相을 기준으로 4위位를 분별하자면, 4위에는 각각 네 가지 이치가 있다. 첫째는 능히 깨닫는 사람(能覺人), 둘째는 깨달은 모습(所覺相), 셋째는 깨달음의 이익(覺利益), 넷째는 깨달음의 한계(覺分齊)이다.

첫 번째 계위階位 중에 "범부들(如凡夫人)"이라 말한 것은 능히 깨달을 수 있는 사람(能覺人)으로, 10신信[504]의 계위에 해당한다. "앞의 생각(前念)에서 악惡이 일어남을 깨달아 안다"라는 것은 깨달은 모습(所覺相)을 드러냄이니, 아직 10신의 계위에 들기 전엔 일곱 가지 악업[505]이 같이

---

[504] 대승보살의 10신信, 10주住, 10행行, 10회향廻向, 10지地, 등각等覺, 묘각妙覺의 52위 수행 계위階位 중 처음 닦아야 할 열 가지로, 부처님의 가르침에 대한 믿음에 의심이 없는 신심信心에서부터 염심念心, 정진심精進心, 혜심慧心, 정심定心, 불퇴심不退心, 호법심護法心, 회향심廻向心, 계심戒心, 원심願心까지를 말한다. 10신심十信心이라고도 하며, 10신위十信位라고도 한다.
[505] 세 가지의 신업身業과 네 가지의 구업口業을 말한다.

일어나지만(具起), 이제 10신의 계위에 들게 되면, 능히 일곱 가지 악업이 실實로 불선不善임을 알 수 있는 까닭에 "앞의 생각에서 악이 일어남을 깨달아 안다"라고 말한 것이며, 이는 멸상滅相의 이치를 깨달은 것을 밝힌 것이다. "능히 후념後念을 멈추어 악이 일어나지 않게 한다"라는 것은 깨달음의 이익을 말하는 것이니, 전에는 불각으로 말미암아 일곱 가지 악념惡念을 일으키지만, 이제는 이미 깨달은 까닭에 능히 (일곱 가지의) 멸상을 멈출 수 있는 것이다. "비록 다시 각覺이라 이름을 붙일지라도 이는 (각이 아닌) 불각不覺이다"라고 말한 것은 깨달음의 한계(覺分齊)를 밝힌 것이니, 비록 멸상이 실로 불선不善임을 안다 할지라도 아직은 멸상滅相이 꿈이라는 것을 깨닫지 못한 까닭이다.(그래서 범부인 것이다.)

第二位中言"如二乘觀智初發意菩薩等"者, 十解以上三賢菩薩. 十解初心, 名發心住. 擧此初人, 兼取後位, 故言"初發意菩薩等", 是明能覺人也. "覺於念異"者, 明所覺相, 如前所說六種異相, 分別內外計我我所, 此三乘人了知無我, 以之故言覺於念異, 欲明所相心體無明所眠, 夢於異相, 起諸煩惱, 而今漸與智慧相應, 從異相夢而得微覺也. "念無異相"者, 是覺利益, 旣能覺於異相之夢, 故彼六種異相永滅, 以之故言"念無異相"也. "捨麤分別執著相故名相似覺"者, 是覺分齊, 分別違順起, 貪瞋等, 是名麤分別執著相, 雖捨如是麤執著想, 而猶未得無分別覺, 故名相似覺也.

두 번째 계위에 "성문, 연각 이승의 관지觀智[506]와 처음으로 발심한

보살(初發意菩薩) 등"이라 말한 것은 10해(解: 住와 같다) 이상의 10해解,
10행行, 10회향回向의 3현(賢: 11~40위) 보살을 가리킨다. 10해解에서
처음 내는 마음(初心)을 발심주發心住라 부른다. 이 발심주(初人)의
위(位:11~29위)의 사람들과 다음 위(後位)까지 같이(兼) 취하는 까닭
에 "처음으로 발심한 보살 등"이라 말한 것이니, 이는 '깨달을 수 있는
사람(能覺人)'을 밝힌 것이다. "생각의 이상(念異)을 깨달아"란 깨달은
모습(所覺相)을 밝힌 것이다. 예컨대 앞에서 설한 여섯 가지의 이상異
相[507]이 안과 밖(內外)을 분별하여 아我와 아소我所를 차별하는(計)
것이다. 이 성문, 연각, 보살의 삼승인三乘人은 무아無我를 분명히
아는 까닭에 '생각의 이상(念異)을 깨달았다'고 말한다. 이는 상을
짓는(所相) 마음의 바탕(心體)이 무명에 의해 잠들어(眠) 다른 모습(異
相: 망념)에서 꿈을 꾸며 갖가지(諸) 번뇌를 일으키나(而), 이제 점차
지혜와 상응相應하여 이상異相의 꿈에서 조금 깨어났음을 밝히려는
것이다. "생각에 이상異相이 없다'라는 것은 깨달음의 이익(覺利益)이
니, 이미 이상의 꿈에서 깨어날 수 있는 까닭에 저 여섯 가지 이상을
영원히 멸한 것이다. 이런 까닭에 "생각에 이상이 없다'라고 말한 것이
다. "거친 분별로 집착하는 모습을 여읜 까닭에 상사각相似覺이라고
부른다'라는 것은 깨달음의 한계(覺分齊)이니, 거스르는 경계(違境界)
와 수순하는 경계(順境界)를 분별하여 탐욕스럽고(貪), 성내는(瞋)
등의 마음을 일으키는 것을 거친 분별로 집착하는 모습이라고 이름하

---

506 사리事理를 관観하는 지혜
507 근본번뇌인 ①탐貪, ②진瞋, ③치癡, ④만慢, ⑤의疑, ⑥악견惡見으로 육수면六
    隨眠이라고도 한다.

며, 비록 이와 같이 거칠게 집착하는 모습을 버렸을지라도 아직(猶) 분별없는 깨달음(無分別覺)을 얻지 못한 까닭에 상사각이라 부른다.

第三位中"法身菩薩等"者, 初地以上十地菩薩, 是能覺人也, "覺於念住"者, 住相之中, 雖不能計心外有塵, 而執人法內緣而住, 法身菩薩通達二空, 欲明所相心體前覺異相, 而猶眠於住相之夢, 今與無分別智相應, 從住相夢而得覺悟. 故言"覺於念住", 是所覺相也. "念無住相"者, 四種住相滅而不起, 是覺利益也. "以離分別麤念相"者, 人我執, 名分別, 簡前異相之麤分別, 故不名麤. 法我執, 名爲麤念, 異後生相之微細念, 故名麤念. 雖復已得無分別覺, 而猶眠於生相之夢, 故名隨分覺, 是覺分齊也.

세 번째 계위에 "법신 보살들"이란 초지初地 이상의 10지(地: 41~50위) 보살로, 이는 능히 깨달을 수 있는 사람들(能覺人)이다. "생각(念)에 머무는 것을 깨닫는 것(覺於念住)"이란 주상住相 중에 비록 마음 밖에(心外) 경계(塵)가 있다고 생각하지는(計) 않을지라도 인人과 법法에 집착하여 안으로 반연하여 머물지만, 법신보살은 아공我空[508]과 법공法空[509]

---

508 고정 불변하는 실제적인 나(我)는 없다는 것. 지금까지 살면서 실제적인 나(我)라고 속아 왔던 모든 것이 허구이며, 나(我)에 집착하여 착각 속에 살아 왔다는 것을 깨닫는 것을 증아공證我空이라 한다. 육추六麤의 집취상執取相이 사라지는 단계다.

509 자신과 삼라만상에 대한 생각은 물론, 진리나 진심에 대한 생각도 모두 자기 마음이 만들어 낸 것이며, 자기 마음의 투영이라는 것, 즉 객관적인 실체가 아니라는 것. 이를 깨닫는 것을 증법공證法空이라 한다. 육추의 지상智相, 상속相續이 사라지는 단계다.

의 이공二空을 모두 통달한 것이다. 이는 상을 짓는(所相) 마음의 바탕(心體)이 이미(前) 이상異相을 깨닫기는 했지만 아직 주상住相이라는 꿈에 잠들어 있다가, 이제 무분별지無分別智와 상응하여 주상이라는 꿈에서 깨어났음을 밝히려는 것이다. 고故로 "생각(念)에 머무는 것을 깨닫는 것"이란 깨달은 모습(所覺相)이다. "생각에 머무름이 없는 모습"이란 아치我癡, 아견我見, 아애我愛, 아만我慢의 네 가지 머무는 모습(住相)을 멸해 다시 일어나지 않으니, 이는 깨달음의 이익(覺利益)이다. "분별하는 거친 염상(麤念相)을 여읜다"는 것은 남(人)과 나(我)에 대한 집착으로 분별이라 이름하여, 앞의 이상異相의 거친 분별(麤分別)과 구별한(簡) 까닭에 '추麤~'라고 이름하지 않은 것이다. 한편, 법집法執과 아집我執을 거친 망념(麤念)이라고 이름하였으니, 뒤에서(後) 설명하는 무명으로 생기는 모습(生相)의 미세한 망념[510]과 다른 까닭에 거친 망념(麤念)이라 이름한 것이다. 비록 이미 분별없는 깨달음(無分別覺)을 얻었을지라도 여전히 법공法空의 꿈에 잠들어 있는 까닭에 수분각隨分覺이라 이름하며, 이는 수분각의 한계(覺分齊)이다.

第四位中"如菩薩盡地"者, 謂無垢地, 此是總擧. 下之二句, 別明二道, "滿足方便"者, 是方便道. "一念相應"者, 是無間道. 如對法論云, 究竟道者, 謂金剛喩定. 此有二種, 謂方便道攝, 無間道攝. 是明能覺人也. "覺心初起"者, 是明所覺相. "心初起"者, 依無明有生相, 迷心體令動念, 今乃證知離本覺無不覺, 卽動念是靜心, 故言覺心初起, 如迷方時

---

510 미세한 망념이란 법공法空의 업상業相, 전상轉相, 현상現相의 삼세三細를 말한다.

謂東爲西,悟乃知西卽是東, 當知此中覺義亦爾也.

네 번째 계위에 "보살이 수행단계(地)를 다 마침(如菩薩盡地)"이란 무구지無垢地[511]를 말하는데, 이는 전체를 들어 말한 것이다. 아래의 두 구절에서는 두 가지 길(道)에 대하여 별도로 밝혔다. "방편을 만족하여"란 방편도方便道[512]이며, "일념에 상응"이란 무간도無間道[513]이다. 예컨대 『대법론對法論』[514]에서는 "구경도究竟道란 금강유정金剛喩定을 의미한다. 여기에 두 종류가 있으니, 방편도섭方便道攝과 무간도섭無間道攝이다"[515]라고 한 말과 같다. 이는 깨달을 수 있는 사람(能覺人)을 밝힌 것이다. "마음이 처음 일어남을 깨닫는 것(覺心初起)"이란 '깨달음의 모습(所覺相)'을 밝힌 것이다. "마음이 처음 일어난다(心初起)"란 무명無明으로 말미암아 생기는 모습(生相)이 있어 심체心體를 미혹시켜 생각을 움직이게(動念) 하지만, 이제 본각本覺을 떠나 불각不覺이 없으

---

[511] 무구지는 이구지離垢地라고도 하며, 인간의 번뇌를 다 끊고 더러움을 씻어 깨끗해진 경지로, 십지十地의 두 번째 계위이나 여기서는 "보살이 수행단계를 다 마쳤다"고 하므로 십지 다음의 51번째 계위인 등각等覺을 말한다고 볼 수 있다.

[512] 번뇌를 끊기 위한 수단으로 행하는 수행. 부처님 말씀 모두가 번뇌를 끊기 위한 방편이므로 수행 자체가 방편이라 할 수 있다. 대승에서의 수행은 육바라밀의 수행을 말한다. 화엄에서는 십바라밀을 말한다.

[513] 열반에 이르는 사도四道 중의 하나로 간격이나 걸림 없는(無間) 지혜로 번뇌를 끊는 수행.

[514] 『대법론對法論』은 유식유가행파의 논서인 무착의 『대승아비달마집론大乘阿毗達磨集論』의 다른 이름이다.

[515] 대정장 제31권, 『아비달마집론』, p.685하 14~15.

며, 움직이는 생각(動念: 망념)이 곧 고요한 마음(靜心)임을 증득하여
아는 까닭에 마음이 처음 일어나는 것을 깨닫는다고 말한다. 이것은
마치 방향을 모를 때는 동쪽을 서쪽이라고 하다가, 방향을 알고(悟)
나서는 그 서쪽이 바로 동쪽임을 아는 것과 같다. 여기서 깨달음(覺)의
이치 또한 그러함을 알아야 한다.

"心無初相"者, 是明覺利益. 本由不覺, 有心元起, 今旣覺故, 心無所
起. 故言"心無初相." 前三位中雖有所離, 而其動念猶起未盡. 故言"念
無住相"等, 今究竟位, 動念都盡, 唯一心在, 故言"心無初相"也. "遠離"
以下, 明覺分齊, 於中二句, 初正明覺分齊. "是故"以下, 引經證成.
業相動念, 念中最細, 名微細念, 此相都盡, 永無所餘, 故言"遠離."
遠離之時, 正在佛地.

"마음에 처음 일어나는 모습(初相)이 없다"라는 것은 깨달음의 이익을
밝힌 것이다. 본래 불각不覺으로 말미암아(由) 마음에 처음(元) 일어남
이 있었으나, 이제는 이미(旣) 깨달은 까닭에 마음에 일어나는 것이
없는 것이다. 고故로 "마음에 처음 일어나는 모습이 없다"라고 말한
것이다. 앞의 세 번째 계위에서 비록(雖) 여읜 것이 있다 할지라도,
그 움직이는 생각(動念)이 아직도 일어나서 다함이 없는(未盡) 것이다.
고故로 "생각에 머무르는 모습(주상)이 없다"라는 등을 말한 것은,
바로(今) 구경위究竟位로 움직이는 생각(動念)이 모두 다(都) 없어지고
(盡) 오직 한마음(一心)만 남아 있는 까닭에 "마음에 처음 일어나는
모습이 없다"라고 말한 것이다. "멀리 여읜(遠離)" 이하는 깨달음의

한계(分齊)를 밝힌 것이니 여기에는 두 구절이 있다. 첫(初) 구절은 바로 깨달음의 한계를 밝힌 것이며, "시고是故로" 이하는 경을 인용하여 주장을 증명한 것이다. 업상業相에서 한 생각이 움직이는 것(動念)은 생각 중에서 가장 미세하므로 "미세한 생각(微細念)"이라 이름하며, 업상이 모두 다하여(盡) 영원히 남는 것이 없는 까닭에 "멀리 여의었다(遠離)"라고 말한 것이다. 멀리 여읠 때(時), 바로(正) 부처의 경계(佛地)에 있게 되는 것이다.

前來三位, 未至心源, 生相未盡, 心猶無常, 今至此位, 無明永盡, 歸一心源, 更無起動, 故言"得見心性, 心卽常住." 更無所進, "名究竟覺." 又復未至心源, 夢念未盡, 欲滅此動望到彼岸, 而今旣見心性, 夢想都盡, 覺知自心本無流轉. 今無靜息, 常自一心, 住一如床, 故言"得見心性, 心卽常住." 如是始覺不異本覺, 由是道理"名究竟覺", 此是正明覺分齊也.

앞서의 세 위는 마음의 근원(心源)에 이르지 못하여 무명으로 말미암아 생겨나는 모습(生相)이 아직 다하지 아니하나(未盡), 마음은 이미(猶) 무상하여 이제 이 (법신 보살의) 위位에 이르러 무명은 영원히(永) 사라지고(盡) 일심一心의 근원(源)으로 돌아가 다시는(更) 마음에 흔들림이 일거나(起) 움직임이 없는 까닭에 "심성을 보고(得見) 그 마음이 상주常住한다"라고 말하는 것이다. 다시는(更) 더 나아갈 곳이 없으므로(究竟) "구경각"이라 이름한 것이다.

또다시 심원에 이르지 못해 꿈같은 생각(夢念)이 다하지(盡) 아니하여 이러한 움직임(夢念)을 없애고자 저쪽 언덕(彼岸)에 이르기를 바랐던 것이나(而), 이제 이미 심성을 보았기에(見) 꿈같은 생각(夢想)은 다(都) 없어지니, 자기 마음은 본래 생사에 유전할 것이 없음을 깨달아 아는 것이다.

이제 고요히 쉴(靜息) 것도 없고 언제나 스스로 한마음(一心)으로 한결같은 고요함(一如床)에 머무는 까닭에 "심성을 보고(得見) 그 마음이 상주常住한다"라고 말하는 것이다. 이와 같이 시각始覺이 본각本覺과 다르지 않으니, 이 같은 도리로 말미암아 "구경각"이라 이름하며, 이는 바로 깨달음의 한계(分齊)를 밝힌 것이다.[516]

---

[516] 구경각究竟覺의 구경究竟은 '끝내는, 필경畢竟에는, 결국에는(in the long run)' 등의 뜻이다. 따라서 수행이 깊어져 구경에는 더 이상 수행할 것이 없어진 심적心的 상태(地盡)가 깨달음(覺)이고 구경각이다. 그 상태가 주객主客을 여읜(離) 자성청정한 여래장이고, 무념 무심의 일심一心이며, 진여본각이며, 그곳이 우리 마음의 근원인 심원心源이다. 심원에 이르러(至) 심원마저 잊은 사람이 한도인閑道人이다. 이것이, 또는 이런 상태가 불교에서 추구하는 궁극적 깨달음, 즉 해탈이고 열반인 것이다.

성삼문의 후손인 취미수초(趣味守初, 1590~1667) 선사는 주객을 여읜 경계를 이렇게 노래했다.

산거山居

산은 나를 부르지 않고(山非招我住)

나 역시 산을 모른다(我亦不知山).

산과 내가 서로 잊을 때(山我相忘處)

비로소 별다른 한가함이 있다(方爲別有閑).

【소疏-22-별기別記】

問. 若言始覺同於本覺離生滅者, 此說云何通, 如攝論云, "本旣常住, 末依於本, 相續恆在", 乃至廣說.

答. 二意異故, 理不相違. 何者. 此論主意, 欲顯本由不覺動於靜心, 今息不覺還歸本靜, 故成"常住." 彼攝論意, 欲明法身本來常住不動, 依彼法身起福慧二行, 能感萬德報果. 旣爲因緣所起, 是故不離生滅, 故說"相續." 具義而說, 始成萬德, 要具二義. 依前義故常住, 依後義故生滅, 生滅常住 不相妨礙. 以一一念迷遍三世不過一念故, 如似一一毛孔皆遍十方, 雖遍十方不增毛孔, 佛佛如是無障無礙, 豈容偏執於其間哉. 如華嚴經偈云, 牟尼離三世, 相好悉具足, 住於無所住, 法界悉清淨, 因緣故法生, 因緣故法滅, 如是觀如來, 究竟離癡惑, 今二論主, 各述一義, 有何相妨耶.

묻기를, 만약 시각始覺이 본각本覺과 같아서 생멸을 여읜 것이라 말한다면, 이 같은 설은, 예컨대 『섭론』에서 "근본(本)은 상주常住하나, 지말(末)은 근본에 의지하여 서로 맞물려(相續) 항상 존재한다"[517]라는 광설과는 어떻게 통한다 하겠습니까?

답하길, 『기신론』과 『섭론』은 뜻(意)하는 바가 서로 다른 까닭에 이치가 서로 위배되지는 않는다. 어째서 그러한가? 이 『기신론』의 주된 의도는, 본래 불각不覺으로 말미암아 고요한 마음(靜心)을 흔들었으나(動), 이제 불각을 멎고(息) 본래의 고요함으로 돌아가는 것을 드러내려 한 까닭에 "상주"라는 이치가 성립한다. 한편, 『섭론』의 의도

---

[517] 대정장 제31권, 『섭대승론석』, p.269중 15~16행.

는, 법신法身은 본래 상주하여 움직이지 않지만, 저 법신으로 말미암아 복덕福德과 지혜智慧라는 두 가지 행行을 일으켜 능히 만덕萬德의 과보에 감응(感)할 수 있음을 밝히고자 한 것이다. 이미 인연에 의하여 일어나는 까닭에 생멸을 여의지 않는다. 고故로 "서로 맞물려 이어져(相續) 있다"라고 설한 것이다. 이치(義)를 갖추어 설하자면, 먼저(始) 만덕을 성취하려면 반드시(要) 두 가지 이치를 다 갖추어야 한다. 앞(기신론)의 이치에 의거하는 까닭에 상주常住하며, 뒤(섭론)의 이치에 의거하는 까닭에 생멸生滅하는 것이니, 생멸과 상주는 서로 방애妨礙[518]되지 않는다. 왜냐하면 하나하나의 생각이 미혹하여 과거·현재·미래 삼세三世에 두루(遍)하지만 일념一念에 불과한 까닭이다. 이는 마치 하나하나 털구멍이 다(皆) 시방十方에 두루하여, 비록 시방에 두루할지라도 털구멍은 증가하지는 않는 것[519]과 비슷하다(似). 부처님 부처님마

518 막거나 훼방을 놓아 순조로운 진행을 방해하는 것.
519 이는 화엄華嚴의 법계연기法界緣起를 바탕으로 하는 설명이다. 즉 만유萬有는 저마다(個) 고립된 존재가 아니라 모두 전일全一의 관계에 있다는 것이다. 일즉일체一卽一切이며, 일체즉일一切卽一인 것이다. 또한 일즉다一卽多이며, 다즉일多卽一인 것이다. 이를 의상대사(625~702)는 법성게法性偈에서 "일미진중함시방一微塵中含十方, 일체진중역여시一切塵中亦如是, 무량원겁즉일념無量遠劫卽一念, 일념즉시무량겁一念卽是無量劫"이라 했다. 그렇다. "하나의 티끌(微塵) 속에 우주가 들어 있고, 하나하나의 티끌 또한 그러하다. 무량無量한 시간도 한 생각에서 시작되며, 한 생각이 곧 무량겁의 시간이다."
이 같은 '개체(個, 一)가 곧 전체(多)이며, 전체가 곧 개체(一卽多 多卽一)'라는 논리는 현대 복잡계(複雜系: Complex System)이론의 자기조직화(Self-Organization)와 프랙탈(Fractal)의 논리로도 뒷받침되고 있다.
①자기조직화란 개(個, 一)와 다多의 관계에 관한 복잡계의 논리로, 불균형

다 이와 같이 장애障碍가 없거늘, 어찌(豈) 그 사이에(其間)[520] 편집偏執[521]을 용납하겠는가? 이는 『화엄경』의 게송에서

석가모니 부처님은 삼세를 떠나
상호相好[522]를 다(悉) 구족하시고

상태에 있는 시스템이 외부의 개입도 없는 상태에서 구성요소들 스스로의 집합적인 상호작용을 통해 조직화된 질서를 만들어 내는 현상을 말한다. 예를 들어 철새나 아프리카 동물들(個)은 서로 부딪치지 않고 목적지로 집단이동을 하며, 실리콘밸리의 기업들(個) 역시 다양한 상호작용을 통해 전체적(多)으로는 새로운 산업변화(個)를 지속해 나간다. 이들은 저마다(個) 단순한 행동을 되풀이하면서 전체적인 질서(多)를 이루고 있는 것이다.

②프랙탈(Fractal)이란 확대된 부분과 전체가 똑같은 모양을 하고 있는 자기유사성(Self-Similarity)을 갖는 기하학적 구조를 말한다. 예를 들어 꽃송이, 눈송이, 성에(frost), 고사리, 나뭇잎 등은 똑같은 모습의 개체가 끊임없이 증식하면서 전체의 구조를 이루고 있다. 이 역시 '일즉다一卽多 다즉일多卽一'의 표상表象인 것이다.

다음은 영국의 화가 시인인 William Blake(1757~1827)의 "깨달음(순수)의 전조들(Auguries of Innocence)"이라는 영시英詩의 앞부분이다.

하나의 모래알에서 세계(우주)를 보고, 한 송이 들꽃에서 하늘을 보라! 그대 손 안에 무한無限이 있고, 일순간 속에서 영겁永劫이 있다.

To see a World in a Grain of Sand. And a Heaven in a Wild Flower. Hold Infinity in the palm of your hand. And Eternity in an hour.

이 시의 전체가 「법성게」와 같은 내용은 아니나, 앞부분은 비슷하기(似)에 소개했다. 제목 또한 "깨달음의 전조들"이라고 하는 것이 「법성게」 취지에 맞는다는 생각에서 필자가 택한 단어다.

520 생멸生滅과 상주常住 사이를 말한다.
521 편견이나 고집으로 남의 말은 듣지 않고 자기주장만 하는 것.

머무는 바 없이(無所住) 머무르시어

법계가 모두 청정하다.

인연 따라(故) 법이 생生하고

인연 따라(故) 법이 멸滅하니

이와 같이 여래를 관觀하면

마침내 어리석음과 미혹을 여의리라.[523]

라고 읊은 것과 같다. 이제 두 논(『기신론』과 『섭론』)의 지은이(論主)가 각기 하나의 이치만 술述하였으나, 그렇다고 어찌 서로 방애妨礙함이 있겠는가?"

【소疏-22-2】

引證中, 言"能觀無念者則爲向佛智故"者, 在因地時, 雖未離念, 而能觀於無念道理, 說此能觀爲向佛地. 以是證知佛地無念. 此是擧因而證果也. 若引通說因果文證者, 金鼓經言, "依諸伏道起事心滅, 依法斷道依根本心滅, 依勝拔道根本心盡."

경經을 인용하여 증명(引證)하는 데서 "능히 무념無念을 관觀하는 자는 곧 불지佛智를 향하는 것이 되는 까닭"이라 말한 것은, 인지因地[524]에 있을 때 비록 아직 망념을 여의지는 못했을지라도 능히 무념의 도리는

---

522 상相은 부처님의 32상을, 호好는 80종호를 말한다.

523 대정장 제9권, 60권 『화엄경』, p.442중 20~23행.

524 인지因地 또는 인위因位는 불지佛地의 계위에 이르기 위해 수행하고 있는 계위를 말한다.

관할 수 있으니, 이는 '능히 관할 수 있는 것'을 '부처의 경지(佛地)로
향하는 것'이라 설한 것이다. 이로써 부처의 경지에는 망념이 없음을
스스로 깨쳐 알 수(證知)[525] 있는 것이다. 이는 원인(因)을 들어(擧)
결과(果)를 증명한 것이다. 만약 인과因果를 관통하여 설하는(通說)
글을 인용하여 증명하자면, 『금고경』에서 "모든 복도伏道[526]에 의지하
여 번뇌(事)를 일으키는 마음(起事心)을 멸하고, 법단도法斷道[527]에 의
지하여 근본에 의지하는 마음(依根本心)을 멸하며, 승발도勝拔道[528]에
의지하여 근본마음(根本心)을 멸한다"[529]라고 말한다.

此言諸伏道者, 謂三十心, 起事心滅者, 猶此論中捨麤分別執著想, 卽
是異相滅也. 法斷道者, 在法身位, 依根本心滅者, 猶此中說捨分別麤
念相, 卽是住相滅也. 勝拔道者, 金剛喩定, 根本心盡者, 猶此中說遠
離微細念, 是謂生相盡也. 上來別明始覺差別.

여기에서 말하는 '제복도'란 30심心[530]을 말하며, '기사심起事心을 멸한

525 증지證知는 남의 설명이나 말을 들어 아는 것이 아니라, 스스로 이치를 깨쳐서
  아는 것을 말한다. 증득證得과 같은 말이다.
526 ①곽철환, 『시공불교사전』. "잠재하고 있는 번뇌는 끊을 수 없지만 마음으로
  일으킨 번뇌를 굴복시킬 수 있는 수행." ②원효, 조용길·정통규 옮김, 『금강삼
  매경론(상)』 425면. "번뇌를 끊기 위한 준비단계로서 번뇌가 현재 나타나서
  작용하는 것을 조복하는 단계."
527 법단도法斷道는 10지 보살이 주상住相을 멸하는 단계로, 멸도滅度 또는 대치도對
  治道라고도 한다. 주상이 멸하므로 번뇌가 다시 나오지 않는다.
528 법공法空을 멸하는 금강유정의 단계이다.
529 대정장 제16권, 『금광명최승왕경』, p.409상 19~20행.

다'라는 것은 이 『기신론』에서 언급한 추분별집착상麤分別執著想을 버리는(捨) 것과 같으니, 바로 이상異相을 멸하는 것이다. '법단도'란 법신法身의 위위位에 있는 것이며, '근본에 의지하는 마음(依根本心)을 멸한다'라는 것은 이 『기신론』에서 설하는 분별추념상分別麤念相을 버리는(捨) 것과 같으니(猶), 이는 바로 머무는 마음(住相)을 멸하는 것이다. '승발도'란 금강유정金剛喩定이며, '근본심이 없어진다'란 이 『기신론』에서 설하는 '미세한 망념(微細念)을 멀리 여읜다(遠離)'라는 것과 같으니, 이는 법공法空이 다 없어진 것을 말한다. 이상으로 따로 시각始覺의 차별에 대하여 밝혔다.

【論論-23】 각은 모두 동일한 각이다

又心起者 無有初相可知 而言知初相者 卽謂無念. 是故一切衆生不名爲覺 以從本來念念相續 未曾離念 故說無始無明. 若得無念者 則知心相生住異滅 以無念等故. 而實無有始覺之異. 以四相俱時而有 皆無自立. 本來平等 同一覺故.

또(又) 망심妄心[531]이 일어난다는 것(心起)은 처음(初) 망심이 일어나는 모습(初相)[532]을 알 수 있는 것은 없으나(而), 처음 망심이 일어나는 모습(初相)을 안다고(知) 말하는 것은 곧 망념이 없는 것(無念)을 말한다.

---

530 십주十住, 십행十行, 십회향十廻向의 마음을 말한다.

531 심心은 문맥에 따라 '마음' 또는 '망심妄心'으로 새길 줄 알아야 한다.

532 무념에서 최초의 동념動念이 일어 초상初相을 짓게 된다. 그러나 무념에는 아직 초상이라는 앎이 없다. 그래서 무념인 것이다.

이런 까닭으로(是故) 일체중생을 각覺이라 이름하지 못한다(不名). 이는 본래부터 생각생각이 꼬리를 물고 이어져(相續) 일찍이 망념을 여의어 (離) 본 적이 없는(未曾) 까닭에 이를 시작도 없는(無始) 무명無明이라 설하는 것이다. 만약 망념이 없는 무념無念을 얻게 되면 곧 마음의 모습(心相)이 생生·주住·이異·멸滅하는 것을 알게 되는 것이다. 이는 (심상은 생·주·이·멸하지만) 무념은 평등한(等) 까닭이다.

또한 실제로 시각始覺과 다름(異)이 있는 것도 아니다. 생·주·이·멸의 사상四相은 같은 시간(俱時)에 연속하여 존재하므로 모두 따로 존재하지 (自효) 못한다.[533] (이와 같이 각도) 본래 평등하여 (범부각, 상사각, 수분각, 구경각 모두) 동일한 하나의 각覺인 까닭이다.[534]

---

[533] 마음의 모습(心相)에는 생生·주住·이異·멸滅하는 사상四相이 있으나, 사상은 각기 자성自性을 가지고 독립하여 존재하는 것이 아니라, 서로 의지하며 같은 시간(俱時)에 연속하여 동시적으로 존재하며, 그 바탕은 하나(一心)이다. 마치 파도가 생·주·이·멸하는 모습을 보이나 파도는 연속하여 생멸하는 것으로, 그 바탕은 똑같이 물(水)인 것과 같다.

[534] 이렇게 장황하게 구분하여 설하는 것은 중생의 이해를 돕기 위한 것으로 방편인 것이다. 깨닫고 보면 무슨 구경각이니 범부각이니 하는 구분도 없이 하나의 각覺일 뿐이며, 각 또한 없는 것이다. 하나의 각을 설명하기 위해 수많은 예를 들어야 하나, 이처럼 언어나 문자가 아니고는 달리 전달할 방법이 없으므로 언어나 문자에 의존하는 것이다. 따라서 언어나 문자는 방편일 뿐 진리는 아니다. 이를 두고 중국의 어느 선사는 "부처님의 깨달음이 허공이라면, 부처님의 45년 설법은 허공의 모기소리에 불과하다"고 했다. 방편은 진리의 실천이며, 보시인 것이다.

【소疏-23-1】

第三 總明始覺不異本覺. 此中有二 一者重明究竟覺相 二者正明不異
本覺. 初中有三 一者直顯究竟相 二者擧非覺顯是覺 三者對境廣顯智
滿. 初中言"又心起者"者, 牒上"覺心初起"之言, 非謂覺時知有初相.
故言"無有初相可知." 而說"覺心初起相"者 如覺方時知西是東 如是如
來覺心之時 知初動相卽本來靜 是故說言"卽謂無念"也.

세 번째는 시각始覺이 본각本覺과 다르지 않음을 총체적으로 밝혔다.
이 중에도 두 가지가 있으니, 첫째는 거듭(重) 구경각究竟覺의 모습(相)
을 밝힌 것이고, 둘째는 (시각이) 본각과 다르지 않음을 바로 밝힌
것이다.

첫째에도 3가지가 있으니, 하나는 바로 구경각의 모습을 드러내고
(顯), 다음은 깨침이 아닌 것(非覺)을 들어(擧) 바른 깨침(是覺)을
드러낸(顯) 것이며, 셋은 경계에 견주어(對境) 지혜가 가득함(滿)을
자세히 드러낸 것이다. 처음에 "또 마음이 일어나는 것(又心起者)"이란
위의 "망심이 처음 일어나는(初起) 것을 알아차린다(覺)"라는 말을
나타낸(牒) 것이지, 알아차릴 때(覺時) 처음 일어나는 모습(初相)이
있음을 안다는 것을 말하는 것은 아니다(非謂). 고故로 "처음 망심이
일어나는 모습(初相)을 알 수 있는 것은 없다"라고 말한 것이다.

"망심이 처음 일어나는 모습을 알아차린다(覺)"라고 함은 방향을
깨달을 때는 서쪽이 바로 (원래) 동쪽임을 아는 것과 같다. 이와 같이
여래如來가 망심이 움직이는 것을 알아차릴(覺) 때, 처음 움직였던
망심의 모습(初動相)이 바로 본래에는 고요했던(靜) 것임을 아는 것이

다. 시고是故로 "곧 무념을 말한다"라고 한 것이다.

"是故"以下 擧非顯是. 如前所說無念是覺. 是故有念不得名覺. 是卽
金剛心以還一切衆生 未離無始無明之念 依是義故不得名覺. 然前對
四相之夢差別 故說漸覺. 今約無明之眠無異 故說不覺. 如仁王經言,
"始從伏忍至頂三昧 照第一義諦 不名爲見. 所謂見者 是薩婆若故."

"시고是故" 이하는 깨침이 아닌 것(非覺)을 들어서 바른 깨침(是覺)을
드러낸 것이다. 앞에서 설한 바와 같이 망념이 없는 것(無念)이 바로
각覺이다. 시고로 망념이 있는 것(有念)은 각覺이라 이름할 수 없다.
이는 곧 금강심金剛心[535] 이하의 일체중생은 아직 시작도 없는 무명을
여의지 못했기에, 이 같은 뜻에 따라(依) 각覺이라 이름할 수 없는
것이다.

그러나 앞에서는 사상四相이라는 꿈(夢)의 차별을 대對한 까닭에
점차로 깨침(漸覺)이라고 설했으나, 이제 무명의 잠(眠)에 의지하여
다름(異)이 없기에 불각不覺이라고 설한 것이다. 마치 『인왕경』[536]에서

---

[535] 금강심은 금강석과 같이 단단하고 예리한 성질에 비유하여 ①모든 현상을
  꿰뚫어 아는 마음, ②어떠한 것으로도 파괴할 수 없는 굳은 신앙심, ③모든
  번뇌를 끊을 수 있는 선정(禪定: 금강유정) 등의 뜻을 갖는다.
[536] 제목은 왕들에게 부처가 되는 지혜에 대하여 설교한다는 뜻이다. 만물은
  본성이 허무하다는 이치를 밝히고, 이에 기초하여 부처의 도를 닦는 법과
  나라를 보호하는 방도에 대하여 설교하는 내용으로 이루어져 있다. 경전의
  이름이나 내용상 반야계 경전이나 다른 『반야경』과는 달리 『대반야경大般若經』
  600권에는 포함되지 않지만, 예로부터 『대반야경』의 결정판이라는 평가를
  받아왔다.

"복인伏忍537에서 정삼매頂三昧에 이르기까지, 제일의제第一義諦538를 비추는(照) 것은 본다(見)고 말하지 않으며, 소위 본다(見)는 것은 살바야 薩婆若539인 까닭"540이라고 말한 것과 같다.

"若得"以下 對境顯智. 若至心原得於無念, 卽能徧知一切衆生 一心動轉四相差別. 故言"卽知心相生住異滅."
次言"以無念等故"者 釋成上義. 此中有疑云, "佛得無念 衆生有念 有無隔別, 云何無念能知有念." 作如是疑 故遣之云, "衆生有念本來無念 得無念與彼平等." 故言"以無念等故." 是明旣得平等無念 故能徧知

특히 호국에 관련된 내용이 많아 천태종에서는 『묘법연화경』, 『금광명경』과 함께 호국삼부경護國三部經을 이루었고, 신라시대에서 고려시대까지 성행한 인왕백고좌회의 근거가 되었다. 인왕백고좌회란 100명의 승려와 신도들이 100개의 불상과 100개의 보살상을 모셔놓고 100명의 법사를 초청하여 반야바라밀을 강의하는 법회를 말한다.(참고: 네이버 지식백과, 두산백과)

537 복인은 10주, 10행, 10회향의 3현(三賢)보살을 말한다. 『인왕경』에서 "세존이시여, 십지행十地行을 보호하는 보살마하살은 마땅히 어떻게 수행하고, 어떻게 중생을 교화하며, 또 어떤 모양으로 머물러 관찰해야 합니까?"라는 바사닉왕의 질문에, 부처님은 "모든 보살마하살은 5인忍의 법에 의해서 수행해야 할 것이다. 이른바 복인伏忍·신인信忍·순인順忍·무생인無生忍인데, 모두 상·중·하가 있고 적멸인寂滅忍에도 상·하가 있다. 이것을 보살이 반야바라밀다를 수행한다고 한다"라고 설하셨다.(참조: 인터넷 위키백과)

538 분별이 끊어진 상태에서 있는 그대로 파악된 진리. 분별이 끊어진 상태에서 있는 그대로 확연히 드러나는 진리. 가장 수승한 진리. 가장 깊고 근본적인 진리. 제일의제에서 제諦는 진리를 뜻한다.

539 안과 밖을 모두 깨달은 부처님의 지혜로 일체지一切智 또는 불지佛智라 한다.

540 대정장 제8권, 『인왕반야바라밀경』, p.832중 6~9행.

諸念四相也.

此下第二正明無異 雖曰始得無念之覺 而覺四相本來無起 待何不覺
而有始覺 故言"實無始覺之異" 下釋此義.

"약득若得" 이하는 경계境界에 견주어(對) 지혜를 드러낸 것이다. 만약
심원心源에 이르러(至) 무념無念을 얻는다면, 능히 일체중생들이 일심
一心이 움직여(動) 네 가지 모습(四相)으로 바뀜으로써(轉) 차별이
있게 됨을 두루 알 수 있는 까닭에 "마음의 모습(心相)이 생·주·이·멸하
는 것을 안다"라고 말한 것이다.

다음으로 "무념은 평등한 까닭이다(以無念等故)"란 위의 뜻(義)이
이루어졌음을 풀이한 것이다. 여기에 어떤 이(有)가 의심을 품어 말하
기를 "부처는 무념을 얻을 수 있으나, 중생은 망념妄念이 있어서 유·무의
간격과 차별이 있는데, 어떻게 무념이 능히 유념을 알 수 있는가"라고
한다. 이와 같은 의문을 품기에 이를 떨쳐버리기(遣) 위해 "중생들의
유념有念이란 본디 무념無念이니, 무념을 얻으면 부처(彼)와 평등하다"
라고 말한 것이다. 고故로 "무념은 평등하기 때문이다(以無念等故)"라
고 말한 것이다. 이는 이미 평등한 무념을 얻은 까닭에 능히 모든
망념(諸念)의 사상四相을 잘 알 수 있음을 밝힌 것이다.

다음은 두 번째로 바로 시각始覺이 본각本覺과 다르지 않음을 밝힌
것이다. 비로소 무념의 각(覺: 깨달음)을 얻었다 할지라도, 사상四相이
란 본래 일어날 것도 없다(無起)는 것을 깨달은 것이니 어찌 불각不覺에
의지하여(待) 시각이 있겠는가? 고故로 "실로 시각에 다름이 없다"라고
한 것이다. 아래는 이 뜻을 풀이한 것이다.

【소疏-23-1-별기別記】

以四相生起, 義有前後 而從本已來 同時相依

사상四相이 일어나는 것은, 뜻으로는 전후가 있으나 본래가 동시에 서로 의지해 있는 것이다.

【소疏-23-2】

四相俱有爲心所成 離一心外無別自體. 故言"俱時而有皆無自立." 皆無自立 故"本來平等 同一本覺"也.

사상四相이 함께 있는 것은, 마음(心)이 만든(成) 것이므로 일심一心을 떠나 외부에 또 다른 스스로의 실체(自體)는 없는 것이다. 고故로 "같은 시간(俱時)에 연속하여 존재한다"라고 했으며, 모두 따로 존재하지(自立) 못하는 까닭에 "본래 평등하여 동일한 하나의 본각本覺"인 것이다.

【소疏-23-2-별기別記】

猶如海水之動 說名爲波. 波無自體 故無波之動. 水有自體 故有水之動. 心與四相義亦如是. 爲顯是義 故四卷經云, "大慧 七識不流轉 不受苦樂 非涅槃因. 如來藏者 受苦樂 與因俱 若生若滅."

마치 바닷물(海水)의 움직임을 물결(波)이라 이름하는 것과 같다. 물결(波)은 스스로의 실체(自體)가 없는 까닭에 물결의 움직임(動)은 없는 것이다. 바닷물(水)은 스스로의 실체가 있는 까닭에 바닷물의 움직임이 있는 것이다. 마음(心)과 사상四相의 이치(義)도 또한 이와 같은 것이다. 이러한 뜻을 드러내기(顯) 위해 『4권경』에서 "대혜보살이여, 7식識은 (육도에) 유전流轉하지 않기에, 괴로움(苦)과 즐거움(樂)을 받지 않으며, 열반의 인因도 아니다. 여래장如來藏이란 괴로움과 즐거움을 받으며, 열반의 인因도 되기에(與) 생하기도, 멸하기도 한다"[541]라고 하였다.

又夫人經云, "於此六識及心法智 此七法刹那不住 不種衆苦 不得厭苦樂求涅槃. 世尊, 如來藏者 無前際 不起不滅法 種諸苦 得厭苦樂求涅槃." 又云 "生死者 此二法是如來藏. 世間言說故有死有生 非如來藏有生有死."

또 『부인경』에서는 "이 6식識과 심법[542]의 지혜(心法智)에는 이 7식識의 찰나刹那도 머무르지 않아 어떤 괴로움(苦)도 심지(種) 않으며, 괴로움을 싫어하여 즐겨(樂) 열반涅槃을 구하지도 않습니다. 세존이시여! 여래장은 전제前際[543]가 없어서 일어나지도 없어지지도 않는 법이나, 갖가지 괴로움의 씨를 뿌리고 괴로움을 싫어하여 즐겨(樂) 열반을 구하는 것입니다",[544] 또 말하기를 "생사라는 이 두 가지 법이 바로 여래장입니다. 세간의 언설로 인해(故) 죽음도 있고 삶도 있는 것이지, 여래장에 삶이 있고 죽음이 있는 것은 아닙니다"라고 말한다.

---

541 대정장 제16권, 4권 『능가경』, p.512중 15~17행.
542 심왕心王과 심소心所를 말한다.
543 삼세三世의 하나로, 현세現世에 태어나기 전의 세상, 즉 과거를 말한다.
544 대정장 제12권, 『승만사자후일승대방편방광경』, p.222중 16~19행.

此二經意 同明卽如來藏流轉生死 生死根本無自體. 無自體故無別流轉. 相旣無轉體何由動. 故言"非如來藏有生有死." 由是義故 四相唯是一心, 不覺卽同本覺 故言"本來平等同一覺"也.

이 『4권경』과 『부인경』 두 경의 뜻은 똑같이(同) 여래장은 생사에 유전하나, 생사의 근본에는 스스로의 실체(自體)가 없다는 것을 밝힌 것이다. 스스로의 실체가 없는 까닭에 따로(別) (생사에) 유전하는 것도 없는 것이다. 모습(相)이 이미 유전하지 않는데 (그 모습의) 실체體가 무엇에 의해서 움직이겠는가? 고故로 "여래장에 삶이 있고 죽음이 있는 것이 아니다"라고 말한 것이다.

이러한 이치로 말미암은 까닭에 사상四相이 오직 한마음(一心)일 뿐이며, 불각不覺이 바로 본각本覺과 같은 까닭에 "본래 평등하여 동일한 각覺이다"라고 말한 것이다. (大乘起信論疏記會本 卷二 終)

대승기신론소기회본 권삼大乘起信論疏記會本 卷三

以下廣本覺, 於中有二, 先明隨染本覺, 後顯性淨本覺.

아래에서 자세히 본각을 풀이하자면 여기에는 두 가지 뜻이 있으니, 먼저 수염본각隨染本覺을 밝히고, 뒤에는 성정본각性淨本覺을 밝혔다.

본각本覺

수염본각隨染本覺	지정상智淨相		여리지如理智
	부사의업상不思議業相		여량지如量智
성정본각性淨本覺 진여본각眞如本覺	여실공경如實空鏡	자성정自性淨	
	인훈습경因熏習鏡		
	법출리경法出離鏡	이구정離垢淨	
	연훈습경緣熏習鏡		

【논論-24】수염본각隨染本覺-지정상과 부사의업상

復次 本覺隨染分別 生二種相. 與彼本覺不相捨離. 云何爲二. 一者智淨相, 二者不思議業相. 智淨相者, 謂依法力熏習 如實修行 滿足方便故. 破和合識相 滅相續心相 顯現法身 智淳淨故. 此義云何, 以一切心識之相 皆是無明, 無明之相 不離覺性, 非可壞非不可壞. 如大海水 因風波動 水相風相不相捨離, 而水非動性. 若風止滅 動相則滅 濕性不壞故.

다시 본각이 염染을 따라(隨) 분별하여[545] 두 종류의 상相을 내지만(生),

이 두 가지는 저 본각本覺과 서로 버리거나(捨) 떨어지지(離) 아니하니,
무엇이 두 가지인가? 하나는 지정상智淨相[546]이고, 둘은 부사의업상不思
議業相[547]이다. 지정상智淨相이란, 법력[548]의 흔습薰習에 의하여 여실히
수행하여 방편이 만족한[549] 까닭에 (진·망) 화합식和合識[550]의 상相을

---

545 본각이 염染을 따라(隨) 분별한다는 것은 본각이 염染을 따라(隨) 동動하는
것과 같은 의미로, 수염본각隨染本覺을 말한다. 진여본각 자체는 본래 청정하여
오염된 것이 없으나, 염(染: 無明)을 따라 동하는 성질이 있으니, 이를 수염본각
이라 하며, 앞에서는 이를 수연진여隨緣眞如라 했다. 수연진여나 수염본각은
같은 의미의 다른 표현이다.
진여본각이 염을 따라 동하면 염에 가려지게 되나, 염에 가려지더라도 본각
본래의 청정한 성품은 변하지 않는다. 이를 성정본각性淨本覺이라 한다. 수행이
란 수염본각에 가려진 염染을 제거하여 본래 청정한 성정본각으로 돌아가는
것을 말한다. 제거하는 염의 크기에 따라 깨달음의 크기도 다르다 할 수
있다.

546 지정상智淨相이란 염染을 따라 동하던 수염본각이 진여법의 훈습하는 힘(法力)
에 의해 본래의 청정한 모습으로 돌아왔을 때의 모습(相)을 말한다. 즉 중생의
망염妄染이 없어진 자리에 드러나는 진여의 모습(相)이 지정상이다. 이는 망념
을 제거하여 진여의 모습으로 되돌아가는 도리를 말하는 것이다.

547 부사의업상不思議業相이란 지정상智淨相의 수승하고 현묘한 성덕을 현현顯現하
여 모든 중생을 제도하여 이익 되게 하는 무량한 공력功力을 말한다. 지정상은
자신의 염染을 제거하여 청정한 본각本覺으로 돌아가지만, 부사의업상은 타인
의 염染을 제거하여 중생을 교화하고 이익 되게 하는 성정본각의 묘용妙用이다.
즉 수염본각이 오염을 제거하여 본래의 청정한 모습으로 되돌아가면 저절로
작용하게 되는 불가사의한 성정본각의 대용大用인 것이다. 이는 마치 하늘의
구름을 벗겨내면(修行) 밝은 달(智淨相)이 나타나 나뭇잎, 풀잎에 맺힌 이슬에서
부터 계곡의 물, 연못의 물, 강물, 대해大海에 이르기까지 달그림자를 비치는
것(不思議業相)과 같다.

548 법력法力이란 진여본각의 훈습하는 힘을 말한다.

깨뜨리고(破), 상속심相續心[551]의 상相을 멸滅하면 법신이 드러나니(顯現) 지혜가 순박淳朴하고 깨끗한(淨) 까닭이다.[552] 이 뜻은 무엇을 말하는가? 일체 심식心識의 모습(相)은 다 무명無明이나, 무명의 모습(相)은 각성覺性[553]을 여의지 않아 파괴할 수도, 파괴할 수 없는 것도 아닌 까닭이다.[554] 마치 큰 바닷물이 바람으로 인해 물결이 일어도(動) 수상水

---

549 방편이 만족하게 수행하는 것이나, 여실히 수행하는 것은 모두 육바라밀 수행을 원만하게 하는 것을 말한다. 육바라밀 수행을 원만하게 하게 되면 중생의 망염妄染은 없어지고, 그 자리에 진여의 상相이 드러나니 바로 지정상智淨相이다. 이는 수염본각의 측면에서 볼 때 그런 것이다. 중생심은 수행과 상관없이 한 점의 염오染汚도 없는 자성청정한 진여眞如인 것이다. 그럼에도 중생들은 진여에서 벗어나 이를 잊고 산다. 깨닫는다(覺)는 것은 이를 자각하여 본래의 자성청정한 모습(眞如)으로 되돌아가는 것을 말한다.

550 아리야식은 생멸하는 망념妄念과 불생불멸의 진여眞如가 혼재混在한 진眞·망妄 화합식和合識이다.

551 근본무명은 무시이래로 끊임없이(相續) 생각생각마다(念念) 삼세육추의 망심妄心을 일으켜 왔으므로 상속심相續心의 상相이라 했으며, 이를 멸해 진여법신을 현현하려 하는 것이다.

552 아리야식은 진·망 화합식이므로, 망령된 화합식의 상相을 파破하고 상속심의 상相만 멸하여 진여의 성품만 남게 되면 진여법신이 드러나게(顯現) 되는 것이다. 수행을 한다는 것은 아리야식의 망령되게 오염된 상들을 제거하여 청정한 진여법신을 현현하는 것이다.

553 각성覺性은 불생불멸하는 불성佛性, 자성청정한 본래적 깨달음인 본각本覺을 말한다.

554 무명無明이라 하여 무명이 따로 있는 것이 아니고, 우리 마음이 본래부터 가지고 있는 자성청정심(진여, 본각, 각성)을 자각自覺하지 못하므로 망념이 일어 무명이 있게 되는 것이다. 따라서 자각을 하는 한 무명은 없는 것이다. 무명이 있다 해도 무명을 멸하고 나면 그 자리에 본래의 자성청정심(본각)이

相과 풍상風相이 서로 버리거나 여의지(떠나지) 않으니, 물에는 움직이
는 성질이 없기에 만약 바람이 멎어 없어지면 (물의) 움직이는 모습(動
相)은 곧 사라지지만(滅), (그렇다고 물의) 젖는 성질까지 사라지는(壞)
것은 아닌 것과 같다.

如是衆生自性清淨心 因無明風動 心與無明俱無形相. 不相捨離
而心非動性. 若無明滅 相續則滅 智性不壞故. 不思議業相者 以依
智淨相 能作一切勝妙境界 所謂無量功德之相 常無斷絶 隨衆生
根 自然相應 種種而現 得利益故.

이와 같이 중생들의 자성청정심自性清淨心도 무명이라는 바람으로 인하
여 움직인다. 마음과 무명은 모두(俱) 형상이 없어서 서로 버리거나

드러나게 되므로 무명은 각성(覺性: 본각의 성품)을 여의지 않는다고 하는
것이다.

이를 파도에 비유하면, 바닷물에 바람이 불면 파도가 일지만, 바람이 멎으면
파도의 움직이는 모습(動相)이나 성질(動性)은 사라지고 파도는 다시 바닷물로
되돌아간다. 그렇다고 물의 젖는 습성濕性까지 사라지는 것은 아니다. 마찬가지
로 무명을 없앤다고 하면, 무명 자체(覺性)를 없애는 것이 아니라, 무명의
생멸상生滅相만 없애는 것이다. 멸하는 것은 전식轉識에 의한 마음(무명)의
생멸상生滅相일 뿐, 마음(무명)의 본래 성덕性德인 지성智性을 멸하는 것은
아닌 것이다.

그러므로 "무명無明은 각성覺性을 여의지 않아 파괴할 수도 없지만, 근본적으로
생멸을 하므로 파괴할 수 없는 것도 아닌 것이다"라고 하는 것이다.

이처럼 무명은 우리 마음과는 전혀 상관없는 존재가 아니라, 각성(본각)을
바탕으로 하는 우리 마음의 다른 모습인 것이다. 즉 무명이 각성이고, 각성이
무명인 것이다. 번뇌즉보리, 보리즉번뇌와 같은 의미이다.

여의지 아니하나(而), 마음에는 움직이는 성질이 없어서 만약 무명이 멸하면 상속相續하는 마음도 곧 없어지나, 지성智性마저 없어지는(壞) 것은 아닌 까닭이다. 부사의업상不思議業相이란 지정상智淨相[555]에 의하여 능히 일체의 승묘勝妙[556]한 경계를 짓는 것이니, 소위 무량한 공덕의 상(無量功德之相)은 항상 단절됨이 없어, 중생들의 근기에 따라 자연히 상응相應하여 갖가지 모습으로(種種) 나타나 이익을 얻게 하는 까닭이다.[557]

【소疏-24】

初中有三 一者總標 二者列名 三者辨相. 初中言"生二種相"者 如是二種相 在隨動門 故言"生"也. 此二不離性淨本覺 故言"與彼不相捨離." 第二列名中 言"智淨相"者 正明隨染本覺之相. "不思議業相"者, 明此本覺還淨時業也. 第三辨相中 先辨智淨相 於中有三 法喩與合. 法中有二 直明重顯.

처음에 3가지가 있으니, 첫째는 총표總標이고, 둘째는 열명列名이며,

셋째는 변상辨相이다. 처음에 "두 종류의 상相을 낸다(生)"라고 말한 것은 이와 같은 '두 종류의 상'은 염染을 따라 움직이는 성질(動門)[558]이 있기에 "(상을) 낸다(生)"라고 말한 것이다. 이 두 가지는 성정본각性淨本覺[559]을 여의지 않는 까닭에 "저 성정본각과 서로 버리거나 여의지 않는다"라고 말한 것이다.

둘째 열명列名에서 "지정상智淨相"이란 바로 수염본각隨染本覺의 모습(相)을 밝힌 것이다. "부사의업상不思議業相"이란 이 (수염)본각이 다시 깨끗하고 맑은(淨) 모습으로 돌아갔을 때의 업상業相[560]을 밝힌 것이다.

셋째 변상辨相에는 먼저 지혜가 맑아지는 모습(지정상)을 변별했으니, 여기에는 세 가지가 있다. 법法과 비유譬喩와 합습이다. 법에도 두 가지가 있다. 바로 밝힌 것(直明)과 거듭 드러낸 것(重顯)이다.

初中言"法力熏習"者 謂眞如法內熏之力. 依此熏力修習資糧 得發地上如實修行 至無垢地滿足方便. 由是能破和合識內生滅之相 顯其不生不滅之性. 故言"破和合識相""顯現法身." 此時能滅相續心中業相轉相 令其隨染本覺之心 遂得歸源 成淳淨智 故言"滅相續心相""智淳淨故."

처음에 "법력의 훈습"이라 말한 것은 진여법이 안에서 배어드는(熏)

---

558 움직이는 성질(動門)이란 생멸하는 성질을 말한다.

559 성정본각은 수염본각의 대對로서 자성청정한 진여본각本覺을 말한다.

560 여기서의 업業은 삼세의 업상이 아니라, 지정상智淨相의 불가사의한 업용業用, 묘용妙用 또는 대용大用을 말한다.

힘을 말한다. 이 배어드는 힘에 의해서 자량資糧[561]의 위位를 닦고 익혀 십지十地[562] 이상의 여실한 수행을 하여, 무구지(無垢地: 離垢地)에 이르러 방편을 만족시키는 것이다.[563] 이로 말미암아 능히 화합식[564] 내의 생멸상을 깨뜨려 불생불멸의 성품을 드러낼 수 있는 까닭에 "화합식상을 깨뜨려 법신法身을 드러낸다"라고 말한 것이다. 이때 능히 상속심 중에 업상業相과 전상轉相을 없앨 수 있어, 수염본각의 마음이 마침내 (遂) 근원으로 되돌아가 순정지淳淨智를 이루는 까닭에 "상속심의 상을 없애서", "지혜가 순정淳淨하게 되는 까닭"이라고 말한 것이다.

此中相續識者 猶是和合識內生滅之心. 但爲顯現法身 故說"破和合

---

561 십주十住, 십행十行, 십회향十廻向의 수행으로 선근과 공덕을 쌓는 단계로, 유식에서는 수행 오위五位의 첫 단계로, 가행위加行位, 통달위通達位, 수습위修習位, 구경위究竟位를 합해 오위라 한다.

562 보살수행의 마지막 단계로 41위位에서 50위까지의 십지十地를 말한다. 즉 ① 환희지歡喜地 ② 이구지離垢地 ③ 발광지發光地 ④ 염혜지焰慧地 ⑤ 난승지難勝地 ⑥ 현전지現前地 ⑦ 원행지遠行地 ⑧ 부동지不動地 ⑨ 선혜지善慧地 ⑩ 법운지法雲地이다. 그 다음 51위가 등각等覺이고, 52위가 묘각妙覺이다.

563 방편이란 부처님의 말씀을 말한다. 부처님 말씀은 성불成佛 자체에 대한 말씀이 아니라, 어떻게 하면 성불하는가에 대한 말씀이기 때문에 방편인 것이다. 대승에서는 경전공부를 열심히 하며, 아울러 육바라밀六波羅蜜을 여실히 행行하는 것이 방편을 만족시키는 것이다. 『화엄경』에서는 10바라밀을 언급하였다.

564 화합식이란 진망(眞, 妄)이 혼합한 제8아리야식으로, 드러나 있지 않고 밑바닥에 숨겨져 있는 하나의 잠재의식을 말한다. 아리야식은 진(眞: 불생불멸)과 망(妄: 생멸)이 함께 있다고 하여 진망화합식眞妄和合識, 본래의 깨끗한 것이 무명無明에 가려져 감취져 있다 하여 장식藏識이라고도 한다.

識"爲成應身淨智 故說"滅相續心相." 然不滅相續心 但滅相續心之相
也. 如經說言, "是故大慧 諸識自相滅 自相滅者業相滅. 若自相滅者
不異外道斷見戲論. 諸外道說, '離諸境界 相續識滅, 相續識滅已 卽滅
諸識'. 大慧 若相續識滅者 無始世來諸識應滅"乃至廣說也.

이 중 상속식이란 화합식 내의 생멸하는 마음과 같은 것이다. 단지
법신法身을 드러내려는 까닭에 "화합식을 깨뜨린다"라고 하고, 응신應
身의 맑은 지혜를 이루려는 까닭에 "상속심의 모습(相)을 없앤다"라고
말한 것이다. 그러나 (실은) 상속심(心體)을 없애는 것이 아니라,
단지 상속심의 모습(心相)만 없애는 것이다.

　마치 『10권능가경』565에서 설하기를 "시고是故로 대혜보살이여! 모
든 마음(識)566의 자기 모습(自相)은 없어지므로, 자기 모습이 없어진다
는 것은 업상業相이 없어진다는 것이다. 만약 자기 모습이 없어진다면
외도들의 단견斷見이나 희론戲論과 다를 바 없으니, 모든 외도들은
'모든 경계를 여의면 상속식도 없어진다. 상속식이 없어지면 모든
마음(識)도 없어진다'라고 말하기 때문이다. 대혜보살이여, 만약 상속

---

565 『능가경』은 스리랑카 능가산에서 세존과 대혜보살의 문답형식으로 구성된
　경전으로 반야, 법화, 화엄사상이 종합 정리되어 있으며, 특히 여래장사상과
　아뢰야식阿賴耶識과의 관계를 밝히고 있으며, 『기신론』의 이론적 토대가 되었
　다. 세 종류의 번역본이 있으며, 역자譯者에 따라 권수나 경명經名을 ①4권으로
　된 구나발타라求那跋陀羅 번역의 『능가아발다라보경楞伽阿跋多羅寶經』, ②7권
　으로 된 실차난타實叉難陀 번역의 『대승입능가경大乘入楞伽經』, ③10권으로
　된 보리유지菩提流支 번역의 『입능가경入楞伽經』 등으로 약간씩 달리하고 있다.
566 여기서의 식識은 망식妄識을 말한다. 식識 또한 심心과 마찬가지로 문맥에
　따라 식識과 망식妄識으로 구분해서 새겨야 한다.

식이 없어지는 것이라면, 시작도 없는 과거 이래로 모든 마음(識)은 당연히 없었어야 하는 것이다"⁵⁶⁷라고 말한 것과 같으며, 이어 자세히 풀이했다.

"此義云何"以下 重顯前說滅不滅義. "一切心識之相皆是無明"者, 謂業識轉識等諸識相 無明所起 皆是不覺. 以之故言"皆是無明." 如是諸識不覺之相 不離隨染本覺之性. 以之故言"不離覺性." 此無明相 與本覺性 非一非異. 非異故非可壞 而非一故非不可壞. 若依非異非可壞義 說無明轉卽變爲明. 若就非一非不可壞之義 說無明滅覺性不壞. 今此文中依非一門 故說"滅相續心相"也.

"차의운하此義云何" 이하는 앞에서 설한 멸멸과 불멸不滅의 뜻을 거듭(重) 드러낸(顯) 것이다. "일체 심식의 모습(相)은 모두 무명이다"라는 것은 업식業識, 전식轉識 등의 모든 식의 모습(識相)은 무명이 일으킨 것으로, 모두 다 불각不覺이라는 말이다. 이러한 까닭으로 "모두 다 무명이다"라고 말한다. 이와 같이 모든 식識인 불각의 모습은 수염본각의 성품을 여의지 않는 것이다. 이런 까닭에 "각覺의 성품을 여의지 않는다"라고 말한다. 이 무명의 모습(相)은 본각의 성품과(與) 같은 것도 아니고(非一) 다른 것도 아니다(非異). 다른 것이 아닌 까닭에 깨뜨릴 수 없으며(不可壞), 같은 것이 아닌 까닭에(非一) 깨뜨릴 수 없는 것도 아니다. 만약 다르지 않고 깨뜨릴 수 없는 뜻에 따르면(依) 무명이 바뀌어(轉) 명明으로 변하는 것을 설하는 것이며, 만약 같지

567 대정장 제16권, 『입능가경』, p.522상 19~24행.

않고 깨뜨릴 수 없는 것도 아닌 뜻을 취한다면 무명은 없어지나 각覺의
성품은 깨지지 않는 것을 설하는 것이다. 이제 이 글에서 같은 것이
아니라(非一)는 뜻(門)을 취한(依) 까닭에 "상속심의 상相도 없앤다"라
고 설한 것이다.

喩中言"水非動性"者, 明今之動非自性動 但隨他動. 若自性動者 動相
滅時 濕性隨滅. 而隨他動 故動相雖滅 濕性不壞也. 合中言"無明滅"
者, 本無明滅. 是合"風滅"也. "相續卽滅"者, 業識等滅 合"動相滅"也.
"智性不壞"者 隨染本覺神解之性名爲智性 是合"濕性不壞"也

비유 중에 "물은 움직이는 성질이 없다"라고 한 말은 지금(今)의 움직임
은 물의 자성自性이 움직이는 것이 아니라, 단지 다른 인연을 따라
움직이는 것을 밝힌 것이다. 만약 자성自性이 움직이는 것이라면 움직
이는 모습(動相)이 없어질 때 (물의) 젖는 성질(濕性) 또한 따라(隨)
없어져야 한다. 그러나 다른 인연을 따라서 움직이는 까닭에 비록
움직이는 모습(動相)이 없어진다 할지라도 습성濕性은 없어지지(壞)
않는다. 합습에서 "무명이 없어진다"는 말은 본래 무명이 없어진다는
것으로, 이것은 "바람이 없어진다"라는 비유에 합당하고, "상속相續이
곧 없어진다"라는 것은 업식業識 등이 없어진다는 것으로, "움직이는
모습(動相)이 없어진다"라는 비유에 합당하다. "지성智性은 깨어지지
않는다"라는 것은 수염본각의 신령스럽게 아는(神解) 성품을 지성智性
이라 이름한 것으로, 이는 "습성은 깨지지 않는다"라는 비유에 합당
하다.

次釋不思議業相中, "依智淨"者, 謂前隨染本覺之心 始得淳淨. 是始
覺智. 依此智力 現應化身 故言"無量功德之相." 此所現相 無始無終
相續不絶. 故言"無斷."

다음으로 '부사의업상'의 풀이 중 "지정智淨에 의지해"란 앞의 수염본각
의 마음이 비로소(始) 순박하고 맑게 되는 것을 말한다. 이는 시각始覺의
지혜인 것이다. 이 지혜의 힘에 의해 응화신應化身이 나타나는 까닭에
"무량한 공덕의 모습"이라 말한 것이다. 여기에 나타난 모습은 시작도
없고 끝도 없이 서로 이어져서 끊어지지 않는 까닭에 "끊어짐이 없다(無
斷)"라고 말한 것이다.

如金鼓經言, "應身者 從無始生死相續不斷故. 一切諸佛不共之法能
攝持故, 衆生不盡用亦不盡, 故說常住." 寶性論云 "何者成就自身利
益. 謂得解脫 遠離煩惱障智障 得無障礙淸淨法身. 是名成就自身利
益. 何者成就他身利益. 旣得成就自身利益已 無始世來 自然依彼二
種佛身 示現世間自在力行 是名成就他身利益"

마치 『금고경』에서 "응신應身이란 시작도 없는 때로부터 생사가 서로
이어져 끊어지지 않는 까닭에 일체제불이 불공법不共法[568]으로 능히
아우르고 거두는(攝持) 까닭에 중생이 다하지 않으면 업용 또한 다하지

---

[568] 중생들은 물론 성문, 연각 이승二乘과 보살도 갖지 못한(不共) 부처님만의
열여덟 가지 공덕功德으로, 십팔불공법十八不共法 또는 십팔불공불법十八不共佛
法이라고도 한다. 부처님의 지혜(佛智)로 이해해도 좋다. 불교는 한마디로
불지佛智를 배우고 깨닫는 종교이다. 따라서 불지는 부처님의 자비와 공덕을
포함한 불교의 모든 긍정적인 요소를 포함하는 광의의 용어다.

않는 까닭에[569] 언제나 머무른다(常住)고 말하는 것이다."[570]

또 『보성론』에서 "무엇이 자기 자신의 이익을 성취하는 것인가? 해탈을 얻어서, 번뇌장과 지장智障[571]을 멀리 여의어 장애가 없는 청정한 법신法身을 얻는 것을 말한다. 이것을 자기 자신의 이익을 성취한다고 이름하는 것이다. 무엇이 다른 사람의 이익을 성취하는 것인가? 이미 자기 자신의 이익을 성취했으므로 시작도 없는 때부터 자연스럽게 저 응신과 화신의 두 불신佛身에 의지하여 세간의 자재自在한 힘과 행行을 나타내 보이는 것이니, 이를 다른 사람의 이익을 성취한다"[572]라고 이름한다.

問. 始得自利已 方起利他業 云何利他說無始耶.

---

569 고통받는 중생이 다하지(盡) 않는 한, 부처님의 중생제도를 위한 부사의한 업용業用 또한 다하지 않는(不盡)다는 뜻이다.

570 대정장 제16권, 『합부금광명경』, p.363하 9~11행.

571 모든 번뇌에는 ①열반을 장애하는 번뇌장煩惱障의 측면과 ②보리(菩提: 지혜)를 장애하는 소지장所知障의 측면이 함께 존재한다. 번뇌장과 소지장으로 말미암아 중생들이 생사유전生死流轉을 한다는 점에서 본질(體)은 같으나 그 작용(用)에 있어서는 차이가 있다. ①번뇌장은 근본적 번뇌로서 인간이 숙명처럼 가지고 태어나는 장애물로 나(我)의 영원성과 나에 대한 집착(我執)으로 인해 생겨나며, ②지장智障은 소지장所知障이라고도 하는데, 법집法執으로 인해 생겨나며 탐욕과 성냄과 어리석음 등의 근본번뇌가 지혜의 발현을 방해하는 후천적인 번뇌이다. 특히 지식인들에 나타나는 아집, 지적知的 편견, 집착, 독선 등을 말하며, 유연한 사고, 무집착과 비우고 버리는 자세로써 타파될 수 있다.

572 대정장 제31권, 『구경일승보성론』, pp.841하 26행~842상 1행.

解云. 如來一念 偏應三世. 所應無始故 能應則無始. 猶如一念圓智 偏達無邊三世之境. 境無邊故 智亦無邊. 無邊之智所現之相 故得無 始亦能無終. 此非心識思量所測. 是故名爲"不思議業"也.

묻기를, 먼저 자신의 이익을 얻고 나서 비로소 남을 이롭게 하는 일(利他 業)을 일으킨다면, 어떻게 남을 이롭게 하는 것(利他)에 시작이 없다고 (無始) 말할 수 있는가?

답하길, 여래의 한 생각(一念)은 과거·현재·미래 3세世에 두루 감응 하고, 감응하는 곳(三世)에 시작이 없는 까닭에 능히 감응하는 마음에도 처음이 없는 것이다.

마치 한 생각(一念)의 원융한 지혜가 끝없는 3세의 경계에 두루 통달하고, 경계에 끝이 없는 까닭에 지혜 또한 끝이 없으며, 끝없는 지혜가 나타나는 모습인 까닭에 시작도 없고 또한 끝도 없는 것이다. 이것은 심식心識으로 사량思量하여 알 수 있는 것이 아니다. 시고是故로 "불가사의한 업(不思議業)"이라 이름하는 것이다.

【논論-25】 성정본각性淨本覺

復次 覺體相者, 有四種大義 與虛空等 猶如淨鏡. 云何爲四, 一者 如實空鏡, 遠離一切心境界相 無法可現 非覺照義故. 二者因熏習 鏡, 謂如實不空 一切世間境界 悉於中現 不出不入 不失不壞 常住 一心. 以一切法卽眞實性故. 又一切染法所不能染 智體不動 具足 無漏 熏衆生故. 三者法出離鏡, 謂不空法 出煩惱礙 智礙 離和合 相 淳淨明故. 四者緣熏習鏡, 謂依法出離故. 偏照衆生之心 令修

善根 隨念示現故.

다시 각覺의 체體와 상相은 네 가지의 큰 뜻(大義)이 있으니, 바탕(體)은 텅 빈 허공[573]과도 같으며(等), 모습(相)은 마치 맑은 거울[574]과도 같다. 무엇이 네 가지인가?

첫째는 여실공경如實空鏡[575]이니, 일체 마음의 경계상境界相을 멀리 여의어, 가히 드러낼(現) 만한 법法도 없으니(空), 각조覺照[576]의 뜻이 아닌 까닭이다.

둘째는 인훈습경因熏習鏡이니, 여실불공如實不空[577]을 말한다. 일체세 간의 경계가 다(悉) 거울 가운데(中) 나타나나, (거울에서 뭐가) 나오는

---

573 허공을 예로 드는 것은, 중생이 보기에는 허공보다 큰 것이 없기 때문이다.

574 거울을 예로 드는 것은, 깨끗하기로 하면 거울만 한 것이 없기 때문에, 또 더럽고 깨끗하고에 상관없이 모든 것을 비추기 때문에 거울을 본각本覺의 바탕(體)으로 설정한 것이다.

『장자, 응제왕편』에서도 거울에 비유하여 "최고 인간(至人)의 마음 씀은 마치 거울과도 같다. 무엇을 보내는 것도 없고 맞아들이는 것도 없으며, 그저 사물의 형체에 따라 비추되 담아 두는 법이 없다(至人之用心若鏡, 不將不迎, 應而不藏)" 라고 하였다. 거울의 표면은 무색투명하여 허虛이고 무無인 것이다. 그러므로 만물을 있는 그대로 비출 수 있는 것이다.

575 깨끗하여 아무 것도 비쳐지지 않은 맑은 거울. 여실히 공空하여 한 법도 나타나거 나 나타낼 것이 없다는 뜻이다.

576 여실히 공空하므로 거기에는 '무엇을 깨달았다는', '무엇을 비춘다는' 또는 '무엇을 비추어 안다는' 등의 각조覺照의 뜻도 없다는 의미다.

577 여실히 공空하면 거울 속에 한 법도 달리 나타나거나 나타낼 것이 없는 공이나, 그 공함 속에 일체세간의 경계가 다(悉) 나타나는(現) 까닭에 불공不空인 것이 다. 일체세간의 모든 경계를 담아 삼라만상을 드러낼 수 있기에 불공인 것이다. 불공은 진공 속의 묘유인 것이다.

것도 아니고(不出), (거울로 뭐가) 들어가는 것도 아니며(不入), 잃어지지도 않고 깨지지도 않아서 항상 한마음(一心)에 머무는 것이다. 이는 일체의 법法이 곧 진실한 성품[578]인 까닭이다. 또 일체의 염법染法이 능히 더럽힐(染) 수 없는 바이니, 지혜의 바탕(智體)은 움직이지 않으면서 무루無漏를 구족具足하여 중생들을 훈습하는 까닭이다.

셋째는 법출리경法出離鏡이니, 불공법不空法을 말한다. 번뇌장(煩惱障: 아집)과 소지장(所知障: 법집)을 벗어나고 (생멸의) 화합상和合相[579]도 여의어 순박하고 맑고 밝은 까닭이다.[580]

넷째는 연훈습경緣熏習鏡이니, 법출리法出離에 의지함을 말하는 까닭에[581] 중생들의 마음에 두루 비쳐 (중생들로 하여금) 선근善根을 닦도록 (令) 하여 (중생들이) 생각하는 바에 따라 (성정본각을) 드러내 보이는

---

578 일체의 법(존재), 삼라만상의 존재 하나하나가 모두 성실하여, 무루無漏를 구족한 진여의 성품 아닌 것이 없다는 뜻이다. 즉 중생은 어떠한 염법染法도 능히 더럽힐(染) 수 없는, 파괴할 수 없는 지혜의 바탕(智體)에 무루의 청정한 진여본각(본래적 깨달음)을 간직하고 있다는 뜻이다. 따라서 중생은 타他에 의해서 훈습되는 것이 아니라, 중생 스스로가 중생심에 의해 훈습되는 것이다.

579 화합상은 생멸生滅과 불생불멸不生不滅로 이루어진 아리야식을 말한다. 따라서 청정한 마음이 아니다.

580 번뇌장(煩惱障: 아집)과 소지장(所知障: 법집)을 벗어나고(出), 화합상(아리야식)마저 모두 여의면(離) 본래의 순박하고 맑고 밝은 각성(지혜), 즉 진여본각本覺이 드러난다. 마치 더러운 때가 묻어 있는 거울을 깨끗이 닦으면 본래의 깨끗한 자태가 드러나는 것과 같다. 모두 여의는 것은 공空이며, 드러나는 것은 불공不空이다.

581 번뇌장과 소지장을 벗어나고, 화합상도 여의어 순박하고 맑고 밝은 거울(鏡)이 드러나면, 중생들로 하여금 생각에 따라 일어나는 성정본각性淨本覺의 모습을 스스로 비춰 볼 수 있는 것이다.

(示現) 까닭이다.[582]

【소疏-25】

次明性淨本覺之相 於中有二. 一者總標 二者別解. 初中言"與虛空等"
者, 無所不徧故. "猶如淨鏡"者, 離垢現影故. 四種義中 第一第三 依離
垢義 以況淨鏡. 第二第四 依現像義亦有淨義也.

다음은 성정본각性淨本覺의 모습(相)을 밝힌 것이다. 이 중에는 두
가지가 있으니, 하나는 총표總標이고, 또 하나는 별해別解이다. 처음에
"텅 빈 허공과 같다"라고 한 말은 두루하지 않은 곳이 없는 까닭이며,
"맑은 거울(정경)과도 같다"라고 한 말은 번뇌(垢)를 여읜(離) 모습(影)
을 나타내는 까닭이다.

(위에서 말한) 네 가지 뜻 중에 첫 번째 '여실공경'과 세 번째 '법출리경'
은 번뇌를 여읜(離垢) 뜻에 의지해 이에(況) 맑은 거울(淨鏡)을 나타낸
것이다.

두 번째 '인훈습경'과 네 번째 '연훈습경'에는 인연 따라 나타나는
모습(現像)에 의지하는 뜻과 또한(亦) 깨끗하다는 뜻(淨義)이 있는
것이다.

別解之中 別顯四種 此中前二在於因性, 其後二種在於果地. 前二種

---

582 여실공경과 법출리경이 진공眞空의 지정상智淨相이라면, 인훈습경과 연훈습경
   은 묘유妙有의 부사의업상不思議業相이라 할 수 있다. 부사의업상은 중생들로
   하여금 일체의 망념을 여의고 선근을 닦게 하여 자신에 내재한 자성청정심이
   드러나도록 하는 것을 말한다. 자성청정심의 자각自覺이 성정본각인 것이다.

者 明空與智. 如涅槃經言 "佛性者第一義空. 第一義空名爲智慧. 智者
見空及與不空. 愚者不見空與不空" 乃至廣說. 今此初中言 "遠離一切
心境界相"者 卽顯彼經 "第一義空"也. "無法可現非覺照義"者, 是釋 "不
見空與不空"也

별해 중에 따로 네 가지를 나타냈다. 이 중 앞의 두 가지는 인성因性에
관한 것이고, 뒤의 두 가지는 과지果地에 관한 것이다. 앞의 두 가지는
공空과 지혜智慧를 밝힌 것이다. 마치 『열반경』에서 "불성佛性이란
제일의공第一義空583이다. 제일의공은 이름하여 지혜이다. 지혜로우면

---

583 공空에 대해서는 경전마다 표현을 달리하여 설하고 있으며, 종류 또한 수없이
많다. 『대품반야경大品般若經』에서는 18가지의 공을 이야기하며, 그 중의 하나
인 '제일의공'을 들어 진실眞實도 공이요, 진경眞境도 공이라고 설하고 있다.
원효대사는 『열반경』의 예를 들어 공空과 불공不空을 보는 지혜를 '제일의공'이
라 설하고 있다. 모든 존재와 실상에 대한 분별과 집착을 끊을 때 공을 이루고,
공의 상태에서 대상을 있는 그대로 보고 느낄 수 있을 때 비로소 지혜가
생기는 것이다. 『법화경』에서는 이를 제법실상諸法實相이라고 표현한다.
불교에서의 지혜란 모든 것을 부처님의 사고방식으로 보고, 느끼고, 판단하는
것을 말한다. 법이니 진리니 하는 것도 역시 부처님의 사고방식으로 판단한
이치나 원칙을 말하는 것이다. 경론에 등장하는 수많은 용어들은 대부분 부파불
교와 대승불교를 거치면서 복잡하게 만들어진 것들이다. 경전이나 논서마다
같은 내용을 다양한 용어로 설하고 있으니, 이들을 다 안다는 것은 어불성설이
고 다 알 필요도 없다.
결론은 어느 경전이든 논서든 용어에 너무 부담 갖지 말고 대의를 좇아 끝까지
완독(玩讀: 뜻을 깊이 생각하면 읽음)하다 보면 저절로 알게 된다는 것이다.
"독서백편의자현讀書百遍義自見"이라 했다. 책이나 글을 백 번(많이) 읽으면
그 뜻은 저절로 알게 된다는 뜻이다. 모르겠다고 말하기에 앞서 게으름을
탓해야 할 것이다. 이는 중국 후한後漢 말에서 삼국 초까지 활동했던 동우董遇라

공空과 불공不空을 함께 보지만, 어리석으면(愚) 공과 불공을 보지 못한다"[584]라고 말한 것과 같다. 이어 자세히 풀이했다.

지금 여기서 처음에 "일체 마음의 경계상境界相[585]을 멀리 여읜다"라는 것은 바로 저 『열반경』의 "제일의공"을 드러낸 것이다. "가히 드러낼 (現) 만한 법도 없으니, 각조覺照의 뜻이 아니다"란 『열반경』의 "공과 불공을 보지 못함"을 풀이한 것이다.

第二中言"一切世間境界悉於中現"者, 是釋彼經"智慧者見空及與不空." 如彼經言 "空者一切生死 不空者謂大涅槃"故. 此中但現生死境界 旣現於鏡 故言"不出" 而不染鏡 故曰"不入." 隨所現像同本覺量 等虛空界 徧三世際 故無念念之失. 亦無滅盡之壞 故言"不失不壞常住一心等"也. 上來明其淨鏡之義 "又一切"下 釋因熏習義也.

두 번째 중에서 "일체세간의 경계가 다(悉) 그 가운데(中) 나타난다"라 는 것은 저 『열반경』의 "지혜란 공空과 더불어 불공不空도 보는 것이다" 를 풀이한 것으로, 마치 저 『열반경』에서 "공이란 일체의 생사를 말하며, 불공이란 대열반을 말한다"[586]라고 하는 까닭과 같다. 여기서 단지 생사의 경계를 나타내는 것이 이미(旣) 거울에 (인연 따라 비추는 데로) 나타나는 까닭에 "나오지도 않는다(不出)"라고 했지만, 거울을 더럽히는 것도 아닌 까닭에 "(외부에서) 들어오는 것도 아니다(不入)"라

는 학자의 고사에서 나온 말이다.

584 대정장 제12권, 『대반열반경』 북량본北涼本, p.523중 12~14행.
585 경계상이란 인식대상을 말한다.
586 대정장 제12권, 『대반열반경』 북량본, p.523중 15행.

고 말한 것이다. 나타나는 형상(像)을 따름이 본각本覺을 가름하는(量) 것과 같기에(同) 텅 빈 허공계와도 같으며(等), 과거·현재·미래 삼세에 두루하는 까닭에 생각생각마다 잃는 것도 없는 것이다. 또한 다 없어져 깨어지는 것도 없는 까닭에 "잃어버리지도 깨지지도 않아서 언제나 한마음(一心)에 머무른다"라고 말하는 것이다. 위에서는 깨끗한 거울 (淨鏡)의 뜻을 밝힌 것이고, "또 일체(又一切)" 이하는 인훈습因熏習의 뜻을 풀이한 것이다.

第三中言"出於二礙淳淨明"者 是明前說因熏習鏡 出纏之時爲法身 也. 第四中言"依法出離故徧照衆生心"者 卽彼本覺顯現之時 等照物 機 示現萬化. 以之故言"隨念示現.

세 번째 중에서 "번뇌장과 지장의 두 장애를 벗어나 순박하고 깨끗하고 밝다"라는 것은 앞에서 설한 인훈습경因熏習鏡이 번뇌를 벗어(出纏)날 때 법신法身이 되는 것을 밝힌 것이다.

　네 번째 중에 "법출리에 의하는 까닭에 중생들의 마음에 두루 비춘다" 라는 것은 저 본각이 나타날(顯現) 때 중생들의 근기(物機)[587]에 균등하 게 비추어 수만 가지 변화를 나타내 보이는 것을 말한다. 이런 까닭으로 "(중생들의) 생각하는 바에 따라 나타내 보인다"라고 말한 것이다.

此與前說不思議業有何異者. 彼明應身始覺之業. 此顯本覺法身之

---

587 物물은 만물, 사람 등의 뜻이 있으며, 機기는 불서에서 보통 근기根機의 의미로
　　쓰인다.

用. 隨起一化 有此二義. 總說雖然 於中分別者. 若論始覺所起之門
隨緣相屬而得利益, 由其根本隨染本覺 從來相關有親疏故. 論其本
覺所顯之門 普益機熟不簡相屬, 由其本來性淨本覺 等通一切無親疏
故. 廣覺義竟

이는 앞에서 설한 '부사의업'과 무엇이 다른가? 앞에서는(彼) 응신應身
으로서의 시각始覺의 업業[588]을 밝힌 것이고, 여기서는(此) 본각本覺으
로서의 법신의 작용을 드러낸 것이니, 하나의 교화가 일어나는 것에
따라 이와 같은 두 가지(부사의업과 연훈습경) 뜻이 있는 것이다. 총설總
說하면 비록 그러할지라도, 이를 좀 더 분별하여 만약 ①시각始覺이
일어나는 측면(門)에서 논한다면, 인연 따라 서로 의지해서(相屬) 이익
을 얻는 것이니, 그 근본이 오염된 본각(染本覺)을 따름으로(隨) 말미암
아(由) 본래부터(從來) 서로 관계하여 가깝고 먼 것(親疏)이 있는 까닭
이다. ②그 본각本覺이 드러나는 측면에서 논론한다면, 근기가 성숙한
중생들에게 널리 이익 되게 하여 (인연을) 가리지 않고(不簡) 서로
의지하니(相屬), 그 본래 깨끗한 성품의 본각(性淨本覺)으로 말미암아
(由) 일체중생들에게 균등하게 통하여 친소親疏가 없는 까닭이다. 각覺
의 뜻을 자세하게 풀이하여 마친다.

【소疏-25-별기別記】

四種鏡中, 第二"因熏習"者, 此性功德 能作正因 熏衆生心能起厭樂
及諸加行乃至佛果 言"因熏習." 一切諸法悉於中現 故名爲"鏡." 如華

---

588 업業은 행위, 작용, 업의 작용(業用) 등의 의미를 갖는다.

嚴云"譬如深大海 珍寶不可盡 於中悉顯現, 衆生形類像 甚深因緣海, 功德寶無盡 淸淨法身中 無像而不現." 正謂此也.

네 가지 거울 중 두 번째 "인훈습因熏習"이란 이(此) 성공덕性功德이 능히 바른 인연(正因)을 지어 중생심을 훈습하여 능히 (생사를) 싫어하고(厭) (열반을) 좋아하는(樂) 마음을 일으키고, 나아가 모든 것에 더욱 힘써 닦아(加行) 불과佛果에 이르게 하니 "인훈습"이라 말하는 것이다. 일체제법이 다 그 가운데에(於中) 나타나는 까닭에 이름하여 거울(鏡)이라 한 것이다. 마치 『화엄경』에서 "비유컨대 깊은 대해大海에 다함이 없는 진주보배가 그 가운데 다(悉) 나타나고(顯現), 중생들의 갖가지 형상들이 깊고 깊은 인연의 바다에 다 나타나듯, 다함이 없는(無盡) 공덕의 보배인 청정한 법신에는 나타나지 않은 형상(像)이 없다"[589] 라는 것은 바로 이를 말하는 것이다.

第四"緣熏習"者, 始起圓智 作增上緣 熏衆生心令起厭樂 及諸加行乃至佛果 故名"緣熏." 此諸行德不離圓智 是彼智影 故名爲"鏡." 如佛地經說, "大圓鏡智 能起一切衆生諸善法影" 此之謂也. 餘二種鏡 義顯可知

네 번째 "연훈습緣薰習"이란 비로소(始) 원만하고 완전한 지혜(圓智)를 일으켜 증상연增上緣[590]을 짓고 중생심을 훈습하여 (생사를) 싫어하고 (厭) (열반을) 좋아하는(樂) 마음을 일으키며, 나아가 모든 것을 더욱 힘써 닦아(加行) 불과佛果에 이르게 하는 까닭에 이름을 "연훈緣熏"[591]이

589 대정장 제9권, 60권 『화엄경』, p.788상 4~7행.
590 점점 더 좋은 계기나 기회를 만나게 하는(增上) 인연

라 한 것이다. 이 모든 행덕行德[592]이 원지圓智를 여의지 않아 저(彼) 지혜의 그림자(影)인 까닭에 "거울(鏡)"이라고 이름한 것이다. 이를테면 『불지경佛地經』에서 설하는 "대원경지大圓鏡智가 능히 일체중생들의 모든 선법善法의 그림자(影)를 일으킨다"[593]라는 것은 이를 말하는 것이다. 나머지 두 가지 거울(鏡)의 뜻도 드러나니 알 수 있을 것이다.

次釋不覺 於中有三. 先明根本不覺 次顯枝末不覺. 第三總結本末不覺

다음은 불각不覺을 풀이한다. 이 중에는 세 가지가 있으니, 먼저 근본불각을 밝히고, 다음으로 지말불각을 나타내며, 셋째는 근본과 지말불각을 총결總結한다.

---

591 법출리法出離란 아집, 법집, 화합상을 모두 여읜 성정본각性淨本覺을 말한다. 본각은 중생과 부처가 똑같으나, 중생에게는 중생 본유本有의 본성으로 '안에서 훈습하는 인因'이 되는 것이다. 이를 '안에서 훈습하는 연(內熏之緣)'이라 한다. 법출리法出離하여 법신法身을 증득하면 『불지경』에서 설하는, 대원경지大圓鏡智가 능히 일체중생들의 모든 선법善法의 그림자(影)가 나타나게 하는 것이다. 즉 중생들의 마음에 두루 비추어 동체대비同體大悲를 일으키고 중생들의 무명無明을 조복調伏시키기 위해 갖가지 선법善法의 그림자(방편)를 드러내는 것이다. 이를 '밖에서 훈습하는 연(外熏之緣)'이라 한다. 그러나 중생들은 미혹하여 깨닫지 못할 뿐, 깨달음의 지혜는 밝고 원융하여 능히 두루 비추는 것이다.

592 불법을 수행한 공덕.

593 대정장 제26권, 『불지경론』, p.318하 1~2행.

아리야식 (불생불멸 +생멸) 眞, 妄 和合 識 如來藏 自性清淨心	覺	①眞如本覺 一心/心源 無心/無念 *迷十重	隨染本覺	지정상	응신應身화신化身	성정본각⇒ 수염본각⇒ 불각不覺⇒ 시각始覺⇒ 성정본각
				부사의업상		
			性淨本覺	여실공경	보신報身	
				인훈습경		
				법출리경		
				연훈습경		
		始覺	범부각/십신	멸상⇒망념	조업, 수보⇒포고발심	
			상사각/삼현	이상⇒이상	집취, 계명자상	
			수분각/십지	주상⇒법집	상속, 지상, 현상, 전상	
			구경각/법신	생상⇒근본무명	업상, 시각과 본각의 합일	
	不覺	②根本不覺 無明의 體 眞迷의 無明	무명불각으로 말미암아(因) 마음이 동動하여, 무명업상이 생生겨나거나 고苦를 받게 된다(動卽有苦). 결과가 원인을 여의지 않는 까닭이다(果不離因故).			
		支末不覺 無明의 相 執妄의 無明	三細 무명無明에서 생生한다	③無明業相	細中의 細	오의五意 *상속상은 의에도 속하고, 의식에도 속한다.
				④能見相(轉相)	細中의 麤	
				⑤境界相(現相)	細中의 麤	
			六麤 혹惑에서 생生한다	⑥ 智相 / 相續相 — 惑	麤中의 細	의 / 의식
				⑦執取相 — 惑		
				⑧計名字相 — 惑		
				⑨起業相 — 業	麤中의 麤	意識
				⑩業繫苦相 — 苦		

【논論-26】 근본불각根本不覺

所言不覺義者. 謂不如實知眞如法一故, 不覺心起而有其念. 念無自相 不離本覺. 猶如迷人 依方故迷. 若離於方則無有迷. 衆生亦爾. 依覺故迷. 若離覺性則無不覺. 以有不覺妄想心故, 能知名義, 爲說眞覺. 若離不覺之心, 則無眞覺自相可說.

불각不覺[594]의 뜻(義)이라 함은 진여법이 하나인(一)것을 여실히 알지 못하는 까닭에 불각의 마음이 일어나 그 망념(念)이 있게 된 것을 말한다(謂).[595] (그러나) 망념은 자체의 모습이 없어서(無自相)[596] 본각本覺을 여의지 않으니, 마치 방향을 잃은 사람(迷人)이 방향에 의지하는 까닭에 방향을 잃었으니, 만약 방향을 여의면 곧 미혹함이 없어지는 것과 같다. 중생도 또한 이와 같아서, 각覺으로 말미암은(依) 까닭에 미혹하게 되었으니, 만약 각의 성품(覺性)을 여읜다면 불각은 없을 것이며, 불각의 망상심妄想心이 있는 까닭으로 능히 그 이름(名)과 이치(義)를 알아 진각眞覺이라고 설하는 것이니, 만약 불각의 마음을 여읜다면 곧 진각 자체의 모습(自相)이라고 가히 말할 만한 것도 없는 것이다.[597]

---

594 불각不覺의 불不은 없음(無)을 말하며, 각覺은 밝음(明)을 뜻한다. 따라서 불각은 밝음이 없는 무명無明, 미망迷妄을 말한다.

595 우주만유의 진리는 피차彼此나 자타自他의 구별이 없이 평등일여平等一如함을 말한다. 이를 깨달으면 각覺이며, 깨닫지 못하면 불각不覺인 것이다. 불각이란 바로 피차나 자타의 구별을 지어 우주만유가 평등일여한 진여법을 깨닫지 못하고 애증愛憎과 번뇌 망상을 일으키는 것을 말한다. 이를 근본불각이라 한다.

596 자성이 없다(無自性) 함은 고정된 모습이 없다는 뜻으로 변한다는 뜻이다. 만약 자성이 있다면 변하지 않는 고정된 모습(自相)이 있어야 하는 것이다.

597 불각不覺의 망상심이 있으므로 이에 대對하여 진각眞覺이 있는 것이다. 예를 들면 병에 걸려 약을 먹음으로써(不覺) 건강(眞覺)을 이야기하고 약(修行)을 이야기하는 것이다. 병이 없어 건강하면 굳이 건강을 이야기하고 약을 이야기할 필요도 없으며, 집을 나갔던(不覺) 사람이 집에 돌아왔으면(眞覺) 굳이 집에 돌아왔다고 이야기할 필요도 없는 것과 같다. 마찬가지로 진각이라고 말할 수 있는 것은 진각에 상대相對하는 불각의 망상심이 있기 때문에 가능한 것이며,

【소疏-26】

初中亦二. 先明不覺依本覺立. 後顯本覺亦待不覺. 初中有三, 謂法喩
合. 初中言"不如實知眞如法一故"者, 根本無明, 猶如迷方也. "不覺心
起而有其念"者, 業相動念, 是如邪方. 如離正東無別邪西, 故言"念無
自相不離本覺." 喩合之文, 文相可見也.

처음에도 또한 두 가지가 있으니, 먼저 불각不覺이 본각本覺에 의지하여
성립함을 밝혔고, 다음은 본각 또한 불각에 의지한다는(待) 것을 드러
내었다. 처음 부분에 세 가지가 있으니, 법法과 비유와 합合이다. 처음
(法) 가운데 "진여법이 하나인 것을 여실히 알지 못하는 까닭에"라고
말한 것은 근본무명으로, 마치 방향을 잃어 (동을 동으로 알지 못하는)
것과 같으며, "불각의 마음이 일어나 그 망념(念)이 있게 된다"라는
것은 업상業相으로 생기는 망념이니 이는 마치 방향을 잘못 알아 (동을
남이나 북이라 하는) 것과 같다. 만약 바로(正) 동쪽을 여읜다면 달리
잘못된 서쪽도 없는 까닭에 "망념은 자체의 모습(自相)이 없어서 본각을
여의지 않는다"라고 말한 것이다. 비유와 합合의 글이니, 글의 모습을
알 수 있을 것이다.

次明本覺亦待不覺. 於中有二. 初言"以有不覺妄想心"者, 無明所起妄

불각을 여읜다면 굳이 진각이라 말할 수 있는 것도 없는 것이다.
일체의 분별과 모습(相)을 떠나, 여여부동한 진여본각의 차원에서 본다면
각覺이니 불각不覺이니 하는 것이나, 진眞이니 망妄이니 하는 것들은 모두
분별망상에 불과한 것이다. 그럼에도 이름을 짓고 분별하여 말하는 것은,
그렇게라도 말을 해야 중생들이 알아듣기 때문이다.

想分別. 由此妄想能知名義, 故有言說說於眞覺. 是明眞覺之名待於
妄想也. "若離不覺則無眞覺自相可說"者, 是明所說眞覺必待不覺. 若
不相待, 則無自相. 待他而有, 亦非自相. 自相旣無, 何有他相. 是顯諸
法無所得義. 如下文言, "當知一切染法淨法皆悉相待, 無有自相可
說." 智度論云, "若世諦如毫釐許有實者, 第一義諦亦應有實" 此之
謂也.

다음으로 '본각 또한 불각에 의지한다는(待) 것'에는 두 가지가 있으니,
처음에 "불각의 망상심이 있는 까닭"이라 말한 것은 무명이 일으킨
망상妄想 분별이다. 이 같은 망상으로 말미암아 능히 그 이름(名)과
이치(義)를 아는 까닭에 언설로 진각眞覺을 설하는 것이니, 이는 진각이
라는 이름이 망상에 의지(待)하는 것임을 밝힌 것이다.

　"만약 불각을 여읜다면 곧 진각 자체의 모습(自相)이라고 말할 만한
것도 없다"라는 것은, 바로 진각은 반드시 불각을 의지한다는 것을
밝힌 것이다. 만약 서로 의지하지 않는다면 곧 자체의 모습(自相)은
없는 것이며, 상대(他)에 의지하여 있는 것 역시 자체의 모습은 아니다.
자체의 모습이 없는데 어찌 상대의 모습이 있겠는가? 이는 모든 법이
얻을 바가 없다는 뜻(義)을 드러낸 것이니, 아래의 글에서 "일체의
염법과 정법은 모두 다(皆悉) 서로 의지하여(相待) (마땅히) 자체의
모습이라고 말할 만한 것이 없음을 알아야 한다"[598]라고 말한 것과
같으며, 『지도론智度論』에서 "만약 세간의 이치(世諦)[599]에 조금이라도

---

598 아래의 글에는 이런 내용이 없다.
599 세속제世俗諦와 같은 말로, 세간에서 말하는 일반적인 진리.

(毫釐) 실상이 있다면 제일의제第一義諦[600] 또한 마땅히 실상이 있어야
한다"[601]라고 말한 것은 바로 이를 말한 것이다.

此下廣顯枝末不覺 於中有二 先明細相 後顯麤相

이 아래서는 지말불각枝末不覺을 자세하게 드러내는 것이다. 이 중에도
두 가지가 있으니, 먼저 세 가지 자세한 모습(細相)[602]을 밝히고, 다음으
로 여섯 가지 거친 모습(麤相)[603]을 밝혔다.

【논論-27】삼세三細 ⇒ 심층의식

復次依不覺故生三種相. 與彼不覺相應不離. 云何爲三. 一者無
明業相. 以依不覺故 心動說名爲業. 覺則不動. 動則有苦. 果不離
因故. 二者能見相. 以依動故能見. 不動則無見. 三者境界相. 以依
能見故境界妄現. 離見則無境界.

다시 불각으로 말미암은 까닭에 세 가지의 모습(相)이 생겨서, 저(彼)
불각과(與) 상응하여 여의지 않으니, 무엇이 세 가지인가? 첫째는

---

600 진리 중에 제일이라는 뜻으로, 가장 뛰어나고 심묘深妙한 궁극적 진리(眞理),
   즉 부처님 법을 말한다.

601 전거가 불확실하다

602 삼세三細라 하여, ① 무명업상無明業相, ② 능견상(能見相: 轉相), ③ 경계상(境界
   相: 現相)을 말한다. 이는 심층의식으로 제8아리야식의 영역이다.

603 육추六麤라 하여, ① 지상智相, ② 상속상相續相, ③ 집취상執取相, ④ 계명자상計
   名字相, ⑤ 기업상(起業相: 造業), ⑥ 업계고상(業繫苦相: 受報)을 말한다. 이는
   표층의식으로 제7말나식末那識의 영역이다.

무명업상無明業相이니, 불각으로 말미암은 까닭에 마음이 움직이는(心動) 것을 설하여 업業이라 부르는(名) 것이다. 깨달으면(覺) (마음이) 움직이지 않으며, (마음이) 움직이면 곧 고苦가 있으니, 결과가 원인을 여의지 않은 까닭이다. 두 번째는 아만我慢이니, (마음이) 움직임으로 말미암아 능히 볼 수 있는 것이며(能見), 마음이 움직이지 않는다면 보는 것도 없다(無見). 세 번째는 경계상境界相이니, (보는) 능견(主)으로 말미암은 까닭에 (보이는) 경계(客)가 망령되게 나타나는 것이니, (보는) 능견能見을 여의면 곧 (보이는) 경계도 없을 것이다.[604]

【소疏-27-1】

初中亦二. 總標 別釋. 初中言"如彼不覺 相應不離"者, 本來相依, 故曰 "相應." 非如王數相應之義. 此爲不相應染心故.

처음 세상細相을 밝힌 것에도 두 가지가 있으니, 총표總標와 별석別釋이다. 처음에 "저 불각과 상응하여 여의지 않으니"라고 말한 것은 본래 (삼세와 근본불각인 무명이) 서로 의지하는 까닭에 "상응한다"라고 말한 것이지, 심왕心王과 심수心數[605]가 상응한다는 뜻은 아니니, 이는

---

604 아만我慢은 보는 주체이며, 경계상境界相은 보이는 객체이다. 보는 주체인 내(我)가 보지 않으면 보이는 객체인 경계는 없는 것(無見)이다. 업상業相이 주객 미분未分의 상태라면, 능견상과 경계상은 주객으로 나뉜 분별의 상相이자 차별의 상이다. 선사들의 "일체경계에 끄달리지 말라"는 법문에서 일체경계는 보이는 대상으로서의 객체이며, 끄달리지 않는 것은 보는 주체로서의 나(我)이다. 아무리 많은 경계가 있을지라도 내가 보지 않으면 하나의 경계일 뿐 나에게 아무런 고苦를 주지 못한다. "일체경계에 끄달리지 말라"는 법문은 이를 두고 하는 말이다.

서로 상응하지 않는 염심(不相應染心)인 까닭이다.[606]

【소疏-27-1-별기別記】

此中先三相是微細, 猶在阿黎耶識位. 後六麤相, 是餘七識. 但望彼根
本無明, 皆是所起之末. 通名枝末不覺也.

이 중 앞서의 ①무명업상, ②능견상, ③경계상 세 가지 모습(三相)은
미세한 것(三細)으로 오히려(猶) 아리야식의 위位에 있고, 나머지 여섯
가지 거친 모습은 추상(六麤相)으로 다(餘) 7식識이다. 단지 저 근본무
명 쪽에서 보면(望) 모두 다(皆) (근본무명이 일으킨) 지말枝末이므로
통칭으로 지말불각이라 이름하는 것이다.[607]

【소疏-27-2】

別釋中言"無明業相"者, 依無明動, 名爲"業相"故. 起動義是業義. 故
言"心動說名爲業"也. "覺則不動"者, 擧對反顯. 得始覺時, 則無動念.
是知今動, 只由不覺也. "動則有苦"者, 如得寂靜, 卽是極樂. 故今云動

---

605 의식작용의 주체를 심왕心王이라 하고, 인식작용의 객체인 대상(境界)을 심수心
數라 한다. 쉽게 말해 심왕은 주관을, 심수는 객관을 말한다. 심왕心王과 심수心
數가 상응함으로서 주객主·객客으로 나누어져 분별이 생기는 것이다.

606 삼세三細와 근본불각인 무명無明이 서로 의지하고 있으나, 아직 심왕心王과
심수心數로 나누어지지 않아 주主·객客 분별로 인한 차별이 없으므로 불상응염
심不相應染心이라 하는 것이다.

607 이 부분은 원효대사의 설이다. 현수법장은 7식은 인정하지 않고 전부 6식으로
보았다.

卽是苦也. 業相是無苦, 無明是無集. 如是因果俱時而有. 故言果不離
因故.

별석 중 "무명업상"이라 말한 것은, 무명으로 말미암아 움직이므로
이름하여 "업상業相"이라 하는 까닭에 움직임을 일으킨다는 뜻은 바로
업業을 뜻하는 것이다. 따라서 "마음이 움직이는(心動) 것을 설하여
업業이라 이름하는 것"을 말하는 것이다. "깨달으면 움직이지 않는다"라
는 것을 '깨닫지 못하면 움직인다(不覺則動)'라는 반대의 이치로 나타내
니, 시각始覺을 얻을 때 곧 움직이는 망념(動念)이 없는 것이다. 이로써
지금 움직이는 것이 단지 불각으로 말미암음을 알 것이다. "움직이면
고苦가 있다"라는 것은, 적정寂靜을 얻으면 곧 극락인 까닭에 여기서
'움직임이 곧 고통'이라 말하는 것이다. 업상業相에 고苦가 없다면 무명
無明에도 집集[608]이 없다. 이와 같이 원인(因)과 결과(果)가 함께 있는
까닭에 "결과가 원인을 여의지 않는 까닭이다"라고 말하는 것이다.

然此業相雖有動念, 而是極細, 能所未分. 其本無明當知亦爾. 如無想
論云. 問, 此識何相何境. 答, 相及境不可分別. 一體無異. 問, 若爾.
云何知有. 答. 由事故知有此識. 此識能起一切煩惱業果報事. 譬如無
明常起. 此無明可欲分別不. 若可分別. 非謂無明. 若不可分別, 則應
非有. 而是有非無. 亦由欲瞋等事, 知有無明, 本識亦爾. 故此等文意,
正約業相顯本識也.

---

608 사성제四聖諦의 집集으로, 괴로움의 원인을 말한다. 업業이란 과보果報를 말하므
로, 과보인 업상에 고苦가 없다면 원인인 고苦도 없다는 말이다.

그러나 이 업상에 비록 움직이는 망념이 있을 지라도, 지극히 미세하여 능能·소所로 분리되지 않았으니[609] 그 근본무명 역시 그러함을 알아야 한다. 이는 『무상론無想論』에서 이른 바와 같다.

묻기를, 이 아리야식識은 어떤 모습(相)이며 어떤 경계인가?

답하길, 상相과 경계를 분별할 수 없으니, 일체一體로서 다름이 없다 (無異).

묻기를, 만약 그렇다면 어떻게 아리야식이 있다는 것을 알겠는가?

답하길, 일어나는 일들로 말미암은 까닭에 아리야식이 있음을 알 수 있으니, 아리야식은 능히 일체의 번뇌와 업과 과보의 일들을 일으킬 수 있는 것이다. 비유컨대 무명이 항상 일어나면 이 무명을 분별할 수 있겠는가? 만약 분별할 수 있다면 무명이라 말하지 않을 것이고, 만약 분별할 수 없다면 곧 마땅히 있는 것이 아니다. 그러나 무명은 있는 것이며, 없는 것이 아니다. 또한 욕欲이나 성냄(瞋) 등의 일로 말미암아 무명이 있다는 것을 알 수 있으니, 본식(아리야식)[610]도 역시 그러하다.[611]

---

609 업상業相은 본각本覺에서 근본불각이 시작되는, 즉 근본무명으로 인해 처음으로 마음이 미세하게 움직이는(動) 단계를 말한다. 업상은 아직 보는 주체로서의 능견상(能見相: 轉相)과 보이는 객체로서의 경계상(境界相: 現相), 즉 주객主客으로 나눠지지 않은 주객 미분未分의 상태를 말한다.

610 본식本識은 아리야식으로 여러 다른 식識들을 일으키는 근본이라는 뜻에서 이 같이 말한다.

611 대정장 제31권 『전식론』 pp.61하 10행~62상 2행.
『무상론無相論』은 『삼무성론三無性論』, 『현식론顯識論』, 『전식론轉識論』의 합칭合稱이다. 본문은 『전식론』의 내용이다.

따라서 이들 글의 뜻은 바로(正) 업상業相에 의지하여 본식本識을 드러낸 것이다.

第二"能見相"者 即是轉相. 依前業相轉成能緣. 故言"以依動能見." 依性靜門則無能見, 故言"不動則無見"也. 反顯能見要依動義. 如是轉相雖有能緣 而未能顯所緣境相. 直是外向非託境故. 如攝論云"意識緣三世及非三世境 是則可知. 此識所緣境不可知"故. 此言"不可知"者, 以無可知境故. 如說十二因緣始不可知. 此亦如是 是約轉相顯本識也.

두 번째 "능견상"이란 곧 전상轉相이니, 앞의 업상으로 말미암아(依) 바뀌어(轉) 능연能緣이 된다(成). 따라서 "(마음의) 움직임으로 말미암은 까닭에(以) 능히 볼 수 있다"라고 말한 것이다. 성정性靜의 측면에서 (門) 말하자면(依) 곧 능히 보는 것(能見)이 없는 까닭에 "(마음이) 움직이지 않으면 보이는 것도 없다"라고 말한 것이다. 도리어(反) 능견 (能見: 轉相)은 반드시(要) (마음의) 움직임으로 말미암은 뜻을 드러낸 것이다. 이와 같이 전상轉相은 비록 능연能緣은 있으나 아직 반연하는 바의 경계상(境界相: 現相)은 드러나지 않았으니, 이는 바로 밖으로 향할 뿐 (아직) 경계에 끄달리지(託) 않은 까닭이다. 이는 『섭론攝論』에 서 "의식은 삼세와 삼세가 아닌(非) 경계를 반연하니 이것은 곧 알 수 있지만, 이 식이 반연하는 바의 경계는 알 수 없다"[612]라고 한 까닭과 같다. 여기서 "알 수 없다"라고 말한 것은 알 수 있는 경계가 없는 까닭이다. 십이인연十二因緣[613]의 시작은 알 수 없다고 설한 것과 같이,

---

612 대정장 제31권, 『섭대승론』, p.170상 9~11행.

613 십이인연은 부처님이 보리수 아래서 깨달은 진리로 십이지연기, 십이연기라고
도 한다. 연기의 연緣은 이것이 있음으로(有故) 저것이 있다(此有故彼有), 기起는
이것이 일어나므로(起故) 저것이 일어난다(此起故彼起)는 뜻이다. 『잡아함경,
연기법경』에서 부처님은 "연기법은 내가 만든 것도 아니요 또한 다른 사람이
만든 것도 아니다. 그러므로 그것은 여래가 세상에 나오거나 세상에 나오지
않거나 법계法界에 항상 머물러 있다. 저 여래는 이 법을 스스로 깨닫고 다
옳게 깨달음을 이룬 뒤에 모든 중생들을 위하여 분별해 연설하고 드러내어
보이시나니 이른바 '이것이 있기 때문에 저것이 있고, 이것이 일어나기 때문에
저것이 일어난다'"라고 하셨다.

이와 같은 연기설은 어떠한 원인이나 조건에 의해서 고뇌가 생기고 또 어떠한
인연조건因緣條件에 의해서 고뇌를 면할 수가 있는가 하는, 인생의 현실을
실제적으로 이해하고 또 그 현실을 초극超克하는 방법과 길을 분명하게 하기
위한 것이었다.(참조: 위키백과, 글로벌 세계대백과사전)

십이연기는 유전연기流轉緣起와 환멸연기還滅緣起로 나뉘는데, 무명에서부터
노사로 나아가는 것을 유전연기, 반야般若의 힘으로 무명을 없애고 열반으로
되돌아오는 것을 환멸연기라 한다. 무명無明이란 십이연기의 도리를 올바로
아는 지혜가 없고 올바른 인생관, 세계관을 갖지 못하는 것(不知)을 말하며,
십이연기의 이치를 올바로 아는(知) 것을 명명이라 한다.(참조: 『잡아함경,
법설의설경』)

유전연기: 연기의 순관順觀으로, 12연기를 알지 못함으로 인해 ① 근본무명이
있고, ② 무명연행無明緣行, ③ 행연식行緣識, ④ 식연명색識緣名色, ⑤ 명색연육
입名色緣六入, ⑥ 육입연촉六入緣觸, ⑦ 촉연수觸緣受, ⑧ 수연애受緣愛, ⑨ 애연
취愛緣取, ⑩ 취연유取緣,有 ⑪ 유연생有緣生, ⑫ 생연노사生緣老死, 우비고수뇌
憂悲苦愁惱의 갖가지 고苦가 생긴다.

환멸연기: 연기의 역관逆觀으로, 12연기를 앎(知)으로 인해 ① 명명이며, ② 무명
無明이 멸함으로 행行이 멸한다. ③ 행이 멸함으로 식識이 멸한다. ④ 식이
멸함으로 명색名色이 멸한다. ⑤ 명색이 멸함으로 육입六入이 멸한다. ⑥ 육입이
멸함으로 촉觸이 멸한다. ⑦ 촉이 멸함으로 수受가 멸한다. ⑧ 수가 멸함으로

이 또한 이와 같다. 이는 전상轉相에 의지하여 본식本識을 드러낸 것이다.

第三境界相者, 卽是現相 依前轉相能現境界. 故言"能見故境界妄現." 如四卷經言, "大慧, 略說有三種識, 廣說有八相. 何等爲三, 謂眞識 現識 分別事識. 譬如明鏡持諸色像, 現識處亦復如是" 又下文言 "譬如藏識 頓分別知 自心現身 及身安立受用境界"

세 번째 경계상이란 곧 현상現相이니, 앞의 전상轉相으로 말미암아 능히 경계가 나타날 수 있는 까닭에 "능견으로 말미암은 까닭에 경계가 망령되게 나타난다"라고 말한다. 이는 『사권경』에서 "대혜보살이여, 약설略說하면 세 가지의 식識이 있고, 자세히 말하면 여덟 가지 상相이 있다. 무엇이 세 가지인가? 진식眞識, 현식現識, 분별사식分別事識을 말하니, 비유컨대 맑은 거울이 물체의 여러 형상(色像)을 나타내는(持) 것과 같이, 현식에 있어서도(現識處) 역시 이와 같다"[614]라고 하며 또 (사권경의) 아래 글에서 "비유하자면 장식藏識이, 자기 마음(自心)이 나타낸 몸과 몸이 편안하게 받아들이는(受用) 경계를 단박에(頓) 분별하여 아는 것과 같다"[615]라고 말한다.

애愛가 멸한다. ⑨애가 멸함으로 취取가 멸한다. ⑩취가 멸함으로 유有가 멸한다. ⑪유가 멸함으로 생生이 멸한다. ⑫생이 멸함으로 노사老死, 우비고수뇌憂悲苦愁惱의 갖가지 고苦가 멸한다.

614 대정장 제16권, 4권 『능가경』, p.483상 15~18행.
615 대정장 제16권, 4권 『능가경』, p.486상 12~14행.

【소疏-27-별기別記】

"頓分別"者, 是能見相. "自心及現"等, 是境界相. 瑜伽論中亦同此說. 如是等文 是約後二相說. 此二雖有二分 不離業相 是唯量門. 業相雖 無能所 含有二分, 是唯二門. 此三皆是異熟識攝. 但爲業煩惱 所惑義 邊 不別業相動轉 差別轉相等異. 是故總說爲異熟識.

"단박에(頓) 분별한다(頓分別)"란 능견상이고, "자기 마음(自心)이 나타낸 몸과 몸이 편안하게 받아들이는(受用) 경계(及身安立受用境界)"는 경계상이다. 『유가론』 중에도 역시 이 설과 같다. 이와 같은 (능가경과 유가론) 등의 글들도 뒤의 두 가지 능견상과 경계상에 준(約)하여 말한 것이다. 이 두 가지가 비록 둘로 나누어 있으나 업상을 여의지 아니하니 이는 유량문唯量門[616]이고, 업상은 비록 능能·소所가 없으나 능·소로 나누어진 두 가지를 담고 있으니 이는 유이문唯二門이다. 이 세 가지 모두 이숙식(異熟識: 아리야식)에 포섭되지만, 단지 업번뇌에 의하여 미혹된다는 뜻의 측면(邊)에서는 별도로 업상業相이 움직여(動) (업상과) 차별되는 전상轉相 등의 다른(異) 모습(相)으로 변하는(轉) 것이 아닌(不) 까닭에 총설하여 이숙식이라고 한다.

爲無明風所動義邊 從細至麁動轉差別 是故細分立三種相. 又此三但

---

616 대정장 제31권, 5권 『섭대승론』, p.184상 14~18행.

　　＊유량문唯量門: 오직 마음 안에서 둘로 나뉠 뿐 마음을 떠난 바깥 경계는 없다(唯量外塵實無所有).

　　＊유이문唯二門: 경계로 나타난 모습(相)과 능견의 모습(見)은 오직 마음의 작용일 뿐이다(唯二相及見唯識).

爲無明所動 故在第八. 後六乃爲境界所動 故在七識. 卽由是義 故說
"七識一向生滅", 不同黎耶俱含二義也.

무명의 바람에 의하여 움직인다는(動) 뜻의 측면에서는, 미세한 것에서
움직여(動) 거친 것으로 변하여(轉) 차별이 있는 까닭에 세분細分하여
세 가지 상(三細)을 세운 것이다. 또 이 세 가지 상은 단지 무명無明으로
말미암아 움직이는 까닭에 8식識에 있고, 뒤의 여섯 가지(六麤相)는
경계境界로 말미암아 움직이는 까닭에 7식識에 있으니, 곧 이 같은
뜻으로 말미암은 까닭에 "7식識은 오직(一) 생멸로만 향하므로, 생멸과
불생멸의 두 뜻을 담고 있는 아리야식과는 같지 않다고 설하는 것이다.

【소疏-27-3】

此論下文明現識云, "所謂能現一切境界. 猶如明鏡現於色像. 現識亦
爾 以一切時 任運而起常在前故." 如是等文 約於現相以顯本識. 如是
現相旣在本識 何況其本轉相業相 反在六七識中說乎.

이 『기신론』의 아래 글에서 현식現識을 밝혀 "소위 능히 일체의 경계를
나타낼 수 있음은 마치 밝은 거울이 물체의 형상(色像)을 나타내는
것과 같다. 현식現識 또한 그러하여 일체의 경계(一切時)에 임의로
따라 나타나서(運而起) 항상 앞에 있다"라고 말한다. 이와 같은 글들은,
현상現相으로 말미암아 본식本識을 드러낸 것이다. 이와 같이 현상現相
도 이미 본식(8식)에 있거늘 어찌하여 하물며 그 근본인 전상과 업상이
도리어(反) 6식과 7식 중에 있다고 말하겠는가?

【논論-28】육추六麤 ⇒ 표층의식

以有境界緣故 復生六種相 云何爲六,

一者智相 依於境界 心起分別 愛與不愛故.

二者相續相 依於智故 生其苦樂 覺心起念 相應不斷故.

三者執取相 依於相續 緣念境界 住持苦樂 心起著故.

四者計名字相 依於妄執 分別假名言相故.

五者起業相 依於名字 尋名取著 造種種業故.

六者業繫苦相 以依業受果 不自在故.

경계의 연緣617이 있는 까닭에 다시(復) 여섯 가지의 모습(相)이 생기는 것이니, 무엇이 여섯 가지인가?

첫째 지상智相: 경계로 말미암아 마음이 일어(起), 좋아하고(愛) 좋아하지 않는(不愛) 분별分別618을 하는 까닭이다.

---

617 인인이 직접조건이라면, 연緣은 간접조건을 뜻한다. 여기서의 연緣은 조건이 아닌 인식대상을 뜻한다.

618 지상智相의 지智는 바로 분별심을 말한다. 원래 지智는 지혜로 보통 좋은 의미로 사용되나 여기서는 사량思量 분별의 뜻으로 나쁜 의미로 사용된다. 분별은 차별을 말한다. 눈앞에 나타난 경계를 보고 제멋대로 좋아하고, 싫어하고, 미워하고, 사랑하고, 분노하고, 증오하는 등등의 사량 분별로 허망한 견해를 갖게 되는 것이다. 앞서 삼세三細의 아만我慢에서 한 생각이 마음을 움직여(心動) 본래의 밝은 지혜가 가려져 허망하게 분별하는 것이라 했다. 마음이 움직이지 않으면 분별 또한 생기지 않는다. 즉 눈앞에 나타나는 경계는 오직 마음의 움직임으로 허망한 것임을 알지 못하기 때문에 경계에 속아 분별한다는 것이다. 서산대사는 『선가귀감禪家龜鑑』에서 "평소에 이리저리 잔머리를 굴리는 것(計較)도 분별망념(識情)이며, 생사에 쉬지 않고 육도에 유전하는 것도 분별망념이

둘째 상속상相續相: 지상으로 말미암아 그에 대한 고락苦樂이 생기고, (고락을) 깨닫는 마음(覺心)이 망념[619]을 일으켜 (경계와) 상응하여 끊어지지 않는 까닭이다.

셋째 집취상執取相: 상속상으로 말미암아 망념의 경계에 반연하여, 고락苦樂에 주지住持[620]하여 마음이 집착을 일으키는 까닭이다.

넷째 계명자상計名字相: 망령된 집착(妄執)[621]으로 말미암아 거짓된 이름(名)이나 말(言)의 모습(相)을 분별하는 까닭이다.[622]

며, 무섭다고(怕怖) 벌벌 떨며(憧惶) 갈팡질팡하는(底) 것도 분별망념이다(尋常計較安排底 是識情, 隨生死遷流底 是識情, 怕怖憧惶底 是識情)"라고 했다. 분별망념으로 인해 집착하기 때문에 쉼 없이 고뇌하고, 육도에 윤회하고, 무서워 벌벌 떤다는 것이다.

619 여기서 망념은 지상智相의 지智, 즉 분별심을 말한다. 분별심과 경계가 서로 상응하여 마음에 들면 좋아하고, 집착하며, 마음에 들지 않으면 싫어하고, 괴로워하며 온갖 번뇌를 일으켜 더욱 미혹하게 되고 업을 쌓아 생사를 부단히 반복하게 되므로 상속상이라 한다. 상속하면서 좋은 것은 더욱 좋아하고, 싫은 것은 더욱 싫어하는 것을 집취상執取相이라 한다. 분별을 심화하여 경계에 더욱 집착하는 것을 말한다.

620 주지住持는 머물러 안주하여 떠나지 않는다는 뜻이다. 고苦를 싫어하는 것도 집착이다.

621 세상에는 영원한 것도, 영원할 것도 없는데 영원한 것으로, 영원할 것으로 믿는 것이 망집妄執이다. 육신도, 사랑도, 재물도, 명예도, 부귀도, 권력도 어느 것 하나 영원한 것은 없다. 영원한 것이 있다면 그것은 마음(心)이다. 어제의 마음이 오늘의 마음이고, 오늘이 마음이 내일의 마음이다. 불교에서의 불생불멸은 바로 마음을 두고 하는 말이다. 『기신론』은 바로 이 마음에 대한 공부이다.

622 망령된 집착(妄執)이 그려낸 경계도 허망한 것이지만, 거기에 이름을 붙이는 것은 더더욱 허망한 것이다.

다섯째 기업상起業相: 명자名字로 말미암아 이름을 찾고(尋) 집착(取著)하여 갖가지 나쁜 업을 짓는 까닭이다.[623]

여섯째 업계고상業繫苦相: 지은 업으로 말미암아 과보를 받아서 자재自在하지 못한 까닭이다.

【소疏-28-1】

次明麤相 於中亦二, 總標 別釋. 初言"以有境界緣"者, 依前現識所現境故. 起七識中六種麤相. 是釋經言 "境界風所動七識波浪轉"之意也.

다음으로 추상麤相을 밝힌다. 그 중에 두 가지가 있으니, 전체를 드러내는(總標) 추상과 추상의 6가지를 하나하나 풀이하였다(別釋). 처음에 "경계의 연緣이 있는 까닭에"라고 말한 것은, 앞의 현식現識이 나타낸 경계(現相: 境界相)로 말미암은 까닭에 7식識 중에 여섯 가지의 추상을 일으킨 것이니, 이는 『능가경』에서 "경계의 바람이 불어(動) 7식의 크고 작은 물결(波浪)이 이는(轉)"[624] 뜻을 말한 것이다.

【소疏-28-1-별기別記】

"以有境界緣故生六相"者, 前細相中 依能見現境界 非境界動能見. 此後六相 爲彼所現境界所動 非此六種能現彼境. 別義如是 通而言之, 彼亦還依自所現境. 此還能作自所依境. 今此論中 宜就別門 故言"有境界故 生六種相."

---

623 업을 짓는 것은 집취상과 계명자상으로 말미암는 것이다.

624 대정장 16권, 4권 『능가경』, p.484중 11~12행.

"경계의 연緣이 있는 까닭에 여섯 가지의 모습(相)이 생기는 것"이란, 앞의 세상細相 중에 능견(能見: 보는 주관)으로 말미암아 (보이는) 경계가 나타난 것이지, 경계가 능견을 움직인 것은 아니다. 이 뒤의 여섯 가지 상(六種麤相)은 저 나타난(現) 바의 경계(경계상)에 의하여 움직이는 것이지, 이 여섯 가지 상이 저 경계를 나타낼 수 있는 것은 아니다. 뜻을 나누어 설하자면(別義) 이와 같지만, 통틀어 말하면 저(능견상) 또한 오히려(還) 스스로 나타낸 경계에 의지하고, 이(여섯 가지)도 오히려 스스로 의지하는 경계(상)를 지을(作) 수가 있다. 지금 이 논에서는 마땅히 나누어 설하는(就別門) 까닭에 "경계의 연이 있는 까닭에 여섯 가지의 상이 생긴다"라고 말한 것이다.

【소疏-28-2】

次別釋中 初之一相 是第七識. 次四相者 在生起識. 後一相者 彼所生果也. 初言"智相"者, 是第七識麤中之始. 始有慧數分別我塵 故名智相. 如夫人經言, "於此六識及心法智 此七法刹那不住." 此言心法智者 慧數之謂也. 若在善道 分別可愛法 計我我所 在惡道時 分別不愛法 計我我所 故言"依於境界心起分別愛與不愛故"也. 具而言之 緣於本識 計以爲我, 緣所現境 計爲我所 而今此中就其麤顯 故說"依於境界心起." 又此境界不離現識 猶如影像不離鏡面. 此第七識直爾內向計我我所. 而不別計心外有塵 故餘處說還緣彼識.

다음의 별석 중 처음의 한 가지 상(智相)은 제7식識이고, 다음의 네 가지 상(상속상, 집취상, 계명자상, 기업상)은 생기식生起識에 있으며,

나머지(後) 한 가지 상(업계고상)은 저 앞의 5가지 상들이 낸 과보果報이다.

첫째(初) "지상智相"이라 함은 제7식이니, 추상麤相의 시작이다. 비로소 혜수慧數[625]가 있어서 나(我)와 경계(塵)를 분별하는 까닭에 지상智相이라고 이름한 것이니, 『승만부인경』에서 "이 6식과 심법지心法智에 이 칠법七法이 찰나도 머무르지 않는다"[626]라고 말한 것과 같다. 여기서 심법지라 말한 것은 혜수를 말하는 것이다. 만약 선도善道에 있다면 좋아할 법을 분별하여 나(我)와 내 것(我所)을 헤아리고(計),[627] 악도惡道에 있을 때에는 좋아하지 않는 법을 분별하여 나(我)와 내 것(我所)을 헤아리는 까닭에 "경계로 말미암아 마음이 일어(起) 좋아하고 좋아하지 않음을 분별하는 까닭이다"라고 말한 것이다. 갖추어 말한다면 본식(本識: 三細)에 반연하여 나(我)라고 헤아리고, 본식이 나타낸 경계에 반연하여 내 것(我所)이라고 헤아리지만, 이제 이 중에 추상이 나타나는 것을 따르는(就) 까닭에 "경계로 말미암아 마음이 일어난다(起)"고 말한 것이다. 또한 이 경계가 현식現識을 여의지 않는 것이 마치 영상影像이 거울의 면面을 여의지 않은 것과 같다. 이 제7식은 곧바로 안으로 향하여 나(我)와 내 것(我所)을 헤아리지만, 마음 밖에 경계(塵)가

---

[625] 혜수慧數는 심소법과 같은 의미다. 혜慧는 심소心所의 뜻이며, 수數는 개수가 여러 개라는 의미이다. 즉 심왕心王은 주체로서 하나이나, 심소는 객체인 경계가 여러 개라는 뜻이다.

[626] 대정장 제12권, 『승만사자후일승방편방광경』, p.222중 16~19행.

[627] 계計는 헤아리다, 판단, 분별, 차별, 구분하다의 뜻이다. 부정적인 의미로는 잔머리를 굴려 계산하다의 뜻이다.

있음을 따로 헤아리지 않는 까닭에 다른 곳에서는 오히려(還) 저 식(현식)을 반연한다고 설한 것이다.

【소疏-28-2-별기別記】

但就我執之境 故說緣識. 除我所執境 故不說亦緣境界

단지 아집我執의 경계만 따르는(就) 까닭에 현식現識에 반연攀緣한다고 설한 것이다. 나와 집착하는 경계는 제외한 까닭에 또한 경계에 반연한다고 설하지 않은 것이다.

【소疏-28-3】

問. 云何得知第七末那 非但緣識 亦緣六塵.

答. 此有二證 一依比量 二聖言量. 言比量者, 此意根必與意識同境 是立宗也. 不共所依故 是辨因也. 諸是不共所依 必與能依同境 如眼根等. 是隨同品言也. 或時不同境者 必非不共所依 如次第滅意根等 是遠離言也. 如是宗因譬喩無過 故知意根亦緣六塵也.

문기를, "제7 말나식末那識이 단지 아리야식만 반연할 뿐 아니라 또한 육진六塵도 반연한다는 것을 어떻게 알 수 있겠는가?"

답하길, "여기에는 두 가지의 증좌가 있으니, 하나는 비량比量[628]에 의지하는 것이고, 나머지는 성언량聖言量[629]에 의지하는 것이다. 비량이

---

628 비량(比量: anumāna): 이미 알고 있는 사실에 비추어(比) 미처 알지 못하는 사실을 추측하는 것이다. 예를 들면 연기가 일면 불(火)이 있을 것으로 추측하는 것 같은 것을 말한다.

란 이 의근意根이 반드시 의식意識과 경계를 같이하니, 이는 종宗을 세우는 것이다. 불공소의不共所依인 까닭에[629] 이는 인因을 변별한 것이다. 모든 이러한 '불공소의'가 반드시 능의能依[631]와 경계를 같이하니 안근眼根 등과 같다.[632] 이는 동품同品[633]을 따라 말한 것이다. 어떤 때는(或時) 근根과 식識이 경계와 같지 않다고 하면 반드시 '불공소의'가 아닌 것으로, 이는 차례대로 의근意根 등을 없애는 것과 같으니,[634] 이는 ('불공소의'에서) 멀리 떠난 말이다. 이와 같이 종宗, 원인因, 비유喩에 허물(過)이 없는 까닭에 의근 또한 육진에 반연함을 알아야 한다.

【소疏-28-3-별기別記】

若言此意與意識不必同緣者, 亦可眼與眼識不必同境. 但是不共所依故. 眼等識根既不得爾 無同類故 義不得成. 若言此意非不共依者,

---

629 부처님 말씀(聖言)에 의한 인식(量). 즉 부처님 말씀이니까(量) 무조건 믿는 것을 말한다.

630 불공소의不共所依는 서로 공통하지 않는 것과는 의지하지 않는다는 뜻이다. 즉 의근과 의식과 경계가 같다는 것(宗)으로 비량比量하면, 안식眼識은 안근眼根에만 의지하고, 이식耳識은 이근耳根에만 의지하여야 하며 다른 근根에는 의지하면 안 된다.

631 여기서는 의식을 말하며 의근意根과 같음을 말한다.

632 여기서 안근 등과 같다는 것은 안근만 아니고, 안근을 비롯한 육근六根과 육식六識과의 관계를 말한 것이다.

633 인도에서 행해지던 논리학에서 명제인 종宗을 주장하는 이유로서 제시한 원인(因)이 종宗에 합당하면 동품同品, 합당하지 않으면 이품異品이라 한다.

634 의근意根만 없애는 것이 아니라, 육근과 육식을 없애는 것을 말한다.

則無不共依識不應起. 如眼識等 只是自敎相違過失. 如佛經說, "眼不
壞故 眼識得生. 乃至意不壞故 意識得生" 乃至廣說 又論說 "此不共依"
故知此意. 但緣於識 不緣餘境 是義不成.

만약 이 의근意根과 의식意識이 반드시 (경계를) 똑같이 반연하지
않는다고 말한다면, 또한 안근眼根과 안식眼識도 반드시 같은 경계를
반연하지 않으니, 이는 단지 의근意根과 안식(眼)은 불공소의不共所依
이기 때문이다. 안眼 등의 식識과 근根은 이미 경계를 같이 할 수
없으니, 동류同類가 아닌 까닭에 뜻이 성립되지 않는다. 만약 이 의근意
根이 '불공소의'가 아니라고 말한다면 (의식은) 불공의不共依가 없을
것이니, 의식이 일어나지 않을 것이며, 이는 안식 등에서도 같은 것이
니, 다만 이것은 자교상위自敎相違[635]의 과실이다. 이는 불경[636]에서
"안근眼根이 없어지지(壞) 않는 까닭에 안식眼識이 생길 수 있으며,
나아가 의근意根이 없어지지(壞) 않는 까닭에 의식이 생긴다"라고 설하
며, 나아가 자세히 설하는 것과 같다. 또한 논論[637]에서 설하기를 "이는
불공의"라 하는 까닭에 이 의근意根이 단지 식識에만 반연하고, 나머지
경계(육진)에는 반연하지 않는다고 한다면 이 뜻은 성립되지 않음을
알아야 한다.

---

635 스스로 내세운 주장과 교리가 서로 어긋나는 것을 말한다.
636 어떤 경經인지 전거가 불분명하다.
637 '차론此論' 또는 '논論'이라 하면 보통 『기신론』을 의미하나, 여기서는 어떤
　　논인지 전거가 불분명하다.

【소疏-28-4】

若依是義, 能依意識緣意根時, 所依意根亦對自體 以有自證分故無
過. 亦緣自所相應心法 以無能障法故得緣. 諸心心所法皆證自體 是
故不廢同一所緣. 此義唯不通於五識 依色根起不通利故. 但對色塵
非餘境故

만약 이 뜻에 의하면, 능의能依인 의식이 의근을 반연할 때 소의所依인
의근 또한 자체를 상대하니, 스스로 증명하는 능력(自證分)이 있는
까닭에 허물(過)이 없다. 또한 의근 스스로 주主와 객客으로 상응하는
심법心法을 반연하니, 장애할 만한 법이 없는 까닭에 반연할 수 있다.
모든 심心과 심소법心所法이 다 자체를 증명하니, 시고로 동일하게
반연하는 것을 없애지(廢) 아니한다.[638] 이 뜻은 오직 오식五識에는
통하지 않으니, (오식은) 색근色根으로 말미암아 일어나서 두루 통하지
않는 까닭에 단지 색의 경계(色塵)에만 상대하고 나머지 경계는 상대하
지 않는 까닭이다.

【소疏-28-4-별기別記】

莊嚴論云, "已說求染淨, 次說求唯識. 偈曰, 能取及所取 此二唯心光.
貪光及信光 二光無二法. 釋曰, 上半者, 求唯識人應知能取所取唯是
心光. 下半者, 如是貪等煩惱光 及信等善法光. 如是二光 亦無染淨二
法. 何以故. 不離心光 別有貪等信等染淨法故."

『장엄론莊嚴論』에 이르기를 "이미 염정染淨을 구하는 것을 설하였으니,

---

[638] 의근과 의식이 다 같이 육진(경계)을 반연한다. '불공소의'와 같은 의미다.

다음은 오직(唯) 식識을 구하는 것을 설하겠다. 게송에 이르기를, 능취能取와 소취所取 이 둘은 오직 마음의 빛(心光)이다. 탐광(貪光: 탐욕의 빛)과 신광(信光: 믿음의 빛) 이 두 광光은 두 법이 아니다. 풀이(釋)하기를, 위의 반절은 오직 식識을 구하는 사람은 능취와 소취가 오직 심광心光임을 알아야 하며, 아래의 반절은 이와 같이 탐욕(貪) 등의 번뇌광과 믿음(信) 등의 선법광善法光으로, 이와 같은 두 광光은 또한 염染과 정淨의 두 법이 없다는 것이다. 어째서 그런가? 심광을 여의고 따로 탐욕(貪) 등과 같은 염법染法이나 믿음(信) 등과 같은 정법淨法이 없기 때문이다"[639]라고 하였다.

以此文證, 故知諸心數法 亦爲心光所照 故不離心光. 以不離心光 故卽是心光也. 如鏡中像 鏡光所照. 是故此像不離鏡光. 以不離故, 卽是鏡光. 當知此中道理亦爾. 然雖似影像 無別本法所不緣者. 設有本法心數 異影像心數者, 則同一所緣之義不成故.

이러한 글로 증명되는 까닭에 모든 심수법心數法[640] 또한 심광이 비추는 까닭에 심광을 여의지 않고, 심광을 여의지(離) 않는 까닭에 곧 심광인 것을 알아야 한다. 마치 거울 속의 형상이 거울 빛에 의해 비추어진 것과 같다. 시고로 이 거울 속의 형상이 거울 빛을 여의지 않고, 여의지 않은 까닭에 곧 거울 속의 형상이 거울 빛인 것이다. 이 중中의 도리道理

---

639 대정장 제31권, 『대승장엄론大乘莊嚴論』, p.613중 8~15.

640 의식 작용의 본체를 심왕心王이라 하며, 대상(경계)을 인식하는 심왕의 종속從屬으로 일어나는 정신작용을 심수心數라 한다.

또한 그러함을 알아야 한다. 그러나 비록 가짜(似)[641] 영상(似影像)일지라도, 달리 본법에 반연하지 않는 것이 없다. 가령(設) 본법의 심수心數가 영상의 심수와 다른 것이라면, 곧 동일한 소연所緣의 뜻은 성립되지 않는 까닭이다.

【소疏-28-5】

聖言量者有經有. 金鼓經言, "眼根受色 耳根分別聲 乃至意根分別一切諸法" 大乘意根 卽是末那 故知徧緣一切法也. 又對法論十種分別中言, "第一相分別者 謂身所居處所受用義. 彼復如其次第 以諸色根器世界色等境界爲相. 第二相顯現分別者 謂六識身及意 如前所説取相而顯現故." 此中五識 唯現色等五塵, 意識及意 通現色根及器世界色等境界. 設使末那不緣 色根器世界等 則能現分別 唯應取六識 而言 "及意." 故知通緣也. 且置傍論 還釋本文

성언량聖言量이란 경經에 있는 것이니, 『금고경金鼓經』에서 "안근眼根은 색色을 받아들이고, 이근耳根은 소리(聲)를 분별하며, 이어 의근意根은 일체의 모든 법을 분별한다"[642]고 말하니, 대승의 의근은 곧 말나末那인 까닭에 (말나식이) 일체의 법을 두루 반연함을 아는 것이다. 또 『대법론對法論』의 십종분별十種分別 중에 "첫째 상분별相分別이란 몸의 거처하는 곳과 수용하는 바의 뜻을 말하는 것이니, 그 또한 그 차례(次

실제는 없으나, 마음속으로 상상한, 그래서 사이비의 의미다. 거짓으로 존재한다는 것이다.

642 대정장 제16권, 『금광명경金光明經』, p.340상 16~18행.

第)로 모든 색근色根과 기세계器世界[643]의 색色 등의 경계로 상相을 삼는
다. 두 번째 상현현분별相顯現分別이라는 것은 6식의 몸(身)과 7식의
의意를 말하는 것이니, 앞서 말한 바와 같이 상을 취해 드러내는(顯現)
까닭이다"[644]라고 말하였다. 이 중 오식(五識: 안이비설신)은 오직 색,
소리, 냄새 등등의 다섯 가지 경계(塵)만을 나타내고, 의식과 의(근)는
색근色根과 기세계의 색 등의 경계를 통틀어 나타낸다. 설사 말나(末那:
7식)가 색근이나 기세계 등등을 반연하지 않고, 능히 분별을 나타내어
오직 6식만을 취할지라도 "육식신급의六識身及意"라고 말한 까닭에
통틀어 반연함을 알 수 있다. 우선 방론(傍論: 곁가지)은 차치하고,
다시 본문으로 돌아가 풀이하겠다.

第二相續相者, 是生起識識蘊. 是麤分別 徧計諸法得長相續. 又能起
愛取 引持過去諸行不斷. 亦得潤生 能令未來果報相續. 依是義故名
"相續相" 不同前說"相續心"也. "依於智"者 依前智相爲根所生故. 所依
是細 唯一捨受. 能依是麤 具起苦樂 故言"生起苦樂"也. 又所依智相
內緣而住 不計外塵 故是似眠. 此相續識徧計內外 覺觀分別 如似覺
悟. 以之故言"覺心起念""起念"卽是法執分別. 識蘊與此麤執相應徧
馳諸境 故言"相應不斷故"也.

두 번째 상속상相續相이란 생기식生起識이요, 식온識蘊[645]이다. 이는

---

643 기세간器世界, 즉 모든 중생이 살고 있는 국토 세계를 말한다.
644 대정장 제31권, 『대승아비달마잡집론』, p.764중 1～4행.
645 식온識蘊은 의식, 즉 마음을 나타낸다. 색온色蘊은 물질, 수온受蘊은 감각,
   상온想蘊은 표상, 행온行蘊은 의지를 나타낸다. 이 같은 오온五蘊은 실체가

거친(麤) 분별로 두루(遍) 모든 법을 헤아려(計) 길게 상속하는 것이다. 또한 능히 애취(愛取: 좋아하여 취하는 것)를 일으켜 과거의 모든 행위를 끌어들여(引持) 끊어지지 않게 하며, 또한 윤회로 태어나(潤生) 미래로 과보가 상속하게 하니, 이러한 뜻으로 말미암아 상속상이라고 이름하며, 이는 앞서 말한 상속심相續心과는 같지 아니하다. "지智로 말미암아(依於智)"란 앞의 지상智相으로 말미암아 의근意根이 생기는 까닭에 소의所依[646]인 세상(細相: 미세한 모습)은 오직 한결같이(唯一) 즐겁지도 괴롭지도 않으며(捨受),[647] 능의能依인 추상(麤相: 거친 모습)은 괴로움(苦)과 즐거움(樂)을 함께 일으키는 까닭에 "고락苦樂을 일으킨다"고 말하는 것이다. 또한 소의인 지상智相은 안으로 반연하여 머무르고 바깥 경계는 헤아리지(計) 않는 까닭에 잠자는 것과 같다. 이 상속식은

없으나, 이를 실체實體로 받아들여 망념妄念을 일으킨다고 한다. 예를 들어 꽃을 보고 아름답다고 느낄 때, ① 보는 나(色蘊), ② 느끼는 나(受蘊), ③ 생각하는 나(想蘊), ④ 행동하는 나(行蘊), ⑤ 의식하는 나(識蘊)가 있어서 보고, 느끼고, 생각하고, 행동하고, 의식한다고 생각한다. 그러나 보고, 느끼고, 생각하고, 행동하고, 의식하지 않을 때는 '나'라는 생각이 아예 없는 것이다. 따라서 이 다섯 가지의 나(我)는 '불변의 고정된 실체'가 없는 무상無常한 것이다. 즉 이 다섯 가지 요소(五蘊)가 모여서 사람을 이루고 있는 것이 아니라, 우리가 허망한 생각으로 '나'라고 집착하는 다섯 가지 망상을 오온이라 한 것이다. 이를 불서佛書에서는 "오온은 무상하다, 무아無我다"라고 한 것이다.

646 유식唯識에서 인식이 생겨나는 근거, 원인, 대상을 소의所依라 하고, 인식하는 주체를 능의能依라 한다.

647 외부의 경계에 대해 감각적으로 괴롭거나(苦) 즐겁지도(樂) 않은 상태(不苦不樂受), 또는 선도 악도 아닌 그래서 특별히 기록할 만한 것이 없다 해서 무기無記이다.

두루 안과 밖을 헤아려 각관覺觀[648]하고 분별함이 마치 깨달은(覺悟)
것 같다. 그러한 까닭에 "각심覺心이 망념을 일으킨다"고 말한 것이니,
"망념을 일으킨다(起念)"는 것은 곧 법집분별法執分別이다. 식온識蘊이
거친 집착과 상응하여 두루 모든 경계로 치닫는(馳) 까닭에 "(경계와)
상응하여 끊어지지 않는 까닭이다"라고 말한 것이다.

第三執取相者, 卽是受蘊. 以依識蘊 分別違順 領納苦樂. 故言"依於相
續乃至住苦樂"等也. 第四計名字相者, 卽是想蘊. 依前受蘊 分別違順
等名言相. 故言"依妄執乃至名言相故"也. 第五起業相者 卽是行蘊.
依於想蘊所取名相 而起思數造作善惡. 故言"依於名字乃至造種種業
故"也. 第六業繫苦相者, 依前行蘊所造之業 而受三有六趣苦果. 故言
"依業受果不自在故"也.

세 번째 집취상執取相이란 곧 수온受蘊이니, 식온識蘊으로 말미암아
좋고(違) 싫음(順)을 분별하여 고락苦樂을 받아들이는(領納) 까닭에
"(분별하는 마음이) 상속함으로 말미암아 나아가(乃至) 고락에 머무른
다"고 말한 것이다.
　네 번째 계명자상計名字相이란 곧 상온想蘊이니, 앞의 수온受蘊으로
말미암아 좋다(違) 싫다(順) 등의 이름(名)이나 말(言)의 상을 분별하
는 까닭에 "망령된 집착으로 말미암아 이름(名)이나 말(言)의 상을
분별하는 까닭이다"라고 말한 것이다.

---

648 각覺은 총체적으로 사유하는 마음작용이고, 관觀은 미세하게 관찰하는 마음작
　용을 말한다.

다섯 번째 기업상起業相이란 곧 행온行蘊이니, 상온想蘊이 취한 명상名相으로 말미암아 사수(思數: 업의 작용)를 일으켜서 선과 악을 조작造作하는 까닭에 "명자名字로 말미암아 나아가(乃至) 갖가지 업업業을 짓는 까닭이다"라고 말한 것이다.

여섯 번째 업계고상業繫苦相이란 앞의 행온行蘊이 지은 업으로 말미암아 삼유三有[649]와 육취六趣[650]의 고통스런 과보를 받는 까닭에 "업으로 말미암아 과보를 받아 자유자재하지 못한 까닭이다"라고 말한 것이다.

【논論-29】 무명이 일체염법을 생한다

當知無明能生一切染法, 以一切染法 皆是不覺相故.

마땅히 알라. 무명이 능히 일체의 염법染法을 생생生生할 수 있으니, 일체의 염법은 다 불각不覺의 모습(相)인 까닭이다.

【소疏-29】

第三總結. 如前所說六種麤相, 依於現相所現境起, 三種細相親依無明. 如是六三總攝諸染 是故當知無明住地, 能生一切染法根本. 以諸染相雖有麤細 而皆不覺諸法實相 不覺之相是無明氣. 故言"一切染法 皆是不覺相"故. 第二依義別解 有三分內 第一略明功能. 第二廣顯體相 如是二分竟在於前.

---

649 욕계欲界와 색계色界와 무색계無色界의 삼계三界를 말한다.

650 업에 따라 윤회하는 육도六道, 즉 지옥, 아귀餓鬼, 축생畜生, 아수라阿修羅, 인간, 천상天上을 말한다.

세 번째는 총결總結이다. 앞에서 설한 바와 같이 여섯 가지의 추상(麤相: 거친 모습)은 현상(現相: 경계상)으로 말미암아 나타난 경계에 의하여 일어나고, 세 가지의 세상(細相: 미세한 모습)은 바로 무명으로 말미암아 일어나나니, 이와 같이 육추상과 삼세상이 모든 염법을 다 아우른다(總攝). 이와 같은 까닭에(是故) 무명無明이 머무르는 자리(住地)가 능히 일체 염법을 생생하는 근본임을 알아야 한다. 모든 오염된 모습(染相)에는 비록 거친(麤) 것과 미세한(細) 것이 있으나, 다 제법의 실상을 깨닫지 못한 것이니, 불각不覺의 모습(相)이 바로 무명의 기운이다. 고故로 "일체의 염법이 다 불각의 모습이다"라고 말한 것이다. 두 번째 뜻(義)에 따라 나누어(別) 풀이한(解) 것에 세 부분이 있는데, 첫째는 간략하게 공능功能을 밝혔고(明), 두 번째는 자세하게 체상體相을 드러냈으니, 이와 같은 두 부분은 앞에서 설하여 마친다.

【논論-30】 각과 불각의 동이同異

復次覺與不覺有二種相. 云何爲二, 一者同相. 二者異相. 言同相者, 譬如種種瓦器 皆同微塵性相. 如是無漏無明種種業幻, 皆同眞如性相. 是故脩多羅中, 依於此眞如義故說 "一切衆生本來常住入於涅槃菩提之法. 非可修相非可作相 畢竟無得. 亦無色相可見而有見色相者, 唯是隨染業幻所作 非是智色不空之性 以智相無可見故" 言異相者, 如種種瓦器 各各不同. 如是無漏無明 隨染幻差別 性染幻差別故.

다시 각覺과 불각不覺에 두 가지 모습(相)이 있으니, 무엇이 두 가지인

가? 첫째는 동상同相이고, 둘째는 이상異相이다.[651] 동상이란, 비유컨대
갖가지 질그릇(瓦器)이 다 같은 미진(微塵: 미세한 티끌)의 성품(性)과
모습(相)인 것을 말한다. 이와 같이 무루(無漏: 覺)[652]와 무명(無明: 不覺)의
갖가지 업환業幻[653]도 다 같은(同) 진여眞如 성품(性)의 모습(相)인 것이
다.[654] 시고是故로 수다라(經) 중에, 이 진여[655]의 뜻에 따라 "일체중생이
본래 (오랜 옛날부터) 열반과 보리의 법(菩提之法)에 상주常住하여 들어
(入) 있는 것이니, 이는 닦을(修) 수 있는 것(相)도 아니며, 지을(作)
수 있는 것도 아닌지라 끝내(畢竟) 얻을 것도 없는 것이다.[656] 또한

---

651 동상同相은 깨달음(覺: 부처)과 깨닫지 못함(不覺: 중생)은 근본적으로 같다(부
처)는 것이고, 이상異相이란 깨달음(覺)과 깨닫지 못함(不覺)이 근본적(實相)으
로는 같으나 드러난 모습(現相)이 다르다는 것이다. 이는 갖가지 질그릇들의
원재료가 흙이라는 점에서 본체本體상으로는 같으나(同相), 각기 나타난 화병花
瓶, 옹기甕器 등등의 모습들이 현상現相상으로는 다른 것과 같다. 바닷물과
파도의 관계도 이와 같다.

652 무루無漏는 번뇌(漏)를 여읜(無) 것이니, 본각本覺의 청정한 법을 말한다.

653 업환業幻은 오염되어 미혹한 업의 환영幻影인 것이다. 환영은 실상實相이 아니므
로 갖가지 차별상을 보이는 것이다.

654 무루와 무명은 진여의 체상體上에서 현현顯現하는 차별상差別相이나, 진여
자체의 차별상이 아니다. 진여 자체는 일미평등한 오직 한 모습(一心)인 것이다.

655 진여眞如란 깨달음(覺)과 깨닫지 못함(不覺)을 다 아우르는 말로, 진여의 성품이
미치지 않는 곳이 없다.

656 닦을 것도, 지을 것도 없으므로 따로 얻을 것도 없다. 이를 『반야심경』에서는
"무지역무득無智亦無得 이무소득고以無所得故"라고 했다. 이는 오랜 옛날부터
이미 열반과 보리의 법에 들어 상주하고 있기 때문이다. 결국 열반과 보리의
법은 따로 존재하는 것이 아니며, 불각과 윤회의 다른 모습이 열반과 보리인
것이다. 그러므로 따로 얻을 것도 없는 것이다.

어떠한 색상色相[657]도 가히 볼 수 없으나, 색상을 본다고 하는 것은 오직 염법[658]에 따라 업환業幻이 지은 것일 뿐(본체는 아니다), 지색智色[659]이 불공不空의 성품은 아니다.[660] 이는 지혜의 모습(智相: 本覺)은 따로 볼 수 있는 것이 아닌(無可見) 까닭이다"라고 설하였다. 이상異相이란 갖가지 질그릇이 각각 같지 않은 것처럼, 이와 같이 무루(無漏: 진여)와 무명(無明: 번뇌)은 염환을 따라(隨染幻) 나타나는 차별상이며, 진여의 성품이 오염되어 미혹하므로(性染幻) 생기는 차별상인 것이다.[661]

【소疏-30-1】

第三明同異相. 此中有三 總標 列名 次第辨相. 辨相之中 先明同相

---

657 여기서 색상色相이란 진여의 형상形象을 말한다.

658 염染이란 집착과 애욕을 말한다. 집착과 애욕에 따라 나타난 허상이 업환業幻인 것이다.

659 지색智色은 지혜의 모습(智相)과 같은 의미이다. 색色은 상象을 말한다.

660 제불諸佛의 형상과 색色은 중생의 오염된 업에 따라 허망한 마음에 나타날(虛華 또는 空華) 뿐, 본각本覺의 여실불공如實不空의 성품에 형상과 색色이 있는 것은 아니다. 본각의 지혜(진여)는 모양이나 색깔 같은 형상이 없어서 볼 수 있는 것이 아닌 까닭이다. 불공은 여실불공을 말한다.

661 진여본각은 성품이 청정한 부증불감의 성정본각性淨本覺이나, 염染을 따라 동動하는 수염본각隨染本覺의 성질로 말미암아 무명無明과 무루無漏의 모습이 있게 되는 것이다. 그러나 무루와 무명은 업환業幻으로 말미암아 드러난 진여본각의 서로 다른 모습(差別相)인 것이다. 무루는 염染을 따르는 '수염환차별隨染幻差別'이며, 무명은 성性이 오염된 '성염환차별性染幻差別'인 것이다. 각覺의 동상動相과 이상異相이라 함은 내재한 성性의 측면에서는 같은 모습의 동상이며, 드러난 상相의 측면에서는 다른 모습의 이상인 것이다.

於中有三. 一者引喩 二者合喩 三者引證. 第二中言"無漏"者, 本覺始
覺也. "無明"者, 本末不覺也. 此二皆有業用顯現 而非定有 故名"業
幻." 第三中言"本來常住入涅槃菩提法"者, 如大品經言, "以是智慧斷
一切結使 入無餘涅槃 元是世俗法 非第一義. 何以故 空中無有滅 亦無
使滅者 諸法畢竟空 卽是涅槃故." 又言"何義故爲菩提. 空義是菩提
義. 如義 法性義 實際義 是菩提義. 復次諸法實相 不誑不異 是菩提
義故."

세 번째는 동상과 이상을 밝혔다. 이 중에 세 가지가 있으니, 전체를
드러낸 총표와 이름을 열거한 열명列名과 차례대로 상을 분별한 변상辨
相이다. 상을 분별하는 중에 먼저 동상을 밝혔으니, 그 중에 세 가지가
있다. 첫째는 비유를 인용하였고, 둘째는 비유를 결합하였고, 셋째는
인용하여 증명하였다.[662] 두 번째 중에 "무루無漏"란 본각과 시각이고,
"무명無明"이란 근본불각과 지말불각이다. 이 두 가지 모두 업의 작용(業
用)으로 나타난(顯現) 것일 뿐 정해져 있는 것은 아닌 까닭에 "업환業幻"
이라 이름한 것이다. 세 번째 중에 "본래 열반과 보리의 법에 상주常住하
여 들어(入) 있다"라고 말한 것은, 『대품경』에서 "이 지혜로써 일체의
번뇌(結使)를 끊고, 무여열반無餘涅槃에 들어가는 것은 원래 세속법이
지 제일의第一義는 아니다. 어째서인가? 공空에는 멸할 것이 없고

---

662 다섯 개의 명제로 구성된다 해서 오분작법五分作法 또는 오지작법五支作法이라
하는 논식論式에서 명제는 종宗, 인因, 유喩, 합合, 결結인데, 이 가운데 '종'과
'결'은 똑같은 명제이고, 서양 논리학의 결론에 해당한다. '인'은 소전제에,
'유'는 대전제에 해당하고, '합'은 종, 인, 유의 결합이다.(참조: 네이버지식백과,
한국민족문화대백과, 한국학중앙연구원)

또한 멸하게 할 것도 없으니, 모든 법이 끝내(畢竟)는 공이며 곧 열반인 까닭이다"663라고 말하고, 또 "어떤 뜻으로 말미암아 보리가 되는가? 공의 뜻이 보리의 뜻이며, 또한 여如의 뜻과 법성法性의 뜻과 실제實際의 뜻이 보리의 뜻이다. 다시 제법실상이 속이거나(誑) 다르지(異) 않는 것이 바로 보리의 뜻인 까닭이다"라고 말한 것과 같다.

當知此中約於性淨菩提 本來清淨涅槃. 故諸衆生本來入也. "非可修相"者, 無因行故. "非可作相"者, 無果起故. "畢竟無得"者 以無能得者 無得時無得處故 "亦無"以下 猶是經文 而非此中所證之要. 但是一處相續之文 是故相從引之而已.

이 중에 맑은 성품의 깨달음(性淨菩提)과 본래 청정한 열반으로 말미암은 까닭에 모든 중생이 본래부터 (열반과 보리의 법에) 들어 있음을 알아야 한다. "닦을 수 있는 것(相)도 아니다"라는 것은 닦을 만한 인행因行이 없는 까닭이며, "지을 수 있는 것(相)도 아니다"라는 것은 과보가 일어남이 없는 까닭이며, "끝내(畢竟)는 얻을 것도 없다"라는 것은 얻을 수 있는 것이 없어서 얻을 때도 없고, 얻을 곳도 없는 까닭이다. "역무亦無" 이하는 물론(猶) 경의 글이지만 여기서 증명할 만큼 중요한 것은 아니며, 단지 한 곳에 서로 이어진 글이다. 이런 까닭으로 서로 따라서(相從) 인용하였을 뿐이다.

明異相中 先喩後合. 合中言"隨染幻差別"者, 是無漏法. "性染幻差別"

者, 是無明法. 何者. 本末無明違平等性. 是故其性自有差別. 諸無漏
法順平等性 直置其性應無差別. 但隨染法差別之相 故說無漏有差別
耳. 謂對業識等染法差別 故說本覺恒沙性德. 又對治此諸法差別 故
成始覺萬德差別

이상異相을 밝히는 중에, 먼저 비유하고 나중은 결합合하니, 결합한
가운데 "수염환차별隨染幻差別"이란 무루법이고, "성염환차별性染幻差
別"이란 무명법이니, 어째서인가? 근본무명과 지말무명은 평등한 성품
에 어긋나는 까닭에 그 성품에는 스스로 차별이 있으며, 모든 무루법은
평등한 성품을 따르니 바로 그 본성에는 마땅히 차별을 두지 않는다.
단지 염법의 차별된 모습을 따르는 까닭에 무루無漏의 차별이 있다고
설하는 것이다. 업식業識 같은 염법의 차별을 대하는 것을 말하려는
까닭에 본각本覺에 갠지스 강의 모래알만큼이나 많은 성공덕이 있음을
설하였고, 또한 이 모든 법의 차별을 대치對治하는 까닭에 시각始覺에
만 가지 덕의 차별이 이루어짐을 설하는 것이다.

【소疏-30-1-별기別記】

是故無漏 但隨彼染而有差別 不由自性有差別也.

시고是故로 무루는 단지 저 염법을 따라 차별이 있을 뿐이지, 무루의
자성自性으로 말미암아 차별이 있는 것이 아니다.

【소疏-30-2】

然如是染淨 皆是相待 非無顯現 而非是有 是故通名"幻差別"也. 上來

廣釋立義分中是心生滅竟在於前.

그러나 이 같은 염染과 정淨이 다 서로 의지하여 나타남이 없지 않으나, 실제로 있는 것이 아닌 까닭에 통틀어 "환차별幻差別"이라고 이름한 것이다. 위에서부터 자세히 풀이한 '입의분立義分' 중 '심생멸心生滅'을 앞에서 설하여 마친다.

② 생멸의 인연因緣

此下第二釋其因緣. 於中有二. 先明生滅依因緣義. 後顯所依因緣體相. 初中亦二. 總標, 別釋.

이 아래는 두 번째 그 인연(심생멸의 인연)을 풀이한 것으로, 이에는 두 가지가 있으니, 먼저는 생멸이 인연으로 말미암는 뜻을 밝히고, 다음은 말미암는(所依) 인연의 체體와 상相을 밝혔다. 처음에는 또한 두 가지가 있으니, 총표와 별석이다.

【논論-31】 생멸의 인연因緣

復次 生滅因緣者, 所謂衆生 依心, 意 意識轉故.

다시 생멸인연[664]이란, 소위 중생이 마음(心)[665]으로 말미암아(의지하여)

---

[664] 생멸인연이란 불생불멸의 진여의 마음(眞心)에서 어떠한 인연因緣으로 생멸의 망령된 마음(妄心)이 일어나는가에 대한 설이다. 진심眞心은 불생불멸이라 생멸이 없으며, 본래 일미평등一味平等하고 원융圓融한 지혜와 자비의 광명을 두루 갖추고 있으나, 이를 자각하지 못하고, 한 생각에 망념妄念이 일어 진심眞心 을 오염(薰習)시키면, 지혜와 자비의 광명을 가리게 되어 생멸生滅의 마음(망심)

의의意[666]와 의식意識[667]이 일어나는(轉)[668] 까닭이다.[669]

이 일어나게 된다. 이를 무명無明이라 한다. 무명이 진심을 오염시켜 망심이 일어나게 할 수 있는 것은, 진여에 무명의 연緣을 따라 동動하는 성질이 있는 까닭이다. 이를 수연진여隨緣眞如라 한다. 이렇게 진여가 인因이 되고, 무명이 연緣이 되어 진여가 동動하면 8식識인 아리야식을 일으키는데, 업식業識, 전식轉識, 현식現識이 여기에 속한다.

진여, 무명, 망경계, 아리야식은 ①진여를 인因, 무명을 연緣으로 하여 아리야식을, ②무명을 인, 진여를 연으로 하여 아리야식을, ③무명을 인, 망경계를 연으로 하여 아리야식을, ④아리야식을 인, 진여를 연으로 하여 무명을 생하는 관계에 있다.(참조: 오고산, 『대승기신론강의』, 보련각, 1977)

665 심心은 제8아리야식으로, 진여가 무명無明을 곁들인 마음(진여+무명)을 말한다. 【논論-17】에서 "여래장으로 말미암은(依) 까닭에(故) 생멸심이 있는 것이니, 소위 불생불멸(不生不滅: 眞)이 생멸(生滅: 妄)과 화합하여, 같은 것도 아니고(非一) 다른 것도 아닌 것(非異)을 일러 (진여라 하지 못하고) 아리야식阿梨耶識이라 한다"고 하였으니, 아리야식은 '진망화합식眞妄和合識'이다. 이는 『기신론』에서의 '아리야식'에 대한 정의이다.

666 의의意는 제7말나식으로, 지식, 상속식을 말하며, 제8식인 업식, 전식, 현식과 합하여 오의五意라 한다. 여래장은 본래 불생불멸이지만 경계(대상)에 반연하여 생멸하는 것은 의意이고, 의意로 말미암아 미혹迷惑을 일으켜 업業을 짓는 것은 의식意識이다. 경계(대상)에 대한 분별과 집착으로 견애번뇌를 일으키는 망념(망식)은 의意로써 설명하고, 망념으로 견애번뇌를 일으켜 업을 짓는 것을 의식意識이라고 한다. 견애번뇌는 견혹見惑과 사혹思惑이다.

667 의식意識은 제6식을 말한다. 보통 식識이라 하면 의식을 말하지만, 의식이 때론 의意와 식識을 뜻하는 경우도 있다.

668 여기서 전轉은 기起 또는 생生의 뜻이다.

669 심心·의意·식識에 대해 부처님은 『잡아함경 35, 삼정사경三正士經』에서 "비구들아, 이 마음(心)과 이 뜻(意)과 이 의식(識)으로 마땅히 이렇게 사유하고, 이렇게 사유하지는 말라(比丘. 此心, 此意, 此識, 當思惟此, 莫思惟此)"라고 설했으나,

【疏疏-31】

初中言"因緣"者, 阿黎耶心體變作諸法 是生滅因. 根本無明熏動心體
是生滅緣. 又復無明住地, 諸染根本起諸生滅 故說爲"因." 六塵境界
能動七識波浪生滅 是生滅"緣." 依是二義以顯"因緣." 諸生滅相聚集

더 이상의 설명이 없어 세 가지가 그 본질(體, 性)은 하나라는 것 외에 차이점은
확인할 수 없다.(참조: 구나발타라 한역, 『잡아함경雜阿含經』, 동국역경원)
부파불교의 설일체유부 논사인 세우世友는 『아비달마품류족론』에서 "마음(心)
이란 심의식心意識으로, 이를 육식신六識身이라 하니, 곧 안식, 이식, 비식,
설식, 신식, 의식을 말한다(心云何, 謂心意識. 此復云何, 謂六識身. 卽眼識耳識鼻識
舌識身識意識)"라고 정의하고 있다.(참조: http://www.cbeta.org/index.php,
中國電子佛典協會)
부파(소승)불교에서는 ① 각종 마음작용(심소법)을 비롯한 신身, 구口, 의意
3업三業을 쌓고 일으키는 집기集起의 작용으로서의 심心과 ② 이전까지 쌓은
원인(業)을 바탕으로 현재의 인식대상에 대해 생각하고 헤아리게 하는 사량思量
의 작용으로서의 의意와 ③ 사량思量을 바탕으로 대상을 인식하고, 요별(了別:
앎)하고 분별하는 작용으로서의 식識이 모두 마음(심왕, 심법), 즉 6식의 한
측면이나 상태일 뿐이라고 보았다.
대승불교에서는 이 같은 부파불교의 견해에 동의하지 않고, 마음을 세분하여
8식으로 나눠 제6식은 부파불교에서 사용하는 이름을 그대로 사용하여 의식意
識이라 명名하지만, 의意와 심心에 대해서는 별도의 이름을 부여하여 각각
제7말나식과 제8아뢰야식이라 명한다.(참조: 인터넷 위키백과)
이와 같이 심의식의 사상은 원시불교에서 시작하고, 소승불교에서 더욱 발전하
며, 대승불교에 들어와서는 유식학적인 팔식사상의 발달에 기초가 된다. 즉
심心은 아리야식이라고 하고, 의意는 말나식末那識이라 하며, 식識은 안眼,
이耳, 비鼻, 설舌, 신身, 의意 등 육식六識이라 하는 등 심의식을 각각 팔식八識에
배정하여 대승적인 유식사상으로 발전시킨 것이다.(참조: 오형근, 「유식학과
인간성」, 『월간불광 125호』, 불광출판사)

而生 故名"衆生" 而無別體. 唯依心體 故言"依心." 卽是黎耶自相心也.
能依衆生 是意意識 以之故言"意意識轉"

처음에 말한 "인연因緣"이란 아리야식의 심체(心體: 마음의 바탕)가
변하여 모든 법을 짓는(作) 것으로 생멸의 인因이며, 근본무명이 심체心
體를 훈습하여 움직이게 하니 생멸의 연緣이다. 또한 무명이 머무르는
자리(住地)가 모든 염법染法의 근본으로 모든 생멸을 일으키는 까닭에
"인因"이라고 말하는 것이다. 바깥의 여섯 경계(六塵)는 능히 7식識을
움직여 생멸의 물결(波浪)을 일으키니, 바로 생멸의 연緣이다. 이 두
가지 뜻으로 말미암아 인연을 나타낸다. 모든 생멸의 상相이 모여서(聚
集) 생겨나는 까닭에 "중생衆生"이라 이름하나(而) (중생이) 따로(別)
실체(體)가 있는 것이 아니고, 오직 심체로 말미암은 까닭에 "마음으로
말미암아(依心)"라고 말하며, 이는 곧 아리야의 자기 모습의 마음(自相
心)이다. 능의能依[670]인 중생은 의意와 의식意識이니, 그러한 까닭에
"의意와 의식意識이 일어난다(轉)"라고 말하는 것이다.

以下別釋 於中有三. 先釋依心, 次釋意轉. 後釋意識轉.

이 아래는 별석別釋이다. 이 중에는 3가지가 있으니, 먼저 마음으로
말미암음(依心)을 풀이하고, 다음은 의意가 일어나는(轉) 것을 풀이하
며, 마지막으로 의식意識이 일어나는 것을 풀이한다.

---

[670] 능의能依는 의지하는 주主가 되고, 소의所依는 의지하는 곳(客)이 된다. 나무와
땅의 관계에서 나무가 능의라면, 나무가 의지하는 땅은 소의가 된다.

【논論-32】 아리야식으로 말미암아 무명이 있다

此義云何. 以依阿黎耶識 說有無明.

(【논論-31】의) 이 뜻이 무엇을 말하는가? 아리야식으로 말미암아(依) 무명無明이 있다는 것을 말한다(說).[671]

【소疏-32】

初中言"阿黎耶識"者, 是上說"心." 卽是生滅之因. 說"有無明"者, 在黎耶識 卽是生滅之緣. 欲明依此因緣意意識轉. 故言"以依阿黎耶識說有無明." 上總標中略標其因. 是故但言"依心." 此別釋中具顯因緣. 故說亦依黎耶識內所有無明也.

처음에 "아리야식"이라 말한 것은 위에서 설한 "마음(心)"이니 곧 생멸의 인因이고, "무명이 있다"고 설한 것은 (이 무명이) 아리야식에 있으니 곧 생멸의 연緣이다. 이 인연으로 말미암아 의意와 의식意識이 생기는 것을 밝히고자 한 까닭에 "아리야식으로 말미암아(依) 무명이 있다고 말한다"라고 말한 것이다.[672] 위의 총표總標에서 대략 그 인因을 드러낸 (標) 까닭에 단지 "마음으로 말미암아(依心)"라고 말한 것이다. 여기의 별석別釋에서 인因과 연緣을 함께(具) 드러낸 까닭에 또한 아리야식

---

671 아리야식으로 말미암아(依) 무명無明이 일어나므로, 아리야식이 바로 생멸의 근원이다. 반면 근본번뇌인 무명으로 말미암아 업식業識, 전식轉識, 현식現識이 일어나므로 무명이 바로 생멸의 근원이다. 이는 모두 대승에서의 설이고, 부처님 친설親說에 충실하자면 무명이 생멸의 근원이라고 함이 옳다. 12연기설의 시작이 무명이기 때문이다.

672 마음을 인因으로 하고, 무명을 연緣으로 하여 생멸生滅이 일어난다는 뜻이다.

안에 있는 무명으로 말미암는다고 설하는 것이다.

【소疏-32-별기別記】

當知無明住地 非七識攝 亦非爲彼所熏種子.

무명이 머무르는 자리(住地)는 7식이 아우르는(攝) 자리가 아니며,
또한 7식이 훈습하는 종자도 아님을 마땅히 알아야 한다.

【논論-33】 의意, 삼계유심三界唯心

심心: 아리야식		무명無明 ⇒ 망념妄念: 의意		오식五識	
진여 인因	망념(생멸) 연緣	불각이기不覺而起	무명업상無明業相	업식業識	아리야식
		능견能見⇒주관	아만我慢	전식轉識	
		능현能現⇒객관	경계상境界相	현식現識	
		능취경계能取境界	지상智相	지식智識	말나식
		기념상속起念相續	상속상相續相	상속식相續識	

不覺而起 能見 能現 能取境界 起念相續 故說爲意. 此意復有五種
名. 云何爲五.

一者名爲業識 謂無明力不覺心動故.

二者名爲轉識 依於動心能見相故.

三者名爲現識 所謂能現一切境界. 猶如明鏡現於色像 現識亦爾.

隨其五塵對至卽現 無有前後. 以一切時任運而起常在前故.

四者名爲智識 謂分別染淨法故.

五者名爲相續 以念相應不斷故. 住持過去無量世等善惡之業 令
不失故. 復能成熟現在未來 苦樂等報 無差違故. 能令現在已經之
事, 忽然而念 未來之事 不覺妄慮. 是故三界虛僞 唯心所作 離心
則無六塵境界.

(진여임을) 자각하지 못하여(不覺) (한 생각이) 일어(起)[673] 능히 (분별하
여) 보고(能見),[674] 능히 (차별된 대상/경계를) 나타내고(能現),[675] 능히
(차별된 모습인) 경계를 취하여,[676] 망념을 일으켜 (끊임없이) 서로

---

673 진여본각이 무명(無明: 허망한 생각)의 훈습으로 인한 ① 업상業相이 생生하는
   것이다. 이를 달리 표현하면 "진여를 인因으로 하고, 무명을 연緣으로 하여
   업상이 생긴다"라고 한다. 비록 업상이 생겼지만 아직 주객미분主客未分의
   상태로, 주객 대립은 일어나지 않는다. 다시 허망한 생각인 무명이 업식業識을
   훈습하여 능견상(주관)과 능현상(객관)이 나타난다. 무명, 근본무명, 불각,
   근본불각은 허망한 생각, 망념, 망심, 망식 등과 다 같은 의미의 용어들이다.

674 능히 보는 것(能見)은 분별하는 주관적 주체인 ②전상轉相을 말한다. 즉 업상에
   서 전상이 생하는 것이다.

675 능히 보이는 것(能現)은 분별되는 객관적 대상인 ③아만我慢으로, 주관인
   전상에서 객관인 능견상(현상, 경계)으로 이어지는 것이다. 우리가 분별하는
   것은 대상(경계)이 있어서 분별하는 것이 아니라, 분별하는 주관적 마음이
   있어서 분별하는 대상을 찾는 것이다. 앞의 ①②③을 이어서 설명하면, 무명의
   훈습으로 본래의 진여본각(지혜광명)에서 주객미분의 미세한 업상이 생하며,
   무명이 지혜광명을 훈습하여 허망한 분별심으로 변하여 주관(능견상)이 생하
   며, 지혜광명의 자리에 경계가 나타나니 객관(능현상, 경계상)인 것이다. 이로
   인해 견분見分과 상분相分으로 나뉘어 주, 객이 대립하므로 경계를 분별하여
   집착하고(지상), 집착이 끊임없이 이어져(상속상), 거친 번뇌(六麤)가 생하는
   것이다.

676 좋고 나쁨, 좋아하고 나쁨 등을 분별하는 ④지상智相이다. 이때의 지智는

이어지는(相續)⁶⁷⁷ 까닭에 의意⁶⁷⁸라고 설하였다. 이 의意에는 다시 다섯 가지⁶⁷⁹의 이름이 있으니, 무엇이 다섯 가지인가?

첫째는 이름이 업식業識이니, 무명의 힘으로 (진여임을) 자각하지 못한(不覺) 미세한 마음(心)이 (이리저리) 움직이는(動)⁶⁸⁰ 것을 이르는 (謂) 까닭이다.

둘째는 이름이 전식轉識이니, (이리저리) 움직이는 마음으로 말미암아 (상을 만들어)⁶⁸¹ 능히 상(경계)을 볼 수 있는 까닭이다.

분별하는 작용을 하므로 나쁜 의미의 지智이다.

677 경계를 분별하여 대상을 취하면, 이에 집착하여 생각생각이 끊임없이 이어지게 하는 것이 ⑤ 상속상相續相이다.

678 무명업상에서 상속상까지의 다섯 가지 모두 의意의 작용으로 오의五意라 한다. 이렇듯 의意가 생각생각이 끊임없이 이어지게 하므로 의意를 생멸의 근원이라 하는 것이다.

679 진여본각의 마음(眞心)에 처음으로 망념이 일어(起) 움직이는 생각이 식識이다. 의意가 식識으로 전변轉變하는 과정을 다섯 가지로 구분해 놓은 것이 오의(五意: 五識)이다. 이는 있는 것 같으나 실은 없는 가유실무假有實無로 마음이 만들어 놓은 허상虛像인 것이다. 우리의 마음은 폭포수와 같아 찰나찰나 이어지는 것이지 토막토막 끊어지는 것이 아니다. 한 방울 한 방울의 물방울들이 모인 물은 폭포를 만나면 하나가 되어 그저 내리 꽂힐 뿐, 한 방울 한 방울씩 따로 따로 떨어지는 것이 아니다. 그래서 우리의 마음을 폭포수 같다고 하는 것이다.

680 업業은 동작의 뜻으로, 마음이 움직이면(動) 관조觀照하는 주관적인 인식작용이 일어난다. 이를 능견能見이라 한다. 업이라 해서 나쁜 것만 있는 것은 아니다. 사업事業이니 직업職業이니 하는 것도 모두 업業이다.

681 마음(主觀)이 움직이지(動) 않으면 상(相: 모습, 경계)을 만들지 못한다. 따라서 번뇌를 일으킬 수 없는 것이다. 이것이 바로 경계에 끄달리는 않는 것이다. 끄달린다는 것은 바로 마음이 동했다는 뜻이다.

셋째는 이름이 현식現識으로, 소위 일체의 경계를 능히 드러내니(現) 마치 밝은 거울이 물체의 색과 형상(色像)을 드러내는 것과 같다. 현식 또한 그러하니 그 다섯 가지 경계(五塵)에 따라 상대되는 것에 이르면 곧바로(卽) 드러내어(現)[682] 앞뒤가 없는[683] 것이다. 그러고는 모든(一切) 때(時)에 (오진에 이르면) 아무 때나(任) 움직이고(運) 일어나서(起) 항상 앞에 있는 까닭이다.[684]

---

682 안眼, 이耳, 비鼻, 설舌, 신身 오근五根이 오진(五塵: 경계)을 만나면 곧바로 반응한다는 뜻이다. 오진五塵은 색色, 성聲, 향香, 미味, 촉觸의 다섯 경계境界를 말한다. 경계가 드러난다고 해서 곧바로 번뇌가 생기는 것은 아니다. 경계가 나타나더라도 집착을 하지 않으면 그대로 경계일 뿐이다. 경계에 반연하여 호오好惡에 집착을 함으로써 번뇌가 생기는 것이다. 집착하는 마음이 없을 때 번뇌는 사라지고 무심無心, 무념無念이 되는 것이다. 무심, 무념의 예화를 들어보자.
계戒에 엄격한 스승을 둔 사미동자가 스승과 함께 길을 가다가 어느 냇가에 이르렀다. 마침 내(川)를 건너지 못하고 발만 동동 구르는 소복을 한 여인을 발견하고는, "저 여인을 업어 내를 건네주면 선업도 쌓고 이참에 여인의 냄새라도 한번 맡아볼 수 있는 것이 아닌가?" 이런 마음을 알기라도 한 듯 스승이 먼저 여인을 업어 건네주고 말았다. 기분이 상한 사미동자는 스승을 따라 한참을 걷다가, 스승에게 따지듯 물었다. "스승님은 평소에 여자를 멀리하라고 해놓고, 막상 여인을 가까이 대하고 보니 젊은 저보다도 더 여자를 밝히시는군요." 스승님 왈, "그래? 누굴 업어주긴 한 것 같은데, 그게 여자였던가?"
683 어느 것이 먼저고 뒤고 할 것이 없다는 것이다. 전식이 먼저이고, 현식이 나중이라는 시차의 설정이 불가하다. 갑자기 "탁!" 하는 소리를 들으면 나도 모르는 순간에 방어 자세를 취하는 것과 같이, 나도 모르는 순간에, 순식간에, 즉 부지불식간不知不識間에 반응한다는 것이다.
684 의식은 항상 깨어 있어 단멸斷滅함이 없으니 오근五根이 주는 느낌을 조금도 놓치지 않고, 어떤 경계에 접하면 사량(뜨거우니 데이겠구나 하는)없이 즉각

넷째는 이름이 지식智識이니 염법染法과 정법正法을 분별(사량)함을 이르는(謂) 까닭이다.

다섯째는 이름이 상속식相續識이니, 망념이 상응하여 끊어지지 않는[685] 까닭이다. 과거 무량한 세월 동안 (쌓은) 선악의 업에 주지住持[686]하

반응한다. 의식은 제법諸法의 근본이므로 인연으로 일어나는 제법보다 앞에 있다. 7식 또한 단멸함이 없이 깨어 있어서, 6식에서 감지하는 것을 곧바로 받아들여 8식으로 전달한다.

[685] 상속식相續識이란 생각생각이 끊어지지 않고 꼬리에 꼬리를 물고 이어지는 것을 말한다. 일체제법은 모두 찰나에 생하고 찰나에 멸하는 무상한 존재이다. 경계 또한 한 찰나에 생했다가 한 찰나에 사라진다. 그러나 우리의 생각(念)은 찰나적 생멸을 하지 않고 생주이멸生住異滅을 하므로 생각이 머무르는(住) 집착의 과정을 거친다. 즉 경계상은 찰나에 멸滅하여 이미 없음에도, 생각은 지식智識의 작용으로 미추美醜, 호오好惡, 득실得失 등을 사량 분별하게 되어, 사라지고 없는 그 경계에 집착하여 머무르게(住) 된다. 이렇게 사라지고 없는 것에 사량 분별하여 집착하는 것을 망념妄念이라 한다. 그 망념이 머무르며(住) 생각생각마다 인연을 쫓아 이어지므로 상속식이라 한다. 업식에서 상속식까지를 오의五意라 한다.

[686] 주지住持는 머물고 지킨다는 뜻으로, 과거에 쌓은 선악의 업(業: 경험)에 붙들려 꼼짝도 못하는 것을 말한다. 현재의 또는 미래의 모든 생각과 행行이 과거에 쌓은 선악善惡의 업인(業因: 경험)을 바탕으로 이루어진다는 뜻이다. 과거에 경험하지 못한 것은 생각할 수 없는 것이다. 그런 과거의 경험으로 인해 또다시 선악의 조업造業이 일어나고 수보受報가 이어져서 악업을 쌓은 사람에게는 업계고상業繫苦相이 일어나고, 선업을 많이 쌓은 경우는 복을 받는 업業의 고리가 계속 이어지는(相續) 것이다. 같은 경계에 임해서도 각자의 견해나 반응이 다른 것은 과거의 경험(업)이 다르기 때문이다. 정해진 업은 면하기 어렵다는 정업난면定業難免이란 이를 두고 하는 말이다. 이는 우리 속담의 "콩 심은 데 콩 나고, 팥 심은 데 팥 난다"는 속담과 같은 말이다. 명상에서 긍정적 사고나 좋은 경험을 떠올리는 'Image Training'을 하는 것도 이 때문이다.

여 (과보를) 잃지 않게 하는 까닭이다. 또 현재와 미래의 고락 등의
과보를 성숙(固着)시켜 어긋남이 없게 하는 까닭이다. (선악의 업에
주지하여) 현재 이미 지나간 일을 홀연히 생각하게 하고, (그를 바탕으
로) 미래의 일(未來之事)을 자기도 모르게(不覺) 망령되이 생각하게(妄
慮)[687] 하는 까닭이니, 삼계三界[688]는 허위虛僞[689]로 오직 마음(唯心)이
짓는 것이니(所作), 마음(心)[690]을 여의면(離心) 육진의 경계는 없는 것
이다.[691]

---

687 과거에 악업을 쌓았으면 자기도 모르게(不覺妄慮) 미래의 일(未來之事)도 과거의
    악업에 기초하여 생각하게 된다는 뜻이다. 물론 과거에 선업을 쌓았으면 미래의
    일도 선업에 기초하여 생각하게 된다는 뜻이다. 이는 앞에서 설명한 주지住持의
    결과다.

688 삼계는 욕계, 색계, 무색계로, 쉽게 말해 내가 알고 있는 모든 세계 또는
    내 마음이 빚어내는(作) 모든 세계를 말한다. 삼계는 바로 망념에서 나왔다.
    삼계의 고향은 망념이다. 따라서 망념을 여의면 삼계는 없는 것이다. 이를
    "삼계유심三界唯心 만법유식萬法唯識"이라 한다. 뒤에 이어지는 "마음이 생(生)
    하므로 갖가지의 법法이 생기고(心生則種種法生), 마음이 멸(滅)하므로 갖가지
    의 법도 사라진다(心滅則種種法滅)"라는 말이나, 『화엄경』의 "모든 것은 오직
    마음이 지은 것이다(一切唯心造)"라는 말과도 같은 의미이다.

689 망령된 마음이 지은 것이니 허虛이며, 거짓으로 있는 것이니 위僞로, 실지로
    있는 것이 아니다. 실체가 없으면서도(實無) 있는 것 같은 것즉 가유실무假有
    實無이다. 이를 변계소집성遍計所執性이라 한다. 이는 온갖 분별로 마음에서
    만들어 낸 것일 뿐 실체가 없는 것이다. 밤중에 길을 가다 새끼줄을 보고
    뱀으로 잘못 알고(假有) 놀라지만 뱀은 없는(實無) 것이다. 단지 뱀으로 착각(분
    별), 집착할 뿐이다. 그래서 겁을 먹고 놀라는 것이다. 놀라는 것이 고품이다.

690 불서(佛書)에서 마음(心)이라 하면 대부분 망령되고 분별된 마음(妄心)을 말한
    다. 망심妄心의 근원은 애욕이고, 애욕의 집착이다.

691 여기서 마음(心)은 바로 망령된 마음(妄心)으로, 진여가 무명을 연緣으로 동動하

此義云何 以一切法 皆從心起 妄念而生. 一切分別 即分別自心.
心不見心 無相可得 當知世間一切境界 皆依衆生無明妄心而得
住持. 是故一切法 如鏡中像 無體可得. 唯心虛妄 以心生則種種法
生 心滅則種種法滅故.

이 뜻이 무엇인가? 일체법이 다 마음에서(從) 일어나 망념으로 생겼으
니, 일체의 분별은 곧 (자기가) 자기 마음(自心)을 분별하는 것이다.
마음은 마음을 보지 못하여[692] 얻을 만한 모습(相)이 없다. 세간의 일체경
계는 다 중생의 무명이라는 망심(애욕, 집착)에 의지하여(依) 생겨나(得)
머물고 지속되는(住持) 것이니, 일체법一切法[693]은 거울 속의 상像과
같아 얻을 만한 실체도 없으며[694] 오직 마음일 뿐 (분별하는 마음은)

여 이루어진 아리야식(心)을 말한다. 아리야식이 망령되이 오식五識을 짓는
것이다. 삼계三界는 아리야식(心)이 짓는(作) 경계상이니, 아리야식을 떠나면
아무 것도 없는 것이다. 마음을 떠나 따로 존재하는 것이 없다는 뜻이다.

692 마음은 하나이므로 두 가지 일을 동시에 하지 못한다. 슬픔이 사라져야 기쁨이
　　오는 것이지, 슬픔과 기쁨을 동시에 느끼지는 못한다. 진여가 나타날 때는
　　망념(생멸)은 사라지고, 망념이 나타날 때는 진여가 사라지는 것과 같다. 그래서
　　마음은 마음을 보지 못한다고 하는 것이다.

693 일체법一切法은 일체세간의 경계로, 유위법有爲法을 말한다.

694 일체세간의 경계(일체법)는 마음에서 일어나는 망념이 지어낸 것이므로, 망념
　　이 사라지면 경계 또한 사라진다. 경계는 거울 속의 형상과 같아 실체가 없다.
　　그럼에도 인간은 그 실체가 없는 경계를 잡으려고 한다. 이는 인간의 분별이고
　　애욕이고 집착이다.
　　여기서 주의할 점은, 마음이 거울과 같다고 할 때의 마음은 진여의 마음이
　　아니라 무명에 의해 동動한 아리야식의 마음(망념)인 것이다. 마음은 경계가
　　있어서 망념을 짓는 것이 아니라, 망념을 지어 경계가 나타나는 것이며, 거울은

허망한 것임을 알아야 한다. 왜냐하면 마음이 생(生)하므로 갖가지의
법法[695]이 생기고(心生則種種法生), 마음이 멸(滅)하므로[696] 갖가지의 법
도 사라지는(心滅則種種法滅) 까닭이다.[697]

경계(사물)가 있어서 상像이 나타나기 때문이다. 거울은 사물(경계)이 없으면
상像이 나타날 수 없는 것이다.

마음(眞如) ⇒	무명無明 ⇒	망념(生滅) ⇒	경계(사물) ⇒	상像 = 일체법
		거울 ⇒	경계(사물) ⇒	상像

695 법法이란 의식상에 나타난 현상세계로, 우리 마음이 무명으로 말미암아 망념을
짓게 되고, 그 망념은 다시 현상세계를 짓게 되는 것이다.

696 여기서 멸滅하는 마음은 심체(心體; 眞如)가 아니라 생멸하는 망념妄念을 말하는
것이다. 망념을 멸해야 무념無念의 경지에 올라 부처님의 지혜를 얻을 수
있는 것이다. 그러나 중생은 오랜 옛날부터 생각생각이 끊임없이 이어져 지금껏
망념을 여의지 못하는 것이니, 망념을 여의는 노력이 바로 수행이다.

697 이 말은 원래 『능가경』에 나오는 말이나, 세간에는 원효대사의 어록으로 알려져
있다. 중국문헌인 『송고승전, 의상전기』(988년)에는 의상대사와 함께 당唐
유학길에 오른 원효대사가 중도에 포기하고 돌아온 이야기를 다음과 같이
전한다.
"지난밤에 묵을(寓宿) 때는 토굴(土龕)이라 편안하더니, 오늘밤에 묵으려니(留
宵託) 귀신굴이라 뒤숭숭하구나(多祟). 아하! 알겠구나. 마음이 생生하니 갖가
지 법이 생기고, 마음이 멸滅하니 토굴과 무덤이 둘이 아닌 것을! 또 삼계는
오직 마음뿐이요, 만법은 오직 마음뿐임을! 마음 밖에 법이 없는데 무엇을
따로 구하겠는가? 나는 당으로 가지 않겠다.(前之寓宿, 謂土龕而且安. 此夜留宵
託鬼鄉而多祟. 則知心生 故種種法生. 心滅故龕墳不二. 又三界唯心 萬法唯識. 心外
無法 胡用別求. 我不入唐)."
한편 영명연수(永明延壽, 904~975)의 『종경록宗鏡錄』(961년)에는 "삼계가 유심
이고, 만법이 유식이다(三界唯心, 萬法唯識)"라는 게송을, 북송北宋 혜홍각범(慧
洪覺範, 1071~1128)의 『임간록林間錄』(1107년)에는 "마음이 생기면 갖가지

【소疏-33-1】

次釋意轉. 於中有三. 一者略明意轉. 二者廣顯轉相. 三者結成依心之
義. 初中卽明五種識相. "不覺而起"者, 所依心體 由無明熏 擧體起動
卽是業識也.

言"能見"者, 卽彼心體轉成能見 是爲轉識.

言"能現"者, 卽彼心體復成能現 卽是現識.

"能取境界"者 能取現識所現境界 是爲智識. "起念相續"者, 於所取境
起諸麤念 是相續識. 依此五義次第轉成 能對諸境而生意識. 故說此
五以爲"意"也.

다음으로 의意가 일어나는(轉) 것을 풀이한다. 그 가운데 세 가지가
있으니, 첫째는 의가 일어남을 간략히 밝혔고, 둘째는 일어나는 모습
(相)을 자세히 드러내었고, 셋째는 마음에 의지한다는 뜻을 결론지었
다. 처음에 곧바로 다섯 가지 식識의 모습(相)을 밝혔다. "진여임을
자각하지 못하여(不覺) (한 생각이) 일어난다"라는 것은 소의所依[698]인
심체心體가 무명의 훈습으로 말미암아 전체가 일어나 움직이는 것이니,
곧 이것은 업식業識이다.

　"능견能見"이라 말한 것은 곧 저 심체가 전변(轉)해서 능견을 이룬
것이니, 이는 곧 전식轉識이다.

　법이 생하고 마음이 멸하면 촉루가 둘이 아니다(心生則種種法生, 心滅則髑髏不
　二)"라는 게송을 전하고 있다. 각안覺岸 범해선사(梵海禪師, 1820~1896)의 『동
　사열전』(1894년)에는 『임간록』의 게송을 그대로 인용하고 있다.

698 의지하는 대상(客體)을 소의所依라 하고, 의지하는 주체主體를 능의能依라 한다.
　그러나 여기에서는 '의意가 의지할 바인 심체心體'로 번역되어야 한다.

"능현能現"이라 말한 것은 저 심체가 다시 능현을 이룬 것이니, 바로 현식現識이다.

"능취경계能取境界"란 현식이 드러낸 경계를 능히 취할 수 있는 것이니, 이는 지식智識이다.

"망념을 일으켜 서로 이어진다(起念相續)"는 것은 취한 바의 경계에서 (於) 모든 추념麤念을 일으키니, 바로 상속식相續識이다. 이 다섯 가지 뜻으로 말미암아 차례로 전변하면서(轉) 능히 모든 경계를 상대하여 의식意識이 생기는 까닭에 이 다섯 가지가 "의意"가 된다고 설하는 것이다.

【소疏-33-1-별기別記】

此中第五 猶是意識 而約生後義 通入意中攝.

이 중 다섯 번째 상속식相續識은 마땅히(猶) 의식意識이지만(而) 뒤의 의식(義)을 낳는다는 뜻에 의해 통틀어 의意 속에 포함(攝)시킨 것이다.

【소疏-33-2】

"此意"以下 第二廣明. 於中有二, 總標 別釋. 別釋中言"無明力"者, 擧所依緣. "不覺心動"者, 釋其業義. 起動之義是業義故. 轉識中言"依於動心能見相故"者, 依前業識之動, 轉成能見之相. 然轉識有二. 若就無明所動轉成能見者 是在本識. 如其境界所動轉成能見者 是謂七識. 此中轉相 約初義也.

"차의此意" 이하는 두 번째로 자세히 밝힌(廣明) 것이다. 이 중에 두 가지가 있으니, 총표總標와 별석別釋이다. 별석 중에 "무명의 힘(無明力)"이라고 말한 것은 소의所依인 연緣을 말한(擧) 것이고, "깨닫지 못하고(不覺) 마음이 움직인다(心動)"라는 것은 업의 뜻(業義)을 풀이한 것이니, (마음이) 일어 움직인다(起動)는 뜻이 업의 뜻(業義)인 까닭이다. 전식轉識 중에 "움직이는 마음(動心)으로 말미암아 능히 경계(相)를 볼 수 있는 까닭이다"라고 말한 것은 앞의 업식業識의 움직임으로 말미암아 능히 볼 수 있는(能見) 모습(相)으로 바뀌는 것이다. 그러나(然) 전식에는 두 가지 뜻이 있으니, 만약 무명의 움직임으로 능견能見으로 바뀌는 것이라면 이는 본식(本識: 아리야식)에 있는 것이고, 만약 그 경계의 움직임으로 능견으로 바뀌는 것이라면 이는 7식識을 이르는 것이니, 이 중에 모습(相)이 바뀐다(轉)는 것은 처음의 뜻(初義), 즉 본식本識으로 말미암은(約) 것이다.

【소疏-33-2-별기別記】

又有處說 諸是能見. 通名轉識 則通八識.

또 어떤(有) 곳에서는 설하길, 모두가 능견能見이며, 통틀어 전식轉識이라 이름하니 곧 8식識으로 통한다고 한다.

【소疏-33-3】

現識中言"能現一切境界"者, 依前轉識之見 復起能現之用. 如上文言 "以依能見故境界妄現." 當知現識依於轉識 非能見用卽是能現. 是故前言"能見""能現." 次喩 後合. 合中言"五塵"者, 且擧麤顯以合色像

實論通現一切境故. "以一切時任運而起常在前故"者, 非如第六七識
有時斷滅故. 以是文證, 當知是三皆在本識之內別用也.

현식現識 중에 "능히 일체의 경계를 나타낼 수 있다"라고 말한 것은
앞의 전식轉識의 능견能見으로 말미암아 다시(復) 능현能現의 작용을
일으키는 것이니, 위의 글에서[699] "능견으로 말미암은 까닭에 경계가
망령되이 나타난다(以依能見故境界妄現)"라고 말한 것과 같다. 현식은
전식으로 말미암지만 능견의 작용이 곧 능현能現이 아님을 마땅히
알아야 한다. 시고是故로 앞에서 "능견", "능현"이라 말한 것이다. 다음은
비유고, 나중은 합한 것이다. 합合 중에 "오진五塵"이라 말한 것은
우선 거칠게 나타나는 것을 들어 물체의 형상에 합하여 실로 일체의
경계를 통틀어 나타낸 까닭이다. "모든(一切) 때에 아무 때나(任) 움직
이고(運) 일어나서(起) 항상 앞에 있는 까닭이다"라는 것은 제6, 7식과
같이 어떤 때에는 끊어지고 멸하는 것이 아닌 까닭이다. 이 글로 증명하
니, 마땅히(當) 이 업식, 전식, 현식 세 가지는 다 본식本識 안에서
달리 작용하는 것임을 알아야 한다.

【소疏-33-3-별기別記】

三現相者, 猶是上三相中境界相 但此中爲明離轉識無別境相. 故擧
能現明所現境. 言"猶如明鏡現色相"者, 如四卷經云 "大慧 略說有三種
識. 廣說有八相. 何等何三 謂眞識現識 及分別事識. 譬如明鏡持諸色
像, 現識處現亦復如是."

───────────────
[699] 【논論-27】 참조.

세 번째 현상現相이란 위의 세 가지 상相 중의 경계상境界相과 같다. 단지 이 중에 전식轉識을 떠나 달리 경계상이 없음을 밝히고자 한 까닭에 능현能現을 들어서 나타난 경계를 밝힌 것이다. "마치 밝은 거울이 물체의 모습(相)[700]을 나타내는 것과 같다"라고 말한 것은, 『4권 능가경』에서 "대혜보살이여! 약설略說하면 세 가지의 식識이 있고, 자세히 말하면 여덟 가지 상相이 있으니, 무엇이 세 가지인가? 진식眞識, 현식現識 및 분별사식分別事識을 말함이니, 비유컨대 밝은 거울이 모든 물체의 형상을 나타내는(持) 것과 같이, 현식이 있는 곳에 (경계가) 나타나는 것 또한 이와 같다"[701]라고 한 것과 같다.

又此文中說現義云, "以一切時任運而起常在前故." 當知現識定在第八. 其業識等與此作本 其相彌細. 如何強將置七識中 其可乎. 言"隨其五塵對至卽現"者, 隨所起相皆不離見, 唯於能見鏡中而現. 故言"對至卽現." 就實而言 亦現法塵 且約麤顯略舉之耳

또 이 글(기신론) 중에 나타나는(現) 뜻(義)을 "모든(一切) 때에 아무 때나(任) 움직이고(運) 일어나서(起) 항상 앞에 있는 까닭이다"라고 말하였다. 현식은 반드시(定) 8식識에 있음을 알아야 한다. 업식業識 등이 이 현식現識과 더불어 본식本識이 되어(作) 그 상相이 더욱(彌) 미세한데, 어떻게 억지로(強) 7식識에 두는 것이 가능하겠는가? "그 다섯 가지 경계(塵)를 따라 상대에 이르면 곧바로(卽) 드러낸다(現)"라

---

700 논論에서는 색상色像이라 하였으나, 여기 별기에서는 색상色相이라 하였다.
701 대정장 제16권, 4권 『능가경』, p.483상 15~18행.

는 말은, 경계에 따라 일어난 상이 다 능견을 여의지 아니하고, 오직 능견의 거울 속에만 나타나는 까닭에 "(다섯 가지 경계를) 대하면 곧 나타낸다(現)"라고 말한 것이다. 실제로 말하자면 법진(法塵: 意)도 드러내지만 우선(且) 거칠게 나타나는 것(麤相)에 따라(約) 간략하게 (六塵 중 五塵) 들었을 뿐이다.[702]

問. 此識境界寬狹云何. 此論中但說五塵. 楞伽經云, "阿黎耶識分別現境 自身資生器世間等 一時而知 非是前後." 瑜伽論說, "阿賴耶識由於二種所緣境轉. 一由了別內執受者 謂能了別 徧計所執自性妄執習氣 及諸色根根所依處. 此於有色界. 若在無色, 唯有習氣執受了別. 二由了別外無分別器相者, 謂能了別依止緣內執受阿黎耶識故 於一切時無有間斷器世間相. 譬如燈燄生時, 內執膏炷 外發光明. 如是阿黎耶識 緣內執受境, 緣外器相, 生起道理, 應知亦爾."

묻기를, 이 현식現識의 경계가 넓고 좁음(범위)은 어떠한가? 이 『기신론』에서는 단지 다섯 가지 경계만 설했으나, 『능가경』에서는 "아리야식이 분별하여 드러낸(現) 경계인 자신自身과 자생기세간資生器世間[703] 등을 분별함에 한순간(一時)에 아는 것이지 전후가 있는 것이 아니다"[704]

---

702 육진六塵 중에 법진法塵은 언급하지 않고, 색色, 성聲, 향香, 미味, 촉觸의 오진五塵만 거론했다는 말이다.

703 자신은 정보正報, 자생기세간은 의보依報를 뜻한다. 불신佛身은 정보이고 불신이 의지하고 있는 불토佛土는 의보이다. 이는 정正과 의依는 근본적으로 한 생각 속에 갖추어져 있으므로 둘이 아니라는 뜻으로, 여기서는 아리야식과 현식과의 관계도 이와 같다는 의미로 인용되었다.

라고 하며, 『유가론』에서는 "아리야식은 두 가지의 반연하는 경계로 말미암아 바뀐다(轉). 첫째는 내집수內執受를 인식하여 분별함(了別)으로 말미암는(由) 것이니, 이는 변계소집[705]의 자성이 망령되이 집착하는 습기習氣[706]와 모든 색근(色根: 五根)과 근根이 의지하는 곳(所依處: 몸)을 알아 분별할 수 있는 것을 말한다. 이것은 유색계有色界에 있는 것이고, 만약 무색계[707]에 있다면 오직 습기집수習氣執受의 요별了別만 있을 것이다. 둘째는 바깥의 무분별한 기상器相[708]을 요별함으로 말미암는 것이니, 이는 내집수에 반연하는 아리야식에 의지依止하는 까닭에 모든 때에 끊어지지 않는(無有間斷) 기세간器世間의 모습(相)을 요별了別할 수 있음을 말한다. 비유컨대 등잔의 불꽃이 일어날 때 안으로는 기름심지(膏炷)를 잡고 밖으로는 빛을 발하는 것과 같으니, 이와 같이 아리야식도 내집수內執受의 경계에 반연하고, 밖으로는 기상器相을 반연하여 생기生起하는 도리도 역시 그러함을 알아야 한다"[709]라고

---

704 대정장 제16권, 『입능가경』, p.525중 9~10행.

705 분별함으로써 마음속으로 그려낸 허상, 예를 들자면 새끼줄을 보고 뱀이라고 착각하여 놀라는 일.

706 습기習氣란 무시이래無始以來로 지녀온 습성이나 습관으로 형성된 기운으로, 전생의 습기에 의해 현생의 습관이 형성된다고 한다. 습習은 '반복하다, 익히다'의 의미로, 새끼 새가 날개(羽: 깃 우)짓을 반복하여 날아오르는 것을 익히는 것을 말한다.

707 삼계(색계, 욕계, 무색계) 중의 하나로, 오온五蘊 중 색色을 제외한 수受, 상想, 행行, 식識만으로 구성된 세계를 말한다.

708 기세간상器世間相과 같은 말이다. 기세간은 인간세상 또는 물질세계를 말하는데, 국토세간이라고도 하며 중생이 살고 있는 국토를 가리킨다.

709 대정장 제30권, 『유가사지론』, p.580상 3~12행

하였다.

中邊論云, "是識所取四種境界, 謂塵根我及識所攝. 實無體相. 所取
既無 能取亂識 亦復是無." 若依中邊論及楞伽經 則習氣等非此識境.
若依瑜伽論 聲塵及七種識等非其所緣. 依此論說, 現根及識等 亦非
此識所現境界. 如是相違 云何和會. 答. 此非相違. 何以故. 不以言唯
緣如此法故. 不言餘法非境界故.

『중변론』에서 "이 식識이 취한 네 가지 경계는 경계(塵)와 근根과 아我와
식識을 아우르는 것을 말하니, 실제로는 실체도 상도 없는 것이다.
취할 것(所取)이 이미 없다면 취하는 주체(能取)인 어지러운(亂) 식識
도 또한 없는 것이다"[710]라고 하였다. 만약 『중변론』과 『능가경』에
의하면 습기習氣 등은 이 식의 경계가 아니고, 만약 『유가론』에 의하면
성진聲塵과 일곱 가지 식 등은 이 식이 반연하는 바가 아니다. 그러나
이 『기신론』의 설에 따르면 근根과 식識 등을 드러내는 것 또한 이
식이 드러내는 경계가 아니다. 이와 같이 서로 어긋나는데 어떻게
일치점(和會)을 찾을 수[711] 있겠는가?[712]

---

710 대정장 제31권, 『중변분별론』, p.451중 16~18행.

711 화합和合이란 서로 다른 논지나 주장에서 공통되는 일치점을 찾는 일을 말한다.
    예를 들어 얼음과 물이란 분명 서로 다른 물질이나 습한 성질(濕性)이라는
    점에서 공통점이 있는 것이다.

712 이와 같은 자문自問을 하면서 『중변론』, 『능가경』, 『유가론』, 『기신론』 등에서의
    서로 다른 주장은 표현상의 차이일 뿐, 아래에서의 긴 설명(답변) 끝에, "논에서
    드러나거나 숨은(顯沒) 뜻을 통찰하면 알 수 있는 것이니, 한쪽으로 치우친
    편견으로 두루 통하는 법설을 헐뜯어서는 안 된다"라고 결론짓는다. 여기서

답하길, 이는 서로 어긋나지 않으니 어째서인가? 오직 이와 같은 법만을 반연한다고는 말하지 않은 까닭이며, 나머지 법은 경계가 아니라고 말하지 않은 까닭이다.

問. 雖無相違 而有不同 不同之意 可得而聞乎
答. 不同之意 各有道理.
如中邊論, 欲明現起諸法 皆是本識所現 離識之外更無別法. 是故唯說現行諸法. 習氣種子 其相不顯與識無異 是故不說. 瑜伽論等, 爲顯諸相無有離見自相續者. 故除心心法以外 諸餘相續之法 說爲此識所了別. 諸心之法 離塵不立, 其義自顯 故不別說. 諸餘論顯沒之意 準之可知. 不可偏執一隅 以謗通法之說也.

묻기를, 비록 서로 어긋나는 것은 없더라도 같지 아니한 것은 있으니, 같지 아니한 뜻을 들어(聞) 볼 수 있겠는가?

답하길, 같지 아니한 뜻에는 각각의 도리가 있다. 『중변론』에서 "나타난(現起) 모든 법은 다 본식이 나타난 것으로, 식을 떠나서는(離) 밖에 다시(更) 별다른(別) 법이 없음을 밝히고자 한 까닭에 오직 현행現行하는 모든 법만을 설하였고, 습기習氣 종자는 그 상相이 나타나지(顯) 아니하여 식識과 다름이 없는 까닭에 설하지 않았다"고 한 것과 같다. 『유가론』등에서 모든 상相이 견見을 여의고서는 스스로(自) 상속하는 것이 없음을 나타내고자(顯) 한 까닭에 심心과 마음의 작용(心法)을

중관, 유식, 여래장사상 등을 회통시키려는 원효대사의 화쟁和諍 사상을 발견할 수 있다.

제외한 이외에 모든 나머지 상속하는 법은 이 식識에 의하여 요별了別됨을 설하였고, 모든 심법心法은 경계(塵)를 떠나서 성립되지 아니하니, 그 뜻이 저절로 드러나는(顯) 까닭에 따로 설하지 않았다. 모든 나머지 논에서 드러나거나 숨은(顯沒) 뜻은 이를 준거하면 알 수 있으니, 한쪽으로(一隅) 치우친 편견(偏執)으로 두루 통하는 법설을 헐뜯어서는(謗) 안 된다.

【疏-33-4】

第四智識者 是第七識. 上六相內初之智相, 義如前說. 愛非愛果 名染淨法. 分別彼法 計我我所 故言"分別染淨法"也. 第五相續識者, 卽是意識. 上六相中名相續相. "以念相應不斷故"者, 法執相應 得長相續. 此約體不斷以釋相續義也. "住持"以下 約其功能釋相續義. 此識能起愛取煩惱. 故能引持過去無明所發諸行, 令成堪任來果之有. 故言"住持乃至不失故." 又復能起潤生煩惱 能使業果續生不絶. 故言"成就無差違故." 如是三世因果流轉不絶 功在意識. 以是義故名"相續識." 次言"念已經事慮未來事"者, 顯此識用麤顯分別 不同智識微細分別. 是知此識唯在意識 不同上說"相續心"也.

네 번째 지식智識이란 제7식이다. 위의 여섯 상相에서 처음이 지상智相이니, 뜻은 앞에서 설한 것과 같다. 좋아하는 것과 좋아하지 않는 것의 과보를 염정법染淨法이라 이름하니, 저 염정법을 분별하여 나(我)와 내 것(我所)이라고 헤아리는(計) 까닭에 "염정법을 분별한다"라고 말한다.

다섯째 상속식이란 곧 의식意識이니, 위의 여섯 상에서 상속상이라고
이름한 것이다. "망념이 상응하여 끊어지지 않는 까닭"이란 법집法執이
상응하여 오래 상속되는 것이니, 이는 의식 자체가 끊어지지 않는
것에 의거하여(約) 상속의 뜻을 풀이한 것이고, "주지住持"이하는
그 공능功能에 준거하여 상속의 뜻을 풀이하였다. 이 식이 애취번뇌愛取
煩惱를 일으키는 까닭에 과거에 무명이 일으킨 모든 행위를 능히 인지引
持하여 미래에 감임(堪任: 감당하고 책임질)할 과보가 있도록 하는 까닭
에 "주지하여 곧 (악업을) 잃지 않는 까닭이다"라고 말한 것이고, 또다시
능히 윤생潤生번뇌를 일으켜 능히 업의 과보가 계속 생겨서 끊어지지
않게 하는 까닭에 "과보를 성취함에 조금도 착오나 어긋남이 없는
까닭이다"라고 말한 것이다. 이와 같이 삼세의 인과가 유전하여 끊어지
지 않는 공능功能은 의식에 있으니, 이 같은 뜻으로 말미암아 "상속식"이
라고 이름한 것이다.

다음으로 "이미 지나간 일을 생각하고(念) 미래의 일을 염려한다"라
고 말한 것은, 이 식의 작용인 거칠게 드러나는(麤顯) 분별이 지식知識의
미세한 분별과 같지 아니함을 드러낸 것이니, 이 식은 오직 의식에
있으며, 위에서 설한 상속심相續心[713]과는 같지 아니함을 알 수 있다.

"是故"以下 第三結明"依心"之義. 於中有二 先略 後廣. 初言"是故"者,
是前所說五種識等依心而成. 以是義故 三界諸法唯心所作. 如十地
經言, "佛子 三界但一心作", 此之謂也.

---

[713] 【論-24】 참조.

"시고是故" 이하는 세 번째 "마음으로 말미암는(依心)"의 뜻을 결론지어 밝혔다. 여기에도 두 가지가 있으니, 먼저는 간략히 밝히고, 나중은 자세하게 밝힌 것이다. 처음에 "시고是故"라고 말한 것은 앞에서 설한 다섯 가지 식識 등이 마음으로 말미암아 이루어진 것이니, 이런 뜻으로 말미암아 삼계의 모든 법은 오직 마음이 지은 것이다. 이는 『십지경十地經』에서 "불자들이여! 삼계三界는 오직(但) 한마음(一心)이 지은 것이다"[714]라고 한 것과 같으니, 바로 이를 말한 것이다.

"此義云何"以下 廣釋 於中有二. 先明諸法不無而非是有. 後顯諸法不有而非都無. 初中言"以一切法皆從心起妄念而生"者, 是明諸法不無顯現也. "一切分別卽分別自心, 心不見心無相可得"者, 是明諸法非有之義. 如十卷經言, "身資生住持 若如夢中生 應有二種心 而心無二相. 如刀不自割 指亦不自指. 如心不自見 其事亦如是."

"차의운하此義云何" 이하는 자세하게 풀이한 것이다. 여기에도 두 가지가 있으니, 먼저는(先) 모든 법이 없는 것은 아니나(不無而) 있는 것도 아니라는 것을 밝혔고(明), 뒤에는(後) 모든 법이 있는 것은 아니나(不有而) 아주 없는 것도 아니라는(非都無) 것을 드러내었다. 처음에 "일체의 법은 다 마음에서 일어나 망념으로 생긴다"라고 말한 것은 모든 법이 현현(顯現: 드러남)하지 않음이 없음을 밝힌 것이고. "일체의 분별은 곧 자기 마음(自心)을 분별한 것이니, 마음은 마음을 보지 못하는지라 얻을 만한 상相도 없다"는 것은 모든 법이 있지 않다는

---

714 대정장 제9권, 60권 『화엄경』 「십지품」, p.558하 10행.

뜻을 밝힌 것이다. 이는 『십권경』에서 "몸과 몸이 살아가는 곳(자생資生: 생계를 유지하며 살아감)이 유지됨이 마치 꿈속에서의 삶과 같다면 마땅히 두 가지의 마음이 있을 것이나, 마음에는 두 가지의 상相이 없다. 이는 마치 칼이 스스로를 베지 못하고, 손가락도 스스로를 가리키지 못하는 것과 같다. 마음이 스스로를 보지 못하듯 그 일 또한 이와 같다"[715]고 말한 것과 같다.

解云, 若如夢中所見諸事 如是所見是實有者, 則有能見所見二相. 而其夢中實無二法. 三界諸心皆如此夢. 離心之外無可分別. 故言"一切分別卽分別自心." 而就自心不能自見, 如刀指等. 故言"心不見心", 旣無他可見 亦不能自見. 所見無故, 能見不成. 能所二相皆無所得, 故言"無相可得"也. 此中釋難會通新古, 如別記中廣分別也.

풀이하면, 만약 꿈속에서 보는 모든 일처럼, 이와 같은 보는 것들이(所見) 실제로 있다면 능견(能見: 보는 것)과 소견(所見: 보이는 것)의 두 가지 상相이 있을 것이나, 그 꿈속에는 실제로 두 가지 법이 없다. 삼계의 모든 마음은 다(皆) 이 꿈과 같아, 마음을 떠나 밖에서 분별할 것이 없는 까닭에 "일체의 분별은 곧 자기 마음(自心)을 분별하는 것이다"라고 말한 것이다. 또한 나아가서 자기 마음이 스스로 볼 수 없는 것이, 칼이나 손가락 등이 스스로를 자르거나 가리키지 못하는 것과 같은 까닭에 "마음은 마음을 보지 못한다"라고 말한 것이다. 이미 볼 수 있는 대상(他)이 없으며 또한 스스로 볼 수도 없으니, 소견所見이

---

[715] 대정장 제16권, 『입능가경』, p.578하 19~22행.

없는 까닭에 능견能見도 성립하지 못하는 것이다. 능·소의 두 가지
상이 다 얻을 것이 없는 까닭에 "얻을 수 있는 상相도 없다"고 말한
것이다. 이 중에 질문(難)을 풀이하여 새것(십권경)과 옛것(십지경)을
회통시켰으니, 별기에서 자세하게 분별한 것과 같다.

【소疏-33-4-별기別記】

如彼偈云, "非他非因緣, 分別分別事 五法及二心 寂靜無如是."
問. 如集量論說, "諸心心法 皆證自體 是名現量. 若不爾者 如不曾見
不應憶念." 此中經說, 云不自見 如是相違 云何會通.
答. 此有異意 欲不相違 何者. 此經論意, 欲明離見分外無別相分, 相
分現無所見. 亦不可說卽此見分反見見分, 非二用故. 外向起故. 故以
刀指爲同法喩.

이는 『10권능가경』의 게송에서 "다른 것도 아니고 인연도 아니며,
분별하는 것과 분별한 일과 다섯 가지 법法 및 능能·소所의 두 마음은
적정하여 이와 같은 것들은 없다"[716]라고 한 것과 같다.

묻기를, 『집량론集量論』[717]에서 "모든 심心과 심법心法은 다 자체를

---

716 대정장 제16권, 『입능가경』, p.578하 23~24행.
717 『집량론』의 산스크리트 명 『Pramāṇa-samuccaya』은 '올바른 인식의 집성서集
成書'로 번역된다. 저자 디그나가Dignāga는 유상유식파有相唯識派에 속하는
학자로, 중국명으로는 진나陳那라고 한다. 원본과 한역본은 없고 티베트역본만
2종이 전한다. 게송과 산문으로 이루어지는데, 게송이 본론이고 산문은 게송에
대한 저자의 주해서이다. 모두 254송을 6장으로 나누어 설명하였다.(참조:
네이버 지식백과, 두산백과)

증득하니, 이를 현량現量이라 이름한다. 만약 그렇지 않다면 전에(曾) 보지 못했으면 마땅히 기억(憶念)하지 못하는 것과 같아야 한다"라고 설하며, 여기 『10권능가경』에서는 (마음은) 스스로 (마음을) 보지 못한다"라고 하는데, 이와 같이 서로 어긋나니 어떻게 회통하겠는가?

답하길, 여기에는 다른 뜻이 있어서 서로 어긋나지 않게 하니, 어째서 인가? 이 『능가경』과 『기신론』의 뜻은 견분見分[718]을 떠나 밖에 따로 상분相分[719]이 없기에, 상분이 드러내(現) 보이는 것이 없음(無所見)을 밝히려 한 것이다. 또한 견분見分이 스스로(反) 견분을 본다고 말할 수도 없으니, 이는 (견분과 상분) 두 가지 작용이 아닌 까닭이며, (견분은 항상) 밖을 향해 일어나는 작용인 까닭이다. 고故로 칼과 손가락으로 동법同法의 비유를 삼은 것이다.

集量論意, 雖其見分不能自見, 而有自證分用, 能證見分之體, 以用有異故, 向內起故, 故以燈燄爲同法喩. 由是義故, 不相違背. 又復此經論中爲顯實相故 就非有義說無自見. 集量論主爲立假名故. 依非無義說有自證. 然假名不動實相 實相不壞假名 不壞不動 有何相違. 如此中說離見無相 故見不見相. 而餘處說相分非見分 故見能見相分. 如是相違 何不致怪. 當知如前亦不相壞.

『집량론』의 뜻은, 비록 그 견분見分이 스스로를 볼 수 없을지라도 자증분(自證分: 스스로 증명하는)의 작용이 있어서 견분의 체를 증명할

---

718 인식하는 주체, 주관.
719 인식하는 주체에 의해 드러난 인식대상, 객관.

수 있으니, 그 작용에 다름이 있는 까닭이며, (견분이) 안을 향해 일어나는 작용인 까닭이다. 고故로 등과 불꽃은 동법의 비유를 삼은 것이니, 이러한 뜻으로 말미암은 까닭에 서로 어긋나지 않는 것이다. 또한 이 『능가경』과 『기신론』 가운데 실상實相을 드러내고자 한 까닭에 나아가(就) 있지 않음(非有)의 뜻에서 스스로를 볼 수 없다고 설한 것이고, 『집량론』의 저자는 가명假名을 세우고자 한 까닭에 없지 않음 (非無)의 뜻에 따라(依) 스스로 증명함이 있다고 설한 것이다. 그러나 가명은 실상을 움직이지 못하고(不動), 실상은 가명을 깨뜨리지 않으니 (不壞), 불괴不壞와 부동不動이 어찌 서로 어긋남이 있겠는가? 여기에 는 견분을 떠나 상분이 없는 까닭에 견분은 상분을 보지 못한다고 설하지만, 다른 곳에서는 상분은 견분이 아닌 까닭에 견분이 상분을 볼 수 있다고 설한 것과 같다. 이와 같이 서로 어긋나는데 어찌 괴이하지 않겠는가? (이것도) 앞서와 같이 또한 서로 깨뜨리지 않음을 알아야 할 것이다.

又說爲顯假有 故說有相有見. 爲顯假無 故說無相無見. 假有不當於 有 故不動於無. 假無不當於無 故不壞於有. 不壞於有 故宛然而有. 不動於無 故宛然而無. 如是甚深因緣道理 蕭焉靡據 蕩然無礙. 豈容 違諍於其間哉.

또 설하기를, 가유假有를 드러내려는 까닭에 상분도 있고 견분도 있다고 설하였고, 가무假無를 드러내려는 까닭에 상분도 없고 견분도 없다고 설하였다. 가유는 유有에 해당하지 않은 까닭에 무無를 움직이지 않고, 가무는 무에 해당하지 않는 까닭에 유를 깨뜨리지 않는다. 유를 깨뜨리지 않는 까닭에 완연히 있는 것이요, 무를 움직이지 않기 때문에 완연히 없는 것이다. 이와 같이 매우 깊은 인연의 도리가 고요하여(蕭) 걸리는(據) 것이 없으며(靡), 텅 비어(蕩然) 막힘이 없으니, 어찌(豈) 그 사이에 어긋나는 논쟁을 용납하겠는가?

【소疏-33-5】

"當知"以下, 次明非有而不無義. 初言"當知世間乃至無體可得唯心虛妄"者, 是明非有. 次言"以心生則法生"以下 顯其非無. 依無明力不覺心動 乃至能現一切境等 故言"心生則種種法生"也. 若無明心滅境界隨滅. 諸分別識皆得滅盡 故言"心滅則種種法滅." 非約刹那以明生滅也. 廣釋意竟

"마땅히 알아야 한다(當知)" 이하는 다음으로 있는 것은 아니나(非有) 없는 것도 아닌(不無) 뜻을 밝힌 것이다. 처음에 "세간의 일체경계는 다 중생의 무명이라는 망심에 의지하여 머물고 지속되는(住持) 것이니, 일체법은 거울 속의 형상과 같아 얻을 만한 실체도 없으며, 오직 마음일 뿐 (분별하는 마음은) 허망한 것임을 알아야 한다"고 말한 것은 있는 것이 아님을 밝힌 것이며, 다음으로 "마음이 생生하므로 갖가지 법이 생기고" 이하는 그 없는 것도 아님(非無)을 밝힌 것이다. 무명의 힘에 의하여 불각하여 마음이 움직이고, 내지 능히 일체경계 등을 드러낼 수 있는 까닭에 "마음이 생(生)하므로 갖가지 법이 생긴다(心生則種種法生)"라고 말한 것이다. 만약 무명의 마음(불각심)이 멸滅하면 경계도 따라 멸하여, 모든 분별식이 다 없어지는(滅盡) 까닭에 "마음이 멸滅하므로 갖가지 법도 멸한다(心滅則種種法滅)"고 말한 것이니, 찰나에 의지해서 생멸을 밝힌 것이 아니다. 의意를 널리 해석함을 마친다.

【논論-34】 의식意識-육식六識

復次 言意識者, 卽此相續識 依諸凡夫取著轉深 計我我所 種種妄執 隨事攀緣 分別六塵 名爲意識. 亦名分離識, 又復說名分別事識. 此識 依見愛煩惱 增長義故

다음으로, 의식意識이라 함은 곧 이 상속식이 모든 범부들의 취착取著이 더욱 깊어짐으로(轉深) 말미암아(依) 아(我: 心王, 主)와 아소(我所: 心所, 客)를 분별하는(計) 갖가지 망령된 집착(妄執)으로, 경계(事)에 따라 반연攀緣하여 육진六塵을 분별하는[720] 까닭에 의식이라 이름한 것이다. 또한 분리식分離識이라 이름하며, 또다시 설하여 분별사식分別事識이라고도 이름한다. 이 식은 견애번뇌見愛煩惱[721]로 말미암아 증장增長되는

---

720 있는 그대로 보는 것이 아니라, 자기에게 이롭고 편리하게 분별分別한다. 즉 내면의 실상實相은 보지 못하고 겉껍데기 현상現相만 보고 현상에 집착한다는 뜻이다. 불교에서 분별이라는 단어는 거의 부정적인 의미를 갖는다.

721 곽철환의 『시공불교사전』에는 "이치를 명료하게 알지 못함으로써 일어나는 지적 번뇌인 견번뇌見煩惱와 대상에 집착함으로써 일어나는 심리적 번뇌인 애번뇌愛煩惱"로 정의하고 있다. 좀 더 쉽게 풀이하면, 견애번뇌는 견혹見惑과 수혹修惑으로, ①견혹은 허망한 소견으로 말미암는 이성적 번뇌로 견번뇌見煩惱라고 하며, 이는 사성제의 이치를 깨닫지 못한 데서 오는 지적智的 번뇌이므로 사성제를 공부함으로서 제거할 수 있다. 참된 지혜를 막는다 하여 소지장所知障이라 한다. ②수혹은 "벽돌(磚)도 열심히 갈면 언젠가 거울이 될 것이다(磨磚作

뜻인 까닭이다.[722]

구상九相		상相	식識	의意		결과
구상九相	삼세三細 심층의식	무명업상無明業相	업식業識	오의五意		미혹迷惑
		전상轉相/아만我慢	전식轉識			
		현상現相/능현상能現相	현식現識			
	육추六麤 표층의식	지상智相	지식智識			
		상속상相續相	상속식相續識	의	의식	
		집취상執取相		의식意識 분리식		
		계명자상計名字相				
		기업상起業相	조업造業			업業
		업계고상業繫苦相	수보受報			고苦

鏡"라고 믿는, 사물에 대한 그릇된 집착과 망상妄想으로 인한 감성적 번뇌이므로, 이는 바른 수행을 통해 제거될 수 있다. 열반에 이르는 것을 막는다 하여 번뇌장煩惱障이라 한다. 마전작경磨磚作鏡은 남악회양(677~744)과 제자 마조도일(709~788)의 일화이다.

722 오의五意의 마지막에 속하는 상속식相續識은 기본적으로 망념이 끊어지지 않고 계속 이어진다는 나쁜 의미를 갖는다. 전념과 후념이 계속이 이어지지(相續) 않는다면 다음의 집착하는 집취상도 없게 되는 것이다. 이 같은 상속식은 육식六識으로 이어져서도 망념 또는 망식을 상속시켜 집착하게 하는 작용을 한다. ①의식: 취착이 심해져 아我와 아소我所를 분별하고 갖가지 망집妄執으로 경계(事)에 따라 반연하여 육진六塵을 분별하게 한다. ②분리식 또는 분별사식: 분리식이란 육근六根이 각각 육진六塵을 대하여 취한다는 뜻으로 분별사식分別事識이라고도 하며, 분별사식은 대상(六塵)을 분별하여 집착한다는 뜻으로 의식意識의 다른 이름이다. 분별사식이란 견번뇌와 애번뇌로 말미암아 대상(경계)을 분별하여(見), 대상(경계: 事)에 더욱(增長) 집착하는(愛) 식이다.

【소소疏-34】

次釋意識. 意識卽是先相續識. 但就法執分別相應生後義門 則說爲
意. 約其能起見愛煩惱從前生門 說名意識. 故言"意識者卽此相續 乃
至分別六塵名爲意識." 此論就其一意識義 故 不別出眼等五識. 故說
"意識分別六塵.""亦名分離識"者, 依於六根別取六塵. 非如末那不依
別根 故名"分離." 又能分別去來內外種種事相 故"復說名分別事識."
"依見愛煩惱增長義故"者, 是釋分別事識之義. 以依見修煩惱所增長
故能分別種種事也. 上六相內受想行蘊 相從入此意識中攝. 上來廣
明生滅依因緣義竟.

다음으로(次) 의식을 풀이한다. 의식은 곧 앞에서의 상속식이다. 단지
법집法執의 분별이 상응하여 뒤의 것(後)을 낳는다(生)는 뜻을 따른다
면 바로 의의意意라고 설하고, 그것이 견애見愛의 번뇌를 일으킴으로 말미암
아 앞의 것에 따라 생긴다는 뜻을 따른다면 의식意識이라고 이름하는
것이다. 고故로 "의식이란 바로 이 상속식이 육진六塵을 분별하는 까닭
에 의식이라 이름한다"라고 말한 것이다. 이 『기신론』은 (육식 중에)
그 하나의 의식의 뜻을 따르는 까닭에 안식眼識 등의 오식五識을 따로
내지(出) 않았다. 고故로 "의식이 육진을 분별한다"라고 설한 것이다.
"또한 분리식分離識이라 이름한다"라는 것은 육근六根에 따라(依) 각각
(別) 육진을 취하는 것을 말한다. 말나(7식)가 각각(別) 근근根을 따르지
(依) 않는 것과는 같지 아니한(非如) 까닭에 분리식이라고 이름한
것이다. 또 능히 과거와 미래, 안과 밖의 갖가지 사물의 모습(事相)을
분별할 수 있는 까닭에 '다시 분별사식이라고 설한다'라고 하였다.

"견애見愛의 번뇌로 말미암아 증장되는 뜻인 까닭이다"란 분별사식의 뜻을 풀이한 것이다. 견수見修의 번뇌가 증장함으로 말미암은 까닭에 능히 갖가지 경계(事)를 분별할 수 있는 것이다. 위의 육상六相 내의 수온受蘊, 상온想蘊, 행온行蘊은 이 의식에 서로 좇아 들어가 아우른다. 이상으로 생멸이 인연으로 말미암는다는 뜻을 자세히 밝혔다. (大乘起信論疏記會本 卷三 終)

대승기신론소기회본 권사大乘起信論疏記會本 卷四

此下第二重顯所依因緣體相. 於中有二. 一者略明因緣甚深. 二者廣
顯因緣差別

이 아래는 두 번째로 소의所依인 인연의 체體와 상相을 거듭(重) 드러내
었다. 그 중에 두 가지가 있으니, 첫째는 인연의 매우 깊음을 간략히
밝혔고, 둘째는 인연의 차별을 자세히 드러내었다.

【논論-35】제8아리야식의 깨닫기가 어려움을 설한다

依無明熏習所起識者, 非凡夫能知. 亦非二乘智慧所覺. 謂依菩
薩從初正信發心觀察. 若證法身 得少分知. 乃至菩薩究竟地 不能
盡知. 唯佛窮了. 何以故. 是心從本已來 自性清淨而有無明. 爲無
明所染 有其染心. 雖有染心 而常恒不變. 是故此義唯佛能知.

무명훈습으로 말미암아(依) 일어나는 식識[723]은 범부가 능히 알 수 있는

---

[723] 여기서 식識이라 함은 제8아리야식으로, 진여본각에서 근본무명으로 말미암아
삼세三細의 심층의식이 일어나는 것은 알기가 어려운 까닭에 오직 부처님만이
알 수 있다는 것이다. 이승의 소승불교에서는 개체적 자아의 공성空性인 아공我
空, 인무아人無我는 알지만, 그들은 우리가 경험하는 모든 현상세계(法)의 공성
은 알지 못하고, 실아實我가 있고 실법實法이 있다고 주장함으로써 근본무명으
로 말미암아 심층의식에서 동動하는 제8아리야식(업식, 전식, 현식)의 작용은
깨닫지 못하는 까닭에 이승二乘의 지혜로도 깨닫지 못한다고 하는 것이다.
제8아리야식은 대승불교 유가행파의 이론이므로 소승의 성문, 연각은 모른다
고 하는 것이다.

것이 아니며, 또한 성문, 연각 이승二乘의 지혜로 깨닫는 것도 아니다. 이는 보살이 처음으로 바른 믿음(正信)에서(從) 발심하여[724] 관찰함으로써(依) 법신을 증득하면[725] 조금이나마(少分) 알게 되며, 보살구경지[726]에 이를지라도 다 알 수 없고(不能盡知) 오직(唯) 부처님만이 다 아시는(窮了) 것이다. 어째서인가? 이 마음은 본래부터 자성이 청정하나 무명이 있는지라, 무명에 오염되어 그 염심染心이 있는 것이니, 비록 염심이 있으나 (자성청정한 그 근본마음은) 항상 변하지 않는 까닭에[727] 이러한 뜻은 오직(唯) 부처님만이 능히 알 수 있는 것이다.[728]

감산대사는 『대승기신론직해』에서 "애달프도다! 오늘날 참선하는 사람들이 제8아리야식의 작용(行相)조차도 아직(尙且) 알지 못하면서 깨달았다고 자부(自負)하니, 이 어찌 증상만이 아니겠는가(悲夫! 今之參禪之士此識行相尙且不知, 卽以悟道自負, 豈非增上慢者哉)?"라고 하였다.

[724] 대승보살은 십신十信에서 십주十住 ⇒ 십행十行 ⇒ 십회향十回向을 거쳐 십지十地의 위位에 이른다. 정신正信은 이제 수행을 결심한 십신의 위位이다.

[725] 10지地의 초지初地인 환희지歡喜地에서 제10 법운지法雲地까지의 보살을 법신보살法身菩薩 또는 지상보살地上菩薩이라 하며, 10지 이전을 지전보살地前菩薩이라 한다.
법신을 증득한다는 것은 일체의 번뇌(망념)를 여의어 진여법신의 자성청정심, 일심을 증득하여 법신의 위位에 오르는 것을 말한다. 초지는 환희지로 진여眞如의 일분一分을 증득하여 이제 막 법신의 위에 올라 마음속에 환희를 일으키는 경지이다.

[726] 10지의 제8 부동지不動地를 말한다.

[727] 우리의 마음이 본래 청정하나 염심染心이 있는 것은, 마치 거울이 원래 맑고 깨끗하나 먼지가 끼어 있는 것과 같다. 마음도 이와 같아 거울에 먼지만 닦아내면 본래의 깨끗함에는 변함이 없는(不變) 것과 같다.

[728] 오직 부처님만이 알 수 있다는 것은 범부, 성문, 연각, 보살은 알 수 없다는

【소疏-35-1】

初中有三. 先標甚深. 次釋 後結. 初中言"無明熏習所起識"者, 牒上所
說, "依阿黎耶識說有無明, 不覺而起等"也. 非餘能知唯佛窮了者, 標
甚深也.

처음에 세 가지가 있으니, 먼저는 깊고 깊음을 나타냈고, 다음은 풀이하
고, 나중은 결론지었다. 처음에 "무명훈습으로 말미암아 일어나는
식識"이라고 말한 것은 위에서 "아리야식으로 말미암아 무명이 있다고
설하니, 깨닫지 못하여(不覺) (한 생각이) 일어나"[729] 등을 설한 것이다.
"그 나머지 사람들은 알 수 있는 것이 아니고, 오직 부처님만이 다
아신다"라는 것은 깊고 깊음을 드러낸 것이다.

【소疏-35-1-별기別記】

若此心體一向生滅直是染心 則非難了. 又若一向常住唯是淨心 亦非
難知. 設使體實淨而相似染者, 亦可易解. 如其識體動而空性靜者, 有
何難了. 而今此心 體淨而體染, 心動而心靜, 染淨無二, 動靜莫別.
無二無別 而亦非一. 如是之絶 故難可知.

만약 이 심체心體가 한결같이(一向) 생멸만 하는 염심染心이라면 알기

뜻이다. 안다는(知) 것은 '무명의 작용을 꿰뚫어 알아서 일체의 분별망상을
그칠(止) 수 있는 행行을 수반한 앎'을 말한다. 행(실천)이 없는 앎은 앎이
아니다. 이를 무분별지無分別智 또는 근본지根本智라 한다. 일체의 분별 명상이
끊어진 경지에서 차별 현상을 있는 그대로 환하게 알아 더 이상의 행行을
필요로 하지 않는 지혜를 후득지後得智 또는 무분별후득지라 한다.

729 【논論-32】, 【논論-33】 참조.

어려운 것이 아니며, 또 만약 한결같이 상주常住만 하여 오직 정심淨心일 지라도 이 또한 알기 어려운 것은 아니다. 설사 바탕(體)은 실로 깨끗하나 모습(相)이 오염된 것 같더라도(似) 역시(亦) 쉽게 알 수 있다. 만약 그 식(8식)의 체體가 움직이나 공성空性이 고요한 것이라면 아는 데 무슨 어려움이 있겠는가? 그러나 여기서 말하는 이 마음은 바탕(體)은 깨끗하면서도 오염되어 있고, 마음이 움직이면서도 마음이 고요하여 염染과 정淨이 둘이 아니며, 동動과 정淨의 구별이 없다. 염과 정이 둘이 아니며, 동과 정의 구별이 없으나 또한 하나인 것도 아니니, 이와 같이 절묘한 까닭에 알기 어려운 것이다.

【소소疏-35-2】

"何以故"下 次釋深義. "從本已來 自性淸淨而無明 所染有其染心"者, 是明淨而恒染. "雖有染心而常恒不變"者, 是明動而常靜. 由是道理 甚深難測. 如夫人經言, "自性淸淨心 難可了知. 彼心爲煩惱所染 亦難 可了知." 楞伽經言 "以如來藏是淸淨相 客塵煩惱垢染不淨. 我依此義 爲勝鬘夫人及餘菩薩等 說如來藏阿黎耶識共七識生 名轉滅相. 大慧 如來藏阿黎耶識境界 我今與汝及諸菩薩甚深智者 能了分別此二種 法. 諸餘聲聞辟支佛及外道等 執著名字者 不能了知如是二法." "是故 此義唯佛能知"者, 第三結甚深也.

"어째서인가?" 아래는 앞의 내용에 이어 깊은 뜻을 풀이한 것이다. "본래부터 자성이 청정하나 무명이 있는지라, 무명에 오염되어 그 염심染心이 있다"라는 것은 깨끗하지만 항상 오염되어 있음을 밝힌 것이고, '비록 염심이 있으나 항상 변하지 않는다'라는 것은 움직이지만 항상 고요함을 밝힌 것이다. 이러한 도리로 말미암아 깊고 깊어 헤아리기 어려우니, 이는 『부인경夫人經』에서 "자성청정심自性淸淨心을 깨달아 알기(了知) 어려우며, 그 마음이 번뇌에 물드는 것 또한 깨달아 알기 어렵다"[730]라고 하며, 『능가경』에서 "여래장은 청정淸淨한 모습이고, 객진번뇌客塵煩惱[731]는 때(垢)에 오염되어 깨끗하지 못하다. 내가 이 뜻에 따라(依) 승만부인과 여타 보살 등을 위하여 여래장 아리야식과 7식識이 함께 생生하는 것을 설하니 전멸상轉滅相이라 이름한다. 대혜여, 여래장 아리야식의 경계는 내가 이제 '그대와 모든 보살들과 아주 깊게 아는 자들(智者)과 더불어 능히 이 두 가지 법을 깨달아 분별할 수 있으나, 여타 모든 성문, 벽지불 및 외도外道 등의 이름(名字)에 집착하는 자들은 이와 같은 두 가지 법을 능히 깨달아 알지 못한다'"[732]라고 말한 것과 같다. "시고로 이러한 뜻은 오직 부처님만이 능히 알 수 있다"라는 것은 세 번째 내용으로 (여래장 아리야식의) 깊고 깊은 뜻을 결론지은 것이다.

---

730 대정장 제12권, 『승만사자후일승대방편방광경』, p.222하 4~5행.

731 객진번뇌客塵煩惱의 번뇌는 본래부터 안에 있었던 것이 아니라, 우연히 밖으로부터 들어온 것(客)이라는 의미로 객진客塵인 것이다. 중생의 마음은 본래 성품이 청정한 것이기 때문이다. 번뇌는 실체가 있는 것이 아니라 지혜가 나타나면 바로 사라지는 것으로, 자성청정심이 주인이라면 번뇌는 손님(客)인 것이다. 또한 번뇌가 미세하고도 그 수數가 티끌처럼 많다는 뜻에서 진塵인 것이다.

732 대정장 제16권, 『입능가경』, p.557상 5~13행.

以下第二廣顯因緣差別. 於中有六. 一明心性因之體相. 二顯無明緣
之體相. 三明染心諸緣差別 四顯無明治斷位地. 五釋相應不相應義.
六辨智礙煩惱礙義

아래는 두 번째로 생멸인연의 차별을 넓게 풀이한 것으로, 이 중에는
6가지가 있으니, 첫째는 심성心性의 인因의 바탕(體)과 모습(相)을
밝혔고, 둘째는 무명의 연緣의 바탕(體)과 모습(相)을 드러냈으며,
셋째는 오염된 마음의 모든 인연의 차별을 밝혔고, 넷째는 무명을
다스려 끊는 자리(位地)를 드러냈으며, 다섯째는 서로 응하고(相應)
응하지 않는(不相應) 뜻을 풀이했고, 여섯째는 지애智礙와 번뇌애煩惱
礙733의 뜻을 변별하였다.

【논論-36】 심성은 무념이고 불변이다
所謂心性常無念故 名爲不變

소위 심성(心性: 心體)은 항상 망념이 없는(無念) 까닭에 불변不變이라
이름한다.

【소疏-36】

初中釋上"雖有染心而常不變"之義. 雖擧體動而本來寂靜 故言"心性
常無念"也

---

733 지애智礙는 지혜광명을 장애하는 번뇌이며, 번뇌애煩惱礙란 중생의 마음을
어지럽히고 미혹하게 하여 진여평등한 일법계의 이치를 보지 못하게 하는
번뇌장을 말한다.

처음에는 위의 "비록 오염된 마음이 있더라도 항상 불변이다"라는
뜻을 풀이한 것이다. 비록 바탕(體)이 움직일(擧動)지라도 본래가 적정
한 까닭에 "심성은 항상 망념이 없다(無念)"라고 말한 것이다.

【논論-37】 무명의 홀연염기忽然念起

以不達一法界故. 心不相應 忽然念起 名爲無明.

일법계一法界[734]를 요달了達하지 못한 까닭에(故) 마음이 (진여와) 서로
응應하지 아니하여 홀연히 망념妄念이 일어나니,[735] 이름하여 무명無明

---

[734] 여기서 '일법계一法界'란 진여眞如 일법계의 이치를 말한다. 이치인 즉 진여를
떠나 무명이 따로 있는 것이 아니라, 진여가 무명이고, 무명이 진여인 것이다.
마음에 망념이 일어날지라도 마음의 본성(心體)은 조금도 동動하거나 변變하지
않으니, 그대로 무념無念이다. 이는 법계가 일여一如 평등하기 때문이다. 그래서
보리즉번뇌菩提卽煩惱, 번뇌즉보리煩惱卽菩提라 하는 것이다. 따라서 진여일법
계를 떠나서는 무명도 없고, 보리를 떠나서는 번뇌도 없다.
『부증불감경』에서 "일체중생이 일시에 성불하여도 불계佛界는 증增하지 않고,
중생계는 멸하지 아니한다"라고 하는 바와 같이 불계나 중생계가 따로 존재하는
것이 아니라, 중생계 그대로가 불계이자 일법계인 것이다. 일법계에서 오염과
생멸을 반복할 뿐이다.
영가대사(647~713)는 『증도가證道歌』에서 "무명의 실성(實性: 참 성품)이 곧
불성이요, 환화공신이 곧 법신이다(無明實性卽佛性, 幻化空身卽法身)"라고 했
다. 이러한 이치를 알지 못하는 것을 부달不達이라 한다. 이로 인해 마음이
진여와 서로 응應하지 못해 홀연忽然히 망념이 일어나니, 이름하여 무명無明이
라는 것이다.

[735] '홀연忽然'의 사전적 의미는 '뜻하지 않게 갑자기'의 뜻이다. 홀연염기忽然念起란
망념妄念이 이렇게 '뜻하지 않게, 시작도 원인도 예고도 없이 갑자기' 일어난다
는 뜻이다. 즉 시간의 흐름 속에서 시간과 같이 흐르다가 일어나는 것이 아니라,

이라 하는 것이다.

【소疏-37】

第二中言"心不相應"者, 明此無明最極微細 未有能所王數差別 故言
"心不相應." 唯此爲本 無別染法能細於此在其前者, 以是義故說"忽然
起." 如本業經言"四住地前更無法起 故名無始無明住地." 是明其前無
別爲始, 唯此爲本. 故言"無始." 猶是此論"忽然"義也. 此約細麤相依
之門說爲無前 亦言"忽然起." 非約時節以說"忽然起." 此無明相, 如二
障章廣分別也. 是釋上言"自性淸淨 而有無明所染 有其染心"之句.

둘째 중에 "마음이 상응하지 않는다"라고 말한 것은, 이 무명이 아주
극도로 미세하여 아직(未) 능能·소所와 왕(心王: 마음), 수(心數: 마음의
작용)의 차별이 없음을 밝힌 까닭에 "마음이 상응相應하지 않는다"라고
말한 것이다. 오직 이것이 근본이 되고, 다른 염법이 이보다 더 미세하여
그 앞에 있을 수 없으니, 이런 이치(義)로서 "홀연히 일어난다"라고
설한 것이다. 『본업경』에서 "4주지住地⁷³⁶ 전전에는 다시 (다른) 법이

적연부동(불생불멸)의 심원心源에서 홀연히 일어나는(起) 것이 망념이며, 이로
부터 무명이 되어 생멸의 시간이 시작되는 것이니 시작도 없는(無始) 것이다.
적연부동의 심원은 불생불멸로 무한의 시간이 아니라, 시간의 흐름이 없는
영원한 무시간無時間의 출세간을 말한다.

736 근본번뇌를 ① 견일처주지見一處住地, ② 욕애주지欲愛住地, ③ 색애주지色愛住
地, ④ 유애주지有愛住地, ⑤ 무명주지無明住地 등의 다섯 가지 유형으로 나누어
5주지번뇌五住地煩惱, 5주지혹五住地惑, 5주지五住地라고도 한다. 여기서 4주지
란 ⑤ 무명주지無明住地를 제외한 나머지 4가지 번뇌를 말하며, 4주四住 또는
4주번뇌四住煩惱라고도 한다. 이는 주로 대승불교에서 설하는 번뇌 분류법으로,

일어나지 않는 까닭에 시작도 없는(無始)[737] 무명주지無明住地[738]라 이름
한다'[739]라고 말한 것과 같으며, 이는 무명주지 앞에 다른 시작이 없고,
오직 무명無明이 근본이 됨을 밝힌 까닭에 무시無始라 말한 것이다.
이는 『기신론』의 "홀연忽然"이라는 뜻과 같은(猶) 것이다. 이것은 세細
와 추麤가 서로 의지한다는 뜻에서 그 앞에 다른 시작이 없다고 설한
것이며, 또한 "홀연히 일어난다"라고 말한 것이지, 시절時節[740]로 말미암
아 "홀연히 일어난다"라고 설한 것은 아니다. 이 무명의 모양(相)은
『이장장二障章』[741]에서 자세히 분별한 것과 같다. 이는 위에서 설한

『승만경』에서도 설하고 있다.

737 무시無始는 '시작도 없는 때부터 시작된' 또는 '언제인지 알 수 없는 때부터
　　시작된'의 의미로 '태초부터, 원래부터' 등의 뜻이다.

738 5주지 번뇌의 하나인 무명주지無明住地는 삼계三界의 근본번뇌로서 근본무명根
　　本無明 또는 무시무명無始無明이라고도 한다.

739 대정장 제24권, 『보살영락본업경』, p.1022상 7~8행.

740 시간에 따른 차례 차례의 순서.

741 『이장장』은 『이장의二障義』를 말하며, 수행 중에 나타나는 혹장惑障을 번뇌장煩
　　惱障과 소지장所知障 두 종류로 나누어 설명한 원효대사의 저술로, 각覺의
　　이론을 다루는 『기신론』과 밀접한 관계를 가지고 저술되었다. 『기신론별기』,
　　『이장의』, 『기신론소』의 순서로 저술된 사실에서도 알 수 있듯이 이 책은
　　『기신론』 계통의 문헌으로서 『기신론이장장起信論二障章』이라고도 불린다.
　　내용으로는 ①번뇌를 인집人執의 측면으로 보아, 열반의 과果를 방해하는
　　것을 번뇌장이라 하였다. 번뇌장이라는 마군魔軍 때문에 일심一心의 진실이
　　왜곡된다고 하였다. 따라서 번뇌장의 극복은 불성佛性의 첩경이라고 강조하였
　　다. 또한 번뇌장은 끊임없는 업業을 유발시킴으로써 해탈을 방해한다고 보
　　았다.
　　②지식을 법집法執의 측면으로 보아, 탐욕과 성냄과 어리석음 등의 근본번뇌가

"자성은 청정하나 무명이 있어 (무명에) 오염되어 염심染心이 있다"는 구절을 풀이한 것이다.

【소疏-37-별기別記】

但除染心從麤至細, 能令根本無明隨有漸捨漸轉之義. 爲是義故 無明治斷在後方說.

단지 거친 것(麤)에서 미세함(細)에 이르기까지 염심染心을 제거하는 데는, 능히 근본무명으로 하여금 무명을 따라(隨) 점차 버리거나(漸捨) 점차 그치게(漸轉) 하는 뜻이 있다. 이러한 뜻이 있는 까닭으로 무명을 다스려 끊는 뜻을 후방에 두어 설한 것이다.

사물의 진실을 파악하지 못하게 함으로써 보리菩提의 과果를 장애하는 번뇌를 소지장所知障이라 하였다.

장애의 문제는 일심一心의 원천인 본각本覺으로 돌아가기 위해서 제거되고 부정되어야 할 것으로 제기된다. 장애의 극복이 곧 깨달음을 얻는 것이며, 자리自利와 이타利他가 동시에 성취되는 청정한 경지의 현현顯現, 즉 일심의 원천으로 돌아가는 것이라는 입장을 밝힌 것이다. 장애라는 것은 고통 없는 상태인 해탈을 방해하는 것이고, 장애의 극복은 파사破邪요, 각覺의 현현은 현정顯正이라고 하는 파사즉현정破邪卽顯正의 관계 속에서 각과 장애를 함께 논의한 것이다.(참조: 네이버 지식백과, 한국민족문화대백과, 위키피디아)

【논論-38】육염심六染心 지말무명을 여읨(離斷)

육염六染	상응염/불상응염	염 이름	상	치단治斷 위치	단계	깨달음	식	오의五意
육염六染	상응염	① 집(취)상응염	계명자상	신상응지에서 치단治斷	십신 위에서 단단	① 각覺돈오 ② 포고怖苦발심 ③ 육수도←기업상을 멸滅 ④ 삼심개발-비悲, 지智, 원願	의식意識	
			집취상		삼현(십주, 십주, 십회향)위位에서 단단	⑤ 증아공證我空	의식意識	
		② 부단상응염	상속상	초지위에서 단단		⑥ 증법공證法空	상속식	오의五意
		③ 분별지상응염	지상	제2~7지에서 단단			지식	
	불상응염	④ 현색불상응염	현상(경계상)	제8지에서 단단		⑦ 색자재色自在	현식	
		⑤ 능견심불상응염	전상(능견상)	제9지에서 단단		⑧ 심자재心自在	전식	
		⑥ 근본업불상응염	업상	제10지 보살진지菩薩盡地		⑨ 이념離念⇒ ⑩ 성불成佛	업식	

染心者有六種. 云何爲六.

一者執相應染. 依二乘解脫 及信相應地遠離故.

二者不斷相應染 依信相應地修學方便 漸漸能捨 得淨心地究竟離故.

三者分別智相應染 依具戒地漸離 乃至無相方便地究竟離故

四者現色不相應染 依色自在地離故.

五者能見心不相應染 依心自在地能離故.

六者根本業不相應染 依菩薩盡地 得入如來地能離故.

염심染心742에는 여섯 가지가 있으니, 무엇이 여섯인가?

첫째는 집(취)상응염(執相應染: 집취, 계명자상)이니, 성문, 연각 이승
二乘의 해탈과 신상응지信相應地[743]에 의지하여 (집취, 계명자상을) 멀리
여의는(遠離) 까닭이다.

둘째는 부단상응염(不斷相應染: 상속상)이니, 신상응지에 의지하여
방편方便[744]을 수학修學하여 점점 능히 (염심을) 버려 정심지(淨心地:
제1 歡喜地)에 이르러 마침내(究竟) (상속상을 아주) 여의는 까닭이다.

세째는 분별지상응염(分別智相應染: 지상)이니, 구계지(具戒地: 제2
離垢地)에 의지하여 점점 여의어 이에 무상방편지(無相方便地: 제7 遠行

---

[742] 염심染心은 정심淨心의 반대로, 모두 무명을 근본원인으로 하는 번뇌(相)를
말한다. 이는 불생불멸의 진여의 마음에서 무명으로 말미암아 생멸하는 오염된
마음(染心)으로 변한 것이다. 육염심六染心이라 하면 진여본각의 일심一心이
무명으로 말미암아 전변轉變하는 여섯 가지 차별상(現相)인 것이다. 차별상(번
뇌)이 사라지면 무명 또한 사라진다. 염심은 일법계(일심법계)를 요달了達하지
못한 까닭에 홀연히 일어나는 망념이므로 망념(경계)을 여의면 다시 진여본각
의 자성청정심으로 돌아간다. 수행은 망념(경계)을 여의어 진여본각으로 돌아
가는 노력이고, 정진이란 그 노력을 습관화하는 것이다.
①상응염이란 외부 경계, 즉 아리야식에서 형성된 경계상에 상응하여 분별사식
인 의식과 말나식이 오염된다는 뜻으로, 심법心法과 염법念法이 존재하게 된다.
②불상응염이란 외부 경계에 상응하지 않고도 스스로 오염된다는 뜻이다.
아리야식은 무명으로 말미암아 스스로 주객主客 미분未分의 업상業相을 지어
능견상(主)과 경계상(客)으로 나눠지면서 스스로 오염되므로 불상응염인 것
이다.

[743] 신상응지는 믿음에서 퇴행退行이 없는 십주(十住, 十解)이상의 삼현三賢의 위位
를 말하며, 삼현三賢은 십주十住, 십행十行, 십회향十廻向을 말한다.

[744] 여기서 방편이란 십신十信부터 ⇒ 십주十住 ⇒ 십행十行 ⇒ 십회향十廻向까지의
수행을 말한다.

地)에 이르러 마침내(究竟) (지상을 아주) 여의는 까닭이다.

넷째는 현색불상응염(現色不相應染: 현상)이니, 색자재지(色自在地: 제8 不動地)⁷⁴⁵에 의지하여 능히 (현상을) 여읠 수 있는 까닭이다.

다섯째는 능견심불상응염(能見心不相應染: 전상)이니, 심자재지(心自在地: 제9 善慧地)⁷⁴⁶에 의지하여 (전상을) 여읠 수 있는 까닭이다.

여섯째는 근본업불상응염(根本業不相應染: 업상)이니, 보살의 지(十地)를 다해(盡) 여래지(如來地: 등각, 묘각)에 들어(得入) 능히 (업상을) 여읠 수 있는 까닭이다.⁷⁴⁷

---

745 색色에 자재하다는 것은 색에 무애無碍하다는 것이다. 아我가 공空하고 법이 공한 것을 깨달았기 때문에, 색에 자재할 수 있는 것이다. 즉 내외의 일체 모든 상대세계(현상계)에 대한 감정이나 생각이 자기 마음의 투영임을 깨달았기 때문에 어떤 대상(경계)에 대해서도 구애됨이 없이 원융무애할 수 있다는 것이다. 색자재가 되면 중생의 좋아함을 따라 갖가지 몸을 나투어, 천백억 화신과 보신으로 중생을 구제한다.

746 증아공, 증법공, 색자재, 심자재한 단계에 이르면 현상계의 모든 것이 자기 마음의 투영임을 알았기에 어떠한 대상에도 자유자재하며, 일체의 심리적인 갈등이나 움직임이 없는 자유자재한 단계로 부사의업상을 나툰다.

747 이렇게 신상응지(삼현)를 시작으로 염심(번뇌)을 관찰하여, 거친 번뇌(六麤)로부터 미세한 번뇌(三細)에 이르기까지 차례로 번뇌를 여의어 마침내 불지佛地의 경계인 여래지에 드는 과정을 연기론緣起論에서는 환멸문還滅門이라 한다. 이와 반대로 진여본각에서 근본무명으로 말미암아 미세한 번뇌(三細)로부터 거친 번뇌(六麤)에 이르러, 마침내 선악善惡의 업을 지어 고락苦樂을 받으며 육도를 전전展轉하는 과정을 유전문流轉門이라 한다. 환멸문은 오십중오十重의 과정이며, 유전문은 미십중미十重의 과정이다.

【소疏-38-1】

第三明染心諸緣差別. 於中有二, 總標 別釋. 別釋之中 兼顯治斷. 此
中六染 卽上意識幷五種意. 但前明依因而起義故 從細至麤而說次
第. 今欲兼顯治斷位故, 從麤至細而說次第. 第一"執相應染"者, 卽是
意識. 見愛煩惱所增長義 麤分別執而相應故. 若二乘人至羅漢位 見
修煩惱究竟離故. 若論菩薩 十解以上能遠離故. 此言"信相應地"者,
在十解位 信根成就 無有退失, 名"信相應." 如仁王經言, "伏忍聖胎三
十人 十信十止十堅心." 當知此中, 十向名堅 十行名止 十信解名信.
入此位時, 已得人空 見修煩惱不得現行 故名爲"離." 當知此論上下所
明, 約現起以說治斷也.

세 번째는 염심의 모든 연緣의 차별을 밝혔다. 이 중에 두 가지가
있으니, 총표總標와 별석別釋이다. 별석에서 다스려(治) 끊는(斷) 것을
겸兼하여 드러내었다. 이 중에 여섯 가지 염染은 위의 의식意識과 다섯
가지 의意이다. 단지 앞에서는 인因으로 말미암아 일어나는 뜻을 밝힌
까닭에 미세하게(細) 드러나는 것으로부터 거칠게 드러난 것(麤)에
이르기까지 차례대로(次第) 설하였으나, 여기서는 다스려(治) 끊는
(斷) 위位까지 겸하여 드러내고자 한 까닭에 거친(麤) 것으로부터
미세한 것(細)에 이르기까지 차례로 설하였다.

첫째 집상응염執相應染이란 바로 의식意識이니, 견애見愛번뇌가 증
장되는 뜻으로 이는 거친(麤) 분별로 집착하여 상응하는 까닭이다.
또한 만약 성문, 연각의 이승二乘이라면 아라한阿羅漢의 위位에 이르러
서야 비로소 견見·수修의 번뇌를 여의는 까닭이다. 만약 보살로 논하자

면, 10해(解: 十住) 이상에서 멀리 여읠 수 있는 까닭이다. 여기서 신상응지信相應地라고 말한 것은, 10해의 위위位에서 신근信根이 성취되어 퇴실退失이 없는 것을 신상응信相應이라 이름하는 것이다. 이는 『인왕경仁王經』에서 "복인伏忍[748]의 성태聖胎는 30인人으로, 10신信, 10지止, 10견심堅心이다"[749]라고 한 것과 같다. 이 중에서 10향(向: 10廻向)을 견堅이라 하고, 10행行을 지止라 하며, 10신해信解를 신信이라 함을 응당 알아야 한다. 이 3현賢의 위위位에 들어갈 때 이미 인공(人空: 我空)을 얻어서 견혹見惑과 수혹修惑 번뇌가 현행現行할 수 없는 까닭에 이름하여 "여읜다(離)"라고 하는 것이니, 이 『기신론』의 위아래에서 밝힌 것은 일어나는 것에 따라(依) (무명을) 다스려 끊는(治斷) 것을 설하는 것임을 알아야 한다.

【소疏-38-1-별기別記】

不論種子 是故與餘經所說治斷位地 亦有懸殊 不可致怪.

종자種子를 논하지 않는 까닭에 다른 경에서 설하는, 다스려 끊는(治斷) 지위와 현격하게 다름(懸殊)이 있으나 괴이하게 여길 것은 아니다.

---

748 복인伏忍은 보살의 수행단계로, 번뇌를 조복시켜 일어나지 못하게 하는 역경逆境은 참아내지만, 아직 유혹을 완전히 끊는 순경順境의 상태에는 이르지 못한 단계를 말한다. 10주住, 10행行, 10회향廻向의 3현賢을 일컫는다.
749 대정장 제8권, 『인왕반야바라밀경』, p.827중 18행.

【疏-38-2】

第二"不斷相應染"者, 五種意中之相續識 法執相應相續生起. "不斷"
卽是相續異名. 從十解位 修唯識觀尋思方便 乃至初地證三無性 法執
分別不得現行 故言"得淨心地究竟離故"也.

第三"分別智相應染"者, 五種意中第四智識. 七地以還[750] 二智起時 不
得能行 出觀緣事 任運心時 亦得現行 故言"漸離." 七地以上 長時入觀
故此末那永不現行. 故言"無相方便地究竟離." 此第七地 於無相觀有
加行有功用 故名"無相方便地"也.

둘째 부단상응염不斷相應染이란 다섯 가지 '의意' 중에 상속식相續識으
로 법집法執과 상응·상속하여 생겨나 끊어지지 않으니(不斷), 바로
상속의 다른 이름이다. 10해위解位로부터 유식관唯識觀의 심사방편尋
思方便을 닦고, 초지初地에 이르러 3무성無性[751]을 증득하여 법집분별이
현행現行하지 못하는 까닭에 "정심지(淨心地: 초지, 환희지)를 얻어
마침내 여의는 까닭이다"라고 말하였다.

   셋째 분별지상응염分別智相應染이란 다섯 가지 '의意' 중에 제4 지식智
識이다. 제7지地 이하에서는 2지(智: 法空智, 我空智)가 일어날 때에는
현행하지 못하다가, 관觀에서 벗어나 경계(事)에 반연하여 임의로
마음을 쓸 때에는 또한 현행하는 까닭에 '점차 여읜다(漸離)'라고 말하였
고, 한편 제7지 이상에서는 오랜 시간 관觀에 드는 까닭에 이 말나식末那

---

750 문맥으로 보아 이하以下의 오타인 것 같다.
751 ①상相무성: 차별상이 없는 상태, ②생생生生무성: 차별상이 일어나지 않는 상태,
   ③승의勝義무성: 있는 그대로의 청정한 상태.

識이 영원히 현행하지 못하는 까닭에 "무상방편지無相方便地에서 비로소 여원다"라고 말하였다. 이 제7지는 무상관無相觀에 가행加行이 있고 공용功用이 있는 까닭에 "무상방편지"라고 이름한 것이다.

【소소疏-38-2-별기別記】

此義如解深密經說 論其種子 至金剛心方乃頓斷. 如集論中之所廣說. 上來三染 行相是麤 具三等義 故名"相應"

이 뜻은 『해심밀경解深密經』에서 그 종자를 논한다면 금강심金剛心에 이르러서야 비로소(方) 단박에(頓) 끊는 것이니, 이는 『대승아비달마집론大乘阿毘達磨集論』 중에서 자세히 설명한 것과 같다. 위로부터의 3염染은 그 행상行相이 거칠어서(麤) 3등等[752]의 뜻을 갖춘 까닭에 "상응相應"이라 이름한 것이다.

【소소疏-38-3】

第四"現色不相應染"者, 五種意中第三現識. 如明鏡中現色像 故名"現色不相應染." "色自在地"是第八地. 此地已得淨土自在 穢土麤色不能得現. 故說"能離"也.

第五"能見心不相應染"者, 是五意內第二轉識. 依於動心成能見故. "心自在地"是第九地. 此地已得四無礙智 有礙能緣不得現起. 故說"能離"也.

第六"根本業不相應染"者, 是五意內第一業識. 依無明力不覺心動故.

---

752 체등體等, 지등知等, 연등緣等이다. 등등은 같다는 뜻이다.

"菩薩盡地"者, 是第十地. 其無垢地屬此地故. 就實論之, 第十地中亦
有微細轉相現相. 但隨地相說"漸離"耳. 如下文言 "依於業識 乃至菩薩
究竟地 心所見者 名爲報身." 若離業識 則無見相. 當知業識未盡之時,
能見能現亦未盡也.

넷째 현색불상응염現色不相應染이란 다섯 가지 '의意' 중에 제3 현식이
니, 이는 맑은 거울 중에 색상色像을 나타내는 것과 같은 까닭에 "현색불
상응염"이라고 이름하였다. "색자재지色自在地"는 제8지地이니, 이 8지
는 이미 정토淨土의 자재함을 얻어, 예토穢土의 거친 색(麤色)이 나타나
지 못하는 까닭에 "능히 여읠 수 있다"라고 설한 것이다.

　다섯째 능견심불상응염能見心不相應染이란 다섯 가지 '의意' 중에 제2
전식轉識이니, 움직이는 마음(動心)에 의지하여 능견能見을 이루는
까닭이다. 심자재지心自在地는 제9지地이니, 이 9지는 이미 4무애지無
碍智를 얻어 장애를 가진 능연能緣이 일어나지 못하는 까닭에 "능히
여읠 수 있다"라고 설하였다.

　여섯째 근본업불상응염根本業不相應染이란 다섯 가지 '의意' 중에 제1
업식業識이니, 무명의 힘으로 말미암아 깨닫지 못하고(不覺) 마음이
움직이는 까닭이다. 보살진지菩薩盡地란 제10지이니, 저 무구지無垢地
가 이 지地에 속하는 까닭이다. 실제로 논하자면 제10지 중에 또한
미세한 전상轉相과 현상現相이 있으나, 단지 지위地位의 모습(地相)을
따라 "점차로 여읜다"라고 설한 것이다. 이는 아래 글에서 "업식으로
말미암아 구경지에 이르기까지 마음으로 보는 것을 보신報身이라 이름
한다"라고 말한 것과 같으니, 만약 업식(망념)을 여의면 견상(見相:

경계)은 없다. 그러나 업식이 다 없어지지 않을 때는 능견能見과 능현能
現 또한 다 없어지지 않음을 알아야 한다.[753]

【논論-39】 근본무명의 이단離斷

不了一法界義者, 從信相應地觀察學斷. 入淨心地隨分得離 乃至
如來地能究竟離故

일법계一法界의 이치를 요달了達하지 못한다는 것은 신상응지信相應地
로부터(從) (무명을) 관觀[754]하여 살펴서 끊음(斷)을 배워, 정심지(淨心
地: 초지 환희지)에 들어 분分[755]에 따라 (염심을) 여의며, 이에 여래지(如
來地: 佛地의 경계)에 이르러 비로소(究竟)[756] (육염심을 다) 여읠 수
있는 까닭이다.

【소疏-39-1】

第四明無明治斷. 然無明住地有二種義. 若論作得住地門者, 初地以
上能得漸斷. 若就生得住地門者, 唯佛菩提智所能斷. 今此論中不分

---

753 "업식業識을 여의면 견상見相은 없다"는 말은 경계가 있어 보는 것이 아니라,
    마음(망념)이 있어 경계를 보게 된다는 뜻이다. 망념인 업식이 있는 한 능견能見
    과 능현能現 또한 사라지지 않는다. 업식이 사라지면 진여본각으로 되돌아가는
    것이다. 업식은 진여본각에서 무명의 훈습으로 나왔기 때문이다.
754 관觀이란 마음의 눈으로 보는 것을 말한다. 육신의 눈으로 보는 것은 견見이다.
755 한꺼번에 여의는 것이 아니라, 십지十地의 각 단계에 따라 여읜다는 뜻이다.
756 구경究竟이란 원래 '마지막'이란 뜻으로, 번뇌 망상(무명)을 모두 여의어 마침내
    (究竟) 깨달음의 단계에 들면 구경각究竟覺이다.

生作, 合說此二通名無明. 故言"入淨心地隨分得離 乃至如來地能究
竟離"也.

넷째는 무명을 다스려 끊는 법을 밝혔다. 그러나 무명주지無明住地[757]에
두 가지 뜻이 있으니, 만약 작득주지作得住地[758]의 측면(門)에서 논하자
면 초지(初地: 41위 歡喜地) 이상에서 점차 끊을 수 있겠지만, 만약
생득주지生得住地[759]의 측면(門)에서 논한다면 오직 부처님의 보리지
(菩提智: 제51~52위)라야 능히 끊을(能斷) 수 있는 것이다. 이제 이
『기신론』에서는 생득生得과 작득作得을 구분하지 않고(不分), 이 두
가지를 합해서 통틀어 무명無明이라 이름한 까닭에 "정심지에 들어
분分에 따라 여의게 되며, 여래지에 이르러서야 비로소(究竟) 여읠
수 있다"라고 말하였다.

【논論-40】 상응相應과 불상응不相應

言相應義者, 謂心念法異. 依染淨差別 而知相緣相同故. 不相應
義者, 謂卽心不覺 常無別異 不同知相緣相故.

상응相應이라 하는 뜻은 심법心法[760]과 염법念法[761]이 다르니, 염染·정淨

---

757 무명無明이 머무는 자리(位).
758 후천적인 작용에 의해 만들어진 무명이 머무는 자리(位).
759 선천적으로 타고나는 무명이 머무는 자리(位).
760 심心은 인식작용의 주체로서 주관主觀이며 심왕心王이다.
761 염법念法은 심왕이 객관대상을 인식하는 정신작용(마음작용, 의식작용, 심리작
용)으로 심소心所이다. 엄밀히 따지면 염법은 심왕의 인식작용이지, 인식대상
으로의 객관은 아니다. 다만 심왕의 종속으로 일어나는 인식작용으로써의

의 차별로 말미암아, 지상(知相: 아는 작용의 모습)과 연상(緣相: 아는 대상의 모습)762이 (근본은) 같은 까닭763이며, 불상응不相應이라 말한 뜻은 곧(卽) 마음(心)이 깨닫지 못함(不覺)을 이름(謂)이니, 항상 별다름(別異)이 없으나, 지상知相과 연상緣相이 같지 않은(不同) 까닭764이다.

【소疏-40】

第五明相應不相應義. 六種染中 前三染是相應, 後三染及無明是不相應. 相應中言"心念法異"者, 心法之名也. 迦旃延論中, 名爲心及心所念法也. "依染淨差別"者, 分別染淨諸法見慢愛等差別也. "知相同"者, 能知相同. "緣相同"者, 所緣相同也. 此中依三等義以說"相應." 謂"心念法異"者 是體等義. 謂諸煩惱數 各有一體 皆無第二故. "知相同"者 是知等義. "緣相同"者 是緣等義. 彼前三染 具此三義 俱時而有 故名"相應."

問. 瑜伽論說 "諸心心法 同一所緣 不同一行相 一時俱有 一一而轉"

객관적인 측면이 있는 것이다. 그러나 대개가 심소心所를 객관으로 이해하고 있는 것 같다. 심(주관) ⇒ 인식작용(念法) ⇒ 객관(대상) ⇒ 연상緣相.
762 번뇌는 대상(경계)을 보고 이럴까 저럴까 분별을 내는 연상緣相에서 나온다. 연상이란 예를 들어 길거리에 떨어진 돈뭉치를 보고 신고를 할까? 보는 사람이 없으니 내가 다 가질까? 반만 가지고 반만 신고할까? 만일에 조사를 하면 어떨까? 등등의 생각이 분별이며, 그런 모습이 연상이다. 따라서 총상인 지상智相에서 나오는 것이 아니라 후천적인 번뇌는 연상에서 나온다.
763 근본이 같은 까닭은 지상이나 염상은 모두 무명無明에서 나오기 때문이다. 이는 누차 반복해서 설해지는 부분이다.
764 지상은 있으나 연상(분별)이 없으니 상응하지 못하는 것이다.

今此中說 "知相亦同" 如是相違 云何和會

答. 二義俱有. 故不相違 何者. 如我見是見性之行. 其我愛者愛性之
行. 如是行別, 名不同一行. 而見愛等皆作我解. 依如是義名知相同.
是故二說不相違也. 不相應中言"卽心不覺常無別異"者, 是明無體等
義. 離心無別數法差別故. 旣無體等 餘二何寄. 故無同知同緣之義.
故言"不同知相緣相." 此中"不"者 無之謂也.

다섯째는 상응과 불상응의 뜻을 밝혔으니, 여섯 가지 염심染心 중
앞의 세 가지 염은 상응이고, 뒤의 세 가지 염과 무명은 불상응이다.
상응 중에 "심법과 염법이 다르다"라고 말한 것은 마음(心)과 심소법心所
法[765]을 지칭한(名) 것이니, 이를 『가전연론迦旃延論』[766]에서는 심심과
심소염법心所念法이라고 이름하였다. "염染·정淨의 차별로 말미암아"
라는 것은 염·정의 모든 법을 분별하는 견見, 만慢, 애愛 등의 차별을
말한다. "지상(知相: 아는 모습)이 같다"라는 것은 능지상(能知相: 아는
작용의 모습)이 같은 것이고, "연상(緣相: 연의 모습)이 같다"라는 것은
소연상(所緣相: 아는 대상의 모습)이 같은 것이니, 이 중에 세 가지가
같다(等)는 뜻으로 말미암아 상응相應이라 설하는 것이다. "심과 염법
이 다르다"라고 한 것은 (심왕과 심소가 다르나) 바탕(體)은 같다는
뜻이니, 모든 번뇌수煩惱數에 각기 하나의 바탕(體)만 있을 뿐, 모두
제2의 다른 바탕이 없는 까닭이다. "지상知相이 같다"라는 것은 지(知:

---

765 심소법은 마음의 주체인 심왕心王에 대對하여 객客으로서 마음의 작용을 말하며,
   심소心所 또는 심소유법이라고 한다.
766 전거가 불확실하다.

작용)가 같다는 뜻이고, "연상緣相이 같다"는 것은 연(緣: 대상)이 같다는 뜻이니, 저 앞의 세 가지 염染은 이 세 가지 뜻(體等, 知等, 緣等)을 갖추고, 심과 심소가 동시에 있는 까닭에 상응이라고 이름한 것이다.

묻기를, 『유가론』에서 "모든 심과 심법이 소연所緣은 동일하지만 행상行相은 동일하지 않으며, 동시에 함께 있지만 따로따로 전변한다"[767]라고 하나, 이제 이 『기신론』에서는 "지상知相 또한 같다"라고 설하니, 이와 같이 서로 어긋나게 설하는데 어떻게 화회和會[768]하겠는가?"

답하길, "두 가지 뜻이 함께 있는 까닭에 서로 어긋나지 않으니, 어째서인가? 아견我見은 견성見性의 작용(行)이고, 아애我愛란 애성愛性의 작용이니, 이와 같이 작용(行)이 다른 것을 동일하지 않은 작용이라 이름하지만(而), 견見, 애愛 등은 모두 나의 알음알이(知相)를 이루는 것이다. 이와 같은 뜻으로 말미암아 지상知相이 같다고 이름하는 것이니, 시고로 두 설이 서로 어긋나지 않는 것이다." 불상응不相應 중에 "곧 마음(心)이 깨닫지 못함(불각)에는 항상 별다름이 없다"라고 말한 것은 바탕(體)이 같지 않다는 뜻을 밝힌 것이니, 마음(心王)을 여의면 따로(別) 마음의 작용(數法)에도 차별이 없는 까닭이다. 이미 마음의 바탕(體)이 같지 않은데 나머지 둘은 어디에 기대겠는가? 고故로 지知가 같고 연緣이 같은 뜻이 없는 것이다. 고故로 "지상과 연상이 같지 않다"라고 말한 것이다. 여기에서 "같지 않다(不)"라는 것은 '없다(無)'는 말이다.

---

767 대정장 제30권, 『유가사지론』, p.279중 21∼22행.
768 경經이나 논論의 서로 다른 주장에서 일치점을 찾는 일

問. 瑜伽論說, "阿黎耶識 五數相應 緣二種境" 卽此論中 "現色不相應
染." 何故此中說不相應.

答. 此論之意 約煩惱數 差別轉義 說名 "相應." 現識之中 無煩惱數.
依是義故 名 "不相應." 彼新論意 約徧行數 故說 "相應" 由是道理 亦不
相違也.

묻기를, 『유가론』에서 "아리야식이 5수數[769]와 상응하여 두 가지 경계에
반연한다"[770]라고 하였으니, 곧 『기신론』의 현색불상응염現色不相應染
이다. 무슨 까닭으로(何故) 이 『기신론』에서는 불상응不相應이라 설하
였는가?"

답하길, 이 『기신론』의 뜻은 번뇌수가 차별하여 전변하는 뜻으로
말미암아(約) "상응相應"이라 설한 것이다. 현식現識 중에는 번뇌수가
없으므로 이러한 뜻으로 말미암아 "불상응"이라 이름한 것이다. 저
신론(新論: 유가사지론)의 뜻은 변행수(徧行數: 5數)에 의거한 까닭으
로 "상응"이라 하였으니, 이런 도리로 말미암아 또한 서로 어긋나지
않는 것이다.

---

769 오수五數는 오변행심소五徧行心所로, 모든 식(識: 아리야식, 말나식, 의식)에
   시간과 장소(所)에 상관없이 두루(徧) 나타나는 마음의 작용(行)으로 ① 모든
   인식대상을 접촉(觸)하고, ② 접촉할 때 경각심(作意)을 일으키고, ③ 고락의
   감수성(受)을 야기하며, ④ 마음속의 모습을 생각(想)하며, ⑤ 선과 악을 조작하
   는 생각(思)을 발생하는 다섯 가지를 말한다.
770 대정장 제30권, 『유가사지론』, p.580상 3~4행.

【논論-41】 무명無明과 염심染心

又染心義者, 名爲煩惱礙, 能障眞如根本智故. 無明義者, 名爲智礙, 能障世間自然業智故. 此義云何, 以依染心能見能現 妄取境界 違平等性故. 以一切法常靜 無有起相 無明不覺 妄與法違. 故不能得隨順世間一切境界種種知故.

또 염심染心의 뜻이란, 이름을 번뇌애煩惱礙[771]라 하니 능히 진여의 근본지根本智[772]를 장애하는 까닭이다. 무명無明의 뜻이란, 이름을 지애智礙라 하니 능히 세간의 자연업지自然業智[773]를 장애하는 까닭이다. 이 뜻이 무엇인가? 염심으로 말미암아(依) 능히 보고(能見: 轉識), 능히 나타냄으로써(能: 現識) 망령되이 경계를 취하여(智識) 평등성(空)을 어기는[774] 까닭이다. 일체법一切法은 항상 고요하여(常靜) 일어나는 모습(相)이 없으나(無有起相), 무명불각이 망령되이 법과 어긋나는 까닭에[775]

---

771 애礙는 장애障礙를 말하며, 번뇌애煩惱礙란 여섯 가지 염심染心이 진여眞如 평등의 이치를 못 보게 장애하는 번뇌를 말한다.

772 진여 근본지는 분별이 없는, 분별이 끊어진, 집착이 끊어진, 번뇌 망상이 끊어진, 주관과 객관을 여읜 지혜로 무분별지無分別智라고도 한다.

773 자연업지란 출세간의 법을 얻은 뒤 미혹한 중생을 구제하기 위한 지혜로, 후득지를 말한다. 자연업이란 진여본각에 갖추어져 있는 무루無漏한 공덕으로, 중생을 교화하고 이익 되게 하는 불가사의한 작용, 즉 부사의업不思議業을 말한다.

774 평등성을 어기는 것은 분별을 낸다는 뜻이다.

775 세간의 모든 법(一切法)은 산은 산대로 물은 물대로, 무념무상無念無想으로 항상 적연寂然 부동不動하나, 무명의 미혹함으로 망령되이 동動하여, 망념이 일어 상相이 생기고, 상을 따라 허망분별이 생기는 것이다. 마음이 동하고,

능히 세간의 모든 경계에 수순(隨順: 對)하는 갖가지 지혜(知)를 얻을
수 없는 까닭이다.

【소疏-41-1】

第六明二礙義. 顯了門中名爲二障, 隱密門內名爲二礙. 此義具如二
障章說. 今此文中 說隱密門. 於中有二 初分二礙. "此義"以下 釋其所
以. 初中言"染心義"者, 是顯六種染心也. "根本智"者, 是照寂慧 違寂
靜故, 名"煩惱礙"也. "無明義"者 根本無明. "世間業智"者 是後得智.
無明昏迷無所分別 故違世間分別之智. 依如是義 名爲"智礙." 釋所以
中 正顯是義. "以依染心能見能現妄取境界"者, 略擧轉識現識智識.
"違平等性"者, 違根本智能所平等. 是釋煩惱礙義也. "以一切法常靜
無有起相"者, 是擧無明所迷法性. "無明不覺妄與法違故"者, 是顯無
明迷法性義. "故不能得乃至種知"者, 正明違於世間智義也

여섯째는 두 가지 장애의 뜻을 밝혔다. 현료문顯了門에서는 이름을
두 가지 장(二障)이라 하고, 은밀문隱密門에서는 이름을 두 가지 애(二
礙)라 하였으니, 이 뜻의 자세한 것은 『이장장二障章』에서 설한 것과
같다.

　이제 이 『기신론』에서는 은밀문을 설하였다. 이 중에 두 가지가
있으니, 처음에는 두 가지 번뇌로 나누었고, "차의此義" 이하는 그
까닭(所以)을 풀이하였다. 처음에 "염심의 뜻"이라고 말한 것은 여섯

염솜이 일어나고, 상相이 생기고, 분별이 일어나는 것들은 모두 무명으로 말미암
아 망령되이 일어난 것으로 실체가 없는 것들이다.

가지 염심을 드러낸 것이다. "근본지"란 조적혜照寂慧이니, 적정과 어긋나는 까닭에 번뇌애라 이름한 것이다. "무명의 뜻"이란 근본무명根本無明이고, 세간업지世間業智란 후득지後得智[776]이다. 무명은 혼미하여 분별하는 것이 없는 까닭에 세간의 분별지分別智와 어긋나며, 이와 같은 뜻으로 말미암아 이름을 지애智碍라 하는 것이다. 그 까닭을 풀이하는 중에 바로(正) 이 뜻을 나타냈다. "염심染心으로 말미암아 능히 보고(能見) 능히 나타냄으로서(能現) 망령되이 경계를 취한다"라는 것은 간략히 전식轉識, 현식現識, 지식智識을 말한(擧) 것이고, "평등성을 어겼다"라는 것은 근본지의 능(주)·소(객)가 평등함을 어긴 것이니, 이는 번뇌애의 뜻을 풀이한 것이다. "일체법은 항상 고요하여 일어나는 모습(相)이 없다"라는 것은 무명이 법성法性을 혼미하게 한 것을 말한(擧) 것이고, "무명으로 (말미암아) 깨닫지 못해서 망령되이 법과 어긋나는 까닭이다"라고 한 것은 무명이 법성을 혼미케 한 뜻을 드러낸 것이다. "고故로 세간의 모든 경계에 수순하는 갖가지 지혜(知)를 얻을 수 없다"라는 것은 바로 세간의 지혜에 어긋나는 뜻을 밝힌 것이다.

은밀문隱密門 (二碍)	염심染心 삼세三細의 발생	진여근본지를 막음(障) 여리지와 막음(違)	번뇌애煩惱碍
	무명無明 능소能所의 분별	세간자연업지(후득지)를 막음(碍) 분별지를 막음(違) 여량지를 막음(違)	지애智碍

---

776 수행 정진하여 얻게 되는 후천적인 지혜로, 무분별지(근본지)에 이른 후에 얻는 지혜라고 한다.

【소疏-41-1-별기別記】

然二障之義 略有二門

一, 二乘通障 十使煩惱 能使流轉 障涅槃果 名煩惱障. 菩薩別障 法執
等惑 迷所知境 障菩提果 名所知. 此門如餘 經論所說.

二 一切動念 取相等心 違如理智 寂靜之性 名煩惱礙. 根本無明 昏迷
不覺 違如量智 覺察之用 名爲智礙.

今此論中約後門義 故說六種染心名煩惱礙. 無明住地名爲智礙. 然
以相當 無明應障理智, 染心障於量智. 何不爾者. 未必爾故 未必之意
如論自說.

그러나 2장障의 뜻에는 대략 두 가지 문門이 있으니,

첫째는 성문, 연각 이승二乘에 통하는 장애障礙이니, 열 가지 사번뇌
(十使煩惱)[777]가 (중생의 마음을) 유전流轉하게 하여 열반의 과果를
장애하는 것으로, 번뇌장煩惱障이라 이름한다. 보살에게만 통하는 장
애이니 법집法執 등에 현혹되어 알아야 할(所知) 경계를 잘 몰라서(迷)
보리과菩提果를 장애하는 것으로, 이를 소지장所知障[778]이라 이름한다.
이러한 문은 여타의 경론에서 설한 바와 같다.

둘째는 일체의 망념을 일으키고 상相 등에 집착하는 마음이 여리지如
理智[779]의 적정한 성품을 어기는 것을 번뇌애煩惱碍라 이름하고, 근본무

---

777 성품의 예리하고 우둔함에 따라 항상 마음을 어지럽게 하는 번뇌로 오리사五利使
와 오둔사五鈍使를 말한다. ① 오리사(五見): 신견身見, 변견邊見, 사견邪見, 계취
戒取, 견취見取. ② 오둔사: 탐貪, 진瞋, 치癡, 만慢, 의疑.

778 소지장所知障이란 진실로 알아야 할 바(所知)를 알지 못하게 장애하는 번뇌를
말한다.

명으로 혼미하여 깨닫지 못하고 여량지如量智[780]의 깨달아 살피는 작용
을 어기는 것을 이름하여 지애智碍라 한다.

이제 이『기신론』중에는 후자의 뜻에 의하므로 여섯 가지 염심을
설하여 번뇌애라 이름하고, 무명주지無明住地를 이름하여 지애智礙라
한 것이다. 그러나 서로(相) 대對하자면(當), 무명無明은 마땅히 이지理
智[781]를 장애하고, 염심은 양지量智[782]를 장애해야 할 터인데, 이『기신
론』에서는 어째서 그렇지(爾) 아니한가? 반드시 그렇지는 않은 까닭
에, 반드시 그렇지 않다는 뜻은『기신론』에서 스스로 설한 것과 같다.

【소疏-41-2】

上來第二廣釋 生滅因緣義竟.

위에서부터 두 번째 생멸인연의 뜻을 자세히 풀이하여 마쳤다.

第三廣上立義分中生滅之相, 於中有二. 先明生滅麤細之相 後顯麤
細生滅之義

---

779 여리지如理智란 있는 그대로의 평등한 본성을 직관하는 지혜智慧로, 부처와
중생이 똑같이 갖고 있는 지혜를 말한다.

780 여량지如量智란 모든 분별이 끊어진 경지에서 세간의 온갖 차별을 명확하게
아는 지혜를 말한다.

781 여리지如理智와 같은 뜻으로, 절대적이고 둘이 아닌 평등한 본성을 직관하는
불보살의 지혜를 말한다.

782 여량지如量智와 같은 뜻으로, 모든 분별이 끊어진 경지에서 현상계의 온갖
차별상을 명확하게 아는 불보살의 지혜를 말한다.

셋째는 위의 입의분 중에 생멸상生滅相을 자세히 풀이한 것으로, 이 중에 두 가지가 있으니, 먼저 생멸의 거칠고(麤) 미세한(細) 모습을 밝혔고, 뒤에는 거칠고 미세한 생멸의 뜻을 드러냈다.

【논論-42】 생멸상의 분별分別

구상九相				부처의 경계		오의五意
	삼세三細	무명업상無明業相	세중세細中細	부처의 경계		오의五意
		전상轉相	세중추細中麤	보살	8~9지	
		현상現相				
	육추六麤	지상智相	추중세麤中細		1~7지	
		상속상相續相				
		집취상執取相	추중추麤中麤	범부	삼현	의식意識
		계명자상計名字相				
		기업상起業相			십신	
		업계고상業繫苦相				

復次分別生滅相者, 有二種 云何爲二. 一者麤 與心相應故. 二者 細 與心不相應故. 又麤中之麤 凡夫境界. 麤中之細 及細中之麤 菩薩境界. 細中之細 是佛境界.

다시 생멸의 모습(相)을 분별한다는 것에는 두 가지가 있으니, 무엇이 두 가지인가? 첫째는 거친 것(麤)이니 마음과 더불어 상응하는[783] 까닭이고, 둘째는 미세한 것(細)이니 마음과 더불어 상응하지 않는[784] 까닭이다.

---

[783] 감산대사의 『대승기신론직해』에 따르면, 상응相應이란 분별지상, 집취상, 계명 자상 등의 세 가지 추번뇌麤煩惱를 연緣으로 하여 심왕(因)과 상응한다는 말이 다. 연緣은 대상으로 바깥 경계(心所, 客)를 말한다.(言相應者－乃分別執計三粗, 則有外境與心相應.)

[784] 불상응不相應이란, 무명불각無明不覺을 인因으로 세 가지 번뇌(三細)가 생겼으

또 거친 것(麤) 중에 거친 것은 범부의 경계요, 거친 것 중에 미세한 것(細)과 미세한 것 중에 거친 것은 보살의 경계요, 미세한 것 중에 미세한 것은 부처님의 경계이다.

【소疏-42】

初中亦二. 一者正明麤細. 二者對人分別. 初中亦二, 總標 別解. 別解中言"一者麤與心相應故"者, 六種染中 前之三染 是心相應 其相麤顯 經中說名爲"相生滅"也. "二者細與心不相應故"者, 後三染心 是不相應. 無心心法麤顯之相 其體微細 恒流不絶. 經中說名"相續生滅"也. 如十卷經云, "識有二種滅. 何等爲二. 一者相滅 二相續滅." 生住亦如是. 四卷經云, "諸識有二種生住滅 所謂流注生及相生." 滅亦如是. 經云直出二種名字, 不別顯相. 故今論主約於相應不相應義, 以辨二種麤細相也.

처음에 또한 두 가지가 있으니, 첫째는 바로 거친 것(麤)과 미세한 것(細)에 대하여 밝혔고, 둘째는 사람을 대상으로 분별하였다. 처음에 또한 두 가지가 있으니, 총표와 별해이다. 별해 중에 "첫째는 거친 것(麤)이니 마음과 상응하는 까닭이다"라 한 것은, 여섯 가지 염심 중에 앞의 세 가지 염染은 마음(심왕)과 상응하는 것이니 그 상이 거칠게 드러나는 것이며, 『4권능가경』에서 설하는 이름이 "상생멸相生滅"[785]인 것이다. "둘째는 미세한 것(細)이니 마음과 상응하지 않는

나, 주(심왕)·객(심소)으로 나눠지지 않아 연緣이 없으므로 상응하지 못하는 것을 말한다.

까닭이다"라 한 것은, 뒤의 세 가지 염심이 (마음과) 상응하지 않아 심心과 심법心法이 거칠게 드러나는 모습(相)은 없으나 그 바탕(體)이 미세하여 항상 유전하여 끊어지지 않는 것으로, 『10권능가경』에서 설하는 이름이 "상속생멸相續生滅"[786]인 것이다. 이는 『10권능가경』에서 "식識에 두 가지 멸滅이 있으니 무엇이 두 가지인가? 첫째는 상相이 멸하는 것이고, 둘째는 상속相續이 멸하는 것이다"[787]라고 하니, 생生과 주住 또한 이와 같다. 『4권능가경』에서 "모든 식에는 두 가지의 생生, 주住, 멸滅이 있으니, 소위 유주생流注生과 상생相生이다"[788]라고 말하니, 멸滅 또한 같다. 경經에서 단지 두 가지 이름(名字)만 들고 따로 모습(相)을 드러내지 않은 까닭에, 이제 이 『기신론』의 저자(論主)는 상응과 불상응의 뜻[789]에 따라(依) 두 가지 거친 모습(麤相)과 미세한 상(細相)을 변별한 것이다.

對人分別中 "麤中之麤"者, 謂前三中初二是也. "麤中之細"者, 卽此三中後一是也. 以前中初二俱在意識 行相是麤 故凡夫所知也. 前中後

---

785 마음의 모습(相)이 생멸生滅하는 것을 말한다.

786 서로 끊어지지 않고 이어지며 생멸하는 것을 말한다.

787 대정장 제16권, 『입능가경』 권2, p.521하 22~26행.

788 대정장 제16권, 4권 『능가경』 권1, p.483상 11~14행.

789 상응과 불상응의 뜻이란, 무명불각無明不覺을 인因으로 세 가지 미세한 번뇌(三細)가 생겼고, 대상(경계)을 연緣으로 여섯 가지 거친 번뇌(六麤)가 생겼으니, 인因이 소멸되면 세 가지 번뇌(三細)가 사라지고, 연緣이 소멸되면 여섯 가지 번뇌(六麤)가 소멸될 것이라는 이치를 말한다. 삼세三細의 인因은 불상응이고, 육추六麤의 연緣은 상응을 말한다.

一是第七識, 行相不麤 非凡所了也. 後中初二能現能見 能所差別.
故菩薩所知 最後一者 能所未分 故唯佛能了也.

사람에 대한 분별 중에 "거친 것 중에 거친 것"이란 것은 앞의 세 가지 중 처음 둘이 그것이고, "거친 것 중에 미세한 것"이란 바로 이 세 가지 중 뒤의 하나가 그것이다. 앞의 것 중에 처음 둘은 모두 의식意識에 있어서 행상行相이 거친 까닭에 범부가 아는 것이요, 앞의 것 중에 뒤의 하나는 제7식으로 행상이 거칠지 않아 범부가 알 수 있는 것이 아니다. 뒤의 것 중에 처음 둘은 능현(能現: 現識)과 능견(能見: 轉識)으로 능能·소所의 차별이 있는 까닭에 보살이 아는 것이고, 마지막 하나 (업상: 업식)는 아직 능能·소所로 나누어지지 않은 까닭에 오직 부처님만이 알 수 있는 것이다.

【논論-43】 인연생멸因緣生滅

此二種生滅 依於無明熏習而有. 所謂依因依緣. 依因者, 不覺義故. 依緣者, 妄作境界義故. 若因滅 則緣滅. 因滅故 不相應心滅. 緣滅故 相應心滅.

問曰 若心滅者, 云何相續. 若相續者 云何說究竟滅.

答曰 所言滅者 唯心相滅. 非心體滅. 如風依水而有動相. 若水滅者 則風相斷絕 無所依止. 以水不滅 風相相續 唯風滅故 動相隨滅 非是水滅 無明亦爾 依心體而動 若心體滅 則眾生斷絕 無所依止 以體不滅 心得相續 唯癡滅故 心相隨滅 非心智滅

이 두 가지 생멸이 무명훈습으로 말미암아(依) 있는 것이니, 소위 인因에 의지하고 연緣에 의지하는 것이다. 인因에 의지한다는 것은 불각不覺의 뜻인 까닭이고, 연緣에 의지한다는 것은 망령되이 경계를 짓는 까닭이다. 만약 인因이 멸하면 연緣도 멸하니, 인이 멸하는 까닭에 불상응심不相應心이 멸하고, 연緣이 멸하는 까닭에 상응심相應心이 멸하는 것이다.[790]

물기를, 만약 마음이 멸한다면 어떻게 상속하며, 만약 상속한다면 어떻게 마지막(究竟)에 멸한다고 설할 수 있겠는가?

답한다. 멸한다고 말하는 것은 오직 (생멸하는) 심상(心相: 망심)만 멸하는 것이요, 심체心體까지 멸하는 것은 아니다.[791] 이는 마치 바람이 바닷물에 의지하여 움직이는 모습(動相)이 있게 되나, 만약 물이 멸하면 바람의 모습(風相)도 단절되어 의지할 곳이 없게 되는 것과 같다. 바닷물이 없어지지 않기에 풍상風相이 상속하는 것이며, 오직 바람이 멸하는 까닭에 움직이는 모습(動相)도 따라 멸하지만, 바닷물(體)이 멸하는

---

790 인因은 무명의 불각으로 말미암아 3세細의 불상응심을 일으키고, 연緣은 삼세三細의 경계상으로 말미암아 3상相의 상응심을 일으킨다.

근본불각根本不覺 인因	① 무명업상	불상응심	
	② 능견상		
	③ 경계상 연緣 ⇒	④ 지상	상응심
		⑤ 상속상	
		⑥ 집취상	

791 현수법장의 『의기義記』에는 "경계가 멸할 때는 오직 심心의 추상麤相만 멸하고 심心 자체는 멸하지 아니하며, 또한 무명이 멸할 때는 오직 심心의 세상細相만 멸할 뿐 역시 심체心體가 멸하는 것은 아니다(境界滅時. 唯心麤相滅. 非心自體滅. 又以無明滅時. 唯心細相滅. 亦非心體滅)"라고 하였다.

것은 아닌 것이다. 무명 또한 그러하다. 심체에 의지하여 움직이는 것이니, 만약 심체가 멸하면 중생도 단절되어 의지할 데가 없다. 심체가 멸하지 않는 까닭에 마음이 상속하는 것이며, 오직 어리석음(癡: 무명)만 멸하는 까닭에 심상心相도 따라서 멸하지만, (그렇다고) 심지心智가 멸하는 것은 아니다.

마음(心)	심상心相 ⇒ 동동動動	상속相續 + 단멸斷滅		파도(浪)
	무명無明	유유有	무무無	바람(風)
	심체心體 ⇒ 부동不動	불생불멸/자성청정		바다(水)

【소疏-43-1】

第二明生滅義. 於中有二 先明生緣 後顯滅義. 初中亦二 先明通緣 後顯別因. 通而言之, 麤細二識 皆依無明住地而起. 故言"二種生滅 依於無明熏習而有." 別而言之, 依無明因故 不相應心生 依境界緣故 相應心得起. 故言"依因者不覺義故 依緣者妄作境界義故"

둘째는 생멸의 뜻을 밝혔다. 이 가운데 두 가지가 있으니 먼저는 생하는 연(生緣)을 밝히고, 뒤에는 멸하는 뜻을 드러내었다. 처음 중에 역시 두 가지가 있으니 먼저는 전체적인 연(通緣)을 밝혔고, 나중에는 개별적인 원인(別因)을 드러내었다. 통틀어 말하자면(通而言之) 추麤와 세細의 두 식(二識)이 다 무명주지로 말미암아 일어나는 까닭에 "두 가지 생멸이 무명훈습으로 말미암아 있다"라고 말한 것이고, 따로따로 말한다면(別而言之) 무명無明의 인因으로 말미암은 까닭에 불상응심이 생기고, (삼세에서 생긴) 경계境界의 연緣으로 말미암은 까닭에 상응심이

일어나는 것이다. 고故로 "인因으로 말미암은 것은 불각의 뜻인 까닭이
요, 연緣으로 말미암은 것은 망령되이 경계를 짓는 뜻인 까닭이다"라고
말한 것이다.

【소疏-43-1-별기別記】

不覺義者 根本無明也. 妄作境者 現識所現境也.

불각의 뜻이란 근본무명根本無明이고, 망령되이 경계를 짓는다는 것은
현식現識에 나타난 경계(경계상)이다.

【소疏-43-2】

若具義說 各有二因. 如①四卷經云, "大慧, 不思議熏 及不思議變 是
現識因. 取種種塵 及無始妄想熏 是分別事識因." 解云, "不思議熏"者,
謂無明能熏眞如. 不可熏處而能熏故. 故名不可思議熏也. "不思議變"
者, 所謂眞如受無明熏. 不可變異而變異故. 故名不思議變. 此熏及變
甚微且隱. 故所起現識行相微細. 於中亦有轉識業識. 然擧麤兼細. 故
但名現識也.

만약 뜻을 갖추어 설한다면 각기 두 가지 인因이 있으니, 이는 『4권능가
경』에서 "대혜여, 부사의훈不思議熏과 부사의변不思議變은 현식現識의
인因이고, 갖가지 경계(塵)를 취하는 것과 시작도 없는(無始) 망상(妄
想: 망령된 생각)의 훈습薰習은 분별사식分別事識의 인因이다"[792]라고
말한 것과 같다. 이를 풀이하자면, "부사의훈"이란 무명이 진여眞如를

---

[792] 대정장 제16권, 4권 『능가경』, p.483상 19~21행.

훈습하는 것을 말한다. 훈습할 수 없는 곳을 훈습하는 까닭이며, 고故로
"불가사의한 훈습(不可思議熏)"이라 이름하는 것이다. "부사의변不思議
變"이란 소위 진여가 무명의 훈습을 받는 것이다. 변이變異할 수 없음에
도 변이하는 까닭이며, 고故로 "부사의변"이라 이름하는 것이다. 이러
한 훈습과 변이가 매우 미세하고도 은미한 까닭에 일어난 현식의 행상行
相이 미세하며, 그 중에 또한 전식轉識과 업식業識이 있다. 그러나
거친 것(麤)을 들어서 미세한 것을 겸한 까닭에 단지(但) 현식現識이라
이름할 뿐이다.

"取種種塵"者, 現識所取種種境界 能動心海起七識浪故. "無始妄想
熏"者 卽彼現識名爲妄想. 從本以來未曾離想 故名無始妄想. 如上文
言, "以從本來未曾離念 故名無始無明." 此中妄想當知亦爾. 如十卷
經云, "阿黎耶識知名識相 所有體相 如虛空中有毛輪住 不淨智所行境
界." 由是道理故是妄想. 彼種種塵及此妄想, 熏於自相心海. 令起七
識波浪, 妄想及塵麤而且顯. 故其所起分別事識 行相麤顯 成相應心
也. 欲明現識因不思議熏故得生, 依不思議變故得住, 分別事識緣種
種塵故得生, 依妄想熏故得生. 今此論中但取生緣. 故細中唯說無明
熏, 麤中單擧境界緣也.

"여러 가지 경계(塵)를 취한다"라는 것은, 현식이 취하는 갖가지 경계가
능히 마음의 바다(心海)를 움직여 7식識의 물결을 일으키는 까닭이다.
"시작도 없는(無始) 망상妄想의 훈습薰習"이란 바로 저 현식現識을 망상
이라 이름한 것이니, 본래부터 일찍이 망상을 여읜 적이 없는 까닭에

시작도 없는 망상이라 이름하는 것이다. 위의 글에서 "본래부터 일찍이 망념을 여읜 적이 없는 까닭에 무시무명無始無明이라 이름한다"[793]라고 한 것과 같으니, 여기에서의 망상도 역시 그러함을 알아야 할 것이다. 이는 『10권능가경』에서 "아리야식은 명식상名識相을 알지만, 가지고 있는(所有) 바탕의 모습(體相)은 허공에 모륜毛輪[794]이 떠 있는(住) 것과 같으니, 부정지不淨智가 행하는 경계이다"[795]라고 한 것과 같다. 이러한 도리로 말미암은 까닭에 망상인 것이다. 저 갖가지 경계(塵)와 이 망상이 자기 모습(自相)의 마음 바다(心海: 제8식)를 훈습하여 7식識의 물결(波浪)을 일으켜, 망상과 6진塵의 경계를 거칠게 또 드러나게 하는 까닭에 거기서 일어난 분별사식分別事識의 행상(行相)이 거칠게 드러나 상응相應하는 마음을 이루는 것이다. 현식이 부사의한 훈습으로 인因한 까닭에 생기고, 부사의한 변화(變)에 의하는 까닭에 머무르게 되며, 분별사식은 갖가지 경계를 반연하는 까닭에 생기고, 망상의 훈습에 의한 까닭에 머무르게 됨을 밝히려 한 것이다. 이제 이 『기신론』 중에서는 단지 생연生緣만을 취하는 까닭에 세細 중에서는 오직 무명의 훈습만 설하고, 추麤 중에서는 홀로(單) 경계연境界緣만을 든(擧) 것이다.

---

793 대정장 제16권, 『입능가경』, p.518중 3~4행.
794 모륜은 원효대사의 또 다른 저서 『금강삼매경론』에도 등장하는데, '아지랑이가 마치 물로 보이는 것 같은 가물가물한 환영幻影'이라고 기술하고 있다.
795 대정장 제16권, 『입능가경』, p.518중 3~4행.

【소疏-43-2-별기別記】

又四卷經 "大慧, 若覆彼眞識種種不實諸虛妄滅 則一切根識滅 是名相
滅. 相續滅者 相續所因滅 則相續滅. 所從滅及所緣滅 則相續滅. 所以
者何. 是其所依故. 依者謂無始妄想熏. 緣者謂自心見等識境妄想."
此經就通相門. 故作是說. 論約別義 故如前說也.

또 『4권능가경』에서 "대혜여, 만약 또한 저 진식(眞識: 自性淸淨心)을
덮고 있는 갖가지 실체도 없는(不實) 모든 허망한 것들이 멸하면 곧
일체의 뿌리(根)와 식識을 멸하는 것이니, 이를 상멸(相滅: 서로 없어짐)
이라 이름한다. 상속相續이 멸한다는 것은, 상속의 인因이 멸하면 상속
도 멸하니, 소종(所從: 원인)이 멸하고 소연(所緣: 즉 연)이 멸하면
상속도 멸하는 것이다. 어째서 그런가? 이것이 소의所依인 까닭이다.
의依란 시작도 없는(無始)의 망상훈습을 말하며, 연緣이란 자기 마음
(自心)이 보는 것들의 식의 경계와 망상을 말한다"[796]고 하니, 이 경은
서로 통하는(通相) 입장(門)을 취하는 까닭에 이와 같이 설하며, 『기신
론』에서는 별도의 뜻에 의하므로 앞에서 말한 것과 같다.

若汎論生因緣 諸識各有四種因緣. 如十卷經云, "有四因緣眼識生 何
等爲四. 一者不覺自內身取境界故. 二者無始世來 虛妄分別色境界
熏習執著戲論故. 三者識自性體如是故 四者樂見種種色相故." 四卷
經云, "四因緣故眼識轉. 謂自心現攝受不覺. 無始虛僞過色習氣計著
識性自性 欲見種種色相 是名四種因緣. 水流處藏識轉識浪生."

---

796 대정장 제16권, 4권 『능가경』, p.483상 21~26행.

만약 생生의 인연을 두루(汎) 논하자면, 모든 식識에는 각기 네 가지의
인연이 있으니, 『10권능가경』에서 "네 가지 인연이 있어서 안식眼識이
생기는 것이니, 무엇이 네 가지인가? 첫째는 자신의 몸(自內身)임을
깨닫지 못하고 경계를 취하는 까닭이요, 둘째는 무시無始이래로 허망하
게 색色의 경계境界를 분별하고, 훈습하고, 집착하고, 희론戲論하는
까닭이요, 셋째는 식의 본래 성품(自性)의 바탕(體)이 이와 같은 까닭이
요, 넷째는 갖가지 색상色相 보기를 좋아하는 까닭이다"[797]라고 하였으
며, 『4권능가경』에서는 "네 가지 인연으로 안식眼識이 전변轉變하여
자기 마음(自心)이 나타낸 것을 아우르고 거두는 것(攝受)을 깨닫지
못하며, 무시이래로 거짓으로(虛僞) 겪은(過) 경계(色)와 습기習氣를
헤아려(計) 집착하며, 식성識性의 본래 성품(自性)은 갖가지 색상色相
을 보고자 한다. 이들을 네 가지 인연이라 이름하니, 물이 흐르는
곳인 장식藏識에서 전변轉變하여 식識의 물결이 생기는 것이다"[798]라고
하였다.

言"自心現攝受不覺"者, 是明根本無明因. 其色麤相, 現識所現 不在
識外, 自心所攝故. 言"不覺"者 無明不覺色塵非外. 故能生眼識令取爲
外 是爲初因. 言"無始虛僞乃至計著"者, 是顯無始妄想熏習因. 謂現
識本來取著色塵. 由此習氣 能生眼識令取色塵也. 言"識性"者, 是顯
自類因. 由前眼識自性分別. 由此熏習, 後生眼識如前自性也. 言"欲
見種種色相"者, 是顯名言熏習因. 謂前眼識能見色相. 意識緣此能見

眼識, 意言分別取著欲見也. 如說眼識, 其餘諸識準之可知.

"자기 마음(自心)이 나타낸 것을 아우르고 거두는 것(攝受)을 깨닫지 못한다"라는 것은 근본무명의 인因을 밝힌 것이다. 그 색의 거친 모습(麤相)은 현식에서 나타난 것이며 식識 밖에 있는 것이 아니니, 이는 자기 마음(自心)이 아우르는(攝) 까닭이다. "깨닫지 못한다(不覺)"라고 말한 것은 무명으로 색 경계(色塵)가 (마음) 밖에 있는 것이 아님을 깨닫지 못하는 까닭에 안식眼識이 생겨 (경계를) 취하여 밖을 삼게(爲外) 하는 것이니, 이것이 처음의 인(初因)이다.

"무시이래로 거짓으로(虛僞) 겪은(過) 경계(色)와 습기習氣를 헤아려(計) 집착한다"라고 하는 것은 무시이래로 망상이 훈습하는 인(無始妄想熏習因)을 드러낸 것이다. 이는 현식이 본래 색의 경계(色塵)를 취하여 집착함을 말한다. 이러한 습기로 말미암아 능히 안식眼識을 내어 색의 경계를 취하게 하는 것이다. "식의 성품(識性)"이라 말한 것은 자신과 같은 부류의 인因을 드러낸 것이다. 앞에서의 안식으로 말미암아 자성이 (다른 식과 안식을) 분별하는 것이다. 이러한 훈습으로 말미암아 뒤에서 안식이 앞에서와 같은 자성을 생하는 것이다. "갖가지 색상色相을 보고자 한다"라는 것은 명언을 훈습하는 인(名言熏習因)을 드러낸 것이니, 이는 앞에서 안식이 능히 색상을 보고, 의식意識은 안식을 반연하여 능히 안식을 보고, 생각과 말로 분별하고 취착하여 보고자 하는 것이다. 안식을 설하는 것과 마찬가지로 그 나머지의 모든 식識도 여기에 준거하여 알 수 있는 것이다.

【소疏-43-3】

"若因滅"下 次顯滅義. 於中有二. 一者直明. "問曰"以下 往復除疑.
始中言"若因滅則緣滅"者, 隨於何位得對治時 無明因滅境界隨滅也.
"因滅故不相應心滅"者, 三種不相應心親依無明因生. 故無明滅時亦
隨滅也. "緣滅故相應心滅"者, 三種相應染心親依境界緣起. 故境界滅
時亦隨滅也. 依是始終起盡道理, 以明二種生滅之義 非約刹那生滅
義也

"만약 인因이 멸하면(若因滅)"의 아래는 이어서 멸하는 뜻을 드러낸
것이다. 이 중에 두 가지가 있으니, 첫째는 바로(直) 밝힌(明) 것이고,
"묻기를(問曰)" 이하는 묻고 답하길 반복하면서 의심을 제거한 것이다.
처음에 "만약 인因이 멸하면 연緣이 멸한다"라고 말한 것은, 어떤 자리
(位)에 따라 번뇌에 대응해 다스릴(對治) 때 무명無明의 인因이 멸하면
경계境界의 연緣도 따라서 멸한다는 뜻이다. "인이 멸하는 까닭에 불상
응심이 멸한다"라는 것은, 세 가지 불상응심은 바로(親) 무명의 인因으
로 말미암아 생기는 까닭에 무명이 멸할 때 또한 (그 마음도) 따라서
멸한다는 것이다. "연이 멸하기 때문에 상응심이 멸한다"라는 것은,
세 가지 상응염심은 바로(直) 경계의 연緣으로 말미암아 일어나는
까닭에 경계가 멸할 때 또한 (그 마음도) 따라서 멸한다는 것이다.
이러한 처음과 끝까지(始終) 생멸하는(起盡) 도리에 따라 두 가지 생멸
의 뜻[799]을 밝힌 것이지, 찰나刹那 생멸의 뜻에 따른 것은 아니다.

---

[799] 불상응염의 세생멸細生滅과 상응염의 추생멸麤生滅을 말한다.

此下 第二往復除疑. 先問, 後答. 問中言"若心滅者云何相續"者, 對外
道說而作是問. 如十卷經云, "若阿黎耶識滅者, 不異外道斷見戲論.
諸外道說 離諸境界, 相續識滅. 相續識滅已 卽滅諸識. 大慧, 若相續
識滅者, 無始世來諸識應滅." 此意正明諸外道說, 如生無想天 入無想
定時, 離諸境界 相續識滅 根本滅故 末亦隨滅也.

이 아래는 두 번째 묻고 답하길 반복하면서 의심을 제거한 것으로,
먼저 묻고 나중에 답하였다. 물음 중에 "만약 마음이 멸하는 것이라면
어떻게 (마음이) 상속하는가"라고 말한 것은 외도外道의 설에 대응하여
이러한 물음을 한 것이다. 이는 『10권능가경』에서 "만약 아리야식이
멸하는 것이라면 외도들의 단견斷見의 희론과 다를 바 없다. 모든
외도들이 설하기를, 모든 경계를 여의면 상속식이 멸하고, 상속식이
멸하고 나면 곧 모든 식識이 멸한다고 한다. 대혜여, 만약 상속식이
멸하는 것이라면 무시이래의 모든 식識도 마땅히 멸해야 할 것이다"[800]
라고 한 것과 같다. 이 뜻은 바로 모든 외도들이 "만약 무상천無想天[801]에
태어나 무상정無想定[802]에 들(入) 때, 모든 경계를 여의어 상속식이
멸하면 근본이 멸하는 까닭에 지말 또한 따라서 멸한다"라고 설한
것을 밝힌 것이다.

---

800 대정장 제16권, 10권 『능가경』, p.522상 20~24행.

801 색계에 속한 하늘로, 이 하늘에 태어나면 모든 생각이 다 없어져 편해진다고
한다.

802 무상정無想定이란 무심無心의 상태. 즉 마음의 모든 삿된 작용이 사라진 선정禪定
을 말한다.

如來破云, "若彼衆生入無想時 衆生之本相續識滅者, 六七識等種子 隨滅 不應從彼還起諸識 而從彼出還起諸識 當知入無想時 其相續識 不滅", 如是破也. 今此論中依此而問, 若入無想定滅盡定時, 心體滅 者 云何還續. 故言"若心滅者云何相續"也. 若入彼時心體不滅還相續 者, 此相續相何由永滅. 故言云何說究竟滅也.

여래께서 이를 설파하시길 "만약 저 중생이 무상정無想定에 들(入) 때 중생의 근본인 상속식이 멸하는 것이라면 6식, 7식 등의 종자도 따라 멸할 것이니, 저 무상정(彼)을 따라(從) 다시(還) 모든 식識을 일으키지 않아야(不應) 할 것이나(而), 저 무상정에서(從) 나와 다시 모든 식을 일으키니, 무상정에 들(入) 때 그 상속식은 멸하지 않음을 마땅히 알아야 할 것이다"라고 하여 이와 같이 파破하셨다. 이제 이 『기신론』에서는 이에 의거하여 물은 것이니, 만약 무상정, 멸진정滅盡 定에 들어갈 때 심체가 멸하는 것이라면 어떻게 (그 마음이) 다시 상속하겠는가? 고故로 "만약 마음이 멸하는 것이라면 어떻게 상속하겠 는가"라고 말한 것이다. 만약 저 무상정에 들어갈 때 심체가 멸하지 않고 다시(還) 상속한다면, 이 상속상은 무엇(何由)으로 영원히 멸할 것인가? 고故로 "어떻게 구경究竟에 멸한다고 설하겠는가"라고 말한 것이다.

答中有三 謂法喩合. 初法中"所言滅者"如入無想等時 說諸識滅者. 但滅麤識之相 非滅阿黎耶心體. 故言"唯心相滅." 又復上說"因滅故不 相應心滅"者, 但說心中業相等滅 非謂自相心體滅也. 喩中別顯此二

滅義. "如風依水而有動相"者, 喩無明風吹心而動也. "若水滅者 則風
斷絶無所依止. 以水不滅風相相續"者, 喩於入無想等之時 心體不滅.
故諸識相續也. 是答初問也.

답에는 세 가지가 있으니, 법과 비유와 합습이다. 처음 법 중에 "멸한다
고 말한 것"은 저 무상정 등에 들어갈 때 모든 식이 멸한다고 설한
것과 같다. 단지 추식麤識의 상相을 멸한 것이지, 아리야의 심체를
멸한 것은 아닌 까닭에 오직 심상心相만 멸한다고 말한 것이다.

또한 위에서 "인因이 멸하는 까닭에 불상응심不相應心이 멸한다"라고
설한 것은 단지 마음 중에 업상業相 등이 멸함을 설한 것이지, 자상自相의
심체가 멸함을 말한 것이 아니다. 비유 중에 이 두 가지 멸滅의 뜻을
각각 드러내었다. "마치 바람이 바닷물로 말미암아 움직이는 모습(動
相)이 있는 것과 같다"라는 것은 무명無明의 바람이 불어 마음(心)이
움직이는 것을 비유한 것이다. "만약 바닷물이 멸한다면 바람도 단절되
어 의지할 데도 없게 된다. 바닷물이 멸하지 않는 까닭에 풍상風相이
상속한다"라는 것은 불지佛地에 들어갈 때 심체가 멸하지 않는 까닭에
모든 식이 상속함을 비유한 것이니, 이는 처음 물음에 답한 것이다.

"唯風滅故動相續滅"者, 到佛地時無明永滅 故業相等動亦隨滅盡. 而
其自相心體不滅 故言"非是水滅"也. 是答後問明"究竟滅." 合中次第
合前二義. "非心智滅"者, 神解之性名爲心智. 如上文云"智性不壞" 是
明自相不滅義也 餘文可知.

"오직 바람이 멸하는 까닭에 동상動相이 따라(續) 멸한다"라는 것은,

불지佛地에 이를(到) 때에 무명無明이 영원히 멸하는 까닭에 업상業相 등의 움직임도 또한 따라서 멸하여 없어지는 것이다. 그러나 그 자상自相의 심체는 멸하지 않는 까닭에 "바닷물이 멸하는 것이 아니다"라고 말한 것이며, 이는 뒤의 물음에 답하여 "구경에 멸함"을 밝힌 것이다. 합습 중에 차례로 앞의 두 가지 뜻을 합했다. "심지心智가 멸하는 것이 아니다"라는 것은 신통하게 아는(神解) 성품을 심지心智라 이름하는 것이며, 위의 글에서 "지성智性은 파괴되지 않는다"라고 한 것과 같으니, 이는 자상自相이 멸하지 않는 뜻을 밝힌 것이다. 나머지 글도 알 수 있을 것이다.

問. 此識自相 爲當一向染緣所起 爲當亦有不從緣義. 若是一向染緣所起 染法盡時自相應滅. 如其自相不從染緣故不滅者 則自然有. 又若使自相亦滅同斷見者 是則自相不滅還同常見

묻기를, 이 식의 자상이 한결같이(一向) 오염된 연(染緣)으로 일어난 것이라고 해야 하는가, 또한 연緣을 따르지 않는 뜻이 있다고 해야 하는가? 만약 한결같이 염연染緣으로 일어난 것이라면 염법染法이 다할(盡) 때에 자상自相도 마땅히 멸해야 할 것이며, 만약 그 자상이 염연을 따르지 않는 까닭에 멸하지 않는 것이라면 자상은 자연히 있는 것이다. 또 만약 자상 또한 멸하여 단견斷見803과 같은 것이라면 이는 곧 자상이 멸하지 않아 다시 상견常見804과 같을 것이다.

---

803 단멸론斷滅論, 즉 인과因果와 응보應報를 인정하지 않고, 사람이 한번 죽으면 영원히 끝이라는 생각.

答. 或有說者, 黎耶心體是異熟法. 但爲業惑之所辨生. 是故業惑盡時, 本識都盡. 然於佛果 亦有福慧二行所感大圓鏡智相應淨識. 而於二處心義是同. 以是義說心至佛果耳.

답하길, 어떤 사람이 설하기를, 아리야 심체는 이숙법異熟法으로 단지 업혹業惑에 의한 분별로 생기는 것이다. 시고是故로 업혹이 다할(盡) 때 본래의 식도 다(都) 없어진다(盡). 그러나 불과佛果에는 또한 복福과 혜慧의 2행行에 감응하여 대원경지大圓鏡智[805]와 상응한 정식(淨識: 깨끗한 마음)이 있으니, 두 곳에서의 마음의 뜻이 같은 것이며, 이런 뜻으로 마음이 불과佛果에 이른다고 설한다.

或有說者, 自相心體 擧體爲彼無明所起. 而是動靜令起, 非謂辨無令有. 是故此心之動, 因無明起 名爲業相. 此動之心 本自爲心. 亦爲自相 自相義門不由無明. 然卽此無明所動之心. 亦有自類相生之義. 故無自然之過. 而有不滅之義 明盡時動相隨滅, 心隨始覺還歸本源.

또 어떤 사람이 설하기를, 자상自相의 심체 전체가 저 무명에 의하여 일어났으나 정靜을 움직여 일어나게 한 것이지, 없는 것(無)을 바로잡아 있게(有) 한 것을 말하는 것은 아니다. 시고로 이 마음의 움직임이 무명으로 인因하여 일어나는 것을 업상業相이라 이름하는 것이다.

---

804 단멸론의 반대로, 사람은 죽으나 자아自我는 없어지지 않으며, 상주常住 불변不變하여 영원히 존재한다는 생각.

805 크고 둥근 거울이 우주의 삼라만상을 있는 그대로 비추는 것과 같이, 세상 만물을 있는 그대로 비추어 아는 맑고 청정한 부처님의 지혜를 말한다.

이 움직이는 마음이 본래 스스로의 마음이며 또한 자상自相이니, 자상의 뜻(義)의 측면에서는 무명으로 말미암은 것은 아니다. 그러나 곧이 무명에 의하여 움직이는 마음 또한 자류상생自類相生[806]의 뜻이 있는 까닭에 자연의 허물은 없지만 불멸의 뜻이 있으니, 무명이 다할 때동상動相은 따라서 멸하지만 마음은 시각始覺을 따라 다시 본원으로돌아간다고 한다.

或有說者, 二師所說皆有道理. 皆依聖典之所說故. 初師所說得瑜伽意.

또 어떤 사람이 설하기를, 두 논사의 설 모두 도리道理가 있다. 모두경전의 말씀(說)을 따랐기 때문이다. 처음 논사의 설은『유가론瑜伽論』의 뜻을 따랐다.

【소疏-43-3-별기別記】

依顯了門

즉 다 드러내는 문(현료문)에 의했고,

【소疏-43-4】

後師義者得起信意

즉 뒤의 논사의 뜻은『기신론』의 뜻을 따랐다.

---

806 '끼리끼리(自類) 서로 생하는(相生)'이란 뜻.

【소疏-43-4-별기別記】

依隱密門

다 드러내지 않는 문(은밀문)에 의했다.

【소疏-43-5】

而亦不可如言取義. 所以然者, 若如初說而取義者, 卽是法我執. 若如
後說而取義者 是謂人我見. 又若執初義 墮於斷見. 執後義者 卽墮常
見. 當知二義皆不可說. 雖不可說而亦可說. 以雖非然而非不然故. 廣
釋生滅門內有二分中, 初正廣釋竟在於前

그러나(而) 또한 말 그대로의 뜻을 취할 수는 없다. 왜냐하면 만약
처음 논사가 설한 뜻을 취한다면 곧 이것은 법(진리)에 집착하는 것(法我
執)이 되고, 만약 뒤의 논사가 설한 뜻을 취한다면 이는 곧 사람에
집착하는 것(人我執)이 되기 때문이다. 또 만약 처음 논사의 뜻에
집착하면 단견斷見에 떨어지고, 뒤 논사의 뜻에 집착하면 상견常見에
떨어지기 때문이다. 이 두 가지 뜻은 다 설할 수 없는 것이나, 설할
수 없다 할지라도 또한 설할 수 있는 것이다. 이는 비록 그러하지
아니하나(非然), 또한 그러하지 아니한 것도 아닌(非不然) 까닭임을
마땅히 알아야 할 것이다.

생멸生滅의 문門에 두 부분을 자세히 풀이한 것 중에, 처음 바로
자세히 풀이한 것(광석)을 앞에서 마친다.

此下第二因言重明 何者. 如上文言, "此識有二種義. 能攝一切法生一

切法." 然其攝義前已廣說, 能生之義猶未分明. 是故此下廣顯是義.
文中有五, 一者擧數總標. 二者依數列名. 三者總明熏習之義. 四者別
顯熏習之相. 第五明盡不盡義.

이 아래는 둘째 말(言)로 인인因하여 거듭 밝힌 것이니, 무슨 까닭인가?
이는 위의 글[807]에서 "이 식에 두 가지 뜻이 있으니, 능히 일체법을
아우르며(攝), 일체법을 낸다(生)"라고 말한 것과 같기 때문이다. 그러
나 아우르는(攝) 뜻은 앞에서 이미 자세히 설하였고, 내는 뜻(生義)은
아직 분명치 않으니, 시고是故로 이(此) 아래에서 자세히(廣) 이 뜻을
밝힐 것이다. 글 가운데 다섯 가지가 있으니, 첫째는 수數를 들어
전체 내용을 드러내었고(總標), 둘째는 수에 의하여 이름을 열거하였
고, 셋째는 훈습熏習의 뜻을 총체적으로 밝혔으며, 넷째는 훈습의
상相을 각각 드러내었고, 다섯째는 다함(盡)과 다하지 않음(不盡)의
뜻을 밝혔다.

(3) 염정상자染淨相資

【논論-44】 염정사법染淨四法

復次有四種法熏習義故. 染法淨法起不斷絕. 云何爲四, 一者淨
法 名爲眞如. 二者一切染因 名爲無明. 三者妄心 名爲業識. 四者
妄境界 所謂六塵.

다시 네 가지의 법法이 훈습하는 뜻이 있는 까닭에 염법染法과 정법淨法

---

807 【논論-18】 참조.

이 일어나 단절되지 않으니, 무엇이 넷인가? 첫째는 정법淨法이니 이름이 진여眞如이며, 둘째는 일체의 염인染因이니 이름이 무명無明이며, 셋째는 망심妄心이니 이름이 업식業識이며, 넷째는 망경계妄境界이니 소위 6진(塵: 경계)이다.[808]

【소疏-44】

舉數, 列名, 文相可知.

숫자를 들고(거수)과 이름을 나열한 것(열명)은 글의 모습을 보면 알 수 있을 것이다.

【논論-45】훈습薰習의 뜻(義)

薰習義者, 如世間衣服 實無於香. 若人以香而薰習故 則有香氣. 此亦如是. 眞如淨法 實無於染. 但以無明而薰習故 則有染相. 無明染法 實無淨業. 但以眞如而薰習故 則有淨用.

훈습의 뜻이란 세간의 의복이 실제로는 향기가 없으나, 사람이 향香으로 훈습하는 까닭에 향기가 있는 것과 같이, 훈습(此) 또한 이와 같아

---

808 생멸 인연의 모습에는 ①염법染法과 정법淨法의 생멸, ②염법과 정법의 상호관계(相資)가 있다. 【논論-17】에서부터 ①염법과 정법의 생멸을 설했으니, 【논論-44】부터는 염법과 정법의 상호관계 및 작용으로, ①진여정법에서 ②무명훈습의 염인染因으로 말미암아 ③망심인 업식이 생하여 ④육진六塵의 망경계가 펼쳐지는 유전문流轉門과 무명염법에서 정淨으로 돌아가는 환멸문還滅門을 설하고 있다.

진여眞如의 정법淨法에는 실로 염染이 없으나, 단지 무명으로 훈습하는 까닭에 곧 염상(染相: 오염된 모습)이 있으며, 무명의 염법에는 실로 정업淨業이 없으나, 단지 진여로(以) 훈습하는 까닭에(故) 정淨의 작용(用)이 있는 것이다.[809]

【소疏-45】

第三之中, 先喩 後合. 合中言"眞如淨法"者, 是本覺義. "無明染法"者 是不覺義. 良由一識含此二義 更互相熏 偏生染淨 此意正釋經本所說 "不思議熏不思議變義"也.

問. 攝大乘說, 要具四義 方得受熏. 故言常法不能受熏. 何故此中說熏

---

[809] 【논論-18】의 "아리야식識에 두 가지 뜻이 있으니, 능히 일체의 모든 법(一切法)을 아우르며(攝), 일체법을 낼(生) 수 있는 것(此識有二種義, 能攝一切法, 生一切法)"에 대한 설명으로, 진(眞: 淨)과 망(妄: 染)을 혼합한 아리야식이 어떻게 서로를 훈습薰習하는가를 설하고 있다.

진여眞如는 자성이 청정하여 염染이 없으나 무명의 훈습으로 염상染相이 있으며, 무명無明은 정淨이 없으나 진여의 훈습으로 정淨의 작용(用)이 있는 것이다. 이렇듯 정淨은 염染에 의해 훈습되고, 염은 정에 의해 훈습되는 것이다. 감산대사는 『대승기신론직해』에서 이를 염정상자染淨相資라 하였다.

여기서 훈습薰習이란 환경(경계)과 습관이 심체心體에 작용하는 것이라 할 수 있다. 선지식과 어울리면 선지식을 닮고 악한과 어울리면 악한을 닮는 것, 초상집에 가면 울어야 하고 잔칫집에 가면 웃어야 하는 것, 생선을 묶었던 새끼줄에는 비린내가 배고 향을 싸던 종이는 향내가 배는 것, 신구의身口意 삼업이 심체에 쌓여서 작용하는 것 등등과 같이 심체가 환경과 습관의 지배(영향)를 받는 것이 훈습이라 할 수 있다. 그렇다면 수행은 나쁜 훈습으로부터 좋은 훈습으로의 이동이라 할 수 있다.

眞如.

解云. 熏習之義有其二種. 彼論且約可思議熏. 故說常法不受熏也. 此
論明其不可思議熏. 故說無明熏眞如. 眞如熏無明. 顯意不同 故不相
違. 然此文中 生滅門內性淨本覺說名眞如 故有熏義. 非謂眞如門中
眞如. 以其眞如門中不說能生義.

세 번째 중에 먼저는 비유이며, 나중은 합습이다. 합 중에 "진여眞如의
정법淨法"이라 말한 것은 본각本覺의 뜻이며, "무명無明의 염법染法"이
라 말한 것은 불각不覺의 뜻이다. 진실로 하나의 식(一識)이 이 두
가지 뜻을 담아(含) 서로 훈습함으로 말미암아 두루 염染과 정淨을
내는(生) 것이니, 이 뜻은 바로 『4권능가경』에서 설한 "부사의不思議한
훈습薰習과 부사의한 변화의 뜻(義)"[810]을 풀이한 것이다.

　문기를, 『섭대승론攝大乘論』에서는 네 가지 뜻을 갖추어야 비로소
(方) 훈습을 받을 수 있는 까닭에 상법(常法: 고정된 법)은 훈습을
받을 수 없다고 말하였는데, 무슨 까닭으로 여기서는 진여를 훈습한다
고 설하는가?

　풀어 답하길, 훈습의 뜻에 두 가지가 있으니, 저 『섭대승론』은 우선
(且) 생각할 수 있는(可思議) 훈습에 말미암는(約) 까닭에 상법常法은
훈습을 받아들일 수 없다고 설한 것이고, 이 『기신론』에서는 생각할
수 없는(不可思議) 훈습을 밝힌 까닭에 "무명이 진여를 훈습하며, 진여
가 무명을 훈습한다"라고 설한 것이다. (이처럼) 드러내는 뜻이 같지
않은 까닭에 서로 어긋나지 않는다. 그러나 이 『기신론』의 글에서

---

810 대정장 제16권, 『4권능가경』, p.483상 19~21행.

생멸문 내의 성정본각性淨本覺을 설하여 이름을 진여眞如라 하는 까닭
에 훈습의 뜻이 있는 것이며, 이는 진여문眞如門에서 말하는 진여를
말하는 것이 아니다. 그(其) 진여문에서는 능생能生의 뜻은 말하지
않는 까닭이다.

以下第四別明. 於中有二, 先染 後淨.

이 아래는 네 번째 따로 밝힌 것이다. 이 중에 두 가지가 있으니,
먼저는 염染이고, 뒤는 정淨이다.

【論論-46】 염법훈습

云何熏習 起染法不斷. 所謂以依眞如法故 有於無明. 以有無明染
法因故 卽熏習眞如. 以熏習故 則有妄心. 以有妄心 卽熏習無明.
不了眞如法故 不覺念起現妄境界. 以有妄境界染法緣故 卽熏習
妄心. 令其念著 造種種業 受於一切身心等苦.

(무명이) 어떻게 (진여를) 훈습하여 염법染法을 일으켜 (망념이) 끊어지
지(斷) 않는가?[811] ① 소위 진여법에 의지하는 까닭에 무명無明[812]이 있고,

---

[811] 계속해서 【論論-18】에 대한 설명이 이어지고 있다. 여기서는 진(眞: 淨)과
망(妄: 染)을 혼합한 아리야식이 어떻게 서로를 훈습薰習하여 인과因果에 이르는
가, 즉 어떻게 업을 지어 고苦를 받는가를 설하고 있다.
『능가경』에서 "여래장이 악습惡習에 훈습되어 진여가 인因이 되고, 무명이
연緣이 되어 훈습당하는 까닭에 아리야식으로 변해 견분見分과 상분相分이란
주객 대립의 경계가 나타난다. 또한 아리야식이 인因이 되고, 경계가 연緣이
되어 도리어(返) 심체心體를 훈습하여 육진六塵의 염상染相이 생기는 것이다.

②무명 염법의 인因이 있는 까닭에 곧 진여를 훈습하며, (무명이 진여를) 훈습하는 까닭에 곧 망령된 마음(妄心)이 있게 된다(무명업상). ③망심妄心이 있어서 곧 무명을 훈습하여 진여의 법을 요달了達하지 못하는 까닭에 불각의 망념(능견상, 전상)이 일어나 망령된 경계(경계상, 현상)를 나타낸다. ④망령된 경계(妄境界) 염법의 연緣이 있는 까닭에 곧 망심妄心을 훈습하며, 망심으로 하여금 생각(念: 분별)하고(지상, 상속) 집착(著)하여(집취, 계명자상), ⑤온갖(種種) 업(業: 기업상)을 지어 일체 신심身心 등의 괴로움(苦: 업계고상)을 받게 하는 것이다.[813]

이로 말미암아 중생에게 생사生死 유전(流轉: 苦)이 끊이지 않는(不斷) 것이다(經云, 如來藏爲惡習所熏故, 眞如爲因, 被無明緣所熏故, 變成阿賴耶識中見, 相心境; 又黎耶爲因, 境界爲緣, 返熏心體成六塵染相. 由此故 有生死流轉不斷)"라고 하였다.(참조: 감산대사, 『대승기신론직해』)

812 무명無明은 진여법의 일미평등함을 알지 못하므로 홀연히 망념, 망상, 망식, 망심을 일으키는 까닭에 무명이라 한다. 결국 무명 또한 진여가 전변轉變한 것으로, 진여의 다른 모습인 것이다.

813 【論論-31】에서 생멸인연을 설명하면서 수연진여隨緣眞如를 설명했다. 여기서 다시 아홉 가지 번뇌(九相)가 생생하는 과정을 설명하고 있다. ①근본무명이 진여를 훈습하면 스스로 진여眞如임을 자각하지 못하고 무명업상을 형성하여 망심妄心으로 변하게 된다. 이를 무명훈습이라 하며, 이 망심이 아리야식으로 근본무명 업식業識이다. ②망심인 업식이 다시 무명을 훈습하여 미혹迷惑을 더한다. 진여는 본래 무념無念 무심無心이나 무명이 업식을 훈습하여 자신도 모르는 망념妄念이 일어(轉相: 주관) 경계(境界相: 객관)가 나타나는 것이다. 이를 망심훈습이라 한다. ③업식이 주관(主觀: 보는)과 객관(客觀: 보이는)으로 분리, 대립함으로써 여섯 가지 거친 번뇌(六麤)인 망경계가 나타나니, 이를 망경계훈습이라 한다. ④망경계를 분별하는(智相) 차별상이 이어지니(相續) 지상, 상속상이다. ⑤분별하고 상속함으로써 집착이 생기니, 집취상執取相,

염법훈습 染法薰習	망경계훈습 妄境界熏習 -경계가 업식을 훈습하여 사상四相을 증장시킨다.	증장념훈습增長念薰習 -법집法執 분별	지상智相 상속상相續相	제7말나식末那識 -법집法執, 분별
		증장취훈습增長取薰習 -아집我執 집착 -인아견애人我見愛번뇌	집취상執取相 계명자상計名字相	제6 의식意識 -아집我執, 집착
	망심훈습 妄心熏習	업식근본훈습=의훈습 -업식이 무명을 훈습하여 주객분별을 일으켜, 세고細苦인 변역생사고를 받게 한다. 세고를 극복하면 불보살로 나아간다.	업식業識이 주객을 분별하여 전상轉相과 현상現相을 일으킨다.	제8아리야식 본식本識 -아라한 -벽지불 -일체보살
		증장분별사식훈습 -견애무명을 훈습하여 추고麤苦인 분단생사를 받게 한다. 추고를 극복하면 아라한으로 나아간다. -경계(열반, 생사)가 있는 것으로 착각하여 집착한다.	지상智相 상속상相續相	제7말나식(분별) -범부
			집취상執取相 계명자상計名字相	의식(意識: 집착) -범부
	무명훈습 無明熏習	근본훈습根本薰習 -근본무명(불각)이 진여를 훈습하여 망념을 동動하게 한다.	망념이 바로 근본무명 업식이다.	
		소기견애훈습 所起見愛薰習 -지말불각의 견혹과 애혹을 생한다. -지말무명枝末無明이 경계에 의해 분별사식을 생하여 미迷하게 한다.	지말무명枝末 無明 분별사식分別 事識	무명이 진여를 훈습하여 오의五意가 생긴다.

此妄境界熏習義則有二種. 云何爲二, 一者增長念熏習. 二者增
長取熏習. 妄心熏習義有二種. 云何爲二. 一者業識根本熏習. 能

계명자상計名字相이다. ⑥집착이 지나쳐 드디어 행동으로 옮기니, 업業을 지어(造業) 과보로 고통을 받는(受報) 기업상起業相, 업계고상業繫苦相이다.

受阿羅漢辟支佛一切菩薩生滅苦故. 二者增長分別事識熏習, 能
受凡夫業繫苦故. 無明熏習義有二種. 云何爲二. 一者根本熏習.
以能成就業識義故. 二者所起見愛熏習. 以能成就分別事識義故.

① 망경계妄境界훈습薰習의 뜻에는 두 가지가 있으니, 무엇이 두 가지인
가? 첫째는 증장념增長念[814]훈습이고, 둘째는 증장취增長取훈습이다.
② 망심妄心훈습의 뜻에는 두 가지가 있으니, 무엇이 두 가지인가?
첫째는 업식근본業識根本훈습이니, 능히 아라한阿羅漢과 벽지불辟支佛
과 일체보살들이 생멸生滅의 고苦를 받을 수 있는 까닭이요, 둘째는
증장분별사식增長分別事識훈습이니, 능히 범부가 업에 얽매인(業繫)
고苦[815]를 받을 수 있는 까닭이다.
③ 무명無明훈습의 뜻에 두 가지가 있으니, 무엇이 둘인가? 첫째는
근본훈습이니, 능히 업식을 성취할 수 있는 뜻인 까닭이요, 둘째는
소기견애所起見愛훈습이니, 능히 분별사식을 성취할 수 있는 뜻인 까닭
이다.

【소疏-46-1】

染中亦二 先問 後答. 答中有二, 略明 廣顯. 略中言"依眞如法有無明"
者, 是顯能熏所熏之體也. "以有無明熏習眞如"者 根本無明熏習義也.

---

814 증장념增長念이란 망념妄念을 점점 커지게 하는(增長) 것을 말한다. 염념은
    본래 '생각'이라는 뜻이나, 불서에서는 보통 망령된 생각(妄念)으로 이해된다.
815 자신의 의지와 상관없이 오라 줄에 묶여서(繫) 업業에 따라 육신의 고苦를
    받는 분단생사分段生死를 말한다. 분단생사는 업인業因에 따른 범부의 생사고生
    死苦이다.

"以熏習故有妄心"者, 依無明熏有業識心也. 以是妄心還熏無明 增其
不了. 故成轉識及現識等. 故言"不覺念起現妄境界"

염染 중에 또한 두 가지가 있으니, 먼저는 묻고 뒤에는 답했다. 답에는
두 가지가 있으니, 간략히 밝히는 것과 자세히 드러내는 것이다. 간략히
밝히는 것 중에 "진여의 법으로 말미암아 무명이 있다"라고 말한 것은
능훈能熏과 소훈所熏의 바탕(體)을 드러낸 것이다. "무명이 있어서
진여를 훈습한다"라는 것은 근본무명이 (진여를) 훈습하는 뜻이다.
"훈습하는 까닭에 망심이 있다"라는 것은 무명의 훈습으로 말미암아
업식業識의 마음(心)이 있는 것이며, 이 망심이 다시(還) 무명을 훈습하
여, 진여의 법(其)을 더욱(增) 알지 못하게(不了) 하는 까닭에 전식轉識
과 현식現識 등을 만드는 것이다. 고故로 "불각不覺의 망념이 일어
망령된 경계(妄境界)를 나타낸다"라고 말하는 것이다.

【소疏-46-1-별기別記】

不覺念起 是轉相也. 現妄境界 是現相也.

불각의 망념이 일어나는 것은 전상(轉相: 주)이고, 망령되게 경계를
나타내는 것은 현상(現相: 객)이다.

【소疏-46-2】

以是境界還熏習現識, 故言"熏習妄心"也. "令其念著"者 起第七識也.
"造種種業"者, 起意識也. "受一切苦"者 依業受果也.

이 경계가 다시(還) 현식을 훈습하는 까닭에 "망심妄心을 훈습한다"라고
말하는 것이다. "그로 하여금 망념으로 집착(著)하게 한다"라는 것은
제7식識을 일으키는 것이고, "갖가지 업을 짓는다"라는 것은 의식(六識)
을 일으키는 것이며, "일체의 괴로움(苦)을 받는다"라는 것은 업으로
말미암아 과보를 받는 것이다.

次廣說中, 廣前三義 從後而說 先明境界. "增長念"者, 以境界力增長
事識中 法執分別念也. "增長取"者, 增長四取煩惱障也. 妄心熏習中,
"業識根本熏習"者, 以此業識能熏無明 迷於無相 能起轉相現相相續.
彼三乘人出三界時, 雖離事識分段麤苦, 猶受變易黎耶行苦. 故言"受
三乘生滅苦"也. 通而論之, 無始來有 但爲簡麤細二種熏習. 故約已離
麤苦時說也. "增長分別事識熏習"者, 在於凡位說分段苦也. 無明熏習
中, "根本熏習"者, 根本不覺也. "所起見愛熏習"者, 無明所起意識見
愛 卽是枝末不覺義也

다음으로 자세히 설명하는 중에 앞의 세 가지 뜻을 자세히 설명하여
뒤에서부터 설하였는데, 먼저 경계를 밝혔다. "증장념增長念"이란 경계
의 힘으로 사식事識 중의 법法에 대한 집착으로 분별分別하는 망념妄念
을 증장하는 것이며, "증장취增長取"란 4취取[816]의 번뇌장煩惱障을 증장
하는 것이다. 망심훈습 중에 "업식근본훈습業識根本熏習"이란 이 업식業
識이 능히 무명을 훈습하여 상相이 없는 것임을 잘 모르고(迷), 능히

---

816 삼계三界의 번뇌 네 가지, 즉 욕취欲取, 견취見取, 계금취戒禁取, 아어취我語取를
말한다.

전상과 현상을 일으켜 상속하는 것이다. 저 아라한, 벽지불, 보살의 삼승인三乘人이 삼계를 벗어날 때, 비록 사식事識[817]의 분단생사分段生死의 분단추고分段麤苦[818]는 여의었으나, 아직 변역생사變易生死의 아리야행고阿黎耶行苦[819]는 받는 까닭에 "아라한, 벽지불, 보살 삼승이 생멸하는 괴로움(苦)을 받는다"라고 말한 것이다. 통틀어 논하자면, 이 고苦는 시작도 없는 과거로부터 있어온 것이나, 단지 추麤와 세細 두 가지의 훈습을 분간分揀하기 위한 까닭에 이미 추고麤苦를 여윈 때를 기준하여 (約) 설한 것이다. "증장분별사식훈습增長分別事識熏習"이란 범부의 위位에서 분단생사의 괴로움(分段苦)을 말한다. 무명훈습 중에 "근본훈습"이란 근본불각이며, "소기견애훈습所起見愛熏習"이란 무명이 일으킨 의식의 견혹見惑과 애혹愛惑이니, 곧 지말불각의 뜻이다.

【소疏-46-2-별기別記】

言"增長分別事識熏習"者, 所謂意識見愛煩惱之所增長. 故能受三界 繫業之果. 故言"凡夫業繫苦"也. 無明熏中言"根本熏習"者, 謂根本無 明熏習眞如. 令其動念 是名業識. 故言"成就業識義"也. 言"所起見愛 熏習"者, 根本無明所起見愛 熏其意識, 起麤分別 故言"成就分別事識

義"也

"증장분별사식훈습增長分別事識熏習"이라고 말한 것은 소위 의식의 견애번뇌가 증장된 것이다. 고故로 능히 삼계의 업에 얽힌 과보를 받는 까닭에 "범부의 업계고業繫苦"라고 말한 것이다. 무명훈습 중 "근본훈습"이라고 말한 것은, 근본무명이 진여를 훈습하여 망념이 움직이게 하는 것이니 업식業識이라 이름한다. 고故로 "업식을 성취하는 뜻"이라 말한 것이다. "소기견애훈습所起見愛熏習"이라고 말한 것은 근본무명에서 일어난 견혹見惑과 애혹愛惑이 그 의식을 훈습하여 거친(麤) 분별을 일으키는 까닭에 "분별사식을 성취하는 뜻"이라 말한 것이다.

【논論-47】 정법훈습淨法熏習-마음속의 무명을 덜어내는 것

云何熏習起淨法不斷. 所謂以有眞如法故 能熏習無明. 以熏習因緣力故 則令妄心厭生死苦 樂求涅槃. 以此妄心有厭求因緣故 卽熏習眞如 自信己性. 知心妄動 無前境界 修遠離法. 以如實知無前境界故. 種種方便 起隨順行 不取不念. 乃至久遠熏習力故 無明則滅. 以無明滅故 心無有起. 以無起故 境界隨滅. 以因緣俱滅故 心相皆盡, 名得涅槃 成自然業

어떻게 훈습하여(어떤 훈습으로) 정법淨法을 일으켜 끊어지지 않게 하는가? 소위 진여법이 있는 까닭이니,[820] 능히 (진여가) 무명을 훈습하며,

---

820 진여법眞如法에는 허망한 마음(妄心)으로 하여금 오염된 마음을 낳지 않고, 오히려 번뇌의 흐름을 거스르고 청정함을 이루도록 훈습熏習하는 힘이 있다는 것이다. 진여법, 즉 '우리의 마음(중생심)에는 이미 그러한 훈습의 힘(진여훈습)

훈습하는 인연의 힘(因緣力)이 있는 까닭에 곧 망심妄心으로 하여금 생사의 고苦를 싫어하고 즐겨(樂) 열반을 구하게 하는 것이다.[821] 이 망심에 생사의 고苦를 싫어하고 즐겨(樂) 열반을 구하는 인연이 있는 까닭에 곧 진여를 훈습하여 스스로 자기의 성품을 믿어(信),[822] (모든 경계는) 마음이 망령되이 움직이는 것일 뿐, 눈앞에 (그 동안 집착했던) 경계가 없음을 알아(解)[823] (망심을) 멀리 여의는 법을 닦는 것이다(行).[824]

이 있다는 것이다. 그러한 훈습의 공덕과 작용에 힘입어 발심 수행이 가능한 것이다. 그렇지 않으면 『기신론』에서 '허망한 마음의 훈습(妄心熏習)'이라 명명하고, 망심이 청정함을 회복하는 훈습(이치)을 설할 수 없는 것이다. 이러한 관점에서 이어지는 망심훈습과 진여훈습에 대한 설명을 들어보자.

[821] 번뇌 망상이 사라진 고요한 마음, 즉 무심無心의 경지를 말한다. 원래는 번뇌 망상이 생기기 이전의 고요한 마음이 무심의 경지이다. 무심의 경지에서 번뇌 망상으로 망심의 고해苦海에서 허덕일지라도, 진여법이 있는 까닭에 무명을 훈습하는 것이다. 이렇게 진여법에는 무명을 훈습하는 인연력因緣力이 있는 까닭에 망심으로 하여금 생사고를 싫어하고 즐겨 열반을 추구하게 하는 것이다. 이 망심에는 생사고를 싫어하고 즐겨 열반을 추구하는 인연력이 있는 까닭에 진여를 훈습하는 것이다. 이를 정법淨法의 망심훈습이라 한다.

[822] 스스로 나의 본래 성품은 부처다, 열반이다, 해탈이다, 적정이다, 불생불멸이다, 여래장이다, 법신이다 등등을 믿는 것을 말한다. 스스로 본성에 대한 확신이 있어야 수행을 시작할 수 있는 것이므로, 신信, 해解, 행行, 증證에서 신信의 단계이며, 화엄수행계위로는 십신十信의 단계를 말한다.

[823] 진여본각의 마음에서 무명으로 미동迷動하여 근본불각이 되며, 미동하여 업상業相을 지어 전상(轉相: 能見相)과 현상(現相: 境界相)의 주객主客으로 나뉘고, 주객의 대립으로 육추六麤를 생하는 것이다. 이러한 유심唯心의 이치를 아는 단계는 신信, 해解, 행行, 증證에서 해解의 단계이며, 화엄수행계위로는 십주十住의 단계다.

[824] 신信, 해解, 행行, 증證에서 행行의 단계로, 유심의 이치를 알고 스스로 경계를

눈앞에 경계가 없음을 여실히 아는 까닭에[825] 갖가지 방편으로 수순隨順하는 행行을 일으켜 집착하지도 않고 망령되이 생각하지도 않으며, 마침내 오랜 기간(久遠)[826] 훈습(수행)한 힘(熏習力)으로 말미암아(故)[827] 무명이 곧 멸하게 된다.[828] 무명(業識)이 멸하는 까닭에 마음에 일어나는 것(주관)이 없고,[829] 일어남이 없는 까닭에 경계(객관)가 따라 멸한다.[830] 인(因: 무명)과 연(緣: 경계)이 함께(俱) 멸하는 까닭에 심상心相이 다 없어지니, 이를 열반을 얻어 자연업自然業을 이루었다(證得)고 이름한다.[831]

짓지 않는 수행을 하면서, 남에게도 이러한 이치를 알려주고 수행을 권하는 것으로, 화엄수행계위로는 십행十行과 십회향十廻向의 단계다.

825 사량 분별을 떠났으므로 여실히(참되게) 아는 것이다. 화엄수행계위로는 십지十地 중 환희지歡喜地의 단계다.

826 오래 수행해야 한다는 뜻에서 3아승지阿僧祇 겁을 닦아야 성불成佛한다고 한다. 이는 실지로 3아승지 겁을 이야기하는 것이 아니라, 게으르고 나태한 수행자에 대한 경각심을 일깨우려는 의도이다.

827 화엄수행계위로 십지十地의 제2 이구지離垢地에서 제9 선혜지善慧地까지의 단계다.

828 무명無明이 멸하는 단계부터 열반이다. 근본무명인 업식(業識: 業相)이 사라졌음을 말한다.

829 근본무명인 업식業識이 사라졌으므로 전식(轉識: 能見相, 轉相)은 일어날 수 없는 것이다.

830 주관적으로 보는 전식(轉識: 能見相, 轉相)이 사라졌으므로 객관적으로 보이는 경계상(境界相: 現相, 現識)은 더 이상 존재할 수 없는 것이다.

831 신信, 해解, 행行, 증證에서 신, 해, 행은 인행因行이며, 증證은 과행果行에 속한다. 과행에서 근본무명인 업식業識과 전식轉識이 사라지므로 망상이 사라지고, 따라서 경계가 사라지게 되는 것이다. 열반인 것이다. 열반에 이르면 부처의

【소疏-47】

次明淨熏. 於中有二. 先問後答. 答中亦二. 略明廣顯. 略中先明眞如
熏習. 次明妄心熏習. 此中有五. 初言"以此妄心乃至自信已性"者, 是
明十信位中信也. 次言"知心妄動無前境界修遠離法"者, 是顯三賢位
中修也. "以如實知無前境界故"者, 是明初地見道唯識觀之成也. "種
種以下乃至久遠熏習力故", 是顯十地修道位中修萬行也. "無明卽滅"
以下, 第五顯於果地證涅槃也.

다음으로 정법훈습(淨熏)을 밝혔다. 이 중에 두 가지가 있으니, 먼저
묻고 뒤에 답하였다. 답 중에 또한 두 가지가 있으니, (먼저) 간략히
밝히고 (뒤에) 자세히 드러내었다. 간략히 밝힌 중에 먼저 진여眞如훈습
을 밝혔고, 다음에 망심妄心훈습을 밝혔다. 이 중에 다섯 가지가 있으니,
①"망심에 생사의 고품를 싫어하고 즐겨 열반을 구하는 인연이 있는
까닭에 곧 진여를 훈습하여 스스로 자기의 성품을 믿는다"라고 말한
것은 10신위信位 중의 신信을 밝힌 것이다. ②"마음이 망령되이 움직이
는 것일 뿐, 앞에 경계가 없음을 알아 (망심을) 멀리 여의는 법을
닦는다"라고 말한 것은 3현위賢位 중의 수행修行을 드러낸 것이다.
③"앞에 경계가 없음을 여실히 아는 까닭"이란 초지初地의 견도見道에

업용(業用: 功能)이 생겨 자연업自然業을 이루게 된다. 달리 말하면 무명이
사라지면 색자재色自在, 심자재心自在하여 법신法身이 현현顯現하므로 불가사
의한 작용이 무궁무진하게 일어난다는 뜻이다. 비로소 중생구제를 마음껏
할 수 있는 것이다. 자연업이란 진여본각에 갖추어져 있는 무루無漏한 공덕功德
으로, 중생을 교화하고 이익 되게 하는 불가사의한 작용, 즉 부사의업不思議業을
말한다.

서 유식관唯識觀[832]이 완성됨을 밝힌 것이다. ④"갖가지 방편으로 수순隨順의 행行을 일으켜 집착하지도 않고 망령되이 생각하지도 않으며, 마침내 오랜 기간(久遠) 수행(훈습)한 힘(熏習力)으로 말미암아(故)"라고 말한 것은 10지地의 수도위修道位[833]에서 만행萬行을 닦는 것을 드러낸 것이다. ⑤"무명즉멸無明卽滅" 이하는 다섯 번째 과지果地에서 열반을 증득한 것을 드러내었다.

①십신十信	②원리법遠離法	③여실지如實智	④수순행隨順行	⑤과지果地
범부凡夫	삼현三賢의 위位	초지初地의 견도見道	수도위修道位	불지佛地
신信	십주, 십행, 십회향	10지地		열반증득/무명멸滅

【論論-48】 진여의 망심훈습妄心熏習

妄心熏習義有二種. 云何爲二. 一者分別事識熏習. 依諸凡夫二乘人等 厭生死苦 隨力所能 以漸趣向無上道故. 二者意熏習. 謂諸菩薩發心勇猛 速趣涅槃故.

망심훈습의 뜻에 두 가지가 있다. 무엇이 두 가지인가? 첫째는 분별사식 훈습이니,[834] 모든 범부와 성문, 연각의 이승인二乘人 등이 생사고生死苦

---

832 인간 현실의 근원은 각자의 마음에 있으므로, 인생의 모든 현실은 오직 마음(唯識, 心識)의 현현顯現이라고 믿는 것이 유식관唯識觀이다.

833 같은 용어라도 부파별로 달리 사용하는 경우가 많아 공부하기가 좀 어렵다. '수도위'도 그러한 경우다. 『성유식론』에서는 수행계위를 자량위資糧位 ⇒ 가행위加行位 ⇒ 통달위通達位 ⇒ 수도위修道位 ⇒ 구경위究竟位의 5위位로 나누고 있으나, 『화엄경』에서는 52위로 나누고 십지(十地: 41~50위)를 수도위로 본다.

834 제7말나식의 집취상, 계명자상의 거친 번뇌를 말한다.

를 싫어함으로 말미암아(依) 힘이 닿는 대로(隨力所能)⁸³⁵ 점차 무상도無
上道를 향하여 나아가는 까닭이다.⁸³⁶ 둘째는 의훈습意熏習이니, 모든
보살이 발심發心하여 용맹하고도 신속하게 열반에 나아가는(趣) 것을
말하는 까닭이다.⁸³⁷

【소疏-48】

次廣說中 先明妄熏. 於中"分別事識"者, 通而言之, 七識皆名分別事
識. 就强而說 但取意識. 以分別用强 通緣諸事故. 今此文中就强而說.
此識不知諸塵唯識. 故執心外實有境界. 凡夫二乘雖有趣向, 而猶計
有生死可厭 涅槃可欣. 不異分別事識之執. 故名"分別事識熏習."

다음은 자세히 설한 중에 먼저 망령된 훈습(妄熏)을 밝혔다. 이 중에
분별사식分別事識이란, 통틀어 말하면 7식識이 다 분별사식이다. 강한
쪽으로 설하자면 단지 의식만을 취하는 것이다. 이는 분별의 작용이
강하여 모든 일을 통틀어 반연하는 까닭이다.

---

835 참선을 선택하든, 염불을 선택하든, 또는 간경, 주력을 선택하든 자기의 근기(능
　력)나 취향에 따라서 열심히 행하면 된다. 정진精進이다.
836 제6의식의 집취상, 계명자상 차원의 범부와 성문, 연각 이승二乘들의 수행이다.
837 의훈습意熏習은 제8아리야식의 삼세三細와 제7말나식의 지식, 상속식 등 오식五
　識의 의意 차원의 보살들의 수행이다.
　발심하여 열반으로 나아가는 것은 결국 분별망상(識)을 쉬어(息) 부처님 마음
　(智慧)으로 전환하는(得) 것이다. 유식에서는 이를 전식득지轉識得智라 한다.
　보살의 번뇌인 업상, 전상, 현상의 제8아뢰야식을 대원경지大圓鏡智로, 이기적
　이고 자기중심적인 마음의 제7말나식을 평등성지平等性智로, 오감五感으로
　분별을 내던 제6식을 묘관찰지妙觀察智로 전환하는 것이 해탈로 가는 길이다.

이제 이 『기신론』에서는 강한 쪽으로 설하였다. 이 분별사식은 모든 경계(諸塵)가 오직 식識뿐임을 알지 못하는 까닭에 마음 밖에(心外) 실제로 경계가 있다고 집착하는 것이다. 범부와 성문, 연각 이승二乘은 비록(雖) 열반을 향하여 나아갈지라도 오히려(猶) 생사가 (따로) 있어서 싫어하고, 열반이 (따로) 있어서 기뻐할 것이 있는 것으로 착각하는 (計) 것이다.[838] 이는 또 분별사식의 집착과 다르지 않은 까닭에 분별사식훈습分別事識熏習이라고 이름하는 것이다.

"意熏習"者, 亦名業識熏習, 通而言之, 五種之識 皆名爲意. 義如上說. 就本而言 但取業識. 以最微細 作諸識本 故於此中業識名意. 如是業識見相未分. 然諸菩薩 知心妄動無別境界. 解一切法唯是識量. 捨前外執. 順業識義. 故名業識熏習. 亦名爲意熏習. 非謂無明所起業識卽能發心修諸行也.

"의훈습意熏習"이란 또한 업식훈습業識熏習이라 이름한다. 통틀어 말하자면 다섯 가지의 식識을 다 이름하여 '의意'라고 한다. 그 뜻은 위에서 설한 바와 같으며, 근본 쪽에서 말하자면 단지 업식業識을 취하는

---

838 공空의 이치를 모르니까 대상경계가 실지로 있는 것으로 집착하여 착각하는 것이다. 생사니 열반이니 하는 것은 모두 마음속의 분별인 것이다.
임제 선사는 『임제록, 시중示衆』에서 "부처를 구하고 법을 구하는 것(求佛求法)은 곧 지옥업을 짓는 것이다(卽是造地獄業). 보살을 구하는 것도, 경을 보고 교를 보는 것도 역시 업을 짓는 것이다(求菩薩亦是造業, 看經看敎亦是造業)"라고 했다. 수행이니 뭐니 하면서, 그런 짓을 하는 것이 다 집착이고 분별이라는 것이다.

것이다. 업식은 아주 미세하여 모든 식의 근본이 되는 까닭에 이 중에서 업식을 의意라 이름하며, 이와 같은 업식은 견분(見分: 주관)과 상분(相分: 객관)으로 나누어지지 않은 것이다. 그러나 모든 보살은 마음이 망령되이 움직일 뿐 따로(別) 경계가 없음을 알며, 일체의 법은 오직 식識이 미루어 헤아리는 것임을 알아서, 앞의 경계가 밖에 있다는 집착을 버리고 업식業識의 뜻에 따르는 까닭에 업식훈습이라 이름하며, 또한 이름하여 의훈습意熏習이라고도 하는 것이다. 이는 무명에서 일어난 업식이 바로 발심하여 모든 보살행을 닦는 것을 말하는 것은 아니다.

【논論-49】 진여훈습眞如薰習

眞如熏習義有二種. 云何爲二. 一者自體相熏習. 二者用熏習. 自體相熏習者, 從無始世來 具無漏法. 備有不思議業. 作境界之性. 依此二義恒常熏習. 以有力故. 能令衆生厭生死苦 樂求涅槃. 自信己身有眞如法. 發心修行.

진여훈습[839]의 뜻에 두 가지가 있다. 무엇이 두 가지인가? 첫째는 자체상훈습(自體相熏習: 지혜공덕)이며, 둘째는 용훈습(用熏習: 지혜작용)이다.[840] 자체상훈습이란 시작도 없는 과거로부터 (이미) 무루법無漏法을

---

839 진여훈습은 무명훈습의 반대로, 진여가 자성청정한 중생심인 진여의 성품을 덮고 있는 무명無明을 걷어내는 것을 말한다. 이는 진여의 망심훈습으로 생사고 生死苦를 싫어하고, 즐겨(樂) 열반을 추구하는 것을 말한다.

840 자체상훈습(自體相熏習: 지혜공덕)은 심체로 인因이며, 용훈습(用熏習: 지혜작용)은 심체의 작용으로 연緣이다.

갖추고(具), 부사의업不思議業이 갖추어져 있기에 경계성境界性[841]을 짓는 것이다. 이 두 가지(공덕과 작용) 뜻으로 말미암아 항상 훈습하며, 훈습하는 힘이 있는 까닭에 능히 중생으로 하여금 생사고生死苦를 싫어하고 즐겨 열반을 구하며, 스스로 자기 몸에 진여법이 있음을 믿어, 발심하여 수행하게 하는 것이다.

問曰. 若如是義者, 一切衆生悉有眞如 等皆熏習. 云何有信無信. 無量前後差別. 皆應一時自知有眞如法 勤修方便 等入涅槃.

묻기를, 만약 이와 같은 뜻이라면, 일체중생에게 다(悉) 진여眞如가 있어서 평등하게(等) 다(皆) 훈습해야 할 터인데, 어찌하여(云何) 믿음이 있기도 하고 믿음이 없기도 하여 무량한 전후의 차별이 있는 것인가? 모두가 응당 일시에 스스로 진여법이 있음을 알아(知) 부지런히 방편方便을 닦아 다 같이(等) 열반에 들어가야 할 것이다.

答曰 眞如本一. 而有無量無邊無明. 從本已來. 自性差別 厚薄不同故. 過恒沙等上煩惱, 依無明起差別. 我見愛染煩惱 依無明起

---

[841] 수행에서 명심해야 할 것은, "우리의 심체心體는 본래부터 무루법(無漏法: 공덕)을 갖추고 부사의업(不思議業: 작용)을 지을 수 있게 정해져 있다"는 진여훈습眞如薰習에 대한 자각이다. 그렇지 않으면 망심妄心으로 하여금 생사고生死苦를 싫어하고, 즐겨(樂) 열반을 추구하는 경계성을 지을 수 없는 것이다. 생사고와 열반 사이가 경계이며, 스스로 자기 몸에 진여법이 있음을 믿어, 발심하여 생사고를 싫어하고 열반을 추구하는 마음이 망심이자 경계성인 것이다. 이러한 망심이 없다면 수행은 불가한 것이다.

差別. 如是一切煩惱 依於無明所起 前後無量差別 唯如來能知故.

답하길, 진여는 본래 하나이나(而)[842] 무량무변한 무명이 있어(有)[843] 본래부터(從本已來) 자성自性에 차별이 있어, (무명의) 두텁고 얇음(厚薄)이 같지 않은 까닭에 항하恒河의 모래보다 많은(過) 상번뇌(上煩惱: 근본번뇌)가 무명으로 말미암아 차별을 일으키며(소지장),[844] 아견我見과 애염愛染 번뇌가 무명으로 말미암아(依) 차별을 일으키는 것이다(번뇌장).[845] 이와 같이(如是) 일체의 번뇌가 무명으로 말미암아 일어나 전후의 무량한 차별이 있는 것이니, 오직 여래(부처님)만이 능히 알 수 있는 까닭이다.[846]

---

842 진여는 본래 하나이며 훈습薰習에 두텁고 얇음(厚薄)의 차별이 없다. 거울(眞如)은 본래 깨끗한 것이나, 때(無明)가 두껍게 끼고 엷게 끼고(厚薄)의 차이에 따라 밝기가 다를 뿐이다. 때만 벗겨내면 거울 본래의 깨끗한 모습으로 돌아오는 것이다.

843 '진여가 본래 하나라는 것'은 '중생이 본래 부처'라는 뜻이며, 이를 깨닫지 못하는 것은 '무량무변한 무명이 있기 때문'이라는 뜻이다.

844 소지장所知障은 미세한 번뇌로서 항하사恒河沙만큼이나 많고 많아 끊기가 어려운 까닭에 오랜 기간의 수행이 필요하다.

845 번뇌장煩惱障은 거친 번뇌로서 자기 자신에 대한 소견과 애착이므로 단기간의 수행으로도 끊을 수 있다.

846 '오직 부처님만이 능히 알 수 있다는 것'은 부처와 중생과의 차별이 아니라, 부처님 같이 수행을 하여 그 경지에 이르면 누구나 번뇌장과 소지장 등의 일체 번뇌가 무명無明으로 말미암은 것임을 직접 들여다볼 수 있다는 뜻으로 이해하여야 한다. 부처님의 지혜를 내 것으로 할 수 없다면 굳이 부처를 설할 필요도 없는 것이다. 내가 바로 부처이기 때문이다. 중생이 입만 열면 부처를 설하는 것은 중생이기 때문이다. 생사의 고품를 싫어하고, 즐겨(樂) 열반을 구하겠다는 마음 자체가 구차한 망념인 것이다. 건강한 사람은 이미 건강하므로

又諸佛法有因有緣 因緣具足 乃得成辦. 如木中火性 是火正因 若
無人知 不假方便 能自燒木 無有是處 衆生亦爾 雖有正因熏習之
力 若不遇諸佛菩薩善知識等以之爲緣 能自斷煩惱入涅槃者 則
無是處.

또 모든 불법佛法에는 인因이 있고 연緣이 있으니, 인(因: 직접조건)과
연(緣: 간접조건)이 구족해야 비로소(乃) 일이 성사되는 것이다. 이는
나무 중의 불의 성질(火性)이 불의 정인正因[847]이나, 만약 사람이 이를
알지 못하여 방편을 빌리지(假) 못하면 능히 스스로 나무를 태울 수
없는 것과 같이, 중생 또한 그러하여 비록 정인正因의 훈습하는 힘이
있을지라도 만약 모든 부처님, 보살, 선지식 등을 만나 그들로 연緣을
삼지 못하면 능히 스스로 번뇌를 끊고 열반에 들어갈 수가 없는 것이다.

若雖有外緣之力 而内淨法未有熏習力者 亦不能究竟厭生死苦樂

굳이 자신이 건강하다고 설할 필요가 없으며, 자기 집에 사는 사람은 이미
자기 집에 살고 있으므로 굳이 자기 집에 산다고 말할 필요가 없는 것과
같다. 아픈 사람이 건강을 논하고, 세 들어 사는 사람이 자기 집을 논하는
것이다.

847 감산대사는 『대승기신론직해』에서 "불성佛性에는 ① 진여불성인 정인正因, ②
선지식이 발심하도록 도와주는 연인緣因, ③ 정인과 연인을 갖추어 깨달음(開
悟)을 체득하는 요인了因이 있다. 예를 들어 나무를 비벼 불을 피울 경우,
나무의 타는 성질은 정인, 사람이 비비는 행위는 연인, 드디어 나무가 타는
것은 진리를 증득하는 요인이라 할 수 있다(佛性有三 ─ 謂正因, 緣因, 了因.
然眞如乃本具, 正因佛性也! 善知識助發 ─ 緣因也! 因緣具足方得開悟, 了因也! 如鑽
木取火因緣, 木中火喻正因, 人力鑽取喻緣因, 火出燒木喻斷證了因)"라고 하였다.

求涅槃. 若因緣具足者 所謂自有熏習之力 又爲諸佛菩薩等慈悲
願護故 能起厭苦之心 信有涅槃 修習善根 以修善根成熟故 則値
諸佛菩薩示教利喜 乃能進趣向涅槃道.

만약 외연外緣의 힘이 있을지라도 안으로 정법淨法이 아직 훈습의 힘을
갖지 못한다면[848] 또한 끝내(究竟) 생사고를 싫어하고 즐겨 열반을 구할
수 없을 것이다. 만약 인因과 연緣을 구족한다면 소위 스스로 훈습하는
힘이 있고, 또 모든 부처님과 보살 등의 자비와 원호願護가 있는 까닭에
생사고를 싫어하는 마음을 일으키고, 열반이 있음을 믿어 선근善根을
닦아 익히며(修習), 선근을 닦아 성숙한 까닭에 곧 부처님과 보살님들의
중생에 대한 "의義를 보여주고(示), 행行을 가르쳐주고(教), 이롭게 하고
(利), 기쁘게 함(喜)"[849]을 만나(値) 능히 진취하여 열반의 도道를 향할
수 있는 것이다.

---

848 좋은 선지식을 만나 불법佛法을 듣는 것은 외연外緣이고, 근기가 있어 이해하고
   실천하는 것은 내인內因의 훈습이다. 외연과 내인(진여의 성품)이 구족해야
   한다는 것을 말한다. 즉 인因과 연緣이 화합和合하지 않으면 결코 무상도無上道
   에 나아갈 수 없음을 강조한 것이다.
849 중생이란 말로 하면 믿지 않는다. "바른 뜻(義)을 보여주고(示), 가르쳐주고(教),
   이익이 있게 하여(利), 기쁘게 함(喜)"이 있어야 비로소 믿게 되는 것이다.

망심훈습	분별사식훈습	생사고生死苦를 싫어하는 범부와 이승인들의 수행		제6 의식 차원의 수행	
	의意훈습	속히 열반으로 나아가려는 보살들의 발심수행		아리야식, 말나식 차원의 수행	
정법훈습	진여훈습	자체상훈습	진여심 자체의 체體와 상相의 공덕지혜훈습		
		용훈습 用熏習 -진여의 보신과 응신이 외연의 작용	차별연 -분별사식훈습	근연近緣	증장행연-행의 연(行緣)
					수도연-해연解緣
				원연遠緣	증장행연-행의 연(行緣)
					수도연-해연解緣
			평등연 -업식훈습	*분별사식훈습은 응신의 연緣 *업식훈습은 보신의 연緣	

【소疏-49】

眞如熏習中有三. 一者擧數總標. 二者依數列名. 三者辨相. 辨相中有二. 一者別明, 二者合釋. 初別明中 先明自體熏習. 於中有二. 一者直明. 二者遣疑. 初中言"具無漏法備有不思議業"者, 是在本覺不空門也. "作境界之性"者, 是就如實空門境說也. 依此本有境智之力 冥熏妄心. 令起厭樂等也. "問曰"以下, 往復除疑 問意可知. 答中有二, 初約煩惱厚薄明其不等. 後擧遇緣參差顯其不等. 初中言"過恒沙等上煩惱"者 迷諸法門事中無知 此是所知障所攝也 "我見愛染煩惱"者 此是煩惱障所攝也 答意可知 "又諸佛"以下 明緣參差 有法喩合 文相可見也.

진여훈습 중에 세 가지가 있으니, 첫째는 수를 들어 전체를 나타냈으며, 둘째는 수에 의거하여 이름을 나열하였고, 셋째는 모습(相)을 분별하였다. 모습(相)을 분별하는 중에 두 가지가 있으니, 첫째는 나누어(別) 밝혔고, 둘째는 합쳐서 풀이하였다. 처음 나누어 밝힌 중에 먼저 자체훈습自體熏習을 밝혔다. 이 중에 두 가지가 있으니, 첫째는 곧바로 밝힌 것이고, 둘째는 의심을 없애는 부분이다. 처음 중에 "무루법無漏法을 갖추고, 부사의업不思議業이 갖추어져"라 말한 것은 본각불공本覺不空의 문門에 있는 것이며, "경계성境界性을 짓는다"라고 말한 것은 여실공如實空 문의 경계에 나아가 설한 것이니, 이러한 본래 가지고 있는 경계지(境智)의 힘에 의하여 드러나지 않게(冥) 망심妄心을 훈습하여, 생사고를 싫어하고 열반을 좋아하는 마음 등이 일어나게 하는 것이다.

"묻기를(問曰)" 이하는 묻고 답하는(往復) 형식으로 의심을 제거하여 묻는 뜻을 알 수 있다. 답 중에 두 가지가 있으니, 첫째는 번뇌의 두텁고 얇음(厚薄)에 따라 열반에 들어감이 똑같지 않음을 밝혔고, 뒤에서는 연緣의 만남(遇)이 가지런하지 않음(參差)을 들어 (열반에 드는 것이) 같지 않음을 드러내었다. 처음 중에 "항하의 모래보다 많은 상번뇌"라고 말한 것은 모든 법문法門에 미혹하여 경계(事)에 대하여 무지無知한 것이니 이는 소지장所知障에 해당되며, "아견애염번뇌我見愛染煩惱"란 이 번뇌장煩惱障에 해당되는 것이니 답이 뜻하는 바를 알 수 있을 것이다. "또 모든 부처" 이하는 연緣의 만남이 일정하지 않음을 밝힌 것이며, 법法, 유喩, 합습이 있으니 글의 내용을 보면 알 수 있을 것이다.

【논論-50】 용훈습用熏習

用熏習者, 卽是衆生外緣之力. 如是外緣有無量義. 略說二種. 云何爲二. 一者差別緣. 二者平等緣. 差別緣者, 此人依於諸佛菩薩等 從初發意始求道時 乃至得佛 於中若見若念 或爲眷屬父母諸

親, 或爲給使, 或爲知友, 或爲怨家, 或起四攝, 乃至一切所作無量
行緣, 以起大悲熏習之力 能令衆生增長善根 若見若聞得利益故.

용훈습용熏習이란 곧 중생의 외연外緣의 힘이니, 이와 같이 외연에
무량한 뜻이 있으나 약설略說하면 두 가지가 있다. 무엇이 두 가지인가?
첫째는 차별연差別緣이고, 둘째는 평등연平等緣이다.

차별연이란 이 사람이 모든 불보살 등에 의지하여 처음으로 뜻을
발(發意)하여 비로소 도道를 구하는 때로부터 불지佛地에 이르기까지,
도중에서(於中) (제불보살의 형상을) 보거나 (불보살의 공덕을) 생각하
면, ① 혹或 권속, 부모, 친척이 되며, ② 혹 급사(給使: 도우미)가 되며,
③ 혹 지우(知友: 친구)가 되며, ④ 혹 원가(怨家: 원수)가 되며, ⑤ 혹
4섭攝[850]을 일으키며, 내지 일체의 짓는(作) 무량한 행연行緣에 이르기까
지, 이는 대비大悲한 훈습력熏習力을 일으켜 능히 중생들로 하여금
선근을 증장게 하여, 보거나 듣거나 하여 이익을 얻게 하는 까닭이다.[851]

此緣有二種 云何爲二. 一者近緣 速得度故. 二者遠緣 久遠得度
故. 是近遠二緣 分別復有二種 云何爲二. 一者增長行緣. 二者受
道緣. 平等緣者, 一切諸佛菩薩 皆願度脫一切衆生 自然熏習恒常

---

850 중생제도를 위한 네 가지 이타행으로 보시布施, 애어愛語, 이행利行, 동사同事를
　　말한다.

851 이는 불보살에 의지하여 처음으로 발심하여 불지佛地에 이르기까지 살펴주는
　　불보살의 현현顯現으로 중생의 근기에 따라 각각 달리 감응하는 것이다. 불보살
　　의 현현은 차별이 없어 평등하니 평등연이고, 중생의 근기根機에 따라 각각
　　달리 감응하는 것은 차별연이다.

不捨. 以同體智力故. 隨應見聞而現作業. 所謂衆生依於三昧 乃
得平等見諸佛故.

이 연緣에 두 가지가 있으니 무엇이 두 가지인가? 첫째는 근연近緣이니
속히 제도(濟度:해탈)를 얻는 까닭이요, 둘째는 원연遠緣이니 오랜 시간
(久遠)이 지나서야 제도濟度를 얻는 까닭이다. 이 가깝고 먼(近遠) 두
연을 분별하면 다시 두 가지가 있으니 무엇이 두 가지인가? 첫째는
증장행연增長行緣[852]이고, 둘째는 수도연受道緣[853]이다.

평등연平等緣이란 일체의 제불보살님들이 다 일체중생을 제도하고
해탈시키고자(願)[854] 자연히 중생들을 훈습하여 항상 버리지 않는 것이
다.[855] 이는 불보살과 중생이 한 몸(同體)이라고 하는 지혜의 힘(智力)을
쓰는 까닭에 중생의 견문(見聞: 근기)에 따라 응하여 작업(作業: 業用)을
(달리) 나타내는 것이니,[856] 소위 중생이 삼매三昧[857]에 의지하여야 평등

---

852 증장은 점점 더 크게 한다는 뜻이니, 믿음을 키우고 수행을 돕는 연緣이다.
853 도道를 향해 나아가도록 돕는 연緣이다.
854 사홍서원의 '중생이 가없어도 다 건지겠다(衆生無邊誓願度)'는 서원誓願을 말한다.
855 달은 하나이나 물이 있는 곳이면 달그림자가 비치듯(千江有水 千江月) 중생이
    있는 곳엔 어디든 항상 부처님이 계신다는 뜻이다.
856 불보살의 동체지력同體智力은 보신報身의 평등연平等緣이고, 중생의 견문(見聞:
    근기)에 따라 응하여 작업(作業: 業用)을 (달리) 나타내는 것은 응신應身의
    차별연差別緣이다. 차별연의 모습이 권속, 부모, 친척, 급사, 지우, 원수 등으로
    나타나 범부나 이승의 수행자들로 하여금 선근을 닦게 하는 것이다.
857 삼매는 사마디(Samādhi)의 음역으로서 마음이 산란되지 않아 고요하여 분별을
    떠난 상태 혹은 그러한 수련을 일컫는다. 수隨의 혜원(慧遠, 523~592)은 『대승
    의장大乘義章』에서 "삼매는 몸과 마음으로 고요함(寂靜)을 체득하여 사악하고
    어지러움을 떠난 것(三昧以體寂靜 離於邪亂)"이라 했다. 삼매는 심신이 고요하

하게 제불諸佛을 친견할 수 있는 까닭이다.

【소疏-50】

用熏習中 文亦有三. 所謂總標 列名辨相. 第二列名中 差別緣者, 爲彼
凡夫二乘分別事識熏習而作緣也. 能作緣者, 十信以上乃至諸佛皆得
作緣也. 平等緣者 爲諸菩薩業識熏習而作緣也. 能作緣者, 初地以上
乃至諸佛 要依同體智力方作平等緣故. 第三辨相中 先明差別緣 於中
有二 合明 開釋. 開釋中亦有二 先開近遠二緣 後開行解二緣. "增長行
緣"者, 能起施戒等諸行故. "受道緣"者 起聞思修而入道故. 平等緣中
有二 先明能作緣者. "所謂"以下 釋平等義. "依於三昧平等見"者, 十解
以上諸菩薩等 見佛報身無量相好 皆無有邊離分齊相. 故言"平等見諸
佛"也. 若在散心 不能得見如是相好離分齊相. 以是故言"依於三昧"
也. 上來別明體用熏習竟.

용훈습 중의 글에 또한 세 가지가 있으니, 이른바 총체적으로 표시한
것과 이름을 열거한 것과 모양(相)을 변별한 것이다. 두 번째 이름을
열거한 것 중에 차별연差別緣이란 저 범부와 성문, 연각 이승의 분별사식
훈습分別事識熏習을 위하여 연緣을 짓는 것이니, 연을 지을 수 있는

기 때문에 적정寂靜, 적멸寂滅의 상태로 선정禪定이라 한다. 그러나 적정, 적멸의
상태만으로는 삼매라 할 수 없다. 삼매는 적정, 적멸하면서도 의식이 맑게
깨어 있는(惺) 성성적적惺惺寂寂함을 근본으로 한다. 성성적적한 삼매를 통해서
만 비로소 업식業識에 의해 굴곡屈曲되지 않은 사물의 진실한 모습, 즉 연생緣生,
공성空性, 제법실상諸法實相을 볼 수 있고, 그로 인해 해탈에 이를 수 있기
때문이다. 평등하게 제불諸佛을 친견할 수 있다는 것은 이를 두고 하는 말이다.

자는 10신信 이상 내지 제불諸佛까지 다 연을 지을 수 있는 것이다. 평등연平等緣이란 모든 보살의 업식훈습業識熏習을 위하여 연을 짓는 것이다. 연을 지을 수 있는 자는 초지初地 이상 내지 제불諸佛에 이르기까지이니, 반드시(要) 동체지력에 의지하여야 비로소(方) 평등연을 지을 수 있는 까닭이다. 세 번째 모양(相)을 변별하는 중에 먼저 차별연을 밝혔다. 이 중에 두 가지가 있으니, 합하여 밝히고 열어서 풀이한 것이다. 열어서 풀이하는 중에 또한 두 가지가 있으니, 먼저는 근近, 원遠의 두 가지 연을 열었고, 뒤에는 행行, 해解의 두 가지 연을 열었다. "증장행연"이란 능히 보시, 지계 등의 모든 행을 일으키는 까닭이다. "수도연受道緣"이란 문聞, 사思, 수修[858]를 일으켜서 도道에 드는 까닭이다. 평등연 중에 두 가지가 있으니, 먼저 연緣을 짓는 것을 밝혔고, "소위" 이하는 평등의 뜻을 풀이하였다. "삼매에 의지하여 평등하게 본다"라는 것은, 10해解 이상의 모든 보살들이 부처님 보신報身의 무량한 상호相好가 다 끝(邊)이 없어 분제상(分齊相: 차별상)을 여읜 모습을

---

858 문사수聞思修 삼혜三慧는 상수멸想受滅을 통해 깨닫는 수행으로,『능엄경』의 이근원통耳根圓通의 관음觀音 소리수행이나 『니까야』의 상수멸정想受滅定 같은 '지각(想: saññā)과 느낌(受: vedanā)의 중지(소멸, nirodha)'를 통해 선정禪定에 이르는 수행이 있으나 전문적인 내용이므로, 여기서는 통상적으로 "경전을 많이 들어(聞) 부질없는 사량 분별(思)을 그치는(止: 修)" 뜻으로 이해하면 되겠다.

화엄에서는 십지十地에 오른 보살이 문사수 삼혜를 닦아 제3 발광지에 드는 것으로 설하고 있다. 티베트불교의 전문 교육과정은 논장과 경전을 듣는 문聞의 과정을 17년 이상이나 거친 이후, 스스로의 힘으로 사색하며, 그렇게 듣고 사색한 결과를 몸으로 실천(修)하는 과정을 거친다고 한다. 그만큼 문聞을 중요시한다는 뜻이다.

친견하는 까닭에 "평등하게 모든 부처님을 친견한다"라고 말한 것이다. 만약 산란한 마음(散心)이라면 이와 같은 상호가 분제상을 여읜 모습을 친견할 수 없는 것이니, 시고로 "삼매에 의지한다"라고 말한 것이다. 위에서부터 체體와 용用의 훈습을 따로 설명하여 마쳤다.

【논論-51】 체용훈습體用熏習의 분별

此體用熏習, 分別復有二種. 云何爲二. 一者未相應, 謂凡夫二乘初發意菩薩等. 以意意識熏習, 依信力故而能修行. 未得無分別心 與體相應故. 未得自在業修行 與用相應故. 二者已相應, 謂法身菩薩 得無分別心 與諸佛智用相應 唯依法力自然修行 熏習眞如滅無明故.

이 체·용의 훈습을 분별함에 다시 두 가지가 있으니, 무엇이 두 가지인가?

첫째는 미상응未相應이니, 범부와 성문, 연각 이승과 초발의보살初發意菩薩 등이 의意와 의식意識의 훈습으로 신력(信力: 믿음의 힘)에 의지하는 까닭에 능히 수행할 수는 있으나, 아직 무분별심無分別心[859]이 (법신의) 체體와 상응하지는 못하는(未相應) 까닭에 아직 자유자재한 업의 수행(自在業修行)이 (진여의) 용용과 상응하지 못하는 까닭이다.

둘째는 이상응已相應이니, 법신보살(十地菩薩)이 무분별심을 얻어

---

859 법신보살十地菩薩은 일반적으로 초지 이상의 보살을 가리키는데, 여기서는 초지인 환희지보다는 오히려 일체의 번뇌나 망상의 잡념에서 벗어난 이구지(離垢地: 2지) 이상에 해당한다고 알 수 있다. 무분별심無分別心은 분별이 없는(無) 마음을 말한다.

모든 부처님의 지혜 작용(智用)과 상응하니(己相應), 오직 법력에만
의지하여 자연히 수행하고 진여를 훈습하여 무명을 멸滅하는 것을
말하는 까닭이다.[860]

【소疏-51-1】

第二合釋體用. 於中有二, 總標 別釋. 別釋中 先明未相應. 中言"意意
識熏習"者, "凡夫二乘"名意識熏習. 卽是分別事識熏習. "初發意菩薩
等"者, 十解以上名意熏習. 卽是業識熏習之義 如前說也.

둘째는 체와 용을 합하여 풀이하였다. 이 중에 두 가지가 있으니,
전체적으로 나타낸 것과 따로 풀이한 것이다. 따로 풀이한 중에 먼저
미상응을 밝혔는데, 그 중에 "의意와 의식意識의 훈습"이라 말한 것은
"범부와 성문, 연각 이승"의 의식훈습을 이름하니, 곧 이는 분별사식훈

---

860 상응相應과 미상응未相應의 기준은 무분별심無分別心의 체득 여부이다. 무분별
심을 증득하지 못한 범부, 이승, 초발심보살은 의(意: 제7식)와 의식(意識:
제6식)에 훈습된 믿음(信力)으로 수행하므로 진여의 체體와 상응하지 못하여,
아직 자유자재한 업(후득지, 부사의업)을 체득하지 못하였으므로 진여의 작용
과 상응하지 못하는(未相應) 것이다. 마음으로 또는 이치적으로는 뭔가 아는
것 같으나 진여의 작용과 상응하지 못하므로 행行이 따르지 못하는 것이다.
그러나 십지十地에 이른 법신보살은 이미 무분별심을 체득하여 모든 부처님의
지혜 작용(智用)과 상응하니, 오직 진여 법력法力에 의해 자연스레 수행하여
진여를 훈습하여 무명을 멸하므로 진여의 작용과 상응한다고 하는 것이다.
법력法力에 의해 수행한다는 것은 제8지인 부동지不動地의 경지에 이르러
신심을 발한다거나 불퇴심을 낸다거나 하는 차원을 넘어, 수행을 해야겠다는
마음을 내지 않아도 저절로 수행이 되는 것으로 이를 자연수행이라 한다.

습이다. "초발의보살初發意菩薩 등"이란 10해解 이상의 의훈습意熏習을 이름하니, 곧 이는 업식훈습의 뜻으로 앞에서 설한 것과 같다.

【소疏-51-1-별기別記】

此中對彼法身菩薩 證法身時, 離能見相 故說地前菩薩名意熏習. 以依業識有能見相故. 若依俗智見報佛義 則金剛已還皆有見相 通名業識熏習 如下說也

이 중에 저 법신보살이 법신을 증득할 때, 능견상(能見相: 전상)을 여의는 까닭에 지전보살[861]의 의意훈습이라 이름한다고 설하였으니, 업식業識으로 말미암아 능견상이 있는 까닭이다. 만약 세속지(俗智)에 의지하여 보신불(報佛)을 보는 뜻이라면 곧 금강심金剛心[862] 이하에서 모두 견상見相이 있음을 통틀어 업식훈습이라 이름하는 것이니, 아래에서 설하는 것과 같다.

---

861 대승불교에서 10지위十地位의 초지初地 이전의 십주十住, 십행十行, 십회향十廻向을 지전地前보살, 10지의 초지初地인 환희지歡喜地에 오른 보살을 등지登地보살, 10지위의 보살을 지상地上보살, 또한 10지위에서 불지佛智인 무루지無漏智를 얻어 중생을 널리 교화, 육성하는 성자가 되는 까닭에 이 수행계위를 '지위地位의 십성十聖'이라 한다.

862 금강처럼 단단하여 어떠한 것으로도 파괴할 수 없는 견고한 신심信心을 말한다. 소승불교에서는 이를 아라한향阿羅漢向의 최후에 이르는 상태라 하나, 대승불교에서는 십지위 다음의 등각위等覺位에 다다르는 선정禪定을 말한다.

【소疏-51-2】

"未得無分別心與體相應"者, 未得與諸佛法身之體相應故. "未得自在業與用相應故"者, 未得與佛應化二身之用相應故. 已相應中"法身菩薩"者, 十地菩薩. "得無分別心"者, 與體相應故. "與諸佛智用相應"者, 以有如量智故. "自然修行"者, 八地以上無功用故. 因言重顯有五分中第四別二種熏習竟在於前

"아직 분별없는 마음(無分別心)이 체體와 상응함을 얻지 못했다"라는 것은 아직 모든 부처님의 법신인 체體와 상응相應하지 못한 까닭이다. "아직 자재한 업의 수행이 용用과 상응함을 얻지 못한 까닭"이라는 것은 아직 부처님의 응신應身, 화신化身의 2신身의 작용用과 상응하지 못한 까닭이다. 이상응(已相應: 이미 서로 응한 것) 중에 법신보살이란 10지위地位의 보살이요, "분별없는 마음을 얻었다"라는 것은 체와 상응하는 까닭이다. "모든 부처님의 지용智用과 상응한다"라는 것은 여량지如量智가 있는 까닭이요, "자연히 수행한다"라는 것은 8지地[863] 이상에서는 공용功用[864]이 없는 까닭이다. 말에 의지하여 (생멸을) 거듭 드러내는 다섯 부분 중에서 네 번째 두 가지 훈습을 각각 밝혀 앞에서 마친다.

---

863 8지地는 이미 수혹修惑을 끊어 무상無相의 지혜가 끊임없이 일어 다시는 번뇌에 의하여 동요되지 않는다 하여 부동지不動地라 하며, 이 『기신론』을 소疏하고 있는 원효대사가 제8지 보살의 위位에 올랐다고 한다.

864 분별과 망상을 일으키는 심식心識의 작용.

【논論-52】염법과 정법훈습

復次染法 從無始已來 熏習不斷 乃至得佛 後則有斷. 淨法熏習
則無有斷盡於未來. 此義云何. 以眞如法常熏習故. 妄心則滅 法
身顯現 起用熏習 故無有斷.

다시 염법染法은 시작도 없는 과거로부터 훈습하여 끊어지지 않다가
불도를 얻은 후에야 곧 끊어짐이 있게 된다.[865] 정법훈습淨法熏習은
미래가 다하도록(盡於未來) 끊어짐이(斷) 없는 것이니, 이 뜻이 무엇인
가? 진여법이 항상 훈습하는 까닭에 망심이 곧 멸하고, 법신이 뚜렷이
드러나(顯現) 용훈습(用熏習: 부사의업)을 일으키는 까닭에 단절함이
없는 것이다.[866]

【소疏-52】

此下第五. 明二種熏盡不盡義. 欲明染熏 違理而起 故有滅盡. 淨法之
熏 順理而生 與理相應 故無滅盡. 文相可知. 顯示正義分內正釋之中
大有二分 第一釋法章門竟在於前

---

[865] 무명의 염법훈습은 시작은 없으나 끝은 있는 무시유단無始有斷, 무시유종無始有
終이다.

[866] 진여의 청정한 훈습인 정법훈습은 시작도 없고 끝도 없는 무시무단無始無斷,
무시무종無始無終이다. 진여가 무명 염법을 훈습하면 진여법신이 드러나나(成
佛), 성불로서 진여의 훈습이 끝나는 것이 아니라 진여법신의 중생제도를
위한 용훈습用熏習은 계속되는(無有斷) 것이다. 그러나 알고 보면 진여의 훈습은
시작된 적도, 끝날 것도, 끝난 적도 없는 부증불감으로 여여如如할 뿐이다.
「법성게」의 "제법부동본래적, 구래부동명위불"인 것이다.

이 아래 다섯째는 두 가지 훈습이 다하고(盡) 다하지 않는(不盡) 뜻을 밝혔다. 염훈染熏은 이치(理)에 어긋나 일어나는 까닭에 멸하여 없어짐(滅盡)이 있으나, 정법淨法의 훈습은 이치에 따라(順) 생겨나 이치와 상응하는 까닭에 멸진함이 없음을 밝히고자 한 것이니, 글의 모습으로 알 수 있을 것이다. 현시정의분顯示正義分 내에 바로 풀이한 중에 크게 두 부분이 있으니, 첫 번째 법장문法章門을 풀이하여 앞에서 마친다.

(大乘起信論疏記會本　卷四　終)

대승기신론소기회본 권오大乘起信論疏記會本 卷五

此下 第二釋義章門. 上立義中 立二種義. 所謂大義及與乘義. 今此文中, 正釋大義, 兼顯乘義. 於中有二. 一者總釋體相二大. 二者別解用大之義

이 아래는 두 번째 의장문義章門을 풀이한 것이다. 위의 입의분立義分 중에서 두 가지 뜻을 세웠으니(立), 소위 대의大義와 승의乘義이다. 이제 이 글에서는 바로 대의를 풀이하고 겸해서 승의를 드러내었다. 이 중에 두 가지가 있으니, 첫째는 체體, 상相의 2대大를 전체적으로 풀이하였고, 둘째는 용대用大의 뜻을 따로(別) 풀이하였다.

(4) 삼대三大

【논論-53】 진여 자체상-여래장, 여래법신

復次 眞如自體相者, 一切凡夫聲聞緣覺菩薩諸佛 無有增減. 非前際生. 非後際滅. 畢竟常恒. 從本已來, 性自滿足一切功德. 所謂自體有大智慧光明義故. 遍照法界義故. 眞實識知義故. 自性淸淨心義故. 常樂我淨義故. 淸凉不變自在義故. 具足如是過於恒沙不離不斷不異不思議佛法. 乃至滿足無有所少義故. 名爲如來藏. 亦名如來法身.

다시 진여자체상眞如自體相이란 일체의 범부, 성문, 연각, 보살, 제불諸佛이 더하고(增) 덜함이(減) 없으며, 전제(前際: 과거)에 생긴 것도 아니요 후제(미래)에 멸하는 것도 아니어서, 끝내는(畢竟) 항상 변함이 없어서, (언제부터인지는 모르나) 본래부터(從本己來) 성품에 스스로 일체의 (무량한) 공덕을 가득 채우고 있는 것이다.[867] 소위 ①(진여 자체에 무명을 밝히는) 대지혜광명大智慧光明의 뜻(義)이 있는 까닭이며, ②(진여 자체에) 법계를 두루 비치는(遍照法界) 뜻이 있는 까닭이며, ③진실로 아는(眞實識知) 뜻이 있는 까닭이며,[868] ④자성이 청정한 마음(自性淸淨心)의 뜻인 까닭이며, ⑤상常, 낙樂, 아我, 정淨[869]의 뜻인 까닭이며, ⑥청량淸凉[870]하고 변하지 않는 자재한(淸凉不變自在) 뜻인 까닭이다. 이와 같은 항하恒河의 모래보다 많은 진여를 여의지 않고(不離), 무시이래無始以來로 진여와 끊어지지 않고(不斷), 진여와 평등하여 다르지 않으며(不異), 부사의한 불법佛法을 구족하고 있다. 이에 만족하여 (조금도) 부족한(所少) 것이 없는 뜻인 까닭에 여래장如來藏이라 이름하며 또한 여래법신如來法身이라 이름하는 것이다.[871]

---

867 일체의 무량한 공덕을 구족具足하고 있으므로 무슨 일이든 노력하여 성사시킬 수 있는 것이며, 수행을 하여 중생의 모습을 벗고 본래의 모습(本來面目: 성불)으로 돌아갈 수 있는 것이다. 이것이 진여의 대총상大總相인 것이다. 이어서 진여가 일체의 공덕을 갖추고 있는 까닭을 여섯 가지로 설명한다.

868 스스로(自體) 대지혜광명의 뜻이 있고, 법계를 두루 비추는(遍照法界) 뜻이 있는 까닭에 왜곡되게 드러난 현상現相 너머 실상實相까지도 진실하게 볼 수 있다는 뜻이다.

869 상락아정常樂我淨의 ①상常은 과거 현재 미래의 삼세三世를 통해 항상 변치 않는 불생불멸의 덕德이며, ②낙樂은 모든 고苦를 여의어 참된 기쁨의 덕德이며, ③아我는 번뇌 망상을 여읜 진아眞我의 덕德이며, ④정淨은 구상九相에 물들지 않은 본연 청정한 덕德으로 여래의 사덕四德인 것이다.

870 마음에 미심쩍은 구석이 없이 가슴이 뻥 뚫린 것 같은 시원함.

問曰. 上說眞如其體平等, 離一切相. 云何復說體有如是種種功德.

묻기를, 위에서 진여는 그 바탕(體)이 평등하여[872] 일체의 모습(相)을 여의었다고 설하였는데, 어찌하여 다시 진여의 체體에 이와 같은 갖가지 (種種) 공덕이 있다고 설하는가?

答曰. 雖實有此諸功德義. 而無差別之相. 等同一味. 唯一眞如. 此義云何. 以無分別, 離分別相. 是故無二. 復以何義 得說差別. 以依業識生滅相示. 此云何示. 以一切法本來唯心. 實無於念. 而有妄心, 不覺起念, 見諸境界, 故說無明. 心性不起, 卽是大智慧光明義故. 若心起見, 則有不見之相. 心性離見, 卽是遍照法界義故.

답하길, 비록 실實로 이러한 여러 공덕의 뜻이 있으나, 차별적인 모습이 없어서 평등한 일미—味이며, 오직 하나의 (평등한) 진여眞如인 것이다. 이 뜻이 무엇인가? 무분별無分別로 분별상分別相을 여읜 까닭에 둘일 수 없는 것이다. 다시 무슨 뜻으로 차별을 설하는가? 업식業識으로 말미암아 생멸상[873]을 보이는 것이다. 이것이 어떻게 보인다는 것인가?

---

871 이것이 대총상법문체大總相法門體로서, 바로 우리 중생이 그렇다는 것이다. "중생이 부처"라는 것은 이를 두고 하는 말이다. 아래에서 구체적인 설명의 문답이 이루어진다.

872 평등한 것은 바탕(體)이 평등한 것이지, 상相과 용用도 평등하다는 뜻이 아니다. 부처와 중생은 마음 씀씀이와 쓰임새가 다른 것이다. 중생은 평등한 체體를 바탕으로 상相과 용用까지 평등하기 위해 수행을 하는 것이다. 상相과 용用까지 평등하면 바로 부처인 것이다.

873 진여 자체는 하나이나, 진여임을 자각하지 못하는 무명으로 말미암아 업식業識

일체법이 본래 오직 마음뿐인지라 실實로 망념(분별)은 없으나 망심(妄心: 헛된 마음)이 있어서, (이를) 깨닫지 못하고 망념(분별)을 일으켜 모든 경계를 보는(見) 까닭에 무명無明이라 설하는 것이다. ①심성心性에 망념이 일어나지 않으면 곧 대지혜광명의 뜻인 까닭이다. 만약 마음이 (경계를) 보게(見) 되면, (눈으로는) 보이지 않는(不見) 상(不見之相: 경계)이 있게 되는 것이니, ②심성心性이 보는 것(見)을 여의면 곧 두루 법계를 비추는(遍照法界) 뜻인 까닭이다.[874]

若心有動, 非眞識知, 無有自性, 非常非樂非我非淨. 熱惱衰變則不自在, 乃至具有過恒沙等妄染之義. 對此義故, 心性無動, 則有過恒沙等諸淨功德相義示現. 若心有起, 更見前法可念者, 則有所少. 如是淨法無量功德, 卽是一心, 更無所念, 是故滿足, 名爲法身如來之藏.

③만약 (진여) 마음에 움직임(動)이 있으면 참으로 아는 것(眞識知)이 아니며, ④자성이 있는 것도 아니며, ⑤상常도, 낙樂도, 아我도, 정淨도 아니다. ⑥열뇌(熱惱: 극심한 번뇌의 괴로움)하고 쇠변衰變하면[875] 자재하

이 생생生生하여, 업식에서 주관과 객관이 나뉘어 전상轉相과 현상(現相: 경계상)으로 전변轉變함으로써 수많은 염법染法과 차별상이 생긴다는 뜻이다.

874 이는 경계가 있어 망념이 생기는 것이 아니라, 망념이 있어 경계를 짓는 것이다. 경계가 나타나더라도 마음이 동動하지 않으면 그냥 그대로 경계일 뿐이다. 지나가는 나그네를 그냥 지나게 내버려 두면 그냥 지나가는 나그네일 것인데, 나그네를 집안으로 불러들이니까 손님이 되는 것이다.

875 앞에서 말한 "자성청정, 상락아정의 청량하고 변하지 않는 자재한 뜻(自性淸淨

지 못하며, 나아가 항하의 모래보다도 많은 망염妄染의 뜻을 갖게 되는
것이다. 이러한 뜻에 대對한 까닭에 심성에 움직임(動)이 없으면 항하의
모래보다도 많은 모든 깨끗한 공덕상功德相의 뜻을 나타내 보이는(示現)
것이다.

만약 마음에 일어남(起: 動)이 있어, 다시(更) 눈앞의 경계(前法)를
보고 망념을 짓는다면(可念) 곧 (공덕은) 적어지게(所少) 될 것이다.[876]
이와 같은 정법의 무량한 공덕이 바로 진여 일심一心이며, 다시 생각할
것(분별)도 없는 까닭에 무량한 공덕이 가득 찼다(滿足) 하여, 이름을
법신여래장이라 하는 것이다.[877]

【소疏-53】

初中言"自體相"者, 總牒(釋)[878]體大相大之義也. 次言"一切凡夫乃至

常樂我淨 淸凉不變自在義)"의 반대인 것이다.

876 마음은 앞에서 열거한 여섯 가지의 무량한 공덕을 가득 채우고 있어, 심성에
움직임(動: 妄念)이 없으면 우주법계를 두루 비치고도 남음이 있겠으나, 만약
마음에 움직임이 있게 되면 지극히 작아져서 한 치의 앞도 내다보지 못하는(非眞
識知) 눈뜬 봉사가 되고 마는 것이다. 이와 같은 정법의 무량공덕이 바로
진여 일심一心이며, 법신 여래성품으로서의 법신여래장인 것이다. 우리 마음이
바로 진여 일심이며, 법신 여래성품을 간직한 법신여래장이라는 뜻이다.

877 이와 같이 자기 성품에 무량한 공덕을 갖추고 있다면 왜 중생은 무명無明의
고苦에서 벗어나지 못하는가? 그것은 바탕(體)과 모습(相)만 그러할 뿐, (언제
부턴지는 모르나) 시작도 없는 오랜 옛날부터 무명의 염법染法에 훈습되어
그러한 기능이 작동하지(用) 못하기 때문이다. 수행이란 바로 본래의 기능(用
大)을 되찾는 노력인 것이다. 여기까지가 체대體大와 상대相大의 설명이다.
이어서 용대用大에 대한 설명이 이어진다.

諸佛無有增減畢竟常恒(住)"[879]者, 是釋體大. 上立義中言"一者體大 謂一切法眞如平等不增減故." 次言"從本以來性自滿足"以下 釋相大 義. 上言"二者相大 謂如來藏具足無漏性功德故." 文中有二. 一者直 明性功德相. 二者往復重顯所以 問意可知.

처음에 "자체상"이라 말한 것은 체대體大와 상대相大의 뜻을 전체적으로 풀이한 것이다. 다음에 "일체의 범부로부터 제불에 이르기까지 더하고 (增) 덜함이(減) 없어, 끝내는(畢竟) 항상 변함이 없다"라고 말한 것은 체대體大를 풀이한 것이니, 이는 위의 입의분(立義分:【논論-8】)에서 "첫째는 체대體大이니, 일체의 법이 진여로서 평등하여 증增하지도 감減하지도 않는 까닭이다"라고 말한 것이다. 다음에 "본래부터 성품이 스스로 일체 공덕을 가득 채우고 있다" 이하는 상대相大의 뜻을 풀이하였으니, 위(【논論-8】)에서 "둘째는 상대이니, 여래장에 무루의 성공덕 性功德을 구족한 까닭이다"라고 말한 것이다. 글 중에 두 가지가 있으니, 첫째는 바로 성공덕상性功德相을 밝힌 것이고, 둘째는 반복하여 거듭 까닭(所以)을 드러내었으니, 질문한 뜻을 알 수 있을 것이다.

答中有二. 總答別顯. 別顯之中, 先明差別之無二義. 後顯無二之差別 義. 此中亦二. 略標廣釋. 略標中言"以依業識生滅相示"者, 生滅相內 有諸過患. 但擧其本 故名業識. 對此諸患, 說諸功德也. "此云何示"以

下 別對衆過以顯德義. 文相可知.

답 중에 두 가지가 있으니, 총체적으로 답한 것과 개별적으로 드러낸 것이다. 개별적으로 드러낸 것 중에 먼저 차별 속에 둘이 없는 뜻을 밝혔고, 뒤에는 둘이 없으면서도 차별되는 뜻을 드러내었다. 이 중에 또한 두 가지가 있으니, 간략히 드러낸 것과 자세히 풀이한 것이다. 간략히 드러낸 것 중에 "업식業識으로 말미암아 생멸상이 나타난다"라고 말한 것은, 생멸상 내에 모든 허물이 있으나 단지 그 근본만 거론한 까닭에 업식業識이라 이름하는 것이며, 이런 모든 허물에 대해 모든 공덕을 설한 것이다. "이것이 어떻게 나타나는가?" 이하는 개별적으로 많은(衆) 허물에 대하여 덕德의 뜻을 드러낸 것이니, 글을 보면 알 수 있을 것이다.

以下 第二別釋用大之義. 於中有二. 總明 別釋.

아래는 두 번째 따로(別) 용대用大의 뜻을 풀이한 것이다. 이 중에 두 가지가 있으니, 총체적으로 밝힌 것과 따로 풀이한 것이다.

【논論-54】용대用大-진여의 작용

復次眞如用者, 所謂諸佛如來 本在因地 發大慈悲 修諸波羅密 攝化衆生 立大誓願 盡欲度脫等衆生界 亦不限劫數 盡於未來 以取一切衆生如己身故 而亦不取衆生相, 此以何義. 謂如實知一切衆生及與己身 眞如平等無別異故. 以有如是大方便智 除滅無明. 見

本法身 自然而有不思議業種種之用 卽與眞如等徧一切處. 又亦
無有用相可得. 何以故. 謂諸佛如來 唯是法身智相之身. 第一義
諦 無有世諦境界 離於施作 但隨衆生見聞得益 故說爲用.

다시 진여의 작용用이란, 소위 제불여래께서 본래 인지因地[880]에서부터
대자비大慈悲[881]를 발發하시어 모든 바라밀波羅蜜[882]을 닦아 중생을 아우

---

[880] 제불여래께서 중생구제의 보살도를 행할 때의 지위地位, 즉 보살의 지위를
말한다. 『기신론』은 인지因地에서 설한 것이다. 대승불교에서 신심을 발하여
수행을 시작하면 바로 보살이라 하는 것은, 부처님이 인지因地에서부터 중생구
제의 보살도를 행하여 성불成佛하신 것처럼, 중생들도 역시 부처님의 성불
과정을 따라 하여 보살도를 행해 부처(果地)가 되라는 뜻이다. 수행의 결과로
도달하는 지위가 과지果地이다.

[881] 자비慈悲의 ①자慈는 중생에게 즐거움을 주고자(與樂) 하는 마음이며, ②비悲는
고苦에서 건지고자(拔苦) 하는 마음이다. 사무량심四無量心의 ①자무량심慈無
量心의 자慈와 ②비무량심悲無量心의 비悲가 자비慈悲인 것이다.
그러나 천태지자는 『법계차제초문法界次第初門』에서 사무량심에서의 자비
와 부처님의 대자비大慈悲를 구분하여 설하고 있다. 사무량심에서의 자비는
수행방법으로 발發하는 자비일 뿐, 아직 즐거움을 얻었거나 괴로움을 여읜
중생이 없는 까닭에 중생에게 실지로 즐거움을 주고(與樂), 중생을 고苦에서
건지는(拔苦) 부처님의 대자비는 아니라는 것이다.
그렇다면 우리 중생들의 자비심은 대大자비심을 향해 줄기차게 나아가는 진행
형인 것이다.

[882] 바라밀(波羅蜜, Pāramitā, 지혜의 완성)이란 차안此岸에서 피안彼岸에 이른다(到
彼岸), 구제한다(度)의 뜻으로 완성, 성취의 의미를 가지고 있다. 도피안到彼岸이
란 '강을 건너 피안에 이르는(到) 것'으로, 바라밀은 산스크리트어 파라미타
(Pāramitā)를 음역한 것이다. 완성, 성취를 강을 건너는 것에 비유하여, 중생들
의 우치愚癡와 탐욕으로 미혹된 세계인 차안(此岸: 이쪽 언덕)에서 강을 건너
깨달음(覺)의 세계인 피안(彼岸: 저쪽 언덕)에 이르는(到) 것으로 표현한 것이

르고(攝) 교화하며, 대서원大誓願을 세워서 있는 힘을 다하여(盡) 모든
중생계를 제도하고 해탈시키고자 겁劫의 수에 한정하지 않고(몇 겁이
걸리든) 미래가 다하도록 일체중생을 거두어(取) 자기 몸과 같이 여기는
까닭이며,[883] 또한 중생상衆生相[884]을 취하지 않는 것이다.[885] 이는 무슨

다. 강을 건너는 방법이 지혜이고, 그 지혜를 닦는 것은 수행인 것이다.
차안에서 강을 건너 피안에 이르는 길에는 다음과 같은 방법이 있다. ①실제로
헤엄을 쳐서 건너는 방법: 헤엄을 치기 위해서는 물살이 세기 때문에 가족도
재산도 모두 버리고 오직 알몸(단신)으로 건너야 한다. 그렇다고 누구다 다
건너는 것도 아니며, 도중에 익사하는 경우도 있을 것이다. 이는 소수의 출가자
만이 도피안할 수 있는 소승의 경우다. ②배를 타고 건너는 방법: 『천수경』에는
"원아속승반야선, 원아조득월고해"라 해서, 반야般若의 배(船)를 타고 고해苦海
를 건넌다고 한다. 반야(지혜)의 배는 실제로 승선 인원의 제한이 없다. 따라서
중생 모두가 반야선에 타기만 하면 도피안할 수 있는 대승의 경우다. ③강을
건너지 않고도 건너가는 방법: 건너야 할 강江이 없음을 보는 것이다. 본다는
것은 육안이 아닌 지혜의 눈으로 보는 것으로, 관觀하여 각覺하는 것을 말한다.
이 방법은 선가禪家의 방법이다. 원래는 차안도 피안도 강도 없는 것이나,
중생의 분별심이 차안, 강, 피안을 분별했을 뿐이다. 결국 없는 것(헛것, 허상,
망상)을 있다고 분별하여 그 허상(번뇌)에 사로 잡혀 스스로 고통을 받는
것이다. 누가 고통을 주는 것이 아니다. 실은 이렇게 강을 건너겠다고 생각하는
자체가 분별심인 것이다. 원래는 건너야 할 강이 없기 때문이다. 건너야 할
강이 없다면 차안도 피안도 없는 것이다. 이렇게 소승, 대승 구분 지어 설명하는
것 역시 분별심이며 번뇌인 것이다.

883 이를 동체대비同體大悲라 한다. 유마거사의 "중생이 아프니 내가 아프다" 하는
마음이 동체대비다. 동체同體란 네가 있어 내가 있고, 너로 인해 내가 있다는
마음, 나무 하나 풀 한 포기가 없으면 내가 존재할 수 없다는 마음을 말한다.
실로 나무나 풀이 없다면 인간은 존재할 수 없는 것이다. 이로서 인간과 자연은
동체다. 차별이 없는 것이다. 그래서 부처님은 "유정무정有情無情 개유불성皆有
佛性"이라 했다. 이 또한 연기緣起인 것이다. 실로 세상만물이 연기 아닌 것이

뜻으로 그러한가? 일체중생과 자기 몸이 진여로서 평등하여 차별이나 다름이 없는 것을 여실히 아는 것을 말하는 까닭이다.[886] 이와 같이 대방편大方便의 지혜(大方便智)가 있는 까닭에 무명을 없애(滅) 본래의 법신을 보니 자연히 부사의업不思議業의 갖가지 작용이 생기는(有) 것이며,[887] 곧 진여와 뜻같이(等) 모든 곳(一切處)에 두루하면서도 또한 얻을 만한 작용의 모양도 없으니, 어째서 그러한가? 제불여래는 오직

없다. 이를 깨달으면 중생상을 낼 수가 없는 것이다.

884 중생상이란 자기만 생각하는 이기적인 모습 또는 마음을 말한다.

885 제불여래께서 수행과정(因地)에서 중생구제의 서원을 세우게 된 것은 중생들 모두가 진여법신法身임에도 이를 깨닫지 못하고 미혹에서 빠져 나오지 못하는 것을 보았기 때문이며, 중생상을 취取하지 않는 것은 중생들 또한 진여의 몸이기에 자기 자신으로 여기는 동체대비同體大悲의 마음 때문이며, 동체대비의 마음이므로 중생구제의 마음은 무한겁인 것이다. 중생상을 취하지 않는 것은 지혜의 마음이며, 중생을 자기 자신으로 여기는 것은 자비의 마음이다. 즉 지혜의 마음에서 동체대비의 마음이 나오는 것이다. 이것이 부처님의 가르침(불교)의 핵심이며, 용대用大이다. 불교를 공부하는 것은 바로 지혜와 자비의 두 마음에 대한 공부이다. 성현에 대한 공부는 일 단계로 성현의 발자취를 존경하고, 다음 단계에는 존경하는 나머지 그 발자취를 따라 하고, 따라 하다 보면 마지막에는 자신이 성현이 되는 것이다. 바로 성불成佛이다.

886 일체중생과 자기 몸이 진여로서 평등하여 차별이나 다름이 없는 것을 여실히 아는 것이 지혜이며, 이를 모르는 것이 무명無明이다. 따라서 이를 깨달으면 무명은 저절로 사라진다. 실로 무명은 없는 것이다.

887 이렇게 대방편의 지혜로 무명을 없애(滅) 법신을 증득하는 것은 자리自利이며, 갖가지 부사의한 중생제도의 업용業用을 짓는 것은 이타利他이다. 이와 같이 자리와 이타를 구족할 때 비로소 체體와 상응하는 것이며, 지혜의 몸이 되어 중생들로 하여금 보고 들음으로써 이익을 얻게 할 수 있는 것이다. 그러나 중생들은 그 근기에 맞게, 자신의 그릇만큼 이익을 얻는 것이다.

법신法身 지혜의 몸(智相身)이며, 제일의제第一義諦[888] 로서 세제世諦[889] 와 경계가 없는 것이어서 시작(施作: 자의적인 움직임)을 여의었으나, 단지 중생들이 보고(見) 들음(聞)에 따라 이익을 얻게 하는[890] 까닭에 용용이라 설하는 것이다.

【소疏-54】

初中亦二. 一者對果擧因. 二牒因顯果. 初擧因中亦有三句. 先行 次願 後明方便. 初言"諸佛本在因地乃至攝化衆生"者, 擧本行也. 次言"立 大誓願乃至盡於未來"者 擧本願也. 次言"以取衆生乃至眞如平等"者, 是擧智悲大方便也. "以有"以下 第二顯果. 於中亦三. 初言"以有如是 大方便智"者, 牒前因也. 次言"除滅無明見本法身"者, 自利果也. "自

---

888 최고의 진리. 열반, 진여, 실상, 중도 등의 부처님 가르침을 말한다.

889 세제世諦는 중생들이 지혜의 뿌리가 무명이라는 장애에 갇혀서 허망하게 인식하는 것을 말한다.

890 중생들은 근기에 따라 감응을 받아 자기 분分만큼만 이익을 얻는 것이다. 아무리 부사의한 업용業用이 작용하더라도 자기의 분分을 넘어설 수는 없다. 보시를 하고 덕德을 쌓아 자기 분(그릇)을 키우는 것이 공부이고 수행이다. 의상대사의 「법성게」에서는 "우보익생만허공雨寶益生滿虛空, 중생수기득이익 衆生隨得利益"이라 했다.
감산대사는 『대승기신론직해』에서 "청정법신은 마치(猶) 허공과 같아(若), 받아들이는 그릇에 따라(應) 그 모습(形)을 달리한다(現). 마치 저 하늘의 달은 누구에게나 평등하게 비치지만, 물(水) 속에 비친 달의 모습은 각기 다른 것과 같다. 중생의 마음이 물처럼 맑다면 보리(깨달음)의 그림자(影) 또한 맑게 드러난다(淸淨法身猶若虛空, 應物現形如水中月, 衆生心水淨, 菩提影現 中)"라고 했다.

然"以下 正顯用相. 此中三句. 初言"不思議業種種之用"者, 明用甚深
也. 次言"則與眞如等徧一切處"者, 顯用廣大也. "又亦"以下 明用無相
而隨緣用. 如攝論言"譬如摩尼天鼓無思成自事" 此之謂也. 總明用竟

처음에 또한 두 가지가 있으니, 첫째는 과과에 대해 인因을 든(擧)
것이요, 둘째는 인因을 드러내어 과과를 나타낸 것이다. 처음에 든
인因 중에 또한 세 구절이 있으니, 먼저는 행行이고, 다음은 원願이며,
뒤에는 방편을 밝힌 것이다. 처음에 "제불여래께서 본래 인지因地에서
대자비를 발하여 모든 바라밀을 닦아 중생을 아우르고(攝) 교화한다"라
고 말한 것은 본행本行을 든 것이다. 다음에 "대서원을 세우고, 있는
힘을 다하여(盡) 모든 중생계를 제도하고 해탈시키고자 겁劫 수에
한정하지 않고 미래가 다하도록"이라 말한 것은 본원本願을 든 것이다.
다음에 "일체중생과 자기 몸이 진여로서 평등하다"라고 말한 것은
지혜와 자비의 큰 방편을 든 것이다. "이와 같이 큰 방편의 지혜(大方便
智)가 있는 까닭에" 이하는 둘째 부분의 과과를 드러낸 것이니, 이
중에 또한 세 가지가 있다. 처음에 "이와 같이 대방편의 지혜(大方便智)
가 있는 까닭에"라고 말한 것은 앞의 인(前因)[891]을 드러낸 것이다.
다음에 "무명을 없애 본래의 법신을 본다"라고 말한 것은 자리自利의
과과이다. "자연히" 이하는 부사의업不思議業이 갖가지로 작용하는 모
습(相)을 드러낸 것이니, 이 중에 세 구절이 있다. 처음에 "부사의업의
갖가지 작용"이라 말한 것은 용用의 깊고 깊음(甚深)을 밝힌 것이다.
다음에 "곧 진여와 똑같이 모든 곳에 두루한다"라고 말한 것은 용의

891 대과거인對果擧因의 인因을 말한다.

광대함을 드러낸 것이다. "또한 얻을 만한 작용의 모양도 없으니" 이하는 용用에는 상相이 없으나 연緣을 따라 작용함을 밝힌 것으로, 이는 『섭대승론攝大乘論』에서 "비유컨대 마니주摩尼珠와 하늘 북(天鼓)이 생각하지 않아도 자기 일을 이루는 것과 같다"[892]라고 말한 것과 같으니, 바로 이런 경우를 말한 것이다. 총체적으로 용用을 밝히는 일을 마친다.

【論論-55】 용대用大-응신과 보신

此用有二種 云何爲二. 一者依分別事識 凡夫二乘心所見者, 名爲應身. 以不知轉識現故 見從外來 取色分齊 不能盡知故. 二者依於業識 謂諸菩薩從初發意 乃至菩薩究竟地心所見者, 名爲報身. 身有無量色 色有無量相 相有無量好 所住依果亦有無量 種種莊嚴. 隨所示現 卽無有邊 不可窮盡 離分齊相 隨其所應 常能住持 不毀不失. 如是功德 皆因諸波羅密等無漏行熏 及不思議熏之所成就 具足無量樂相 故說爲報身. 又爲凡夫所見者, 是其麤色 隨於六道各見不同 種種異類 非受樂相 故說爲應身.

이 용用에 두 가지가 있다. 무엇이 두 가지인가?

첫째는 분별사식分別事識으로 말미암은 것으로, 범부와 성문, 연각 이승의 마음으로 보는 것[893]을 이름하여 응신應身이라 하니, 이는 전식轉

---

892 대정장 제31권, 『섭대승론석』, p.243상 6행.
893 범부와 성문, 연각 이승의 마음으로 보는 것은 분별사식, 즉 지상, 상속, 집취, 계명의 수준에서 본다는 뜻이다. 그래서 보신報身이 아닌 응신應身으로만 보는 것이다. 마음의 작용이 제6의식 수준에 머물기 때문이다.

識이 나타난 것임을 알지 못하는 까닭에 밖에서 온 것으로 보고(見從外來), 색의 분제分齊[894]를 취하여 능히 다(盡) 알지 못하는 까닭이다.[895]

둘째는 업식業識으로 말미암은 것으로, 이는 모든 보살이 초발의初發意로부터 보살 구경지究竟地[896]에 이르는 마음으로 보는 것을 이름하여 보신報身이라 하니, 그 몸(보신)에 무량한 빛깔(色)이 있고, 빛깔에 무량한 모습(相)이 있고, 모습에 무량한 좋은 것(好)이 있으며,[897] 머무는 바의 의과依果[898]에도 또한 무량한 갖가지 장엄莊嚴[899]이 있어서 어느

---

894 분제分齊는 경계이며, 색분제란 색과 형상이 나타나는 경계를 말한다.

895 전식轉識은 업식業識에서 마음이 움직인(轉) 것일 뿐, 아직 경계가 나타난(現) 것이 아니다. 즉 내 마음이 동動해야 경계가 나타나는 것이며, 내 마음이 동해 나타난 것이 현상(現相: 경계상)인 것이다. 그러나 현상은 마음작용으로 나타난 것이지, 외부에서 마음에 주어진 것이 아니다. 달리 말하면 내가 마음으로 짓는 망상妄相일 뿐 실상實相은 아니다. 이를 모르니 경계 망상에 속는 것이다. 이를 아는 것이 지혜이며, 모르면 무명인 것이다. 미십중迷十重의 순서에 따르면, 본각 ⇒ 일념불각(근본무명) ⇒ 업식 ⇒ 전식(견분) ⇒ 현식(상분)의 순으로 망념이 진행된다. 업식에서 견분見分과 상분相分으로 나뉘어 마음과 경계가 결합함으로써 오음五陰 중생이 있게 되는 것이다.

896 초발의보살初發意菩薩은 십주十住의 제1 발심주發心住를 말하며, 보살구경지는 십지十地의 마지막 법운지法雲地를 말한다. 십지 이전의 보살을 지전地前보살, 십지보살을 지상地上보살이라 한다.

897 과거에 지은 행위의 과보를 받아 각기 의지하고 사는 몸을 정보正報라 한다. 부처의 몸도 중생의 몸도 모두 정보다.

898 부처나 중생이 의지하고 사는 세계를 의과依果 또는 의보依報라 한다.

899 장엄莊嚴은 꾸밈이나 장식을 말한다. 이 세계는 중생의 수만큼이나 많은 갖가지 취향으로 꾸며진 장식으로 가득 찬 장엄 만다라인 것이다. 아름다운 세상이라는 뜻이다. 흔히 사바세계는 모든 고통을 감내하며 사는 세상이라고 한다. 그러나 분별사식의 응신應身의 눈으로 보는 세상과 전식을 떠난 보신報身의 눈으로

곳에나 인연 따라 나타내 보이니(示現), 곧 그 끝(邊)도 없고, 다하여 없어짐(窮盡)도 없어 분제分齊의 상相을 여의었으나, 그 응應할 바를 따라 항상 능히 주지(住持: 머물러 지탱하다)하여 훼손되거나 잃지도 않는다(不毀不失).

이와 같은 공덕은 다(皆) 모든 바라밀[900] 등 무루행無漏行의 훈습薰習 및 부사의不思議한 훈습으로 인하여 성취된 것이니, 무량한 즐거운 모습(樂相)을 구족한 까닭에 보신報身이라고 설하는 것이다. 또 범부가 보는 것은 곧 추색(麤色: 겉모습)이니, 육도중생에 따라 제각기 보는 것이 같지 않아 (육도의) 갖가지 다른 무리(異類)가 (똑같은) 즐거운 모습(樂相)을 받는 것이 아닌 까닭에 응신應身이 된다고 설한다.[901]

復次初發意菩薩等所見者, 以深信眞如法故. 少分而見 知彼色相莊嚴等事 無來無去 離於分齊 唯依心現 不離眞如. 然此菩薩猶自分別. 以未入法身位故. 若得淨心 所見微妙 其用轉勝 乃至菩薩地

보는 세상은 이렇게 다른 것이다. 그래서 세상은 살 만한 것이다. 본각本覺의 진여불신에는 차별이 없으나, 중생의 근기根機에 응應하여 보신으로 또는 응신으로 차별상을 나타낼 뿐이다.

900 대승불교의 보살이 실천해야 할 덕목으로 보시, 지계, 인욕, 정진, 선정, 반야 등의 육바라밀이 있으며, 화엄에서는 육바라밀에 방편方便, 원願, 력力, 지智 바라밀을 합해 10바라밀을 말한다.

901 갖가지의 다른 무리(異類)는 육도중생을 말하며, 육도중생이 제각기 보는 응신應身이 같지 않은(不同) 것은 업業과 근根이 다르기 때문이다. 따라서 즐거운 모습(樂相) 또한 달리 받는 것이다. 이 또한 "중생수기득이익衆生隨器得利益"인 것이다.

盡 見之究竟. 若離業識 則無見相 以諸佛法身 無有彼此色相迭相
見故.

다시 초발의보살 등이 보는 것은 진여법을 깊이 믿는 까닭에 적은
부분이나마(少分) (보신을) 보아서, 저 (보신의) 색상色相의 장엄함(莊
嚴) 등의 일들은 오고감이 없어 분제(경계)를 여의었으며, 오직 마음으로
말미암아 나타날 뿐 진여를 여의지 않은 것임을 아는 것이다. 그러나
이 보살은 아직 스스로 분별하고 있으니, 이는 아직 법신法身의 위位에
들지 못한 까닭이다. 만약 정심(淨心: 환희지)을 얻으면 보는 것(所見)이
미묘하여 그 용용用이 더욱더(轉) 수승해지며, 나아가 보살지가 다함에
이르면 보는 것(見)이 구경究竟이며, 만약 업식業識을 여의면 곧 보는
상(見相)이 없을 것이니, 모든 부처님의 법신은 피차(彼此: 분별)의 색상
色相으로 번갈아(迭) 서로 보는 것이 없는 까닭이다.[902]

問曰. 若諸佛法身離色相者, 云何能現色相.
答曰. 卽此法身是色體故 能現於色. 所謂從本已來 色心不二. 以
色性卽智故 色體無形 說名智身. 以智性卽色故. 說名法身徧一切
處. 所現之色無有分齊 隨心能示十方世界 無量菩薩 無量報身 無
量莊嚴 各各差別. 皆無分齊 而不相妨. 此非心識分別能知. 以眞

---

[902] 무명을 말미암은 업식業識을 여의면 업식에서 일어나는 보는 전식(견분)과
보이는 현식(상분)은 아예 없는 것이니, 오직 여여 부동한 진여법신만 남게
된다. 뿌리(業識)가 없으면 당연히 가지(전식과 현식)는 없는 것이다. 따라서
제불법신에는 피차간에 서로 본다거나 보이는 견상이 없는 것이다.

如自在用義故.

물기를, 만약 모든 부처님의 법신이 색상을 여의었다면 어떻게 능히 색상을 나타낼 수 있겠는가?

답하길, 이 법신이 곧 색상의 바탕(體)인 까닭에 능히 색을 나타낼 수 있는 것이다. 소위 본래부터 색色과 심心은 둘이 아니다.[903] 색의 성품이 곧 지智인 까닭에 색의 바탕(體)에 형상形象이 없는 것을 설하여 지신(智身: 지혜의 몸)이라 이름하며, 지성(智性: 지혜의 성품)이 곧 색色인 까닭에 설하여 법신은 모든 곳(一切處)에 두루한다고 이름하는 것이다.[904] 나타난 바의 색에는 분제(경계)가 없으니, 중생의 마음을 따라 능히 시방세계의 무량한(수많은) 보살과 무량한 보신과 무량한 장엄을 나타냄에 각각 차별이 있으나, 모두 다 분제(경계)가 없어서 서로 방해하지 않는다. 이는 심식心識의 분별로는 능히 알 수 있는 것이 아니니,[905] 이는 진여의 자재한 용用의 뜻인 까닭이다.

---

903 일체가 유심唯心이라, 색은 심에서 나왔으므로 색과 심이 둘이 아니다.

904 법신法身은 보신報身과 응신應身의 근본 바탕(本體)으로 색상色相을 떠나(離) 있으면서, 색상이 있는 보신과 응신으로 몸을 나타내는 것이다. 이를 흙과 도기陶器에 비유하자면, 흙은 도자기의 본체(心)로서 일정한 형상(形象, 形相)이 없으나 다기茶器나 화병이 되면(色) 형상이 생기는 것이다. 그러나 본체상으로는 흙(心)과 도자기(色)는 둘이 아닌 것이다. 색의 체(흙)에는 일정한 형상이 없는 것이 본각本覺의 심지心智이며, 지智가 색이 되어 형상이 없는 흙(本體)에서 다기, 화병 등 갖가지 물건들이 만들어지는 것과 같이, 본체인 법신은 모든 곳(一切處)에 두루(徧)하여 갖가지 묘용을 나타내는 것이다. 그 묘용이 중생의 눈에 비친 응신應身인 것이다.

905 수행의 결과로 보게 되는 보신報身은 일반 범부의 눈으로 보거나 분별사식으로 알 수 있는 것은 아니다.

【소疏-55】

第二別釋. 於中有三, 總標 別解 往復除疑. 別解中亦有二. 一者直顯
別用. 二者重牒分別. 初中亦二. 先明應身 後顯報身. 初中言"依分別
事識"者, 凡夫二乘未知唯識 計有外塵. 卽是分別事識之義. 今見佛身
亦計心外 順意識義. 故說"依分別事識見." 此人不知依自轉識能現色
相. 故言"不知轉識現故見從外來." 然其所見有分齊色 卽無有邊離分
齊相 彼人唯取有分齊義, 未解分齊則無有邊 故言"取色分齊不能盡知
故"也.

둘째는 별석別釋이다. 이 중에 세 가지가 있으니, 총표와 별해와 반복해
서 의심을 제거하는 것이다. 별해 중에 또한 두 가지가 있으니, 첫째는
바로 각각의 작용을 드러내었고, 둘째는 거듭하여 분별을 드러내었다.
처음에 또한 두 가지가 있으니, 먼저는 응신應身을 밝혔고, 뒤에는
보신報身을 밝혔다. 처음에 "분별사식分別事識으로 말미암아"라고 말한
것은 범부와 성문, 연각 이승은 유식唯識을 알지 못하여 마음 밖(外)의
경계(塵)가 있다고 생각하니, 이것이 바로 분별사식의 뜻이다. 이제
불신佛身을 보고도 또한 마음 밖에 있다고 생각하니, 이는 의식意識의
뜻을 따르는 것이다. 고故로 분별사식에 의지하여 본다고 설한 것이다.
이 사람은 자신의 전식轉識으로 말미암아 능히 색상色相을 나타내는
것임을 알지 못하는 까닭에 "전식이 (어디서) 나타나는가를 알지 못하
는 까닭에 (전식이) 밖에서 온 것으로 본다"라고 말한 것이다. 그러나
그 보는 바의 분제(分齊: 경계)의 색은 있으나 곧 끝 간 데(邊)가 없어
분제상分齊相을 여의었는데도 저 사람은 오직 분제(경계)의 뜻을 취하

여 있다고 하며, 분제(경계)가 곧 끝 간 데(邊)가 없는 것을 아직 모르는
까닭에 "색분제色分齊를 취하여 능히 다 알 수 없는 까닭이다"라고
말한 것이다.

報身中言"依於業識"者, 十解以上菩薩 能解唯心 無外塵義 順業識義
以見佛身. 故言"依於業識見"也. 然此菩薩知其分齊卽無分齊. 故言
"隨所示現卽無有邊 乃至不毁不失"也. 此無障礙不思議事 皆由六度
深行之熏, 及與眞如不思議熏之所成就. 依是義故名爲報身. 故言"乃
至具足無量樂相故 說爲報"也.

보신 중에 "업식으로 말미암아"라고 말한 것은, 10해解 이상의 보살은
능히 오직 마음(唯心)뿐이며, 마음 밖의 경계가 없는 뜻을 이해하고,
업식의 뜻을 따라(順) 불신佛身을 보는 까닭에 "업식으로 말미암아
본다"라고 말한 것이다. 그러나 이 보살은 그 분제(경계)가 곧 분제가
없는 것임을 아는 까닭에 "감응한 곳에 따라 나타냄이 바로 끝 간
데(邊)가 없으며, 나아가(乃至) 훼손되거나 잃어지지도 않는다"라고
말한 것이다. 이러한 장애 없는 부사의한 일들은 다(皆) 6도(度: 바라밀)
를 닦는 깊은 보살행(深行)[906]의 훈습과 진여의 부사의不思議한 훈습熏習
으로 말미암아 성취된다. 이런 뜻으로 말미암은 까닭에 이름하여 보신
報身이라 하는 것이며, 따라서 "나아가(乃至) 무량한 낙상(樂相: 즐거운
모습)을 구족한 까닭에 보신이라 설한다"라고 말한 것이다.

---

906 대승에서 육바라밀을 닦는 것이 보살도菩薩道이며, 이를 행하는 것을 보살행菩薩
行이라 한다. 그러나 결국 보살도나 보살행은 같은 의미이다.

然此二身 經論異說. 同性經說, "穢土成佛 名爲化身, 淨土成道 名爲報身." 金鼓經說 "三十二相八十種好等相 名爲應身. 隨六道相所現之身 名爲化身." 依攝論說, 地前所見 名變化身 地上所見 名受用身. 今此論中, 凡夫二乘所見 六道差別之相 名爲應身. 十解已上菩薩所見離分齊色 名爲報身. 所以如是有不同者 法門無量 非唯一途. 故隨所施設 皆有道理. 故攝論中爲說地前散心所見有分齊相 故屬化身. 今此論中明此菩薩三昧所見離分齊相 故屬報身. 由是道理 故不相違也.

그러나 이 응신과 보신 2신身은 경經과 논論에서는 달리 말하고 있으니, 『동성경同性經』에서는 "예토穢土의 성불은 이름을 화신化身이라 하고, 정토淨土의 성도成道는 이름을 보신이라 한다"[907]라고 설하였으며, 『금고경金鼓經』에서는 "32상相과 80종호種好 등의 상相의 이름을 응신이라 하고, 6도道의 상相을 따라 나타난 몸을 화신이라 한다"[908]라고 설하였다. 『섭대승론攝大乘論』에 의하면 10지地 이전에서 보는 것을 변화신變化身이라 이름하고, 10지 이상에서 보는 것을 수용신受用身이라 이름하였다. 이제 이 『기신론』에서는 범부와 성문, 연각 이승이 보는 육도중생의 차별상을 이름하여 응신應身이라 하고, 10해解 이상의 보살이 보는 분제를 여읜 모습(色)을 이름하여 보신報身이라 하였다. 이와 같이 같지 않음(不同)이 있는 까닭(所以)은 법문法門이 무량하여 오직 한 길(一途)만이 있는 것이 아니기 때문이다. 고故로 시설施設하는 곳에 따라 다 부동不同한 도리가 있는 것이다. 고故로 『섭대승론』에서는

---

907 대정장 제16권, 『대승동성경』, p.651하 5~14행.
908 대정장 제16권, 『금광명최승왕경』, p.408중 18행, 23~24행.

지전地前보살의 흩어진 마음으로 보는 것에는 분제상이 있는 까닭에 화신化身에 속한다. 이제 이 『기신론』에서는 이 보살이 삼매로 보는 것은 분제를 여읜 모습임을 밝힌 까닭에 보신에 속한다. 이런 도리로 말미암아 서로 어긋나지 않는 것이다.

	화신化身	보신報身
동성경	예토穢土의 성불	정토淨土의 성도成道
금고경	화신: 32상相과 80종호種好 등의 상相 응신: 6도道의 상相	
섭대승론	변화신: 10지地 이전地前에서 보는 것	수용신受用身: 10지 이상地上에서 보는 것
기신론	분별사식이 보는 것 육도중생의 차별상	업식이 보는 것 십해 이상의 보살이 보는 분제를 여읜 모습

"又凡夫所見"以下, 第二重牒分別. 先明應身文相可知. "復次"以下 顯報身相. 於中有二 先明地前所見 後顯地上所見. 初中言"以深信眞如法故少分而見"者, 如十解中 依人空門 見眞如理. 是相似解 故名少分也. "若得淨心"以下 顯地上所見. "若離業識則無見相"者, 要依業識 乃有轉相及與現相 故離業識 卽無見相也. "問曰"以下, 往復除疑 文相可見. 顯示正義之內大分有二. 第一正釋所立法義竟在於前.

"또 범부가 보는 것" 이하는 두 번째 거듭 분별을 나타낸 것이다. 먼저 응신을 밝혔으니, 글을 보면 알 수 있을 것이다. "부차復次" 이하는 보신의 상相을 드러낸 것으로, 이 중에 두 가지가 있으니, 먼저는 지전地前보살이 보는 것을 밝혔고, 뒤에는 지상地上보살이 보는 것을 드러내었다. 처음에 "진여법을 깊이 믿는 까닭에 적은 부분이나마 (보신을) 본다"라고 말한 것은 10해解 중에 인공人空의 문門에 의지하여 진여의 이치를 보는 것과 같은 것이니, 이는 비슷하게(相似) 이해한 까닭에 적은 부분이라 이름한 것이다. "만약 정심淨心을 얻으면" 이하는 지상보살이 보는 것을 드러낸 것이며, "만약 업식을 여의면 보는 모습(見相)도 없다"라는 것은 업식에 의지하여야 하며, 전상과 현상이 있는 까닭에 업식을 여의면 곧 견상도 없다는 것이다. "묻기를" 이하는 반복하여 의심을 제거한 것이니, 글을 보면 알 수 있을 것이다. 현시정의顯示正義 내에 크게 나누어 두 부분이 있는데, 첫 번째 바로 세운 법法과 의義를 바로 풀이하여 마친다.

【논論-56】생멸문에서 진여문으로: 환멸문還滅門

復次 顯示從生滅門卽入眞如門. 所謂推求五陰 色之與心 六塵境界 畢竟無念. 以心無形相 十方求之終不可得. 如人迷故 謂東爲西 方實不轉. 衆生亦爾 無明迷故 謂心爲念 心實不動. 若能觀察知心無念 卽得隨順入眞如門故.

다시 생멸문에서 곧 진여문으로 들어가는 것을 드러내 보인다(顯示). 소위 오음五陰[909]을 추구해보면 색법과 심법으로,[910] 육진의 경계는 필경 무념無念이며[911] 마음에는 형상形相이 없어서 시방으로 구하여도 끝내

---

[909] 색色, 수受, 상想, 행行, 식識을 현장玄奘은 오온五蘊으로, 진제眞諦는 오음五陰으로 번역하였다. 이 『기신론』은 진제의 번역이므로 오음으로 명기했다.

[910] 심신心身이란 색色, 수受, 상想, 행行, 식識 오온五蘊을 말하며, 오온이란 물질적인 색(色: 육신, 물질)과 정신적인 심心, 즉 수受, 상想, 행行, 식識이다. 인간을 오온의 가합假合이라 할 때, 인간은 육신(色)과 정신(心)이 결합한 오음五陰중생인 것이다.

얻을 수가 없다. 마치 사람이 미혹한 까닭에 동쪽을 서쪽이라 말하지만 방향은 실로 바뀌지 않는 것과 같다. 중생 역시 그러하여 무명無明으로 미혹한 까닭에 마음을 망념이라 말하지만 마음은 실로 움직임이 없으며 (不動), 만약 능히 관찰하여 마음에 망념이 없는(無念) 줄 알면 곧 수순하여 진여의 문으로 드는 까닭이다.

【소疏-56】

第二開示從筌入旨之門. 於中有三, 總標 別釋 第三總結. 總標中"推求五陰色之與心"者, 色陰名色, 餘四名心也. 別釋之中, 先釋色觀. 推折諸色 乃至極微 永不可得. 離心之外無可念相 故言"六塵畢竟無念." 非直心外無別色塵 於心求色亦不可得. 故言"心無形相十方求之終不可得"也. "如人"以下 次觀心法, 先喩 後合. 合中言"心實不動"者, 推求動念已滅未生 中無所住. 無所住故 卽無有起. 故知心性實不動也. "若能"以下, 第三總結. "卽得隨順"者, 是方便觀. "入眞如門"者, 是正觀也.

두 번째는 통발(筌: 생멸문)에서 본지(本旨: 진여문)로 들어가는 것을

---

911 색色, 성聲, 향香, 미味, 촉觸, 법法 육진六塵의 경계는 마음으로부터 나온 것이라, 마음을 떠나 마음 밖에서는 따로 그 모습을 찾을 수 없는 것이다. 그래서 필경에 육진경계를 여의어, 육진경계가 일어나기 전의 그곳, 또는 육진경계가 일어난 그곳이 무념無念의 자리인 것이다. 무념은 생각이 없다는 뜻이 아니라 경계에 따라 사량 분별하는 망념이 없다는 뜻이다. 그 자리가 바로 아我도 법法도 공空해서 최초의 무명인 근본불각까지 사라진 성불成佛의 자리인 것이다.

열어보였다. 이 중에 세 가지가 있으니, 총표, 별석, 제삼총결이다. 총표 중에 "오음의 색법과 심법을 추구해 보면"이란, 색음色陰을 색(육신, 물질)이라 이름하고, 나머지 넷[912]은 마음(心)이라 이름한 것이다. 별석 중에 먼저 색관色觀을 풀이하였으니, 모든 색色을 꺾고 쪼개어(推折) 극미極微에 이르러도 (어떤 것도) 영원히 얻을 것도 없으며, 마음을 떠난 밖에는 생각할 만한 모습(相)이 없는 까닭에 "육진이 필경에는 무념無念"이라 말한 것이다. 단지 마음 밖에 달리 색진이 없으며, 마음에서 색을 찾아도 또한 얻을 것이 없는 까닭에 "마음에는 형상이 없어서 시방으로 구하여도 끝내 얻을 수가 없다"라고 말한 것이다. "마치 사람이 (如人)" 이하는 이어서(次) 마음을 관찰하는 법이니, 먼저는 비유이며 나중은 합습이다. 합습 중에 "마음은 실로 움직이지 않는다"라고 말한 것은 움직이는 망념(動念)을 찾아봐도(推求) 이미(已) 멸했거나 아직 생기지 않은 것이요, 중간에 머무는 바도 없다. 머무는 바가 없는 까닭에 곧 일어날 마음도 없는 것이다. 고故로 심성(心性: 바탕)이 실로 움직이지 않는 것을 알 수 있다. "만약 능히 관찰하여" 이하는 제삼총결이니, "곧 수순하여"라는 것은 방편관이고, "진여문에 들어간다"라는 것은 정관正觀이다.

2) 대치사집對治邪執

第二對治邪執. 文亦有四. 一者總標擧數. 二者依數列名. 三者依名辨

---

[912] 수(受: 감각), 상(想: 想像), 행(行: 마음의 작용), 식(識: 의식)을 말한다.

相. 四者總顯究竟離執.

두 번째는 사집邪執을 대치對治하는 것이다. 글에 또한 네 가지가 있으
니, 첫째는 전체적으로 나타내어 수를 들었고, 둘째는 수에 의지하여
이름을 열거하였고, 세 번째는 이름에 의지하여 모습(相)을 분별하였으
며, 네 번째는 구경에 집착의 여읨(離)을 총체적으로 드러내었다.

【論論-57】 두 종류의 사집邪執

對治邪執者, 一切邪執皆依我見. 若離於我 則無邪執. 是我見有
二種.

사집邪執을 대치對治한다는 것은, 일체의 사집이 다 아견我見으로 말미
암은 것이니, 만약 나(我)[913]를 여의면 곧 사집이 없는 것이다.[914] 이

---

913 아견我見이니 인아견人我見이니 할 때의 아我는 각각의 개별적(individual)
   실체로서의 고정된 아我를 말한다. 불교에서는 그런 고정된 아我는 없다는
   것이다. 객관 대상인 사물(法)에 있어서도 고정된 실체(我)는 없다는 것이다.
   그럼에도 고정된 실체로서 무엇(我)이 있다고 믿어 집착을 한다면 인간에
   대해서는 인아견人我見이 되고, 사물(法)에 대해서는 법아견法我見이 되는 것이
   다. 왜냐? 제행은 무상無常하고, 제법은 무아無我이기 때문이다. 이를 잘못된
   집착이라 하여 사집邪執, 잘못된 견해라는 뜻으로 사견邪見이라 한다.
914 사집邪執이란 잘못된 견해(邪見)에 집착(고집)하는 것을 말한다. 잘못된 견해는
   외도外道들의 사견邪見이라기보다는, 부처님의 가르침을 잘못 알고, 잘못 따르
   는 것을 말한다. 즉 방편을 진실인 줄로 믿는 것을 말한다. 그러나 부처님의
   말씀, 팔만사천법문 모두가 방편 아닌 것이 없으므로 실로 불교공부는 어렵다고
   할 수 있다.
   부처님의 가르침이 아무리 좋은 것이라 할지라도 잘못 알고, 잘못 따른다면

아견我見에 두 가지가 있다.

【소疏-57】

初總標擧數

처음에 전체 내용을 드러내며 수를 들었다.

【논論-58】 인아견人我見과 법아견法我見

云何爲二. 一者人我見. 二者法我見.

무엇이 두 가지인가? 첫째는 인아견人我見이요, 둘째는 법아견法我見이다.

【소疏-58】

第二列名中言"人我見"者, 計有總相宰主之者 名人我執. "法我見"者, 計一切法各有體性 故名法執. 法執卽是二乘所起. 此中人執, 唯取佛法之內初學大乘人之所起也.

두 번째 이름을 열거하는 중에 "인아견"이라 말한 것은 모든 모습(總相)을 주재主宰하는 자가 있다고 생각하는 것을 이름하여 인아집人我執이

우리에게 유용한 것이 못되며 오래 전승傳承될 수 없는 것이다. 그래서 '대치사집'에서 일체 사집邪執의 병인病因이 인아견과 법아견임을 밝히고, 사견邪見의 예를 하나하나 들면서 이들의 치료법(對治)을 쉽고 자세하게 안내하고 있는 것이다. 아견我見을 버리면 사견은 저절로 없어지기 때문이다. 아견이라 함은 실로 나라고 할 만한 것이 없음에도 내가 있는 것으로 착각하여 나에 집착하는 것을 말한다. **【논論-9】** 참조.

라 하며, "법아견"이란 일체법에 각기 바탕이 되는 (고정불변의) 성품 (體性)이 있다고 생각하는 까닭에 법집法執이라 이름하는 것이다. 법집 은 곧 성문, 연각의 이승이 일으키는 것이며, 이 중에 인집人執은 오직 불법佛法을 취하는 사람들 중에 처음으로 대승을 배우는 사람들이 일으키는 것이다.

【논論-59】 오종五種의 인아견人我見 사자四者

人我見者 依諸凡夫說有五種. 云何爲五. 一者聞脩多羅說 "如來 法身 畢竟寂寞 猶如虛空" 以不知爲破著故 卽謂虛空是如來性. 云何對治.

인아견人我見이란 모든 범부에 의하여 설해지는 것으로 다섯 가지가 있다. 무엇이 다섯 가지인가? 첫째는 수다라(經)에서 "여래법신은 필경 적막하여 마치 허공과 같다"라는 설을 듣고, 이것이 집착(著)을 깨뜨리 기 위한 것인 줄 모르는 까닭에 허공이 곧 여래의 성품이라 여기는(謂) 것이니, 이를 어떻게 대치對治할 것인가?

明虛空相是其妄法 體無不實. 以對色故 有是可見相令心生滅. 以 一切色法 本來是心. 實無外色. 若無外色者 則無虛空之相. 所謂 一切境界 唯心妄起故有. 若心離於妄動 則一切境界滅. 唯一眞心 無所不徧. 此謂如來廣大性智 究竟之義. 非如虛空相故.

허공의 모습(相)은 곧 망법妄法이라, 바탕(體)이 없어 실재實在하는 것이 아님(不實)을 밝혔다(明). 색色에 대對하는 까닭에 이것에 가히 볼 수 있는 상(相: 모습)이 있어 마음으로 하여금 생멸케 하는 것이다. 일체의 색법色法은 본래 마음이요,[915] 실로 (마음) 밖에(外) 따로 색은 없는 것이니, 만약 (마음) 밖에(外) 색이 없다면 허공의 상相도 없는 것이다.[916] 소위 일체의 경계가 오직 마음에서 망령되이 일어나는 까닭에 있는 것이니, 만약 마음이 망령되이 움직이는(妄動) 것을 여의면(離) 곧 일체의 경계가 멸하고, 오직 하나의 진심眞心만 두루하지 않은 바가 없게 된다.[917] 이는 여래의 광대한 성품과 지혜(廣大性智)의 구경(究竟: 궁극)의 뜻을 말한 것이지, 허공의 모습(相)과 같은 것은 아닌 까닭이다.

二者聞脩多羅說, "世間諸法畢竟體空. 乃至涅槃眞如之法亦畢竟

---

915 모든 색법色法은 본각本覺 진심에서 나왔다. 본각 진심이 무명 속에 동動하여 업상業相이 되고, 업상이 전변轉變하여 주관적으로 보고 사랑하는 전상轉相이 된다. 다음으로 사량의 대상인 경계가 나타나 현상現相이 되니, 보이는 색법인 것이다.

916 허공도 하나의 색법으로 (망령된) 마음에서 나온 것이다. 그러므로 마음을 여의면 색도 없는 것이며, 색이 없으면 허공의 상(相: 모습)도 없는 것이다. 원래 허공이라 함은 한 물건도 없는 것이나, 만물이 차별을 생하므로 일물一物과 일물 사이를 허공이라 하는 것이다. 일물도 없다면 허공 또한 없는 것이며, 허공이라 말하는 것도 망법妄法으로, 있다고 여기는 것이지 실재하는 것이 아니다. 중생의 눈에는 허공이 가장 큰 것이라, 이해를 돕고자 허공과 같다고 한 것일 뿐, 허공이 곧 마음인 것은 아니다.

917 그러므로 마음은 무엇이든 다 할 수 있는 것이다. 마음이 진여眞如쪽으로 움직이면 곧 깨달음이요, 망념妄念쪽으로 움직이면 분별망상이다. 이렇듯 마음의 움직임에 따라 깨달음에도, 분별망상으로 인한 고苦에도 이르는 것이다.

空. 從本已來自空 離一切相"以不知爲破著故 即謂眞如涅槃之性
唯是其空. 云何對治. 明眞如法身自體不空 具足無量性功德故.

둘째는 수다라에서 "세간의 모든 법이 필경에는 바탕(體)이 공空하며,
내지 열반涅槃, 진여眞如의 법도 필경에는 공한지라, 본래부터 스스로
공하여 일체의 상을 여의었다"라는 설을 듣고, 이것이 집착(著)을 깨뜨
리기 위한 것인 줄 모르는 까닭에 곧 진여, 열반의 성품은 오직 공이라
여기는 것이니, 이를 어떻게 대치할 것인가? 진여법신은 자체가 공하지
아니하여 무량한 성공덕을 구족한 까닭이다.[918]

三者聞脩多羅說, "如來之藏無有增減, 體備一切功德之法." 以不
解故 即謂如來之藏有色心法 自相差別. 云何對治, 以唯依眞如義
說故. 因生滅染義示現說差別故.

셋째는 수다라에서 "여래장은 증, 감이 없어서 바탕(體)에 일체 공덕의
법을 갖추었다(備)"는 설을 듣고, 이해하지 못하는 까닭에 곧 여래장에
색色과 심법心法이 있어 자상自相[919]에 차별이 있다고 여기니, 이를

---

918 진여, 열반의 성품(體)은 불변으로 공空하지 않다. 공하지 않다는 것은 무루의
   공덕을 구족하고 있기 때문이다. 공하다는 것은 진여, 열반의 상相이나 작용이
   공하다는 것이다. 공하다는 것은 변한다는 뜻이다. 그러나 변하지 않는 것은
   진여의 바탕(體)이다.

919 자상自相이란 다른 것과 구별되는 그 사물만이 지니는 특별한 본질과 모양을
   말한다. 상相은 겉으로 드러난 모양, 성性은 안으로 갖추어진 바탕(體) 성품이다.
   여래장의 성품 자체에는 일체의 무루 성공덕을 구족하여 차별이 없으나, 생멸
   인연에 따라 오염되어 나타나는 차별상이 드러날 뿐이다.

어떻게 대치할 것인가? 오직 진여의 뜻에 의지해 설한 까닭에 생멸하는 오염의 뜻으로 인因하여 나타나는(示現) 차별을 설하는 까닭이다.

四者聞脩多羅說"一切世間生死染法 皆依如來藏而有 一切諸法 不離眞如"以不解故. 謂如來藏自體 具有一切世間生死等法. 云 何對治. 以如來藏從本已來, 唯有過恒沙等諸淨功德 不離不斷 不 異眞如義故. 以過恒沙等煩惱染法 唯是妄有. 性自本無 從無始世 來未曾與如來藏相應故. 若如來藏體有妄法 而使證會永息妄者 則無是處故.

넷째는 수다라에서 "일체세간의 생사염법이 다 여래장으로 말미암아 (依) 있는지라, 일체의 모든 법이 진여를 여의지 않는다"라는 설을 듣고, 이해하지 못하는 까닭에 여래장 자체에 일체세간의 생사 등의 법을 갖추었다고 여기니, 이를 어떻게 대치할 것인가? 여래장에는 본래부터 갠지스 강의 모래보다도 많은 모든 청정한 공덕이 있다. (따라서) 무엇을 여읜다거나, 그렇다고 무엇을 끊는 것도 아니며, 진여 의 뜻과 다르지도 않는 까닭에 갠지스 강의 모래보다 많은 번뇌의 염법은 오직 망령되이 있는 것이요,[920] 그 (망령된) 성품은 스스로 본래부 터 없는 것이니, 시작도 없는 때로부터 일찍이 여래장과 상응한 적이 없는 까닭이다. 만약 여래장의 바탕(體)에 망법妄法이 있다면 (진여의 이치를) 증득하고 깨닫게(證會) 하여 영원히 망법을 그치게(息) 한다는

---

[920] 갠지스 강의 모래보다 많은 번뇌의 염법이 망령되이 있다는 것은 인연 따라 있는 것을 말한다.

(使) 것은 곧 옳은 것이 못되는 까닭이다.[921]

五者聞脩多羅說, "依如來藏故有生死 依如來藏故得涅槃" 以不解
故 謂衆生有始 以見始故 復謂如來所得涅槃有其終盡 還作衆生.
云何對治. 以如來藏 無前際故 無明之相亦無有始. 若說三界外更
有衆生始起者 即是外道經說 又如來藏無有後際 諸佛所得涅槃
與之相應 則無後際故.

다섯째는 수다라에서 "여래장으로 말미암은 까닭에 생사가 있으며,
여래장으로 말미암은 까닭에 열반을 얻는다"라는 설을 듣고, 이해하지
못하는 까닭에 중생은 시작이 있다고 여기며, 시작을 보는 까닭에
다시 여래가 얻은 열반에 그 끝(終盡)이 있어 (열반이 다하면) 다시(還)
중생이 된다고 여기니, 이를 어떻게 대치할 것인가? 여래장은 전제(前
際: 과거의 어떤 시작)가 없는 까닭에 무명의 모습(相)도 또한 시작이
없으니, 만약 삼계 밖에(外) 중생이 있어 시작을 일으킨다고 설하면
곧 이는 외도경外道經[922]의 설이며, 또 여래장은 후제(後際: 미래의 어떤
끝)도 없으니 모든 부처님께서 얻은 열반도 그것과 상응하여 곧 후제가
없는 까닭이다.[923]

---

921 여래장의 바탕(體)에 망법妄法이 있는 것이 아닌 까닭에 (진여의 이치를) 증득하
   고 깨닫게(證會)하여 영원히 망법을 벗어나는 이치가 있게 된다는 뜻이다.
922 삼계 밖에(外) 중생이 있다고 믿는 것이 외도外道의 설이며, 부처님의 가르침은
   내도內道이다.
923 여래장의 정법훈습은 무시무종無始無終이나, 무명의 염법훈습은 무시유종無始
   有終이다. 염법의 무명은 진여의 정법훈습에 의해 사라지게 되기 때문이다.

【소疏-59】

第三辨相中, 先明人我見. 於中有二, 總標, 別釋. 別釋之中, 別顯五種. 各有三句. 初出起見之由. 次明執相. 後顯對治. 初執中言"卽謂虛空是如來性"者, 計如來性同虛空相也. 第二中言"乃至涅槃眞如之法亦畢竟空"者, 如大品經云. "乃至涅槃如幻如夢. 若當有法勝涅槃者. 我說亦復如幻如夢故." 第三中言"因生滅染義示現"者, 如上文言, "以依業識生滅相示", 乃至廣說故. 第四中言"不離不斷等"者, 如不增不減疏中廣說也. 第五中言"若說三界外更有衆生始起者卽是外道經說"者, 如仁王經之所說故. 上來五執, 皆依法身如來藏等總相之主而起執故. 通名人執也.

셋째 상相을 분별하는 중에, 먼저 인아견人我見을 밝혔다. 그 중에 두 가지가 있으니, 총표와 별석이다. 별석 중에 다섯 가지를 각기 드러냈으니, 각각 세 구절이 있다. 처음은 견見을 일으키는 이유를 내놓았고, 다음은 집착하는 모양(相)을 밝혔으며, 뒤에는 대치를 드러내었다.

처음 집착 중에 "곧 허공을 여래의 성품이라고 여긴다"라고 말한 것은 여래의 성품과 허공의 상相이 같은 것으로 잘못 여기는(計) 것이다.

둘째 중에 "내지 열반과 진여의 법 또한 필경에는 공空하다"라고 한 것은 『대품경』에서 "내지 열반은 환상과 같고 꿈과 같으니, 만약 어떤 법이 열반보다 수승하다 하더라도, 나는 또한 다시 환상과 같고 꿈과 같다고 말할 것이다"[924]라고 한 것과 같다.

---

[924] 대정장 제5권, 『대반야바라밀다경』, p.458하 23 행.

셋째 중에 "생멸하는 오염의 뜻으로 인因하여 나타난다"라고 말한 것은 위 글[925]에서 "업식으로 말미암아 생멸상이 나타난다"라고 말하고, 나아가(乃至) 자세히 설한 것과 같은 까닭이다.

넷째 중에 "진여의 뜻을 여의지도, 끊어지지도 않는다"라고 말한 것은 『부증불감경소』[926]에 자세히 설한 것과 같다.

다섯째 중에 "만약 삼계 밖에(外) 중생이 있어 다시 시작을 일으킨다고 설하면 이는 곧 외도경의 설이다"라고 말한 것은 『인왕경』에서 설한 것과 같은 까닭이다.

위의 다섯 가지 집착이 모두 다(皆) 법신과 여래장 등이 모든 모습(總相)의 주인이라는 것으로 말미암아(依) 집착을 일으키는 까닭에 통틀어 인집人執이라 이름하는 것이다.

【논論-60】 이승의 법아견法我見

法我見者, 依二乘鈍根故. 如來但爲說人無我. 以說不究竟 見有五陰生滅之法 怖畏生死 妄取涅槃. 云何對治 以五陰法自性不生則無有滅 本來涅槃故.

법아견法我見이란 성문, 연각 이승의 둔근鈍根으로 말미암은 까닭에 여래가 단지 그들을 위해 인무아人無我[927]만을 설했으나, 그 설한 것이

---

925 【논論-53】 참조.

926 원효대사의 저술이나 현존하지 않는다.

927 인무아人無我란 '사람이 진실로 나(我)라고 할 만한 내(我)가 본래 없는 것'을 말한다.

구경究竟이 아닌지라 5음陰[928]이 생멸하는 법이 있음을 보고 생사를 두려워하여 망령되이 열반을 취하는 것이니, 이를 어떻게 대치할 것인가? 5음의 법은 그 자성이 생生하지 아니하여 곧 멸滅함도 없으니, 본래 열반인 까닭이다.[929]

【소疏-60】

法我見中 亦有三句. 初明起見之由, "見有"以下 次顯執相. "云何"以下 顯其對治 文相可知.

법아견 중에도 세 구절이 있으니, 처음은 견見을 일으키는 이유를 밝혔고, "5음陰이 생멸하는 법이 있음을 보고" 이하는 두 번째 집착하는 모습을 드러냈으며, "어떻게" 이하는 그 대치對治를 드러내었으니, 글을 보면 알 수 있을 것이다.

【논論-61】 구경이집究竟離執을 밝힘

復次究竟離妄執者, 當知染法淨法皆悉相待 無有自相可說. 是故

---

928 생멸生滅 변화하는 기본 단위(종류)로, 색온色蘊, 수온受蘊, 상온想蘊, 행온行蘊, 식온識蘊을 오온五蘊 또는 오음五陰이라고 한다.

929 인무아, 즉 인아견에 대해서만 설했으므로, 오음五陰이 생멸하는 법이 있음을 보고, 그 속에 들어 있는 '생사가 곧 열반'인 이치를 모르고, 생사를 두려워하여 망령되이 열반을 취하는 것이 법아견法我見이다. 이를 바다에 비유하면, 바닷물이나 파도(波)는 같은 물(水)로서 파도는 수없이 치고 지고 생멸을 반복하지만, 바닷물은 생生함도 멸滅함도 없이 항상 부증불감不增不減인 것이다. 파도가 생사라면, 바다는 열반인 것이다. 생사의 현상계를 떠난 열반은 따로 있는 것이 아니라는 것이다.

一切法從本已來 非色非心 非智非識 非有非無 畢竟不可說相. 而有言說者 當知如來善巧方便 假以言說引導衆生. 其旨趣者 皆爲離念 歸於眞如. 以念一切法 令心生滅 不入實智故.

다시 끝내(究竟) 망집妄執을 여읜다는 것은, 염법과 정법이 모두 다(皆悉) 서로 의지하는지라, 가히 설할 수 있는 자상自相[930]이 있는 것도 아님을 마땅히 알아야 할 것이다(當知). 시고是故로 일체의 법은 본래부터 색色도, 심心도, 지智도, 식識도, 유有도, 무無도 아니어서 끝내(畢竟) 가히 그 모양을 설할 수 없음에도 언설言說이 있는 것은, 여래의 선교방편善巧方便[931]을 빌려서(假) 언설로써 중생을 인도하는 것임을 알아야 할 것이다. 그 취지는 모두 망념妄念을 떠나 진여眞如에 돌아가게 하기 위한 것이니, 일체법을 생각(念)하면 마음으로 하여금 생멸生滅케[932] 하여 참된 지혜(實智)에 들어가지 못하게 하는 까닭이다.[933]

---

930 자상自相이란 다른 것과 구별되는 그 사물만이 지니는 특별한 본질과 모양을 말한다.

931 부처님의 깨달은 진리는 중생의 사유분별로는 깨닫기 힘들다. 따라서 중생을 깨달음으로 인도하기 위해 교묘한 방법이나 언설이 필요한 바, 이를 여래의 선교방편善巧方便이라 한다.

932 분별이 일어나기 이전에는 고요하다. 고요를 유지하면 해탈이고 열반이다. 분별로 말미암아 망상이 일어나는 것이다. 분별이 없으면 있는 그대로 보고 판단한다.

933 【논論-11】에서 "일체법은 본래부터 언설의 차별상(言說相)을 여의고, 명자名字의 차별상도 여의고, 심연(心緣: 생각에 의한 분별)의 차별상도 여의어서, 필경에는 평등하여 변하거나 달라질 것도 없으며, 파괴할 수도 없어 오직 한마음(一心)인 까닭에 진여眞如라 부르는 것이다"라고 하였고, 【논論-13】에서 "만약 생각(망념)을 여읜다면 진여에 들어가게 된다고 하는 것이다"라고 하였

【소疏-61】

第四究竟離執之義. 於中有二. 先明諸法離言道理. 後顯假說言教之
意. 文相可見

넷째는 구경(究竟: 끝내는)에는 집착을 여의는 뜻(義)이니, 그 중에
두 가지가 있다. 먼저는 모든 법이 말을 여읜(離言) 도리를 밝혔고,
뒤에는 언설을 빌려 가르침(敎)의 뜻을 드러내었으니, 글을 보면 알
수 있을 것이다.

3) 분별발취도상分別發趣道相

第三發趣分中有二. 一者總標大意. 二者別開分別.

셋째 발취분發趣分 중에 두 가지가 있으니, 첫째는 대의를 전체적으로
나타내었고, 둘째는 각각 분별을 열었다.

【논論-62】 분별발취도상

分別發趣道相者, 謂一切諸佛 所證之道 一切菩薩發心修行 趣向
義故.

분별발취도상分別發趣道相이란 일체제불이 증득한 도道에 일체의 보살
이 발심[934] 수행하여 나아가는(趣) 뜻을 말하는 까닭이다.[935]

다. 그럼에도 언설言說이 있는 것은, 중생들은 언설이 있어야 조금이라도 알아듣
기 때문이다.

【소疏-62】

初中言"一切諸佛所證之道"者, 是擧所趣之道. "一切菩薩"以下 顯其
能趣之行. 欲明菩薩發心趣向佛所證道. 故言"分別發趣道相"也.

처음 중에 "일체제불이 증득한 도道"라고 말한 것은, 나아가야 할 바의
도를 말한(擧) 것이며, "일체의 보살" 이하는 능히 나아가는 행行을
드러낸 것이니, 보살이 발심하여 부처님이 증득한 도에 나아가는 것을
밝히려 한 까닭에 "분별발취도상"이라고 말한 것이다.

以下第二別開分別 於中有三. 一者擧數開章. 二者依數列名. 三者依
名辨相

아래는 둘째 분별을 각각 열어젖힌 것으로 이 중에 세 가지가 있으니,
첫째는 수를 들어 장章을 연 것이고, 둘째는 수에 의거하여 이름을
열거한 것이며, 셋째는 이름에 의거하여 상을 분별한 것이다.

【논論-63】 발심發心의 종류

略說發心有三種. 云何爲三. 一者信成就發心. 二者解行發心. 三
者證發心.

---

934 중생의 발심은 정업난면定業難免의 설교를 듣고, 고苦에 대한 자각으로 발심을
하게 되니 포고怖苦 발심인 것이다. 그러나 보살의 발심은 해행解行 발심이다.
935 해석분의 1)현시정의顯示正義에서 일체제불이 증득한 도道에 대한 공부를 하였
고, 2)대치사집對治邪執에서 그에 대한 잘못된 이해를 바로 잡는 공부를 하였으
니, 이제 3)분별발취도상分別發趣道相에서는 그 배운 바를 어떻게 실천해 나갈
것인가를 공부할 차례다.

간략히 발심發心을 설하면 세 가지가 있으니, 무엇이 세 가지인가?

첫째는 신성취발심信成就發心이요,[936] 둘째는 해행발심解行發心이며, 셋

---

936 감산대사는 『대승기신론직해』에서 "'신성취발심'이란 십신十信의 단계를 마치고, 십주十住의 첫 단계인 발심주發心住에서 믿음을 일으키거나 또는 믿음을 개발한다는 뜻이다. 십주의 첫 단계에서 세 가지 지혜(三智)와 다섯 가지 눈(五眼)이 일시에 개발되는 까닭이다(信成就發心─十信滿心, 初發心住, 乃發起之發, 亦是開發之發, 以十住初心, 三智五眼一時開解故)"라고 하였으나, 『대승기신론직해』에는 삼지오안三智五眼에 대한 구체적 설명은 없다. 오진탁은 『감산의 기신론풀이』에서

1) 세 가지 지혜(三智)란 "보살이 중생을 교화할 때 세간과 출세간, 유루와 무루의 도를 말하는 도종지道種智, 모든 것의 총체적 모습을 아는 일체지一切智, 부분적으로 아는 일체종지一切種智이다"라고 『대품반야경』에 근거한 해설을 하고 있으나, 네이버 지식백과(문화콘텐츠닷컴, 문화원형 용어사전, 한국콘텐츠진흥원, 2012)에는 일체종지란 "부처님이 지니신 지혜로, 모든 존재의 차별과 평등함을 가려내는 것을 일체지라고도 한다"라고 풀이하고 있으며, 천태지자의 『마하지관摩訶止觀』에서도 "부처의 지혜를 구하는 것은 여래의 일체종지를 얻는 것이다"라고 풀이하고 있다.

2) 다섯 가지 눈(五眼)에 대해서도, "①몸에 붙은 육안肉眼, ②색계色界의 천인이 지닌 천안天眼, ③성문과 연각의 혜안慧眼, ④보살이 일체법을 보는 법안法眼, ⑤부처님의 불안佛眼이다"라고 설명하고 있다.

이는 『금강경』을 비롯한 대부분의 불서에서 언급하고 있는 것들로, 실제로 이런 눈(眼)들은 없으며, 미혹한 중생이 부처님의 지혜를 배우는 까닭에 중생의 육안, 고승대덕의 혜안과 부처님의 불안만 있는 것이다. 지혜에 대해서도 마찬가지로 중생의 사량 분별지分別智와 구별되는 부처님의 일체종지, 일체지만 있는 것이다. 이와 같은 복잡한 용어들은 부파불교와 대승불교에서 자파 논리의 우월을 나타내기 위해 만들어 낸 것들로, 일반인들의 교리공부를 어렵게 하는 요인들이다.

범부의 육안과 분별지를 벗어나고자 하는 노력이 수행이며, 깨달음을 향한

째는 증발심證發心이다.

【소疏-63】

初文可知 第二中言"信成就發心"者, 位在十住 兼取十信. 十信位中修
習信心, 信心成就. 發決定心 卽入十住故 名"信成就發心"也. "解行發
心"者, 在十迴向 兼取十行. 十行位中 能解法空 隨順法界 修六度行
六度行純熟 發迴向心入向位故. 言"解行發心"也. "證發心"者, 位在初
地以上 乃至十地 依前二重相似發心 證得法身發眞心也.

처음 글은 알 수 있을 것이다. 둘째 중에 "신성취발심信成就發心"이라
말한 것은, 수행의 위(位: 단계)가 10주住에 있으면서 겸하여 10신信을
취하니, 10신의 위位에서 신심信心을 닦고 익혀서, 신심을 성취하여,
결정심決定心을 발하여 곧 10주住에 들어가는 까닭에 "신성취발심"이라
이름하는 것이다.

　"해행발심解行發心"이란, 10회향迴向의 위位에 있으면서 겸하여 10행
行을 취하니, 10행의 위位에서 법공法空을 능히 이해하고, 법계法界를
수순하여 육바라밀행(六度行)을 닦아, 육바라밀행이 무르익으면(純
熟) 회향심迴向心을 발하여 회향의 위에 들어가는 까닭에 "해행발심"이

발심發心인 것이다. 발심은 일회용이 아니라, 깨달음을 향한 지속적이고도
굳은 마음이 발심인 것이다. 그런 마음이 굳어져 어떠한 경우에도 물러서지(不
退) 않게 될 때 비로소 '초발심시변정각初發心是便正覺'이라 하는 것이다.
참고로, 풍수風水에서는 보통 사람의 육안, 풍수공부를 어느 정도 하여 법수法數
에 맞게 산(山: 명당)을 볼 줄 아는 눈을 법안, 이론에 얽매이지 않고도 직관直觀
으로 산을 볼 수 있을 때 도안道眼이라 한다.

라 말하는 것이다.

"증발심證發心"이란, 초지初地 이상 내지 10지地 위위에서 앞서의 두 가지 상사발심相似發心[937]에 의지하여 법신法身을 증득하여 진심眞心을 발發하는 것을 말한다.

第三辨相 文中有三. 如前次第說三心故. 初發心內 亦有其三. 一明信成就之行. 二顯行成發心之相 三歎發心所得功德.

셋째는 모습(相)을 변별하는 것으로, 글 중에 세 가지가 있으니, 앞에서 차례대로 세 가지 마음을 설한 까닭이다. 초발심初發心 내에도 역시 세 가지가 있으니, 첫째는 신성취행信成就行을 밝혔고, 둘째는 행위가 이루어져 발심한 상相을 드러냈으며, 셋째는 발심하여 얻게 된 공덕을 찬탄하였다.

【논論-64】 신성취발심

信成就發心者, 依何等人 修何等行 得信成就 堪能發心. 所謂依不定聚衆生 有熏習善根力故. 信業果報 能起十善 厭生死苦 欲求無上菩提 得値諸佛 親承供養 修行信心 經一萬劫 信心成就故. 諸佛菩薩教令發心. 或以大悲故 能自發心. 或因正法欲滅 以護法因緣能自發心. 如是信心成就得發心者, 入正定聚 畢竟不退 名住如來

---

937 상사발심相似發心이란 진실발심과 유사類似한 발심이라는 뜻으로, 신성취발심과 해행발심을 말하며, 증발심은 도를 증득하는 발심이라는 뜻의 진실발심이다.

種中 正因相應.

신성취발심이란, 어떤 사람들에 의하여[938] 어떤 행들을 닦아야 믿음을
성취하여 능히 발심發心을 잘(堪) 할 수 있는가 하는 것이다. 소위
부정취중생不定聚衆生[939]에 의함이니, 선근善根을 훈습한 힘이 있는 까닭
에 업의 과보를 믿어 능히 10선善을 일으키며, 생사의 고苦를 싫어하고,
무상보리(無上菩提: 正覺)를 구하고자 하며(十信),[940] 여러 부처님을 만나
(値) 친히 받들어 공양하고, 신심信心을 닦고 행하며, 일만 겁劫을 지나

---

938 대부분의 해설 책자나 법문에서 "어떤 사람에게 의지하여 또는 기대어(依何等
人)"로 한역韓譯하여 "어떤 선지식에 의지하여 또는 기대어"로 설하고 있으나
잘못된 것이다. 발심하는 사람은 선지식이 아닌 수행하는 당사자를 말하며,
"어떤 사람들에 의하여"로 옮겨야 맞다. 의역하자면 "어떤 류類의 사람들이
어떤 행을 닦아야'의 뜻인 것이다. 어떤 류의 사람들이란 바로 '부정취중생'을
말하는 것이다. 즉 부정취중생의 발심이 신성취발심인 것이다.
   원효대사도 『소·별기』에서 선지식이 아닌 수행자로 설하고 있다(是問 能修
之人).
   현수법장의 『의기記』에도 "처음의 질문은 수행인이다(一問 能修行人)"라고 밝
히고 있다.
   ☞ 여기에서도 보듯이 현수법장은 원효대사의 글을 그대로 모방하고 있다.
939 부정취중생不定聚衆生이란 수행하여 열반에 이를지, 퇴보하여 악도에 떨어질지
아직 결정되지 않은(不定) 중생을 말한다.
   감산대사는 『대승기신론직해』에서 부정취중생은 '바람에 흩날리는 머리칼처
럼 왔다 갔다 한다' 하여 모도毛道범부라 했다(謂之毛道凡夫, 謂心如空中之毛,
故云不定聚也).
940 업의 과보를 믿는다는 것은 선업에는 낙과樂果를 일으키고, 악업에는 고과苦果
를 일으키는 업보의 원리를 믿는 것을 말한다. 이를 믿기에 십선을 행하며,
생사의 고를 싫어하고, 무상보리無上菩提를 구하는 것이다.

신심이 성취되는 까닭에 제불보살이 가르쳐 발심케 하며, 혹은 대비大悲를 쓰는(以) 까닭에 능히 스스로 발심케 하며, 혹은 정법正法이 멸하려 할 때에 법을 수호(護法)하는 인연으로 능히 스스로 발심하는 것이다. 이와 같이 신심을 성취하여 발심한 사람은 정정취正定聚[941]에 들어 끝내 퇴전하지 아니하니, 이를 여래의 종(種: 씨앗) 중에 머물러 정인正因과 상응한다고 이름한다.

若有衆生善根微少 久遠已來煩惱深厚, 雖値於佛亦得供養, 然起人天種子 或起二乘種子. 設有求大乘者, 根則不定 若進若退. 或有供養諸佛 未經一萬劫 於中遇緣亦有發心. 所謂見佛色相而發其心. 或因供養衆僧而發其心. 或因二乘之人教令發心. 或學他發心. 如是等發心, 悉皆不定. 遇惡因緣 或便退失墮二乘地.

만약 어떤 중생이 선근이 미소微少하여 아득히 먼 옛날부터 번뇌가 깊고 두터우면(深厚) 비록 부처님을 만나 공양하더라도 인간이나 천인 (人天)의 종자를 일으키고, 혹은 이승二乘의 종자를 일으킨다. 설사 대승을 구하는 사람이 있다 하더라도 근기根器가 정해지지 아니하여(不定), 어떤 때는 나아가고 어떤 때는 물러나며, 혹은 여러 부처님께 공양함에 있어 아직 1만 겁劫을 지나지 않았지만, 중도에서 좋은 연緣을 만나 또한 발심을 하기도 한다. 소위 부처님의 색상(色相: 32상)을 보고 발심을 하기도 하며, 혹은 여러 승려(승보)에게 공양함으로 인因하여 발심하며, 혹은 성문, 연각 이승인人의 가르침으로 인하여 발심하며,

---

941 수행을 하여 견혹見惑을 끊어 열반에 들게 될 중생을 말한다.

혹은 다른 사람(도반)에게 배워 발심한다. 이와 같은 발심들은 모두 다 견고하지 않은(不定) 것들이니, 나쁜(惡) 인연을 만나면 혹은 곧(便) 퇴실退失하여 이승二乘의 지위로 떨어지기도 한다.[942]

【소疏-64】

初中亦二. 先問後答. 問中言, "依何等人"者, 是問能修之人. "修何等行"者, 問其所修之行. "得信成就堪能發心"者, 對發心果 問其行成也. 答中有二, 一者正答所問. 二者擧劣顯勝. 正答之內 對前三問. 初言 "依不定聚衆生"者, 是答初問 顯能修人.

처음 중에 또한 두 가지가 있으니, 먼저는 묻고 뒤에는 답하였다. 묻는 중에 "어떤 사람들에 의하여(依何等人)"라고 말한 것은 능히 닦는 사람을 물은 것이요, "어떤 행을 닦아야"라고 말한 것은 닦아야 할 행을 물은 것이며, "믿음을 성취하여 능히 발심을 잘(堪) 할 수 있는가"라고 말한 것은 발심의 결과에 대하여 그 행위의 이루어짐을 물은 것이다. 답 중에 두 가지가 있으니, 첫째는 물은 것에 바로 답한 것이고, 둘째는 열등한 자를 들어 뛰어난 자를 드러낸 것이다. 바로 답한 내용은 앞서의 세 가지 물음에 대한 것이다. 처음에 "부정취중생에 의하여(依不定聚衆生)"라고 말한 것은 처음 물음에 답한 것이니, 능히 닦는 사람을 드러낸 것이다.

---

942 신성취발심信成就發心 단계에서는 아직 믿음이 견고하지 않아 어떤 인연을 만나느냐에 따라 선업을 지을 수도, 악업을 지을 수도 있다.

分別三聚 乃有多門. 今此文中, 直明菩薩十解以上 決定不退 名正定
聚. 未入十信 不信因果 名邪定聚. 此二中間 趣道之人 發心欲求無上
菩提 而心未決或進或退 是謂十信 名不定聚. 今依此人明所修行也.
"有熏習"以下 次答第二問, 明不定人所修之行. 言"有熏習善根力"者,
依如來藏內熏習力 復依前世修善根力 故今得修信心等行也. 言"信業
果報能起十善"者 起福分善也. "厭生死苦求無上道"者, 發道分心也.
"得値諸佛修行信心"者, 正明所修道分善根 所謂修行十種信心. 其相
具如一道章說也.

3취취[943]를 분별한다면 여기에 여러 문門이 있지만, 이제 이 글에서는
다만(直) 보살이 10해解 이상에서 결정코 물러나지 않음(不退)을 ①정
정취正定聚라 이름하고, 아직 10신信에 들지 아니하여 인과因果를 믿지
않는 것을 ②사정취邪定聚[944]라 하며, 이 둘의 중간에 도道에 나아갈(趣)
사람이 발심하여 무상보리(正覺)를 구하려 하지만, 아직 마음이 정해지
지 아니하여 때에 따라 나아가고 물러서는 것을 10신信이라 하여 ③부
정취不定聚라 이름한다. 이제 이 사람들에 의해서 닦아야 할 행을
밝힌다. "선근善根을 훈습한 힘이 있는" 이하는 그 다음 둘째 물음에
답한 것이니, 어떤 길로 나아갈지 정해지지 않은 사람들이 닦는 행을
밝힌 것이다. "선근을 훈습한 힘이 있다"라고 말한 것은 여래장如來藏
내의 훈습하는 힘에 의지하고, 다시 전생에 선근을 닦은 힘에 의지하는

---

943 3취취는 중생의 근기를 세 부류로 나눈 것으로서 정정취正定聚, 사정취邪定聚,
　　부정취不定聚를 가리킨다.
944 사정취邪定聚란 인과因果를 믿지 않는 중생의 삿된 소견으로, 깨달음과 점점
　　멀어져 가는 중생을 말한다.

까닭에 이제 신심을 닦는 등의 행을 하게 되는 것이다. "업의 과보를 믿어 능히 10선善을 일으킨다"라고 말한 것은 복 받을(福分) 선을 일으키는 것이다. "생사의 고苦를 싫어하고 위없는 무상보리를 구한다"라는 것은 도를 이룰(道分) 선근을 닦는 것을 밝힌 것이며, "여러 부처님을 만나 신심을 닦고 행한다"라는 것은 바로 닦아야 할 도분道分의 선근을 밝힌 것이니, 소위 열 가지 신심信心을 닦고 행하는 것이며, 그 모습은 『일도장一道章』[945]에서 설한 것과 같다.

"逕一萬劫"以下 答第三問. 明其信心成就之相. 於中有二 一者擧時以明信成發心之緣 二者約聚 顯其發心所住之位. 初中言"至一萬劫信心成就"者, 謂於十信逕十千劫 信心成就 卽入十住. 如本業經云"是信想菩薩 於十千劫行十戒法 當入十住心 入初住位."

"1만 겁을 지나" 이하는 셋째 물음에 답한 것이니, 신심을 성취하는 모습을 밝힌 것이다. 이 중에 두 가지가 있으니, 하나는 시간을 들어 믿음을 성취하여 발심하는 연緣을 밝혔고, 둘째는 취聚에 따라(依) 발심하여 머무는 위位를 드러내었다. 처음에 "1만 겁에 이르러 신심을 성취한다"라고 말한 것은 10신信에서 십천十千 겁을 지나(逕) 신심이 성취되면 곧 10주住에 드는 것(入)을 말하는 것이니, 이는 『본업경本業經』에서 "이 신상信想 보살이 십천 겁에 10계법戒法을 행하면 마땅히 10주심住心에 들어 초주初住의 위位에 들어간다"[946]라고 한 말과 같다.

---

945 원효대사의 저술이나 현존하지 않는다.

946 대정장 제24권, 『보살영락본업경』, p.1021중 25행.

解云. 此中所入初住位者, 謂十住初發心住位 此位方得不退信心. 是
故亦名信入十心. 非謂十解以前十信. 何以得知而其然者. 如仁王經
云, "習種姓有十心. 已超二乘一切善地. 此習忍已前行十善菩薩 有退
有進. 猶如輕毛隨風東西. 雖以十千劫行十正道 發菩提心 乃當入習
忍位." 以是文證 故得知也.

이를 풀이하면, 이 중에 초주初住에 들어가는 위위란 10주住에서 처음
발심하여 머무는 위(住位)를 말하는 것이니, 이 위位라야 비로소 물러나
지 않는 신심을 얻게 되는 것이며, 그러므로 또한 믿어서 10심心[947]에
들어간다고 이름하는 것이나, 10해解 이전의 10신信을 말하는 것이
아니다. 무엇으로 그것이 그러함을 아는가? 이는 『인왕경仁王經』에서
"습종성習種性[948]에 10심心이 있으니, 이미 이승二乘의 일체 선지善地를
초월하였으며, 이 습인習忍 앞의 10선善을 행하는 보살은 (수행에)
퇴보하기도 하고 진보하기도 하여, 마치 가벼운 털이 바람 따라 동서로
왔다 갔다 하는 것과 같다.[949] 비록 십천 겁에 10정도正道를 행하며
보리심을 발하지만 곧 마땅히 습인의 위位에 들어가야 한다"[950]라고

---

947 십심十心은 십주심十住心으로, 『보살영락본업경』에서 밝히는 52위의 보살 수행
계위에 따르면 ① 발심주發心住, ② 치지주治地住, ③ 수행주修行住, ④ 생귀주生
貴住, ⑤ 방편구족주方便具足住, ⑥ 정심주正心住, ⑦ 불퇴주不退住, ⑧ 동진주童
眞住, ⑨ 법왕자주法王子住, ⑩ 관정주灌頂住 등이 있다.

948 수행에 의해 10주住의 위位에 들 수 있는 후천적 소질을 말한다.

949 감산대사는 『대승기신론직해』에서 "부정취중생은 '바람에 흩날리는 머리칼처
럼 왔다 갔다 한다' 하여 모도毛道범부다(謂之毛道凡夫, 謂心如空中之毛, 故云不定
聚也)"라고 하였다.

950 대정장 제8권, 『인왕경』, p.831중 7~10행.

하였으니, 이 글이 증명하는 까닭에 알 수 있는 것이다.

經言十千 卽此一萬也. 言"佛菩薩教令發心"等者, 發心之緣 乃有衆多. 今略出其三種勝緣也. "如是"以下 顯其發心所住之位. 言"信心成就乃至入正定聚"者, 卽入十解初發心住. 以之故言"畢竟不退"也. 卽時正在習種性位. 故言"名住如來種中"也. 其所修行隨順佛性 是故亦言"正因相應." 上來正答前三問竟.

경經에서 '십천十千'이라 한 것은 1만萬을 의미한다. "제불보살이 가르쳐 발심케 하며"라는 등의 말을 한 것은, 발심發心의 연緣이 많이 있으나, 여기서는(今) 간략히 세 가지 수승한 연緣만을 낸 것이다. "이와 같이(如是)" 이하는 그 발심이 머무는 위位를 드러낸 것이고, "신심이 성취되어 나아가 정정취正定聚에 든다"라고 말한 것은 곧 10해解의 초발심에 들어(入) 머무는 것이다. 이런 까닭에 "끝내(畢竟) 물러나지 않는다"라고 말한 것이다. 즉시 바로 습종성習種性[951]의 위位에 있는 까닭에 "여래종如來種 중에 머문다'라고 이름한다"라고 말했으며, 그 수행하는 바가 불성佛性을 수순하는 까닭에 또한 "정인正因과 상응한다"라고 말한 것이다. 이상으로 앞의 세 가지 물음에 바로 답하여 마친다.

"若有"以下 擧劣顯勝 十信位內 有勝有劣. 勝者如前進入十住. 劣者如此退墮二乘地. 如攝大乘論云, "諸菩薩在十信位中 修大乘未堅固. 多

---

951 깨달음의 소질이 선천적이냐, 아니면 수행(習)에 의한 후천적으로 갖추게 된 것이냐에 따라 전자를 성종성性種性, 후자를 습종성習種性이라 한다.

厭怖生死 慈悲衆生心猶劣薄. 喜欲捨大乘本願 修小乘道 故言欲修行
小乘." 大意如是 文相可知. 上來明信成之行.

"만약 어떤 중생이" 이하는 열등한 자의 예를 들어 수승한 자를 드러내었
다. 10신信의 위 안에는 수승한 자도 있고 열등한 자도 있으니, 뛰어난
자는 앞에서 말한 것처럼 10주住에 진입進入하고, 열등한 자는 여기서와
같이 물러나 이승二乘의 경계(地)에 떨어진다. 이는『섭대승론』에서
"모든 보살이 10신信의 위位에서는 대승을 닦음이 아직 견고하지 못하여
다수가 생사를 싫어하고 두려워하며, 중생에 대한 자비심이 아직도
적고 엷어서 대승의 본원本願을 버리고 소승도小乘道를 닦기를 즐겨하
는 까닭에 소승을 수행하고자 한다고 말한다"⁹⁵²라고 하는 것과 같다.
대의大意가 이와 같으니, 글을 보면 알 수 있을 것이다. 이상으로
믿음이 이루어지는 행行을 밝혔다.

【논론-65】 신성취발심信成就發心의 직심直心, 심심深心, 대비심大悲心

復次信成就發心者, 發何等心. 略說有三種 云何爲三. 一者直心
正念眞如法故. 二者深心 樂集一切諸善行故. 三者大悲心 欲拔一
切衆生苦故.

다시 신성취발심信成就發心이란 어떠한 마음을 발하는 것인가? 간략히
말하자면 세 가지가 있는데, 어떤 것이 세 가지인가? 첫째는 직심直心이
니 바로 진여의 법을 생각하는 까닭이다. 둘째는 심심深心이니 일체의

---

952 대정장 제31권,『섭대승론』, p.265상 4~7행.

모든 선행을 즐겨 모으는 까닭이다. 셋째는 대비심大悲心[953]이니 일체중생의 고苦를 없애(拔)주려는 까닭이다.[954]

問曰. 上說法界一相. 佛體無二. 何故不唯念眞如. 復假求學諸善之行.

答曰. 譬如大摩尼寶 體性明淨 而有鑛穢之垢. 若人雖念寶性 不以方便種種磨治 終無得淨. 如是衆生眞如之法體性空淨 而有無量煩惱染垢. 若人雖念眞如 不以方便種種熏修 亦無得淨. 以垢無量徧一切法故. 修一切善行以爲對治. 若人修行一切善法 自然歸順眞如法故.

물기를, "위에서 법계는 하나의 모습(相)이며, 불체佛體는 둘이 없다고 설하였는데, 무슨 까닭으로 오직 진여만을 생각하지 아니하고, 다시 모든 선행을 찾아 배워야 하는가?"

---

[953] 대비심大悲心이란 중생으로 하여금 팔고八苦에서 빠져나오게 하는 마음을 말한다. 팔고는 생고生苦, 노고老苦, 병고病苦, 사고死苦, 애별리고愛別離苦, 원증회고怨憎會苦, 구부득고求不得苦, 오온이 치성熾盛한 오음성고五陰盛苦를 말한다.

[954] 오고산吳杲山은 『대승기신론강의』에서 "①직심直心은 거짓이 없는 진실한 마음으로서 부처님을 믿는 것이요, ②심심深心은 의심이 없는 깊은 신심信心을 가지는 것이요, ③대비심大悲心은 불佛의 마음으로 대자비大慈悲의 마음을 일으켜 일체중생의 고苦를 없애서 제도濟度하는 데 있는 것이다"라고 하였다. 『유마경, 불국품』에서는 정토에 태어나는 중생의 마음으로 ①직심直心: 아첨하지 않는 마음(不諂衆生), ②심심深心: 공덕을 구족한 마음(具足功德衆生), ③보리심菩提心: 대승중생大乘衆生을 들고 있다.

답하길, "비유컨대 큰(大) 마니보주摩尼寶珠가 그 바탕 성품(體性)은 맑고 깨끗하지만(而), (아직) 광석에 더러운(穢) 때(垢)가 있는 것 같다. 만약 사람들이 비록 마니보주의 성품을 생각할지라도 방편方便으로써 갖가지로 갈고 다듬지 아니하면 끝내 깨끗해질 수 없는 것이다. 이와 같이 중생의 진여眞如의 법도 그 체성은 텅 비고(空) 깨끗하나(淨), 무량한 번뇌의 오염된 때(染垢)가 있으니, 만약 사람이 비록 진여를 생각할지라도 방편으로써 갖가지로 훈습하여 닦지 아니하면 역시 깨끗해질 수가 없는 것이다. 왜냐하면 때(垢)가 무량하여 일체 법에 두루(徧)한 까닭에 일체의 선행을 닦음으로써 대치해야 하는 것이니, 만약 사람들이 일체의 선법善法을 수행하면 저절로(自然) 진여의 법에 돌아가 수순(歸順)하게 되는 까닭이다.[955]

略說方便有四種. 云何爲四.

一者行根本方便, 謂觀一切法自性無生 離於妄見 不住生死 觀一切法因緣和合 業果不失, 起於大悲 修諸福德, 攝化衆生 不住涅槃. 以隨順法性無住故.

---

[955] 선행을 하고, 경전을 공부하고, 수행을 해야 하는 이유를 이보다 더 쉽고 분명하게 설명할 수 없다. 사족을 달자면, 아무리 값진 보석이라 할지라도 더러운 때로 뒤덮여 있는 한, 보석의 광채를 발할 수도 없을 뿐더러, 보석인지 알 수도 없다. 보석의 표면에 붙어 있는 더러운 때를 벗겨내야 보석으로서의 자태를 드러내는 것이다. 우리 마음 또한 보석과 같아, 중생의 마음바탕(心體)은 공空한 진여법체로서 청정무구하나, 마음바탕을 감싸고 있는 무량한 번뇌의 오염된 때(染垢)로 덮여 있어 청정무구한 마음바탕을 드러낼 길이 없다. 갖가지 방편으로 훈습하여 오염된 때를 닦아내야 하는 이유인 것이다.

二者能止方便. 謂慚愧悔過, 能止一切惡法不令增長. 以隨順法
性離諸過故.

三者發起善根增長方便. 謂勤供養禮拜三寶, 讚歎隨喜 勸請諸佛.
以愛敬三寶淳厚心故. 信得增長 乃能志求無上之道. 又因佛法僧
力所護故. 能消業障善根不退. 以隨順法性離癡障故 四者大願平
等方便 所謂發願盡於未來 化度一切衆生使無有餘 皆令究竟無
餘涅槃 以隨順法性無斷絶故 法性廣大徧一切衆生 平等無二 不
念彼此 究竟寂滅故.

간략히 (수행) 방편[956]을 설하자면 네 가지가 있으니, 어떤 것이 네
가지인가?

첫째는 근본진리에 따라 행하는 방편(行根本方便)으로, 일체의 법(一
切法)은 자성自性이 생겨나는 것이 없음(無生)을 보고(觀) 망견妄見
을 여의어 생사에 머물지 아니하며, 일체의 법이 인연因緣으로 화합和合
하여 업의 과보(業果)를 잃지 아니함을 보고, 대비심大悲心를 일으켜
모든 복덕福德을 닦아 중생을 아우르고 교화(攝化)하여 열반에 머물지
않음을 말하니,[957] 이는 법성法性에 수순隨順하여 머무름(住)이 없는

---

[956] 수행방편이란 중생들로 하여금 진여眞如를 생각하고 일체의 선善을 행하게
하는 것을 말한다. 방편은 아무리 좋은 말을 해주어도 말귀를 못 알아듣는
중생을 위한 것이다. 불보살이나 선지식이 자신의 편리를 위해 행하는 것이라면
방편이 아니다. 방편은 항상 중생제도를 위한 것이다.

[957] 이 같은 행이 어디에도 걸림이나 집착이 없는 무주행無住行이며, 직심直心으로
진여를 생각해 법성에 수순하는 행으로 행근본방편行根本方便이다. 예를 들면
"지옥중생이 하나라도 있는 한 성불하지 않겠다"라고 하는 지장보살의 방편이,

까닭이다.[958]

둘째는 능히 그치는 방편(能止方便)으로, 자기의 허물을 부끄러워하고 뉘우쳐서(慚愧悔過)[959] 일체의 악법을 그쳐서 증장하지 않게 함을 말하는 것이니,[960] 이는 법성法性에 수순하여 모든 허물을 여의는 까닭이다.[961]

중생을 교화하고 열반에도 머무르지 않는 무주행의 표본으로 법성에 수순하는 행行이라 할 수 있다.

[958] 법성法性은 부주不住, 무주無住하여 어디에 머무는(住) 바가 없이 시공간적으로 시방삼세에 편만遍滿하다. 머무르는 바가 없는 까닭에 피차彼此의 구별이 없으며, 평등, 무이無二, 무이無異한 까닭에 수행하여 부처도 되고, 악인이 선행도 하고, 선인이 악행도 하는 것이다. 세상의 악행은 법성이 악하거나 법성에 악한 성품이 있어서가 아니라, 악연惡緣을 만나기 때문이다.

[959] 참괴회과慚愧悔過는 자참타괴自慚他愧, 즉 스스로 허물을 부끄러워하고(自慚), 남이 나를 어떻게 볼까를 생각하여 남에게 부끄러운(他愧) 줄 아는 것을 말한다.

[960] 악법惡法을 그쳐야 하는(止) 이유는, 악법을 좇으면 반드시 장애가 따르기 때문이다. 장애란 하는 일이 잘 안 된다는 뜻이다. 불공을 드리고 기도를 하기에 앞서 악법부터 그쳐야 하는 것이다. 현재 짊어지고 있는 업보만으로도 세상살이가 힘든데, 또다시 악업을 보태면 안 되는 것이니, 현재의 허물을 뉘우치고 더 이상의 악법은 그쳐야 하는 것이다.
감산대사는 『대승기신론직해』에서 "지방편止方便이라 함은 아직 짓지 않은 악惡은 참괴慚愧하여 능히 그치고(止), 이미 지은 악惡은 회과悔過하여 악惡이 커지지 않게 해야 한다……. 이것이 지지止持방편이다(言止方便者—謂未作之惡慚愧能止, 已作之惡悔過不增……. 此「止」持也)"라고 하였다. 하지만 이는 소극적인 방편이다.

[961] 스스로 옳은 일(善業)인지 그른 일(惡業)인지, 해야 할 일인지 하지 말아야 할 일인지를 아는 것이 법성法性이며, 이에 따라 더 이상 악업을 짓지 않고, 옳은 일만 하는 것이 법성에 수순隨順하는 것이다.

셋째는 선근을 일으켜 증장시키는 방편(發起善根增長方便)으로, 부지런히 불佛, 법法, 승僧 삼보三寶에 공양하고 예배하며, 모든 부처님을 찬탄하고 따라 기뻐하며(隨喜), 법문을 청(勸請)하여 삼보를 애경愛敬하는 순후淳厚한 마음인 까닭에 믿음이 증장되어 무상도無上道를 구하는 데 뜻을 두며, 또 불, 법, 승 삼보의 힘으로 인因하여 보호받는 까닭에 업장業障을 소멸하고 선근善根이 물러나지(退) 않는 것이니, 법성에 수순하여 어리석음의 장애(癡障)를 여의는 까닭이다.[962]

넷째는 대원평등방편大願平等方便으로, 소위 대원大願[963]을 발하여 미래가 다하도록 일체중생을 교화하고 제도하여 남은 중생이 없게 하여(보살행), 모두 다 끝내는(究竟) 무여열반無餘涅槃을 이루도록 하는 것이니, 이는 법성에 수순하여 단절됨이 없는 까닭이다. 법성은 광대하여 일체중생에 두루하고 평등하여 둘이 없으며, 피彼, 차此를 생각하지 아니하여 끝내는(究竟) 적멸한 까닭이다.

---

[962] 감산대사는 『대승기신론직해』에서 "법성은 본래 모든 장애를 여읜 까닭에 법성에 수순하여 수행함으로써 어리석은 장애에서 멀리 벗어나게 된다. 삼보에 예배함으로써 아만의 장애를 여의고, 삼보를 찬탄함으로써 수행을 훼방하는 장애를 여의고, 따라 기뻐함으로써 시기와 질투의 장애를 여의게 된다. 이와 같이 선업善業을 쌓는 적극적인 방편이 작지방편이다(性本離障故, 隨順法性而修, 遠離癡障也! 禮拜離我慢障, 讚歎離毀謗障, 隨喜離嫉妬障等, 此「作」持也!)"라고 하였다.

[963] 똑같은 대원大願이라 할지라도 불보살의 대원은 태양과 같고, 중생의 대원은 반딧불과 같아 소원小願인 것이다. 그런데, 태양이 비출 때는 반딧불은 힘이 없으나, 태양이 사라지면 반딧불은 엄청난 힘을 발휘하는 대원이 된다. 중생의 반딧불 같은 소원일지라도 끊임없이 발發해야 하는 이유이다.

【소疏-65】

第二顯發心之相. 於中有二. 一者直明. 二者往復除疑. 初中言"直心"
者 是不曲義. 若念眞如 則心平等 更無別歧 何有迴曲. 故言"正念眞如
法故" 卽是二行之根本也. 言"深心"者, 是窮原義. 若一善不備無由歸
原. 歸原之成 必具萬行. 故言"樂集一切諸善行故." 卽是自利行之本
也. "大悲心"者, 是普濟義. 故言"欲拔衆生苦故." 卽利他行之本也. 發
此三心 無惡不離 無善不修 無一衆生所不度者, 是名無上菩提心也.
"問曰"以下 往復除疑. 問意可見. 答中有二. 直答重顯. 初直答中 有喩
有合. "略說"以下 重顯可知.

둘째는 발심發心의 모습을 드러내었다. 이 중에 두 가지가 있으니,
첫째는 바로 밝혔고, 둘째는 반복하여 의심을 제거하였다. 처음 중에
"직심直心"이라 말한 것은 굽지 않았다는 뜻이다. 만약 진여를 생각하면
곧 마음이 평등하여 다시(更) 다른 갈림(歧)이 없을 것이니, 무슨
돌아가고 굽음(迴曲)이 있겠는가? 고故로 "바로 진여법을 생각하는
까닭"이라 말한 것이니, 이는 곧 2행(行: 自利와 利他)의 근본인 것이
다.[964] "깊은 마음(深心)"이라 말한 것은 근원을 궁구한다는 뜻이다.

---

[964] 감산대사는 『대승기신론직해』에서 "직심直心이란, 마음이 활시위(弦)와 같아
곧바로(直) 도道에 들 수 있으며, 직심直心에는 굽거나(委曲) 편향되거나 삿된
모습이 없다. 이로 말미암아 바른 생각(正念)이 곧 진여眞如이다. 이런 것이
곧 진여삼매이다. 진여는 곧 두 가지 행의 근본이 되는 바, 첫째, 진여는
무루無漏의 청정한 공덕을 갖추었기 때문에 자리自利의 근본이 되고, 둘째,
중생의 성품과 같음을 관觀하는 까닭에 이타利他의 근본이 되는 것이다(一直心
者一所謂心如弦直可以入道, 謂無委曲偏邪之相, 由是正念眞如, 此卽眞如三昧也!
以眞如爲二行之本一以具無漏功德故, 爲自利之本；觀衆生性同故, 爲利他之本)"라

만약 하나의 선善이라도 갖추지 않으면 근원根源에 돌아갈 방도(由)가 없는 것이다. 근원에 돌아가는 것을 이루려면(成) 반드시 만행萬行을 갖추어야 하는 까닭에 "즐거이 일체 선행을 쌓는(集) 까닭"이라 말한 것이니, 이는 곧 자리행自利行의 근본인 것이다.[965] "대비심大悲心"이란 널리 제도濟度한다는 뜻인 까닭에 "중생의 고苦를 없애고자 하는 까닭"이라 말한 것이니, 이는 곧 이타행利他行의 근본인 것이다. 이 세 가지 마음을 내면 어떤 악惡이든 여의지 않음이 없고, 어떤 선善이든 닦지 않음이 없으며, 한 중생도 제도되지 않음이 없으니, 이름하여 무상보리심(無上菩提心: 최고의 깨달음)이라 한다. "묻기를" 이하는 반복하여 의심을 제거하는 것이니, 묻는 뜻을 알 수 있을 것이다. 대답하는 부분은 모두 둘로 나누어지는데, 바로 대답하는 것과 거듭 드러내는 것이다. 처음의 바로 대답한 것 중에 비유와 합슴이 있다. "간략히 설하자면" 이하는 거듭 드러냄을 알 수 있을 것이다.

【논論-66】 신청취발심의 이익-중생은 이익이 없으면 안 움직인다

菩薩發是心故 則得少分見於法身. 以見法身故 隨其願力能現八種利益衆生. 所謂從兜率天退 入胎 住胎 出胎 出家 成道 轉法論

고 하였다.

965 감산대사는 『대승기신론직해』에서 "심심深心은, 진여의 바탕(體)에는 온갖 공덕이 갖추어져 있는 까닭에 일체의 선행을 즐겨 닦으며(修), 닦으나 닦는 모습이 없어 선행 하나하나가 진여성품에 부합(稱)하는 까닭에 심심이 되며, 자리행의 근본이 되는 것이다(以知體具衆德, 故樂修一切善行, 修無修相一一稱性, 故爲深心, 爲自利行本)"라고 하였다.

入於涅槃. 然是菩薩未名法身 以其過去無量世來 有漏之業未能
決斷. 隨其所生與微苦相應 亦非業繫 以有大願自在力故. 如脩多
羅中或說有退墮惡趣者 非其實退. 但爲初學菩薩未入正位而懈
怠者恐怖 令彼勇猛故. 又是菩薩一發心後 遠離怯弱 畢竟不畏墮
二乘地. 若聞無量無邊阿僧祇劫 勤苦難行乃得涅槃, 亦不怯弱.
以信知一切法從本已來自涅槃故.

보살이 이런 마음[966]을 내는 까닭에 조금이나마(少分) 법신을 보게 되
며,[967] 법신을 보는 까닭에 그 원력願力에 따라 능히 중생을 이익 되게

---

966 【논論-65】에서 설한 직심直心, 심심深心, 대비심大悲心을 가리킨다.

967 조금이나마 법신을 볼 수 있는 것은 실참實參삼매에 의해서만 가능하다. 또한
조금이나마 법신을 볼 수 있는 것은 오직 자기만이 알 수 있는 것이다. 마치
과일의 맛이 있고 없고는 과일을 먹어본 사람만 알 수 있는 것이며, 물이
차가운지 따듯한지는 마셔본 사람만 알 수 있는 것과 같다. 이런 경지에서는
아는 자(能)와 알려지는 자(所)가 구분되는, 그렇다고 무지無知한 것은 더욱
아니며, 맹목적인 무의식도 아닌, 그야말로 상식적 의미의 지식을 버린, 부지의
지(不知之知)의 경지인 것이다.(참조: 풍우란, 정인재 옮김, 『중국철학사』, 형설
출판사, 1989)
남송南宋의 무문혜개(無門慧開, 1283~1260)는 『무문관, 23칙』에서 "'본래면목
을 보기 위해서는 선도 악도 생각하지 말라(不思善惡)!'라는 육조혜능(638~713)
의 법문을 들은 혜명(697~780)이, '내가 오조의 대중으로 있을 때는 실로
나의 면목을 보지 못했는데, 이제 가르침을 받아 깨우치니 마치 물을 마신
사람이 찬지 더운지를 스스로 아는 것과 같다(黃梅隨衆, 實未省自己面目. 今蒙指
授入處, 如人飮水, 冷暖自知)'"라고 답했다고 기술하고 있다.
후인들은 "여인음수如人飮水, 냉난자지冷暖自知"만 떼어내 법문에 인용하고
있다. 그러나 이상하게도 『육조단경六祖壇經』에는 이 부분이 없다.

하는 8가지(八相成道)를 드러낼 수 있는 것이다. 소위 ①도솔천兜率天에서 나와서(退), ②모태에 들어가고, ③모태에 머물고, ④모태에서 나와서, ⑤출가하여, ⑥성도成道하고, ⑦법륜을 굴리고, ⑧열반에 드는 것이다. 그러나 이 보살을 아직 법신이라고 이름하지 않는 것은, 그가 과거 무량한 세월 이래 유루有漏의 업을 능히 끊지 못하고, 그 태어난(生) 바에 따라서 미세한 고苦와 상응하나 또한 업에 얽힌(繫) 것은 아니니, 대원大願의 자재自在한 힘이 있는 까닭이다.[968] 가령(如) 수다라(經)에서 혹 물러나 악도(惡趣)로 떨어지는 사람이 있다고 설하는 것은, 실제로 물러나 떨어지는 것이 아니라, 단지 초학初學의 보살이 아직 정위(正位: 정정취)에 들지 못하고도 게으름을 피우는(懈怠) 이들을 두려워하게(恐怖) 하여 그들로 하여금 용맹 정진케 하려는 까닭이다. 또 이 보살이 한 번 발심한 후에는 겁약怯弱한 마음[969]을 멀리 여의어 끝내 이승二乘의 경계(地)에 떨어짐을 두려워하지 않으며, 무량무변한 아승기겁阿僧祇劫에 걸쳐 부지런히 힘들고 어려운(苦難) 수행을 해야 비로소(乃) 열반을 얻는다는 말을 듣고도 또한 겁약한 마음을 내지 않으며, 일체의 법이

---

* 혜능(638~713)과 혜명(697~780)의 대화는 허구다. 혜흔본『단경壇經』에 따르면, 혜능의 수법受法은 오조五祖의 사망 후 1년(汝去後一年吾卽前逝)으로 혜능의 나이 36세인 673년이다. 이때는 혜명이 태어나기도 전이다. 혜명은 697년생으로 혜능의 사망 때는 17세로 혜능과는 실로 59년의 나이차가 난다.(참조: 나카가와 다카(中川孝) 주해, 양기봉 옮김,『육조단경』, 김영사, 1993)

968 십주十住 보살은 분단생사의 고苦는 면하였으나, 아직 삼세三細의 미세한 번뇌는 여의지 못한 까닭에 변역생사의 고苦는 받는 것이다.

969 지장보살이나 법장비구의 서원誓願같이 물러남이 없고 두려움이 없는 마음이 겁약을 여읜 마음이다. 특히 지장보살의 "지옥중생이 하나라도 있는 한 성불하지 않겠다"라고 한 서원이 겁약을 여읜 대표적인 마음이다.

본래부터(從本已來) 스스로 열반임을 믿어 아는 까닭이다.

【소疏-66】

第三顯其發心功德 於中有四. 初顯勝德. 次明微過. 三通權教. 四歎實 行. 初中二句"則得少分見法身"者, 是明自利功德. 十解菩薩 依人空 門 見於法界. 是相似見 故言"少分"也."隨其願力"以下 顯利他德."能 現八種利益衆生"者, 如華嚴經歎十住初發心住云, "此發心菩薩 得如 來一身無量身 悉於一切世間示現成佛故."

셋째는 그 발심의 공덕을 드러낸 것으로 이 중에 네 가지가 있으니, 처음은 수승한 덕을 드러내었고, 다음은 미세한 허물을 밝혔으며, 셋째는 권교權敎[970]를 회통會通하는 것이며, 넷째는 실행을 찬탄하였다. 처음 두 구절에서 "곧 조금이나마 법신을 본다"라는 것은 자리自利의 공덕을 밝힌 것이며, 10해解 보살이 인공문人空門에 의지하여 법계를 보는 것이니, 이는 상사견相似見인 까닭에 "조금(少分)"이라 말한 것이다. "그 원력에 따라" 이하는 이타利他의 덕을 드러낸 것이다. "능히 8가지의 중생을 이익 되게 하는 것을 드러낸다"라는 것은, 『화엄경』에서 10주住의 초발심주初發心住를 찬탄하여 "이 발심한 보살이 여래의 한 몸(身)에 무량無量한 몸을 얻어 모두 다 일체세간에 성불하게 됨을 나타내 보여주는(示現) 까닭이다"[971]라고 말한 것과 같다.

---

970 권교權敎는 실교實敎에 반대되는 개념으로 방편의 의미이다.
971 대정장 제9권, 60권 『화엄경』, p.452하 6행, 10행.

"然是"以下 顯其微過. "如脩多羅"以下, 第三會通權敎. 如本業經云,
"七住以前爲退分 若不値善知識者, 若一劫乃至十劫 退菩提心. 如淨
目天子 法才王子 舍利弗等 欲入第七住 其間値惡知識因緣故 退入凡
夫不善惡中"乃至廣說. 今釋此意但是權語 非實退也. "又是菩薩"以下
第四歎其實行. 永無怯弱 卽成彼經是權非實也.

"그러나 이 보살" 이하는 미세한 허물을 드러낸 것이다. "수다라(經)에
서" 이하는 셋째 권교權敎를 회통한 것이다. 이는 『본업경本業經』에서
"7주住 이전은 퇴분退分[972]이므로, 만약 선지식을 만나지 못한다면 이에
1겁 내지 10겁에 보리심이 퇴행退行하게 되는 것이니, 정목淨目천자,
법재法才왕자, 사리불舍利弗 등이 제7주住에 들고자 하였으나, 그 사이
에 만난 악지식惡知識의 인연 때문에 범부의 선善도 악惡도 아닌 곳으로
떨어졌다"[973]라고 내지 자세히 설한 것과 같으니, 여기에서 풀이한
이 뜻은 단지 권어權語일 뿐 실제로 퇴행하는 것은 아닌 것이다. "또
이 보살이" 이하는 넷째 그 실행을 찬탄한 것으로, 영구히 겁약怯弱함이
없으니, 이는 곧 저 『본업경本業經』의 가르침이 방편(權敎)일 뿐 실제의
가르침(實敎)이 아님이 성립하는 것이다.

---

[972] 십주十住의 제7주住 위位는 공空의 이치를 체득하여 물러나지 않는(不退住)
위位로, 7주 이전의 위는 물러날 수 있는 퇴분退分의 위라는 뜻이다. 불퇴주不退
住 이상의 보살이 정정취 중생인 것이다.

[973] 대정장 제24권, 『보살영락본업경』, p.1014하 4~11행.

【논論-67】 해행발심解行發心

육바라밀	단檀	보시	무간탐無慳貪, 공空	삼륜三輪청정, 조건 없는 자비
	시尸	지계	무염無染	이離 오욕과五欲過
	찬제屬提	인욕	무고無苦	이離 진에瞋恚 번뇌煩惱
	비리야毘梨耶	정진	무심신상無身心相	이離 해태懈怠
	선禪	선정	상정常定, 무난無亂	이離 산란散亂
	반야般若	지혜	체명體明, 불모佛母	이離 무명無明, 지혜의 완성

解行發心者, 當知轉勝. 以是菩薩 從初正信已來 於第一阿僧祇劫 將欲滿故. 於眞如法中 深解現前, 所修離相. 以知法性體無慳貪 故. 隨順修行檀波羅密. 以知法性無染 離五欲過故 隨順修行尸波 羅密. 以知法性無苦 離瞋惱故 隨順修行屬提波羅密. 以知法性無 身心相 離懈怠故. 隨順修行毗黎耶波羅密. 以知法性常定 體無亂 故. 隨順修行禪波羅密. 以知法性體明 離無明故 隨順修行般若波 羅密.

해행발심解行發心이란 더욱(轉) 수승한 것임을 알아야 할 것이니, 이 보살은 처음 정신(正信: 十信位)을 발한 이래로 제1 아승기겁이 다 차가려고 하는 까닭에 진여의 법法에 대한 깊은 이해(深解: 十住位)가 앞에 나타나(現前) 닦는 바가 상相을 여의는 것이니(十行位), ①법성의 바탕(體)에는 간탐慳貪이 없음을 아는 까닭에 그에 수순하여 단바라밀 (檀波羅密: 보시)[974]을 수행하며, ②법성에는 오염됨이 없어 오욕[975]의

---

974 보시布施는 대승불교 또는 대승보살의 수행덕목인 육바라밀 중 제1덕목으로, 무엇을 베풀건 조건 없이 베푼다는 뜻이다. 간탐慳貪을 다스리는(治) 수행방법

허물을 여읜 줄 아는 까닭에 그에 수순하여 시바라밀(尸波羅密: 지계)을 수행하며, ③법성에는 고품가 없어 성내고 괴로워함(瞋惱)을 여읜 줄 아는 까닭에 그에 수순하여 찬제바라밀(屬提波羅密: 인욕)[976]을 수행하며, ④법성에는 신심身心의 상相이 없어 게으름(懈怠)을 여읜 줄 아는 까닭에 그에 수순하여 비리야바라밀(毗黎耶波羅密: 정진)을 수행하며, ⑤법성에는 항상 안정되어 그 바탕(體)에 어지러움(亂)이 없는 줄 아는 까닭에 그에 수순하여 선정바라밀(禪波羅密)을 수행하며, ⑥법성은 그 바탕(體)이 밝아 무명을 여읜 줄 아는 까닭에 수순하여 반야般若바라밀을 수행하는 것이다.

【소疏-67】

第二解行發心中, 言"第一阿僧祇將欲滿故 於眞如法深解現前"者, 十迴向位 得平等空 故於眞如 深解現前也. 地前一阿僧祇欲滿故也. 是擧解行所得發心. 次言"以知法性無慳貪故 隨順修行檀等行"者, 十行

으로 법보시, 재보시, 무외보시 등이 있다.

975 오욕五欲이란 안, 이, 비, 설, 신의 오근五根이 색色, 성聲, 향香, 미味, 촉觸의 오경五境에 집착하는 오식五識을 말한다. 또는 인간의 근본적인 5가지 욕망으로, 재욕財欲, 색욕色慾, 식욕食慾, 수면욕睡眠欲, 명예욕名譽欲을 말하기도 한다.

976 사바세계는 모든(十惡) 고품를 참고 인내하며 살아야 하는 세계라 한다. 실제로 수행을 포함한 세상살이에는 항상 참고 인내해야 하는 고가 따른다. 수행도 그렇고, 사업도 그렇고, 애정도 그렇고, 인간관계도 그렇고, 농사도 그렇고, 참고 인내해야 하는 고를 극복하지 않고 이루는 것은 세상에 없다. 무슨 일이든 참고 인내해야 하는 고를 즐겨 행하는 것이 성공의 길이며, 복福을 쌓는 길이며, 업장을 소멸하는 길이다. 사람들 모두가 찬제(인욕)바라밀을 행할 때 세상은 참으로 아름다울 것이다. 수행이란 인욕을 배우고 습관화하는 것이다.

位中得法空故. 能順法界修六度行, 是顯發心所依解行也.

둘째 해행발심解行發心 중 "제1 아승기겁이 다 차가려고 하는 까닭에 진여의 법法에 대한 깊은 이해(深解)가 앞에 나타난다(現前)"라고 말한 것은, 10회향廻向의 위位에서 평등한 공空을 득得한 까닭에 진여에 대한 깊은 이해가 앞에 나타나는 것이니, 10지 이전의 1아승기가 다 차려고 하는 까닭인 것이다. 이는 해행解行에서 얻은 발심을 든(擧) 것이다. 다음 "법성에는 간탐慳貪이 없는 줄 아는 까닭에 그에 수순하여 단바라밀 등의 행을 수행한다"라고 말한 것은, 10행위行位 중에 법공法空을 얻은 까닭에 능히 법계에 수순하여 6바라밀행(度行)을 닦는 것이니, 이는 발심이 의지하는 해행(解行: 알고 수행하는)을 드러낸 것이다.

證發心中 在文有二. 一者通約諸地明證發心. 二者別就十地顯成滿德

증발심證發心 중 글에 두 가지가 있으니, 첫째는 통틀어 모든 수행계위(地)에 의지하여 증발심을 밝혔으며, 둘째는 각기 10지地에 나아가 성만成滿한 덕을 드러내었다.

【논론-68】 증발심證發心

證發心者, 從淨心地 乃至菩薩究竟地 證何境界. 所謂眞如. 以依轉識說爲境界 而此證者無有境界. 唯眞如智 名爲法身. 是菩薩於一念頃 能至十方無餘世界 供養諸佛 請轉法輪. 唯爲開導利益衆生 不依文字. 或示超地速成正覺 以爲怯弱衆生故. 或說我於無量阿僧祇劫 當成佛道 以爲懈慢衆生故.

증발심證發心이란 정심지(淨心地: 초지, 환희지) 내지乃至 보살구경지菩薩究竟地까지이니, 어떤 경계를 증득하는가? 소위 진여이니, 전식(轉識: 전상, 주관)으로 말미암아 경계(境界: 현상, 객관)라 설하지만, 이 증득(깨달음)에는 경계가 없는 것이요, 오직 진여眞如의 지혜만 있을 뿐이니 이름하여 법신法身이라 한다.[977] 이 보살은 한 생각(一念) 사이(頃)에 시방의 세계에 남김없이 이르러 모든 부처님께 공양하고 법륜法輪 굴리시기를 청하니, 그것은 오직 중생을 개도開導하여 이익 되게 함이지, 문자에 의지하는 것은 아니다.[978] 혹은 십지를 초월하여 빨리 정각正覺을 이루는 것을 보이니, 이는 겁약한 중생을 위한 까닭이며, 혹은 '내가 무량 아승기겁을 수행해야 불도佛道를 이룬다'라고 설한 것은 게으르고 교만한 중생을 위한 까닭이다.[979]

---

977 진여는 전식轉識의 주관主觀과 현식(現識: 경계)의 객관이 끊어져 없는 것으로, 오직 진여의 지혜(眞如智)만 있을 뿐이니 이를 법신法身이라 한다.

978 진여법신을 증득한 증발심 보살은 시공간적으로 자재하여 한 생각에 시방세계의 모든 부처님께 공양하고 불법을 청해 듣는다. 이는 어디까지나 중생을 개도開導하여 이익을 주기 위함이지, 스스로 언어와 문자에 의존하고자 하는 것이 아니다. 증발심 보살은 이미 언어와 문자를 초월했으나 중생을 계도啓導하기 위해서는 언어와 문자에 의지하지 않을 수 없는 것이다.

979 여기서 두 가지의 방편을 읽어야 한다. ①도道를 이루는 수행에 주저하는 겁약한 중생에게는 속성정각速成正覺을 설하고, ②나태하고 게으른 중생에게는 부처님도 발심하여 도道를 이루기까지 3아승지겁이나 걸렸다고 겁을 주는 것이다. 방편이란 이런 것이다. 이를 모르는 중생의 입장에서는, 누구에게는 돈각頓覺을 이야기하고 또 누구에게는 아승지 겁의 점수漸修를 이야기하니, 부처님의 말씀은 헷갈릴 수도 있다. 부처님의 법문은 항상 듣는 이의 근기에 따라 그 내용이나 수준을 달리 했다. 이를 대기설법이라 한다.

能示如是無數方便 不可思議 而實菩薩種性根等 發心則等 所證
亦等 無有超過之法. 以一切菩薩皆經三阿僧祇劫故. 但隨衆生世
界不同 所見所聞根欲性異. 故示所行亦有差別. 又是菩薩發心相
者, 有三種心微細之相. 云何爲三. 一者眞心 無分別故. 二者方便
心 自然徧行利益衆生故. 三者業識心 微細起滅故.

능히 이와 같이 무수한 방편으로 불가사의함을 보이지만(而), 실로
보살의 종자인 성품과 근기는 같으며(等), 발심도 곧(則) 같고(等), 증득
하는 것도 같아서(等) 초과할 법이 없으니, 일체보살은 모두 다 3아승기
겁을 거치는(經) 까닭이다. 단지 중생세계가 같지 않고(不同), 보고
듣는 바가 근기와 욕망과 성품에 따라(隨) 다른(異) 까닭에 행하는
바에도 또한 차별이 있음을 보이는 것이다. 또 이 보살의 발심한 모습(相)
에도 미세한 모습의 세 가지 마음이 있는데, 무엇이 세 가지인가?
첫째는 진심眞心이니 분별이 없는(無分別) 까닭이요,[980] 둘째는 방편심方
便心이니 자연히 두루 행하여 중생을 이익 되게 하는 까닭이요, 셋째는
업식심業識心이니 미세하게 생멸하는 까닭이다.[981]

---

[980] 진심眞心은 진여의 마음 또는 진여와 상응相應하는 마음을 일컫는다. 따라서
진심은 분별망상을 여읜 마음으로 무분별지, 근본지根本智 또는 여리지如理智라
한다.

[981] 업식業識이란 진여본각에서 근본무명의 훈습으로 동動한 처음의 번뇌로, 아직
전식과 현식의 주객主客으로 나눠지지 않아 아주 미세하여【논論-38】에서는
제10지(菩薩盡地) 위位라야 끊을 수 있다고 하였다. 업식심은 바로 심층의식인
아리야식인 것이다.

【疏疏-68】

初中有四. 一標位地. 二明證義. "是菩薩"以下 第三歎德 "發心相"以下
第四顯相. 第二中言"以依轉識說爲境界"者, 轉識之相 是能見用 對此
能見說爲境界. 以此諸地所起證智 要依轉識而證眞如 故對所依假說
境界. 直就證智 卽無能所 故言"證者無境界"也. 第四中言眞心者, 謂
無分別智. 方便心者 是後得智. 業識心者, 二智所依阿黎耶識. 就實而
言 亦有轉識及與現識. 但今略擧根本細相. 然此業識非發心德. 但爲
欲顯二智起時, 有是微細起滅之累 不同佛地純淨之德. 所以合說爲
發心相耳.

처음 중에 네 가지가 있으니, 첫째는 위지位地를 나타내었고, 둘째는
증득證得의 뜻을 밝혔으며, "이 보살" 이하는 세 번째로 덕을 찬탄한
것이고, "발심상" 이하는 네 번째로 상相을 드러낸 것이다. 둘째 중에
"전식(轉識: 전상, 주관)으로 말미암아 경계(境界: 현상, 객관)라 설한다"
라고 말한 것은 전식轉識의 모습(相)은 능견能見의 작용으로 이 능견에
대하여 경계라고 설하는 것이니, 이러한 십지의 수행 계위(諸地)에서
일어난 증지證智는 반드시(要) 전식轉識으로 말미암아 진여를 증득하
는 까닭에 소의所依에 대하여 임시로 경계라고 설한다. 바로 증지證智에
나아가서는 곧 능소能所[982]가 없는 까닭에 "깨달음(證)에는 경계가 없다"

---

982 '능소能所'라는 단어는 경론經論에서 다양한 표현으로 등장하여 독자들을 헷갈리
게 한다.

| 能能 | 능의能依 | 의지하는 주체主體, 주관主觀 | 보는 능견能見, 견분見分 |
| 所所 | 소의所依 | 의지하는 객체客體, 객관客觀 | 보이는 경계境界, 상분相分 |

라고 말한 것이다. 네 번째 중에 말한 ①진심眞心이란 무분별지無分別智를 말하는 것이요, ②방편심方便心이란 후득지後得智요, ③업식業識의 마음이란 두 가지의 지혜[983]가 의지하는 아리야식이니, 사실을 말하자면 또한 전식轉識과 현식現識도 있으나, 단지 지금은 간략히 근본적인 미세한 모습(細相)만 대략 든 것이다. 그러나 이 업식은 발심發心의 덕이 아니니, 단지 두 가지 지혜가 일어날 때, 이러한 미세하게 생멸하는 허물(累)이 있어 불지佛地의 순수하고 맑은(純淨) 덕과 같지 않음을 드러내고자 합슴해서 발심의 모습(相)이라고 설한 까닭인 것이다.

以下第二別顯成滿功德. 於中有二. 一者直顯勝德. 二者往復除疑.

이 아래는 두 번째 성만成滿한 공덕을 각각 드러낸 것으로, 이 중에 두 가지가 있으니, 첫째는 수승한 덕을 바로 드러냈으며, 둘째는 반복하여 의심을 제거하였다.

【논論-69】일체종지一切種智와 부사의업不思議業

又是菩薩功德成滿. 於色究竟處 示一切世間最高大身. 謂以一念相應慧 無明頓盡 名一切種智. 自然而有不思議業 能現十方利益眾生.

또 이 보살은 공덕이 성만하여 색구경처色究竟處[984]에서 일체세간에서

---

983 무분별지와 후득지를 말한다.

984 세계의 공간적 구조 또는 중생의 마음과 생존 구조를 ①욕망으로 가득 찬 지옥, 아귀, 축생, 인간, 천신의 중생들이 사는 욕계欲界, ②욕망은 초월하였지

가장 높고 큰 몸을 보이니, 이는 한 생각(一念)에 (진여와) 상응하는
지혜로써 무명無明이 단박에 없어지는 것(頓盡)을 이름하여 일체종지一
切種智[985]라고 하며, 자연히 불가사의한 업용業用[986]이 있어 능히 시방에

만 아직 물질적 속박은 벗어나지 못한 육체를 가진 중생들이 사는 색계色界,
③ 오온五蘊 중 색色을 제외한 수, 상, 행, 식이라는 정신적 요소만으로 된
중생들이 사는 세상, 즉 욕망과 물질을 초월한 중생들이 사는 선정禪定의
세계인 무색계無色界로 나눈다. 계界는 산스크리트어(dhātu)의 한역으로 층
(層: stratum)을 뜻한다. 색구경처色究竟處라 하면 색色을 마친다(究竟)는 곳(處)
으로, 색계의 마지막 18번째 층인 색구경천色究竟天을 말한다. 색구경천에서
비로소 욕망과 물질을 초월한 선정禪定의 세계로 드는 것이다.

[985] 오고산은 『기신론강의』에서 "일념一念의 시각始覺은 이미 본각本覺에 상응相應
하게 되며, 일념이 상응한 지혜智慧로 무명이 돈진頓盡하여 일체만법一切萬法의
별상別相을 낱낱이 정밀하게 아는 지혜를 일체종지一切種智라 하는 것이니,
이 일체종지에 의하여 종종種種의 묘용妙用을 드러내 일체중생을 이익 되게
하는 것이다"라고 풀이하고 있다.

일체종지는 일체의 지혜를 아우르는(攝) 진여본각眞如本覺의 지혜이다. 진여본
각은 무명의 훈습으로 업식業識이 일어나기 전의, 이미 무명업식無明業識을
돈진頓盡하여 생주이멸의 법공法空을 멸한 일념一念의 상태이다. 또한 망념으
로 진여본각을 가리던 무명無明이 사라진 상태이다. 따라서 일체만법의 별상別
相을 두루 비추어 낱낱이 정밀하게 알 수 있는 것이다. 이때 발하는 업용業用이
부사의업不思議業인 것이다.

[986] 부사의업不思議業은 자연업自然業이라고도 하며, 지혜를 말할 때는 자연업지自
然業智라 한다. 이를 좀 더 쉽게 이해하고자 『논어論語, 위정편爲政篇』의 공자
말씀을 빌어보자. 공자께서 회고하시기를 "나이 70이 되어서는 마음이 원하는
바에 따라 무슨 일을 하더라도 법도法道에 어긋남이 없었다(七十而從心所欲,
不踰矩)"라고 하였다. 이를 부처님 말씀으로 새기자면 "무슨 일을 하더라도
중생에게 이익 되지 않는 것이 없는 것(業)"이 된다. 이것이 바로 '부사의업'인
것이다.

나타나 중생을 이익 되게 하는 것이다.

【소疏-69-1】

初中言"功德成滿"者, 謂第十地因行成滿也. "色究竟處示高大身 乃至名一切種智"等者, 若依十王果報別門 十地菩薩第四禪王. 在於色究竟天成道 則是報佛他受用身. 如十地經攝報果中云, "九地菩薩作大梵王 主二千世界, 十地菩薩作魔醯首羅天王 主三千世界." 楞伽經言, "譬如阿黎耶識 頓分別自心現身器世界等. 報佛如來亦復如是 一時成就諸衆生界 置究竟天淨妙宮殿修行清淨之處." 又下頌言, "欲界及無色 佛不彼成佛, 色界中上天 離欲中得道."

처음 중에 "공덕이 성만하다"라고 말한 것은 제10지(地: 법운지)에서 인행因行이 성만한 것을 말한다. "색구경처色究竟處에서 (일체세간에서) 가장 높고 큰 몸을 보이니, 이는 한 생각(一念)에 (진여와) 상응하는 지혜로써 무명이 단박에 없어지는 것을 이름하여 일체종지一切種智라 한다"라는 등은, 만약 시왕十王[987]의 과보별문果報別門에 의지한다면 10지 보살은 제4선의 왕이며, 색구경천色究竟天에 머물면서 도를 이루는(成道) 것이니, 곧 이는 보신불報身佛인 타수용신他受用身[988]이다.

---

[987] 시왕十王이란 삼계三界 중의 욕계 6천天과 색계 4선천禪天을 합한 십천十千의 왕을 말한다. 삼계에는 ①식욕·음욕·수면욕 등이 치성한 욕계欲界, ②욕계와 같은 탐욕은 없으나 미묘微妙한 형체가 있는 색계色界, ③색계와 같은 미묘한 몸도 없고, 오직 정신적 존재의 세계인 무색계無色界가 있다.

[988] 수용신受用身이라고도 하는 보신불에는 우리나라에서 신앙하는 아미타불과 약사여래가 있다. 수용신에는 깨달음의 경지를 스스로만 즐기는 자수용신自受

이는『십지경十地經』의 '과보를 아우르는 것'에 대한 설명에서 "9지地 보살(善彗地)이 대범왕大梵王이 되어 2천세계[989]를 주관하며, 10지 보살

用身과 중생들에게 설하여 중생들을 기쁘게 하는 것으로 즐거움을 삼는 타수용 신他受用身이 있다.

[989] 이천二千은 2,000이 아니라, 소천小千, 중천中千의 이二 천千세계를 말한다. 실제로는 백만(1,000×1,000) 세계인 것이다.『장아함경 제18권 30. 세기경世紀 經』의 염부제주품閻浮提洲品에 의하면, 불교에서 거대한 우주공간을 삼천세계 라 한다. 수미산을 중심으로 한 개의 태양과 한 개의 달을 가진 공간을 일세계(一 世界: 현대의 태양계에 해당)로 하여, 일세계가 1,000개 모여 소천小千세계(현재 의 은하계에 상당), 소천세계가 1,000개 모여 중천中千세계, 중천세계가 1,000 개 모여 대천大千세계를 이룬다고 한다. 대천大千세계는 소천小千, 중천中千, 대천大千의 삼三 천千이 겹쳤다 하여 삼천대천세계三千大千世界라고 한다. 3,000 세계라 하는 것은 틀린 것이다. 이와 같은 세계가 겹겹으로 둘러 있으면서 생겼다 무너졌다 하며(如是世界周匝成敗), 중생들이 사는 곳을 일불찰(一佛刹: buddha-kṣetra, 한 부처님이 교화하는 세계)이라 이름한다. 이는 불교 고유의 사상도 아니고, 고대 인도인의 세계관(우주관)을 불교화한 것이다. 대부분의 대승경전은 이와 같은 거대한 우주관을 배경으로 설해지기 때문에, 이를 달리 보는 사람들로부터 황당한 창작소설이라는 비판이 있는 것도 사실이 지만, 이는 부처님의 위대한 생애와 그 생애를 통해 풀어낸 가르침(眞理)을 생생하게 보여주기 위한 배경인 것이다. 고전古典 속의 신화나 전설의 이해에는 오늘날의 과학적 잣대를 들이밀기에 앞서 풍부한 상상력이 요구된다. 상상력이 그 신화나 전설에 생명력을 주도록 만들어져 있기 때문이다. 대승경전의 독해 역시 풍부한 상상력을 요구한다. 소승경전이 부처님의 말씀을 주제별로 토막토막 전하고 있다면, 대승경전은 하나의 스토리텔링 형식을 취하고 있기에 한 편의 드라마인 것이다. 황당하다는 비판에 앞서 그 속에서 불교사적 사상의 변천과 교훈을 찾는 지혜가 필요한 것이다. 이와 같은 우주관이 현존하는 가람伽藍의 배치나 불상의 안치 등에도 스며들어 있다면, 이는 고대 인도인만의 세계관이 아닌 오늘날의 이야기이기도

은 마혜수라천왕魔醯首羅天王이 되어 3천세계를 주관한다"[990]라고 한 것과 같다. 『능가경楞枷經』에서 "비유하자면 아리야식이 자기 마음(自心)에 나타낸 몸과 기세계器世界 등을 단박(頓)에 분별하는 것과 같다. 보신불여래(報佛如來)도 또한 이와 같이 일시에 모든 중생계를 구경천의 청정하고 묘한 궁전(淨妙宮殿)에 놓아(置) 청정한 곳(淸淨之處)에서 수행하게 한다(成就)"[991]라고 하고, 또 아래의 게송에서 말하기를 "욕계와 무색계에서 부처는 성불하지 않고, 색계 중의 높은 하늘(上天: 색구경천)에서 욕심을 여읜 중에 득도한다"라고 하였다.

【소疏-69-1-별기別記】

今釋此經意云 若論實受用身之義 徧於法界無處不在. 而言唯在彼天之身而成佛者, 爲菩薩所現色相化受用身 非實報身唯在彼天. 爲顯此義 故言界也. 別記止此.

여기서 이『능가경』의 뜻을 풀이하자면, 만약 실수용신(實受用身: 自受用身)의 뜻을 논한다면 법계에 두루하여 있지 않은 곳이 없으나, "오직 저 하늘에 있는 몸(身)만 성불한다"라고 말한 것은, 보살이 나타낸 색상色相이 화수용신(化受用身: 他受用身)이기 때문이다. 실實로 보신報身이 오직 저 색계의 하늘에만 있는 것이 아니다. 이런 뜻을 드러내기 위한 까닭에 '세계(界)'를 말한 것이다. 별기는 여기서 그친다.

한 것이다.

990 대정장 제10권,『십지경』, p.566상 3~4행.

991 대정장 제16권,『입능가경』, p.525중 9~12행.

【소疏-69-2】

梵綱經云, "爾時釋迦牟尼佛, 在第四禪魔醯首羅天王宮, 與無量大梵
天王 不可說不可說菩薩衆, 說蓮華藏世界盧舍那佛所說心地法門品.
是時釋迦身放慧光 從此天王宮乃至蓮華臺藏世界. 是時釋迦牟尼佛
卽擎接此世界衆 至蓮華臺藏世界百萬億紫金光明宮中. 盧舍那佛坐
百萬蓮華赫赫光明座上. 時釋迦佛及諸人衆一時禮敬盧舍那佛. 爾時
盧舍那佛卽大歡喜.'是諸佛子諦聽 善思修行. 我已百萬阿僧祇劫修
行心地以之爲因. 初捨凡夫 成等正覺 爲盧舍那 住蓮華藏世界海. 其
臺周徧有千葉 一葉一世界 爲千世界. 我化作爲千釋迦 據千世界 復就
千葉世界 復有百億四天下 百億菩薩釋迦 坐百億菩提樹下 如是千葉
上佛 是吾化身 千百億釋迦 是千釋迦化身 吾爲本源 名爲盧舍那'. 偈
言'我今盧舍那 方坐蓮華臺'乃至廣說." 此等諸文 準釋可知

『범망경梵網經』에서 "그때 석가모니 부처님께서 제4선禪의 마혜수라천
왕궁에서 무량한 대범천왕大梵天王과 이루 말할 수 없는 보살들에게
연화장蓮華藏세계[992]의 노사나 부처님(盧舍那佛)이 설한 「심지법문품心

---

[992] 연화장세계(蓮華藏世界: padmagarbhalokadhātu)는 비로자나불이 주불主佛로
있는 공덕무량功德無量, 광대장엄廣大莊嚴의 세계를 말한다. 연화장세계해蓮華
藏世界海, 화장세계華藏世界라고도 하는데, 연화장세계해라고 하는 것은 연화장
세계의 광대하고 끝이 없는 것을 바다에 비유한 것이다. 『화엄경』에는 세계의
맨 밑에 풍륜風輪이 있고, 풍륜 위에 향수해香水海가 있고, 향수해 중에 큰
연화가 나고 연화장세계는 그 속에 있어 사방이 평평하고 깨끗하고 견고하며,
금강륜산金剛輪山이 세계를 둘렀다고 한다. 『화엄경』의 설에 대하여 고승들은
대체로 두 가지 해석을 하고 있다.
첫째, 중생의 입장에서 해석한 것으로, 향수의 바다는 곧 여래장식如來藏識이며

地法門品」을 설하셨다. 이때 석가모니 부처님의 몸에서 지혜광명이
나와(放) 이 천왕궁에서 연화대장세계蓮花臺藏世界에까지 이르렀다.
이때 석가모니 부처님께서 곧 이 세계의 대중들을 높이 들어(擎接)
연화대장세계의 백만억 자금광명궁紫金光明宮 중에 이르게 하니, 노사
나 부처님께서 백만 연꽃의 밝고 밝은 광명좌光明座 위에 앉아 계셨다.
이때 석가모니 부처님과 모든 사람들이 일시에 노사나 부처님께 예경하
였다. 이때 노사나 부처님이 곧 크게 기뻐하시며, '이 모든 불자들이여,

또 법성해法性海라고 보았다. 풍륜에 대해서는 망상妄想의 바람으로 보거나
무주無住의 근본이 바람이므로 풍륜 위에 있다고 하였다. 한없는 성덕性德을
갖춘 정인正因의 꽃이 연꽃이므로 이렇게 함장되어 있는 것이 연화장세계라고
하였다.

둘째, 부처의 입장에서 해석하면 대원大願의 바람으로써 대비大悲의 바다를
지키고, 한없는 행行의 꽃을 나타내어 자리自利와 이타利他를 다 간직할 뿐
아니라, 염정染淨이 서로 걸림 없는 상태에 있는 세계라고 하였다.

『범망경』에서는 노사나불이 1,000개의 잎으로 된 연화대蓮華臺에 앉았는데
그 1,000개의 잎이 각각 한 세계이고, 노사나불로부터 화현한 1,000의 석가모니
불이 1,000개 세계에 있고, 한 세계마다 다시 100억 개의 나라가 있다. 이
100억의 나라 하나하나에 다시 석가모니불이 있어서 보리수 아래에 앉아
있다고 하였다.

이와 같은 『화엄경』과 『범망경』의 설은 모두 법계무진연기法界無盡緣起의 깊은
진리를 구체적으로 설명한 것이다. 이 연화장세계에 대한 연구는 화엄종華嚴宗
의 번성과 화엄사상의 전개에 힘입어 우리나라에서 크게 성행하였지만, 신앙적
인 측면에서는 극락정토신앙이나 도솔천 왕생설에 비하여 민간에서는 크게
전승되지 않았다. 이는 연화장세계가 법계연기설과 관련이 있어 그 이해가
쉽지 않았기 때문이다.[참조: 네이버 지식백과, 한국민족문화대백과(한국학중
앙연구원), 문화콘텐츠닷컴(문화원형 용어사전)]

자세히 듣고 잘 생각하여 수행하라. 나는 이미 백만 아승기겁 동안 심지心地를 수행하여 이로써 인因을 삼아, 처음으로 범부의 위位를 버리고 등정각等正覺을 이루어 노사나盧舍那가 되어서 연화장세계해蓮華藏世界海에 머문 것이다. 그 연화대의 둘레에 천 개의 잎이 있고, 하나의 잎이 하나의 세계가 되어 천 개의 세계가 되었으며, 내가 화化하여 천 명의 석가가 되어 천의 세계에 머물렀다. 다시 천 개의 잎이 있는 세계에 나아가(就) 다시 백억의 동서남북 사천하四天下와 백억의 보살, 석가가 되어 백억의 보리수 아래 앉았으니, 이와 같이 천 개의 잎 위의 부처가 곧 나의 화신化身이며, 천백억의 석가는 천 석가의 화신이며, 내가 본원本源이므로 이름하여 노사나盧舍那라 한다'라고 하시고, 게송으로 '내가 이제 노사나불이 되어 비로소 연화대에 앉았다'라고 말씀하셨다. 이어 석가모니 부처님께서 자세히 설하였다."[993] 이런 여러 글들에 준하여 풀이하면 알 수 있을 것이다.

【論論-70】일체종지에 대한 의심을 없앰

問曰. 虛空無邊故 世界無邊. 世界無邊故 衆生無邊. 衆生無邊故 心行差別亦復無邊. 如是境界 不可分齊 難知難解. 若無明斷無有 心想 云何能了名一切種智.

答曰. 一切境界 本來一心 離於想念. 以衆生妄見境界 故心有分齊. 以妄起想念 不稱法性 故不能決了. 諸佛如來離於見想 無所不

---

993 대정장 제24권, 『범망경』, p.997중 9~13행, 20~24행; p.997하 2~14행; p.1003하 말행.

偏. 心眞實故 卽是諸法之性. 自體顯照一切妄法 有大智用無量方
便. 隨諸衆生所應得解 皆能開示種種法義 是故得名一切種智.

묻기를, 허공이 무변한 까닭에 세계가 무변하며, 세계가 무변하는 까닭에
중생이 무변하며, 중생이 무변한 까닭에 심행心行[994]의 차별 또한 다시
무변하니, 이와 같은 경계는 가히 한계(分齊) 지을 수 없는지라 알기
어려운 것이다. 만약 무명을 끊는다면 마음속의 생각(心想)이 없어지는
데 어떻게 능히 알 수 있기에 일체종지一切種智라 이름하는가?

답하길, 일체경계는 본래 한마음(一心)으로 상념(想念: 분별이나 번뇌)
을 떠나 있는 것이나, 중생이 망령되이 경계를 보는[995] 까닭에 마음에
분제分齊[996]가 있으며, 망령되이 상념을 일으켜 법성法性에 부합하지(稱)
않는 까닭에 분명하게 알지 못하는 것이다. 제불여래는 견상見想[997]을
여의어 두루하지 않은 곳이 없으며(中道), 마음이 진실한 까닭에 곧
이는 모든 법의 본성本性인 것이다. (제불여래는) 스스로 바탕(體)을

---

994 마음의 작용 또는 마음 씀씀이, 마음의 움직임.

995 망령되이 경계를 보는 것이란 경계를 경계로 보지 않고 자기 소견으로 보는
것을 말한다.

996 한계, 한정됨, 경계를 말한다. '마음에 분제가 있다(心有分齊)'라는 것은 일체의
경계는 본래 한마음으로, 이 마음을 떠나 따로 경계가 있는 것이 아님에도,
중생이 분별망상을 일으켜 그 망상을 봄으로써 분제가 있게 되는 것이다.

997 견상見想이란 망견妄見과 상념想念 또는 주관과 객관을 말한다. 견見은 보는(主)
것이고, 상想은 보이는(客) 것이므로 주관과 객관으로 이해하는 것이 더 타당할
것이다. 주관으로서 보는 능견상과 객관으로서 보이는 경계상을 여의었으므
로, 일체 분별이 일어나지 않는 것이다. 일체의 분별이 일어나지 않기에,
대지大智의 작용과 무량한 방편이 있게 되는 것이다.

드러내 일체 망법妄法을 환하게 비추는 대지大智의 작용과 무량한 방편이 있어, 모든 중생의 이해 정도(所應得解: 근기)에 따라 능히 갖가지 법과 의(法義)[998]를 모두 열어 보이는(開示) 까닭에 일체종지라는 이름을 얻게 된 것이다.

又問曰. 若諸佛有自然業 能現一切處利益衆生者, 一切衆生 若見其身 若覩神變 若聞其說 無不得利. 云何世間多不能見.

答曰 諸佛如來法身平等 徧一切處 無有作意故 而說自然. 但依衆生心現 衆生心者, 猶如於鏡 鏡若有垢 色像不現. 如是衆生心若有垢 法身不現故

또 묻기를, 만약 모든 부처님께 자연업自然業[999]이 있어 모든 곳에 나타나

---

[998] 법의法義를 ①법의 이치(義)로 볼 것이냐, ②법法과 의義로 볼 것이냐에 의견이 갈릴 수 있다. 이는 법성法性을 ①법의 성품으로 볼 것이냐, ②법과 성품으로 볼 것이냐의 논제와 비슷하다. 그러나 대의에서는 큰 차이가 없다고 본다. 법과 성품으로 나누어 보더라도 법성法性이듯이, 법과 이치로 나누어 보더라도 법의法義이기 때문이다. 그러나 굳이 따지자면 ②번으로 본다. 근거로는 『기신론』의 입의분立義分에서 먼저 법法과 의義로 대의大意를 밝힌 다음, 해석분解釋分에서 대의에 대한 구체적인 설명을 하고 있기에 ②번으로 보는 것이 합당하다고 사료된다. 입의분이 일체종지의 법法이라면, 해석분은 일체종지를 열어 보이는(開示) 갖가지 이치(義)인 것이다.

[999] 자연업自然業이란 진여본각에 갖추어져 있는 무루無漏한 공덕으로, 중생을 교화하고 이익 되게 하는 불가사의한 작용, 즉 부사의업不思議業을 말한다. 이와 같은 작용이 있어 모든 곳에 나타나 중생을 이익 되게 하지만, 중생이 받는 이익은 각자의 그릇에 따라 크기가 다른 것이다. 이를 「법성게」에서는 "우보익생만허공雨寶益生滿虛空, 중생수기득이익衆生隨器得利益"이라 했다.

중생을 이익 되게 한다면, 일체중생이 혹은 그 부처님의 몸을 보거나 (見), 혹은 신통변화를 목격하거나(觀), 혹은 그 말씀(說)을 들어 이익 되지 않음이 없을 것인데, 어찌하여 세간에선 보지 못하는 이가 많단 말인가?

답하길, 제불여래의 법신은 평등하여 모든 곳에 두루(徧)하며, 작의作意[1000]가 없는 까닭에 '자연自然'[1001]이라 설하나, 단지 중생심으로 말미암아 나타난 것으로, 중생심이란 마치 거울과 같아, 거울에 만약 때(垢)가 있으면 색상色像이 나타나지 않는 것처럼,[1002] 이와 같이 중생심에도 만약 때(垢)가 있으면 법신이 나타나지 않는 까닭이다.[1003]

『법화경, 제5 약초유품』에서는 "하늘에서 한 줄기 비가 일시에 한 구름에서 내려 똑같이 산하대지를 적시지만, 그 위에서 자라는 무성한 초목과 약초, 독초들은 제각기 싹을 틔워 저들만의 꽃을 피우고 열매를 맺는다. 비록 같은 땅에서 나고, 같은 시간에 같은 비를 맞지만, 초목들에게는 그 종류와 성질에 따라 큰 나무, 작은 나무, 약초, 독초 등 각각의 차별이 있는 것이다"라고 하였다.

1000 자신의 취향이나 이익에 따라 어디는 비추고 어느 곳은 비추지 않는 편협하고 용열한 마음이 작의作意다. 작의가 있으면 결코 두루 비출 수 없는 것이다. 달은 하나이나 풀잎에 맺힌 이슬에서부터 접시 물에 이르기까지 물(水)이 있는 곳이면 어느 곳에나 똑같이 비추는 것이다. 천강유수천강월千江有水千江月인 것이다. 단지 강의 크기에 따라 달의 모습만 다를 뿐이다.

1001 자연自然이란 작의作意가 없는 '스스로 그러한 것(What is so of itself)'을 말한다.

1002 거울에 때가 끼어 색상이 나타나지 않은 것은 거울의 잘못이 아니다.

1003 법신法身은 나타나지 못하는 것이 아니다. 단지 중생심에 때(垢)가 끼어 보지 못할 뿐, 법신은 때(垢)와 상관없이 여전히 두루(徧)한 것이다. 『화엄경, 여래출현품』에서 "여래가 세상에 나오는 것(出世)을 햇빛에 비유하

【소疏-70】

第二遣疑. 二番問答, 卽遣二疑. 初答中有三. 先立道理 次擧非 後顯
是. 初中言"一切境界本來一心離於想念"者, 是立道理. 謂一切境界
雖非有邊 而非無邊 不出一心故. 以非無邊故 可得盡了. 而非有邊故
非思量境. 以之故言"離想念"也. 第二擧非中言"以衆生妄見境界故心
有分齊等"者, 明有所見故有所不見也.

둘째는 의심을 없애는 것으로, 두 번 문답한 것이 곧 두 가지 의심을
없애는 것이다. 처음 답 중에 세 가지가 있으니, 먼저는 도리를 세우고,
다음은 그른(非) 것을 들고, 나중에는 옳은(是) 것을 드러내었다. 처음
중에 "일체경계는 본래 한마음(一心)으로 상념(想念: 분별이나 번뇌)을
떠나 있다"라고 말한 것은 도리를 세운 것이다. 이는 일체경계가 비록
끝(邊)이 있지 않더라도 끝이 없는 것도 아니니, 일심一心을 벗어나지
않은 까닭이다. 끝이 없는 것이 아닌 까닭에 다 알 수 있는 것이며,
끝이 있는 것이 아닌 까닭에 생각하여 헤아릴 수 있는 경계가 아니니,
이런 까닭에 "상념을 여의었다"고 말한 것이다.

　둘째로 그른 것(非)을 든 중에 "중생이 망령되이 경계를 보는 까닭에
마음에 분제分齊 등이 있다"라고 말한 것은 보는 것이 있는 까닭에
보지 못하는 것이 있음을 밝힌 것이다.

자면, 햇빛이 두루 대지를 비추면(普照), 눈 있는 자는 모두 햇빛을 보지만(共
睹), 눈먼 봉사는 보지 못하는 것과 같다. 그러나 눈먼 봉사가 햇빛을 보지
못한다 할지라도, 그 햇빛의 이로움은 함께 누리는(蒙) 것이다(如來出世, 譬如
日光普照大地, 有目共睹, 獨生盲者不見. 然雖不見亦蒙利益)"라고 하였다.(참조:
감산대사, 『대승기신론직해』)

第三顯是中 言"離於見想無所不徧"者 明無所見故無所不見也. 言"心
眞實故卽是諸法之性"者, 佛心離想 體一心原 離妄想故 名"心眞實."
體一心故 爲"諸法性." 是則佛心爲諸妄法之體. 一切妄法皆是佛之心
相, 相現於自體 自體照其相 如是了知 有何爲難. 言"自體顯照一切妄
法"是謂無所見故無所不見之由也.

셋째로 옳은(是) 것을 드러낸 중에 "견상(見想: 주관과 객관)을 여의어
두루하지 않은 곳이 없다"라고 말한 것은 보는 것이 있는 까닭에 보지
못하는 것이 있음을 밝힌 것이다. "마음이 진실한 까닭에 곧 이는
모든 법의 성품이다"라고 말한 것은 부처님을 믿는 마음(佛心)은 망상을
여의고, 한마음(一心)의 근원을 체득하여 망상을 여읜 까닭에 "마음이
진실하다"라고 이름한 것이다. 일심을 체득한 까닭에 모든 법의 성품이
되는 것이다. 이는 곧 부처님의 마음이 모든 망법妄法의 바탕(體)이며,
일체 망법은 다 부처님 마음속에 나타난 모습(相)인지라 모습은 자체에
나타나고, 자체는 그 모습을 비추는 것이니, 이와 같이 안다면 무슨
어려움이 있겠는가? 그러므로 "스스로 바탕(體)을 드러내 일체 망법을
환하게 비춘다"라고 말한 것이니, 이는 보는 것이 없는 까닭에 보지
못하는 것도 없게 되는 연유를 말한 것이다.

次遣第二疑. 答中言"鏡若有垢色像不現 如是衆生心若有垢法身不
現"者, 法身如本質 化身似影像. 今據能現之本質 故言"法身不現." 如
攝大乘顯現甚深中言"由失故尊不現 如月相於破器." 釋曰"諸佛於世
間不顯現 而世間說諸佛身常住 云何不顯現 譬如於破器中水不得住

水不住故 於破器中實有月不得顯現 如是諸衆生 無奢摩他軟滑相續
但有過失相續 於彼實有諸佛亦不顯現 水譬奢摩他軟滑性故"

다음은 두 번째의 의심을 없애는 것으로, 답 중에 "만약 거울에 때(垢)가
있으면 색상色像이 나타나지 않는 것처럼, 이와 같이 만약 중생의
마음에도 때가 있으면 법신이 나타나지 않는다"라고 말한 것은, 법신은
본바탕(本質)과 같고 화신化身은 그림자(影像) 같은(似) 것이니, 지금
능히 나타나는 것(能現: 그림자)의 본바탕에 의거하는 까닭에 "법신이
나타나지 않는다"라고 말한 것이다. 이는『섭대승론攝大乘論』에서의
현현顯現 심심甚深 중에 "(법신을) 잃은(失) 까닭에 세존世尊이 나타나지
않는 것이다. 마치 깨진 그릇 속에 있는 달의 모습(相)과 같다"라고
말한 것과 같다. 이를 풀이(釋)하자면 "모든 부처님이 세간에 나타나지
않으니, 세간에서 말하기를 모든 부처의 몸이 상주한다고 하는데 어찌
하여 나타나지 않는 것인가? 비유하자면 깨어진 그릇에는 물이 머물
수가 없으며, 물이 머물지 못하는 까닭에 깨진 그릇에는 실로 달이
있어도 (달이) 나타날 수가 없는 것과 같다. 이와 같이 모든 중생도
마음의 고요한 상태(奢摩他)가 물 흐르듯 고요하고 부드럽게(軟滑)
지속되지(相續: 계속하여 이어짐) 못하고, 단지 '고요했다 산란했다'를
반복하는 허물(過失)만 지속되는 까닭에[1004] 저 중생에 실로 모든 부처님

1004 사마타(奢摩他: śamatha)는 분별망상이 일어나는 마음(망념)의 작용을 그치게
(止) 하여, 마음을 고요한 상태(寂)로 유지하는 것으로, 지적止寂이라 한다.
수행에서 지적의 상태가 물 흐르듯 고르고 부드럽게(軟滑) 지속되어야(相續)
함에도, 마음이 들떠서 고르지 못하고 '고요했다 산란했다'를 반복하는 까닭에
허물(過失)의 이어짐(相續)만 있다고 하는 것이다.

(諸佛)이 있음에도 또한 나타나지는(顯現) 않는 것이다.[1005] 물을 사마타의 고요하고 부드럽게 이어지는 것(軟滑相續)에 비유한 까닭이다"[1006]라고 말한 것과 같다.

此二論文 同說佛現及不現義 然其所喩少有不同. 今此論中以鏡爲喩 有垢不現者 約機而說. 見佛機熟 說爲無垢. 有障未熟 名爲有垢. 非謂 煩惱現行 便名有垢不見. 如善星比丘 及調達等 煩惱心中能見佛故.

이 『기신론』과 『섭대승론』 두 논論의 글이 똑같이 부처의 나타남과 나타나지 않음의 뜻을 설했으나 그 비유한 것은 조금 다른 점이 있다. 이제 이 『기신론』에서 거울을 비유하여 '때(垢)가 있으면 법신이 나타나지 않는다는 것은 근기根機에 따라 설한 것이니, 부처님을 보는 근기가 무르익은(熟) 것을 때(垢)가 없다고 설하고, 장애가 있어 아직 무르익지 않은 것을 이름하여 때(垢)가 있다고 설한다. 이는 번뇌가 현행現行하는 것이 곧(便) 때가 있어서 (부처님을) 보지 못한다고 이름하는 것을 말함이 아니다. 선성善星 비구[1007]와 조달調達[1008] 등은 번뇌심 중에도

1005 중생 모두가 불성佛性을 가지고 있지만 드러내지 못하는 것이다.

1006 대정장 제31권, 『섭대승론석』, p.260중 10~16행.

1007 선성善星 비구는 경전이나 어록에 자주 등장하는 인물로서, 출가한 뒤에는 12부경을 수지, 독송, 위인해설하여 욕계欲界의 번뇌를 끊고 4선정을 얻었으나, 그만 나쁜 친구와 사귀면서 사견을 내어 부처님에 대한 나쁜 마음을 냈기에 니련선하尼連禪河 언덕에서 땅이 갈라지면서 산 채로 아비지옥에 떨어졌다고 한다.(참조: 『대반열반경』, 『능엄경』, 『증도가』, 『임제록』 등등)

1008 조달은 바로 제바달다를 말한다. 세존의 사촌동생으로 출가하여 제자가 되었다. 『대지도론』에는 "부처님 교단에서 500백 명을 빼어내 별도의 교단을

만들고, 부처님 발가락에 상처를 입히고, 이를 꾸짖는 화색華色 비구니를 때려 눈알이 빠져 죽게 하고, 손톱에 독약을 묻혀 부처님을 해치러 가다가 땅이 저절로 갈라져 산 채로 지옥으로 떨어졌다"고 한다. 『대지도론』은 『대품반야경』의 주석서로 용수의 저작이라고 하나 범어 원본은 없고, 5세기 초에 구마라집鳩摩羅什이 역출譯出한 한역본만 현존한다.

전설에서도 조달은 출가하기 이전의 세존과 학술과 무예 등에서 경쟁 관계에 있었으며, 야쇼다라를 아내로 맞는 경쟁에서 패배했다고 한다. 또한 세존에게 승단을 물려줄 것을 청하여 거절당하자 500여 명의 비구를 규합하여 승단을 이탈하여 독자적으로 정사精舍를 운영하였으며, 아사세왕과 결탁하여 세존을 시해하고 마가다국의 교권을 장악하고자 기도하였으나 성공하지 못했다고 한다. 이렇듯 부처님을 시기하고 대항한 죄로 피를 토하고 죽었다고도 한다. 그러나 이는 사실과 다르다. 제바달다가 ① 라훌라의 생모인 아쇼다라 비의 동생이라는 설을 따른다면, 제바달다가 친누나인 아쇼다라와 결혼할 수 없으며 ② 한역불전에서 전하는, 세존의 사촌동생으로 25년간 시봉한 아난다의 친동생이라는 설을 따른다면, 세존은 17세에 결혼했으며, 아난다는 세존의 성도일에 태어났다고 한다. 그렇다면 세존의 결혼 당시는 아난다나 제바달다가 태어나지도 않았기 때문이다. ③ 독자적인 세력(교단)을 형성했던 성실한 아란야 수행자였다는 설을 따른다면, 제바달다는 세존에게 걸식乞食, 분소의糞掃衣, 노좌露座, 불음수염不飮酥鹽, 불식어육不食魚肉의 오사五事를 건의했으나 받아들여지지 않았다고 한다. 실제로 '유락乳酪을 먹지 않는 등 이 같은 계율을 지키는 제바달다의 유훈을 받드는 교단이 7세기에도 인도에 존속하고 있었다는 기록이 당唐 고승인 현장(玄奘, 602~664년)의 『대당서역기』에 전하고 있으며, 5세기 초 인도를 여행했던 법현(法顯, 337~422)의 『불국기佛國記』에도 "조달(調達: 제바달다)에게도 중衆이 있다. 항상 과거3불만 공양하고 석가모니불은 공양하지 않더라"라는 기록 등으로 보아 독자적인 세력을 형성한 계율에 엄격한 수행자였다고도 볼 수 있다.(참조: 현장의 『대당서역기』, 법현의 『불국기』 및 히로사치야, 강기희 옮김, 『소승불교와 대승불교』, 민족사, 1991) 또한 그가 악한이었다고만 할 수도 없다. 그는 마하가섭 주도의 1차 결집에 부처님을 볼 수 있었기 때문이다.

攝大乘中破器爲喩 明有奢摩他乃得見佛者, 是明過去 修習念佛三昧
相續 乃於今世得見佛身. 非謂今世要於定心乃能見佛. 以散亂心亦
見佛故. 如彌勒所問經論中言 又經說諸禪爲行處 是故得禪者 名爲善
行諸行 此論中不必須禪乃初發心 所以者何 佛在世時 無量衆生皆亦
發心 不必有禪故

『섭대승론』에서 깨어진 그릇을 비유로 삼아 사마타가 있어야 곧 부처님
을 볼 수 있다고 밝힌 것은, 과거에 염불삼매念佛三昧를 닦아 익혀서
계속 이어가야(相續) 금생에 부처님의 몸을 볼 수 있는 것임을 밝힌
것이지, 금세에 정심(定心: 삼매)이 되어야만 부처님을 볼 수 있음을
말한 것은 아니다. 산란한 마음으로도 부처님을 볼 수 있기 때문이다.
이는 『미륵소문경론彌勒所問經論』에서 말한 것과 같다. 또 경에서 모든
선정禪定이 곧 수행처라고 설한 까닭에 선정을 얻는다는 것은 모든

동참하지 않은 채, 엄격한 계율을 고집하며 숲속의 고행을 계속했다고 한다.
이에 대한 주류 측의 보복이 악평으로 이어졌다고 여겨진다. 제바달다를
악한으로 기록한 『율장』에 대한 세밀한 검토가 필요한 시점이다. 경전이
문자화되는 기원전 1세기경까지 300여 년에 걸쳐 구전口傳되는 과정에서
변절되었거나 외설이 끼어들었을 수도 있기 때문이다. 이러한 자료의 검토도
없이 무조건 제바달다를 악한으로 단정하는 주장이나, 이를 듣고 그대로
옮기는 것은 나태하고 무책임한 것이다. 경經 중의 왕이라는 『법화경』에서조
차 부처님께서 "제바달다는 과거겁의 부처님 선지식이었으며, 미래세에 천도
天道 세계를 다스리는 천왕여래天王如來가 되리라"라는 수기까지 하시지 않
는가?

보살행을 잘 행한다고 이름하는 것이다. 이 논 중에서는 반드시 선禪을 해야 처음으로 발심하는 것은 아니다. 왜냐하면 부처님이 살아 계실 때에 무량한 중생이 모두 발심은 하였어도, 반드시 선정에 있었던 것이 아닌 까닭이다. (大乘起信論疏記會本 卷五 終)

4. 수행신심분修行信心分

此下 第二釋義章門. 上立義中 立二種義. 所謂大義及與乘義. 今此文中, 正釋大義, 兼顯乘義. 於中有二. 一者總釋體相二大. 二者別解用大之義

이 아래는 두 번째 의장문義章門을 풀이한 것이다. 위의 입의분立義分 중에서 두 가지 뜻을 세웠으니(立), 소위 대의大義와 승의乘義이다. 이제 이 글에서는 바로 대의를 풀이하고 겸해서 승의를 드러내었다. 이 중에 두 가지가 있으니, 첫째는 체體, 상相의 2대大를 전체적으로 풀이하였고, 둘째는 용대用大의 뜻을 따로 풀이하였다.

【논론論-71】 수행신심분

已說解釋分 次說修行信心分. 是中依未入正定衆生 故說修行信心.

이미(已) 해석분을 설하였으니, 다음에는(次) 수행신심분修行信心分을 설하겠다. 여기에서는 아직 정정취正定聚에 들어가지 못한 중생들을 위한(依) 까닭에 신심信心을 내어 수행修行함을 설하는 것이다.[1009]

1009 『기신론』에서 밝히는 수행방법은, 주관主觀과 객관客觀을 해체하는 것이다. 주관과 객관이 연기緣起하여 인연생멸因緣生滅의 상相을 짓기 때문이다. 주관

【소疏-71】

初標大意. 上說發趣道相中 言"依不定聚衆生" 今此中言"未入正定" 當
知亦是不定聚人. 然不定聚內 有劣有勝. 勝者乘進 劣者可退. 爲彼勝
人 故說發趣. 所謂信成就發心 乃至證發心等 爲令勝人次第進趣故
也. 爲其劣者故說修信. 所謂四種信心五門行等, 爲彼劣人信不退故
也. 若此劣人修信成就者, 還依發趣分中三種發心進趣. 是故二分所
爲有異, 而其所趣道理無別也.

처음은 대의를 나타내는 것이다. 위에서 설한 발취도상發趣道相에서는
"부정취중생으로 말미암아"라고 말하고, 이제 여기에서는 "아직 정정취
에 들지 못한 중생에 위한다"라고 말하였으니, 이 또한 부정취不定聚
중생임을 알아야 할 것이다. 그러나 부정취 중생에도 열등한 사람과
수승한 사람이 있으니, 수승한 사람은 더욱 나아가고, 열등한 사람은

과 객관 중에서도 특히 주관을 해체하는 것이다. 이를 일러 일체 대상에
끄달리지 않는 것이라 한다. 끄달리지 않는 것은 주관(나)이고, 일체 대상은
객관(경계)이다. 필자는 늘 강조한다. "내가 있어 상대가 있고, 내가 움직여
상대가 움직인다"라고. 그렇다면 아무리 많은 경계가 나타날지라도(객관)
마음에서 분별을 내지 않으면(주관) 경계는 단지 경계일 뿐, 더 이상 번뇌
망상(苦)으로 발전하지 못할 것이다. 이것이 바로 일체 대상에 끄달리지
않는 것이다. 앞서의 「해석분」에서 어떻게 인연생멸因緣生滅의 상相을 지어
조업造業, 수보受報를 반복하는지를 자세히 공부했다. 삼세三細, 육추六麤의
구상九相은 이를 설명하고 있는 것이다. 이것이 『기신론』 공부의 핵심이다.
「해석분」이 수행 원리原理에 대한 설명이었다면, 「수행신심분」은 원리에 대한
실천 매뉴얼이다. 실제 수행에 있어서도 본 「수행신심분」의 설명만으로도
충분하리라 생각된다. 수행은 결코 어려운 것이 아니다. 단지 매일 매일
행(行: 실천)하는 것이 어려울 뿐이다.

퇴전할 수 있는 것이다. 저(彼) 수승한 사람을 위한 까닭에 발취發趣를
설하였으니, 소위 신성취발심信成就發心에서 증발심證發心 등에 이르
기까지는 뛰어난 사람(勝人)으로 하여금 차례대로(次第) 나아가게
하는 까닭이요, 그 열등한 사람을 위한 까닭에 믿음을 닦을(修信)
것을 설하는 것이니, 소위 네 가지 신심信心과 다섯 가지 방편 수행(五門
行) 등은 저 열등한 사람으로 하여금 믿음에서 물러서지 않게 하기
위한 까닭이다. 만약 이 열등한 사람이 닦아(修) 믿음이 성취되면,
다시(還) 발취분發趣分 중의 세 가지 발심에 의지하여 나아가는(進趣)
것이니, 시고是故로 이분二分[1010]의 하는 일에는 다름(異)이 있으나,
그 나아가는 도리에는 다름(別)이 없다.

下第二廣釋. 初發二問, 後還兩答.

아래는 두 번째 자세히 풀이한 것으로, 처음은 두 가지를 물었고,
뒤에는 다시(還) 두 가지로 대답하였다.

【논論-72】 사신四信: 진여, 불, 법, 승
何等信心 云何修行. 略說信心有四種 云何爲四. 一者信根本, 所
謂樂念眞如法故. 二者信佛有無量功德, 常念親近供養恭敬 發起
善根 願求一切智故. 三者信法有大利益, 常念修行諸波羅密故.
四者信僧能正修行自利利他, 常樂親近諸菩薩衆 求學如實行故.

1010 이분二分이란 해석분 중의 발취분과 수행신심분을 가리킨다.

어떤 것들(何等)이 신심信心이며, 어떤 것이 수행인가? 간략히 설하자면 (略說) 신심에는 네 가지가 있으니,[1011] 무엇이 네 가지인가? 첫째는 근본을 믿는 것이니, 소위 진여법을 즐겨 생각하는 까닭이다.[1012] 둘째는 부처님에게 무량한 공덕이 있음을 믿는 것이니, 항상 부처님을 친근, 공양, 공경하며 선근善根을 일으켜(發起) 일체지一切智를 구하려는 생각을 하는 까닭이다(佛). 셋째는 법에 큰 이익이 있음을 믿는 것이니, 항상 모든 바라밀을 수행할 것을 생각하는 까닭이다(法). 넷째는 수행자(僧)가 능히 바르게 수행하여 자리自利하고 이타利他하는 것을 믿는 것이니, 항상 기꺼이(樂) 모든 보살들을 친근히 하여 여실한 수행을 배우려는(求學) 까닭이다(僧).[1013]

【소疏-72】

答信中言"信根本"者, 眞如之法 諸佛所歸 衆行之原 故曰根本也. 餘文可知.

1011 네 가지에 대한 믿음이 확고하지 않으면 수행을 하더라도 진척이 늦으며, 악연에 쉽게 훈습되므로 쉽게 나쁜 길로 퇴락頹落하게 된다.

1012 진여(법)는 진여심으로 바로 중생심인 것이다. 진여법眞如法을 즐겨 생각하여야 하는 이유는, 진여가 믿음의 근본이자 자리自利와 이타利他의 근본이기 때문이다.

1013 오고산은 『기신론강의』에서 "진여의 본체本體를 인격화하여 불佛이라 하고, 만유萬有의 현상現相을 법法이라 하며, 묘용妙用을 윤리면에서 승僧이라 하는 것이다. 다시 말하면 이상적인 세계를 불이라 하고, 이론적인 교리를 법이라 하며, 현실적인 세계를 승이라 할 수 있다. 또한 불은 체體, 법은 상相, 승은 용用이라 보아도 된다"라고 하였다.

믿음을 답하는 중에 "근본을 믿는다"라고 말한 것은, 진여의 법이 모든
부처님들이 귀의하는 곳이며, 모든 행行의 근원根源인 까닭에 근본이라
고 말한 것이다. 나머지 글도 (이에 미루어) 알 수 있을 것이다.[1014]

答修行中 在文有三. 一擧數總標. 二依數開門. 三依門別解.

수행에 대한 답글 중에 세 가지가 있으니, 첫째는 수를 들어 전체적으로
나타내었고, 둘째는 수에 의지하여 문을 열었으며, 세 번째는 문에
의하여 각각 풀이하였다.

【논論-73】 오문五門

修行有五門. 能成此信.

수행에 다섯 가지 방편(門)이 있어, 능히 이 믿음을 성취할 수 있다.

【소疏-73】

初中言"能成此信"者, 有信無行 卽信不熟. 不熟之信 遇緣便退 故修五
行以成四信也.

처음에 "능히 이 믿음을 성취할 수 있다"라고 말한 것은, 믿음은 있으나
수행이 없으면 곧 믿음이 성숙하지 못하며, 성숙하지 못한 믿음은
나쁜 인연(緣)을 만나면 곧 물러서는 까닭에 다섯 가지 행行을 닦음으로

1014 이 부분은 원효대사의 진여眞如 혹은 진여법眞如法에 대한 관점이라 할 수
    있다.

써 네 가지 믿음(信)을 이루는 것이다.

【논論-74】 오문五門

云何爲五. 一者施門. 二者戒門. 三者忍門. 四者進門. 五者止
觀門.

무엇이 다섯인가? 첫째는 시문施門이요, 둘째는 계문戒門이요, 셋째는
인문忍門이요, 넷째는 진문進門이요, 다섯째는 지관문止觀門이다.

【소疏-74】

第二開門中言"止觀門"者, 六度之中 定慧合修. 故合此二爲"止, 觀門"也.

두 번째, 문을 여는 중에 "지관문"이라 말한 것은, 육도六度 중에 정정과
혜慧를 함께(合) 닦는 까닭에 이 둘을 합하여 "지관문"이라 한 것이다.

第三別解 作二分釋. 前四略明 後一廣說.

셋째, 별해別解를 둘로 나누어 풀이하였으니, 앞의 네 가지는 간략히
밝혔으며, 뒤의 한 가지는 자세히 설하였다.

【논論-75】 오문五門

云何修行施門. 若見一切來求索者, 所有財物隨力施與. 以自捨
慳貪 令彼歡喜. 若見厄難恐怖危逼, 隨己堪任 施與無畏. 若有衆
生來求法者, 隨己能解 方便爲說 不應貪求名利恭敬. 唯念自利利

他 迴向菩提故.

보시문(施門)을 어떻게 수행하는가? 만약 일체의 와서(來) 구하고(求)
찾는(索) 사람을 보거든(見) 가지고 있는 재물을 힘 닿는 대로(隨力)
베풀며(施與: 남에게 거저 줌), 스스로 간탐(慳貪: 인색함)을 버려 저들(彼)
로 하여금 환희케 하라(財施). 만약 액난厄難을 만나 공포에 떨며 위험에
빠진(危逼) 것을 보면 자기가 감당할 만큼의 능력(堪任)에 따라 무외(無
畏: 두려움 없음)를 베풀어주며(無畏施), 만약 어떤 중생이 와서 법을
구하거든 자기가 능히 아는 대로 방편으로 설하되(法施), 마땅히 명리나
공경을 탐하거나 구하지 아니하고, 오직 자리이타自利利他만을 생각하
여 보리菩提에 회향하는 까닭이다.

云何修行戒門. 所謂不殺不盜不婬不兩舌不惡口不妄言不綺語,
遠離貪嫉欺詐諂曲瞋恚邪見. 若出家者, 爲折伏煩惱故. 亦應遠
離憒鬧 常處寂靜 修習少欲知足頭陀等行. 乃至小罪 心生怖畏 慚
愧改悔 不得輕於如來所制禁戒, 當護譏嫌 不令衆生妄起過罪故.

지계문(戒門)[1015]을 어떻게 수행하는가? 소위 살생殺生, 도둑질(盜), 음

1015 계戒는 '무엇을 하지 말라'는 타율적인 금지의 의미보다는 스스로 살생, 투도,
   사음 등등의 악惡을 떠나 남들의 이익에 반하거나, 청정행이 아닌 것을 버리고,
   범행梵行을 닦겠다는 자발적인 결의나 습관의 의미를 갖는다. 따라서 우리가
   익히 알고 있는 불살생不殺生, 불투도不偸盜, 불사음不邪淫 등등의 의미는
   '살생이나 투도, 사음 등을 하지 말라'는 타율적인 금지가 아니라, 스스로
   살생이나 투도, 사음하는 것에 대한 반성이나 참회의 마음을 가지고 이러한
   행위를 하지 않겠다는 자발적인 결의나 마음가짐이 불살생, 불투도, 불사음

등등의 계라고 하는 것이다. 불살생의 관습에 익숙한 사람이 어떤 작은 생명이
라도 살생을 했다면, 세수에 익숙한 우리가 아침에 일어나 세수를 하지 않으면
뭔가 꿉꿉하고 께름칙한 것처럼, 뭔가 께름칙할 것이다. 이처럼 계戒는 윤리적
이면서도 자발적인 습관이나 관습이라 할 수 있다. 계戒의 원어 시라(Śīla)는
원래 습관이나 경향, 성격 등의 의미였는데, 이것이 변하여 착한 행위나
습관 또는 도덕적 행위 등으로 쓰이게 되었다. '시라'는 불교만의 용어도
아니며, 당시 인도의 여러 종교에서 쓰이던 용어로서 비구들의 수행상의
실천적 태도를 나타내던 용어였다.

반면 율律은 강제적인 것으로 출가수행자들이 지켜야 할 규칙들로 벌칙이
따르는 강제적인 금제禁制의 의미를 갖는다. 승가가 점차 조직화되고 안정된
경제적 기반을 갖추게 됨에 따라 출가수행자들은 걸식을 하지 않고 사원이나
승원에 모여 집단적인 수행생활을 하게 되었고, 집단생활에 따른 갖가지
규율이 정해지고, 사안에 따라 필요한 규율이 하나씩 새롭게 정해지게 되었다.
이렇듯 불교의 계율은 일시에 제정 공포된 것이 아니라 수범제정隨犯制定,
즉 잘못된 행위(犯)가 발견될 때마다 그때그때 세존께서 규칙(율)을 제정한
것이다. 승가(승단)가 정착되고 발전하면서 계와 율의 구분 없이 승가의
질서유지를 위해 지켜야 할 규범이나 규칙을 계율戒律로 이해하게 되었으며,
이에 대한 기록을 율장律藏이라고 한다. 계율은 부처님의 가르침을 실천하기
위한 교율敎律이라 할 수 있다. 그러나 승가는 부처님의 가르침(불교)을 배우고
실천하려는 자발적인 단체라는 점에서 금제禁制의 율律보다는 스스로의 결의
에 의해 마음을 깨끗이 하고(自淨其意), 악惡을 떠나 범행(선행)을 닦고(諸惡莫
作 衆善奉行), 계戒를 지키는 것이 불교의 본래 의미(是諸佛敎)라 할 수 있다.
대부분의 종교는 지켜야 할 타의적이고 금제적인 율법이 있으나, 불교의
계는 스스로의 결의에 의해 마음을 깨끗이 한다(自淨其意)는 점에서 불교를
불교답게, 그리고 타종교와 비교되게 하는 제도이다. 스스로 마음을 깨끗이
하는 것은 출가자 재가자를 막론하고 백행百行의 근본으로 타인이 강제할
성질이 아니기 때문이다.

반면, 율律은 집단생활을 하고 있는 출가자에게는 꼭 필요한 것이다. 거짓말의

행음行, 양설兩舌, 악구惡口, 망언妄言, 기어綺語하지 말고, 탐욕, 질투嫉妬, 사기詐欺, 첨곡(諂曲: 아첨), 진애(瞋恚: 성냄), 사견邪見을 멀리 여의는 것이다.[1016] 만약 출가자라면 번뇌를 절복折伏시키기 위한 까닭에 마땅히 어지럽고(憒: 궤) 시끄러운(鬧: 료) 곳을 멀리 떠나(遠離), 항상 적정처(寂靜處: 아란야)에서 소욕少欲, 지족知足, 두타頭陀 등의 행을 닦아 익히며, 나아가 작은 죄에도 마음에 두려움(怖畏)을 내어 부끄럽고(慚: 참) 괴로워(愧: 괴)하며, 고치고자(改) 뉘우쳐서(悔) 여래께서 만든 금계禁戒를 가벼이 여기지 아니하고,[1017] 마땅히 다른 사람의 비웃음과 비난(譏嫌)을 막아(護) 중생으로 하여금 망령되이 죄과罪過를 일으키지 않게 해야 하는 까닭이다.[1018]

云何修行忍門. 所謂應忍他人之惱, 心不懷報. 亦當忍於利衰毀譽稱譏苦樂等法故

경우, 재가자의 거짓말은 세속법에 의한 처벌도 가능하고 타인을 미혹하게 하지 않지만, 출가자가 깨달음을 얻은 것처럼 꾸며 사이비 종교행위를 한다면 불망어계不妄語戒를 범하는 것으로 교단에서 영구히 추방되는 바라이죄가 된다. 물론 사회적으로 물의가 따르면 세속법에 따라 처벌도 받겠지만 말이다. 따라서 출가자에게는 계와 더불어 강제적인 벌칙이 따르는 교단의 율律이 필요한 것이다.

1016 이는 부처님의 금계禁戒를 지키는 것으로 섭율의계攝律儀戒라 한다. 이 섭율의계를 지키지 못해 『천수경』에서 십악참회十惡懺悔를 하는 것이다.
1017 섭선법계攝善法戒라 한다.
1018 섭중생계攝衆生戒라 한다. 중생을 계도해야 할 출가자가 오히려 다른 사람의 비웃음과 비난을 받아, 중생들로 하여금 삼보를 가벼이 여기어 비난하는 죄를 짓게 해서는 안 된다는 뜻이다.

인욕문(忍門)을 어떻게 수행하는가? 소위 마땅히 타인의 괴롭힘(惱)을 참아서 보복할 마음을 내지 않으며, 또한 마땅히 이익과 손해(利衰), 남에 대한 비방과 칭찬(毁譽), 자신에 대한 칭찬과 비난(稱譏), 괴로움과 즐거움(苦樂) 등의 법[1019]을 참고 견디는 까닭이다.[1020]

云何修行進門. 所謂於諸善事 心不懈退 立志堅强 遠離怯弱 當念過去久遠已來 虛受一切身心大苦 無有利益. 是故應勤修諸功德 自利利他 速離衆苦. 復次若人雖修行信心 以從先世來多有重罪惡業障故, 爲邪魔諸鬼之所惱亂 或爲世間事務種種牽纏 或爲病苦所惱. 有如是等衆多障礙 是故應當勇猛精勤 晝夜六時 禮拜諸佛 誠心懺悔 勸請隨喜 迴向菩提 常不休廢 得免諸障 善根增長故

정진문(進門)을 어떻게 수행하는가? 소위 모든 선善한 일에 대하여 마음으로 게으르거나 물러남이 없어서, 뜻한 바(立志)가 견고하고 강하여 겁약怯弱을 멀리 여의고, 마땅히 아주 오래된(久遠) 과거 이래로

<hr>

1019 이를 팔풍八風이라 한다. '각주 295번' 참조.

1020 인욕忍辱에 관한 한 『금강경, 이상적멸분離相寂滅分 제14』의 예가 최고라 할 수 있다. "수보리야, 인욕바라밀도 여래는 설하기를 '인욕바라밀이 아니고, 그 이름이 인욕바라밀이다'라고 한다. 왜냐하면 수보리야, 내가 옛날 가리왕에게 몸을 베이고 찢길 때에도 나는 아상我相, 인상人相, 중생상衆生相, 수자상壽者相도 없었느니라. 왜냐하면 수보리야, 내가 옛날 팔다리가 마디마디 찢겨지고 무너질 때에, 만약 나에게 아상, 인상, 중생상, 수자상이 있었더라면 마땅히 분노의 원한을 품었으리라(須菩提, 忍辱波羅蜜, 如來說 非忍辱波羅蜜, 是名忍辱波羅蜜. 何以故 須菩提, 如我昔位歌利王 割截身體, 我於爾時 無我相, 無人相, 無衆生相, 無壽者相. 何以故 我於往昔 節節支解時, 若有我相, 人相, 衆生相, 壽者相 應生瞋恨)."

헛되이 받은 일체의 몸과 마음이 엄청난(大) 고뭄일 뿐, 아무런 이익이 없음을 생각하여야 한다. 시고是故로 마땅히 모든 공덕을 부지런히 닦아 자리이타를 행하고, 속히 모든 고통(衆苦)을 여의어야 한다. 다시 (復次) 어떤 사람이 비록 신심信心을 수행할지라도, 전생으로부터 중죄 와 악업의 장애가 많이 있는 까닭에 삿된 마군魔軍[1021]과 여러 귀신의 뇌란惱亂을 받기도 하며, 혹은 세간의 사무로 이리저리(種種) 끄달리고 얽매이며(牽纏), 혹은 병고로 괴로움을 당하는 것이니, 이와 같은 것들의 많은 장애들이 있는 까닭에 응당 용맹 정진하여 주야로 여섯 번(六時) 모든 부처님께 예배하고,[1022] 성심誠心으로 참회하며, 권청勸請하고, 수희隨喜하며, 보리에 회향하기를 항상 쉬거나 그치지(休廢) 아니하면 모든 장애에서 벗어나 선근이 더욱 자라나는(增長) 까닭이다.

1021 사마邪魔는 심신心身을 뇌란惱亂시켜 선법善法을 방해하고, 정법正法 수행을 방해하는 일체의 장애를 말한다.

1022 주야육시晝夜六時란 일주야(一晝夜: 하루)를 신조(晨朝: 새벽), 일중日中, 일몰日 沒, 초야初夜, 중야中夜, 후야後夜로 나눈 것으로, 육시예찬六時禮讚을 말한다. 운허스님의 『불교사전』(동대역경원)에는 "육시예찬六時禮讚은 정토에 왕생 하기를 원하는 이가 매일 낮과 밤을 여섯 때로 나누어 부처님의 공덕을 찬탄하는 수행법으로, 선도善導의 『왕생예찬』에 의하여 행해진다. 제1시 일몰 에 『무량수경』에서 말한 12광불의 명호를 외우면서 19배, 제2시 초저녁에는 선도가 『무량수경』에 의하여 지은 「예찬게禮讚偈」를 외우면서 24배, 제3시 중야中夜에는 용수의 「예찬게」를 외우면서 16배, 제4시 후야後夜에는 천친天親 의 「예찬게」를 외우면서 20배, 제5시 아침(晨朝)에는 언종彦琮의 「예찬게」를 외우면서 21배, 제6시 일중日中에는 선도가 『무량수경』의 16관에 의해 지은 「예찬게」를 외우면서 20배하는 것"이라고 소개하고 있다.

【소疏-75】

初中亦二. 一者別明四種修行, "復次若人"以下 第二示修行者除障方
便. 此第二中 亦有二句. 先明所除障礙 後示能除方法. 方法中言"禮拜
諸佛"者, 此總明除諸障方便. 如人負債依附於王 則於債主無如之何.
如是行人禮拜諸佛 諸佛所護 能脫諸障也. "懺悔"以下 別除四障 四障
是何. 一者諸惡業障 懺悔除滅. 二者誹謗正法 勸請滅除. 三者嫉妒他
勝 隨喜對治. 四者樂著三有 迴向對治. 由是四障 能令行者不發諸行
不趣菩提. 故修如是四行對治. 是義具如瑜伽論說. 又此懺悔等四種
法 非直能除諸障. 亦乃功德無量. 故言"免諸障善根增長"是義廣說
如金鼓經也.

처음 중에 또한 두 가지가 있으니, 첫째는 각기 네 가지 수행을 밝혔고,
"다시 만약 사람이(復次若人)" 이하는 두 번째 수행자의 장애를 없애는
방편을 보였다(示). 여기 두 번째 중에 또한 두 구절이 있으니, 먼저는
없애야 할 장애를 밝혔고, 뒤에는 능히 없애는 방법을 보였다. 방법
중에 "모든 부처님께 예배한다"라고 말한 것은, 이는 모든 장애를 없애는
방편을 총체적으로 밝힌 것이니, 마치 사람이 부채負債를 왕에게 의지
하여 붙으면 채권자(債主)가 어찌할(如之何) 수 없는 것과 같다.[1023]
이와 같이 수행하는 사람도 제불諸佛께 예배하면 제불의 보호를 받아
능히 모든 장애에서 벗어날 수 있다. "참회하며" 이하는 네 가지 장애를

[1023] 수행자가 부처님의 위의威儀에 의지하여 마라의 장애에서 벗어나는 것을,
세속에서 임금의 권위에 의지하여 채권자로부터의 접근을 차단하는 것에
비유한 것으로 이해하면 될 것이다.

각기 따로 없애는 것이니, 네 가지 장애란 무엇인가? 첫째는 모든 악업惡業의 장애이니, 참회하여 제멸除滅하는 것이요. 둘째는 정법正法을 비방하는 장애이니, 부처님께 설법을 권청勸請하여 제멸하는 것이요. 셋째는 다른 사람의 수승함을 질투하는 장애이니, 따라 기뻐함(隨喜)으로써 장애를 대치對治하는 것이요. 넷째는 즐겨 삼유(三有: 三界)를 애착하는 장애이니, (공덕을 쌓아) 회향함으로써 대치하는 것이다. 이 같은 네 가지 장애로 말미암아 수행자로 하여금 모든 수행을 행하지(發) 못하게 하며, 보리(菩提: 깨달음)에 나아가지 못하게 하는 까닭에 이 같은 네 가지 행行을 닦아 대치하는 것이니, 이 뜻의 자세한 것은 『유가사지론瑜伽師地論』에서 설한 것과 같다.[1024] 또 이 같은 참회 등 네 가지 법은 다만(直) 모든 장애만 없애는 것이 아니라 또한 공덕이 무량한 까닭에 "모든 장애에서 벗어나 선근이 더욱 자라나는(增長) 까닭이다"라고 말한 것이다. 이 뜻을 자세히 설하자면 『금고경金鼓經』[1025]에서 설한 바와 같다.

止觀門中 在文有二 一者略明 二者廣說

지관문에 글은 크게 두 가지가 있으니, 첫째는 간략히 밝힌 것이요, 둘째는 자세히 설한 것이다.

1024 전거가 분명하지 않다.
1025 대정장 제16권, 『합부금광명경』, p.369중 7~19행.

【論-76】지관문 수행

云何修行止觀門. 所言止者, 謂止一切境界相 隨順奢摩他觀義故.
所言觀者, 謂分別因緣生滅相, 隨順毗鉢舍那觀義故. 云何隨順.
以此二義漸漸修習 不相捨離 雙現前故.

지관문을 어떻게 수행해야 하는가? ① 지(止: 그침)라고 말하는 것은
일체경계의 모습(相)을 그치는 것(止)을 말함이니, 사마타관奢摩他觀[1026]
의 뜻(義)을 수순隨順하는 까닭이다. ② 관觀이라고 말하는 것은 인연因
緣 따라 생멸하는 모습(因緣生滅相)을 분별함을 말하는 것이니, 비발사
나관毗鉢舍那觀[1027]의 뜻을 수순하는 까닭이다. 어떻게 수순하는가? 이

1026 사마타(奢摩他: śamatha)는 평온함, 조용함, 감정의 제어라는 뜻으로, 모든
망념妄念을 그치게(止) 함으로써 마음을 하나의 대상에 집중하여 고요하게
하는 삼매를 개발시키는 것을 말한다. 사마타는 삼매인 것이다. 삼매경
3(A4:94)에서 부처님은 "사마타(삼매)를 얻기 위해서는 사마타를 체득한 분을
찾아가서 '도반이여, 어떻게 마음을 고정시켜야 합니까? 어떻게 마음을 안정
시켜야 합니까? 어떻게 마음을 하나가 되게 하여야 합니까? 어떻게 마음이
삼매에 들게 해야 합니까?'라고 물어야 한다"고 말씀하신다.(참조: 대림 옮김,
『앙굿따라 니까야』, 초기불전연구원, 2008)

1027 비발사나(毗鉢舍那: vipaśyanā)는 사마타에서의 망념을 그친 상태에서 사물을
옳게 보는 명료한 인식이나 내적 통찰, 즉 통찰지를 말한다. 삼매경3(A4:94)에
서 부처님은 "비발사나(통찰지)를 얻기 위해서는 비발사나를 체득한 분을
찾아가서 '도반이여, 형성된 것들(行, saṅkhāra)을 어떻게 보아야 합니까?
형성된 것들을 어떻게 명상해야 합니까? 형성된 것들을 어떻게 깊이 관찰해야
합니까?'라고 물어야 한다"고 말씀하신다. 즉 형성된 것들은 무상無常이고,
무아無我이고, 고苦라고 보고, 명상하고, 깊이 관찰하라는 것이다. 이것이
연기緣起이고, 부처님의 가르침이다.(참조: 대림 옮김, 위의 책, 2008)

두 가지 뜻으로 접접 닦아 익혀 서로 여의지 아니하면 지止와 관觀이
쌍雙으로 현전現前하는 까닭이다.[1028]

1028 사마타관과 비발사나관의 수행

1) 사마타관(止觀, 定): 우리의 마음은 경계(대상, 객관)에 따라 죽 끓듯 요동을
친다. 수행을 하기 위해서는 요동치는 마음부터 붙잡아두어야 한다. 따라서
일체 경계의 모습(境界相)을 끊어, 경계에 따라 요동치는 마음을 한 곳에
머물게 하여(흩어지지 않게 집중하여) 고요하게 해야 한다. 즉 마음이 경계에
따라 이리저리 요동치며 번뇌 망상을 짓지 못하게 해야 한다. 이를 지(止,
定)라고 한다. 그래서 사마타 수행은 차분히 내려놓는 것이다. 지止는 불가佛家
의 전유물이 아니다.

증자는 『대학大學』에서 "그침(止)을 안 뒤에야 정定이 있고, 정定이 있는 뒤에야
능히 고요할(靜) 수 있으며, 고요한 뒤에야 능히 편안할 수 있으며, 편안한
뒤에야 능히 생각할 수 있고, 깊이 사색한 뒤에야 능히 얻을 수 있다(知止而後有
定, 定而後能靜, 靜而後能安, 安而後能慮, 慮而後能得)"라고 하였다.

노자老子도 『노자, 44장』에서 "그침(止)을 알면 위태롭지 않고 가히 오래간다
(知止不殆 可以長久)"라고 하였다.

2) 비발사나관(觀觀, 慧): 사마타에서 얻은 고요한 마음의 상태(止, 定)에서
인연생멸의 상相을 관찰, 분별하여 진여眞如에 계합契合하는 것이 관觀이다.
진여에 계합하려는 노력이 지혜의 계발啓發이고 수행이다. 진여眞如에 계합契
합할 때, 비로소 심원心源으로 돌아갈 수 있는 것이다. 진여에 계합하는 것이란
지혜의 계발을 통한 중생구제의 마음가짐을 내어 이를 실천하는 것이다.
중생구제는 그렇게 거창한 것이 아니다. 경전공부를 열심히 하며, 남을 제도하
진 못할망정 본인 스스로만 제도해도 대단한 중생제도인 것이다. 부모님에게
큰 효도는 못해도 부모님 속 안 썩여드리는 것만도 큰 효도이듯이 말이다.
세상에는 사회에 해악을 끼치며 남에게 고통을 주며 살아가는 사람들이
너무나 많다. 그러니 남에게 해악을 안 끼치고 살아가는 것이 가장 시급한
중생제도인 것이다.

3) 지관(止觀, 定慧) 쌍수雙修: 지관止觀은 수레의 두 바퀴와도 같은 상호의존적

【소疏-76】

初略中言"謂止一切境界相"者, 先由分別作諸外塵 今以覺慧破外塵
相. 塵相旣止 無所分別 故名爲"止"也.

처음 간략히 밝힌 중에 "일체경계의 모습을 그치는 것(止)을 말함이니"
라고 말한 것은, 먼저는 분별로 말미암아 모든 바깥 경계(塵)를 짓지만
(作), 이제는 깨달음의 지혜(覺慧)로써 바깥 경계의 상相을 깨뜨리는
것이니, 경계의 상相이 이미(旣) 그치면 분별할 대상도 없는 까닭에
이름하여 '지止'라고 하는 것이다.

관계다. 지止를 통해 혜慧의 계발로 이어져야 하며, 혜慧 없이 지止에만 머물러
서도 안 된다. 지止의 상태에서 관觀에 나아가도 지止가 항상 유지되지 않으면
바른 지관止觀이 아니다. 그래서 지관겸수인 것이다. 이를 선종에는 정혜쌍수
定慧雙修라 했다.
천태지자는 『수습지관좌선법요修習止觀坐禪法要』의 서문에서 "무릇 해탈에
이르는 방법에는 여러 가지가 있으나, 급한 요점만 논한다면 지관 두 법法에서
벗어나지 않는다(若夫泥洹之法, 入乃多途論其急要. 不出止觀二法) …… 만약
선정과 지혜의 두 법을 성취하면 이는 곧(斯乃) 자리이타自利利他의 두 법을
다(皆) 구족한 것이다(若人成就定慧二法, 斯乃自利利人法皆具足) …… 마땅히
이 두 법은 수레의 두 바퀴와 같고, 새의 두 날개와 같음을 알아야 한다(當知此之
二法 如車之雙輪 鳥之兩翼). 만약 어느 하나에만 치우쳐 닦아 익히면 곧 삿된
곳에 떨어져, 안 하니만 못할 것이다(若偏修習 卽墮邪倒). 경에 이르길(故經云),
선정과 복덕만 닦고 지혜는 배우지 않으면 이름하여 어리석음(愚)이라 하며(若
偏修禪定福德, 不學智慧, 名之曰愚), 지혜는 배우되 선정과 복덕을 닦지 않으면
이름하여 들떠 미쳤다(狂)라고 한다(偏學智慧, 不修禪定福德, 名之曰狂)"라고
했다.

次言"分別生滅相"者, 依生滅門 觀察法相 故言"分別." 如瑜伽論菩薩
地云 "此中菩薩 卽於諸法無所分別 當知名止. 若於諸法勝義理趣 及
諸無量安立理趣世俗妙智 當知名觀." 是知依眞如門 止諸境相 故無所
分別 卽成無分別智. 依生滅門 分別諸相 觀諸理趣 卽成後得智也.

다음에 "생멸상을 분별한다"라고 말한 것은 생멸문生滅門에 의지하여
법의 모습(法相)을 관찰하는 까닭에 분별한다고 말한 것이다. 이는
『유가사지론, 보살지菩薩地』에서 "이 중에 보살은 곧 모든 법에 분별할
것이 없으니, 이름하여 지止라고 함을 마땅히 알아야 할 것이다. 모든
법의 승의이취勝義理趣[1029]와 모든 무량한 안립이취安立理趣[1030]에 대한
세속의 묘한 지혜를 이름하여 '관觀'이라 함을 알아야 할 것이다"[1031]라고
한 것과 같다. 이는 ①진여문에 의지하여 모든 경계의 상相을 그치게
하는 까닭에 분별할 대상이 없으면 곧(卽) 무분별지無分別智[1032]를 이루

1029 모든 진리 중에서 가장 뛰어난 이치.

1030 안전하게 세워진 이치.

1031 대정장 제30권, 『유가사지론』, p.539하 24~26행.

1032 무분별지無分別智는 『섭대승론』에서 근본으로 삼는 지혜이다. 『섭대승론』은
유식의 입장에서 대승을 모두 평정 내지는 아우르겠다(攝)는 취지로, 반야경
및 용수의 중관中觀 불교와 『해심밀경』 등의 유가瑜伽 불교를 수용하여 대승불
교 전체를 하나로 체계화한 책이다.
대승의 여래장사상 계열에서는 자성청정심 또는 『기신론』을 비롯한 진여본각
의 본질적이고 근본적인 지혜를 무분별지無分別智라 한다. 반면 수행으로
증득하는 지혜는 후득지後得智라 한다. 종파나 논서에 따라 다양한 지혜를
설하고 있으나, 명칭에 상관없이 ①진여眞如의 본질적인 지혜와 ②수행으로
증득하는 지혜로 대별된다.

고, ② 생멸문에 의지하여 모든 상相을 분별하며, 모든 이취理趣를 관觀하면 곧 후득지後得智를 이루는 것임을 알 것이다.

지止=사마타	정定=선정바라밀	일체경계상을 멈춤	무분별지無分別智	진여문眞如門
관觀=바파사나	혜慧=반야바라밀	인연생멸상을 분별	후득지後得智	생멸문生滅門

"隨順奢摩他觀義, 隨順毗鉢舍那觀義"者, 彼云, 奢摩他 此翻云止 毗鉢舍那 此翻云觀. 但今譯此論者 爲別方便及與正觀. 故於正觀仍存彼語. 若具存此語者, 應云隨順止觀義 及隨順觀觀義. 欲顯止觀雙運之時卽是正觀 故言止觀及與觀觀.

"사마타관을 수순하는 뜻과 비발사나관을 수순하는 뜻"이란 무엇을 말하는가? 사마타는 범어인 사마타를 한어漢語로 번역하여 지止라고 한 것이며, 비발사나를 한어로 번역하여 관觀이라고 한 것이다. 단지 이제 이『기신론』을 번역한 이가 방편과 정관(正觀: 바른 견해)을 구별하기 위한 까닭에 정관正觀에는 범어를 그대로 둔(仍存) 것이다. 만약 양쪽을 한어로 갖추어 번역한다면 마땅히 지관止觀을 수순하는 뜻과 관관觀觀을 수순하는 뜻으로 말해야 할 것이다. 지止와 관觀이 함께(雙) 운행할 때가 곧 정관正觀임을 나타내고자 하는 까닭에 지관止觀과 관관觀觀이라 말한 것이다.

在方便時 止諸塵相, 能順正觀之止 故言"隨順止觀." 又能分別因緣相 故 能順正觀之觀. 故言"隨順觀觀." "云何隨順"以下 正釋此義. "漸漸修習"者 是明能隨順之方便 "現在前"者, 是顯所隨順之正觀也. 此中略明止觀之義. 隨相而論 定名爲止 慧名爲觀. 就實而言 定通止觀 慧亦如是. 如瑜伽論聲聞地云.

방편에 있을 때는 모든 경계(塵)의 상을 그쳐 능히 정관正觀의 지止를 따르는 까닭에 "지관止觀을 수순한다"라고 말하고, 또 능히 인연상因緣相을 분별하는 까닭에 능히 정관正觀의 관觀을 따른다고 말한다. 고故로 "관관을 수순한다"라고 말한 것이다. "어떻게 수순하는가(云何隨順)?" 이하는 바로 이 뜻을 풀이한 것이다. "점점 닦아 익힌다"라는 것은 능히 수순하는 방편을 밝힌 것이다. "지止와 관觀이 쌍雙으로 현전現前한다"라고 말한 것은 수순하는 바의 정관正觀을 드러낸 것이다. 이 중에 지관의 뜻을 간략히 밝힌 것이니, 상相을 따라 논하자면 선정禪定을 지止라 이름하고, 혜慧를 이름하여 관觀이라고 하나, 사실대로(就實) 말하면 선정禪定은 지관에 통하는 것이며, 혜慧 또한 이와 같은 것이다. 이는 『유가사지론, 성문지聲聞地』에서 다음과 같이 말한 것과 같다.[1033]

| 정관正觀, 지관쌍운止觀雙運 | 지止, 지관止觀, 사마타관觀에 수순함 |
| | 관觀, 관관觀觀, 비파사나관觀에 수순함 |

復次 如是心一境性, 或是奢摩他品 或是毗鉢舍那品. 若於九種心住中 心一境性 名奢摩他品. 若於四種慧行中心一境性 名毗鉢舍那品.

다시 이와 같이 '마음이 하나의 경계에 집중해 있는 상태(心一境性, 禪定)'[1034]로, 혹은 사마타품(奢摩他品, 止)에 들기도 하고 혹은 비발사나

1033 대정장 제30권, 『유가사지론』, p.450하 14행~p.451중 22행.
1034 욕계의 아홉 가지 심주心住는 선정을 닦을 때에 마음을 한 군데 머물러 산란하지

품(毘鉢舍那品: 觀)에 들기도 한다. 만약 아홉 가지 마음이 머무는 상태(九種心住)에서 '마음이 하나의 경계에 집중해 있는 상태'라면 '사마타품'이라고 이름하고, 만약 네 가지 혜행慧行에서 '마음이 하나의 경계에 집중해 있는 상태'라면 '비발사나품'이라 이름한다.

사마타품(奢摩他品, 止)

云何名爲九種心住, 謂有苾蒭 令心內住 等住 安住 近住 調順 寂靜 最極寂靜 專住一趣 及與等持 如是名爲九種心住.

무엇을 이름하여 아홉 가지 심주心住라 하는가? 어떤 필추(苾蒭: 비구)가 마음을 안으로 머물게(內住) 하며, 등주等住하며, 안주安住하며, 근주近住하며, 조순調順하며, 적정寂靜하며, 최극적정最極寂靜하며, 전주일취專住一趣하며, 등지等持하게 됨을 말하는 것이니, 이와 같은 아홉 가지를 이름하여 심주라 한다.

云何內住, 謂從外一切 所緣境界 攝錄其心 繫在於內 不外散亂 故名 內住.

① 무엇을 내주內住라 하는가? 마음 밖에서(外) 반연하는 일체의 경계로부터(從) 그 마음을 다스리고(攝) 단속하여(錄) 안에다 묶어두고(繫) 밖으로 산란하지 않게 하는 까닭에 내주라 한다.

云何等住, 謂卽最初所繫縛心 其性麤動 未能令其 等徧住故. 次卽於

────────────

않은 상태를 가리키며 그 중의 하나가 심일경성心一境性이다.

此所緣境界 以相續方便 澄淨方便 挫令微細 徧攝令住 故名等住.

②무엇을 등주等住라 하는가? 곧 최초의 번뇌에 묶인(繫縛)[1035] 마음(內住)은 그 성품이 거칠게 움직여서 아직 평등하게 두루 머무르게 할 수 없는 까닭에, 다음으로 곧 이것(內住)이 반연하는 경계에 대하여 상속방편相續方便과 징정방편澄淨方便으로 묶어(挫) 미세하게 두루 다스려(攝) 머무르게 하므로 이름을 등주라 한다.

云何安住, 謂若此心雖復如是內住等住 然由失念 於外散亂 還復攝錄 安置內境 故名安住.

③무엇을 안주安住라 하는가? 만약 이 마음이 비록 또한 이와 같이 내주內住하고 등주等住할지라도 생각을 놓쳐 밖으로 산란하기 때문에 또다시 다스리고(攝) 단속하여(錄) 안의 경계(內境)에 안치安置하는 것을 말하는 까닭에 안주라 이름한다.

云何近住, 謂彼先應如是如是親近念住 由此念故 數數作意內住其心, 不令此心遠住於外 故名近住.

④무엇을 근주近住라 하는가? 저 먼저 마땅히 이와 같이 친근하게 생각을 머무르게 하여, 이러한 생각으로 말미암은 까닭에 자주자주(數數: 삭삭) 의식적으로(作意) 그 마음을 안으로 머무르게 하는 것을 말한다. 이 마음이 멀리 바깥에 머무르지 않게 하는 까닭에 근주라

1035 번뇌 망상 등의 외부 경계에 얽매이어 자유롭지 못하다는 뜻.

이름한다.

云何調順, 謂種種相 令心散亂 所謂五塵三毒男女等相. 故彼先應取
彼諸相爲過患想. 由如是想增上力故 於彼諸相折挫其心 不令流散 故
名調順.

⑤무엇을 조순調順이라 하는가? 갖가지 모습(相)들이 마음을 산란하
게 하니, 소위 색, 성, 향, 미, 촉의 다섯 가지 경계(塵)와 탐, 진,
치 3독毒과 남녀(색욕)와 같은 모습들(相)이다. 고故로 저가 먼저 마땅
히 저 모든 모습들(相)을 재앙과 근심거리라는 생각을 취取하는 것을
말한다. 이와 같은 생각은 점점 커지는 힘(增上力)이 있는 까닭에
저 모든 모습(相)들을 잘라(折挫) 그 마음이 흩어(流散)지지 않게 하는
연고로 조순이라 이름한다.

云何寂靜, 謂有種種 欲恚害等諸惡尋思貪欲蓋等 諸隨煩惱. 令心擾
動 故彼先應取彼諸法爲過患想. 由如是想增上力故 於彼心不流散 故
名寂靜.

⑥무엇을 적정寂淨이라 하는가? 갖가지 욕심(欲), 성냄(恚), 해(害)
등의 여러 나쁜 심사(尋思: 마음을 가라 앉혀 사색하는 것)와 탐욕개(貪欲
蓋: 끊임없이 탐하는 번뇌) 등의 여러 수번뇌隨煩惱[1036]가 있어 마음으로

1036 중생의 오염된 마음작용으로 일어나는 탐食, 진瞋, 치(癡: 無明), 만慢, 의疑,
    견(惡見) 등의 여섯 가지를 육근본번뇌六根本煩惱 또는 수면隨眠이라 하고,
    방일放逸, 나태懶怠, 불신不信, 해害, 한恨, 수면睡眠, 악작惡作 등을 근본번뇌에

하여금 요동擾動치게 하는 까닭에 저 먼저 마땅히(應) 저러한 모든 법들(諸法)이 재앙(過)과 근심거리(患)라는 생각을 취取하는 것을 말한다. 이와 같은 생각은 점점 커지는 힘(增上力)이 있는 까닭에, 저 마음이 흩어(流散)지지 않는 까닭에 적정이라 이름한다.

云何名爲最極寂靜. 謂失念故 卽彼二種暫現行時 隨所生起. 然不忍受尋卽反吐 故名最極寂靜.

⑦ 무엇을 이름하여 최극적정最極寂靜이라고 하는가? 적정의 마음을 놓치는 까닭에 곧 저 두 가지(尋思와 隨煩惱)가 잠시 현행現行할 때, 곳에 따라 일어나는 것을 말한다. 그러나 나쁜 마음(尋)을 받아들이지 않고(不忍受) 곧바로 토(吐: 내치다)하는 까닭에 최극적정이라 이름한다.

云何名爲專住一趣. 謂有加行有功用 無缺無間三摩地相續而住. 故名專住一趣.

⑧ 무엇을 이름하여 전주일취專住一趣라 하는가? 가행加行이 있고 공용功用이 있어서 부족함이 없고 간격이 없어 삼마지(三摩地: 止)가 상속하여 머무름을 말함이니, 고故로 전주일취라 이름한다.

따라 일어나는 번뇌라 하여 수번뇌隨煩惱, 수혹隨惑이라 한다. 『유가사지론瑜伽師地論』에서는 탐貪, 진瞋, 치癡 삼독三毒을 3근본번뇌 또는 3종근본번뇌三種根本煩惱라 한다.

云何等持. 謂數修數習數多修習爲因緣故 得無加行無功用任運轉道
故名等持.

⑨ 무엇을 등지等持라 하는가? 자주(數) 닦고, 자주 익혀, 자주 많이
닦고 익힌(修習) 것을 인연으로 삼는 까닭에 가행(加行: 더욱 노력함)도
없고, 공용(功用: 조작)도 없이 흘러가는 대로 두어도(任運轉) 도道를
얻는다. 고故로 등지라 이름한다.

비발사나(毘鉢舍那, 觀)

又如是得奢摩他者, 復卽由是四種作意 方能修習毘鉢舍那 故此亦是
毘鉢舍那品.

또 이와 같이 사마타奢摩他를 얻은 사람은 또한 곧 이 네 가지 작의作意를
거쳐야 비로소(方) 능히 비발사나毘鉢舍那를 닦고 익히는 까닭에 이
또한 비발사나품이 된다.

云何四種毘鉢舍那. 謂有苾芻依止內心奢摩他故. 於諸法中能正思擇
最極思擇 周徧尋思 周徧伺察 是名四種.

무엇이 네 가지 비발사나인가? 어떤 필추(비구)가 내심內心의 사마타에
의지依止하는 까닭에 모든 법 중에서 능정사택能正思擇, 최극사택最極思
擇, 주변심사周徧尋思, 주변사찰周徧伺察을 네 가지 비발사나라 이름
한다.

云何名爲能正思擇. 謂於淨行所緣境界 或於善巧所緣境界 或於淨惑
所緣境界 能正思擇盡所有性.

①무엇을 이름하여 능정사택이라 하는가? 정행淨行이 반연하는 경계,
혹은 선교善巧가 반연하는 경계, 혹은 정혹淨惑이 반연하는 경계에
대하여 진소유성盡所有性[1037]을 바르게 생각하여 분간함(思擇)을 말
한다.

云何名爲最極思擇. 謂卽於彼所緣境界 最極思擇如所有性.

②무엇을 이름하여 최극사택이라 하는가? 곧 저 반연하는 경계境界에
대하여 여소유성如所有性[1038]을 가장 지극하게 생각하여 분간함(思擇)
을 말한다.

云何名爲周徧尋思, 謂卽於彼所緣境界 由慧俱行 有分別作意 取彼相
狀 周徧尋思.

③무엇을 이름하여 주변심사周徧尋思라 하는가? 곧 저 반연하는 경계
에 대하여 지혜(慧)를 갖춰 행함으로 말미암아 분별하려는 작의作意를
갖게 되어, 저 모습과 형상을 취하여 두루 깊이 사색(尋思)함을 말한다.

云何名爲周徧伺察, 謂卽於彼所緣境界 審諦推求 周徧伺察.

1037 반드시 다하는(盡), 즉 필멸必滅하는 성질로 진소유盡所有라고도 한다.
1038 존재하는 바, 그대로의 성질.

④무엇을 이름하여 주변사찰周徧伺察이라 하는가? 곧 저 반연하는 경계에 대하여 자세히 살피고(審諦) 찾아서 두루 세밀하게 살피는 것(伺察)을 말한다.

乃至廣說 尋此文意 乃說聲聞止觀法門. 然以此法趣大乘境 卽爲大乘止觀之行 故其九種心住 四種慧行 不異前說. 大乘境者 次下文中當廣分別依文消息也. 止觀之相 略義如是.

이어 자세히 설하고 있다. 글의 뜻을 살펴보면 이는 성문聲聞의 지관법문止觀法門을 설한 것이다. 그러나 이 법으로 대승의 경계에 나아가면 곧 대승의 지관止觀행이 되는 까닭에 그 아홉 가지 심주心住와 네 가지 혜행慧行이 앞에서 설한 것과 다르지 않다. 대승의 경계는 다음 아래 글 중에 마땅히 자세히 분별하여 글에 따라 풀이할 것이다. 지관止觀의 모습(相)은 간략히 그 뜻이 이와 같다.

以下第二廣辨 於中有二. 先明別修 後顯雙運. 別修之內 先止後觀. 先明止中 卽有四段. 一明修止方法. 二顯修止勝能. 三辨魔事 四示利益.

이 아래는 두 번째로 자세히 변별한 것이다. 이 중에 두 가지가 있으니, 먼저는 각각 닦음을 밝혔고, 뒤에는 동시에 운용함을 드러내었다. 각각 닦는다는 것 안에 먼저는 지止에 대해서이고, 뒤에는 관觀에 대해서이다. 먼저 지止를 밝힌 중에 4단段이 있으니, 첫째는 지를 닦는 방법을 밝혔고, 둘째는 지를 닦는 뛰어난 공능을 드러내었으며,

셋째는 마군의 일(魔事)을 변별하였고, 넷째는 이익을 보였다.

【論論-77】 지止 수행의 방법

若修止者, 住於靜處 端坐正意 不依氣息 不依形色 不依於空 不依
地水火風 乃至不依見聞覺知. 一切諸想隨念皆除 亦遺除想. 以一
切法本來無相 念念不生 念念不滅. 亦不得隨心外念境界 後以心
除心.

만약 지(止, 定)를 닦는 자라면 고요한 곳에 머물러[1039] 단정히 앉아서(調
身) 뜻을 바르게(正意) 하되(調心), 기식(氣息: 調息)에 의지하지 않고,[1040]
형색形色에 의지하지 않으며, 공空에 의지하지 않고, 지地, 수水, 화火,
풍風에도 의지하지 않으며,[1041] 나아가 견문각지見聞覺知[1042]에도 의지하
지 않아야 한다.[1043] 일체의 모든 상념은 생각(念)을 따라서 다 없애고,[1044]

1039 수행환경을 말한다. 세존 당시는 마을에서 좀 떨어져 마을의 시끄러운 소리가
　　　들리지 않으며, 너무 멀지 않아 탁발이 용이한 곳으로 수행처(araṇya)를 삼았
　　　다. 아란야는 한적한 산림山林으로 적정처寂靜處, 무쟁처無諍處, 원리처遠離處
　　　등의 의미를 갖는다.

1040 단전호흡, 기공, 태극권, 요가, 명상 등등의 모든 수행에서 가장 중요한 ①조신
　　　調身, ②조심調心, ③조식調息을 언급하고 있다. 조調는 '고르다, 다스리다'의
　　　뜻으로 ①몸을 다스리다, ②마음을 다스리다, ③호흡을 다스리다(고르다)의
　　　뜻이다. 이 부분에 대해서는 『소·별기』에서 자세한 설명이 이어진다.

1041 형색形色에 의지하지 않고, 지수화풍에 의지하지 않는 것은 육신의 편안함이나
　　　집착을 여의는 것을 말한다.

1042 견문見聞은 시각과 청각의 작용, 각지覺知는 깨닫고 아는 의식의 작용을 말한다.
　　　즉 경계에 의한 망념을 말한다.

또한 없앤다는 생각(除想)마저도 없애야(遺) 한다(無念의 상태).[1045] 일체
의 법이 본래 모습(相)이 없는지라, 생각생각이 생生하지도 아니하고
멸滅하지도 않는(不生不滅) 까닭이다.[1046] 또한 마음을 따라 밖으로 생각
하는 경계도 따르지도 아니하고,[1047] 나중에는(後) 마음으로 마음을 없애
는(除滅) 것이다.[1048]

心若馳散 卽當攝來住於正念. 是正念者 當知唯心 無外境界. 卽復
此心亦無自相 念念不可得. 若從坐起 去來進止 有所施作 於一切
時 常念方便 隨順觀察 久習淳熟 其心得住. 以心住故 漸漸猛利
隨順得入眞如三昧 深伏煩惱 信心增長 速成不退 唯除疑惑 不信
誹謗 重罪業障 我慢 懈怠 如是等人所不能入

마음이 만약 달아나 흩어지면(馳散) 곧(卽) 마땅히(當) 거두어들여(攝來)
정념(正念: 바른 생각)에 머물게 해야 한다.[1049] 이 정념이란 오직 마음뿐이
요, 마음 밖에 경계가 없으며, 곧 다시(復) 이 마음 또한 자체의 모습(自相)
이 없어서 생각생각에 가히 얻을 것도 없음을 알아야 한다.[1050]

1043 【소疏-76, 77】의 ① 內住의 설명 참조.

1044 【소疏-76, 77】의 ② 등주等住의 설명 참조.

1045 【소疏-76, 77】의 ③ 안주安住의 설명 참조.

1046 【소疏-76, 77】의 ④ 근주近住의 설명 참조.

1047 【소疏-76, 77】의 ⑤ 조순調順의 설명 참조.

1048 【소疏-76, 77】의 ⑥ 적정寂靜의 설명 참조.

1049 망상이 일어나면 곧바로 알아차려서 즉시 제거하여 한 곳에 고요히 머물게
    해야 한다.

만약 앉고 일어남을 따라 가고 오고 나아가고 그치고 짓는(施作) 바가 있더라도 모든 때(一切時)에 항상 방편을 생각하고, 이치에 따라(隨順) 관찰하고, 오래 익혀 순수淳熟하게 되면(공부가 익으면) 그 마음을 얻어 머물게 된다.[1051] 마음이 머무는(心住)[1052] 까닭에 점점 맹리猛利해져서 이치에 따라(隨順) 진여삼매[1053]에 들어 완전히(深) 번뇌를 조복調伏하고 신심信心을 증장하여 공부에 속도가 붙어(速成) 물러나지 않게 된다.[1054] 오직 (불법을) 의심하고(疑惑), 불신不信하고, 비방하는 중죄의 업장(重罪業障)을 짓고 아만我慢이 있거나 게으른(懈怠) 사람은 제외한다. 이와 같은 사람들은 당연히 진여삼매에 들 수 없는 것이다.

【소疏-77】

初方法中 先明能入人. 後簡不能者. 初中言"住靜處"者 是明緣具. 具而言之 必具五緣. 一者閒居靜處謂住山林. 若住聚落 必有喧動故. 二者持戒淸淨 謂離業障 若不淨者 必須懺悔故 三者衣食具足 四者得善知識 五者息諸緣務 今略擧初 故言"靜處"

처음 방법 중에 먼저는 진여삼매에 들어가는 사람을 밝혔고, 뒤에는

1050 【소疏-76, 77】의 ⑦최극적정最極寂靜의 설명 참조.

1051 【소疏-76】의 ⑧전주일취專住一趣의 설명 참조.

1052 심주心柱는 마음이 흩어져 달아나는 치산馳散의 반대다.

1053 『기신론』은 진여眞如와 일심一心을 근본으로 하는 논서이다. 따라서 『기신론』의 삼매三昧 역시 진여삼매眞如三昧이고 일행삼매一行三昧이다. 『기신론』의 연기緣起 또한 진여연기眞如緣起이다.

1054 【소疏-76, 77】의 ⑨전주일취專住一趣의 설명 참조.

들어갈 수 없는 사람을 구분(簡)하였다. 처음 중에 "고요한 곳에 머무른
다"라고 말한 것은 공부할 조건(緣)을 갖추어야 함을 밝힌 것이니,
구체적으로 말하자면 반드시 다섯 가지 조건을 갖추어야 하는 것이다.
첫째는 고요한 곳에 한가로이 머무는(閒居) 것이니, 산림山林에 머무는
것을 말한다. 만약 마을(聚落)에 머물면 반드시 시끄러워 마음에 동요
(喧動)가 있는 까닭이다. 둘째는 지계持戒가 청정함이니, 업장業障을
여의는 것을 말한다. 만약 깨끗하지 못한 자라면 반드시 참회를 해야
하는 까닭이다. 셋째는 의식衣食이 구족해야 한다. 넷째는 선지식을
얻어야 한다. 다섯째는 모든 반연하는 일을 쉬는 것이다.[1055] 여기서는
간략하게 첫 번째 인연만 들었기 때문에 "정처淨處"라고 말한 것이다.

言"端坐"者 是明調身. 言"正意"者, 是顯調心. 云何調身 委悉而言 前安
坐處 每令安穩 久久無妨. 次當正脚 若半跏坐 以左脚置右䏶上 牽來近
身 令左脚指與右胜齊.

"단정히 앉아서(端坐)"라고 말한 것은 몸을 고르게 함(調身)을 밝힌
것이고, "뜻을 바르게 한다(正意)"라고 말한 것은 마음을 고르게 함을

1055 이 부분은 천태지자(538~597)의 『수습지관좌선법요修習止觀坐禪法要』의 다음
형식을 그대로 취하고 있다. "무릇 발심하여 행을 일으켜 지관수행을 하려는
자는 먼저 다섯 가지 외연外緣을 갖추어야 한다(夫發心起行, 欲修止觀者, 要先外
具五緣). ①계를 청정히 지켜야 한다(第一持戒淸淨). ②옷과 음식을 구족해야
한다(第二衣食具足). ③아란야에 머물러야 한다(第三得閒居靜處). ④모든 복
잡한 일을 놓아야 한다(第四息諸緣務). ⑤선지식을 가까이 해야 한다(第五近善
知識).〔참조: 中華電子佛典協會(CBETA)〕

드러낸 것이다(調心). 어떻게 하는 것이 조신調身인가?[1056] 자세하게(委
悉) 말하자면 먼저(前) 앉을 곳을 평안하게 하는 것이니, 항상(每)
안온安穩하게 하여 오래도록 방해물이 없게 한다. 다음에는 다리(脚)를
바르게(正) 해야 할 것이니, 만약 반가좌半跏坐를 한다면 왼쪽 다리(左
脚)를 오른쪽 넓적다리(髀) 위에 올려(置) 몸 가까이에 끌어당겨(牽來),
왼쪽 발가락과 오른쪽 넓적다리(胜)가 가지런하게(齊) 하는 것이다.

若欲全跏 卽改上右脚必置左髀上. 次左脚置右脚上. 次解寬衣帶 不坐
時落. 次當安手 以左手置右手掌上[1057] 累手相對 頓置左脚上 牽來近身
當心而安.

만약 전가좌(全跏坐: 결가부좌)를 한다면 반가좌 자세를 고쳐(改) 오른
쪽 다리를 반드시 왼쪽 넓적다리 위에 올려놓고, 다음에 왼쪽 다리를
오른쪽 넓적다리(左髀) 위에 올려놓으며, 다음에는 옷의 허리띠(帶)를
풀어(解) 느슨하게(寬) 하되, 앉을 때 떨어지지 않게 한다. 다음에는

1056 천태지자의 『수습지관좌선법요, 조화調和 제4』의 조신調身 부분을 글자만
　　 몇 자 바꿔 그대로 인용했다. "初至繩床, 卽須先安坐處. 每令安穩, 久久無妨.
　　 次當正脚. 若半跏坐, 以左脚置右脚上. 牽來近身. 令左脚指與右髀齊. 右脚指
　　 與左髀齊. 若欲全跏, 卽正右脚置左脚上. 次解寬衣帶周正. 不令坐時脫落. 次
　　 當安手, 以左手掌置右手上. 重累手相對, 頓置左脚上. 牽來近身, 當心而安.
　　 次當正身, 先當挺動其身, 并諸支節. 作七八反, 如似按摩法. 勿令手足差異.
　　 如是已則端直. 令脊骨勿曲勿聳. 次正頭頸, 令鼻與臍相對. 不偏不斜. 不低不
　　 昂. 平面正住."〔참조: 中華電子佛典協會(CBETA)〕
1057 본문에는 '左手掌置右手上'으로 되어 있으나, 왼손바닥을 오른손 위에 올려놓
　　 는 것이 되어 맞지 않으므로, 필자가 '左手置右手掌上'으로 고쳤다.

손을 편안하게 해야 하니, 왼손을 오른손바닥 위에 얹고(置) 손을
서로 겹쳐서 왼쪽 다리 위에 가지런히 두며(頓置) 몸 가까이 끌어당겨
(몸 중앙에 두고) 마음을 편안하게 하는 것이다.

次當正身. 前當搖動其身 幷諸支節 依七八反 如自按摩法, 勿令手足
差異 正身端直 令肩骨相對 勿曲勿聳. 次正頭頸 令鼻與臍相對 不偏不
邪, 不仰不卑 平面正住. 今總略說 故言"端坐"也.

다음에는 몸을 바르게 해야 하는 것이니, 먼저 (전후좌우로) 몸과
팔다리(支節)를 움직이며(搖動) 7~8회 반복함으로써 마치 스스로
안마按摩하는 법과 같이 하되 (결가부좌한) 손과 발이 어긋나지 않게
하며, 몸을 바르게 하고 단정하고 똑바르게 하며, 어깨뼈(肩骨)가
서로 마주보게(相對) 하여 한쪽이 처지거나(曲) 올라가게(聳) 하지도
말아야 한다. 다음엔 머리와 목을 바르게 하는 것이니, 코와 배꼽(臍)이
서로 마주해서(相對) 좌우와 전후가 쏠리거나(偏) 기울지도(邪) 않게
하며, 위로 올리지도(仰) 아래로 내리지도(卑) 말고, 평면으로 바르게
머물게(正住) 해야 한다. 여기서는 통틀어 간략하게 설한 까닭에 "단정
히 앉아서(端坐)"라고 말한 것이다.

云何調心者, 末世行人 正願者少 邪求者多, 謂求名利 現寂靜儀 虛度
歲月 無由得定 離此邪求 故言"正意" 直欲定心與理相應 自度度他至無
上道 如是名爲"正意"也.

어떻게 하는 것이 마음을 고르게 하는(調心) 것인가? 말세의 수행인은

바르게 원하는 자者는 적고 삿되게 구하는 자는 많으니, 이는 명리名利를 구하려고 고요한 모습(寂靜儀)만 나타내고 헛되이 세월만 보내므로 선정禪定을 얻을 수 없는 이유를 말한 것이다. 이러한 삿된 것을 구하는 마음을 여의는 까닭에 "뜻을 바르게 한다"라고 말한 것이다. 다만(直) 정심(定心: 선정)과 이치가 상응相應하여 자신을 제도하고 다른 사람까지 제도(自度度他)하여, 깨달음(無上道)에 이르고자 하는 것이니, 이와 같은 것을 이름하여 "뜻을 바르게 하는 것"이라고 한다.

"不依"以下 正明修止次第 顯示九種住心 初言"不依氣息 乃至不依見聞覺知"者 是明第一內住之心 言"氣息"者 數息觀境 言"形色"者 骨瑣等相 "空地水"等 皆是事定所緣境界. "見聞覺知"是擧散心所取六塵 於此諸塵推求破壞 知唯自心 不復託緣 故言"不依" 不依外塵 卽是內住也.

"기식氣息에 의지하지 아니하며" 이하는 바로 지止를 닦는 차례(次第)를 밝혀서 아홉 가지의 주심住心을 드러낸 것이다. 처음에 "기식에 의지하지 않으며 …… 견문각지見聞覺知에 의지하지도 않는다"라고 말한 것은 제① 내주內住하는 마음을 밝힌 것이다. "기식氣息"이라 말한 것은 수식관數息觀의 경계이며, "형색形色"이라 말한 것은 골쇄骨瑣[1058] 등의 모습(相)이다. "공空이나 지수화풍地水火風" 등은 모두 사정事定[1059]에서 반연되는 경계이며, "견문각지"는 흐트러진 마음(散心)에서 취한 6진塵

1058 뼈나 뼈마디가 드러난 모습을 말한다.

1059 선정善定, 보정報定과 더불어 세 가지 선정禪定의 하나이다.(참조: 『해탈도론解脫道論』) *『해탈도론』은 남방불교의 교리사전으로 스리랑카 문헌이다.

을 들은 것이다. 이러한 모든 경계를 추구, 파괴하여 오직 자기 마음(自心)뿐임을 알고, 다시는 연緣에 의탁하지 않는 까닭에 "의지하지 않는다"라고 말한 것이며, 바깥 경계(外塵)에 의지하지 않는 것이 곧 내주內住이다.

次言"一切諸相隨念皆除"者 是明第二等住之心. 前雖別破氣息等相 而是初修 其心麤動 故破此塵 轉念餘境. 次卽於此一切諸相 以相續方便澄淨方便 挫令微細 隨念皆除 皆除馳想 卽是等住也. 次言"亦遣除想"者 是明第三安住之心. 前雖皆除外馳之想 而猶內存 能除之想. 內想不滅 外想還生 是故於內不得安住. 今復遣此能除之想 由不存內 則能忘外 忘外而靜 卽是安住也.

다음에 "일체의 모든 모습(相)을 생각을 따라 모두 없앤다"라고 말한 것은 제② 등주等住의 마음을 밝힌 것이다. 앞에서 비록 기식(氣息: 숨쉬기) 등의 상을 각각 깨뜨렸으나 이는 처음 하는 수행(初修)으로, 그 마음이 거칠게 움직인다. 고故로 이 경계(塵)를 깨뜨려 나머지 경계로 옮겨(轉) 생각하는 것이다. 다음에는 곧 이 일체의 모든 상相을 상속방편相續方便과 징정방편澄淨方便으로 거친 마음을 꺾어(挫) 미세하게 하여 생각을 따라 다 없애는 것이니, 이처럼 생각을 따라 치닫는 모든 망상(마음)을 없애는 것이 곧 등주이다. 다음에 "또한 없앤다는 생각마저 없앤다(亦遣除想)"라고 말한 것은 제③ 안주安住하는 마음을 밝힌 것이다. 앞에서는 비록 밖으로 치닫는 생각을 모두 없앴다 할지라도 오히려(猶) 안으로는 없앤다는 생각이 남아 있어, 능히 없앤다는 생각(除之想)마저 지워야 한다. 안에서의 없앤다는 생각을 멸멸하지 않으면 밖의 생각이 다시(還) 일어나는 것이다. 시고是故로 안으로 안주하지 못하게 되는 것이다. 이제 다시 밖으로 치닫는 생각(此)을 없애고(遣) 없앤다는 생각까지 없애는 것이다. 이로 말미암아(由) 안에 아무런 생각이 없으면 곧 바깥 경계를 잊을 수 있는 것이니, 바깥 경계를 잊어 고요해지면 곧 이것이 안주이다.

次言以"一切法本來無相 念念不生念念不滅"者 是明第四近住之心. 由先修習念住力故 明知內外一切諸法 本來無有能想可想. 推其念念不生不滅 數數作意而不遠離. 不遠離住 卽是近住也. 次言"亦不得隨心外念境界"者 是明第五調順之心. 諸外塵相念心散亂 依前修習安住近住 深知外塵有諸過患 卽取彼相爲過患想. 由是想力折挫其心令不外散 故名調順也.

다음에 "일체의 법이 본래 모습(相)이 없는지라, 생각생각이 생하지도 아니하고 멸하지도 않는다(不生不滅)"라고 말한 것은 제④ 근주近住하는 마음을 밝힌 것이다. 앞에서 닦고 익힌(修習) 염주念住의 힘으로 말미암은 까닭에 안팎으로 일체의 모든 법이 본래 생각할 것도, 생각할 만한 것도 없는 줄 명확하게 알아서 그 생각생각마다 불생불멸임을 알아(推), 자주(數數) 의식적으로(作意) 멀리 여의지 않는 것이다(不遠離). 이런 생각을 멀리 여의지 않고(不遠離) 머무는 것(住)이 곧 근주近住이다. 다음에 "또한 마음이 밖으로 생각하는 경계도 따르지 않는다"라고 말한 것은 제⑤ 조순調順하는 마음을 밝힌 것이다. 모든 바깥 경계의 모습(境界相)들을 생각하는 것이 마음을 산란케 하므로, 앞에서 닦고 익힌(修習) 안주와 근주에 의지하여 바깥 경계에 모든 허물(過患)이 있음을 깊이 깨닫고(深知), 곧 저 바깥 경계의 모습들을 취하는 것이 허물(過患)이 된다고 생각해야 한다. 이러한 생각의 힘으로 말미암아 그 마음을 꺾어서(折挫) 밖으로 흩어지지 않게 하는 까닭에 조순調順이라 이름하는 것이다.

次言"後以心除心"者 是明第六寂靜之心. 諸分別想令心發動 依前調順 彌覺其患. 卽取此相爲過患想. 由此想力轉除動心 動心不起 卽是寂靜也. 次言"心若馳散 乃至……. 念念不可得"者 是明第七最極寂靜之心. 於中有二 初言"心若馳散 卽當攝來 乃至……. 唯心無外境界"者, 是明失念暫馳散外塵, 而由念力能不忍受也. 次言"卽復此心亦無自相 念念不可得"者 是明失念還存內心 而由修力 尋卽反吐也. 能於內外不受反吐. 是故名爲最極寂靜.

다음에 "나중에는(後) 마음으로 마음을 없앤다"라고 말한 것은 제⑥ 적정寂靜한 마음을 밝힌 것이다. 모든 분별하는 생각들이 마음을 발동發動케 하므로, 앞에서 닦고 익힌 조순調順에 의지하여 그 허물(患)을 더욱(彌) 깨닫고, 곧 이 모습(相)들을 취하는 것이 허물(過患)이 된다고 생각해야 한다. 이러한 생각의 힘으로 말미암아 동動하는 마음을 점차로 없애어 동하는 마음이 일어나지 않는 것이 곧 적정이다. 다음에 "마음이 만약 달아나 흩어지면(馳散) 곧(卽) 마땅히(當) 거두어들여(攝來) 정념正念에 머물게 해야 한다. 이 정념이란 오직 마음뿐이요, 마음 밖에 경계가 없음을 알아야 한다. 곧 다시 이 마음 또한 자체의 모습(自相)이 없어서 생각생각에 가히 얻을 것도 없음을 알아야 한다"라고 말한 것은 제⑦ 최극적정最極寂靜의 마음을 밝힌 것이다. 이 가운데 두 가지가 있으니, 첫째는 "마음이 만약 달아나 흩어지면(馳散) 곧 거두어들여(攝來) 정념에 머물게 해야 한다. 이 정념이란 오직 마음뿐이니, 마음 밖에 경계가 없다"라고 말한 것은 정념을 잃고 잠시(暫) 바깥 경계(外塵)에 치달려 흩어졌었으나(馳散), 정념의 힘으로 말미암아 능히 바깥 경계를 받아들이지 않는 것을 밝힌 것이다. 둘째는 "곧 다시 이 마음 또한 자체의 모습(自相)이 없어서 생각생각에 가히 얻을 것도 없다"라고 말한 것은, 마음을 흐트러지게(失念) 하는 것이 다시(還) 마음속에 일어나지만(存), 수행의 힘으로(由) 곧 돌이켜(反) 밀어내는(吐) 것을 밝힌(尋) 것이다. 능히 안팎으로 어떤 경계도 받아들이지 않고, 돌이켜 밀어내는 까닭에 이름하여 최극적정인 것이다.

次言"若從坐起去來 乃至淳熟其心得住"者 是明第八專住一趣 謂有加行有功用心 故言"常念方便隨順觀察"也. 無間無缺定心相續 故言"久習淳熟其心得住"卽是專住一趣相也. 次言"以心住故漸漸猛利 隨順得入眞如三昧"者 是明第九等持之心. 由前淳熟修習力故 得無加行無功用心 遠離沈浮 任運而住 故名"等持"等持之心住眞如相 故言"得入眞如三昧""深伏煩惱信心增長速成不退"者 略顯眞如三昧力用 由此進趣得入種性不退位故 上來所說名能入者"唯除"以下 簡不能者 修止方法竟在於前

다음에 "만약 앉고 일어남을 따라 가고 오고 나아가고 그치고 짓는(施作) 바가 있더라도 모든 때(一切時)에 항상 방편을 생각하고, 이치에 따라 (隨順) 관찰하고, 오래 익혀 순숙淳熟하게 되면(공부가 익으면) 그 마음을 얻어 머물게 된다"라고 말한 것은 제⑧ 전주일취專住一趣를 밝힌 것이다. 이는 가행(加行: 더욱 정진함)도 있고 공용(功用: 공덕, 효과)도 있는 마음을 말한 것이니, "항상 방편을 생각하고 이치에 따라 (隨順) 관찰한다"라고 말한 것이다. 간격이나 결점도 없어 정심定心이 계속되는(相續) 까닭에 "오래 익혀 순숙하게 되면(공부가 익으면) 그 마음을 얻어 머물게 된다"라고 말한 것이 것이니, 곧 이것이 전주일취 專住一趣의 모습이다. 다음에 "마음이 머무는 까닭에 점점 맹리猛利해져 이치에 따라(隨順) 진여삼매에 들게 된다"고 말한 것은 제⑨ 등지等持의 마음을 밝힌 것이다.

由前淳熟修習力故 得無加行無功用心 遠離沈浮 任運而住 故名"等持." 等持之心住眞如相 故言"得入眞如三昧" "深伏煩惱信心增長速成不退"者 略顯眞如三昧力用 由此進趣得入種性不退位故 上來所說名能入者 "唯除"以下 簡不能者. 修止方法竟在於前.

앞에서의 순정하고 원숙한 수습의 힘에 의한 까닭에 (더 이상의) 가행도 없고 공용도 없는 마음을 얻어, 가라앉고 들뜨는(沈浮) 마음을 멀리 여의어, 마음을 자유자재로 쓰고(任運) 머물게 되므로 "등지等持"라고 이름한다. 등지의 마음은 진여의 모습(眞如相)에 머무는 까닭에 "진여 삼매에 들어간다"라고 말한 것이다. "완전히(深) 번뇌를 조복調伏하고,

신심信心이 증장하여 공부에 속도가 붙어 물러나지 않는다"라는 것은 간략히 진여삼매의 힘의 작용을 드러낸 것이니, 이로 인하여 더욱 발전하여 종성種性의 물러나지 않는(불퇴) 위位에 들게 되는 까닭이다. 위에서 설한 것은 '능히 진여삼매에 들 수 있는 사람'을 이름하며, "(불법을) 의심하고(疑惑), 불신不信하고, 비방하는 중죄의 업장(重罪業障)을 짓고, 아만我慢이 있거나 게으른(懈怠) 사람은 제외한다" 이하는 '능히 진여삼매에 들 수 있는 사람'을 구분(簡)한 것이다. 이상으로 지止를 닦는 방법에 대한 설을 앞에서 마친다.

【논論-78】 지止의 승능勝能-법계일상 일행삼매

復次依是三昧故 則知法界一相 謂一切諸佛法身與衆生身平等無二 卽名一行三昧. 當知眞如是三昧根本 若人修行 漸漸能生無量三昧

다시 이 삼매로 말미암은 까닭에 곧 법계法界[1060]가 한 모습(一相)인 것을 아는 것이니, 일체제불의 법신과 중생의 몸(衆生身)이 평등하여 둘이 아님을 말하는 것으로, 곧 일행삼매一行三昧[1061]라 이름한다. 진여가

1060 법계는 육도六道의 범부와 성인인 성문, 연각, 보살, 부처를 합한 십법계十法界를 말한다.

1061 모든 경전에서 깨달음은 삼매를 통해서만 가능하다고 하면서, 다양한 삼매의 증득證得을 설하고 있어 이를 다 구별하기도 어렵다. 우선 『기신론』에서도 일행삼매와 진여삼매를 설하고 있기 때문이다. 삼매를 경전별로 살펴보면, 『금강경』의 무쟁삼매無諍三昧, 『열반경』의 25삼매三昧, 『화엄경』의 화엄삼매와 해인삼매海印三昧, 『법화경』의 무량의처삼매無量義處三昧와 법화삼매法華

이 삼매의 근본임을 알아야 할 것이다. 만약 누구라도(人) 수행을 하게
되면 점점 무량無量삼매를 낼(生) 수 있음을 알아야 한다.

【소疏-78】

第二明修止勝能 是明依前眞如三昧 能生一行等諸三昧. 所言一行三
昧者 如文殊般若經言"云何名一行三昧 佛言 法界一相 繫緣法界 是名
一行三昧. 入一行三昧者 盡知恒沙諸佛法界無差別相. 阿難所聞佛
法 得念總持辯才智慧 於聲聞中雖爲最勝 猶住量數 卽有限礙. 若得一
行三昧 諸經法門 一一分別 皆悉了知 決定無礙 晝夜常說 智慧辯才
終不斷絶. 若比阿難多聞辯才 百千等分不及其一"乃至廣說. 眞如三
昧能生此等無量三昧. 故言"眞如是三昧根本"也. 修止勝能竟在於前.

두 번째는 지止를 수행하는 뛰어난 공능功能을 밝힌 것이니, 이는

三昧, 『능엄경』의 수능엄삼매首楞嚴三昧, 『반야경』의 108삼매三昧 등이 대표적
이나, 모든 삼매는 사마타(止)를 바탕으로 한다. 결국 경전별로 다양한 삼매의
특징을 설하고 있으나, 근본적으로는 '각주 857, 964'의 내용을 벗어나지
않고 있다.

혜능은 돈황본 『육조단경六祖壇經』에서 "일행삼매란 행주좌와行住坐臥 어느
때고 항상 곧은 마음을 행하는 것이다(一行三昧者, 於一切時中行住坐臥, 常行直
心是)"라고 하면서, 『유마경維摩經』의 "곧은 마음이 곧 정토다(直心是菩薩淨
土)"와 "곧은 마음이 곧 도량이다(直心是道場)"라는 유마거사의 말을 인용하며,
"마음으론 지조를 굽혀 아첨하며, 입으로만 법의 곧음을 설하지 말라(莫行心諂
曲, 口說法直). 입으론 일행삼매를 설하면서(口說一行三昧) 곧은 마음으로 행하
지 않는다면(不行直心) 불제자가 아니다(非佛弟子). 오직 곧은 마음을 행하면
서(但行直心) 모든 법에 집착함이 없을 때(於一切法上無有執著), 이를 일행삼매
라 한다(名一行三昧)"라고 하였다.

앞에서 설한 진여삼매에 의해 일행삼매와 같은 모든 삼매를 낼 수 있음을 밝힌 것이다. 일행삼매라고 말하는 것은, 『문수반야경文殊般若經』에서 "(부처님께) 무엇을 일행삼매라 이름합니까?"라고 질문하자, 부처님께서 "법계는 한 모습(一相)인데 연緣과 법계를 묶는 것을 일행삼매라고 이름하는 것이다. 일행삼매에 든 사람은 항하의 모래알처럼 많은 모든 부처님의 법계法界에 차별 없는 모습을 다 안다. 아난阿難[1062]이 불법을 듣고 외우고(念) 총지總持하여 그 변재辯才와 지혜가 성문 중에서는 비록(雖) 가장 수승할지라도, 아직(猶) 양수(量數: 분별) 속에 머물러 곧 약간(有限)의 장애가 있다. 만약 일행삼매를 얻으면 모든 경經들의 법문을 하나하나 분별하여 모두 다 분명히 알아(了知) 조금도(決定) 걸림(礙)이 없어, 주야로 항상 말하여도 지혜와 변재가 끝내 단절되지 않을 것이다. 만약 아난의 다문多聞과 변재를 (여기에)

1062 세존의 성도일에 태어난 세존의 사촌이자 10대 제자로 120살까지 살았다고 한다. 25년간 세존을 시봉하며 세존의 말씀을 제일 많이 들었으므로 다문多聞 제일로 불리며, 불멸후 1차 결집 시 아난존자가 "저는 이렇게 들었다(如是我聞)"라고 구술하면 참석한 장로들이 합송合誦하는 형식으로 경전이 성립되었다. 이로부터 모든 경전은 첫머리에 '여시아문如是我聞'으로 시작하게 되었고, 여기서 아我는 바로 아난존자이다. 이 아난존자의 제자인 야사(耶舍, Yaśa)라는 비구가 다시 2차 결집의 주인공이 되었다는 사실이 흥미롭다.

야사가 바이샬리를 방문했을 때, 그곳 수행자들이 왜곡되게 실천하고 있는 계율을 지적한 10가지 사항이 십사十事인데, 이의 적適, 부否를 가리고자 2차 결집이 이루어졌다. 십사十事 모두 비법非法으로 판정이 남에 따라, 엄격한 계율을 주장하는 장로부와 느슨한 계율을 주장하는 대중부로 의견이 갈려 교단이 분열되는 단초가 되었다. 요샛말로 보수와 진보의 분열이라 할 수 있을 것이다. 이를 근본분열이라 부른다.

비한다면 백천 분 등의 일—에도 미치지 못하는 것이다"[1063]라고 말씀하
시며 자세히 설하신 것과 같다. 진여삼매는 능히 이러한 무량한 삼매를
낼 수 있는 까닭에 "진여가 삼매의 근본"이라고 말한 것이다. 지止를
닦는 수승한 공능功能에 대한 설을 여기서 마친다.

以下第三明起魔事 於中有二 略明 廣釋

아래는 세 번째 수행 중에 일어나는 마魔의 일들을 밝혔다. 이 중에
두 가지가 있으니, 간략히 밝힌 것과 자세히 풀이한 것이다.

【논論-79】 각지마사覺知魔事: 마라mara의 일을 깨우쳐 알아차림

或有衆生無善根力 則爲諸魔外道鬼神之所惑亂. 若於坐中現形
恐怖. 或現端正男女等相. 當念唯心 境界則滅 終不爲惱.

혹 어떤 중생이 선근善根의 힘이 없으면 모든 마군(諸魔)과 외도와
귀신들이 (그를) 미혹하고 어지럽게 한다. 혹은 좌선 중에 어떤 모습(形)
을 나타내어 두렵게(恐怖)도 한다. 혹은 단정한 남녀 등의 모습을 나타내
기도 한다. (이럴 때) 오직 마음뿐(唯心)이라고 생각(念)하면 경계(마군)
는 곧 멸滅하여 마침내(終) 번뇌(煩惱: 마군의 괴롭힘)가 되지 못할 것
이다.[1064]

1063 대정장 제8권, 『문수사리소설마하반야바라밀경』, p.731상 26~27행, 중 8~
13행.

1064 마라(魔羅: mara)는 살자殺者, 탈명奪命, 장애障礙 등의 뜻으로, 인도 고대신화에
등장하는 악마다. 세존의 성도 직전 마왕 파순이 나타나 유혹하고 위협하며

【소疏-79】

略中亦二. 先明魔嬈 後示對治. 初中言"諸魔"者 是天魔也 "鬼"者 堆惕
鬼也. "神"者 精媚神也. 如是鬼神 嬈亂佛法 令墮邪道 故名"外道."
如是諸魔乃至鬼神等 皆能變作三種五塵 破人善心. 一者作可畏事 文
言"坐中現形恐怖"故. 二者作可愛事 文言"或現端正男女"故. 三者[1065]
非違非順事 謂現平品五塵 動亂行人之心. 文言"等相"故.

간략히 밝힌 중에 또한 두 가지가 있으니, 먼저는 마군의 유혹을 밝혔고,
뒤에서는 대치對治함을 나타내었다. 처음 중에 ①"모든 마군"이라 말한

득도를 방해하자, 세존은 왼손을 무릎 위에 놓고 오른손을 들어 둘째손가락으
로 대지大地를 가리켰다. 이 순간 세존의 깨달음을 증명하는 대음향이 울려
퍼졌다고 한다. 이때의 수인手印을 항마인降魔印, 지지인指地印이라고 하며,
팔상八相의 하나인 수하항마상樹下降魔相이다. 그때 마왕 파순이 물러가면서
모든 악마가 함께 소실되었다 한다. 따라서 세상에 마魔는 없는 것이다.
＊이는 세존의 마음속 불순함(Impurity)과의 갈등을 악마惡魔로 의인화한 것
이다.

그럼에도 수행 중에 찾아오는 마장魔障은 공부가 익지 않아 마음에 정신正信과
정신淨信이 확고하지 못하고, 마음이 겁약怯弱하여 삿된 것을 찾기 때문이다.
마음이 정법正法과 정념正念으로 가득 차 있다면 마魔는 결코 침범하지 못한다.
천태지자는 『수습지관좌선법요修習止觀坐禪法要, 조화調和 제4』에서 마는 "자
기 마음을 따라 생긴다(隨人自心所生). 그러니 자기 마음이 알아서 쫓아내야
하는 것이다(當須自心除遣之)"라고 하였다. 마魔는 침범하는 것이 아니라 스스
로 초래招來한다는 뜻이다.
『기신론』을 공부하는 목적도 내 마음을 정법正法과 정념正念으로 가득 채워
삿된 마장魔障으로부터 자신을 보호하고, 나아가 올바른 신행생활을 하기
위한 것이다.

1065 『기회본記會本』에는 없으나 필자가 문맥에 맞춰 '자者'를 보충했다.

것은 천마天魔다. ②"귀鬼"란 퇴척귀堆惕鬼다. ③"신神"이란 정미신精媚神이다. 이와 같은 귀신이 불법佛法을 희롱하고 어지럽혀(嬈亂) 사도邪道에 떨어지게(墮) 하는 까닭에 "외도外道"라 이름한다. 이와 같이 모든 마군 내지 귀신들은 모두 능히 세 가지의 다섯 경계(塵)를 변작(變作: 제멋대로 고쳐 만들다)하여 사람의 선한 마음을 깨뜨릴 수 있다. 첫째는 수행자가 두려워할 만한 일을 만드니, 글(기신론)에서 "좌선坐禪 중에 어떤 모습(形)을 나타내어 두렵게(恐怖) 한다"라고 말한 까닭이다. 둘째는 애욕을 일으킬 만한 일을 만드는 것이니, 글(기신론)에서 "혹은 단정한 남녀 등의 모습으로 나타난다"라고 말한 까닭이다. 셋째는 수행자를 거역하는 일도 아니고 따르는 일도 아니니, 평범한 다섯 가지 경계(塵)를 나타내어 수행인의 마음을 흔들어 어지럽게 만드는 것을 말하는 것으로, 글(기신론)에서 "남녀 등의 모습"이라고 말한 까닭이다.[1066]

"當念"以下 次明對治. 若能思惟如前諸塵 唯是自心分別所作 自心之外 無別塵相, 能作是念 境相卽滅. 是明通遣諸魔鬼神之法 別門而言 各有別法. 謂治諸魔者 當誦大乘諸治魔呪 咀念誦之.

1066 마魔가 유혹하는 세 가지 일을 천태지자의 『수습지관좌선법요, 각지마사覺知魔事 제8』에서 인용하여 『기신론』의 글에 배대하였다. "三者魔惱. 是魔多化作三種五塵境界. 相來破善心. 一作違情事則可畏五塵令人恐懼. 二作順情事則可愛五塵令人心著. 三非違非順事. 則平等五塵動亂行者. 是故魔名殺者. 亦名華箭. 亦名五箭. 射人五情故."〔참조: 中華電子佛典協會(CBETA)〕
* 오정五情: 사람이 지닌 다섯 가지 감정. 곧 기쁨(喜), 분노(怒), 슬픔(哀), 즐거움(樂), 원망(怨) 혹은 욕심(欲).

"오직 마음뿐이라고 생각하면" 이하는 (먼저 마군의 유혹을 밝혔고) 그 다음에(次) 대치(對治: 退治)하는 방법을 밝힌 것이다. 만약 능히 앞에서 언급한 것 같은 모든 경계가 오직 자기 마음(自心)의 분별로 지은 것이어서, 자기 마음 밖에 별다른 경계의 모습(塵相)이 없는 것으로 생각(思惟)하여, 능히 이러한 마음을 짓는다면 경계의 모습(境界相)은 곧 사라질(滅) 것이니, 이는 모든 마군과 귀신을 통째로(通) 떨쳐버리는(遣) 방법을 밝힌 것이다. 다른(別) 방편(門)을 말한다면 각기 다른 방법이 있다. 이는 모든 마군을 퇴치하는 사람(治魔者)은 마땅히 대승의 모든 마군을 퇴치하는 주문을 외우되(誦), 주문의 의미를 마음속으로 새기며(咀念) 외우는 것을 말하는 것이다.[1067]

1067 저념송지咀念誦之를 자의적字意的으로 풀이하면 "마군을 퇴치하기 위해 저주하는 마음(咀念)으로 주문을 외우는(誦) 것"으로 이해할 수 있다. 기존에 출판된 선학先學들의 해석도 그렇고, 필자 역시 그렇게 이해하고, "원효대사의 글이지만 동의하기 어렵다. 저주하는 마음 자체가 분별이며, 사마타(止)가 아니기 때문이다"라는 각주까지 달았었다. '저咀'에 대해 ①"방자하다(재앙을 받도록 귀신에게 빌어 저주하거나 그런 방술方術을 쓰는 일)"라는 뜻에 방점을 두었기 때문이다. 그러나 마지막 교정 과정에서 "원효대사의 의도가 설마 그런 뜻이었을까요?"라는 출판사측의 강력한 반론이 있었다. 더욱이 '저咀'에는 '방자'라는 뜻 말고도 ②"사물의 맛을 터득함, 글의 뜻을 깊이 파고 들어가 완미玩味함"이라는 뜻도 있다는 옥편을 펼쳐 보이는 것이었다. 그렇게 이견異見을 주고받으며 이틀이 지나갔다. 고민이 깊었다.

필자는 공부 중에 의문이 들면, 먼저 자료에 의지하되, 그대로 풀리지 않으면 의정疑定에 들어 묻는다. 평소처럼 '저념咀念'을 화두로 삼매(定)에 들었다. 30분쯤 지났을까? 새벽 04:30분쯤 문득 스치는 것이 있었다. "옥편을 다시 살펴보라"는 것이었다. 곧장 출판사측에 옥편의 해당 부분을 스캔해서 보내달라고 문자를 보냈다. 이런 과정을 통해 "주문의 의미를 마음속으로 새기며(咀

堆惕鬼者 或如蟲蝎 緣人頭面 攢刺瘤瘤 或復擊撠人兩掖下 或乍抱持
於人 或言說音聲喧喧 及作諸獸之形 異相非一 來惱行者 則應閉目一
心憶而作如是言 "我今識汝 汝是此閻浮提中食火臭香偸臟吉支. 邪見
汝喜 汝破戒種 我今持戒 終不畏汝." 若出家人 應誦戒律 若在家人
應誦菩薩戒本 若誦三歸五戒等 鬼便却行匍匐而出也.

퇴척귀堆惕鬼란 혹 벌레와 전갈 같은 것이 사람의 머리나 얼굴에 모여
(攢) 찔러서(刺) 저릿저릿하게 하며, 혹은 또 사람의 양쪽 겨드랑이(掖)
아래를 치기도(擊撠) 하며, 혹은 잠시(乍) 사람을 끌어안거나(抱) 꽉
쥐며(持), 혹은 말하는 음성이 시끌시끌하며(喧喧), 모든 짐승의 모습
을 만드는데, 이상異相한 것들이 한 가지가 아니니, (이런 것들이)

念) 외우는 것을 말하는 것이다"라는 수정된 번역이 나올 수 있었다.
천태지자는 『수습지관좌선법요, 각지마사 제8』에서 "만약 마가 수행인을
뇌란惱亂하여 해가 가고 달이 가도 떠나지 않는다면, 오직 마음을 단정히
하고, 바른 생각(正念)으로 신명身命을 아끼지 마라. 근심과 두려운 마음을
품지 말고, 마땅히 여러 대승방등경에 있는 마를 물리치는 주문(治魔呪)을
송誦해라. 묵념默念으로 송하고, 삼보를 염念하라. 만약 선정에서 나와서도
마땅히 주문을 송하고, 스스로 허물을 막고, 참회하고, 참괴하며, 바라제목차
(波羅提木叉: prātimokṣa, 수행계본)를 송하면, 삿된 마魔가 바른 수행(正)을
간섭하지 못하고, 오래되면(久久) 스스로 사라질 것이다(自滅). 마군의 일은
많고 많아 말로 다할 수 없으니, 이를 잘 알아야 한다. 시고是故로 초심자는
반드시 선지식을 가까이 해야 하는 것이다(若諸魔境惱亂行人. 或經年月不去.
但當端心正念堅固不惜身命. 莫懷憂懼. 當誦大乘方等諸經治魔呪. 默念誦之. 存念
三寶. 若出禪定亦當誦呪. 自防懺悔慚愧及誦 波羅提木叉. 邪不干正久久自滅. 魔事
衆多說不可盡. 善須識之. 是故初心行人. 必須親近善知識)"라고 하였다.〔참조:
中華電子佛典協會(CBETA)〕

와서 수행자를 괴롭히면 곧 눈을 감고 일심一心으로 생각하여, 이와
같이 "나는 이제 너(汝)를 안다. 너는 이 사바세계(閻浮提)에서 불을
먹고 향기를 맡는(臭香) 투랍길지倫臘吉支 귀신이구나. 너는 사견邪見
을 좋아하여(喜), 너는 계행戒行의 종자種子를 깨뜨리나, 나는 이제
계율戒律을 지키니 이제는(終) 네가 두렵지(畏) 않다"라고 해야 한다.
만약 출가자라면 마땅히(應) 계율을 외워야 하며, 만약 재가자라면
마땅히 『보살계본菩薩戒本』[1068]을 외워야 한다. 만약 삼귀의와 오계
등을 외우면 귀신이 곧(便) 물러나서(却) 엉금엉금 기어(匍匐) 달아날
것이다.[1069]

精媚神者, 謂十二時狩 能變化作種種形色. 或作少男女相 或作老宿
之形. 及可畏身等 非一衆多. 惱亂行者. 其欲惱人 各當其時來. 若其
多於寅時來者 必是虎兇等. 多於卯時來者 必是兎獐等 乃至多於丑時
來者 必是牛類等. 行者恒用此時 則知其狩精媚 說其名字呵責 卽當謝
滅. 此等皆如禪經廣說 上來略說魔事對治.

정미신精媚神이란 12시時의 짐승(狩)이 능히 변신하여 갖가지 형색을

1068 보살이 지켜야 할 계율과 행실을 열거하여 『보살계본경』으로도 불리며, 5세기
　　중엽 인도 출신의 담무참과 당나라 현장의 번역본이 있다.

1069 천태지자의 『수습지관좌선법요, 각지마사 제8』의 퇴척귀堆惕鬼 부분을 글자만
　　몇 자 바꿔 그대로 인용했다. "亦作種種惱觸行人. 或如蟲蝎緣人頭面. 鑽刺熠
　　熠或擊攊人兩腋下. 或乍抱持於人. 或言說音聲喧鬧. 及作諸獸之形異相非一.
　　來惱行人. 應卽覺知一心閉目陰而罵之作是言. 我今識汝汝是閻浮提中食火臭
　　香. 倫臘吉支邪, 見喜破戒種. 我今持戒終不畏汝. 若出家人應誦戒本. 若在家
　　人應誦三歸五戒等. 鬼便却行匍匐而去."〔참조: 中華電子佛典協會(CBETA)〕

짓는(化作)[1070] 것을 말함이니, 혹은 젊은 남녀의 모습을 짓거나, 혹은
노숙(老宿: 덕 높은 승려)의 모습과 두려워할 만한 몸 등을 짓는데,
한 가지가 아닌 여러 많은 모습으로 수행자를 어지럽게 괴롭히는 것이
다. 정미신이 수행자를 뇌란케 하려면 각기 해당하는 시간에 맞추어
오는 것이니, 만약 마군이 인시寅時에 오는 것이 많다면 필시 호랑이(虎)
나 외뿔소(兕) 등일 것이고, 흔히 묘시卯時에 오는 것이라면 토끼(兔)나
노루(獐) 등일 것이고, 나아가 흔히 축시丑時에 오는 것이 많다면 소(牛)
의 종류일 것이다. 수행자가 항상 이러한 시간을 알아 이용한다면
곧 그 짐승(狩)이 정미신精媚神임을 알아서, 그 이름을 불러(說) 꾸짖으
면 곧 마땅히(當) 물러나(謝) 사라질(滅) 것이다.[1071] 이러한 것들은

[1070] 불보살이 신통력으로 갖가지 사물로 변작變作하여 나타나는 일.

[1071] 천태지자의 『수습지관좌선법요, 각지마사 제8』의 「정미精媚」 부분을 글자만
몇 자 바꿔 그대로 인용하면서 12시 중 인시, 묘시, 축시에 대해서만 풀이했다.
"精魅. 十二時獸, 變化作種種形色. 或作少女老宿之形. 乃至可畏身等非一.
惱惑行人. 此諸精魅欲惱行人. 各當其時而來. 善須別識. 若於寅時來者必是
虎獸等. 若於卯時來者, 必是兔鹿等. 若於辰時來者, 必是龍鼈等. 若於巳時來
者, 必是蛇蟒等. 若於午時來者, 必是馬驢駝等. 若於未時來者, 必是羊等. 若於
申時來者, 必是猿猴等. 若於酉時來者, 必是鷄烏等. 若於戌時來者, 必是狗狼
等. 若於亥時來者, 必是猪等. 子時來者, 必是鼠等. 丑時來者, 必是牛等. 行者
若見常用此時來, 卽知其獸精. 說其名字訶責, 卽當謝滅."〔참조: 中華電子佛
典協會(CBETA)〕
천태지자가 밝히는 「정미精媚」귀鬼는 인시(寅時: 호랑이), 묘시(卯時: 토끼,
사슴), 진시(辰時: 용, 자라), 사시(巳時: 뱀, 이무기), 오시(午時: 말, 당나귀,
낙타), 미시(未時: 양), 신시(申時: 원숭이), 유시(酉時: 닭, 까마귀), 술시(戌時:
개, 이리), 해시(亥時: 돼지), 자시(子時: 쥐), 축시(丑時: 소)의 12지支 시時에
해당하는 짐승 귀鬼들로, 이들이 해당 시간대 별로 나타나서 수행자를 괴롭힌

모두 선가禪家의 경전(禪經)에서 자세히 설하는 것과 같다. 이상은
마군의 일(魔事)에 대치하는 것을 간략히 설했다.[1072]

【논論-80】 명마사明魔事

或現天像 菩薩像 亦作如來像 相好具足, 或說陀羅尼, 或說布施持
戒忍辱精進禪定智慧, 或說平等空無相無願 無怨無親 無因無果
畢竟空寂 是眞涅槃. 或令人知宿命過去之事 亦知未來之事 得他
心智 辯才無礙 能令衆生貪著世間名利之事.

───────────────

다는 것이다.

또한 귀신(鬼神: ghost)이라고 할 때, 일반적으로 사람에게 해를 주는 나쁜
악귀惡鬼로 이해하지만, 귀鬼가 해를 주는 나쁜 존재이고, 신神은 인간에게
이로움을 주는 존재로 구분해서 이해하는 것이 옳다. 따라서 천태지자의
원문原文에 따라 정미신精媚神이 아니라 정미귀精媚鬼라고 하는 것이 맞다.
참고로, 송대의 정이(程頤, 1033~1107)는 "귀신은 조화의 자취이다(造化之迹)",
장재(張載, 1020~1077)는 "귀신은 두 기의 양능이다(二氣之良能)", 주자(朱子:
1130~1200)는 "바람 불고, 비 내리고 사계절이 변화하는 것은 조화의 자취이
고, 비, 바람, 해, 달, 등도 귀신의 자취이다. 즉 음양의 두 기氣가 굴신왕래屈伸往
來하는 가시적인 현상 등이 모두 조화의 자취이다"라고 하였다.(참조: 『주자어
류朱子語類』; 박성규, 『주자철학의 귀신론』, 한국학술정보, 2005; 고야스 노부
쿠니, 이승연 옮김, 『鬼神論』, 역사비평사, 2006)

[1072] 당시에도 음양오행의 논리가 유행하고 있었음을 짐작할 수 있다. 당唐나라에서
는 출생 연월일로만 운명을 점치는 당사주(唐四柱, 실제로는 唐三柱)가 유행했
었다.
『능엄경』에는 ① 색음色陰마상, ② 수음受陰마상, ③ 상음想陰마상, ④ 행음行
陰마상, ⑤ 식음識陰마상 등의 오음五陰에 각각 10가지 마상魔相을 기술한
총 50가지의 마를 변별(五十辨魔障)'하는 방법이 있다.

혹 천인의 형상(天像)[1073]과 보살의 형상(像)을 나타내거나 또한 여래의
형상을 지어서 상호相好가 구족하며, 혹은 다라니陀羅尼를 설하고, 혹은
육바라밀(보시, 지계, 인욕, 정진, 선정, 지혜)을 설하며, 혹은 평등하고
공空하여 모양도 없고(無相), 바람도 없고(無願), 원한도 없고(無怨),
친함도 없고(無親), 인도 없고(無因), 과도 없어서(無果) 끝내는(畢竟)
공적한 것이 참된 열반(眞涅槃)이라고 설한다. 혹은 사람들로 하여금
숙명(宿命: 운명)과 과거의 일을 알게 하고(宿命通), 또한 미래의 일도
알게 하고, 타심지(他心智: 다른 사람의 마음을 아는 지혜)를 얻게 하여
변재辯才가 막힘이 없어서, 중생(수행자)들로 하여금 세간의 명예나
이익 되는 일을 탐착貪著하게 한다.

又令使人數瞋數喜 性無常準 或多慈愛 多睡多病 其心懈怠, 或卒
起精進 後便休廢 生於不信 多疑多慮, 或捨本勝行 更修雜業 若著
世事種種牽纏.

또 사람들로 하여금 자주(數) 성내고(瞋) 자주 기뻐하게(喜) 하여 성품에
일정한 기준이 없게(변덕스럽게) 하며, 혹은 자애慈愛가 많거나 잠도
많고 병도 많아 그 마음이 게으르게(懈怠) 하며, 혹은 갑자기(卒) 정진할
마음을 내었다가 뒤에 곧 그만두어 불신하는 마음을 내어 의심도 많고
생각도 많게 하며, 혹은 본래의 수승한 수행을 버리고 다시 이것저것

1073 천당이나 극락도 모두 의식意識의 영역이다. 욕계, 색계, 무색계 또한 의식의
세계이다. 마음이 만들어 낸 세계라는 뜻이다. 나(我) 밖에 별도의 다른 세계가
있는 것이 아니다. 『기신론』 본문에서 수없이 반복된 내용이다.

잡다한 업(雜業: 잡다한 공부)을 닦게 하며, 혹은 세간의 일(世事)에 집착하여 갖가지로 얽히고설키게(牽纏) 한다.

亦能使人得諸三昧少分相似 皆是外道所得 非眞三昧 或復令人若一日若二日若三日乃至七日住於定中 得自然香美飮食 身心適悅 不飢不渴 使人愛著. 或亦令人食無分齊 乍多乍少 顏色變異. 以是義故 行者常應智慧觀察 勿令此心墮於邪網 當勤正念 不取不著 則能遠離是諸業障.

또한 능히 사람들로 하여금(使人) 모든 삼매와 작으나마(少分) 서로 비슷한(相似) 삼매를 얻게 하나, 이는 모두 외도들이 얻는 경계일 뿐 진짜 삼매가 아니다. 또다시(復) 사람들로 하여금(令人) 혹은 하루, 혹은 이틀, 혹은 사흘 나아가 이레 동안 선정禪定에 머물게 하여, 자연의 향기롭고 아름다운 음식을 얻어 몸과 마음이 즐겁고 기쁘며(適悅), 허기가 지거나 목이 마르지도 않게 하여, 사람들로 하여금 그것에 애착하게 한다.[1074] 혹 또한 사람들로 하여금 먹는 것에 한계(分齊)가 없게 하여(일정하지 않게 하여) 갑자기(乍) 많았다가 갑자기 적게 하여

1074 여기서는 식욕食慾에 대한 것만 언급하였으나, 중생은 본래 오욕五慾으로부터 자유롭지 못하다. 이는 인류의 역사와 더불어 집착해 온 습기習氣 때문이다. 그 중에서도 특히 식욕에 대한 뿌리가 제일 깊고, 다음으로 색욕色慾이다. 식욕이 모든 생물에게 생존을 위한 근본적 욕망이라면, 색욕은 종족번식의 욕망을 제외하면 선택적인 욕망이다. 따라서 수행에 가장 방해되는 욕망이기에 【논論-79】에서 "단정한 남녀 등의 모습을 나타내어 수행자들을 미혹하게 한다"라고 한 것이다.

안색顏色을 바꾸게 한다. 이러한 뜻이 있는 까닭에 수행자는 항상 마땅히 지혜롭게 관찰하여 이 마음이 삿된 그물(邪網)에 떨어지지 않게 하고, 마땅히 부지런히 바른 생각(正念)으로 (앞에서 설한 부정적인 것들을) 취하지도 집착하지도 아니하면 곧 능히 이러한 모든 업장業障을 멀리 여읠 수 있을 것이다.

應知外道所有三昧 皆不離見愛我慢之心. 貪著世間名利恭敬故. 眞如三昧者 不住見相 不住得相 乃至出定 亦無懈慢 所有煩惱 漸漸微薄. 若諸凡夫不習此三昧法 得入如來種性 無有是處 以修世間諸禪三昧 多起味著 依於我見 繫屬三界 與外道共 若離善知識所護 則起外道見故

마땅히(應) 외도가 지닌 삼매는 모두가 아견我見, 아애我愛, 아만我慢의 마음을 여의지 못한 것임을 알아야 한다. (그들의 삼매는) 세간의 명리와 공경에 탐착하기 때문이다.[1075] 진여삼매眞如三昧란 보는 모습(見相: 主)에도 머물지 않고, 얻은 모습(得相: 客)에도 머물지 않으며, 나아가 선정禪定에서 나와서도 또한 해만(懈慢: 게으르고 거만함)이 없어서 모든 (所有) 번뇌가 점점 미세해지고 엷어진다.[1076] 만약 모든 범부가 이 삼매법

1075 아견我見, 아애我愛, 아만我慢의 마음들은 모두 아치我癡에서 비롯되는 근본번뇌根本煩惱의 씨앗들이기 때문이다.

1076 감산대사는 『대승기신론직해』에서 "진여삼매眞如三昧는 아주 깊고(湛) 고요한 한마음(一心)으로, 주관(能)과 객관(所)을 떠나(忘), 모습이(影像) 사라지고, 해만(懈慢: 게으르고 거만함)을 여의고, 번뇌마저 멸한 까닭에 수행자가 이 삼매에 의하지 않고(不由) 여래의 종성種性에 들어간 자는 일찍이 없었다(未

을 익히지 않고서(不習), 여래종성如來種性[1077]에 든다는(入) 것은 있을 수 없다. 왜냐하면 세간의 모든 선정삼매禪定三昧[1078]를 닦으면 자주(多) 거기에 맛 들여 집착(味著)[1079]을 일으키고, 아견我見으로 말미암아 삼계三界에 얽매이고(繫) 복속服屬되어 외도와 함께하는 것이다. 만약 선지식이 보호하는 바를 여의면 곧 외도의 견見을 일으키는 까닭이다.

有). 그 나머지 세간의 모든 선禪삼매는 다 아견에 집착하는 외도들의 삼매와 같으니(共), 만약 선지식의 보살핌(調護)이 없다면 곧 외도들의 악견에 떨어질 것이다(眞如三昧湛寂一心, 忘能所, 滅影像離懈慢, 滅煩惱, 故修行者 未有不由此三昧 得入如來種性者. 其餘世間諸禪三昧 皆著我見 與外道共, 若非善知識調護, 則墮外道惡見矣!)"라고 하였다.

1077 여래종성如來種性은 여래가 될 수 있는, 또는 깨달을 수 있는 종자, 씨앗의 성품을 말한다. 종(種: 종자, 씨앗)은 불종佛種, 성성은 성품을 나타낸다. 여래종성에 든다는 것은 앞서 「분별발취도상」에서 설명한 부정취중생이 십신十信의 위位에서 신성취발심을 이루어, 십주十住의 제7 불퇴주不退住의 위位에 들어 정정취중생으로 나아가는 것을 말한다. 이 단계에서는 진여삼매를 닦으며 선지식의 인도를 받아야 한다.

1078 세간의 모든 선정삼매(世間諸禪三昧)는 아견我見에 집착하는 사정邪定으로 진여삼매에 반反하는 것들이다. 그러니 진여삼매를 닦으라는 뜻이다.

1079 미착味著이란 어떠한 경계도 마음이 만들어 낸 세계임을 알지 못하고, 거기에 맛(味)을 들여 집착하는 것을 말한다. 선禪이 좋다고 선에 집착하는 것도 미착이다. 천당이나 극락에 가겠다고 집착하는 것도 미착이다. 천당이나 극락도 모두 마음이 만들어 낸 의식의 세계일 뿐, 마음 밖에 별도의 다른 세계가 없음을 알아야 한다. 유심정토唯心淨土, 즉 정토는 마음속에 있는 것이다. 중생의 자성이 곧 아미타불이고, 마음이 곧 정토인 것이다.

【소疏-80】

第二廣釋 於中有三. 一者廣顯魔事差別. "以是義故"以下 第二明其對
治. "應知外道"以下 第三簡別眞僞. 初中卽明五雙十事.

두 번째는 (마의 일을) 자세히 풀이한 것이니, 이 중에는 세 가지가
있다. 첫째는 마사(魔事: 마가 하는 일)의 차별을 자세히 드러내었고,
"이러한 뜻이 있는 까닭에(以是義故)" 이하는 둘째로 마魔의 대치(對治:
대처하는 법)를 밝힌 것이며, "마땅히(應) 외도가 지닌 삼매는 모두가
아견我見, 아애我愛, 아만我慢의 마음을 여의지 못한 것임을 알아야
한다" 이하는 셋째로 진짜 삼매와 가짜 삼매(眞僞)를 간별(簡別: 분별)한
것이다. 처음에는 곧 다섯 가지로 짝(雙)을 지어 열 가지 일(五雙十事)을
밝혔다.

一者. 現形說法爲雙. 二者. 得通起辯爲雙 謂從"或令人"以下 乃至"名
利之事"也. 三者. 起惑作業爲雙 謂"又令使人"以下 乃至"種種牽纏"也.
四者. 入定得禪爲雙 謂從"亦能使"以下 乃至"使人愛著"也. 五者. 食差
顏變爲雙 文處可見也.

첫째는 모습(形)을 나타내는 것과 법法을 설하는 것으로 짝을 이루고,
둘째는 신통을 얻는 것과 변재를 일으키는 것으로 짝을 이루니, "혹
사람들로 하여금" 이하에서부터(從) "명예나 이익 되는 일에 탐착하게
한다"까지를 말한다(謂). 셋째는 의혹을 일으키는 것과 업을 짓는 것으
로 짝을 이루니, "또한 사람들로 하여금" 이하에서부터 "갖가지로 얽히
고설키게(牽纏) 한다"까지를 말한다. 넷째는 선정禪定에 드는 것과

선禪을 얻는 것으로 짝을 이루니, "또한 능히 사람들로 하여금(使人) 모든 삼매와 작으나마(少分) 서로 비슷한(相似) 것을 얻게 하나" 이하에 서부터 "사람들로 하여금 그것에 애착하게 한다"까지를 말한다. 다섯째 는 음식의 차이와 안색의 변화로 짝을 이루니, 글을 보면 알 수 있다.

問. 如見菩薩像等境界 或因宿世善根所發 云何簡別 判其邪正

解云. 實有是事 不可不愼. 所以然者 若見諸魔所爲之相 謂是善相 悅心取著 則因此邪僻 得病發狂. 若得善根所發之境 謂是魔事 心疑捨 離 卽退失善利 終無進趣 而其邪正實難取別. 故以三法 驗之可知. 何事爲三. 一以定硏磨. 二依本修治 三智慧觀察.

묻기를, "보살의 형상 등의 경계를 보는 것은 혹或 숙세(宿世: 전생)의 선근으로 인因하여 일어나기도 하는데, 어떻게 간별(簡別: 分揀)하여 그 그릇됨과 바름(邪正)을 판단하는가?"

풀이하여 답하길, 실제로 이런 일이 있으니 신경 쓰지(愼) 않으면 안 될 것이다. 왜냐하면 만약 모든 마魔가 만드는(所爲) 모습(相)을 보고 이를 좋은 모습이라 여겨(謂) 기쁜 마음으로 취하여 집착한다면, 이러한 사벽(邪僻: 마음이 간사하게 한쪽으로 치우침)으로 인하여 병을 얻어 미쳐 날뛸(發狂) 수 있다. 만약 선근으로 나타난 경계를 얻고서도 이를 마군의 일이라고 여겨(謂) 마음으로 의심하여 떨쳐버린다면, 곧 훌륭한 이익을 잃고(退失), 끝내는(終) 공부에 진전이 없을 것이니, 그 삿되고 바름(邪正)은 실로 구별하기 어려운 까닭에 세 가지 방법으로 시험해 보면 알 수 있을 것이다. 어떤 일이 세 가지인가? 첫째는 선정禪定

으로 연마하는 것이요, 둘째는 본래 수행하던 방법에 의지하여 다스리
는 것이며, 셋째는 지혜로 관찰하는 것이다.

如經言, 欲知眞金 三法試之 謂燒打磨. 行人亦爾 難可別識. 若欲別之
亦須三試. 一則. 當與共事 共事不知 當與久共處, 共處不知 智慧觀
察." 今藉此意 以驗邪正. 謂如定中境相發時 邪正難了者 應當深入定
心 於彼境中不取不捨 但平等定住. 若是善根之所發者 定力逾深 善根
彌發 若魔所爲 不久自壞.

이는 경經에서 "진짜 금(眞金)을 알려면 세 가지 방법으로 시험해야
하니, ①불로 달구거나(燒), ②두드려 보거나(打), ③연마研磨해 보는
것을 말한다. 수행하는 사람도 또한 그러하여, 수행법이 옳은지 그른지
식별하기 어려운 것이니, 만약 분별하려면 또한 반드시(須) 세 가지
시험을 해야 할 것이다.

첫째, 마땅히 더불어 일을 함께 해야 하며, 일을 함께 하여도 알지
못하면 마땅히 더불어 오래도록 함께 거처하며, 함께 거처하여도 알지
못하면 지혜로 관찰해 보는 것이다"라고 말한 것과 같다. 이제 이러한
뜻에 의지하여(藉) 삿되고 바름(邪正)을 시험하는 것이다. 만약 선정禪
定 중에 경계의 모습(境界相)이 일어날 때 삿되고 바름을 알기 어려우면,
응당應當 깊은 선정禪定에 들어 저 경계의 모습 중에 취하지도 버리지도
아니하며, 단지 평등하게 선정에 머물러 있는 것이다. 만약 이것이
선근에서 나온 것이라면 선정의 힘이 더욱(逾) 깊어져서 선근이 더욱
발할 것이며, 만약 마魔의 짓(所爲: 경계)이라면 오래지 않아 스스로

무너질 것이다.

第二. 依本修治者 且如本修不淨觀禪 今則依本修不淨觀. 若如是修
境界增明者 則非僞也 若以本修治漸漸壞滅者 當知是邪也.

둘째, 본래 수행하던 방법에 의지하여 다스린다는 것은, 만약(且)
본래부터 부정관不淨觀[1080]의 선禪을 닦고 있었다면 이제 곧 본래대로(依
本) 부정관을 닦으면 된다. 만약 이와 같이 닦아서 경계가 더욱(增)
밝아진다면 이는 거짓이(僞) 아니다. 만약 본래 닦던 것으로(以) 다스려
서 점점 경계가 없어진다면(壞滅) 마땅히 이는 삿된 것임을 알아야
한다.

第三. 智慧觀察者 觀所發相 推驗根原 不見生處 深知空寂 心不住著
邪當自滅 正當自現 如燒眞金其光自若 是僞不爾 此中定譬於磨 本猶
於打 智慧觀察類以火燒 以此三驗 邪正可知也.

셋째, 지혜로 관찰한다는 것은, 나타난(發) 경계(相)를 관찰하여 근원
을 추적해 시험해 보면 경계가 나는 곳(生處)을 보지 못하므로, 깊이(深)
공적(空寂: 비어 고요함)함을 알아 마음이 거기에 머물러 집착하지
않으면 삿된 경계가 마땅히 스스로 없어지고(自滅), 으레(當) 정법正法

1080 부정관不淨觀은 인생은 깨끗하고 아름다운 것이 아니라, 생로병사하는 육체를
가진 부정한 존재임을 깨달아 번뇌와 욕망을 떨쳐버리는 관법이다. 따라서
시신이 썩는 것 같은 육신의 부정한 모습이 뚜렷해져야 이런 과정을 지켜보며
육신의 덧없음을 깨우쳐 탐욕, 특히 이성에 대한 정욕을 다스릴 수 있는
것이다.

이 스스로 나타날 것이다. 이는 마치 진짜 금(眞金)을 태우면 그 빛이 (변하지 않고) 그대로 있는 것(自若)과 같으니, 가짜 금이라면 그렇지 않을(不爾) 것이다. 이 중에 선정禪定은 연마研磨하는 것에 비유하고, 본本은 두드려보는 것(打)과 같으며, 지혜로 관찰함은 불로 태워보는 것과 같으니, 이 세 가지 시험으로 삿된 수행법과 바른 수행법을 가릴 (知) 수 있다"라고 말한 것과 같다.

問. 若魔能令我心得定 定之邪正 如何簡別
解云. 此處微細 甚難可知 且依先賢之說 略示邪正之歧. 依如前說 九種心住門 次第修習 至第九時 覺其支體運運而動 當動之時 卽覺其 身如雲如影 若有若無 或從上發 或從下發 或從腰發 微微徧身.

문기를, 만약 마가 능히 내 마음으로 하여금 선정을 얻게 할 수 있다면, 그 선정의 삿되고(邪) 옳음(正)을 어떻게 간별簡別할 수 있는가?"

풀이하여 답하길, 이러한 것은 미세하여 매우(甚) 알기 어렵다. 우선(且) 선현先賢의 설에 따라(依) 간략히 삿되고(邪) 옳음(正)의 구분점(歧)을 보여주겠다. 앞에서 설한 바와 같이 아홉 가지의 마음이 머무는 법(心住門)에 따라 차례대로 닦고 익혀 아홉 번째에 이르게 되면(時) 사지四肢와 몸체에 흐르는 기운(運運)의 움직임을 느낄(覺) 것이다. 이렇게 기운이 움직일 때, 곧 그 몸은 구름과 같고 그림자와 같아 있는 것도 같고 없는 것도 같으며, 때로는 위로부터 나오고 혹은 아래로부터 나오며, 혹은 허리로부터 나와 미미微微하게 몸을 감싸기도 한다.

動觸發時 功德無量 略而說之 有十種相. 一靜定 二空虛 三光淨 四喜悅 五猗樂 六善心生起 七知見明了 八無諸累縛 九其心調柔 十境界現前 如是十法 與動俱生 若具分別 則難可盡 此事旣過 復有餘觸次第而發 言餘觸者 略有八種 一動 二痒 三涼 四暖 五輕 六重 七澀 八滑 然此八觸 未必具起 或有但發二三觸者 發時亦無定次 然多初發動觸 此是依麤顯正定相.

이러한 움직임이 일어날 때 공덕이 무량한 것이니, 간략히 설하면 열 가지의 모습이 있다. ①고요한 마음(靜定), ②텅 빈 마음(空虛), ③밝고 깨끗함(光淨), ④기쁨(喜悅), ⑤잔잔한 즐거움(猗樂), ⑥선한 마음이 일어나는 것, ⑦알고(知) 보는(見)것이 명료한 것, ⑧모든 얽매임(累縛: 번뇌)이 없는 것, ⑨그 마음이 고르고 부드러운 것(調柔), ⑩경계가 눈앞에 나타나는 것이다. 이와 같은 열 가지 법과 (몸 안의) 움직임(動)이 함께(俱) 일어나는(生) 것이니, 만약 자세히(具) 분별하자면 그 끝을 알기가 어렵다(難可盡). 이 일이 이미 경과한 후 다시(復) 나머지 다른 느낌(觸)이 차례로 나타나니, 나머지 느낌(觸)을 말하자면 대략 여덟 가지가 있다. ①움직임(動), ②가려움(痒), ③서늘함(涼), ④따뜻함(暖), ⑤가벼움(輕), ⑥무거움(重), ⑦껄끄러움(澀), ⑧미끄러움(滑) 등이다. 그러나 이 여덟 가지 느낌(觸)은 반드시(必) 함께 일어나지는 않으며, 어떤 때는 단지 두세 느낌(觸)만 일어나는 경우도 있다. 어떤 느낌이 일어날 때에도 또한 일정한 차례도 없다. 그러나(然) 대개(多) 처음에는 움직이는 느낌(動觸)을 일으킨다. 이들은 거친 경계(麤)에 의지하여 바른 선정의 모습(正定相)을 드러내는 것이다.

次辨邪相. 邪相略出十雙. 一增減 二定亂 三空有 四明闇 五憂喜 六苦
樂 七善惡 八愚智 九脫縛 十强柔.

다음에는 삿된 모습(邪相)을 변별하겠다. 삿된 모습에 대략 열 쌍(雙)을
내니, ① 늘어남과 줄어듦(增減), ② 선정과 어지러움(定亂), ③ 공공과
유有, ④ 밝음과 어두움(明闇), ⑤ 근심과 기쁨(憂喜), ⑥ 괴로움(苦)과
즐거움(樂), ⑦ 선善과 악惡, ⑧ 어리석음과 지혜(愚智), ⑨ 해탈과 속박
(脫縛), ⑩ 강함과 부드러움(强柔)이다.

一增減者 如動觸發時 或身動手起 脚亦隨動 外人見其兀兀如睡. 或如
著鬼 身手足紛動 此爲增相. 若其動觸發時 若上若下 未及徧身 卽便壞
滅 因此都失境界之相 坐時蕭索 無法持身 此爲減相.

첫째 늘어남과 줄어듦(增減)이란. 몸에서 움직이는 느낌(動觸)이 일어
날 때 혹 몸이 움직이고 손이 들려지며 다리 또한 따라 움직이지만
외부인이 보기에는 움직임이 없어(兀兀) 마치 잠자는 듯하고, 혹은
귀신이 붙은 것처럼 몸과 손과 발이 분주하게 움직이니, 이는 늘어나는
모습(增相)이다. 만약 몸에서 움직이는 느낌(動觸)이 일어날 때 위에서
부터 또는 아래에서부터 시작하여 몸에 두루 미치기 전에 곧 없어진다.
이로 인하여 경계의 모습을 모두 잃고 앉을 때 몸이 떨리고(蕭) 맥이
풀려(索: 삭) 몸을 지탱할 방법이 없으니, 이는 줄어드는 모습(減相)
이다.

二定亂者 動觸發時 識心及身 爲定所縛 不得自在. 或復因此便入邪定

乃至七日 此是定過. 若動觸發時 心意亂擧 緣餘異境 此爲亂過也.

둘째 선정과 어지러움(定亂)이란, 몸에서 움직이는 느낌(動觸)이 일어날 때 의식과 마음과 몸이 선정禪定에 얽매여 자재하지 못하며, 혹은 다시 이로 인하여 곧 삿된 고요함(邪定)에 들어서 7일까지 가게 되니 이것이 선정의 허물이다. 만약 몸에서 움직이는 느낌(動觸)이 일어날 때 마음과 뜻(心意)이 어지럽게 일어나(亂擧) 나머지 다른 경계를 반연한다면 이는 어지러움(亂)의 허물이다.

三空有者 觸發之時 都不見身 謂證空定 是爲空過. 若觸發時 覺身堅實 猶如木石 是爲有過也.

셋째 공空과 유有란, 몸에서 움직이는 느낌(動觸)이 일어날 때 대개(都) 몸을 보지 못하므로 텅 빈 고요함(空定)을 증득했다고 여기니(謂) 이는 공空의 허물이다. 몸에서 움직이는 느낌(動觸)이 일어날 때 몸이 견실하여 마치 목석과 같이 느낀다면(覺) 이는 유有의 허물이다.

四明闇者 觸發之時 見外種種光色 乃至日月星辰 是爲明過 若觸發時 身心闇昧 如入闇室 是爲闇過也.

넷째 밝음과 어두움(明闇)이란, 몸에서 움직이는 느낌(動觸)이 일어날 때 바깥의 갖가지 광채(光色) 내지 일월성신을 보는 것이 곧 밝음(明)의 허물이다. 몸에서 움직이는 느낌(動觸)이 일어날 때 몸과 마음의 어두움(闇昧)이 마치 어두운 방(闇室)에 들어간 것 같다면 이는 어두움(闇)의 허물이다.

五憂喜者 觸發之時 其心熱惱憔悴不悅 是爲憂失 若觸發時 心大踊悅
不能自安 是爲喜失也.

다섯째 근심과 기쁨(憂喜)이란, 몸에서 움직이는 느낌(動觸)이 일어날
때 그 마음의 극심한 괴로움으로 초췌憔悴하여 기뻐하지 아니하니
이는 우憂의 허물이다. 몸에서 움직이는 느낌(動觸)이 일어날 때 마음이
크게 뛸 듯이 기뻐(踊悅) 능히 스스로 안정할 수 없다면 이는 기쁨(喜)의
과실이다.

六苦樂者 觸發之時 覺身支體處處痛惱 是爲苦失 若觸發時 知大快樂
貪著纏縛 是爲樂失也.

여섯째 괴로움(苦)과 즐거움(樂)이란, 몸에서 움직이는 느낌(動觸)이
일어날 때 몸의 사지와 몸통(支體) 곳곳에(處處) 통증과 괴로움을 느낀
다면 이는 괴로움(苦)의 허물이다. 만약 몸에서 움직이는 느낌(動觸)이
일어날 때 아주(大) 유쾌한 감정(快樂)을 알아 탐착하여 얽매인다면(纏
縛) 즐거움(樂)의 허물이다.

七善惡者 觸發之時 念外散善 破壞三昧 是爲善失 若觸發時 無 慚愧等
諸惡心生 是惡失也.

일곱째 선악善惡이란, 몸에서 움직이는 느낌(動觸)이 일어날 때 (마음
이) 밖으로 흩어져 선善을 생각하여 삼매를 파괴하는 것이니 이는
선善의 허물이다. 만약 몸에서 움직이는 느낌(動觸)이 일어날 때 부끄러
워하고 괴로워하는 마음(慚愧) 등이 없어 모든 악한 마음이 일어나면

이는 악惡의 허물이다.

八愚智者 觸發之時 心識迷惑 無所覺了 是爲愚失 若觸發時 知見明利
心生邪覺 是爲智失也.

여덟째 어리석음과 지혜(愚智)란, 몸에서 움직이는 느낌(動觸)이 일어
날 때 심식心識이 미혹하여 깨치는 것이 없는 것이니 이는 어리석음(愚)
의 허물이다. 만약 몸에서 움직이는 느낌(動觸)이 일어날 때 지견(知見:
식견)이 밝고 예리하여 마음에 삿된 깨달음을 낸다면 이는 지혜(智)의
허물이다.

九縛脫者 或有五盖 及諸煩惱 覆障心識 是爲縛失 或謂證空得果 生增
上慢 是爲脫失也.

아홉째 해탈과 속박(脫縛)이란, (몸에서 움직이는 느낌[動觸]이 일어
날 때) 혹 다섯 가지 번뇌(蓋)와 모든 번뇌가 있어 심식을 덮어(覆:
부) 장애하는 것이니 이는 속박(縛)의 허물이요, 혹은 공空을 증득하여
과과를 얻었다고 여겨(謂) 증상만增上慢을 낸다면 이는 해탈(脫)의
허물이다.

十强柔者 觸發之時 其身剛强 猶如瓦石 難可廻轉 是爲强失 若觸觸發
時 心志輭弱 易可敗壞 猶如輭遲 不堪爲器 是爲柔失也.

열 번째 강함과 부드러움(强柔)이란, 몸에서 움직이는 느낌(動觸)이
일어날 때 그 몸의 굳세고 강함이 마치 기와나 돌(瓦石)과 같아서

회전하기 어려우니 이는 강함(强)의 과실이다. 만약 몸에서 움직이는 느낌(動觸)이 일어날 때 심지心志가 연약하여 부서지고 무너지기(敗壞) 쉬운 것이(易可) 마치 (진흙이) 부드럽고 물에 젖어(輕渥) 그릇이 될 수 없는 것과 같다면 이는 부드러움(柔)의 허물이다.

此二十種邪定之法 隨其所發 若不識別 心生愛著 因或失心狂亂 或哭 或笑 或驚漫走 或時自欲投巖赴火 或時得病 或因致死 又復隨有如是 發一邪法. 若與九十五種外道鬼神法中 一鬼神法相應 而不覺者 卽念 彼道 行於彼法. 因此便入鬼神法門 鬼加其勢 或發諸邪定 及諸辯才 知世吉凶 神通奇異 現希有事 感動衆人 世人無知 但見異人 謂是賢聖 深心信伏 然其內心專行鬼法 當知是人遠離聖道 身壞命終 墮三惡趣 如九十六外道經廣說.

이 스무 가지의 삿된 선정의 법이 경계에 따라 나타나는데, 만약 식별하지 못하여 마음에 애착을 내면 그로 인해서 혹은 마음을 잃고 미쳐 날뛰거나(狂亂), 혹은 울기도 하고 혹은 웃기도 하며, 혹은 놀래어(驚) 멋대로 달아나며, 혹 때로는 스스로 바위에 몸을 던지거나 불(火)에 뛰어들며, 혹 때로는 병을 얻고, 혹은 그 때문에 죽기까지 한다. 또다시 이와 같은 것들이 있음에 따라 하나의 삿된 법을 일으키는 것이다. 만약 아흔다섯 종류 외도外道의 귀신법 중에서 하나의 귀신법이라도 서로 응하여 깨닫지 못한다면 이는 곧 저 외도를 생각하고 저 귀신의 법을 행하는 것이니, 이로 인하여 곧 귀신의 법문法門에 들게 되고 귀신에 그 세력을 더해주어 혹 모든 그릇된 정정과 모든 변재辯才를 발發하고, 세간의 길흉을 알아서 신통기이하게 희유한 일을 나타내어 뭇사람을 감동시키기도 한다. 세상 사람들은 무지無知하여 단지 그를 이인異人으로 보고 현인이나 성인으로(賢聖) 여겨(謂) 마음 깊이 믿어 복종한다(信伏). 그러나 그의 내심內心은 오로지(專) 귀신법만 행하고 있으니, 이 사람은 성인의 법도를 멀리 여의어 몸이 다해(壞) 생명이 끝나면(終) 지옥, 축생, 아귀의 3악도惡道에 떨어진다는 것을 마땅히 알아야 할 것이다. 이는 『구십육외도경九十六外道經』에서 자세히 설한 것과 같다.

行者若覺是等邪相 應以前法驗而治之. 然於其中亦有是非 何者. 若其邪定一向鬼作者 用法治之. 魔去之後 則都無復毫釐禪法. 若我得入正定之時 魔入其中現諸邪相者 用法却之魔邪旣滅 則我定心明淨 猶如雲除日顯. 若此等相雖似魔作 而用法治猶不去者 當知因自罪障所發. 則應勤修大乘懺悔 罪滅之後定當自顯. 此等障相其微難別 欲求道者不可不知. 且止傍論 還釋本文

수행자가 만약 이 같은 삿된 모습(相: 경계)을 깨달으면 응당 앞의 방법으로 시험하고 그것들(之)을 다스려야 한다. 그러나 그 중에도 또한 옳고 그름이 있으니, 어떤 것인가? 만약 그 삿된 선정(邪定)이 한결같이(一向) 귀鬼가 지은 것이라면 법으로 다스려서, 마魔가 떠난 후에는 다시 털끝만큼(毫釐)의 삿된 선법禪法이 없어야 한다. 만약 내가 바른 선정(正定)에 들었을 때 마魔가 그 가운데 들어와 모든 삿된 모습을 나타낸다면 법을 사용하여 마魔를 물리쳐야 할 것이니,

마魔의 삿된 법이 이미 사라지면(滅) 곧 나의 고요한 마음(定心)이 밝아지고 맑아져서, 마치 구름이 걷히고 해가 드러나는 것과 같을 것이다. 만약 이러한 모습들이 비록 마魔가 지은 것과 비슷하여 법을 사용하여 다스려도 오히려(猶) 사라지지 않는다면, 이는 자기의 죄장罪障으로 인하여 일어난(發) 것임을 알아야 한다. 곧 응당 대승의 참회를 부지런히 닦아 죄업이 없어지고 나면 응당 선정은 자연스럽게 나타날 것이다. 이러한 장애의 모습들은 매우 미약하여 구별하기 어려우니, 도道를 찾고자 하는 자는 알지 않으면 안 될 것이다. 이제 방론(傍論: 곁가지 이야기)은 그만두고 다시(還) 본문을 풀이하겠다.

上來廣辨魔事差別. "以是"已下 第二明治. 言"智慧觀察"者, 依自隨分所有覺慧 觀諸魔事察而治之. 若不觀察 即墮邪道 故言"勿令墮於邪網" 此是如前三種驗中 正爲第三"智慧觀察" 言"當勤正念不取不著"者 總顯三中前之二法.

위에서부터 마魔가 하는 일들의 차별상(경계)을 자세히(廣) 변별하였다. "이러한 뜻이 있는 까닭에(以是義故)" 이하는 두 번째로 대치對治를 밝힌 것이다. "지혜롭게 관찰한다"라고 말한 것은 자신의 분수(分數: 능력)에 따라 가지고 있는 각혜覺慧에 의지하여 모든 마魔의 일을 보고 살펴서 다스리는 것이다. 만약 관찰하지 않으면 곧 사도邪道에 떨어지는 까닭에 "삿된 그물(邪網)에 떨어지지 않게 한다"라고 말한 것이다. 이는 앞의 세 가지 시험 중에 바로 세 번째의 "지혜롭게 관찰하는 것"이 된다. "마땅히 부지런히 바른 생각(正念)으로 취착取着하지 않아

야 한다"라고 말한 것은 세 가지 중에서 앞의 두 가지 법을 총체적으로
드러낸 것이다.

今於此中大乘止門 唯修理定 更無別趣 故. 初定研 幷依本修 更無別
法. 所以今說當依本修大乘止門正念而住. "不取不著"者, 邪不干正自
然退沒. 當知若心取著, 則棄正而成邪. 若不取著, 則因邪而顯正. 是
知邪正之分 要在著與不著. 不著之者, 無障不離 故言"遠離是諸業
障"也.

이제 이 중에서 대승의 지문止門에서는 오직 이정理定[1081]만 닦는 것이며,
다시(更) 별도로 나아가는(別趣) 것이 없는 까닭에 처음의 선정禪定으
로 연마하는 것과 아울러(幷) 본래 닦던 것에 의지하는 것이지, 다시
별도의 다른 법(別法)은 없다. 여기서 마땅히 본래 닦던 대승의 지문止門
에 의지하여 정념正念으로 머물러야 한다고 설한 까닭이다(所以). "취하
지도 집착하지도(取著) 않는다"라는 것은 삿된 것(邪)이 바른 것(正)을
범하지 못하여(不干) 저절로 물러나 없어지는 것이니, 만약 마음으로
취착取著하면 곧 정正을 버리고 사邪를 이룰 것이요, 만약 취착하지
않으면 사邪로 인因하여 정正을 드러내는 것임을 마땅히 알아야 한다.
이로써 사邪와 정正의 구분은, 요컨대 집착하느냐 집착하지 않느냐에
있는 것을 알 수 있다. 집착하지 않는 자는 여의지 못할 장애도 없는
까닭에 "이 모든 업장을 멀리 여읜다"라고 말한 것이다.

1081 이정理定은 사정邪定의 반대로, 절대 평등의 본체인 진여眞如에 대한 선정을
말한다.

"應知外道"以下 第三簡其眞僞 於中有二. 初擧內外以別邪正. 先邪後
正 文相可知"若諸"以下 次對理事以簡眞僞 於中初顯理定是眞 行者
要修眞如三昧 方入種性不退位中 除此更無能入之道 故言"不習 無有
是處"

"마땅히(應) 외도가 지닌 삼매는 모두가 아견我見, 아애我愛, 아만我慢
의 마음을 여의지 못한 것임을 알아야 한다" 이하는 세 번째 삼매의
진위眞僞를 간별하는 것이니, 이 중에도 두 가지가 있다. 처음은 안팎을
들어(擧) 사邪와 정正을 분별하는 것이다. 먼저 것은 삿된(邪) 것이요,
뒤의 것은 바른 것(正)이니 글을 보면 알 수 있을 것이다. "만약 모든
범부가" 이하는 다음으로(次) 이사理事[1082]에 대하여 삼매의 진위를
간별하는 것이며, 이 중에 처음은 이정理定이 참된 것임을 드러낸
것이다. 수행자는 반드시(要) 진여삼매眞如三昧를 닦아야 비로소(方)
종성種性의 불퇴위不退位 중에 들(入) 수 있으며, 이를 제외하고는
달리(更) 불퇴위에 들 수 있는 방도가 없는 까닭에 "이 삼매법을 익히
지 않고서 여래종성如來種性에 든다는 것은 있을 수 없다"라고 말한
것이다.

然種性之位有其二門. 一十三住門. 初種性住 種性者 無始來有 非修
所得 義出瑜伽及地持論. 二六種性門 初習種性 次性種性者 位在三賢
因習所成. 出本業經及仁王經. 於中委悉 如一道義中廣說也.

그러나(然) 종성의 위위에는 두 가지 문(門: 方道)이 있으니, ①13주住

1082 이理는 진리로서 절대 평등의 본체이고, 사事는 만유의 차별적 현상을 말한다.

문門이다. 첫(初) 종성주種性住의 종성種性이란 시작 없는 과거로부터 있는 것이므로 닦아서 얻는 것이 아니며, 이 뜻은『유가사지론瑜伽師地論』[1083]과『보살지지론菩薩地持論』[1084]에 나온다. ②6종성種性 문이니, 처음 습종성習種性과 다음 성종성性種性이란 3현賢[1085]의 위位에 있는 것으로 수행(習)으로 인因하여 이루어지는 것이며, 이는『보살영락본업경』[1086]과『인왕경』[1087]에 나온다. 그 중 자세한 것은『일도의一道義』[1088] 중에서 자세히 설한 것과 같다.

今此中言"如來種性"者, 說第二門習種性位也. "以修世間"以下 次顯事定之僞. 謂不淨觀安那槃念等, 皆名世間諸三昧也. 若人不依眞如三昧 直修此等事三昧者 隨所入境 不離取著. 取著法者 必著於我 故屬三界 與外道共也. 如智度論云, "諸法實相 其餘一切皆是魔事"此之謂也. 上來第三明魔事竟.

이제 이 중에 여래종성이라 말한 것은 두 번째 문의 습종성習種性 위位를 설한 것이다. "세간의 모든 선정禪定삼매를 닦으면" 이하는 다음으로 사정事定의 거짓됨을 드러낸 것이니, 부정관不淨觀과 안나반(安那槃: 數息觀)의 생각 등을 말하며, 모두 세간의 모든(諸) 삼매三昧라

1083 대정장 제30권,『유가사지론』, p.553상 20행~중 2행.

1084 대정장 제30권,『보살지지경』, pp.939하 말행~940상 6행.

1085 십주十住, 십행十行, 십회향十廻向의 수행 위位에 있는 보살.

1086 대정장 제24권,『보살영락본업경』, p.1012하 7~14행.

1087 대정장 제8권,『인왕경』, p.835중 17~28행 참조.

1088 원효대사의 저술로서 현존하지 않음.

이름한다. 만약 사람이 진여삼매에 의하지 않고, 다만(直) 이러한(此等) 사삼매事三昧만 닦는다면 들어가는 경계에 따라 취착取著을 여의지 못한다. 법法에 취착하는 자는 반드시 나(我)에 집착하는 까닭에 생사 윤회하는 삼계 중생이 되며, 외도와 함께 하게 된다. 이는『대지도론大智度論』에서 "제법실상諸法實相을 제외한 일체의 것은 다 마魔의 일이다"[1089]라고 한 것과 같으니, 바로 이를 두고 한 말이다. 지금까지(上來) 세 번째 마魔의 일을 밝혀 마친다.

【논論-81】 진여삼매의 열 가지 이익

復次精勤專心修學此三昧者 現世當得十種利益. 云何爲十.

一者常爲十方諸佛菩薩之所護念.

二者不爲諸魔惡鬼所能恐怖

三者不爲九十五種外道鬼神之所惑亂

四者遠離誹謗甚深之法 重罪業障漸漸微薄

五者滅一切疑諸惡覺觀

六者於如來境界信得增長

七者遠離憂悔 於生死中勇猛不怯

八者其心柔和 捨於憍慢 不爲他人所惱

九者雖未得定 於一切時一切境界處 則能減損煩惱 不樂世間

十者若得三昧 不爲外緣一切音聲之所驚動.

1089 대정장 제25권,『대지도론大智度論』, p.99중 19~20행.

다시 부지런히 수행(精勤)하여 오로지 한마음(專心)으로 이(此) 진여삼매를 수학修學하는 자는 현세現世에서[1090] 마땅히 열 가지 이익을 얻을 것이니, 무엇이 열 가지인가? ①항상 시방의 모든 불보살님의 호념護念[1091]을 입는다. ②모든 마魔와 악귀가 공포를 주지 못한다. ③아흔다섯 가지 외도 귀신이 혹란惑亂을 일으키지 못한다. ④매우 심오한 불법을 비방함에서 멀리 떠나, 중죄重罪와 업장業障이 점점 엷어진다(微薄). ⑤일체의 의심과 모든 그릇된 깨침의 견해(惡覺觀)가 없어진다(滅). ⑥여래의 경계에 대한 믿음이 증장된다. ⑦근심과 회환을 멀리 여의어, 생사 중에 용맹 정진하여 겁내지 않게 된다. ⑧그 마음이 부드럽고 온화하며, 교만함을 버려 다른 사람이 괴롭히지 못한다. ⑨비록 선정禪定을 얻진 못하였으나, 어느 때(一切時) 어느 경계(一切境界)에 처處하여도 곧 능히 번뇌를 줄일 수 있고, 세간사를 즐기지 않는다. ⑩만약 삼매를 얻으면, 바깥 연(外緣)의 어떤 소리에도 놀라거나 동요되지 않는다.[1092]

[1090] 기도를 하고 수행을 하는 것은 오늘의 삶을 반추反芻하여 '현세現世에서의 가치 있는 삶'을 영위하기 위함이지, 내세에 천당이나 극락을 가고자 함이 아니다. 어느 누구도 가 본 적이 없는 사후세계를 논하는 것은 부적절한 질문(無記: avyākṛta)이라 하여 부처님도 언급하지 않은 사항이다. 이유는 이러한 문제들에 대해 미처 다 설명하기도 전에 그런 질문을 한 사람은 죽음을 맞이할 것이라는 것이다. 실제로 부처님은 "이 세계는 영원한가 무상한가? 무한한 것인가 유한한 것인가? 목숨이 곧 몸인가? 목숨과 몸은 다른 것인가? 여래는 내생來生이 있는가?" 등등을 묻는 만동자(鬘童子: 말룽키야풋타)의 질문에 대답하지 않으셨다.(참조: 독화살의 비유, 『中阿含, 221, 箭喻經』)

[1091] 모든 장애로부터 중생을 지켜주는(護) 제불보살의 가피加被를 말한다.

[1092] 감산대사는 『대승기신론직해』에서 "육진 중에 오직 음성(耳根)만 말하는

【소疏-81】

第四利益. 後世利益 不可具陳 故今略示現在利益. 總標 別顯 文相可
知. 別明止門竟在於前

네 번째는 지止의 이익이다. 다음 세상에서 받는 이익은 다 말할(陳)
수 없는 까닭에 여기서는 간략히 현재의 이익만 보였다(示). 총표總標와
별현別顯은 글을 보면 알 수 있을 것이다. 따로 지문止門을 밝히는
것을 앞에서 마친다.

【논論-82】 관관觀觀-법상관法相觀

가) 무상관無常觀

復次若人唯修於止 則心沈沒或起懈怠 不樂衆善遠離大悲 是故
修觀. 修習觀者 當觀一切世間有爲之法 無得久停 須臾變壞. 一切
心行念念生滅 以是故苦. 應觀過去所念諸法 恍惚如夢. 應觀現在
所念諸法 猶如電光. 應觀未來所念諸法 猶如於雲忽爾而起. 應觀

것은, 선정禪定에 들었을 때 이근耳根을 제외한 오근五根은 모두(俱) 닫히지만
(閉), 오직 이근만은 열려(虛通) 있는 까닭(六塵獨言音聲者-以入定時五根俱
閉, 唯耳根虛通故)"이라고 하였다.

『능엄경』에서 말하는 이근원통耳根圓通 수행도 열려 있는 이근耳根으로 입류
망소入流亡所하는 수행인 것이다. "먼저 소리를 들으면서(聞中), 소리의 흐름
(流)을 따라 들어가, 소리(所: 聲塵)가 없어지고(亡), 소리(所)의 흐름을 따라
들어왔다는 생각마저 이미 고요해져(旣寂), 소리의 동動과 정靜의 두 가지
모습(二相)이 명백하게(了然) 생生하지 않는 것(初於聞中 入流亡所 所入旣寂
動靜二相 了然不生)"을 말한다.

世間一切有身 悉皆不淨 種種穢汚 無一可樂.

다시 만약 사람이 오직 지(止: 定)만 닦으면 곧 마음이 가라앉거나(沈沒)
혹은 게으름(懈怠)을 일으켜 많은 선행(衆善)을 즐기지 않고 대비심大悲
心을 멀리 여의게 되는 까닭에 관(觀: 慧)을 닦는 것이다.[1093] 관을 닦아
익히는 자는 마땅히 일체세간의 유위법有爲法[1094]은 오래 머물지(久停)

1093 지관止觀은 지止와 관觀의 합성어로, 지止는 정신을 한 곳에 집중하여 마음을
적정寂靜에 이르게 하는 수행이며, 관觀은 있는 그대로의 진리인 실상實相을
관찰하여 지혜智慧를 계발啓發하는 수행이다.
　그러나 지止에만 머물면 마음만 명경수지와 같이 고요할 뿐 지혜의 계발로
이어지지 못하고, 또한 십선十善을 행하며 대비심大悲心을 일으켜 중생을
제도하려는 마음마저 없어져, 대승의 보살행(도)을 잃어버리고 말 것을 염려한
지적이다. 따라서 관觀을 통해서 십선을 행하는 것은 자리自利이며, 대비심을
일으키는 것은 이타利他임을 깨닫게 되는 것이다. 지止만 수행하면 공空의
이치는 깨달을 수 있으나 불공不空의 이치는 깨닫지 못하는 것이다. 부처의
상相은 이루었으나 부처의 용用이 없는 것과 마찬가지다. 이와 같이 지와
관은 수레의 두 바퀴와 같이 불가분리不可分離의 관계임을 알아야 할 것이다.
1094 유위법(有爲法: saṃskṛta)은 조작, 유위有爲를 뜻하며, 만물이 생生하는 것은
모두 유위의 작용으로 이를 유위법이라 한다. 유위의 작용이 없이는 만물이
생할 수 없기에, 인연으로 생멸 변화하는 것은 모두 유위의 현상現相인 것이다.
대부분 무위법無爲法은 진제眞諦, 유위법은 속俗된 것으로 인식하나, 이와
같은 이분법적 인식은 잘못된 것이다. 진여문眞如門과 생멸문生滅門이 곧
진여 일심一心이라면, 무위법(實相)과 유위법(現相)은 진여문과 생멸문의 다른
이름일 뿐이며, 이 또한 진여 일심인 것이다.
　불교의 모든 이치가, 현상現相을 떠난 실상實相이나 번뇌를 떠난 보리, 생멸을
떠난 진여를 인정하지 않는, 존재의 실상實相을 바로 보라는 중도中道인 것
이다.
　『금강경, 응화비진분 제32』의 "일체의 유위법은 꿈과 같고, 환상과 같고,

못하고 순식간(須臾)에 변하여 없어지며(無常觀), 일체의 마음작용(心行)이 생각생각마다 생멸하는 것이며, 이런 까닭에 고苦임을 관觀해야 한다(苦觀). 마땅히 생각하는 바 과거의 모든 법(諸法)은 황홀恍惚하나 꿈과 같음을 관해야 하며,[1095] 마땅히 현재 생각하는 모든 법이 마치

물거품과 같고, 그림자와 같고, 이슬과 같고 또한 번개와 같으니, 마땅히 이와 같이 관하라(一切有爲法 如夢幻泡影 如露亦如電 應作如是觀)"는 사구게四句偈는 결코 허망함을 설하는 가르침이 아니라, 그 허망함 속에서 존재의 실상을 찾아 허망한 것에 집착하지 않는 반야의 안목을 키우라는 뜻이다. 유위의 작용으로 태어난 우리의 인생 또한 꿈, 환상, 물거품, 그림자, 이슬, 번개와 같이 허망하다 할 것이나, 허망한 속에서도 가치 있는 '중도中道의 삶'을 찾는 것은 각자의 몫인 것이다.

[1095] 다른 해설자들은 '황홀恍惚'의 의미를 ① 생략하거나 ② "과거에 생각한 모든 법이 어슴푸레하여 꿈과 같은 줄 알아야 하며" ③ "응당 과거에 생각한 제법은 지나간 꿈같이 황홀하다고 관하여야 하고" ④ "마땅히 과거에 생각한 바의 제법이 황홀하여 꿈과 같음을 관하며" 등등으로 풀이하고 있으나, 충분한 풀이가 못된다. 이는 '과거'에 대한 설명이 아니라 '유위법'에 대한 설명이기 때문이다.

부처님은 『금강경, 응화비진분 제32』에서 수보리에게 "『금강경』 내지 사구게를 수지受持, 독송讀誦, 위인연설爲人演說하는 것이 무량 아승지 세계에 가득한 칠보七寶로 보시하는 것보다 수승하다. 왜냐하면 일체의 유위법은 꿈과 같고, 환상과 같고, 물거품과 같고, 그림자와 같고, 이슬과 같고 또한 번개와 같기 때문이다"라고 하신다.

여기서 '무량 아승지 세계에 가득한 칠보로 보시하는 것'은 황홀한 유위법으로, '『금강경』 내지 사구게를 수지, 독송, 위인연설하는 것'은 수승한 무위법으로 대비시켜 이해하면 쉽게 이해가 되리라 믿는다.

황홀恍惚이라는 단어는 본래 『노자, 14장』에서 도道를 설명하는 용어로, "도道는 근본적으로 텅 비어 있는 까닭에 소리, 색, 이름, 형상, 분별을 초월해 있으므로(超乎聲色名相思議之表) 보려고 해도 볼 수 없고(視之不見), 들으려고

번갯불(電光)과 같음을 관해야 하며, 미래에 생각할 모든 법이 마치 구름과 같이 홀연히(忽) 일어나는 것임을 관해야 하며(無我觀), 세간의 모든 몸뚱이가 모두 다(悉皆) 깨끗하지 못하고(不淨) 갖가지로 더럽혀져 하나도 즐거워할 만한 것이 없음을 관해야 한다(不淨觀).

나) 대비관大悲觀

如是當念一切衆生 從無始世來 皆因無明所熏習故. 令心生滅 已受一切身心大苦. 現在卽有無量逼迫 未來所苦亦無分齊 難捨難離 而不覺知 衆生如是 甚爲可愍.

이와 같이 일체중생은 시작도 없는 때로부터 모두 무명無明의 훈습으로 인한 까닭에 마음으로 하여금 생멸케 하여 이미 일체의 몸과 마음(身心)에 큰 괴로움(大苦)을 받았으며, 현재에도 곧 무량한 핍박逼迫을 받고 있으며, 미래에 받을 괴로움 또한 한계(分齊)가 없어 버리거나(捨) 여의기도(離) 어렵건마는 이를 깨닫지 못하니, 중생이란 이와 같이 심甚히 불쌍한(愍) 것이다.

다) 대원관大願觀

作此思惟 卽應勇猛立大誓願 願令我心離分別故 徧於十方修行

해도 들을 수 없고(聽之不聞), 잡으려 해도 잡히지 않은(搏之不得) 까닭에 있는 듯 없는 듯하여 볼 수가 없다. 또는 있는 것도 아니고 없는 것도 아니어서, 텅 비기도 하고 차 있기도 하여 황홀이라 한다"라는 의미다. 본문과는 뉘앙스가 다르지만 『기신론』에서 이야기하는 진여眞如와 차이점을 찾기가 어렵다.

一切諸善功德 盡其未來 以無量方便救拔一切苦惱衆生. 令得涅槃第一義樂.

이런 것들을 마음으로 생각하고(思惟) 곧 용맹스럽게 "원컨대 내 마음으로 하여금 분별을 여읜 까닭에 시방에 두루(徧)하고 일체의 모든 선善의 공덕을 수행하며, 미래세가 다하도록 무량방편으로 일체의 고통받고 번뇌하는(苦惱) 중생을 구원(救拔)하여, 중생들이 열반의 제일의第一義[1096] 즐거움을 얻기를 원願하옵니다"라는 큰 서원(大誓願)을 세워야 한다.

라) 정진관精進觀

以起如是願故, 於一切時一切處 所有衆善隨己堪能 不捨修學心無懈怠 唯除坐時專念於止 若餘一切 悉當觀察應作不應作.

이와 같은 (중생구제의) 대원願을 일으키는 까닭에 어느 때(一切時) 어느 곳(一切處)에서나, 그동안 쌓아온(有) 많은(衆) 선善[1097]으로 자기의 감능堪能[1098]에 따라(隨) (대원을) 버리지 않고 정진(修學)하여 마음에 게으름(懈怠)이 없으니, 오직 좌선坐禪할 때 지止에 전념하는 것을 제외하고 나머지(餘)는 일체 다(皆) 마땅히 행할 것(應作)과 행하지 말 것을 관찰해야 한다.

1096 제일의, 최고의, 더할 수 없는 깊은 이치, 묘의妙義, 궁극의 이치, 제법실상諸法實相 등등과 같은 의미이다.
1097 선善은 선근善根, 공덕功德과 같은 의미이다.
1098 어떤 일을 잘 감당堪當할 만한 능력能力 또는 재능을 말한다.

【소疏-82】

第二明觀 於中有三. 初明修觀之意. 次顯修觀之法. 其第三者 總結勸
修. 第二之中 顯四種觀. 一法相觀 謂無常苦 流轉不淨 文相可知. "如
是當念"以下 第二明大悲觀. "作是思惟"以下 第三明誓願觀. "以起如
是"以下 第四明精進觀. 依此四門 略示修觀也. "唯除坐時"以下 第三
總結勸修. 上來第一別明止觀.

두 번째는 관觀을 밝힌 것이니, 이 중에 세 가지가 있다. 첫째는 관觀을
닦는 뜻을 밝혔고, 다음으로 관을 닦는 방법을 드러내었으며, 그 세
번째는 총결하여 닦기(修)를 권장하였다. 두 번째 중에서 네 가지
관觀을 드러내었다.

첫째는 법상관法相觀으로, 무상無常과 고苦와 유전流轉과 부정不淨을
말하는(謂) 것이니, 글을 보면 알 수 있을 것이다. "이와 같이 마땅히
생각해야 한다(如是當念)" 이하는 둘째 대비관大悲觀을 밝힌 것이다.
"이런 것들을 마음으로 생각하고(思惟)" 이하는 셋째 서원관誓願觀을
밝힌 것이다. "이와 같은 대원願을 일으키는 까닭에" 이하는 넷째 정진관
精進觀을 밝힌 것이다. 이 네 가지 문(門: 방편)에 의지하여 간략히
관觀을 닦는 방법을 나타내었다. "오직 좌선(坐禪)할 때" 이하는 세
번째의 총결로 관觀을 닦기를 권장하였다. 위로부터 첫 번째의 지止와
관觀을 따로(別) 밝혔다.

【논論-83】 지관止觀 쌍수雙修

若行若住 若臥若起 皆應止觀俱行. 所謂 雖念諸法自性不生 而復

卽念因緣和合 善惡之業苦樂等報 不失不壞. 雖念因緣善惡業報
而亦卽念性不可得. 若修止者 對治凡夫住著世間 能捨二乘怯弱
之見. 若修觀者 對治二乘不起大悲狹劣心過, 遠離凡夫不修善根.
以此義故 是止觀二門共相助成 不相捨離. 若止觀不具 則無能入
菩提之道

행하거나(行), 머무르거나(住), 눕거나(臥), 일어나거나(起) 다(皆) 응당
지止와 관觀을 함께(俱) 수행해야 한다. 소위 비록 모든 법의 자성은
불생不生이라 생각할지라도(止行),[1099] 다시 곧 인연이 화합한 선악의
업業과 고락苦樂 등의 과보果報는 없어지거나(失) 부서지지(壞) 않는다
고 생각하는 것이다(觀行).[1100] 비록 인연이 화합한 선악의 업보를 생각할
지라도(觀行) 또한 곧 자성은 얻을 수 없다고 생각하는 것이다(止行).
만약 지止를 닦는다면 범부들이 세간사世間事에 주착住著[1101]하는 것을
대치對治하고, 능히 이승二乘의 겁약怯弱한 견해를 버릴 수 있다. 만약
관觀을 닦는다면 이승의 대비심大悲心을 일으키지 않는(不起) 좁고 용렬
한(狹劣) 마음의 허물을 대치하고, 범부들이 선근을 닦지 않는 것을
멀리 여읠 수 있다. 이러한 뜻이 있는 까닭에 지止·관觀 2문門은 함께
서로(共相) 도와 이루는(助成) 것으로 서로 버리거나 여읠 수 없는

[1099] 자성自性은 본래 불생不生으로 생생하는 것이 아니라고 생각하는 것이 지행止行
이다. 이는 고정불변으로 평등성이자 무분별 무차별상이다.

[1100] 인연화합으로 선악善惡의 업과 고락苦樂이 있다고 생각하는 것이 관행觀行이
다. 이는 선악의 업에 따라 고락苦樂은 달라지니 차별상으로 선업 낙과樂果,
악업 고과苦果인 것이다.

[1101] 미련을 못 버리고 머물러 집착하는 것.

것이니, 만약 지·관을 함께 닦지 않으면(不具) 곧 능히 보리의 도(깨달음)에 들어갈 수 없는 것이다.

【소疏-83】

第二合修 於中有三 一總標俱行 第二別明行相 三者總結. 第二之中顯示二義. 先明順理俱行止觀, 後顯對障俱行止觀. 初中言"雖念諸法自性不生"者 依非有門以修止行也. "而復卽念業果不失"者 依非無門以修觀行也. 此順不動實際建立諸法 故能不捨止行而修觀行 良由法雖非有而不墮無故也.

두 번째는 합하여 닦는(合修: 雙運) 것이니, 이 중에 세 가지가 있다. 첫째는 지·관을 함께 닦는 것을 총체적으로 드러내었고, 두 번째는 수행의 모습을 따로 밝혔으며, 세 번째는 총결하였다. 두 번째 중에 두 가지 뜻을 드러내 보였으니, 먼저는 이치에 따라(順理) 지·관을 함께 수행하는 것을 밝혔고, 뒤에서는 장애를 대치하려면 지·관을 함께 수행해야 하는 것을 밝혔다(顯). 처음 중에 "비록 모든 법은 자성이 불생不生이라 생각하나"라고 말한 것은 비유(非有: 있지 않다)의 방편(門)에 의지하여 지행止行을 닦는 것이다. "업의 과보果報는 없어지거나(失) 부서지지(壞) 않는다고 생각한다"라는 것은 비무(非無: 없지 않다)의 방편(門)에 의지하여 관행觀行을 닦는 것이다. 이는 실제를 움직이지 않고, 모든 법(진리)을 세우는(建立) 이치를 따르는 까닭에 능히 지행을 버리지 않고도 관행을 닦을 수 있는 것이니, 진실로(良) 이 법法을 따르면(由) 비록 비유(非有: 있지 않다)일지라도 무無에 떨어지지 않는 까닭이다.

次言"雖念善惡業報而即念性不可得"者, 此順不壞假名而說實相 故
能不廢觀行而入止門. 由其法雖不無而不常有故也. "若修"以下 對障
分別. "若修止者" 離二種過. 一者正除凡夫住著之執 遣彼所著人法相
故. 二者兼治二乘怯弱之見, 見有五陰怖畏苦故. "若修觀者"亦離二
過. 一者正除二乘狹劣之心 普觀衆生起大悲故. 二者兼治凡夫懈怠
之意 不觀無常懈怠發趣故.

다음에 "비록 인연이 화합한 선·악의 업보를 생각하나(觀行) 또한
곧 자성은 얻을 수 없다고 생각하는 것이다(止行)"라고 말한 것은,
이는 거짓이름(假名)을 파괴하지 않은 채로 실제 모습(實相)을 설함을
따르는 까닭에 관행觀行을 버리지(廢) 않고도 지문止門에 들(入) 수
있는 것이니, 그 법으로 말미암아(由) 비록(雖) 없는 것은 아니나(不無)
항상 있는 것도 아닌 까닭이다. "만약 지止를 닦는다면" 이하는 장애에
대하여 분별한 것이다. 만약 지止를 닦는다면 두 가지 허물을 여의게
되니, 첫째는 바로 범부들에 붙어 있는(住著) 집착을 제거하여, 붙어
있는(著) 인상人相[1102]과 법상(法相: 진리가 있다는 생각)을 없애는(遣)
까닭이다. 둘째는 아울러(兼) 이승의 겁약한 견해를 다스리는(治)

1102 인상人相은 인간이라는 관념을 말한다. 특히 『금강경』에서 집중적으로 반복되
    는 사상四相 중의 하나로, 오온五蘊의 가합假合으로 생긴 사람(我)은 고귀하므
    로 축생들과는 다르다고 생각하는 그릇된 견해를 말한다. 이 같은 반야 공空사
    상이 『대반열반경』의 '일체중생에는 불성이 있다(一切衆生悉有佛性)'는 사상
    으로 이어졌다고 할 수 있다.

것으로, 오음五陰에 고苦를 두려워 무서워하는(怖畏) 것이 있다는 견해[1103]를 다스리는 까닭이다. 만약 관觀을 닦는다면 역시 두 가지 허물을 여의게 되니, 첫째는 바로 이승의 좁고 용렬한 마음을 제거하여 널리 중생을 살펴(觀) 대비심大悲心을 일으키는 까닭이다. 둘째는 아울러 (兼) 범부의 게으른(懈怠) 생각(意)을 다스리는 것으로, 무상無常을 관찰하지 않고 분발하여 도道에 나아가는 데(發趣) 게을리 하는 것을 다스리는 까닭이다.

"以是義故"以下 第三總結俱行. 一則順理無偏必須俱行. 二卽並對二障必應雙遣. 以是二義不相捨離 故言"共相助成"等也. 止觀二行旣必相成 如鳥兩翼似車二輪 二輪不具 卽無運載之能 一翼若闕 何有翔空之勢. 故言"止觀不具 則無能入菩提之道"也. 修行信心分中有三. 一者擧人略標大意 二者就法廣辨行相 此之二段竟在於前.

"이러한 뜻이 있는 까닭에" 이하는 세 번째 지·관을 함께 수행하는 것으로 총결하는 것이다. 첫째는 이치에 따라 편벽됨이 없이 반드시 지·관을 함께 행하는 것이고, 둘째는 곧 아울러(並) 두 가지 장애를 대치하여 반드시 쌍으로(두 가지를 한꺼번에) 없애야 하는 것이다. 이 두 뜻은 서로 버리거나 여의지 않는 까닭에 "함께 서로(共相) 도와 이룬다(助成)" 등으로 말한 것이다. 지·관 두 가지 수행은 원래가(旣) 반드시 서로 도와 이루는 것으로, 마치 새의 양 날개와 같고, 수레의

1103 오음五陰은 색, 수, 상, 행, 식의 오온으로, 오음이 생멸生滅하는 것을 보고, 생사生死에 대한 두려움으로 고통을 받는다는 뜻이다.

두 바퀴와도 같아서(似) 두 바퀴가 갖추어지지 않으면 곧 물건을 실어 나를 수 없고, 만약 한쪽 날개가 없다면(闕) 어디서 허공을 훨훨 나는(翔空) 힘(勢)이 나오겠는가? 고故로 "지·관을 함께 닦지 않으면(不具) 곧 능히 보리의 도(깨달음)에 들어갈 수 없다"라고 말한 것이다. 수행신심분修行信心分 중에 세 가지 뜻이 있으니, 첫째는 사람을 들어 간략히 대의를 나타내었고, 둘째는 법에 따라(就) 수행의 모습(行相)을 자세히 변별하였다. 이것으로 이 두 부분에 대한 논의를 앞에서 마친다.

【論-84】 염불수행

復次衆生初學是法 欲求正信, 其心怯弱 以住於此娑婆世界 自畏不能常値諸佛 親承供養. 懼謂信心難可成就. 意欲退者 當知如來有勝方便 攝護信心. 謂以專意念佛因緣 隨願得生他方佛土 常見於佛 永離惡道. 如脩多羅說 "若人專念 西方極樂世界 阿彌陀佛所修善根 迴向願求 生彼世界 卽得往生 常見佛故 終無有退." 若觀彼佛眞如法身 常勤修習 畢竟得生住正定故.

다시 중생이 처음 이 법을 배워 바른 믿음(正信)을 구하고자 하나 그 마음이 겁약하여, 이 사바세계沙婆世界에 머물러서 스스로 항상 모든 부처님을 만나(値) 친히 받들어(承) 공양하지 못할까 두려워한다(畏). 두려워하여 이르기를(懼謂) '신심信心은 가히 성취하기가 어렵다(信心難可成就)'라고 하니, 의욕이 퇴전退轉하려는 자는 마땅히(當) 여래에게는 수승한 방편이 있어 신심信心을 섭호攝護[1104]한다는 것을 알아야 할 것이다. 이는 뜻을 오로지하여(專意) 부처님을 생각하는(念佛) 인연으로 원願하는 바에 따라 타방불토他方佛土에 태어나 항상 부처님을 친견하고 영원히 악도惡道를 여의는 것을 말한다. 이는 수다라(經)에서 "만약 어떤 사람이 오로지(專) 서방극락세계의 아미타불阿彌陀佛을 생각하고(念), 그가 닦은 선근을 회향하여 저 세계에 태어나기를 원구願求하면 곧 왕생往生하여 항상 부처님을 친견하는 까닭에 끝내(終) 물러남(退)이 없을 것이다"[1105]라고 설한 것과 같다. 만약 저 부처님의 진여법신을 관觀하여 항상 부지런히(勤) 닦고 익히면, 마침내(畢竟) 왕생하여 바른(正) 선정禪定에 머물 수 있는 까닭이다.

【소疏-84】

第三示修行者不退方便 於中有二. 先明初學者畏退墮 後示不退轉之

[1104] 불도佛道를 닦으면 불보살佛菩薩이 모든 장해障害로부터 보살펴준다는 뜻으로 호념護念과 같은 의미이다.

[1105] '해석분' 【논論-33】에서 "삼계三界는 허위虛僞로 오직 마음(唯心)이 짓는 것이니 (所作), 마음(心)을 여의면(離心) 육진의 경계는 없는 것이다…… 일체법一切法은 거울 속의 상像과 같아 얻을 만한 실체도 없으며 오직 마음일 뿐 (분별하는 마음은) 허망한 것임을 알아야 한다. 왜냐하면 마음이 생(生)하므로 갖가지의 법法이 생기고(心生則種種法生), 마음이 멸(滅)하므로 갖가지 법도 사라지는 (心滅則種種法滅) 까닭이다"라고 하였다.

그럼에도 여기에서 타력신앙인 타방정토他方佛土나 서방극락세계를 거론하는 것은, 지금까지 설해온 『기신론』의 유심唯心 교의敎義와는 맞지 않다고 여길 수도 있다. 그러나 각도를 달리해 불법수행 이전의 세계를 사바세계, 이후의 세계를 새롭게 태어나는 타방불토나 서방정토로 이해한다면 왕생은 결코 부정적일 수 없다. 사람은 살면서 크고 작은 깨달음(覺醒)을 통해 수없이 새로 태어날 수 있기 때문이다. 『기신론』을 공부하고 수행을 하는 것도 새롭게 태어나기 위한 것이 아닌가?

方便. 此中有三. 一者明佛有勝方便. 二者別出脩多羅說 "若觀"以下
第三釋經所說意趣. "若觀法身畢竟得生"者, 欲明十解以上菩薩 得少
分見眞如法身 是故能得畢竟往生. 如上信成就發心中言 "以得少分見
法身"故. 此約相似見也. 又復初地已上菩薩 證見彼佛眞如法身. 以之
故 言畢竟得生.

세 번째는 수행자가 퇴전하지 않는 방편을 보인 것이다. 이 중에 두
가지가 있으니, 먼저는 처음 배우는 자(初學者)가 물러나 떨어짐(退墮)
을 두려워하는 것을 밝혔고, 뒤에서는 퇴전하지 않는 방편을 보였다.
이 중에 세 가지가 있으니, 첫째는 부처님에게 수승한 방편이 있음을
밝혔고, 둘째는 별도로 수다라의 설을 내었으며(出), "만약 저 부처님의
진여법신을 관觀하여 항상 부지런히 닦고 익히면" 이하는 셋째로 경에
서 말한 의취意趣[1106]를 풀이한 것이다. "만약 저 부처님의 진여법신을
觀하여 항상 부지런히 닦고 익히면 마침내(畢竟) 왕생한다"라는 것은
10해解 이상의 보살이 조금이나마(少分) 진여법신을 보게 되는 것으로,
이런 까닭에 필경에는 극락세계에 왕생할 수 있는 것을 밝히려 한
것이다. 이는 위의 신성취발심信成就發心 중에서 "조금이라도 법신을
보게 되는 까닭에"라고 말한 것과 같으며, 이는 상사견相似見으로 말미
암은 것이다. 또다시 초지初地 이상의 보살이 저 부처님의 진여법신을
깨달아(證) 보는(見) 것이다. 이와 같은 까닭에 "마침내 왕생하게 된다"
라고 말한 것이다.

1106 지취志趣와 같은 의미로 의지意志와 취향趣向의 뜻.

如楞伽經歎龍樹菩薩云 "證得歡喜地 往生安樂國故." 此中論意 約上
輩人明畢竟生 非謂未見法身不得往生也. "住正定"者 通論有三. 一者
見道以上方名正定 約無漏道爲正定故. 二者十解以上名爲正定 住不
退位爲正定故. 三者九品往生皆名正定 依勝緣力得不退故 於中委悉
如無量壽料簡中說.

이는『능가경』에서 용수보살을 찬탄하여 "환희지歡喜地를 증득하여
안락국安樂國에 왕생하는 까닭이다"[1107]라고 말한 것과 같다. 이『기신
론』의 뜻은 위의 초지初地[1108] 이상의 보살들(上輩)을 기준해서(約)
끝내는(畢竟) 왕생하는 것을 밝힌 것이지, 아직 법신도 보지 못해
왕생할 수 없는 계위를 (기준해서) 말하는 것은 아니다. "바른 선정(正
定)에 머문다"라는 것은 통틀어(通) 논하자면 세 가지가 있다. 첫째는
견도見道[1109] 이상을 비로소 바른 선정이라 하니, 무루도無漏道[1110]를
기준해서(約) 바른 선정을 삼는 까닭이다. 둘째는 10해解 이상을 바른
선정이라 이름하니, 불퇴위不退位에 머무는 것을 바른 선정으로 삼는
까닭이다. 셋째는 9품品 왕생[1111]을 모두 바른 선정이라 이름하니, 수승

1107 대정장 제16권,『입능가경』, p.569상 27행.

1108 십지十地 보살의 첫 번째 위위, 즉 초지初地의 환희지歡喜地이다.

1109 깨달음에 이르는 3가지 수행단계의 첫 단계로 사성제四聖諦와 연기緣起의
　　도리를 인식하여 깨닫는 견도見道, 사성제와 연기를 체험적으로 실천하는
　　수도修道, 수도의 결과로 해탈·열반에 이른 무학도無學道의 단계를 합쳐 삼도
　　三道라 한다.

1110 모든 루漏, 즉 번뇌煩惱의 허물을 여읜 무루지無漏智로써 닦는 수행을 말한다.

1111 모든 중생을 상품上品, 중품中品, 하품下品의 3품으로, 3품을 다시 상생上生,
　　중생中生, 하생下生으로 분류하여 9가지의 중생들 모두 극락에 가는 방법을

한 연緣에 힘입어 퇴전하지 않게 되는 까닭이다. 이 중 자세한(委悉) 것은 『무량수경요간無量壽經料簡』[1112]에서 설한 것과 같다.

밝힌 것으로 『관무량수경觀無量壽經』에 나온다.

1112 원효대사의 저술로서 현존하지 않는다.

5. 권수이익분勸修利益分

다섯 번째, 수행의 이익을 권하는 권수분勸修分의 글에는 크게 여섯 부분이 있다.

【논論-85】 권수이익분勸修利益分

已說修行信心分 次說勸修利益分. 如是摩訶衍諸佛秘藏 我已總說

이미 수행신심분을 설하였으니, 다음에는 권수이익분勸修利益分[1113]을 설하겠다. (앞에서) 이와 같이 마하연(大乘)의 모든 부처님의 비장秘藏[1114]을 내가 이미 모두 설하였다.

[1113] 수행을 하면 이익이 있다고 수행을 권하는 장章이다. 불보살은 물론이고 중생들은 이익이 없으면 안 움직인다. 차이점은 불보살은 중생구제를 자신의 이익으로 삼는 반면, 중생은 자신의 이익만을 추구하는 이기적이라는 점에서 차이가 있다.

부처님도 『앙굿다라니까야, 깔라마 경』에서 어떤 법이라도 "비난받아 마땅하고, 지자智者들의 비난을 받을 것이고, 받들어 행하면 손해와 괴로움이 있게 된다고 알게 될 때, 바로 버리도록 하라." 또한 "유익한 것이고, 비난받지 않을 것이며, 지자들의 비난을 받지 않을 것이고, 받들어 행하면 이익과 행복이 있게 된다고 알게 될 때, 취하여 행하라"고 하셨다.

[1114] 부처님의 비장秘藏이란 '부처님의 중요한 말씀(가르침)'을 감추어 두었다는

【소疏-85】

第一總結前說

첫째는 앞에서 설한 것들을 총괄하여 매듭 짓는(總結) 것이다.

【논論-86】『기신론』 수지의 공덕-문혜聞慧

若有衆生 欲於如來甚深境界 得生正信 遠離誹謗 入大乘道, 當持
此論 思量修習 究竟能至無上之道. 若人聞是法已 不生怯弱, 當知
此人定紹佛種 必爲諸佛之所授記.

만약 어떤 중생이 여래의 깊고 깊은 경계에서 바른 믿음(正信)을 내어서
비방誹謗을 멀리 여의고 대승도大乘道에 들고자(入) 한다면, 마땅히
이 『기신론』을 수지受持[1115]하여 사량(思量: 생각하여 헤아림)하고 닦
고 익히면(修習) 끝내는(究竟) 능히 무상도無上道에 이를(至) 수 있을
것이다.[1116]

뜻이다. 또는 아직도 중요한 말씀(가르침)은 다 못하셨다는 뜻이다. 부처님은
성도 후 45년 동안 수많은 가르침을 설했음에도, 열반에 이르러서는 한 말씀도
하지 않았다고 했다. 무슨 뜻인가? 부처님 재세 시에는 최초의 설법(초전법륜)
만 제외하고 모두 중생들의 근기(수준)에 맞춰 설하다보니(대기설법) 정작
하고 싶은 법문, 즉 수준 높은 설법은 못하고 열반에 드셨는데, 이렇게 미처
다하지 못한 법문이나 설법(가르침)이 바로 비장인 것이다. 여기서 마명보살
은 그 비장을 다 풀어냈다는 뜻이다. 부처님 열반 5~6세기 후에 성립된
대승경전 대부분이 이렇게 '비장'을 강조하고 있는 것은 대승경전의 우월성을
부각시키려는 의도라고 볼 수 있다.

1115 수지受持란 받아 지닌다는 뜻으로, 이는 단순히 불서를 받아 지니는 것이
아니라, 그 불서의 가르침을 받아 자기 내면의 것으로 만드는 것을 말한다.

만약 어떤 사람이 이 법法[1117]을 듣고(聞) 겁약한 마음을 내지 않는다면, 이 사람은(此人) 반드시(定) 부처님의 가르침(佛種)을 이어받아(紹) 틀림없이 모든 부처님이 수기授記[1118]한다는 것을 마땅히 알아야 할 것이다 (문사수의 聞慧).[1119]

【소疏-86】

第二擧益勸修. 文中有二. 先正勸修 "究竟"以下 示其勝利. 此中二句 初示所得果勝 後明能修人勝

둘째는 이익을 들어 수행을 권하는 것이다. 글 중에 두 가지가 있으니, 먼저는(先) 바로(正) 수행을 권하는 것이다. "구경究竟" 이하는 그 수승

1116 대승의 무상도無上道에 이르기 위한 세 가지 지혜로서 『기신론』을 항상 수지하고(聞慧), 사량하고(思慧), 수습修習할 것(修慧)을 제시하고 있는 것이다.

1117 『기신론』에서 주장하는 일심一心 진여가 바로 성불成佛의 근본 원리라는 것을 말한다.

1118 부처님이 제자들에게 장래에 어떻게 되리라거나, 언제쯤 성불하리라는 예언하는 것을 말한다. 즉 『기신론』을 수지受持하여 수행하면 틀림없이 성불한다는 뜻이다. 부처님이 수기授記하는 장면은 『법화경』에 아주 많이 등장한다.

1119 일반적으로 문사수 수행이란 강의(법문)를 많이 듣고(聞), 사색하고(思), 실천하는(修) 것으로 이해한다. 불교에서는 이를 문혜聞慧, 사혜思慧, 수혜修慧를 말한다. 특히 『능엄경』에서 설하는 이근원통耳根圓通 수행에서는, 문혜라는 것이 따로 있는 것이 아니라, 이근耳根을 통해서 드러나는 문성(聞性: 듣는 성품, 본성)을 말한다. 즉 우리의 귀를 통하여 듣는 마음자리(聞性)가 바로 문혜라는 것이다. 그것은 우리의 마음 깊은 곳에 본래부터 자리하는 여래장, 즉 불성佛性을 말한다. 듣고 사색하고 실천하는 것도 곧 불성의 발현이라는 것이다.

한 이익을 보여주는(示) 것이다. 이 중에 두 구절이 있으니, 처음은 얻은 과보의 수승함을 보여주고, 뒤에서는 능히 수행하는 사람(修人)의 수승함을 밝혔다.

【논論-87】『기신론』 수지의 공덕-사혜思慧와 수혜修慧

假使有人 能化三千大千世界滿中衆生 令行十善, 不如有人於一食頃正思此法. 過前功德不可爲喩. 復次若人受持此論 觀察修行若一日一夜 所有功德 無量無邊 不可得說. 假令十方一切諸佛 各於無量無邊阿僧祇劫 歎其功德亦不能盡. 何以故 謂法性功德 無有盡故 此人功德 亦復如是無有邊際

가령(假使) 어떤 사람이(有人) 능히 삼천대천세계에 가득한 중생들을 교화하여 10선善[1120]을 행하게 한다 할지라도, 어떤 사람이 한 순간(一食頃: 짧은 시간) 바르게(正) 이 법法을 생각하는 것(공덕)만 같지 못하니, 앞의 공덕보다 (수승하여) 그것과 비유할 수 없기 때문이다(문사수의 思慧).

　다시 만약 어떤 사람이 이 『기신론』을 받아 지니고(受持), 관찰하고

1120 십선十善이란 신구의身口意 삼업三業으로 짓는 십악十惡에 반대되는 ① 불살생不殺生, ② 불투도不偸盜, ③ 불사음不邪淫, ④ 불망어不妄語, ⑤ 불기어不綺語, ⑥ 불양설不兩舌, ⑦ 불악구不惡口, ⑧ 불탐욕不貪欲, ⑨ 불진애不塵埃, ⑩ 불사견不邪見 등의 열 가지 좋은 일로 십선업十善業, 십선계十善戒라고도 한다. 굳이 선을 찾아 행하지 않더라도 악을 행하지 않는 것만으로도 선행이라 할 수 있다. 그러나 십선을 적극적으로 행할 때 비로소 대승의 보살행, 보살도가 되는 것이다.

수행하기를 하루 밤낮만 하더라도 그가 갖는 공덕은 무량무변하여 이루 다 설할 수가 없는 것이니, 가령 시방의 일체제불께서 각기(各) 무량무변한 아승기겁에 그 공덕을 찬탄하더라도 또한 다(盡) 찬탄할 수 없다. 어째서인가? 법성의 공덕은 다함(盡)이 없는 까닭에 이 사람의 공덕 또한 이와 같아서 끝 간 데(邊際)가 없음을 이르는(謂) 것이다(문사 수의 修慧[1121]).[1122]

【소疏-87】

第三信受福勝. 文中有二. 先明一食之頃正思福勝 後顯一日一夜修行 功德無邊

셋째는 믿고 수지하는 복이 수승한 것이다. 글 중에 두 가지가 있으니, 먼저는 한 순간(一食頃)만이라도 바르게 생각함으로써 받는 복의 수승함을 밝혔고, 뒤에서는 하루 밤낮의 수행만으로도 공덕이 끝(邊)이 없음을 드러낸 것이다.

【논論-88】 『기신론』 비방의 죄

其有衆生 於此論中毀謗不信 所獲罪報 經無量劫受大苦惱. 是故 衆生 但應仰信 不應誹謗. 以深自害 亦害他人 斷絶一切三寶之種.

[1121] 수혜修慧는 깨달음의 단계에 이르러, 행주좌와行住坐臥, 어묵동정語默動靜, 몽중일여夢中一如의 일상생활 속에서도 선정에 들어 24시간 내내 여여한 도(道)의 상태가 유지되는 것을 말한다.

[1122] 이와 같이 그 내용과 공덕이 수승함으로 인해 『기신론』이 대승불교의 필수 교과서로 인정받고 있는 것이다.

以一切如來 皆依此法得涅槃故. 一切菩薩 因之修行入佛智故.

어떤 중생이 이 『기신론』에 대하여 훼방毀謗하고 불신不信한다면, 그가
받는 죄의 과보는 무량겁을 지나도록(經) 큰 고뇌를 받을 것이다. 시고是
故로 중생들은 단지 우러러 믿어야 할 것이며, 비방해서는 아니 된다.[1123]
이는 깊이 스스로를 해치고(自害) 또한 남까지 해쳐서 모든(一切) 삼보三
寶의 종자를 끊기 때문이다.[1124] 일체의 여래가 다 이 법에 의지하여

[1123] 대승경전의 유통분에서는 대부분 이와 같은 내용을 노래의 후렴처럼 달고
있다. 『법화경, 법사품』에서도, 부처님께서 "약왕이여! 악한 마음으로 부처님
앞에서 일 겁 동안 계속해서 부처님을 헐뜯고 욕하더라도 그 죄는 오히려
가벼우나(藥王 若有惡人 以不善心 於一劫中 現於佛前 常毁罵佛 其罪尚輕), 만약
어떤 사람이 단 한마디의 나쁜 말로 재가자나 출가자가 『법화경』을 독송하는
것을 헐뜯고 비방하면, 그 죄는 대단히 무거운 것이니라(若人 以一惡言 毁訾在家
出家 讀誦法華經者 其罪甚重)"라고 하신다.
이는 신흥부파로서 기존부파들과의 차별성과 대승의 우월성에 대한 홍포弘布
이자, 기존부파들의 공격으로부터 자신들을 보호하는 안전장치인 것이다.
이로써 당시 기존 부파들로부터의 무시 내지는 반발과 공격이 심했음을
짐작할 수 있다. 【論論-87, 88, 89】의 내용은 이를 나타내고 있다. 실제로
대승에서는 기존의 부파들을 소승이라 폄하하였으며, 이 같은 우월의식은
오늘날의 한국불교에도 이어져오고 있다.

[1124] 어떤 교리든 또는 어떤 종교든, 개인의 취향이나 근기(이해수준)에 따라
얼마든지 비방도 하고 폄하도 할 수 있다. 그것이 자기 자신만의 문제로
끝나면 상관없겠으나, 올바른 이해도 없이 비방이나 폄하를 함으로써 다른
사람의 수행을 방해하거나 깨달음(진리)의 길에서 멀어지게 한다면 이는
크나큰 죄악이 되는 것이다. 대부분의 불서들이 마지막 유통분에서 이와
같은 경고를 하고 있는데, 이를 잘못 이해하면 기독교나 회교 근본주의자들과
같은 배타적인 우를 범할 수 있음을 유념해야 할 것이다.

열반을 얻었기 때문이며, 일체의 보살이 이로 인因하여 수행하여 불지佛智에 들어가는 까닭이다.[1125]

【소疏-88】

第四毁謗罪重. 文中有四 先明毁謗罪重. "是故"以下 第二試勸. "以深"以下 第三釋罪重意 "一切如來"以下 第四轉釋斷三寶種之意.

넷째는 훼방의 죄가 무거운 것이다. 글 중에 네 가지가 있으니, 먼저는 훼방의 죄가 무거움을 밝혔고, "시고是故로" 이하는 둘째로 『기신론』을 수행할 것을 권하는 것이며, "이는 깊이(以深)" 이하는 셋째로 죄가 무거운 뜻을 풀이하였으며, "일체의 여래가" 이하는 넷째로 삼보의 종자가 끊기는 뜻을 한 번 더 강조하여(轉) 풀이하였다.

【논論-89】 『기신론』 수행의 권면(1)

當知 過去菩薩已依此法得成淨信. 現在菩薩今依此法得成淨信. 未來菩薩當依此法得成淨信.

①과거의 보살들도 이미(已) 이 법에 의지하여 청정한 믿음(淨信)을 이루었고, ②현재의 보살들도 이제 이 법에 의지하여 청정한 믿음을 이루며, ③미래의 보살들도 마땅히 이 법에 의지하여 청정한 믿음을 이루게 됨을 마땅히 알아야(當知) 할 것이다.[1126]

1125 『금강경, 제8 의법출생분』에서는 부처님께서 "수보리여! 일체의 모든 부처님과 모든 부처님의 아뇩다라삼보리 법이 모두 『금강경』으로부터 나왔다(須菩提, 一切諸佛 及諸佛阿耨多羅三藐三菩提法 皆從此經出)"라고 한다.

1126 『기신론』 수행을 권면勸勉하는 내용이다. 부처님은 "거듭 들어서 얻어진 지식이라 해서, 전통이 그러하다고 해서, 소문에 그렇다고 해서, 성전에 써 있다고 해서, 추측이 그렇다고 해서, 논리적이라고 해서, 추론에 의해서, 사색해서 얻은 견해와 일치한다고 해서, 다른 사람의 그럴듯한 능력 때문에, 혹은 '이 사문은 우리의 스승이시다'라는 생각 때문에 그대로 따르지 말라." 어떤 법이라도 "비난받아 마땅하고, 지자智者들의 비난을 받을 것이고, 받들어 행하면 손해와 괴로움이 있게 된다고 알게 될 때, 바로 버리도록 하라." 또한 "유익한 것이고, 비난받지 않을 것이며, 지자들의 비난을 받지 않을 것이고, 받들어 행하면 이익과 행복이 있게 된다고 알게 될 때, 취하여 행하라" 라고 하셨다. 요즘 말로 오픈 마인드(open-minded)인 것이다.

이런 법문을 들은 재가자들이 "경이롭습니다, 세존이시여. 마치 넘어진 자를 일으켜 세우시듯, 덮여 있는 것을 걷어내 보이시듯, 방향을 잃어버린 자에게 길을 가리켜 주시듯, 눈 있는 자 형상을 보라고 어둠속에서 등불을 비춰주시듯, 세존께서는 여러 가지 방편으로 법을 설해주셨습니다. 저희들은 이제 세존께 귀의하옵고 법과 비구승가에 귀의합니다. 세존께서는 저희들을 재가신자로 받아주소서. 오늘부터 목숨이 붙어 있는 그날까지 귀의합니다"라는 재가자들의 귀의 장면이 수없이 등장한다.(참조: 대림 옮김, 『앙굿다라니까야, 깔라마경』, 초기불전연구원, 2008)

또한 "법은 세존에 의해 잘 설해졌나이다. 즉 이 법은 현실적으로 증험되는 성질의 것이며, 때를 격하지 않고 과보가 있는 성질의 것이며, 와서 보라고 말할 수 있는 성질의 것이며, 열반에 잘 인도하는 성질의 것이며, 또 지혜 있는 이가 저마다 스스로 알 수 있는 성질의 것입니다"라고 제자나 신자들이 귀의를 고백하는 장면이 나온다.

이렇듯 부처님 제자들은 무엇보다도 부처님의 가르침에 대한 이해, 납득, 확신에 입각한 확고한 신념을 가진 다음에 귀의하게 된 사람들이다. 단순히 부처님의 인격적인 권위 앞에 머리를 숙였기 때문은 아니었다. 특히 부처님의 가르침은 '와서 보라고 말할 수 있는 성질의 것'이다. 이는 누구에게나 열려 있는 가르침으로, 와서 직접 듣고 판단한 다음 받아들일지 말지를 결정해도

【소疏-89】

第五引證

다섯째는 과거·현재·미래의 보살들 모두 이 『기신론』의 가르침에 따라 수행하여 청정한 믿음(淨信)을 이루었고(과거), 이루고(현재), 이루게(미래) 됨을 증거하고 있다.

【논論-90】『기신론』 수행의 권면(2)

是故衆生應勤修學

이런 까닭으로(是故), (『기신론』의 가르침은 부처님의 비장이니) 중생들은 마땅히(應) (『기신론』의 가르침을) 부지런히(勤) 닦고 배워야(修學) 할 것이다.

되는 합리적으로 이해될 수 있는 가르침이다. 그러니 굳이 믿으라고 강요할 필요도 없다. "내가 진리니, 나를 따르라!"라거나, "불신지옥, 예수천국"을 강요할 필요가 없다는 말이다.

부처님의 가르침은 어디까지나 '열려 있는 진리'이므로 합리적으로 이해되어야만 하는 것이다. 또 누구라도 그 가르침에 따라 실천함으로써 그 효과를 거둘 수 있는 현실적으로 증험되는 내용이다. 결코 계시啓示에 의지한다든가, 신앙信仰의 힘에 매달리지 않으면 얻어질 수 없다든지, 또는 이방인에게는 베풀 수 없다든지, 또는 믿지 않는 사람은 천국에 갈 수 없다든지 하는 그런 제한도 없다. 그러기에 "누구라도 가르침을 실천하면 그 효과가 현실적으로 증험되는 성질의 것으로, 와서 보라"고 말할 수 있는 것이며, 만인 앞에 '열려 있는 진리'라고 할 수 있는 것이다.(참조: 마스터니후미오, 이원섭 역, 『아함경』, 현암사, 2001)

【소疏-90】

第六結勸. 一部之論有三分中 正辨論宗竟在於前.

여섯째는 결론을 지어 수행을 권(勸)하는 것으로, 이 한 권의 논論의 3분分 중에 바로 논의 종지宗旨를 변별하여 앞에서 마쳤다.

Ⅲ

유통분

流通分

총결회향總結廻向

【논論-91】 회향게廻向偈

諸佛甚深廣大義. 我今隨分總持說. 廻此功德如法性. 普利一切
衆生界.

모든 부처님의 깊고 깊은 광대한 뜻[1127]을 내가 이제 분分[1128]에 따라
모두 담아(總持) 설하였으니, 법성(法性: 眞如)과 같은 이 공덕[1129]을
회향[1130]하여 널리(普) 일체중생계를 이롭게 할지이다.

1127 모든 부처님의 깊고 깊은 광대한 뜻이란 일심법계 대총상법문체大總相法門體를
말한다.

1128 앞에서 설한 오분五分, 즉 인연분, 입의분, 해석분, 수행신심분, 권수이익분
등을 말한다.

1129 앞에서 "법성의 공덕은 다함(盡)이 없다(法性功德 無有盡)"라고 하였으니,
이 다함이 없는 공덕을 일체중생계를 이롭게 하기 위하여 회향하는 것이다.

1130 회향廻向이란 자기가 닦은 선근 공덕을 다른 중생에게 돌리는 것을 말한다.
즉 중생들의 이익을 위해 하는 것이다. 부처님의 초전법륜 후 녹야원에는
야사와 그의 친구들의 합세로 61명의 아라한(부처님+교진여 등 오비구+야사
와 그의 친구 4명+그 뒤를 이은 젊은이들 50명)이 있게 되었다.
이때 부처님은 전도선언을 하셨다. "비구들이여, 나는 신과 인간의 굴레에서
해방되었다. 그대들 역시 신과 인간의 굴레에서 해방되었다. 이제 법을 전하러
길을 떠나라. 많은 사람들의 이익을 위해, 많은 사람들의 행복을 위해. 세상을
불쌍히 여겨 길을 떠나라. 마을에서 마을로, 두 사람이 같은 길을 가지 말고

【소疏-91】

末後一頌 第三總結. 於中上半 結前五分. 下之二句 廻向六道.

맨 뒤의 한 게송은 셋째로 총결하는 것이고, 이 중 위의 반은 앞에서 풀이한 5부분, 즉 인연분, 입의분, 해석분, 수행신심분, 권수이익분을 마무리하는 것(結前)이고, 아래의 2구절은 천, 인간, 수라, 축생, 아귀, 지옥 등의 육도중생에 회향하는 것이다. (大乘起信論疏記會本 卷六 終)

혼자서 가라. 비구들이여, 처음도 좋고, 중간도 좋고, 끝도 좋은 법, 조리와 표현이 잘 갖추어진 법을 설하라. 원만하고 완전하며 청정한 행동을 보여주라. 세상에는 때가 덜 묻은 사람들이 있다. 그들은 법을 듣지 못하면 퇴보하겠지만, 들으면 분명 진리를 깨달은 것이다. 비구들이여, 나도 법을 전하러 우루벨라의 세나니 마을로 갈 것이다."(참조: 조계종 교육원, 『부처님의 생애』, 조계종출판사, 2012)

부처님의 전도선언은 오늘날의 우리에게도 해당되는 것이다. 우리가 공부하는 것도 ①신과 인간의 굴레에서 해방되기 위한 것(自利)이어야 하며, ②세상을 불쌍히 여기는 부처님의 마음에서, 많은 사람들의 이익을 위해, 많은 사람들의 행복을 위해 회향(利他)하는 것이어야 한다.

참고도서 목록

대승기신론소별기 참고도서

01. 강승환, 인터넷 http://blog.naver.com/kp8046
02. 김재란, 『대승기신론소・별기』, 삼성출판사, 2008.
03. 성낙훈, 『대승기신론소』, 동화출판공사, 1972.
04. 원순, 『큰 믿음을 일으키는 글』, 법공양, 2004
05. 은정희, 『대승기신론소・별기』, 일지사, 1992.
06. 전종식, 『원효・법장의 주석비교』, 예학, 2007.
07. 조한석, 『대승기신론소・별기』, 동대역경원,
08. 지운, BTN
09. 정영사혜원, 『大乘起信論義疏』, 대만 中華電子佛典協會(CBETA)

대승기신론 참고도서

01. 可藤豊文, 김세곤 옮김, 『명상의 심리학』, 양서원, 2005.
02. 鎌田茂雄, 章輝玉 譯, 『대승기신론 이야기』, 장승, 1991.
03. 高淳豪, 『大乘起信論』, 무량수, 2010.
04. 서정형, 『대승기신론 해제』, 서울대철학연구소, 2005.
05. 서광, 『현대심리학으로 풀어보는 대승기신론』, 불광출판부, 2004.
06. 소광섭, 『물리학과 대승기신론』, 서울대학교 출판문화원, 1999.
07. 吳杲山, 『大乘起信論講義』, 寶蓮閣, 1977.
08. 오진탁, 『감산의 기신론풀이』, 서광사, 2008.
09. 은정희, 『대승기신론강의』, 예문서원, 2008.
10. 일초, BTN
11. 태현, 박인석 옮김, 『대승기신론내의약탐기』, 동국대학교출판부, 2015.
12. 한자경, 『대승기신론강해』, 불광출판사, 2013.

원효사상 참고도서

01. 사토시게키, 『元曉의 和諍論理』, 民族社, 1996.

02. 金知見, 『元曉聖師의 哲學世界』, 民族社, 1989.

03. 김형효, 『원효의 대승철학』, 소나무, 2007.

04. 박태원, 『원효사상연구』, 울산대학교출판부, 2011.

05. 박태원, 『대승기신론사상연구』, 민족사, 1994.

06. 吳法根, 『元曉의 和諍思想研究』, 弘法院, 1992.

07. 이기영, 『새벽의 햇빛이 말하는 의미』, 한국불교연구원, 1991.

08. 元曉, 殷貞姬 옮김, 『이장의』, 소명출판, 2004.

불교사상 및 철학 참고도서

01. 高崎直道 외, 權五民 譯, 『印度佛敎史』, 경서원, 2002.

02. 김미숙, 『인도불교사상사』, 살림, 2012.

03. 동국대학교 불교문화대학, 『불교사상의 이해』, 불교시대사, 1999.

04. 마찌하다 료오슈, 계환 옮김, 『중국불교사』, 우리출판사, 2003.

05. 森三樹三郎, 임병덕 옮김, 『중국사상사』, 온누리, 1986.

06. 양혜남, 원필성 역, 『불교사상사』, 정우서적, 2010.

07. 이태승, 『인도철학산책』, 정우서적, 2007.

08. 임혜봉, 『불교사 100장면』, 가람기획, 1994.

09. 周桂鈿, 문제곤 외 옮김, 『중국철학』, 예문지, 1992.

10. 中村 元, 김용식 박재권 공역, 『인도사상사』, 서광사, 1983.

11. 中村 元, 이재호 옮김, 『용수의 삶과 사상』, 불교시대사, 1983.

12. 키무라 키요타가, 章輝玉 옮김, 『中國佛敎思想史』, 民族社, 1989.

13. 풍우란, 정인재 역, 『중국철학사』, 형설출판사, 1989.

14. 불교신문사, 『한국불교인물사상사』, 민족사, 1990.

15. 후지타 코타츠, 권오민 옮김, 『초기 부파불교의 역사』, 민족사, 1992.

경론류 참고도서

01. 권오민, 『아비달마불교』, 민족사, 2003.

02. 鎌田茂雄, 章輝玉 譯, 『화엄경 이야기』, 장승, 1992.

03. 救仁寺 刊, 懸吐譯註 『妙法蓮華經』, 天台宗, 1999.

04. 김명우, 『마음공부 첫걸음』, 민족사, 2013.

05. 梅月堂撰, 金知見, 『大華嚴一乘法界圖註幷序』, 大韓傳統佛敎硏究員, 1983.

06. 南懷瑾, 신원봉 옮김, 『금강경강의』, 문예출판사, 1999.

07. 나라 야스아키, 정호영 옮김, 『인도불교』, 민족사, 1994.

08. 냐타틸로카, 김재성 옮김, 『붓다의 말씀』, 고요한 소리, 2008.

09. 니와노 닛쿄, 박현철 이사호 역, 『法華經의 새로운 해석』, 가야원, 2007.

10. 다무라 요시로, 이원섭 옮김, 『열반경』, 현암사, 2009.

11. 대림 옮김, 『앙굿따라 니까야』, 초기불전연구원, 2008.

12. 마스타니 후미오, 이원섭 옮김, 『아함경』, 현암사, 2012.

13. 마스타니 후미오, 박경준 옮김, 『근본불교와 대승불교』, 대원정사, 1987.

14. 梶川乾堂, 金明星 譯, 『俱舍論大綱』, 불광출판부, 1991.

15. 박태원, 『원효의 금강삼매경론 읽기』, 세창미디어, 2014.

16. 배승자, 『涅槃經譯解』, 불교통신대학, 1992.

17. 법정 옮김, 『숫타니파타』, 이레, 2010.

18. 사토 미츠오, 김호성 옮김, 『초기불교교단과 계율』, 민족사, 1991.

19. 서경수, 『밀린다팡하』, 동국대역경원, 2005.

20. 석해탈, 『세상에서 가장 오래된 반야경』, 출판시대, 1988.

21. 세친, 서광 옮김, 『심리학으로 풀어보는 유식30송』, 불광출판사, 2013.

22. 시스타니 마사오 외, 문을식 옮김, 『대승불교』, 도서출판 여래, 1995.

23. 이로사치야, 강기희 옮김, 『소승불교와 대승불교』, 민족사, 2006.

24. 李英茂 譯解, 『維摩經講說』, 월인출판사, 1989.

25. 이중표, 『근본불교』, 민족사, 2003.

26. 李通玄, 曉山 譯解, 『略釋 新華嚴經論』, 운주사, 1999.

27. 諦觀, 李永子 譯註, 『天台四敎儀』, 경서원, 1992.

28. 해주, 『화엄의 세계』, 민족사, 2011.

29. 黃山德, 『如來藏』, 現代佛敎新書, 1992.

30. 황안 외, 『축역 원시근본불교성전』, 세계불교성전편찬회, 2007.

조사록 참고도서

01. 무비, 『임제록강설』, 불광출판사, 2005.

02. 趙州, 金空綠 編譯, 『趙州錄』, 경서원, 1989.

03. 나카가와 다카(中川孝) 주해, 양기봉 옮김, 『육조단경』, 김영사, 1993.

04. 필립 B, 얌폴스키, 연암종서 옮김, 『六祖壇經聯句』, 경서원, 1992.

05. 西山大師, 禪學刊行會 譯, 『禪家龜鑑』, 龍華禪院, 2002.

06. 普照國師, 沈載忍 講述, 『普照法語』, 普成文化社, 2008.

07. 탄허, 『탄허록』, 휴, 2012.

08. 한용운, 『조선불교유신론』, 삼성문화재단, 1972.

부처님 전기

01. 대한불교 조계종, 『부처님의 생애』, 조계종출판사, 2012.

02. 와타나베 쇼코, 법정 옮김, 『불타석가모니』, 문학의 숲, 2010.

기타

1. 고야스 노부쿠니, 이승연 옮김, 『鬼神論』, 역사비평사, 2006.

2. 박성규, 『주자철학의 귀신론』, 한국학술정보(주), 2005.

3. 주희, 『論語集註』, http://www.minlun.org.tw

최세창

1953년 태백산맥 자락에서 태어나, 동국대와 연세대 경영대학원(국제경제)에서 공부하였다. 경희대 대학원에서 「풍수, 길흉 감응론의 철학적 배경」으로 박사학위를 받았으며, 『청와대 풍수논쟁』이라는 저서가 있다.

영국정부(NDC) 한국대표로 일했으며, 한국무역협회 무역연수원에서 「해외투자 및 기술수출」에 대한 강의를 하였다. 한국 최초로 UN 승인 하에 이라크에 주사기플랜트를 수출하였으며, 경기도 유망중소기업으로 국무총리 표창(수출산업공로)을 받았다. 유엔(UNIDO)의 「안티 에이즈 프로젝트」 컨설턴트로 참여하였으며, 현재는 플랜트수출, 해외투자 및 국제 프로젝트 파이낸싱(PF) 컨설턴트로 활동하고 있다.

노석 유충엽 선생에게 주역 명리를 사사하였고, 거봉 김혁규 선생에게 육임, 기문둔갑, 풍수이기론 등을 사사하였다. 박사과정 이후 유가, 노장과 더불어 불교공부를 병행하여 다양한 경론과 선어록을 섭렵하였다.

화쟁사상에 매료되어 2014년에 『대승기신론 소·별기』 1차 번역을 마치고, 2015년에 「미붓아카데미」에서 토론 형식의 강의를 하면서, 수강자들의 질문과 의문점들을 보완하여 보다 충실한 번역과 주석이 되었다.

대승기신론 소·별기

초판 1쇄 발행 2016년 5월 2일 | **초판 2쇄 발행** 2022년 4월 15일
원효 저 | **최세창 역주** | **펴낸이 김시열**
펴낸곳 도서출판 운주사

(02832) 서울시 성북구 동소문로 67-1 성심빌딩 3층
전화 (02) 926-8361 | 팩스 0505-115-8361
ISBN 978-89-5746-458-8 93220   값 30,000원
http://cafe.daum.net/unjubooks 〈다음카페: 도서출판 운주사〉